中国司法制度史·第一卷

中国古代司法制度

陈光中 著

图书在版编目(CIP)数据

中国古代司法制度/陈光中著. —北京：北京大学出版社，2017.11
ISBN 978-7-301-28639-5

Ⅰ. ①中… Ⅱ. ①陈… Ⅲ. ①司法制度—法制史—研究—中国—古代 Ⅳ. ①D929.2

中国版本图书馆 CIP 数据核字(2017)第 199367 号

书　　　名	中国古代司法制度 ZHONGGUO GUDAI SIFA ZHIDU
著作责任者	陈光中　著
责 任 编 辑	孙战营
标 准 书 号	ISBN 978-7-301-28639-5
出 版 发 行	北京大学出版社
地　　　址	北京市海淀区成府路 205 号　100871
网　　　址	http://www.pup.cn
电 子 信 箱	law@pup.pku.edu.cn
新 浪 微 博	@北京大学出版社　@北大出版社法律图书
电　　　话	邮购部 62752015　发行部 62750672　编辑部 62752027
印 刷 者	三河市北燕印装有限公司
经 销 者	新华书店
	965 毫米×1300 毫米　16 开本　34.75 印张　420 千字 2017 年 11 月第 1 版　2017 年 11 月第 1 次印刷
定　　　价	90.00 元

未经许可，不得以任何方式复制或抄袭本书之部分或全部内容。
版权所有，侵权必究
举报电话：010-62752024　电子信箱：fd@pup.pku.edu.cn
图书如有印装质量问题，请与出版部联系，电话：010-62756370

本专著为国家"2011 计划"司法文明协同创新中心科研成果之一

序 言

"中国司法制度史"是国家"2011计划"司法文明协同创新中心先后两期的重点课题之一。该中心由中国政法大学牵头,吉林大学、武汉大学共同参与申请,经教育部严格筛选于2013年4月被正式认定成为全国首批协同创新中心之一(被认定后又增加浙江大学)。2017年又批准延续第二期至2020年。我被选任为中心的学术委员会主席并且以首席科学家之一的身份主持该中心的一个团队。由于我有志趣于进行中国司法制度史之研究,故将其列为本团队的重点项目。

"中国司法制度史"共分三卷,分别研究中国古代司法制度(从夏商至清末时期)、中国近代司法制度(从清末至民国时期)和中国现代司法制度(中华人民共和国时期)。我们以马克思主义理论为指导,以诉讼制度为主要研究对象,对中国历史上与司法制度有关的法律、法律性规定、代表性案例和其他相关文献材料进行了认真的搜集、梳理、分析,甚或钩沉索隐、探求真相,以期清晰地展示四千多年来中国司法制度的发展、演变历程。

本课题三卷的写作启动时间不同,完稿付梓时间也有早有晚,因此,各卷分别独立出版。最先面世的是第一卷《中国古代司法制度》。

中国古代司法制度

我国的司法制度史是法制史的重要组成部分,源远流长、内容丰富、底蕴深厚、特色鲜明。关注和研究中国司法制度史,意义十分重大。首先,任何事物都不是凭空产生的,当今社会与历史之间有不能切断的连续性。几千年来,朝代更替,西雨东渐,沧桑巨变,但中华民族的文化基因代代相传,在创新进步中不断传承。因此,要了解当今,就必须了解历史。其次,人类社会的发展,无论表象多么绚丽万千、悲壮激烈,其实是有规律可循的。在不同的发展阶段所面临的基本问题也是有相通之处的,历史是过去的现实,可以为我们认识现实提供参照,正如古语所云:"以史为鉴,可以知兴替"。对历史的了解越深透,对现实的认识就越清醒,对未来的预见也会更准确。再次,历史中蕴含了前人留下来的诸多经验和智慧,可供今人效法和借鉴;同时,历史中也包含前人所走的错路、弯路和诸多惨痛教训,值得今人认真总结、注意避免,以期激浊扬清,明辨是非。以上对学习研究历史的意义的通识,也完全适用于研究中国司法制度史。

中国古代司法制度根植于古代社会的经济基础,服务于君主专制的政治统治,并以儒家思想为主调的中华传统法律文化为底蕴。古代司法制度史是一部司法文明发展史,崇尚明德慎刑、公正断狱、严核死刑,强调治吏监察,重视教化调解,凝聚着古代统治者运用司法手段治国理政的智慧和经验;同时它又是一部体现君主专制主义的历史,司法从属于行政、纠问式诉讼、刑讯逼供、供重于证、罪从供定等特征,反映了传统司法的野蛮与残酷。古代优秀的司法传统值得今人珍惜和传承,而那些落后的司法体制和具体制度则需要加以批判和摒弃。

中国近代司法制度是中国传统法律现代化转型的产物。自清末变法修律以来,中国效法西方资本主义国家逐步建立了新型的司法制度,改变了几千年来的司法传统,如实体法与程序法分立,民事诉

序　言

讼与刑事诉讼并列，禁止刑讯逼供，创立律师制度，确立法官独立审判原则等。透过近代中国司法制度史，我们可以看到新旧两种司法文明的碰撞、交锋与融合，传统与现代、保守与变革，在近代中国司法这个场域中得到了充分的展现。应该说，研究近代司法制度史，是打开中国司法制度现代化历程的一把钥匙。

中国现代司法制度，孕育于中国共产党领导的革命根据地，在党领导人民进行革命的过程中开始创建；新中国成立后，司法制度在跌宕起伏中曲折发展，曲折以"整风反右""文化大革命"最为典型。改革开放以来我们既立足于中国国情，又注意吸收发达国家司法建设的有益经验，形成了中国特色社会主义司法制度，但是仍有待继续改革完善。

党的十八大以来特别是十八届三中、四中全会的决定，要求推进国家治理现代化和全面推进依法治国，建设社会主义法治国家，司法制度改革是其中最重要的内容之一。在此背景下研究中国司法制度史，温故创新，意义尤为重大。我们只有本着立足中国、借鉴外国、挖掘历史、把握当代、面向未来的思路，深入研究中国司法制度史，才能清楚地认识到中国司法的"前世今生"，才能科学、理性地理解今天中国的司法制度并指引今后的改革方向，才能更好地助推中国特色社会主义司法制度的建设。

最后，我要对司法文明协同创新中心诸位负责人及北京大学出版社表示衷心的感谢！没有他们的鼎力支持，我们不会有这个课题和三卷书稿的陆续出版。

陈光中
于 2017 年 9 月 28 日

目 录

中国古代司法制度之特点及其社会背景(代绪论) ············ (001)

第一章 司法机构 ·· (026)
  第一节 中央司法机构 ································ (027)
  第二节 地方司法机构 ································ (058)
  第三节 皇帝的司法权 ································ (087)

第二章 监察制度 ·· (102)
  第一节 监察机构的沿革 ······························ (102)
  第二节 监察机构的职能 ······························ (118)
  第三节 监察法律 ···································· (148)

第三章 起诉制度 ·· (162)
  第一节 起诉的方式 ·································· (162)
  第二节 关于控告犯罪的政策 ·························· (181)
  第三节 对控告的受理 ································ (202)

第四章 强制措施 ·· (208)
  第一节 逮捕 ·· (208)

第二节　囚禁 …………………………………………（217）
　　第三节　其他强制措施 …………………………………（225）

第五章　证据制度 ………………………………………（228）
　　第一节　古代证据制度的主要特点 ……………………（228）
　　第二节　证据的种类 ……………………………………（233）
　　第三节　证明 ……………………………………………（259）

第六章　初审程序 ………………………………………（272）
　　第一节　审判管辖 ………………………………………（272）
　　第二节　法官及其责任 …………………………………（277）
　　第三节　代理人、讼师和官代书 ………………………（284）
　　第四节　案件的审讯和刑讯 ……………………………（295）
　　第五节　保辜制度 ………………………………………（306）
　　第六节　案件的判决 ……………………………………（318）
　　第七节　审判期限 ………………………………………（329）

第七章　审判救济程序 …………………………………（341）
　　第一节　对申诉不服的复审 ……………………………（341）
　　第二节　申报上级的复审 ………………………………（348）
　　第三节　直诉制度 ………………………………………（356）
　　第四节　死刑复核与复奏制度 …………………………（361）

第八章　判决的执行 ……………………………………（372）
　　第一节　死刑的执行 ……………………………………（372）
　　第二节　体刑的执行 ……………………………………（385）
　　第三节　流刑与徒刑的执行 ……………………………（391）

目 录

第九章　监狱制度 ……………………………………………（401）
　　第一节　监狱的沿革 ………………………………………（402）
　　第二节　中国古代监狱管理制度 …………………………（423）
　　第三节　录囚制度 …………………………………………（455）

第十章　民事诉讼制度 ………………………………………（467）
　　第一节　古代民事诉讼概论 ………………………………（467）
　　第二节　古代民事诉讼的程序 ……………………………（491）
　　第三节　古代的民事调解 …………………………………（527）

出版后记 ………………………………………………………（542）

中国古代司法制度之特点及其社会背景
（代绪论）

中国古代的司法制度，以审判制度为核心，兼涉司法行政、监察、监狱等制度，是古代国家政治制度的重要组成部分。它绵延约四千年，根植于古代社会的经济基础，服务于君主专制的政治统治，并以儒家思想为主调的中华传统法律文化为底蕴，具有鲜明的特点。现综合本书十章的内容，对中国古代司法制度的特点及其形成之社会背景略论如下。

一、君主专制司法

中国古代的奴隶制和封建制国家，一直实行君主专制统治。所谓君主专制，就是国家的最高统治者皇帝（先秦时期为王）拥有至高无上的权力，实行个人独裁统治。不仅人民不能享受民主权利，连统治集团内部也无民主可言。古代君主专制的制度发展可以分为两个时期：第一是先秦时期的夏商周三朝，特点是君主专制与地方分权相结合；第二是自秦统一中国到明清时期，特点是君主专制中央集权。无论哪个时期的君主专制均具有帝王大权独揽和决策独断两个方面的特点。

古代君主专制的产生和长期延续有其深厚的社会基础和思想

根源：

其一，私有制和家天下之必然产物。伴随着私有制和阶级的出现，中国原始氏族社会开始解体，部落联盟蜕变为"父传子、家天下"的世袭制国家。从此之后，国是统治家族的私有财产，君主则是统治家族的大家长。《诗经》中就有"溥天之下，莫非王土；率土之滨，莫非王臣"①的形象表述。《礼记·礼运》中更有关于"家天下"起源的经典论述："今大道既隐，天下为家，各亲其亲，各子其子，货力为己，大人世及以为礼，城郭沟池以为固，礼义以为纪，以正君臣。"②这清晰地说明"家天下"源于私有制，君主将天下视为私产并由其子孙代代继承。西周时期的宗法分封制政治结构是"家天下"的一种模式，"天子作民父母，以为天下王"③，天子既是政治上的最高领袖，也是统领各小宗的大家长。秦汉以后，废分封行郡县，宗法分封制度不复存在，但"家天下"的观念一直统治着社会。汉高祖刘邦称帝之后曾置酒未央宫，对其父亲说："始大人常以臣无赖，不能治产业，不如仲力（刘邦之兄）。今某之业所就孰与仲多？"④刘邦的话表明他毫不掩饰地将天下视为自己的私产。明朝启蒙思想家黄宗羲尖锐地指出封建社会的法皆为"一家之法"，为一家之政权服务。他说："后之人主，既得天下，唯恐其祚命之不长也，子孙之不能保有也，思患于未然以为之法。然则其所谓法者，一家之法，而非天下之法也。"⑤

其二，小农经济是君主专制中央集权长期延续的基础。一方面，小农经济的特点是小农各自从事农业生产，很难形成行业或区域性的组织，需要有自上而下的统治力量来帮助其稳定生产环境、

---

① 《诗经·小雅·谷风之什》"北山"。
② 《礼记·礼运》。
③ 《尚书·洪范》。
④ 《史记》卷八《高祖本纪》。
⑤ （明）黄宗羲：《明夷待访录·原法》。

抵御外辱和对抗恶劣的自然环境。因此,马克思指出:"小农人数众多……他们的生产方式不是使他们互相交往,而是使他们互相隔离……他们不能代表自己,一定要别人来代表他们。他们的代表一定要同时是他们的主宰,是高高站在他们上面的权威,是不受限制的政府权力。"① 贾谊在《过秦论》中也描述了经历战争的小农渴望秦王朝一统天下的心理,他说:"兵革不休,士民罢敝。今秦南面而王天下,是上有天子也。即元元之民冀得安其性命,莫不虚心而仰上……"② 另一方面,在小农经济条件下,封建地主所有制更需要皇权的保护。地主不仅需要封建皇权保障其对农民的地租制剥削,还需要依仗皇权保护其不受地方豪强欺凌。唐人元稹就指出:"豪富兼并,广占阡陌,十分田地,才税二三,致使穷独逋亡,赋税不办,州县转破,实在于斯。"③

其三,君权神授思想基础。古代君主自称天子,宣称自己的统治权是上天赋予的,并代表上天对百姓进行统治。《尚书·召诰》载:"有夏服天命。"④ 周代的铜器"毛公鼎"铭文亦记载:"丕显文武,皇天宏厌厥德,配我有周,膺受天命","君权神授"的思想在夏商周时期表现最为突出,但在秦以后的封建国家也仍然存在,比如汉儒董仲舒说:"唯天子受命于天,天下受命于天子"⑤。董仲舒进一步提出了"天人合一"的主张,认为天道与人道之间可以合二为一,人间应该仿照自然界的天地之道建立君尊臣卑的君主专制制度。"是故仁义制度之数,尽取之天,天为君而覆露之,地为臣而持载之……王道之三纲,可求于天"⑥。皇帝的诏令亦要冠以"奉天承运"四字,以

---

① 《马克思恩格斯选集》(第一卷),人民出版社1972年版,第693页。
② (汉)贾谊:《新书·过秦论》。
③ (唐)元稹:《同州奏均田状》,载《元稹集》,中华书局1982年版,第435页。
④ 《尚书·召诰》。
⑤ (汉)董仲舒:《春秋繁露》卷十一《为人者天》。
⑥ (汉)董仲舒:《春秋繁露》卷十二《基义》。

表示其发布诏令是奉天之意。

我们对古代君主专制中央集权政治体制应当作历史的客观的评价。在古代社会,不论中国外国,都采取了家天下世袭制的君主专制政体,这是历史的必然产物。至于中央集权,应当说其对于保证国家的统一,多民族的融合,中华文化的传播和影响的扩大,都起了重大的积极作用。

君主专制主义在司法制度中主要体现在以下三个方面:

其一,君主掌握着最高司法权。先秦以后,皇帝操"刑罚威狱"之大权,可以下令把任何人逮捕下狱交付审判;可以亲自审判任何案件;可以在裁决案件时对任何人处以任何刑罚或直接赦免;全国的重大案件一般要奏请皇帝审批核准,死刑案件从北魏、隋朝以后必须奏报皇帝批准才能最后定案。皇帝是死刑复核、慎刑恤狱的最高决断者,掌握生杀予夺大权。皇帝还可以通过直诉、录囚等方式直接了解和干预司法工作。皇帝处理案件,既可以遵守现行法律,也可以权宜行事,置法律于不顾。所谓"事有时宜,故人主权断"[①],就是这个意思。

其二,司法权依附于行政权。在君主专制体制下,司法必然从属于行政。古代的司法权作为治权的重要组成部分,不仅直接隶属于皇权,而且从中央到地方,从属于行政,司法不独立。在中央,历代设有司法机关,如先秦的大理、司寇,秦以后的廷尉、大理寺、刑部等。但它们又要绝对服从王或皇帝的命令,而且一般要受制于冢宰、丞相、三省、内阁等中央行政中枢。地方的司法权,在商周时由诸侯掌握,秦以后则由郡守、州牧、督抚、县令等各级地方行政长官兼掌。地方政府中虽然也设有专职的司法官吏,如汉之决曹、贼曹掾,唐之司法参军事、司法佐、司法史等,但他们只是行政长官理讼

[①] 《晋书》卷三十《刑法》。

断狱的佐吏,没有独立的司法权限。

其三,施行纠问主义司法。君主专制统治总体而言必然实行重刑恐吓主义。法家是重刑主义思想的典型代表,他们提出了"轻罪重刑","以刑去刑,以杀去杀"①的主张。《商君书》中指出:"行刑,重其轻者,轻者不生,则重者无从至矣"②;"行罚,重其轻者,轻者不至,重者不来,此谓以刑去刑,刑去事成。"③韩非认为:"刑罚不必则禁令不行。"④即只有严格实施刑罚才能使百姓不敢以身试法。儒家虽然强调"仁政""德治",但是同样不否定刑的价值。班固在《汉书》中就表达了刑为德之佐助的观点,他说:"雷电皆至,天威震耀,五刑之作,是则是效,威实辅德,刑亦助教"⑤。中国古代的重刑主义体现在实体和程序两个方面。实体上表现为罪名繁多、刑罚严酷。程序上一般体现为以下两个方面:

一是古代诉讼模式采取纠问制。古代的诉讼,没有专门的公诉机关(御史监察组织行使纠弹职权,但还不能视为国家公诉机关),审判机关不实行不告不理原则,而是有权主动追究犯罪,兼具起诉和审判两种职能。古代的庭审,"师听五辞",就是司法官对原告、被告和证人进行讯问和拷打,诉讼参与人所享有的诉讼权利甚微,被告人更是处于基本上无权的地位。

二是刑讯逼供。中国古代司法,十分倚重被告人口供,甚至没有口供无法定罪。重口供必然实行拷讯。因此,刑讯在古代司法中是制度化、合法化的存在。早在周朝就有"肆掠"的记载,秦律中对如何刑讯已有明文规定。《唐律》则对刑讯作了周详的规定,如"讯囚察辞理"条规定:"诸应讯囚者,必先以情,审察辞理,反覆参验,犹

---

① 《商君书·画策》。
② 《商君书·说民》。
③ 《商君书·靳令》。
④ 《韩非子·内储说上》。
⑤ 《汉书》卷一百下《叙传下》。

未能决,事须讯问者,立案同判,然后拷讯。"①"拷囚不得过三度"条规定:"诸拷囚不得过三度,数总不得过二百,杖罪以下不得过所犯之数,拷满不承,取保放之。"②至明清法定刑讯增强了严酷性,《唐律》的上述限制性规定被取消了。历朝在法定刑讯之外还经常施以更残酷的刑讯手段。"棰楚之下,何求而不得"③,古代几千年的刑讯逼供、罪从供定的纠问制诉讼模式,造成了无数的冤狱。这是古代司法制度残酷落后的标志性特点之一。

二、贵贱尊卑不平等司法

中国古代司法的一个典型特征是贵贱尊卑公开的不平等。

贵贱不平等是由当时的阶级关系和思想基础所决定的。

首先,阶级关系。中国古代奴隶社会和封建社会,奴隶主和封建主对奴隶、农奴和农民在经济上实行直接露骨的剥削,与此相适应,在政治法律上统治者享有种种特权,实行公开的不平等。封建社会的法律明确规定不同等级的人有不同的地位、权利和义务。凡是杂户、官户、部曲、奴婢等贱民,他们在社会各个方面的地位均与良人不同。《唐律》中就规定了贱民的奴隶地位:"奴婢贱人,律比畜产","奴婢同于资财"。④ 在刑罚方面,《唐律》的规定明显地反映出良贱同罪异罚的特点。良人侵犯贱民,其处罚较常人为轻;贱民侵犯良人,其处罚较常人为重。

其次,思想基础。儒家认为贵贱之分及其不平等是社会的必然现象。孔子说:"惟上知与下愚不移"⑤;荀子也明确地主张:"少事

---

① 《唐律·断狱》"讯囚察辞理"条。
② 《唐律·断狱》"拷囚不得过三度"条。
③ 《汉书》卷五十一《贾邹枚路传》。
④ 《唐律·名例》"官户部曲官私奴婢有犯"条;"彼此俱罪之赃"条疏议。
⑤ 《论语·阳货》。

长,贱事贵,不肖事贤,是天下之通义也"①。关于贵贱不平等,儒家最为典型的主张是"礼不下庶人,刑不上大夫"。《礼记·曲礼》载:"国君抚式,大夫下之;大夫抚式,士下之;礼不下庶人,刑不上大夫,刑人不在君侧。"②所谓"礼不下庶人"有其特殊语境,是说对于类似酬酢之礼,庶人以其家贫无力承担,是可以不必遵守的。③"刑不上大夫",按照郑玄的注释,并非是大夫犯罪皆不入刑,而是"其有罪以八议议其轻重耳"。虽然,"八议"之法是对士大夫的特殊优待,但是士大夫触犯刑律并非不受处罚,而是须逐出君主身边,因此说"刑人不在君侧"。针对儒家"刑不上大夫"的主张,法家旗帜鲜明的提出"缘法而治""一断于法"的主张。例如,秦商鞅变法所提出的"刑无等级"④,"自卿相、将军以至大夫、庶人,有不从王令、犯国禁、乱上制者,罪死不赦"⑤。韩非在"奉法者强则国强,奉法者弱则国弱"的思想指导下也明确地论述了"法不阿贵","刑过不避大臣,赏善不遗匹夫"的主张。⑥ 法家的主张在当时对于维护君主专制、促进富国强兵无疑有重要意义,同时也对后世产生重要的积极影响,但是法家的思想在封建时代不可能真正实现,特权立法在阶级社会中不可避免。

还需指出,中国古代的阶级统治是与以血缘为纽带的宗法统治相联系的,因而,与贵贱不平等密切相关的是尊卑的不平等,也就是贵贱尊卑相结合的三纲伦理秩序。儒家经典《礼记》中将"父子君

---

① 《荀子·仲尼》。
② 《礼记·曲礼上》。
③ 孔颖达解释说:"'礼不下庶人者',谓庶人贫,无物为礼,又分地是务,不服燕饮,故此礼不下与庶人行也。"又说:"礼谓酬酢之礼,不及庶人,勉民使至于士也。"因此,并非庶人完全无须遵守礼,而是不必遵守庶人无力承担的酬酢之礼(参见《十三经注疏》整理委员会整理:《礼记正义》,北京大学出版社1999年版,第79页。)。
④ 《商君书·赏刑》。
⑤ 同上。
⑥ 《韩非子·有度》。

臣"确定为统治天下的准则："圣人作为父子君臣,以为纪纲,纪纲既正,天下大定。"①汉代儒生将其进一步阐发为"君为臣纲,父为子纲,夫为妻纲"②。正如宋明理学所称的："父子君臣,天下之定理,无所逃于天地之间。"③

中国古代的司法鲜明的体现了尊卑贵贱的公开不平等。朱熹说："凡有狱讼,必先论其尊卑上下,长幼亲疏之分,而后听其曲直之辞,凡以下犯上,以卑凌尊者,虽直不右;其不直者,罪加凡人之坐。"④具体而言,主要表现在以下三个方面：

其一,控告中的不平等。古代法律限制奴隶控告主人及其亲属,根据唐、宋、明、清的刑律的规定,除大逆以上犯罪外,奴婢、部曲、雇工人不得控告主人及其亲属,否则,不仅控告不予受理,而且控告者要被处死刑或其他较重刑。而另一方面,古代法律限制卑亲属对尊亲属的控告权,唐明律都规定,子孙告祖父母、父母的,妻妾告夫的,处重刑乃至死刑;而祖父母、父母告子孙的,夫告妻妾的,则无罪处理或处轻刑。

其二,审理中的不平等。首先,对于"八议"者,即官僚贵族犯罪的案件,采取"请议"的特殊诉讼程序。《唐律》规定,八议者犯十恶以外死罪,应先奏请皇帝批准,组织中央有关官员集议,议定以后,再奏请皇帝裁决。明清律规定,八议者犯罪,不论是否死罪或十恶,一律经过"请议"的程序。其次,为了保护贵族官僚的尊严,免于庭讯之辱,法律规定贵族官僚可以派代理人出庭诉讼。周朝时"凡命夫、命妇,不躬坐狱讼"⑤,可以派其部属或亲属代理诉讼。明清也允许官吏在婚姻财产案件中令其家人代理诉讼。最后,官僚贵族不受

---

① 《礼记·乐记》。
② 《礼纬·含文嘉》,转引自《礼记正义》孔颖达疏。
③ （宋）朱熹、吕祖谦编：《近思录·为学》。
④ 《朱文公文集》卷十四《戊申延和奏札一》。
⑤ 《周礼·秋官·小司寇》。

拷讯。《唐律》规定，属于"议、请、减"范围的贵族官僚，不得拷讯，"皆据众证定罪"。唐以后的规定也大同小异。

其三，执行中的不平等。为了使贵族官僚不公开受辱，在他们被处死刑时，有的朝代允许他们自尽于家，或押到隐蔽处行刑，而不公开行刑于市。官僚贵族在发配时还可以免受刺字。宋朝规定，官员和田主殴杀佃户犯罪的，配而不刺；清朝规定，旗人刺臂，奴仆刺面。此外，贵族官僚犯罪后，从被拘禁开始到判决的执行阶段，皆可享受颂系待遇，即散收而不戴狱具。西汉至明清法律均有此规定。

三、仁政德治司法

我国古代的君主专制统治一方面实行严刑高压政策，另一方面又施以仁爱、实施德治，与此相适应形成了刑德兼施的司法指导思想。关于严刑统治的司法特点及其思想根源在上文已经阐述，此处重点谈仁政德治司法。儒家认为司法的目的主要不是惩治犯罪，而是在司法的过程中教化百姓遵守德礼，因此，儒家强调仁政德治在司法中的价值。西周的政治家周公就提出了"明德慎罚"[①]的思想。之后，儒家倡导仁政德治，德主刑辅，刑罚适中。孔子认为："道之以政，齐之以刑，民免而无耻；道之以德，齐之以礼，有耻且格。"[②]孟子说"仁者爱人"[③]，提出对人的价值的尊重与保护。可见，儒家相信通过感化和教育可以使百姓发自内心地服从统治，徒依刑罚威慑难以使人心服。

法家严刑容易导致苛政，激起民变，而儒家德治过于理想，因此，汉代以后的统治者采取了德刑兼施的立场，以儒家之德平衡刑治之严苛，而以严刑弥补德治失之于宽的缺点。汉儒董仲舒将"庆

---

① 《尚书·康诰》。
② 《论语·为政》。
③ 《孟子·离娄下》。

赏刑罚"比喻为一年之四时,认为在社会管理当中,刑罚与德教犹如一年四季,不可或缺。《唐律疏议》于《名例律》的序疏中提出了"德礼政刑,综合为治"的思想,所谓"刑罚不可弛于国,笞捶不可废于家"①。因此,唐朝立法者认为:"德礼为政教之本,刑罚为政教之用,犹昏晓阳秋相须而成者也。"宋朝朱熹则发挥儒家"明刑弼教"的思想,认为严刑与德教不可偏废:"若夫道德性命之与刑名度数,则其精粗本末虽若有间,然其相为表里,如影随形,则又不可得而分别也"②。可见,后世的统治者基本采取了一种刑德兼施的思想,既强调重刑对于稳定社会的意义,但同时宣扬儒家德治为治国之本。

为了使"法中求仁"的精神得到贯彻,体现"仁者爱人"思想,防止错判错杀,并使冤案能得到平反,历代统治者都进行了一定的制度设计,择其要者如下:

其一,控制死刑。我国古代死刑的复核和复奏制度是慎刑思想的重要体现。早在汉朝就出现了死刑复核制度,重大的死刑案件需要报告朝廷得到皇帝的批准。北魏至隋朝,死刑的裁决权收归中央,从此成为定制。隋唐开始,还实行死刑复奏制度(死刑案件在复核后、行刑前还要再奏报皇帝批准的制度)。另外,古代还通过会审制度对死刑及重大疑难案件进行集中审理,比如,隋唐时期有"三司推事"与"九卿会审",明清以后会审制度继续发展,形成了"朝审"和"秋审"等更为完善的死刑复核制度。

其二,"罪疑惟轻"的疑罪处理原则。为了防止冤狱,据说上古时期的司法官员皋陶提出了"罪疑惟轻"的思想,说"罪疑惟轻,功疑惟重,与其杀不辜,宁失不经"③。这一思想奠定了中国古代疑罪处理的基本思路。唐朝则正式将"罪疑从赎"写入法典,《唐律·断狱》

---

① 《唐律·名例》序疏。
② 《朱文公集》卷七十《读两陈谏议遗墨》。
③ 《尚书·大禹谟》。

规定:"诸疑罪,各依所犯,以赎论。疑,谓虚实之证等,是非之理均;或事涉疑似,傍无证见;或傍有闻证,事非疑似之类。即疑狱,法官执见不同者,得为异议,议不得过三"①。在古代不可能实行无罪推定原则的条件下,罪疑从轻原则的确立有其重要进步意义。明清时期随着君主专制的加强,《唐律》这一开明规定被取消了。

其三,矜恤老幼。矜恤老幼是中国古代法制的重要原则之一,《周礼》中规定了三赦之法:"一赦曰幼弱,再赦曰老耄,三赦曰蠢愚。"② 对幼弱、老耄、愚蠢等特殊的社会群体的犯罪行为实行赦免处罚的原则。到汉朝时,法律对于矜老恤幼的刑事原则规定的逐渐清楚、明确。汉惠帝时即下诏,规定:"民年七十以上若不满十岁有罪当刑者,皆完之"③。唐朝立法将矜恤对象由老幼扩大到笃疾、废疾等残障人士。《唐律·名例》规定:"诸年七十以上、十五以下及废疾,犯流罪以下,收赎。八十以上、十岁以下及笃疾,犯反、逆、杀人应死者,上请;盗及伤人者,亦收赎。余皆勿论。"④

其四,悯囚和录囚。古代统治者在儒家仁政思想的指导下,逐步建立了保证狱囚基本生活待遇,防止狱吏虐囚的悯囚制度。具体来说,古代悯囚制度包括:囚犯衣粮配给、基本卫生医疗保证和狱吏责任承担等三个方面的基本制度。除保证狱囚基本生活待遇的悯囚制度外,古代还有"录囚"制度以平反冤狱。"录囚"亦称"虑囚",是一种由君主或上级司法机关长官通过对囚徒的复核审录,平反冤狱,或督办久系未决案件的制度。"录囚"制度始于汉朝,历朝皇帝都曾亲自录囚或特遣官员进行录囚,唐宋时期更是形成定制,规定:

---

① 《唐律·断狱》"疑罪"条。该条疏议曰:"'疑罪',谓事有疑虑似,处断难明……'即疑狱',谓狱有所疑,法官执见不同,议律论情,各申异见。"
② 《周礼·秋官·司刺》。
③ 《汉书》卷二《惠帝纪》。
④ 《唐律·名例》"老小及疾有犯"条。

"长吏每五日一虑囚,情得者即决之",后改为"诸州十日一虑囚"。①

其五,亲亲相隐。"亲亲相隐"是古代司法中一项重要制度,指亲属之间有罪应该相互隐瞒,不告发和不作证的不论罪或者减刑,反之要论罪。"亲亲相隐"源于先秦儒家所提出的主张,孔子说:"父为子隐,子为父隐,直在其中矣"。②体现了保护亲情重于惩治犯罪的人道价值观。西汉时正式将"亲亲相隐"原则法制化,唐朝以后此项制度逐渐臻于完善。《唐律》一方面规定亲属有罪相隐,不论罪或减刑:"诸同居,若大功以上亲及外祖父母、外孙、若孙之妇、夫之兄弟及兄弟妻,有罪相为隐……皆勿论。即漏露其事及擿语消息,亦不坐。其小功以下相隐,减凡人三等"③。另一方面,控告应容隐的亲属,要处刑:告父母、祖父母者绞,告期亲尊长虽得实,徒二年,而告期亲卑幼虽得实,杖八十。④还需指出,亲亲相隐制只适用于一般犯罪,谋反、谋大逆、谋叛及其他某些重罪不适用该制度。

四、治吏监察发达

中国古代的监察制度十分发达、极具特色,是中国古代的政治制度、司法制度的重要组成部分。它的思想基础在于治国必先治吏,要维护和巩固君主专制中央集权的统治,实现"国泰民安",就必须首先加强吏治。

春秋战国时期,法家对吏治有非常精到的论述。管仲率先主张依靠法律管控官吏,使得臣子为君主统治服务。他说:"夫尊君卑臣,非计亲也,以势胜也;百官识,非惠也,刑罚必也。"⑤韩非继承管仲的思想,进一步鲜明地提出君主"治吏不治民"的主张。他指出:

---

① 《宋史》卷一百九十九《刑法一》。
② 《论语·子路》。
③ 《唐律·名例》"同居相为隐"条。
④ 参见《唐律·斗讼》"告祖父母父母"条、"告期亲尊长"条、"告缌麻卑幼"条。
⑤ 《管子·明法》。

中国古代司法制度之特点及其社会背景(代绪论)

"闻有吏虽乱而有独善之民,不闻有乱民而有独治之吏,故明主治吏不治民。"①"吏者,民之本纲者也。故圣人治吏不治民。"②韩非的上述主张并非表示"民"不需要治,而是认为只有通过治吏,才能更好地"治民"。韩非还指出:"明主者,使天下不得不为己视,使天下不得不为己听。故身在深宫之中而明照四海之内。"③这表明,法家主张通过设立监察官来监督官吏并且充当君主的耳目。总的来说,法家提出依靠法律来治吏,通过治吏来治民,而要有效治吏就必须建立旨在治官的监察制度。儒家也重视治吏,但主张官吏要以身作则,才能治理好百姓。孔子曾言:"政者,正也,子帅以正,孰敢不正?"④故儒家治吏强调官吏提升自身修养,而非外部监督,在实现治吏的途径上与法家明显不同。

秦统一六国之后,采纳法家思想在全国范围内建立监察制度,对官吏进行统一的严格监督。汉朝以后,统治思想上"以儒代法",但治国先治吏的思想与监察制度既是君主专制中央集权的需要,也在一定程度上反映了治国的共同规律,因此一直得到传承延续,并不断发展完善。

综观两千多年的古代监察制度,其主要特点可以概括如下:

其一,机构完善。监察机构的发展以秦汉、隋唐、明清为标志,一脉相承,日臻完善。秦汉时期,中央设御史大夫,御史大夫下设御史丞和御史中丞等属官,形成强有力的中央监察力量。为加强对地方官吏的监察,御史大夫派遣监御史巡察地方,后来中央又进一步专设刺史来监督地方官吏。隋唐时期,监察制度臻于成熟,作为中央监察机构的御史台独立于行政机关,直接对皇帝负责。御史台下设三院:台院、殿院和察院,形成完备的监察机构,统一监督中央和

---

① 《韩非子·外储说右下》。
② 同上。
③ 《韩非子·奸劫弑臣》。
④ 《论语·颜渊》。

地方的官吏。察院中设有监察御史一职,"监察"一词作为职官的名称始自隋唐。明清时期,监察机构为都察院,这一时期皇权高度集中,监察机构亦进一步强化。都察院分设科与道,科监督中央官吏,道监督地方官吏,形成"科道之官",对官吏进行全方位监督。

其二,职责明确,方法多样。古代监察机关的职责首先是"纠察官邪"。监察官员作为"天子之耳目",负责纠举弹劾一切违法失职的官员,专门监督官吏是否忠君、守法、廉洁、勤政,以清肃官场秩序。其次,是监察司法,参与大案审判,受理申诉,纠正冤错。例如,唐朝时期,遇有重大案件,可由尚书刑部、御史台、大理寺共同审理,即为"三司推事";明承唐制,推行"三司会审",重大疑难案件由刑部、都察院及大理寺会同审理。再次,是匡正君主。监察官员对于皇帝的不当行为也有进谏、驳正的职权。古代监察机关的监督方法灵活多样,主要有:直接向皇帝奏弹、派员巡察地方吏治、检查监狱中冤狱、淹狱情况等。

其三,位高权重,相对独立行使职权。首先,监察官的地位总体来说是很高的。秦汉时御史大夫位列三公,仅次于丞相,有的朝代,如元朝及明初,监察与行政、军事并列为中央三大机构。明太祖朱元璋曾说:"国家立三大府,中书总政事,都督掌军旅,御史掌纠察。朝廷纪纲尽系于此,而台察之任尤清要。"[①]其次,御史作为皇帝之耳目,有权各自独立地向皇帝直接弹劾任何朝臣权贵。正如唐朝监察御史萧至忠所言:"御史,人君耳目,比肩事主,得各奏事,不相关白。"为加强监察权威,秦汉御史和法官执法,戴獬豸冠,以表示似传说中之神羊,能明辨是非,敢触不直。戴獬豸冠的制度一直延续到明清时期。

其四,监察法制发达。与古代监察制度的发展相适应,古代的

---

① 《明史》卷七十三《职官二》。

监察法制亦日趋完善。汉朝制《监御史九条》与《刺史六条》,唐朝制《监察六条》,宋朝颁《诸路监司互察法》,至清朝集历代监察法之大成而编制《钦定台规》42卷。《钦定台规》是我国古代最完备最严密的监察法规,不仅规定了"内外大小官员,但有不公、不法等事,俱得纠劾",而且鉴于监察官员是"治官之官",对其选拔素质要求、回避任用及监察百官的方式、程序都作了周密规定。中国古代极为发达的监察法制是中国法律史的重大成就,是中华法律文化的一份珍贵遗产。

五、公正司法

公正是无私、无偏袒之意。古代圣哲早已大力倡导,认为公正是一项重要的为政之道和个人修养标准。荀子说:"上公正,则下易直矣!"①又说:"贵公正而贱鄙争,是士君子之辨说也"。②《孔子家语》评价孔子弟子澹台灭明说:"然其为人公正无私,以取与去就以诺为名。"③《白虎通德论》也说:"公者通公正无私之意也。"④

对于旨在定分止争的司法活动来说,公平正义尤为关键。公正是司法的本质要求。从"法"的古字字形中即可看出先人对法和司法的公正性的诠释。"法"的古字作"灋",由"水""廌""去"三个部分组成,许慎《说文解字》中解释:"法,刑也。平之如水,从水。'廌'所以触不直者去之,从去"。在先人看来,司法公正的内涵主要有以下三个方面:

其一,是中立无偏。《吕刑》云:"两造具备,师听五辞"⑤,"民之乱,罔不中听狱之两辞。无或私家于狱之两辞,狱货非宝,惟府辜

---

① 《荀子·正论》。
② 《荀子·正名》。
③ 《孔子家语·七十二弟子解》。
④ (汉)班固:《白虎通德论》卷一《爵》。
⑤ 《尚书·吕刑》。

功,报以庶尤"①。说明在司法审判当中,不能徇私枉法,司法官员必须居中审理,不得偏听一方之辞,司法不公的后果就是百姓对司法失去信任甚至造成民乱。

其二,是罚当其罪。古代司法强调刑罚只能施于有罪之人,并且与其所犯罪行相匹配。帛书《易传》中说:"杀当罪而人服。"孔子也提出"刑罚不中,则民无所措手足"②的观点,这里所谓"中",即罚当其罪之意。荀子也有"罚不当罪,不祥莫大焉"③的见解。墨子还强调不能滥杀无辜:"赏当贤,罚当暴,不杀不辜,不失有罪"④。班固进一步用称来形象比喻司法的适当:"一物失称,乱之端也。德不称位,能不称官,赏不当功,刑不当罪,不祥莫大焉"⑤。所谓"刑不当罪"就是用刑不当,情与罪不相匹配的意思。

其三,是查明真相,明辨是非。公正司法要求必须明辨是非,而明辨是非的基础是查明案件的事实真相。《周易》"贲"卦中的《象辞》说:"君子以明庶政,无敢折狱。"该卦以"山下有火"(上艮下离)的卦象对司法者提出警示,如果未能查明真相而进行折狱,则如野火上山一般严重。程颐对该卦象的理解是:"折狱者,专用情实。有文饰则没其情矣。故无敢用文以折狱也。"⑥贲的本义是装饰、文饰,所谓"以明庶政,无敢折狱"意在告诫司法官员要揭开案件真相上的文饰,在明察案情之前不能任意判决案件。

古代司法中保障公正司法的制度措施主要有以下三个方面:

首先,中国古代证据制度重视查明案件真相。周朝司法中所实行的"五听"制度,要求司法官在审理案件时,应当注意当事人的陈

---

① 《尚书·吕刑》。
② 《论语·子路》。
③ 《荀子·正论》。
④ 《墨子·尚同中》。
⑤ 《汉书》卷二十三《刑法志》。
⑥ (宋)程颐:《伊川易传》卷二,上海古籍出版社1989年版,第86—87页。

述是否有道理,陈述时的神情是否从容,气息是否平和,精神是否恍惚,眼睛是否有神,并据此综合判断其陈述是否真实。古代的"五听"强调法官在法庭上审问原告、被告和证人,以查明案件事实真相,近似于今天的直接言辞原则。当然古代的"五听"结合察言观色,有主观臆断之嫌,有其片面性。秦朝治狱,为获"真情",法律中规定:"治狱,能以书从迹其言,毋笞掠而得人情为上,笞掠为下,有恐为败"①。其中所谓"情"即指案件的真实情况,古人谓之"情实"。汉简案例,结案以"审"字表述,审者,"悉也",知悉案情之意。唐宋明清,要求定案"理不可疑""事实无疑""证佐明白""毫无疑义"。可见在古代司法实践中,往往将查明案件的事实真相作为公正司法的先决条件,坚持必须查明事实真相才能定罪。为了查明案件事实,古代司法官员在一定程度上也注意收集证人证言、书证、物证,并重视勘验现场,检验尸体。古代的勘验、检验技术在当时历史条件下是比较发达的,例如,宋朝宋慈在总结前人经验基础上编著的《洗冤集录》是世界上第一部法医学专著。

其次,审判过程中的法官回避制度和集议制度。为了防范法官对于亲属有所偏袒或对仇嫌作出不利的判决,古代法律中专门设置了法官的回避制度。古代法官回避制度在《唐六典》中首先出现,后世法典屡次修正,逐步形成了如下特点:一是回避理由主要是法官与案件当事人有亲属、仇嫌、受业师等关系;二是不仅该回避不回避的行为需要受罚,还根据是否增减罪而对不回避的行为加重处罚,增减罪以出入人罪论处。在案件的审理过程中,古代有集议制度,以保证裁判的公正。西周时期有"三刺"之法,即在一些重大疑难案件中,让群臣、群吏、万民参与案件的审议,以便使案件得到公正处理。秦汉以后,重大疑难案件,特别是死刑案件,由中央的审判机关

---

① 睡虎地秦墓竹简整理小组:《睡虎地秦墓竹简》,文物出版社1978年版,第245—246页。

及相关机关共同审理,后来逐渐形成较为规范的会审制度。此外,历朝历代还有其他集议制度。如《唐律》中规定,徒刑以上案件,必须"长官同断",即判决必须经过长官同意。而且比较重要的案件判决要几个人连署意见。① 此外,宋朝时还建立了鞫谳分司制度,审判程序中的断和议分别由不同的官员负责,可以起到相互监督的作用。

  最后,建立比较完备的法官责任制度以保证司法公正,对枉法裁判的法官进行处罚。古代司法实践中,法官的责任是多方面的,如法官枉法裁判、故意出入人罪,不依法刑讯,状外求罪,判决不引律令或者与律令、情状有出入,应上言(报)不上言,应上奏不上奏等情形,依律都应受到处罚。其中,法官枉法裁判是最为严重的失职行为。早在西周时期就已有对法官枉法裁判进行处罚的"五过之疵"制度:"五过之疵,惟官、惟反、惟内、惟货、惟来,其罪惟均,其审克之。"② 秦汉时期,法律以"不直""纵囚"和"失刑"区分法官故意和过失的错判行为,分别处以不同的刑罚。唐朝以后,法律中设"出入人罪"对法官故意或过失的出罪或入罪进行处罚,《唐律》规定:"诸官司入人罪者,若入全罪,以全罪论。从轻入重,以所剩论。刑名易者,从笞入杖、从徒入流,亦以所剩论。从笞杖入徒流、从徒流入死罪,亦以全罪论。其出罪者各如之。即断罪失于入者,各减三等;失于出者,各减五等"③。案件如由官府中几个官吏连署文案而发生错误的,他们都要负刑事责任。但要根据其职位和错判是否由他开始产生等情况,分成四个等级,每等递减刑罚一等。具体办法唐、明又

---

① 《唐律·断狱》"狱结竟取服辩"条疏议。
② 《尚书·吕刑》。
③ 《唐律·断狱》"官司出入人罪"条。

略不同。① 古代比较完备的法官责任制度,在一定程度上保证了司法公正的实现。

六、和谐息讼司法

在先人的哲学中,秩序和谐是基本的价值理念。孔子云:"礼之用,和为贵,先王之道,斯为美"②;"君子和而不同,小人同而不和"③。"和"指有差别的统一;"谐"指各要素配合得当。汉朝的董仲舒进一步将上述的人际和谐观发展为"天人合一""万物一体"的人与自然和谐观,他认为,"人之人本于天,天亦人之曾祖父也,此人之所以乃上类天也"④;"天人之际,合而为一,同而通理"⑤。宋朝大儒张载说:"有象斯有对,对必反其为;有反斯有仇,仇必和而解。"⑥张载认为事物都是对立的,有了对立就必然有争端,但是这种紧张关系不能一直以对立的方式存在,最终必然是以"和"的方法来解决。

"和谐"也是中国古代法制所追求的核心目标,和谐观广泛运用于古代诉讼之中。《周易》中的《讼·初六》载:"不永所事,小有言,终吉。"而《象传》对本爻的解释是:"不永所事,讼不可长也,虽小有言,其辩明也。"古人借卦象比喻狱讼之累,说明争讼久拖不决对双方而言都非吉事,只有"不永所事"及时息讼才能得到"终吉"的结果。孔子在传承《周易》息讼的基础上进一步提倡无讼思想:"听讼,

---

① 以上各项内容见于《唐律·断狱》"官司出入人罪""断罪应决配而收赎""断罪应斩而绞"条,《唐律·名例》"同职犯公罪"条,《大明律·刑律·断狱》"官司出入人罪""断罪不当"条。《大清律例》规定同于《大明律》。
② 《论语·学而》。
③ 《论语·子路》。
④ (汉)董仲舒:《春秋繁露》卷十一《为人者天》。
⑤ (汉)董仲舒:《春秋繁露》卷十《深察名号》。
⑥ (宋)张载:《正蒙·太和篇》。

吾犹人也,必也使无讼乎。"①孔子的"无讼"思想包含两个方面:一是主张民间亲邻之间以礼让待人,尽量减少纠纷的发生;二是即使纠纷不可避免,也尽量以调息的手段解决诉讼。《孔子家语》中记载了孔子担任鲁国大司寇时的一则调解案例:"孔子为鲁大司寇,有父子讼者,夫子同狴执之,三月不别。其父请止,夫子赦之焉。"②当时孔子遇有父子相讼,将二人同囚一狱,不审不判,一月后父亲申请撤诉,孔子便将二人一同释放。这个案例道出孔子"无讼"思想的真谛在于通过调解来息事宁人,和谐家庭和社会,孔子以自己的身体力行为后世的调解起了示范作用。

古代和谐思想具体落实到司法层面,主要体现在调解和保辜两种制度上:

第一,调解。中国古代诉讼,历来重视教化,对于民间纠纷,力求通过调解(由第三人主持对双方的调解)或和解(当事人双方自行和解),化解矛盾,平息争讼,和谐社会。早在西周,就设有"调人"官职,"掌司万民之难,而谐和之"。在之后长期的封建社会中,在儒家德治、"和为贵"思想影响下,调解息讼之风代代相传,历久弥盛。

古代调解制度大体分为两类:一为民间调解,包括一般民间调解、宗族调停和行会调解等,其中宗族调解作用最为突出。二为官府调解,首先,有审判权的县、州府官员在审理案件时对婚姻、田宅、家财纠纷及斗殴之类轻罪案件注重采取劝谕方式加以解决;其次,没有审判权的基层政权组织,如乡、里、亭、社的小吏也负有调解息讼的职责。

我国古代调解虽历史悠久,但考之法制却缺乏规章可循。《唐律》只列举若干不允许当事人私自和解的严重罪行而没有正面规定什么案件可以私下和解。目前我们查到的仅元代律法中有少量正

---

① 《论语·颜渊》。
② 《孔子家语·始诛》。

面零散的规定。如《通制条格》中"理民"条规定:"诸论诉婚姻、家财、田宅、债负,若不系违法重事,并听社长以理谕解,免使妨废农务,烦挠官司。"①但是历代皇帝屡下诏谕强调教化息讼,如康熙皇帝《圣谕十六条》中就要求"和乡党以息争讼""明礼让以厚风俗"。这说明古代调解虽然相当发达,但并未充分通过立法的手段加以推进。

第二,保辜。即在伤害案件中,于法律规定期限内,加害人对被害人进行积极地医治,待保辜期限届满,再根据被害人的伤亡情况对加害人进行定罪量刑。保辜之法源于秦汉,制度成熟于唐朝。《唐律》中专门规定了保辜的适用范围、辜限及其确定的标准以及辜限届满之后的罪名论定。首先,规定了适用保辜制度的犯罪,包括殴人、伤人、故斗、谋杀、强盗等行为;其次,《唐律》明确保辜的期限为:十日、二十日、三十日、五十日,分别依据杀伤人之器具及伤害结果的轻重而适用不同的辜限;最后,根据被害人在辜限届满之后的伤情,确定了三种不同的罪刑。保辜制度在唐朝明确了适用范围、辜限以及罚则之后,历代虽小有修改,但基本制度一直沿袭到清朝。

保辜制度体现了古代慎刑恤狱、和谐诉讼的思想。首先,从加害人角度看,保辜制度给加害人改过自新、将功补过的机会,同时可以改轻加害人的罪名、减轻加害人的刑罚。其次,从被害人角度看,通过加害人在辜限内对被害人的积极医治,减少了被害人死亡的概率和伤害的后果,免除或减轻了医疗负担,使被害人在心理上获得一定的慰藉。因而,保辜制度在一定程度上促进加害人与被害人及其亲属间矛盾的缓和与修复,有利于平息冲突,避免缠讼,和谐社会。

---

① 《大元通制条格・田令》"理民"。

七、重刑轻民，民事诉讼不够发达

据《周礼》记载，"讼，谓以财货相告者；狱，谓相告以罪名者。"而且"狱"和"讼"所交的受理费也不同，说明周朝已出现刑事诉讼和民事诉讼的分野。但是从秦汉以后的立法和司法来看，诉讼以刑为主，以民为辅，而且两者存在着交叉现象，民事诉讼不够发达。

之所以如此，首先由于秦汉以来，在君主专制中央集权政治体制下，统治者一直奉行重刑轻民的治国方略，古代法制就是以刑律为中心的。从战国《法经》、秦朝《秦律》、汉朝《九章律》，至唐朝封建代表性法典《唐律》，再延续到明清时期的《大明律》《大清律例》，基本上都是刑法典性质的法律，兼有某些刑事诉讼法的内容。至于民事方面，不仅没有成文民法典，也少见有关民法的立法史料。

其次，中国古代，小农经济始终占社会经济的主导地位，与此相适应，统治者一贯采取重农抑商政策，以农为本，压制商人。如《史记·秦始皇本纪》载："皇帝之功，勤劳本事。上农除末，黔首是富。普天之下，抟心揖志。"①《史记·平准书》云："（汉初）天下已平，高祖乃令贾人不得衣丝乘车，重租税，以困辱之。"②武帝时则颁行"限民名田"的法令，限制商人兼并土地，规定："贾人有市籍者，及其家属，皆无得籍名田，以便农。敢犯令，没入田僮"③。明太祖曾下诏："农民之家，许穿绸纱绢布，商贾之家，止许穿布。农民之家，但有一人为商贾者，亦不许穿绸纱。"④商品经济是民事法制和民事诉讼发达的经济基础，小农经济与重农抑商政策严重影响了商品经济的发达，必然导致中国古代的民事法制和民事诉讼无法正常发展。

再次，从思想上说，儒家"重义轻利"的主张影响了民事法制的

---

① 《史记》卷六《秦始皇本纪》。
② 《史记》卷三十《平准书》。
③ 同上。
④ 《明会要》卷五十三《食货一·劝农桑》。

发达。儒家强调义对规范人伦关系的重要意义,提出了"重义轻利""先义后利"的主张。荀子说:"先义而后利者荣,先利而后义者辱。"[1]在儒家"重义轻利"思想的影响下,民间社会的利益诉求和权利表达受到了压制,个人权利的观念在古代社会也无法得到发展。因此,人们往往对争取利益的民事诉讼持消极甚至否定的态度,认为诉讼只能获得蝇头小"利",而不利于弘扬仁义,不值得提倡。如裕谦就提出:"人既好讼,则居心刻薄,非仁也。"[2]

古代民事诉讼不发达,表现在以下几个方面:

第一,民刑概念模糊,区分不明确。在西周时期,《周礼》的记载表明当时刑(狱)、民(讼)区分相当清晰。但秦汉以后并未沿用西周民刑分类的表述,而主要根据案件的类型以及刑罚的有无与大小分为"重案"与"细故"。将奸、盗、诈伪、人命等案件称为"重案"或"重事";将户婚、田土、钱债、继承、斗殴相争等案件称为"细故""词讼"或"小事"。到明清时期表述更加典型。因此,古代所称的"细故",并非完全相当于现代意义上的民事案件与民事诉讼,还包括一部分现代意义上处罚较轻的刑事案件。

第二,从法律上来看,中国古代的立法,是以刑为主、民附于刑的,大量的财产家庭婚姻纠纷,采用刑事手段解决。《唐律》中的户婚篇、明清律中的户律,规定的都是田宅钱粮家庭婚姻等事,以今观之,多属民事,但当时相当一部分规定在刑律里并科以刑罚,大大压缩了民事案件的范围。如《唐律》规定,负债违契不偿的,许嫁女已报婚书及有私约而悔婚的,都要处刑。

第三,从诉讼程序上来说,民事案件并无专门的诉讼程序,基本

---

[1] 《荀子·荣辱》。
[2] (清)裕谦:《戒讼说》,载《勉益斋偶存稿》卷一,《清代诗文集汇编》第579册,上海古籍出版社2010年版,第12页。

上采用刑事案件的诉讼程序。在古代历来是"诉讼断狱,附见刑律",诉讼法没有专门法典而只是作为刑律中的一部分内容加以规定,如《唐律》之斗讼(讼部分)、捕亡和断狱,明清律之诉讼、捕亡、断狱等。但这些都是刑事诉讼法而不是民事诉讼法,对于古代民事诉讼程序只有零散法律规定,故在诉讼程序上基本没有刑民之分,而是一套程序,审理田宅钱债家庭婚姻案件,原则上也适用刑律上所规定的诉讼程序。

以上三个方面说明,古代法律、司法"重刑轻民",古代在实体法、诉讼法上都以刑为主,刑民混合。但古代刑民也并非毫无区别。户婚等"细故"案件与叛逆杀伤盗窃等重案,毕竟有所不同,因而两者在诉讼程序上也有所差异。首先,有的朝代法官在两类案件上有明确的分工,如唐朝州的司法参军、县的司法佐、史掌刑狱案件;州的司户参军、县的司户佐、史掌户婚案件。宋朝京师设有判官推官四人、司录参军一人分掌刑狱和户婚案件。其次,刑讯的主要对象是重罪被告人,户婚案件重在教化息讼,一般不拷讯。再次,对户婚类案件,县一级官府一般有权定判并直接执行,不必上报。最后,有的朝代,如明清,法律规定:官吏作为户婚诉讼当事人,允许家人代理。

根据史籍和出土文献的记载,早在周朝时已经出现不定罪处刑的民事案件,并且已经有了狱、讼的概念区分,从秦汉至明清,特别是明清时期,民事案件数量相当大。但因种种因素限制了民事诉讼的发达,且无独立的民事诉讼程序。因此,否定古代民事诉讼的存在或夸大民事诉讼的发达程度均不符合历史真实情况。

总体而言,四千年的中国古代司法制度史,是一部司法文明发展史,彰显明德慎刑,公正断狱,强化治吏监察,重视教化调解,凝聚着古代统治者运用司法手段治国理政的智慧和经验;中国古代司法制度史又是一部服务于君主专制统治的的历史,纠问制诉讼,刑讯逼供,供重于证,浸透着血腥气味。因此我们必须以历史唯物主义的观点来研究古代司法制度,既要珍惜和传承优良的司法文明,又要批判和摈弃某些不文明的司法糟粕,鉴古观今,古为今用,以助推今日中国社会主义现代化民主化法治化司法制度的宏伟建设!

第 一 章
司 法 机 构

伟大的中华文明历史悠久,司法文明也源远流长。根据史料记载和考古发掘,距今约4500年前,传说中的黄帝是统一中原的部落联盟领袖①,当时大体已步入国家门槛,出现了国家机器的雏形。据载,黄帝战胜蚩尤后,"而诸侯咸尊轩辕为天子,代神农氏,是为黄帝"②。黄帝设中央管理机构,并"置左右大监,监于万国",还拥有军队,"以师兵为营卫"③。在法律和司法方面则有"黄帝李法"的传说。《汉书·胡建传》记载:"《黄帝李法》曰:'壁垒已定,穿窬不由路,是谓奸人,奸人者杀。'"颜师古注曰:"李者,法官之号也,总主征伐刑戮之事也,故称其书曰《李法》。"④《通鉴前编外记》记载:"李,古官,即大理之职也。"古代刑始于兵,"李"集军队指挥官与法官于一身,这是当时官职的一个特色。以上史料表明,"李"是古代传说中最早的法官,但关于"李"的传说《史记》中未有记载,可信度不大。

我国史学界主流观点认为,中国早期奴隶制国家的第一个王

---

① 考古工作者已在河南淮阳县平粮台发现一座相当于炎帝、黄帝时代的古城遗址。
② 《史记》卷一《五帝本纪》。
③ 同上。
④ 《汉书》卷六十七《杨胡朱梅云传》。

第一章 司法机构

朝——夏朝建立于公元前21世纪①,距今约四千多年。夏朝经历了约五百年,为商所代。② 商朝经历了约六百年,为周所灭。夏商两朝约一千年为我国早期的奴隶制国家。司法活动是伴随国家的产生而产生的,因此,本书所称的司法机构从夏朝开始叙述。

司法通常是指审判案件的活动,旨在解决纠纷、惩罚犯罪、定分止争。本章主要阐述审判机构,包括与审判活动有关的行政机构。中国古代监察机构享有监督审判、参与审判的权力,但这部分内容设为专章阐述,故不在本章展开。

第一节 中央司法机构

一、夏、商、西周、春秋战国时期的中央司法机构

夏是中国古代第一个奴隶制国家。夏朝最高统治者称为"后"③(王),拥有至高无上的权力。据载,夏朝已经有了法律,"夏有乱政,而作《禹刑》"④,并设有司法官。皋陶(gāo yáo)(见图1-1)相传是古代第一位司法长官,据《史记·五帝本纪》记载:"舜曰:'皋陶,蛮夷猾夏,寇贼奸宄,汝作士,五刑有服,五服三就;五流有度,五度三居:维明能信'";"皋陶为大理,平,民各伏得其实"。⑤《史记·夏本纪》也有"皋陶作士以理民"⑥的记载。尽管皋陶的事迹难以考证,但后

---

① 根据李学勤教授主持的国家"九五"重点科技攻关项目"夏商周断代工程"公布的《夏商周年表》,夏朝约建立于公元前2070年,该年表已经为较多的中国古代史教科书所采用。
② 根据上注中的《夏商周年表》,商朝约建立于公元前1600年。
③ 夏王朝的最高统治者称为"后",史料多有记载,如《白虎通·杂录》载:"夏称后者,以揖让受于君,故称为后";《吕氏春秋·先己》载:"夏后伯启与有扈战于甘泽而不胜,六卿请复之"。
④ 《左传·昭公六年》。
⑤ 《史记》卷一《五帝本纪》。
⑥ 《史记》卷二《夏本纪》。

人通常将皋陶奉为法官的始祖。

图1-1　皋陶被奉为中国古代法官的鼻祖①

商朝的国家管理模式较夏朝有所完善。在商王之下,掌管司法的长官为司寇,属官有正、史等,负责处理中央以及地方的司法案件。商朝重视鬼神之说,占卜之术盛行,大到国家的对外战争,小到官员的任免、某个普通案件的定罪量刑,都需要通过占卜来决定,因此商朝存在一个庞大的以占卜为主要工作的"贞人集团",他们参与到司法活动中,实际上把持着国家的司法权。现存甲骨卜辞中有

---

① 图片引自(明)王圻、王思义编集:《三才图会》,上海古籍出版社1988年版,第588页。

第一章 司法机构

"兹人刑否"的记载,就是通过占卜来确定是否用刑。①

公元前11世纪②,武王灭商,建立了周王朝,史称西周。西周是古代奴隶制国家的强盛期。西周的司法机构较以往有了很大发展,《周礼·秋官》中对此有详细的记载。尽管《周礼》一书所载的西周典章制度是否完全真实,历来存有争论,但不应否定其具有很高的史料价值。③

按照《周礼》的记载,西周的职官被分为天、地、春、夏、秋、冬六个体系,各掌其职。④ 其中,处理司法事务的主要为秋官体系,其最高长官为大司寇。大司寇的主要职能是"掌建邦之三典,以佐王刑邦国诘四方"⑤。大司寇为司寇组织中的最高长官,位列卿等,主要协助周王全面掌理司法刑狱事务。大司寇下设众多从事司法事务的属官,负责不同的事务或同一事务的不同阶段,构成了一个庞大的司法官僚系统,并有严格的职权划分。在中央一级主要有:小司寇、士师、司刑、司刺、司约、司盟、职金、司厉、司圜、掌囚、掌戮、司隶、布宪、禁杀戮、禁暴氏、雍氏、萍氏。这些属官的具体执掌如下:

1. 小司寇,中大夫,二人。《周礼·秋官·小司寇》载:"小司寇之职,掌外朝之政";"以五刑听万民之狱讼,附于刑,用情讯之;至于旬乃弊之,读书则用法";"以五声听狱讼,求民情";"以八辟丽邦法,附刑罚";"以三刺断庶民狱讼之中";"岁终则令群士计狱弊

---

① 参见胡留元、冯卓慧:《夏商西周法制史》,商务印书馆2006年版,第273页。
② 根据《夏商周年表》,约在公元前1046年。
③ 对于《周礼·秋官》的司法机构,学者看法不一:当前出版的法律制度史著作,主要根据《周礼·秋官》来阐述西周司法制度;视《周礼》为伪书者,则对其中记载的法制一概否定。不少学者认为,《周礼》的设官分职虽带有很大的理想成分,但其史料价值不能一笔抹杀。(温慧辉:《〈周礼·秋官〉与周代法制研究》,法律出版社2008年3月版,第132页。)另有研究者指出,金文资料中对司法组织与司法制度的记载与《周礼》基本吻合,有的完全一致,因此《周礼》的史料价值不容忽视(胡留元、冯卓慧:《夏商西周法制史》,商务印书馆2006年版,第542页)。
④ 天官冢宰,掌邦治;地官司徒,掌邦教;春官宗伯,掌邦礼;夏管司法,掌邦政;秋官司寇,掌邦禁;冬官掌营造。
⑤ 《周礼·秋官·大司寇》。

讼";"正岁,帅其属而观刑象,令以木铎曰:'不用法者,国有常刑。'令群士。乃宣布于四方,宪刑禁"。① 小司寇主要掌理外朝的政事。小司寇采取"五刑""五听""三刺"的方法来处理案件,"五刑"即"墨、劓、剕、宫、大辟","五听"即"辞听、色听、气听、耳听、目听","三刺"即"讯群臣、讯群吏、讯万民";小司寇还负责八辟之法的施行,也就是对八种特殊人物做出减免刑罚的处理;每年岁终,小司寇命令下属司法官统计本年度审结案件的数量;正月初一,率领下属观看刑法条文,手摇木铎告诫说:"对于不遵守法律的,国家有常设的刑罚予以处罚"。同样以此来告诫群士,并向四方公告刑禁。

2. 士师,下大夫,四人。《周礼·秋官·士师》载:"掌国之五禁之法,以左右刑罚";"以五戒先后刑罚,毋使罪丽于民";"掌官中之政令,察狱讼之辞,以诏司寇断弊讼,致邦令";"掌士之八成"。② 士师的职责包括:执掌"五禁之法",也即"宫禁、官禁、国禁、野禁、军禁";采用"五戒"来辅助刑罚,也就是预先告诫民众,以免民众因不知戒令而犯罪;辅助大司寇掌管政令,审察狱讼的言辞,以向大司寇提供判决的参考意见并提供国家的法令依据;掌管"八成之法",也就是八类案件的断案成例。③

3. 司刑,中士,二人。《周礼·秋官·司刑》载:"司刑掌五民之法,以丽万民罪";"若司寇断狱弊讼,则以五刑之法诏刑罚,而以辨罪之轻重。"④司刑掌管五刑之法,辅助大司寇审辨定罪量刑是否适当,从而对犯罪者实施不同的刑罚。

4. 司刺,下士,二人。《周礼·秋官·司刺》载:"司刺掌三刺、

---

① 《周礼·秋官·小司寇》。
② 《周礼·秋官·士师》。
③ 郑司农云:"八成者,行事有八篇,若今时决事比。"也即八种断案的成例,具体指:邦汋(盗取国家机密)、邦贼(犯上作乱)、邦谍(间谍)、犯邦令(违反王的教令)、挢邦令(假冒王命)、邦盗(盗窃国家宝藏)、邦朋(结党营私)、邦污(污蔑官长)。
④ 《周礼·秋官·司刑》。

第一章 司法机构

三宥、三赦之法,以赞司寇听狱。"①司刺以三刺、三宥、三赦之法辅助大司寇审理案件,三刺是指听取群臣、群吏、万民的意见;三宥是对于三种情况给予宽宥处理;三赦是对三类人给予赦免。

5. 司约,下士,二人。《周礼·秋官·司约》载:"司约掌邦国及万民之约剂";"若有讼者,则珥而辟藏,其不信者负墨刑。若大乱,则六官辟藏,其不信者杀。"②司约掌管契约券书事宜。因契约而发生的诉讼,要通过核对契约进行处理。

6. 司盟,下士,二人。《周礼·秋官·司盟》载:"司盟掌盟载之法。凡邦国有疑会同,则掌其盟约之载及其礼仪";"凡民之有约剂者,其贰在司盟。"③司盟掌管订立盟辞的礼仪,包括诸侯国之间订立盟约的礼仪。民众之间订立契约券书的,其副本要收藏在司盟那里。

7. 司厉,下士,二人。《周礼·秋官·司厉》载:"司厉掌盗贼之任器,货贿。"④司厉掌管收缴的盗贼所用的兵器与盗窃的财物。

8. 司圜,中士,六人。《周礼·秋官·司圜》载:"司圜掌收教罢民。"⑤司圜掌管收容那些不愿劳动、不服教化的人。详见监狱制度一章。

9. 掌囚,下士,十二人。《周礼·秋官·掌囚》载:"掌囚掌守盗贼。凡囚者:上罪梏拲而桎,中罪桎梏,下罪梏。"⑥掌囚负责看守盗贼等在押囚犯。

10. 掌戮,下士,二人。《周礼·秋官·掌戮》载:"掌戮掌斩杀贼谍而搏之。"⑦掌戮负责斩杀盗贼和间谍,也就是死刑的执行者。

---

① 《周礼·秋官·司刺》。
② 《周礼·秋官·司约》。
③ 《周礼·秋官·司盟》。
④ 《周礼·秋官·司厉》。
⑤ 《周礼·秋官·司圜》。
⑥ 《周礼·秋官·掌囚》。
⑦ 《周礼·秋官·掌戮》。

11. 布宪,中士,二人。《周礼·秋官·布宪》载:"掌宪邦之刑禁。"①布宪负责公布国家的刑法禁令。

12. 禁杀戮,下士,二人。《周礼·秋官·禁杀戮》载:"禁杀戮掌司斩杀戮者,凡伤人见血而不以告者、攘狱者、遏讼者、以告诛之。"②禁杀戮掌管稽查杀人、伤人的案件,被害人无法提出控告,或者被害人告官但被拒绝受理,或者有阻挠被害人进行诉讼的,禁杀戮查明后要报告司寇加以诛杀。

13. 禁暴氏,下士,六人。《周礼·秋官·禁暴氏》载:"禁暴氏掌禁庶民之乱暴力正者,挢诬犯禁者,作言语而不信者,以告诛之。"③对于暴乱和恃强凌弱以力服人的人,托名欺诈违反禁令的人,造谣生事散布不实言论的人,禁暴氏查明后报告司寇予以处罚。

需要说明的是,首先,小司寇的职能在《周礼》中虽有记载,但是有学者认为西周的司寇并没有区分大小,即便有也难以形成定制。真正形成大、小司寇定制是在春秋时期。④ 其次,当时的司寇虽然是专职的中央司法机构,但是有权处理司法事务的并不限于司寇。在中央一级,司徒、司马、司空可以兼任司寇,理论上皆可参与审理案件,但是若没有兼任司寇,他们就只能在自己的职权范围内处理轻微的犯罪案件或者民间纠纷,重大的犯罪案件仍由司寇执掌。此外,《周礼·地官·大司徒》记载:"凡万民之不服教而有狱讼者,与有地治者听而断之,其附于刑者,归于士。"⑤意思是地方官吏处理本辖区内的案件,当需要适用刑罚的时候,应由"士"负责,无需动用刑罚的则可以由地方行政官员自行处理。作为地官属官的山虞、林衡

---

① 《周礼·秋官·布宪》。
② 《周礼·秋官·禁杀戮》。
③ 《周礼·秋官·禁暴氏》。
④ 参见胡留元、冯卓慧:《夏商西周法制史》,商务印书馆2006年版,第544—545页。
⑤ 《周礼·地官·大司徒》。

第一章 司法机构

在其执掌的林木管理事务中也有类似的权力。

公元前770年，平王东迁，定都洛邑，史称东周，也就是春秋战国时期。春秋战国是中国历史上剧烈动荡的时期，在思想领域，各派学说百家争鸣。一些诸侯国在变法图强的背景下，提高了律法在国家治理中的地位，颁布的成文法数量激增，司法审判事务及专职官吏的重要性日益突出。著名的"曹刿论战"的故事就反映了审判在国家职能中的重要性。《左传·庄公十年》载："公曰：'小大之狱，虽不能察，必以情。'对曰：'忠之属也。可以一战。'"①鲁庄公的意思是，审判案件，虽然不能做到每一个案件都查清楚，但一定要做到合乎情理。曹刿认为这样就可以对敌国开战了。

春秋时期各诸侯国对司法官的称谓各有不同，例如鲁国沿用周制，仍称"司寇"，孔子就曾担任过这一职务②；齐国称为"士"；晋国称为"理"或者"士"，《左传·昭公十四年》记载："晋邢侯与雍子争鄐田，久而无成。士景伯如楚，叔鱼摄理，韩宣子命断旧狱，罪在雍子。"杜预注云："士景伯，晋理官"③；楚国、陈国则称之为"司败"，《左传·文公十年》载："惧而辞曰：'臣免于死，又有谗言，谓臣将逃，臣归死于司败也。'"④注曰："陈、楚名司寇为司败。"虽然称谓各有不同，但是就其职能而言与西周时并没有实质性变化，依然主掌刑狱、治安等事务。作为"理狱之官"的"士"在先秦文献中多次出现，例如《左传·成公十八年》载："齐侯使士华免以戈杀国佐于内宫之朝"⑤，其中"士"被解释为掌刑的官员，"士者为士官也，士官掌

---

① 《左传·庄公十年》。
② 《史记》卷四十七《孔子世家》载："定公十四年，孔子年五十六，由大司寇行摄相事，有喜色。"
③ 《左传·昭公十四年》。
④ 《左传·文公十年》。
⑤ 《左传·成公十八年》。

刑"。《论语》中也有"柳下惠为士师"①，"孟氏使阳肤为士师"②的记载，士师均被解释为典狱之官。

虽然在春秋时代已有司法官员的设置，但是这并不表明所有的司法事务均由他们承担，特别是对于一些重大疑难的案件，很多情况下需要交付高级行政官员审理，或者由诸侯亲自审理。例如据《左传·昭公元年》记载，郑国子南与子皙争妻的纠纷就是由当时的执政子产解决的。据《左传·庄公三十年》记载，虢公奉命讨伐叛乱的樊皮，最后对樊皮的处罚仍由王决定，"入樊，执樊仲皮，归于京师"③。总的来说，"士"或者"理"对于一般的案件具有管辖权，但是，对于关乎国家政权稳定的谋逆类案件以及当事人身份特殊、地位较高的案件，通常会交由诸侯或者公卿进行审判。

战国时期，各诸侯国中央司法官员的名称也不一致。例如韩赵魏三国沿用司寇，齐国则称士师，《孟子·梁惠王下》载："士师不能治士，则如之何？"④赵岐注："士师，狱官吏也。"秦国称廷尉，这一称谓对后世影响很大。关于"廷尉"一词的含义，大致有三种解释，一说以应劭为代表，延续刑起于兵的先民传统，"听狱必质诸朝廷，与众共之，兵狱同制，故称廷尉。"⑤二说以颜师古为代表，曰："廷，平也，治狱贵平，故以为号。"⑥三说是韦昭的解释："韦昭《辨释名》曰：'廷尉、县尉皆古尉也，以尉尉人也。凡掌贼及司察之官皆曰尉。尉，罚也，言以罪罚奸非也。'"⑦对于上述几种解释，沈家本认为颜师

---

① 《论语·微子》。
② 《论语·子张》。
③ 《左传·庄公三十年》。
④ 《孟子·梁惠王下》。
⑤ 《汉书》卷十九《百官公卿表》注引。
⑥ 同上。
⑦ 《太平御览》卷二百三十一《职官部二九·大理卿》。

第一章 司法机构

古为最佳。① 楚国则称廷理,《说苑·至公》载:"楚令尹子文之族,有干法者,廷理拘之。闻其令尹之族也而释之。子文召廷理而责之曰:'凡立廷理者,将以司犯王令而察触国法也……今弃法而背令而释犯法者,是为理不端,怀心不公也,岂吾营私之意也,何廷理之驳于法也。"②《韩非子·外储说右上》载:"荆庄王有茅门之法曰:'群臣大夫诸公子入朝,马蹄践霤者,廷理斩其辀,戮其御。'于是太子入朝,马蹄践霤,廷理斩其辀,戮其御。太子怒,入为王泣曰:'为我诛戮廷理。'王曰:'法者,所以敬宗庙,尊社稷。故能立法从令尊敬社稷者,社稷之臣也,焉可诛也?'"③由此可见廷理作为中央司法官员,享有较高的权威。

二、秦、汉、魏晋南北朝时期的中央司法机构

公元前221年,秦始皇一统六国,建立了中国历史上第一个统一的专制主义中央集权王朝。秦朝继承和发展了商鞅变法以来的法家治国思想,律令数量急剧增长,中央司法机关的设置趋于完备并更加专门化。

秦设置了以三公列卿为核心的中央政府机构。三公为丞相、太尉、御史大夫,分掌行政、军事和监察,对于一些重大案件,丞相与御史大夫会参与审理。列卿中有廷尉,是专掌司法刑狱的官员。《汉书·百官公卿表》记载:"廷尉,秦官,掌刑辟,有正、左右监,秩皆千石。"④廷尉的属官,有廷尉正、廷尉监等。秦朝廷尉的职能,包括审理涉及中央百官的案件,审理地方上报的疑难案件,审理皇帝直接交办的案件,即所谓的"诏狱"。作为秦朝的中央司法机构,廷尉较

---

① 参见(清)沈家本撰,邓经元、骈宇骞点校:《历代刑法考》,中华书局1985年版,第1966页。
② 《说苑·至公》。
③ 《韩非子·外储说右上》。
④ 《汉书》卷十九《百官公卿表》。

前代的进步之处在于职权的专属性更强,廷尉此时的职能集中于审理案件,不再参与军事与治安管理,从而成为一个专职的司法机构和司法长官。

汉承秦制,中央司法机构的设置与秦朝并无太大区别,但仍有一些微小的变化。汉初,廷尉是中央最高司法机构,位列九卿之一,地位颇为尊贵。汉景帝时曾一度将廷尉更名为大理,武帝时恢复,哀帝时又改为大理,王莽篡汉后还曾一度改为士,东汉光武帝时又恢复为廷尉,此后一直沿用。《后汉书·百官二》载:"廷尉,卿一人,中二千石……正、左监各一人,左平一人,六百石。"①西汉时有左、右监、平,到东汉时,将右监、右平撤去。廷尉的主要属官有:廷尉正,主决疑狱,可以代表廷尉参与杂治诏狱,也可以单独断案,是地位仅次于廷尉的官员;廷尉左右监(东汉时仅设左监),负责逮捕罪犯;廷尉左右平(东汉时仅设左平),掌理诏狱。另有廷尉史、奏谳掾、奏曹掾等属吏。

作为汉朝的中央最高司法机构,廷尉的主要职能包括:首先,掌理地方移送的重大疑难案件。《汉书·刑法志》记载高祖七年制诏御史:"狱之疑者,吏或不敢决,有罪者久而不论,无罪者久系不决。自今以来,县道官狱疑者,各谳所属二千石官,二千石官以其罪名当报之。所不能决者,皆移廷尉,廷尉亦当报之。廷尉所不能决,谨具为奏,傅所当比律令以闻。"②由此可知,廷尉接受移送的案件主要是地方县令上报郡守,郡守亦无法处理的疑难案件。其次,对于一些特殊案件,廷尉参与"杂治",即会同丞相、御史大夫等其他官吏共同审理。例如《汉书·王嘉传》载:"初,廷尉梁相与丞相长史、御史中丞及五二千石杂治东平王云狱。"③若案件发生在京师之外,案情又

---

① 《后汉书》志第二十五《百官二》。
② 《汉书》卷二十三《刑法志》。
③ 《汉书》卷八十六《何武王嘉师丹传》。

第一章 司法机构

十分重大,中央会委派包括廷尉在内的高级官吏赴地方与地方官员一起办案。例如在武帝时,江充"诣阙上书"告发赵国太子丹,武帝接到上书后,"遣使者诏郡发吏卒围赵王宫,收捕太子丹,移系魏郡诏狱,与廷尉杂治,法至死"。① 最后,廷尉审理皇帝直接交办的案件,即所谓的"诏狱","诏狱"案例甚多,本章第三节也有涉及。

自西汉以来,出现了将司法权分配给内廷尚书台官员的趋势。尚书台官员原本只是皇帝内廷的服务人员,但是随着皇权的日益膨胀,内廷逐渐侵夺了外廷的权力,包括原本廷尉所享有的司法权。尚书最初分为四曹,汉成帝时期,增加了三公曹,"主断狱"②;东汉光武帝时期将三公曹的职能改为"主岁尽考课诸州郡政",而以二千石曹"掌中都官水火、盗贼、词讼、罪法"③,故又称贼曹。尚书台官员分掌司法事务,这是后世隋唐设立刑部的制度渊源。

东汉末年,天下大乱,诸侯并起,自公元220年曹丕代汉至公元589年隋文帝灭陈,期间近400年,是三国两晋南北朝时期。在中国古代法制发展史中,这是一个承前启后的时代。在司法机构的设置上,既有继承又有发展变化,为后世奠定了基础。

三国时期,魏、蜀、吴三个政权中央机构的设置仍主要沿袭汉朝的做法,设廷尉掌管刑狱司法;两晋时,廷尉作为九卿之一,掌握实权,一直发挥着重要的作用,被认为是不可或缺的高官之一。东晋桓温曾上表曰:"古以九卿综事,不专尚书,故重九棘也,今事归内台,则九卿为虚设之位。唯太常、廷尉职不可缺,其诸员外散官及军府参佐,职无所掌者,皆并……临时权兼,事讫则罢。"④ 可见,廷尉与其他因事而设的官员相比,其职权内容始终相对稳定,与掌理宗庙

---

① 《汉书》卷四十五《蒯伍江息夫传》。
② 《通典》卷二十三《职官五·刑部尚书》。
③ 《通典》卷二十三《职官五·刑部尚书》,蔡质撰《汉官典职仪式选用》"法"作"眷"。
④ 《太平御览》卷二百三《职官部一·总叙官》。

礼仪的太常一样，属于不可或缺的官职。廷尉的主要属官有廷尉正、廷尉监、廷尉平，号称"廷尉三官"，在属官之中最为重要。《晋书·职官志》载："廷尉，主刑法狱讼，属官有正、监、评（平），并有律博士员。"①"廷尉三官"是必须参加开庭审判的官员。此外，廷尉的属官还有少卿、丞、主簿、狱丞、司直、律博士、明法掾、槛车督等。晋朝廷尉管辖的案件主要有：政治性的案件，此类案件犯罪人的身份往往比较特殊，或者案情比较严重；从地方移送的疑难、重大案件；有身份的官员公卿之间发生的案件。

尚书台官员参与司法的做法，在三国两晋时期有所变化。曹魏不设三公、二千石曹，魏明帝时曾设都官曹郎，但只是"佐督军事"。②《唐六典》载："晋初，依汉置三公尚书，掌刑狱；太康中，省三公尚书，以吏部尚书兼领刑狱。"③东晋时也没有设置三公尚书。

公元420年，刘裕代东晋而建刘宋，南北朝开始。北朝虽为少数民族政权，却汲取汉族文化与典章制度的精华，颇多改革举措。

（1）北魏初期设有廷尉一职，孝文帝太和十七年（公元493年），定为正二品上。北魏时廷尉主要属官的名称、职能如下：① 廷尉少卿：在孝文帝太和十七年时设立，为廷尉的副职，《太平御览》载："后魏《职令》曰：'廷尉少卿……请用思理平断明刑识法者。'"④ ② 司直：孝文帝太和中置，属于廷尉属官，专掌刑狱。司直的人选往往由皇帝亲自决定。在孝文帝之后，司直一职曾被废罢，孝庄帝时期复设，"后魏永安二年，置司直十人，视五品，隶廷尉，位在正、监上，不署曹事，唯复理御史检劾事"⑤。此时，虽名义上仍是廷尉属官，但其职能主要是对御史检察弹劾的案件进行复审。③ 廷尉正、

---

① 《晋书》卷二十四《职官》。
② 《通典》卷二十三《职官五·刑部尚书》。
③ 《唐六典》卷六《尚书刑部》。
④ 《太平御览》卷二百三十一《职官部二九·大理少卿》。
⑤ 《通典》卷二十五《职官七·大理卿》。

第一章 司法机构

廷尉监、廷尉评(平)。④ 廷尉丞：地位仅次于廷尉正、监、评(平)。
⑤ 律博士：两晋时从属廷尉，开始成为司法官，负责依法定刑。
⑥ 狱丞与狱掾：其主要职责是掌理狱政。

至北齐年间，廷尉正式更名为大理寺，"寺"为官署，"大理"是最高审判的意思。这是中国司法制度史上的一次重要变革，后世封建王朝几乎都沿用了这个名称。北齐大理寺主要的建制如下：长官为大理寺卿一人，副长官大理寺少卿一人，主要协助大理寺卿处理审判事务；另有正、监、评(平)各一人，律博士四人，明法掾二十四人，槛车督二人，掾十人，狱丞二人，狱掾二人，司直十人，明法十人。

（2）北魏设都官尚书，为诸曹中掌理刑狱的官员。史载太武帝时，窦瑾"征为殿中、都官尚书……还京，复为殿中、都官，典左右执法"①。"北齐都官统都官(掌畿内非违得失)、二千石(掌畿外得失)、比部、水部、膳部五曹。又有三公曹，掌诸曹囚帐、断罪、赦日建金鸡等事(又掌五时读时令)，属殿中尚书。"②北周官制依据《周礼》而定，"有秋官大司寇卿，掌刑邦国，其属官又有刑部中大夫，掌五刑之法"③。

南朝主要沿袭魏晋旧制，中央司法机构的设置并无实质性的变化。宋、齐均设置廷尉。"梁国初建，曰大理，天监元年，复改为廷尉……有正、监、平三人。元会，廷尉三官与建康三官"④，"皆法冠玄衣朝服，以监东、西、中华门……陈因之"⑤。

刘宋设置有三公、比部二曹，"主法制"⑥，隶属于吏部尚书。都官尚书"主军事刑狱"⑦，而依据《唐六典》的记载，都官尚书"掌京师

---

① 《魏书》卷四十六《列传第三十四》。
② 《通典》卷二十三《职官五·刑部尚书》。
③ 同上。
④ 天监元年，诏建康狱依廷尉三官置正、监、平，称"建康三官"。
⑤ 《通典》卷二十五《职官七·大理卿》。
⑥ 《宋书》卷三十九《百官上》。
⑦ 同上。

非违得失事,兼掌刑狱"①。齐、梁、陈皆设有都官尚书。《南齐书·百官志》载:"吏部尚书领吏部、删定、三公、比部四曹"②,其中后二曹皆主法制;"梁陈皆有比部曹"③,行使司法职权。

总的来说,魏晋南北朝时期中央司法机构的演变有以下两点:第一,中央司法机构从廷尉变为大理寺。这意味着在机构长官与机构本身之间作出了区分,不再将机构长官的名称作为机构的名称,反映了司法机构设置的逐渐完善。第二,大理寺(廷尉)作为中央司法审判机构,其审判职能得到了进一步的凸显。大理寺(廷尉)专司审判,其余的司法行政事务则归属其他部门,原本统合的司法事务开始有了区分。在此之后,司法事务从原来由一个机构独掌转变成为由两个(大理寺、刑部)甚至三个(大理寺、刑部、都察院)机构分割。

三、隋、唐时期的中央司法机构

公元581年,杨坚建立隋朝,统一了全国,结束了魏晋南北朝时期的动乱局面。隋朝统治时间较短,公元618年被唐取代。唐朝是中国古代封建社会最强盛的时期,也是古代法制文明的鼎盛时期和封建司法制度臻于完备的时期。

隋唐时期形成了以三省六部制为核心、各寺院为辅助的国家管理机构。其中,司法职权归属于大理寺和刑部,这两者之间有着基本的分工:大理寺主要负责审判事务,刑部主要负责司法行政事务。下面着重阐述大理寺、刑部设置的基本情况。

隋初采北齐之制设置大理寺,大理寺正副长官为卿、少卿,主要属官是正、监、评(平)各一人,另设司直十人,律博士八人,明法二十

---

① 《唐六典》卷六《尚书刑部》。
② 《南齐书》卷十六《百官》。
③ 《通典》卷二十三《职官五·刑部尚书》。

第一章 司法机构

人,狱掾八人。开皇三年(公元583年)时,又下令"罢大理寺监、评(平)、及律博士员"。① 两年之后,下诏曰:"其大理律博士、尚书刑部曹明法、州县律生,并可停废。"②炀帝时对大理寺进行了变革,"加置少卿二人"③,将大理寺丞改为勾检官,增为十六人,"分判狱事"④。司直人数增为十六人,又"置评事四十八人,掌与司直同"⑤。由此可见大理寺的规模在扩大。

隋朝的尚书省⑥最初有吏部、礼部、兵部、都官、度支、工部六曹,都官曹此时是主司,"都官尚书统都官侍郎二人,刑部、比部侍郎各一人,司门侍郎二人"⑦,其中都官侍郎执掌"非违得失事"⑧,刑部侍郎"掌刑法"。⑨ 开皇三年(公元583年),"改都官为刑部尚书,统都官、刑部、比部、司门四曹"⑩,从此刑部成为主司,四曹长官分别是刑部郎(炀帝时改为宪部郎)、都官郎、比部郎、司门郎,"都官郎曹遂改掌簿录配没官私奴婢,并良贱诉竞、俘囚之事"。⑪ 此时的刑部主掌的是包括律令、司法文书、社会治安等在内的司法行政事务。

大理寺和刑部虽然各自有所执掌,但是二者之间的职能界限并不明确。例如在死刑复核程序上,直到开皇十二年(公元592年)才正式区分了刑部与大理寺之间的具体分工:"诸州死罪,不得便决,

---

① 《隋书》卷二十八《百官下》。
② 《隋书》卷二十五《刑法》。
③ 《通典》卷二十五《职官七·大理卿》。
④ 同上。
⑤ 同上。
⑥ 隋政权承袭北周,最初在官制上依据《周礼》,设天、地、春、夏、秋、冬六官,其中秋官府以大司寇卿为长,小司寇上大夫二人为副,主掌检察司法刑律。隋文帝在开皇三年(公元583年)对中央机构进行了改革,废除北周六官之制,代之以"汉魏旧制",复用北齐之制,逐步确立了三省六部制的中央官制体系。
⑦ 《隋书》卷二十八《百官下》。
⑧ 《唐六典》卷六《尚书刑部》。
⑨ 同上。
⑩ 《通典》卷二十三《职官五·刑部尚书》。
⑪ 《唐六典》卷六《尚书刑部》。

悉移大理案复,事尽然后上省奏裁。"①

唐朝继承和发展了隋朝的中央机构设置模式。唐朝的三省六部是整个中央政府运行的中枢。三省的长官分别为:中书省中书令、门下省门下侍中、尚书省左右仆射。三省在司法方面的职权主要表现为参与重大案件的审理。三省的长官对于判处死刑的案件要进行"集议",这是三省长官参与司法的主要形式之一。中书省负责执行具体职务的官员是中书舍人,据《唐六典》载:"(中书舍人)凡察天下冤滞,与给事中及御史三司鞠其事"②。可见中书舍人在司法方面的主要职权就是与给事中、御史组成"三司"(这里的"三司"有别于由大理寺、刑部、御史台官员所组成的三司),审理冤滞案件。给事中则是门下省具体执行职务的官员,据《唐六典》载:"凡国之大狱,三司详决,若刑名不当,轻重或失,则援法例退而裁之";"凡天下冤滞未申及官吏刻害者,必听其讼,与御史及中书舍人同计其事宜而申理之"③。这里的"三司详决"又称"三司受事",指的是由给事中、中书舍人与御史共同办理冤滞案件,如果认为在定罪量刑方面不适当的,有权援引法条或案例来驳回并重审。

大理寺④是唐朝中央最高审判机构,"掌鞫狱,定刑名,决诸疑谳"⑤,也就是审理案件并对地方审判活动进行监督和管理。

根据《唐六典》的记载,大理寺的主要官员包括:大理寺卿、大理寺少卿、大理寺正、大理寺丞、司直、评事以及狱史、主簿、录事、掌固、亭长、问事等。大理寺卿是大理寺的长官,"掌邦国折狱详刑之事"⑥。其职权主要是复审疑难案件和冤案:"一曰明慎以谳疑狱,二

---

① 《隋书》卷二十五《刑法》。
② 《唐六典》卷九《中书省》。
③ 《唐六典》卷八《门下省》。
④ 隆朔二年改为详刑寺正卿,咸亨元年复为大理。光宅元年改为司刑寺,神龙元年复为大理寺。
⑤ 《通典》卷二十五《职官七·大理卿》。
⑥ 《唐六典》卷十八《大理寺》。

第一章 司法机构

曰哀矜以雪冤狱,三曰公平以鞫庶狱……凡诸司百官所送犯徒刑已上,九品已上犯除、免、官当,庶人犯流、死已上者,详而质之,以上刑部,仍于中书门下详覆。(其杖刑已下则决之)……凡中外官吏有犯,经断奏讫而犹称冤者,则审详其状。"①

大理寺少卿为大理寺卿的副贰,主要负责协助大理寺卿的工作,是大理寺的通判官。大理正"掌参议刑狱、详正科条之事。凡六丞断罪有不当者,则以法正之"②。具体的审判工作主要是由大理寺丞负责,大理寺设有六名寺丞,"六丞判尚书六曹所统百司及诸州之务。其刑部丞掌押狱。每一丞断事,五丞同押。若有异见,则各言不同之状也"③。可见,不论是哪位大理寺丞处理的案件,都需要其余五名大理寺丞一同署名方才有效,即使是不同的意见(类似于当下合议庭的少数意见)也可以一同署上。如果大理寺丞处理案件有所不当,大理寺正可以依照律法对他们进行内部处理。大理寺正不但有权监督大理寺丞的断狱工作,同时还担任监斩官,凡是内外官以及爵位在五品以上的官员罪至弃市的,须由大理寺正监督执行。

大理寺主簿是大理寺的勾检官,主要的职能是"掌印,省署抄目,勾检稽失"④。录事二人,"掌受事发辰"⑤,司直六人,"掌承制出使推覆,若寺有疑狱,则参议之"⑥。评事十二人,"掌出使推按"⑦,"凡承制而出推长吏,据状合停务及禁锢者,先请鱼书以往,据所受之状鞫而尽之"⑧。

唐朝法律规定:"凡吏曹补署法官,则与刑部尚书、侍郎议其人

---

① 《唐六典》卷十八《大理寺》。
② 同上。
③ 同上。
④ 同上。
⑤ 同上。
⑥ 同上。
⑦ 同上。
⑧ 同上。

之可否,然后注拟。"①大理寺官员的人选需要吏部与刑部商议,这在一定程度上反映出大理寺与刑部之间的关系。由于大理寺的审判结果往往需要经由刑部裁决,某些案件还需要与刑部等部门协同审理,二者多有合作,故大理寺官员的人选需经刑部的讨论是必要的;但刑部官员的任职则无需大理寺干预,这就体现出两个机构职责分工和地位的差异。

刑部是唐朝中央最高司法行政机构。刑部以尚书为主官,侍郎为副贰,他们的基本职能是:"掌天下刑法及徒隶勾复、关禁之政令。"②下设有主事、令史、书令史等属吏。

刑部共设有刑部司、都官司、比部司、司门司四个司。各司其职。刑部司为刑部本司,设郎中二人,员外郎二人。其余三司为子司,长官是郎中,员外郎为次长。刑部司的职能是:"掌贰尚书、侍郎,举其典宪,而辨其轻重。"③都官司的职能是:"掌配、没隶簿,录俘囚以给衣粮、药疗,以理诉竞、雪免。凡公、私、良、贱必周知之。"④比部司的职能是:"掌勾诸司百僚俸料、公廨、赃赎、调敛、徒役课程、逋悬数物,以周知内外之经费而总勾之。"⑤司门司的职能是:"掌天下诸门及关出入往来之籍赋而审其政。"⑥

总的来看,刑部的职能包括以下几个方面:第一,刑狱的复审,复核大理寺判处的流刑以下以及地方州县判处的徒刑以上案件。《唐六典》规定:"徒罪及流应决杖、笞若应赎者,即决配、征赎其大理及京兆、河南断徒及官人罪,并后有雪减,并申省司审详无失,乃覆下之;如有不当者,亦随事驳正。若大理及诸州断流已上若除、免、

---

① 《唐六典》卷十八《大理寺》。
② 《唐六典》卷六《尚书刑部》。
③ 同上。
④ 同上。
⑤ 同上。
⑥ 同上。

第一章　司法机构

官当者,皆连写案状申省案覆,理尽申奏;若按覆事有不尽,在外者遣使就覆,在京者追就刑部覆以定之。"①第二,与大理寺及御史台的官员组成"三司",审理各类重大疑难案件以及皇帝交付的案件。第三,管理官、私奴婢的名籍与放良。第四,内外官司财务的审计勾覆。第五,制定天下关口出入禁令。

御史台是唐朝的中央监察机构,其长官是御史大夫,"掌邦国刑宪典章之政令,以肃正朝列,中丞为之贰"②。在中唐之后,御史大夫几乎沦为虚衔,御史台的真正长官是御史中丞。唐朝御史台分为台院、殿院、察院,另在东都洛阳设有留台,各有不同的察举职能。御史台的相关内容将在第二章详述,此处不赘。

四、宋、元时期的中央司法机构

公元960年,赵匡胤灭后周建立宋朝,结束了五代十国的分裂割据状态。有宋一代,中央集权君主专制不断强化,这在司法制度方面也有所体现。

宋初延续了唐朝中央司法机构的基本格局,以刑部、大理寺、御史台为主要的中央司法机构。淳化二年(公元991年),增设了新的司法机构——审刑院。设立审刑院的初衷是"虑大理、刑部吏舞文巧诋"③。审刑院设于宫中,便于皇帝更加有效地掌控司法权,故而深得皇帝的青睐;同时,大理寺和刑部的职权因此被部分侵夺。神宗改制后,元丰三年(公元1080年)审刑院被并入刑部,三法司格局得以恢复。

元丰改制后,"刑部始专其官"④,"掌刑法、狱讼、奏谳、赦宥、叙

---

① 《唐六典》卷六《尚书刑部》。
② 《唐六典》卷十三《御史台》。
③ 《宋史》卷一百九十九《刑法一》。
④ 《文献通考》卷五十二《职官六·刑部尚书》。

复之事"①。刑部设尚书一名,侍郎二名,二者之间有一定的分工,尚书"掌天下刑狱之政令。凡丽于法者,审其轻重,平其枉直,而侍郎为之贰。应定夺、审覆、除雪、叙复、移放,则尚书专领之;制勘、体量、奏谳、纠察、录问,则长贰治之。而郎中、员外郎分掌其事。有司更定条法,则复议其当否。凡听讼狱或轻重失中,有能驳正,诏其赏罚。若颁赦宥,则纠官吏之稽违者……大礼肆赦,则侍郎授赦书付有司宣读,承旨释囚"②。绍兴之后,刑部分案十三,各司其职。③ 刑部设郎中二人,分领左右厅,主要掌理详复和叙雪。建炎年间,在两名郎中之间不作具体的分工,绍兴二十六年(公元1156年),"诏依元丰旧法,分厅治事"④,左厅负责详复,右厅负责叙雪。刑部下辖都官、比部、司门三司。都官司"掌徒流、配隶";比部司"掌勾复中外帐籍";司门司"掌门关、津梁、道路之禁令,及其废置移复之事"。⑤ 隆兴元年(公元1163年),"诏都官、比部共置一员。自此都官兼比部、司门之事"⑥。

刑部在司法方面的职权归纳起来主要有以下几个方面:第一,复核全国的死刑案件,"审覆京都辟囚,在外已论决者,摘案检察"⑦;第二,处理地方上报的疑难案件,"若情可矜悯而法不中情者谳之,皆阅其案状,传例拟进"⑧;第三,详定命官叙复官秩之事;第四,纠正审理不当的案件,"凡大理、开封、殿前马步司狱,纠正其当否;有辩诉,以情法与夺、赦宥、降放、叙雪"⑨;第五,监督皇帝交付的案件或

---

① 《宋史》卷一百六十三《职官三》。
② 同上。
③ 具体指:制勘、体量、定夺、举叙、纠察、检法、颁降、追毁、会问、详覆、捕盗、帐籍、进拟。
④ 《宋史》卷一百六十三《职官三》。
⑤ 同上。
⑥ 同上。
⑦ 同上。
⑧ 同上。
⑨ 同上。

第一章 司法机构

其他重大案件的审理,"应诏狱及案劾命官,追命奸盗,以程督之"①。

宋初,大理寺"不治狱",主要是一个慎刑机构,地方上奏的案件首先由大理寺进行书面审理,然后转交审刑院进行详讫,最后与审刑院共同署名上奏,"凡狱讼之事,随官司决劾,本寺不复听讯,但掌断天下奏狱,送审刑院详讫,同署以上于朝"②。大理寺长官也不设专职,而往往由其他官员兼任,以大理寺判寺一人为实际的主官,兼少卿事一人为副;下设有详断官,一般以京官或朝官担任;法直官,一般以幕府州县官员充任。宋初的大理寺只负责详断全国各州县上报要求复核的刑事案件,并且所断的案件必须经过刑部的详复以及审刑院的详议,其职权范围与唐朝大理寺不可同日而语。

元丰二年(公元1079年)官制改革后,一定程度上恢复了大理寺中央最高审判机关的地位。一是赋予大理寺对一定范围内案件的审判权限,如流刑以下的案件,大理寺有权直接审断,死刑案件需要审理后再报御史台复核;特别重大的案件则需要听取皇帝的旨意。二是大理寺在官制上有所变化:大理寺设卿一人为最高长官,设少卿二人为副贰,下设正、推丞、断丞、司直、评事、主簿等官吏。

大理寺内部的分工也日渐复杂,大理寺卿"掌折狱、详刑、鞫谳之事"③,是大理寺的总负责人;具体的审判事务大致分为两部分,由两位少卿负责:左为断刑,负责"天下奏劾命官、将校及大辟囚以下以疑请谳者"④,其下设三案:"曰磨勘,掌批会吏部等处改官事;曰宣黄,掌凡断讫命官指挥;曰分簿,掌行分探诸案文字"⑤;另设有四司:"曰表奏议,掌拘催详断案八房断议狱案,兼旬申月奏;曰开拆;曰知

---

① 《宋史》卷一百六十三《职官三》。
② 《宋史》卷一百六十五《职官五》。
③ 同上。
④ 同上。
⑤ 同上。

杂;曰法司"①;又设有详断案八房,负责审理地方诸路上奏的案件。右为治狱,负责"在京百司事当推治,或特旨委勘及系官之物应追究者"②,其下设四案:"曰左右寺案,掌断讫公事案后收理追赃等;曰驱磨,掌驱磨两推官钱、官物、文书;曰检法,掌检断左右推狱案并供检应用条法;曰知杂"③。还设有"开拆、表奏二司;有左右推,主鞫勘诸处送下公事及定夺等"④。元祐元年(公元1086年)因右治狱事务较少,将左右两推合并,到绍圣二年(公元1095年),又恢复设置。

元丰六年(公元1083年)规定:"凡断公案,先上正看详当否,论难改正,签印注日,然后过议司覆议;如有批难,具记改正,长贰更加审定,然后判成录奏。"⑤审判程序被划分为"断"与"议"两个阶段:评事、司直与正为断司,司直、评事负责定罪,正则负责审查是否适当;大理寺正副长官为议司,负责案件的评议。所有的案件都必须经过先断后议的程序方才定案。

在大理寺官员的任免问题上,元丰年间规定,吏部补授大理寺左断刑官的候补人员,需要先经过刑部、大理寺长官的共同商议后拟出名单上报。南宋高宗绍兴年初,"诏正与丞并堂除。评事阙,则委本寺长贰选择应格人赴刑部议定"⑥。

公元1279年,元灭宋,实现了中国历史上空前的统一。元朝是少数民族统治下的政权,其国家机构设置带有本民族的特色。

元朝的中央司法机构主要有大宗正府、刑部、御史台、枢密院、宣政院等,但无大理寺的设置。其中枢密院主理全国军务,也审理

---

① 《宋史》卷一百六十五《职官五》。
② 同上。
③ 同上。
④ 同上。
⑤ 同上。
⑥ 同上。

第一章 司法机构

军民之间或者军队内部的案件；宣政院是掌理全国佛教事务的最高机构，也对涉及僧侣的案件享有管辖权。

大宗正府又称为"宗正府"，是元朝重要的中央司法机构。它起源于蒙古国时期总揽朝政事务的大断事官（类似秦汉时期的丞相）的办事机构。元世祖至元二年（公元1265年），正式下旨建立大宗正府为断事官的官署。

自北齐确立后历代相沿不改的大理寺在元朝被废除，大宗正府代之成为了中央审判机构。大宗正府的长官一般由蒙古贵族担任，通常为亲王，品阶上为"秩从一品"，与最高行政机构中书省以及最高军事机构枢密院并列平级。大宗正府建立之初，掌理蒙古人、色目人，尤其是蒙古上层的诉讼案件，"凡诸王驸马投下蒙古、色目人等，应犯一切公事，及汉人奸盗诈伪、蛊毒厌魅、诱掠逃驱、轻重罪囚，及边远出征官吏，每岁从驾分司上都存留住冬诸事，悉掌之"①。可见最初大宗正府受理的案件主要是两类，涉及蒙古人、色目人的案件以及涉及汉人的某些特别案件。此后大宗正府的管辖范围有所变化，至元九年（公元1272年），"止理蒙古公事"②；皇庆元年（公元1312年），"以汉人刑名归刑部"③；泰定元年（公元1324年）规定，大宗正府兼理汉人的刑名案件，并且设置了四十二名断事官负责蒙汉的刑狱；致和元年（公元1328年）又改为"上都、大都所属蒙古人并怯薛军（蒙古语'宿卫'的意思）站、色目与汉人相犯者，归宗正府处断，其余路府州县汉人、蒙古、色目词讼，悉归有司刑部掌管"④。元统二年（公元1334年）诏曰："蒙古、色目犯奸盗诈伪之罪者，隶宗正府；汉人、南人犯者，属有司。"⑤可以看出，元朝法律对汉

---

① 《元史》卷八十七《百官三》。
② 同上。
③ 同上。
④ 同上。
⑤ 《元史》卷三十八《顺帝一》。

人案件管辖权的规定时常变化。

忽必烈建国之后正式建立中书省,其最高长官为中书令。元初,中书省下设左右司办事机构,右司下设有兵、刑、工三房,其中的刑部主掌"法令、弭盗、功赏、禁治、枉勘、斗讼"六事。至元七年(公元1270年)正式设置刑部,第二年又改为兵刑部,到至元十三年(公元1276年)复设刑部。至元二十三年(公元1286年)在原有基础上增设了职官和署吏,直到成宗大德四年(公元1300年)才形成了较为固定的机构和人员编制。

刑部设有尚书三人,正三品;侍郎二人,正四品;郎中二人,从五品;员外郎二人,从六品,除了这些主要官员,另设有一定数量的属官和属吏。由于元朝不设大理寺,大宗正府的管辖范围又有限,绝大多数涉及汉人的普通案件都归属刑部审理,故元朝刑部职权颇重,"掌天下刑名法律之政令。凡大辟之按覆,系囚之详谳,孥收产没之籍,捕获功赏之式,冤讼疑罪之辨,狱具之制度,律令之拟议,悉以任之。"[1]可见刑部既执掌司法行政权,又行使审判职权,事务相当繁重。但是在司法实践中刑部的职权常常被大宗正府、宣政院、枢密院等部门侵夺,且蒙古贵族、僧侣、军官等的犯罪案件刑部也无权管辖。

御史台是元朝的中央监察机构,"诸台官职掌,饬官箴,稽吏课,内秩群祀,外察行人,与闻军国奏议,理达民庶冤辞,凡有司刑名、赋役、铨选、会计、调度、征收、营缮、鞫勘、审谳、勾稽,及庶官廉贪,厉禁张弛,编民茕独流移,强暴兼并,悉纠举之。"[2]御史台也兼理司法,其在审判方面的职权主要表现在对官吏犯罪案件的管辖方面,例如:"诸廉访司分巡各路军民,官吏有过,得罪状明白者,六品以下牒总司论罪,五品以上申台闻奏";"诸官吏受赃,事主虽不告言,监察

---

[1] 《元史》卷八十五《百官一》。
[2] 《元史》卷一百二《刑法一》。

御史廉访司察之，实者纠之"；"诸职官受赃，廉访司必亲临听决，有必不能亲临者，摘敌品有司老成廉能正官问之"；"诸被按官吏，有冤抑者，诣御史台陈理。所言实，罪被告，所言虚，罪告者，仍加等"①。

五、明清时期的中央司法机构

公元1368年，朱元璋称帝，建立明朝。有明一代，君主专制大大加强，在中央废除了丞相和三省制度，皇帝直接领导六部。在司法机构方面，明朝恢复了唐宋模式，以刑部、大理寺、都察院为三法司，但是这三个机构的具体职能发生了重大变化：三法司不再鼎足而立，大理寺作为中央最高审判机构的地位逐渐弱化，执掌司法行政权的刑部与执掌司法监察权的都察院成为了国家司法权运行的重心。

明初刑部设尚书一人，正二品，建文帝时一度提高为正一品，永乐年间又复旧。洪武六年（公元1373年），刑部分为四个属部：刑部总部、比部、都官部、司门部。总部负责问拟刑名；比部负责赃罚；司门部与兵部一起负责编发囚军；都官部负责提调刑牢。洪武二十二年（公元1389年），将总部改为宪部。二十三年，又将原来的四部分为河南、北平、山东、山西、陕西、浙江、江西、湖广、广东、广西、四川、福建十二部。六年后，将上述十二部改为十二清吏司，设郎中、员外郎各一人、主事二人。永乐十八年（公元1420年），废北平司，增加了云南、贵州、交趾三司。宣德十年（公元1435年），废交趾司，遂定型为十三清吏司。刑部的主官为尚书，并有左、右侍郎各一人，十三清吏司各设郎中一人，下辖员外郎、主事等属官，另有照磨、检校、司狱司等属吏。

刑部尚书"掌天下刑名及徒隶、勾覆、关禁之政令"②；十三清吏

---

① 《元史》卷一百二《刑法一》。
② 《明史》卷七十二《职官一》。

司是实际行使审判权的机构,"各掌其分省及兼领所分京府、直隶之刑名"①。作为刑部最高长官的尚书虽然在形式上掌管刑名,但是除了参与死刑案件的会审,尚书对绝大部分案件不会亲自过问,十三清吏司才是行使审判职能的核心部门。《明会典》载:"浙江等十三司,各设郎中、员外郎、主事,令各清理所隶布政司刑名,仍量其繁简,带管直隶府州,并在京衙门。凡遇刑名,各照部分送问发落。"②可见十三清吏司审理的案件可以分为两类,一类是来自地方的上诉案件;另一类为京城发生的案件。

总的来看,明朝刑部的职能较前代有所扩张,尤其是被赋予了原属大理寺的审判职权,主要是复审直隶以及各省的徒刑以上案件;审理并复核京师的案件。同时,刑部也保留了包括司法行政权在内的其他职权。

明朝初期并无大理寺的设置,在洪武三年(公元1370年)时设立了磨勘司,并规定:"凡诸司刑名、钱粮,有冤滥隐匿者,稽其功过以闻。"③洪武十年(公元1377年)废置。洪武十四年(公元1381年)下诏复置磨勘司,作为专门的司法监督机构,洪武二十年(公元1387年)再次废置。洪武十四年,复置大理寺并增设审刑司,"共平庶狱"④。当时各司法机构的基本分工为:大理寺主掌审判,审刑司主掌复核,磨勘司主掌司法监察。直到洪武十七年(公元1384年),下诏"命天下诸司刑狱皆属刑部,都察院详议平允,又送大理寺审覆,然后决之。其直隶诸府、州刑狱,自今亦准此令,庶几民无冤抑"⑤。由此初步确定了刑部主审、大理寺复核的分工。此后多年,大理寺多有废罢,直到永乐初年才得以确立。

---

① 《明史》卷七十二《职官一》。
② 《明会典》卷一百五十九《刑部一·十三司职掌》。
③ 《明史》卷七十三《职官二》。
④ 同上。
⑤ 《大明太祖高皇帝实录》卷一百六十七洪武十七年闰十月。

第一章 司法机构

大理寺的长官为大理寺卿，其他属官有左、右少卿，左、右寺丞，左、右寺正，左、右寺副，并有评事、司务等佐吏。据《明史·职官二》记载，大理寺卿"掌审谳平反刑狱之政令。少卿、寺丞赞之。左、右寺分理京畿、十三布政司刑名之事。凡刑部、都察院、五军断事官所推问狱讼，皆移案牍，引囚徒，诣寺详谳。左、右寺寺正，各随其所辖而覆审之"①。《诸司执掌·大理寺》记载："本寺官其所属左右寺官，职专审录天下刑名。凡罪有出入者，依律照驳。事有冤枉者，推情辨明。务必刑归有罪，不陷无辜。"②可见，明朝大理寺最主要的职能是通过复审来纠正天下冤狱，从之前的审判机构变成了慎刑机构。弘治以后，京师刑名案件由三法司会审的制度逐步确立，大理寺仍以复审为主要职权："大理寺之设，为慎刑也。三法司会审，初审，刑部、都察院为主，覆审，本寺为主"③。此外，大理寺也参与朝审、圆审。

洪武十三年（公元1380年），太祖下诏废罢御史台；次年改设都察院，号称"风宪衙门"。都察院是明朝最重要的监察机构，继承并扩张了御史台的司法监督权。都察院长官为都御史，"职专纠劾百司，辨明冤枉，提督各道，为天子耳目风纪之司……大狱重囚会鞫于外朝，偕刑部、大理谳平之"④。都察院下设十三道监察御史，其主要职能是监察地方，"十三道监察御史，主察纠内外百司之官邪，或露章面劾，或封章奏劾……而巡按则代天子巡狩，所按藩服大臣、府州县官诸考察，举劾尤专，大事奏裁，小事立断。按临所至，必先审录罪囚，吊刷案卷，有故出入者理辩之"⑤。

明朝的三法司，基本确立了刑部主审判、大理寺主复核、都察院

---

① 《明史》卷七十三《职官二》。
② 《诸司执掌·大理寺》。
③ 《明史》卷七十三《职官二》。
④ 同上。
⑤ 同上。

主监督的分工格局,"刑部受天下刑名,都察院纠察,大理寺驳正"①。审判权从大理寺转移到了刑部,刑部同时也掌管司法行政事务。大理寺虽然并没有彻底丧失审判权,但主要是一个复核机构。

除了三法司这种普通司法机构以外,明朝还存在特殊的司法机构:厂卫。厂卫组织是锦衣卫和东厂、西厂、内行厂的合称。厂卫是直接向皇帝负责的特殊的侦缉和司法机关。厂卫执掌司法是有明一代所独有的现象,《明史·刑法三》载:"刑法有创之自明,不衷古制者,廷杖、东西厂、锦衣卫、镇抚司狱是已。是数者,杀人至惨,而不丽于法。踵而行之,至末造而极"②。

锦衣卫(见图1-2)主要负责皇帝的礼仪和警卫,太祖为了加强对朝臣的监察,特别赋予锦衣卫对重要案件的侦查缉捕权。据《明史·职官五》记载,锦衣卫"掌侍卫、缉捕、刑狱之事"③。此外,锦衣卫北镇抚司专理诏狱,镇抚司本为锦衣卫中专门执掌刑狱的衙门,洪武十五年(公元1382年)添设北司,由此锦衣卫有南北镇抚司之分,其中北镇抚司掌管诏狱,主要负责重大案件的侦查和缉捕。镇抚司独立于都指挥使,直接向皇帝负责。由于"治锦衣卫者多非法凌虐"④,洪武二十六年(公元1393年),太祖下令"申明其禁,诏内外狱毋得上锦衣卫,大小咸经法司"⑤。但成祖即位后,锦衣卫干预司法的权力又得到恢复。成化元年(公元1465年),"始令复奏用参语,法司益掣肘。十四年增铸北司印信,一切刑狱毋关白本卫。即卫所行下者,亦径自上请可否,卫使毋得与闻"⑥。由此镇抚司职权日重,成为一个具有司法职能的特殊机构。

---

① 《明史》卷九十四《刑法二》。
② 《明史》卷九十五《刑法三》。
③ 《明史》卷七十六《职官五》。
④ 同上。
⑤ 《明史》卷九十五《刑法三》。
⑥ 同上。

图 1-2　锦衣卫印①

东厂、西厂、内行厂是由太监执掌的特务司法组织。东厂设置于成祖永乐十八年(公元1420年),专门负责"谋逆妖言大奸恶"等政治犯罪的侦查缉捕;东厂提督太监往往由司礼监秉笔太监兼任,如万历朝的秉笔太监冯保和天启朝的秉笔太监魏忠贤都曾兼领厂事。宪宗成化十三年(公元1477年),"又别设西厂刺事,以汪直督之"②;"大政小事,方言巷语,悉采以闻"③。武宗正德年间,又在东西厂外设立内行厂,"虽东西厂皆在伺察中,加酷烈焉"④。

厂卫不仅具有独立的侦查权、缉捕权,还行使审判权。明朝会审制度发达,其中热审就有锦衣卫的参与,热审始于成祖永乐二年(公元1404年),"司礼监传旨下刑部,即会同都察院、锦衣卫题请,通行南京法司,一体审拟具奏"⑤。

厂卫设置的初衷,主要是针对严重危害国家政权的案件,但实际中其管辖范围不断扩张,波及一般民众。厂卫操纵司法,滥施酷

---

① 图片引自马小红、庞朝骥:《守望和谐的法文明:图说中国法律史》,北京大学出版社2009年版,第88页。
② 《明史》卷九十五《刑法三》。
③ (清)谷应泰撰:《明史纪事本末》卷三十七《汪直用事》。
④ 《明史》卷九十五《刑法三》。
⑤ 《明史》卷九十四《刑法二》。

刑,造成大量冤狱,是导致明朝司法混乱的重要原因。

清朝是中国最后一个君主专制的封建王朝。清入关以前,并无严格意义上的司法机构,纠纷由扎尔固齐处理。万历四十三年(公元1615年),努尔哈赤创立八旗制度,司法机构的雏形开始出现,"置理政听讼大臣五人,号为议政五大臣。扎尔固齐十人,号为理事十大臣"。①"凡有听断之事,先经扎尔固齐十人审问,然后言于五臣,五臣再加审问,然后言于诸贝勒。众议既定,奏明三覆审之事,犹恐尚有冤抑,令讼者跪上前,更详问之,明核是非。故臣下不敢欺隐,民情皆得上闻。"②皇太极即位后,依照明制对司法机构进行了改革,设立了十六大臣辅佐国政,审理狱讼。天聪五年(公元1631年)又仿明制设立了刑部。

总体而言,清入关之前司法机构的发展比较迅速。入关以后,清政府的司法制度基本上沿袭了明朝,同时又具有一些本民族的特色。在中央司法机构方面,仍以刑部、大理寺、都察院为三法司。

清朝刑部延续了明朝刑部在三法司中的强势地位。刑部的长官为刑部尚书,刑部侍郎为副贰,均为刑部的堂官,"尚书掌折狱审刑,简核法律,各省谳疑,处当具报,以肃邦纪,侍郎贰之"③。其余属官包括郎中、员外郎、主事,另有司狱、督捕、司库等属吏。在机构职能上,刑部十七清吏司以及秋审处主掌审判,其余机构主要行使司法行政权。十七清吏司是以各省命名的,"各掌其分省所属刑名"④,兼管部内各类司法行政事务。

刑部号称"刑名总汇",据《清会典》载,刑部"掌天下刑罚之政令,以赞上正万民,凡律例轻重之适,听断出入之孚,决宥缓速之宜,赃罚追贷之数,各司以达于部。尚书侍郎率其属以定议,大事上之,

---

① 《清史稿》卷一百四十四《刑法三》。
② 《大清太祖高皇帝实录》卷四。
③ 《清史稿》卷一百十四《职官一》。
④ 同上。

小事则行,以肃邦纪"①。《清史稿》对刑部的审判职权及地位作了概括:"外省刑案,统由刑部核覆。不会法者,院寺无由过问,应会法者,亦由刑部主稿。在京讼狱,无论奏咨,俱由刑部审理,而部权特重。"②清朝刑部的主要职能有:复核各省徒刑以上案件;审理京师徒刑以上的案件;会同各部复核秋审案件和京师朝审案件。需要注意的是,对于死刑案件,由刑部、大理寺、都察院三法司的官员进行复审,"凡刑至死者,则会三法司以定谳"③,在清朝有所谓"会小法"与"会大法"的复核程序,详见本书第七章。

大理寺是在清入关之后设立的。顺治初年,大理寺设大理寺卿满汉各一人;少卿为满洲一人,汉二人。康熙四年(公元1665年)定制,大理寺卿为正四品,品级远低于刑部尚书和左都御史。大理寺卿"掌平反重辟,以贰邦刑……少卿佐之"④。大理寺分左寺、右寺,各设寺丞,分掌不同省区和京师不同衙门咨办的案件。此外还设有堂评事、司务等属吏。

清朝大理寺虽然也具有审判职能,但主要还是参与案件的复核,"凡审录,刑部定疑谳,都察院纠核,狱成,归寺平决。不协,许两议,上奏取裁。并参与朝廷大政事。"⑤据《清会典》载,大理寺"掌平天下之刑名。凡重辟,则率其属而会勘。大政事下九卿议者则与焉,与秋审、朝审"⑥。其职能具体包括:会同各部复核各省死罪案件;会同审理京师死刑案件;参与秋审、朝审。

都察院最早设立于崇德元年(公元1636年)。所辖的主要机构是负责监察地方政府的十五道、对口监察六部的六科以及负责监察

---

① 《钦定大清会典》卷五十三《刑部》。
② 《清史稿》卷一百四十四《刑法三》。
③ 《钦定大清会典》卷五十三《刑部》。
④ 《清史稿》卷一百一十五《职官二》。
⑤ 同上。
⑥ 《钦定大清会典》卷六十九《大理寺》。

京城的五城察院。都察院号称"风宪衙门",同时具有审判权与司法监督权,据《清会典》载,都察院"掌司风纪,察中外百司之职,辨其治之得失,与其人之邪正,率科道官而各矢其言责,以饬官常,以秉国宪……凡重辟,则会刑部、大理寺以定谳,与秋审、朝审"①。都察院在司法领域的职能主要包括:会同复核各省的死刑案件;会同审理京师死刑案件;参与秋审、朝审案件。

六科的司法职能主要体现在参与朝审、秋审。其中刑科给事中除了参与秋审、朝审当天的仪式外,还需要掌秋审、朝审情实人犯的复奏、朝审勾到人犯的监视行刑。五城察院是负责京师治安的机构,有权直接审结民间纠纷案件与笞、杖案件。

总之,清朝三法司保持着以刑部主审判、大理寺主复核、都察院主监察的格局,三法司的重心在刑部。

第二节 地方司法机构

一、夏、商、西周、春秋战国时期的地方司法机构

夏王朝已有较大的固定疆域,"芒芒禹迹,画为九州,经启九道"②。夏的地方政权是大小不同的同姓或异姓部落方国,"当禹之时,天下万国"③,众多方国是由部落蜕变而成的,其首领称为侯、伯。夏王对方国的控制力不强,但方国必须承认夏王的至高地位、接受夏王的统一约束并承担进贡等义务。夏王拥有直接管理的中央王畿地区。地方方国拥有自己的管理机构和官吏,包括有司法机构和司法官,相传当时的司法官称为理、士等。

商在夏朝的基础上进一步发展了奴隶制国家制度。商王朝的疆

---

① 《钦定大清会典》卷六十九《都察院》。
② 《左传·襄公四年》。
③ 《吕氏春秋》卷十九《离俗览·用民》。

第一章 司法机构

域扩大了,对方国的控制也有所加强。王畿地区是商王直接统治的地区,商王对其拥有绝对的权威;王畿之外为附属或臣服于商朝的部落,它们拥有一定的自治权力,分为"侯、甸、男、卫、邦伯"五等。① 在王畿地区,商王享有最高司法权;以国都为中心包含附近的区域称为畿内,该区域内的司法事务一般由士处理,他们有权审理普通案件,如有重大案件则需要上报司寇;在王畿以外的地区,诸侯、方国的首领直接掌管司法权,并设有司法官吏。但由于缺少史料而不得其详。

西周实行宗法分封制,周天子是姬姓家族的大宗,将同姓贵族和异姓功臣分封到各地成为诸侯,各诸侯奉周天子为天下共主,并对周天子负有勤王、纳贡等义务。周天子与诸侯之间虽然存在政治隶属关系,但诸侯在封地内享有较大的独立管理权,包括司法权,并设官职行使司法事务。诸侯国的职官设置与周王室相似,也存在"侯国司寇",负责诸侯国内的司法事务,西周晚期的司寇良父壶上刻有"司寇良父作为卫姬壶,子子孙孙永保用"的铭文,大意是一个名叫良父的司寇为其妻卫姬制成了这个壶,良父就是当时的侯国司寇。

周天子直接管辖的区域称为王畿,王畿之内的职官为内服,与王畿以外的诸侯相对应。王畿地区划分了中央与地方的层次,在地方也设置有司法机构,依据所管辖的区域的等级,分为乡士、遂士、县士、方士、讶士等。

《周礼·秋官·乡士》载:"乡士掌国中。"②郑玄注曰:"言掌国中,此主国中之狱也,六乡之狱在国中。"因此实际上乡士"以主六乡狱讼为正,而亦兼掌国中之狱讼也"③;《周礼·秋官·遂士》载:"遂

---

① 《尚书·酒诰》载:"越在外服,侯、甸、男、卫邦伯;越在内服,百僚、庶尹、惟亚、惟服、宗工,越百里居(君)。"
② 《周礼·秋官·乡士》。
③ (清)孙诒让:《周礼正义》,中华书局1987年版,第2794页。

士掌四郊"①,即掌管本遂及四郊②的狱讼;县士"掌野"③,即掌理郊外至五百里王畿内甸、稍、县、都之地的狱讼;方士"掌都家"④,主掌的是都家⑤的狱讼;讶士"掌四方之狱讼"⑥,据郑司农的解释,意为掌理四方诸侯的狱讼。一般而言,乡士、遂士、县士在其管辖范围之内皆有权结案,但对于一些特殊案件,需要上报司寇方能定罪执行,如《周礼·秋官·乡士》记载:"乡士掌国中,各掌其乡之民数而纠戒之,听其狱讼,察其辞,辨其狱讼,异其死、刑之罪而要之,旬而职听于朝。司寇听之,断其狱,弊其讼于朝。群士、司刑皆在,各丽其法,以议狱讼。狱讼成,士师受中。协日刑、杀,肆之三日。若欲免之,则王会其期"⑦。可见乡士虽然具有审理案件的权力,但是对于某些特殊的案件,尤其是死刑案件并无最后定罪量刑和执行的权力,需要定期上报司寇。"乡士虽已定其罪之要辞,仍不敢专决,至旬日,乃以因证及所定狱辞刑要等,致之皋门内司寇听狱讼之外朝,与众公议之也。"⑧县士、遂士的审判权限也大致相同,首先由他们就案件初步的审理结果拟定判词,然后上报至司寇,三十天或二十天之后在外朝会审,群士和司寇的属官也会参与审理,各自提出判案依据和处刑意见,由司寇综合考虑后作出最终判决,然后交士师执行。但死刑案件还需要上报周王。

春秋战国是中国社会发生剧烈变革的时期。宗法分封制度走向衰亡,周王室式微,周天子对诸侯国的控制力减弱,诸侯国逐渐独立。在地方制度方面,伴随着分封制的崩溃、兼并战争的不断进行

---

① 《周礼·秋官·遂士》。
② 遂,地在距王城百里至二百里之间;四郊即六乡外的四郊之地。
③ 《周礼·秋官·县士》。
④ 《周礼·秋官·方士》。
⑤ 都家,泛指家、小都、大都三等采邑。
⑥ 《周礼·秋官·讶士》。
⑦ 《周礼·秋官·乡士》。
⑧ (清)孙诒让:《周礼正义》,中华书局1987年版,第2796页。

和边地的开发，郡县制逐步形成，因而出现了不同于以往的地方机构设置。

楚国是最早在地方设立县的诸侯国，《左传·庄公十八年》记载："初，楚武王克权，使斗缗尹之。"①尹即为楚国治理县政的官员，权县大概在今天湖北省荆门县境内，出现时间大约为公元前740—前690年。春秋时期的秦国、晋国等也都设置有县，秦武公十年（公元前688年），"伐邽、冀戎，初县之。十一年，初县杜、郑"②。晋国的县，长官称为守或者大夫，职务不能世袭。《左传·昭公十八年》载："明日使野司寇，各保其征。"③注曰："野司寇，县士也。"孔颖达曰："传言野司寇，则司寇之官在野。《周礼》司寇属官有县士，掌野，知野司寇是县士也。"可知野司寇是当时的县级司法官员。郡最早出现在春秋末年的晋国。郡的设立一般基于军事目的，因此集中在新得到的边地，其级别低于县。例如，赵简子在作战时曾宣誓："克敌者，上大夫受县，下大夫受郡。"④到战国时期，边地逐渐繁荣、人口增加，乃于郡下设县。于是产生了郡、县两级的地方组织。⑤ 战国时期，郡的长官称为守或太守，其下有佐、吏等属吏；县的长官称为县令，主管全县军政事务，还设有县丞，地位仅次于县令，并分掌典狱之职。郡县的司法事务由郡守、县令及县丞执掌。

二、秦、汉、魏晋南北朝时期的地方司法机构

秦朝是中国历史上第一个统一的封建王朝。在地方制度上，秦朝实行郡县制，由国家任命的官员管理地方，地方成为了中央管理体系的一部分。地方各级行政长官同时也是该地方的最高司法官，

---

① 《左传·庄公十八年》。
② 《史记》卷五《秦本纪》。
③ 《左传·昭公十八年》。
④ 《左传·哀公二年》。
⑤ 参见杨宽：《战国史》，上海人民出版社1955年版，第111页。

由此形成了地方行政兼理司法的体制。

秦朝将国土分为京畿地区和地方。京畿地区"内奉京师,外表诸夏",具有地方与中央的双重地位,在统治中具有关键意义,故京畿地区的管理制度往往有别于地方,而京畿的官员往往也与普通地方大员有所区别。根据秦制,掌理京城的长官称为"内史",执掌京师地区的行政事务与司法事务。

地方上分为郡、县两级,其行政长官分别称为郡守、县令,同时也是该地的司法长官,负责案件的审理。秦简中对郡守或太守有所记载,《语书》载:"廿年四月丙戌朔丁亥,南郡守腾谓县、道啬夫……"①;《法律答问》载:"'辞者辞廷'。今郡守为廷不为?为也"②;《封诊式·迁子》载:"以县次传诣成都,成都上恒书太守处,以律食"③。《通典》载:"秦灭诸侯,以其地为郡,置守、丞、尉各一人。守治民,丞佐之,尉典兵。"④《汉官旧仪》载:"汉承秦郡,置太守,治民断狱,都尉治狱,都尉治盗贼甲卒兵马。"⑤这说明郡(太)守也是郡的司法长官,而都尉虽掌军事,但也有司法职权。郡守拥有重要案件的审理权以及移送案件的批准权。在秦朝,郡守对于死刑案件无需上报,但对于一些疑难案件仍需上报中央。

县令是负责一县军政司法的长官,下设县丞。县令、县丞又名县啬夫,《法律答问》载:"何谓'官长'?何谓'啬夫'?命都官曰'长',县曰'啬夫'"⑥。县丞在一县中拥有广泛的权力,其中最重要的便是参与刑狱。秦简中有地方基层组织负责人根据县丞的文书实施查封的记录,《封诊式·封守》载:"乡某爰书:以某县丞某书,封

---

① 睡虎地秦墓竹简整理小组:《睡虎地秦墓竹简》,文物出版社1978年版,第15页。
② 同上书,第192页。
③ 同上书,第261—262页。
④ 《通典》卷三十三《职官十五·郡太守》。
⑤ (汉)卫宏撰:《汉官旧仪》卷下。
⑥ 睡虎地秦墓竹简整理小组:《睡虎地秦墓竹简》,文物出版社1978年版,第192页。

第一章 司法机构

有鞫者某里士伍甲家室、妻、子、臣妾、衣器、畜产"①。大意是：根据某县县丞某的文书，查封被审讯人某里士伍甲的房屋、妻、子、奴婢、衣物、牲畜。此外，县丞在侦查活动中也发挥着重要作用，通常由县丞与基层组织负责人沟通，查明犯罪嫌疑人或者证人的基本情况，协助案件侦查，《封诊式·告臣》载："爰书：……丞某告某乡主：男子丙有鞫，辞曰：'某里士伍甲臣。'其定名事里，所做论云何，何罪赦，或覆问无有，甲尝身免丙复臣之不也？以律封守之，到以书言。"②这段材料是县丞向基层组织负责人调查有关情况的文书，大意是：男子丙被审讯，供称是某里士伍甲的奴隶。请基层组织负责人确定其姓名、身份、籍贯、曾犯何罪等情况，并书面回复。

县令、县丞之下还设有狱掾等属吏，狱掾又称为狱史、狱吏，汉初名臣曹参，"秦时为沛狱掾"③。此外，秦朝县级司法机构中还有令史一职，为县令、县丞之下的办事人员，可以参与案件的侦查和审判，但是没有独立办案的资格。《封诊式·盗自告》载："即令令史某往执丙。"④意思是命令令史某逮捕丙；《封诊式·穴盗》载："即令令史某往诊，求其盗。"⑤意思是命令令史前往查看，搜捕窃犯。

县以下的基层社会组织是乡、亭、里等，乡有啬夫、游徼，亭有亭长⑥，里有里正⑦，有权处理简单的民事纠纷，在受到县令、县丞的委

---

① 睡虎地秦墓竹简整理小组：《睡虎地秦墓竹简》，文物出版社1978年版，第249页。
② 同上书，第259页。
③ 《史记》卷五十四《曹相国世家》。
④ 睡虎地秦墓竹简整理小组：《睡虎地秦墓竹简》，文物出版社1978年版，第251页。
⑤ 同上书，第270页。
⑥ 《汉书·百官公卿表》载："大率十里一亭，亭有长。十亭一乡，乡有三老、有秩、啬夫、游徼。三老掌教化。啬夫职听讼，收赋税。游徼徼循禁贼盗……皆秦制也。"（《汉书》卷十九《百官公卿表》。）
⑦ 《睡虎地秦墓竹简·法律答问》载："何谓'率敖'？'率敖'当里典谓也。"大意为：什么是率敖？率敖就是充当里典。所谓里典就是里正，当时以乡里中豪强有力的人为里正。（睡虎地秦墓竹简整理小组：《睡虎地秦墓竹简》，文物出版社1978年版，第237页。）

派时可以协助上级抓捕逃犯,协助侦查刑事案件、查封犯罪财产,并将结果上报县级司法官员。

汉承秦制,汉朝京师地区的行政长官也具有特殊地位,《汉书·百官公卿表》载:"内史,周官,秦因之,掌治京师。景帝二年,分置左、右内史。右内史武帝太初元年更名京兆尹,属官有长安市、厨两令丞,又都水、铁官两长丞。左内史更名左冯翊,属官有廪牺令丞尉"①。京兆尹与左冯翊、右扶风一并被称为"三辅",沈家本指出:"即京师之内,三辅分治之,其讼狱自论决之,不之廷尉也"②。由此可见京师地区行政长官的司法权相当大。

地方仍设郡、县两级政府,郡守、县令掌理辖区内的行政事务与司法事务。

汉朝郡的长官是郡守,"郡守,秦官,掌治其郡,秩二千石……景帝中二年更名太守"③。郡守的职权,《后汉书·百官五》本注曰:"凡郡国皆掌治民,进贤劝功,决讼检奸。常以春行所主县,劝民农桑,振救乏绝。秋冬遣无害吏案讯诸囚,平其罪法,论课殿最,岁尽遣吏上计。并举孝廉,郡口二十万举一人。"④《汉官解诂》载:"太守专郡,信理庶绩,劝农赈贫,决讼断辟,兴利除害,检察郡奸,举善黜恶,诛讨暴残。"⑤郡守的佐官主要是郡丞、长史和都尉。《汉书·百官公卿表》载:"(郡守)有丞,边郡又有长史,掌兵马,秩皆六百石。"⑥《汉旧仪》载:"边郡……置长史一人,掌兵马;丞一人,治民。当兵行,长史领。"⑦都尉本名郡尉,景帝时更名都尉,主要是在军事

---

① 《汉书》卷十九《百官公卿表》。
② (清)沈家本撰,邓经元、骈宇骞点校:《历代刑法考》,中华书局1985年版,第1976页。
③ 《汉书》卷十九《百官公卿表》。
④ 《后汉书》志第二十八《百官五》。
⑤ (汉)王隆撰:《汉官解诂》。
⑥ 《汉书》卷十九《百官公卿表》。
⑦ (汉)卫宏撰:《汉旧仪》卷下。

第一章 司法机构

方面辅佐郡守,也有维护郡内治安的职责,《后汉书·百官五》载："(都尉)典兵禁,备盗贼"①;《汉旧仪》载:"都尉治狱,都尉治盗贼甲卒兵马"②。

郡丞、长史、都尉都是由朝廷任命的,除此之外,郡守自己有权辟除属吏,其中最重要的是功曹、五官掾和督邮。《后汉书·百官五》载:"皆置诸曹掾史。本注曰:诸曹略如公府曹,无东西曹。有功曹史,主选署功劳。有五官掾,署功曹及诸曹事。其监属县,有五部督邮,曹掾一人。"③其中督邮负责督察属县,也有权处理县内司法事务,包括捕系囚犯、追案盗贼等。郡守的属吏也分曹办事,其中与司法相关的有主抓捕盗贼的贼曹、主辞讼事务的辞曹、主审理狱讼的决曹和主案狱的仁恕掾。

在汉朝,郡级司法机构对一般案件不行使初审权(由县级行使),只对某些案件行使初审管辖权,例如,《奏谳书》所记载的"醴阳令恢盗县官米"一案,由于被告人是官员,又有左庶长的爵位,因此此案是由江陵丞直接受理的。④郡级司法机构接受县级司法机构移送的案件,并将自己也无法断决的疑难案件移送中央廷尉处理,下文会对这一问题进行详述。可见,郡级司法机构在司法活动中起到了承上启下的作用。此外,郡守还参与"杂治"⑤,并有录囚的职能。⑥

汉朝县⑦的官吏主要有:县令、长、丞、尉。其职掌,《汉书·百官

---

① 《后汉书》志第二十八《百官五》。
② (汉)卫宏撰:《汉旧仪》卷下。
③ 《后汉书》志第二十八《百官五》。
④ 参见张家山二四七号汉墓竹简整理小组:《张家山汉墓竹简[二四七号墓]》(释文修订本),文物出版社2006年版,第98页。
⑤ 参见本章汉朝中央司法机构部分。
⑥ 参见本书监狱制度一章。
⑦ 《汉书·百官公卿表》载:"列侯所食县曰国,皇太后、皇后、公主所食曰邑,有蛮夷曰道。"可见汉朝县的名称有县、国、邑、道之别,但就行政区划而言,都是属于县制。参见安作璋、熊铁基:《秦汉官制史稿》(下册),齐鲁书社1985年版,第150页。

公卿表》记载的比较概括:"县令、长皆秦官,掌治其县……皆有丞、尉……是为长吏。"①《后汉书·百官五》本注则叙述的更为详细:"(县令、长)皆掌治民,显善劝义,禁奸罚恶,理讼平贼,恤民时务,秋冬集课,上计于所属郡国";"丞署文书,典知仓狱。尉主盗贼。凡有贼发,主名不立,则推索行寻,案察奸宄,以起端绪"。②《通典》载:"(丞)兼主刑狱、囚徒。"③可见丞是有权独立处理司法事务的。《二年律令·捕律》载:"群盗杀伤人、贼杀伤人、强盗,即发县道,县道亟为发吏徒足以追捕之,尉分将,令兼将,亟诣盗贼发及之所,以穷追捕之,毋敢□界而还。"④可见县令、长与尉共同负责一些重大案件的人犯抓捕工作,其中县令负责指挥,县尉则负责具体的抓捕。汉朝县的属吏中,负责司法事务的是贼曹,还有狱(掾)史,狱小吏、狱司空、求盗等。

汉朝县级司法机构对一般的刑事案件享有初审权⑤,但只对其中部分案件享有审决权。首先,据《二年律令·兴律》载:"县道官所治死罪及过失、戏而杀人,狱已具,毋庸论,上狱属所二千石官。二千石官令毋害都吏复案,闻二千石官,二千石官丞谨掾,当论,乃告县道官以从事。彻侯邑上在所郡守。"⑥这表明对于死刑案件、戏杀、过失杀等案件,县级司法机构有权初步审理但无权做出决断,还需

---

① 《汉书》卷十九《百官公卿表》。
② 《后汉书》志第二十八《百官五》。
③ 《通典》卷三十三《职官十五·总论县佐》。
④ 张家山二四七号汉墓竹简整理小组:《张家山汉墓竹简[二四七号墓]》(释文修订本),文物出版社2006年版,第27—28页。
⑤ 需要注意的是,对有权审理案件的官员的主体资格是有限制的,据《二年律令·具律》:"县道官守丞毋得断狱及谳。相国、御史及二千石官所置守、假吏,若丞缺,令一尉为守丞,皆得断狱、谳狱,皆令监临卑官,而勿令坐官。"可见,二千石官、相国、御史所置守丞有权办案,而县级官员委任的守丞无权办案。这里所谓守的意思是试守,也就是未被拜为"真"的县丞。张家山二四七号汉墓竹简整理小组:《张家山汉墓竹简[二四七号墓]》(释文修订本),文物出版社2006年版,第23页。
⑥ 张家山二四七号汉墓竹简整理小组:《张家山汉墓竹简[二四七号墓]》(释文修订本),文物出版社2006年版,第62页。

第一章 司法机构

要上报郡一级司法机构。其次,《汉书·刑法志》载:"狱之疑者,吏或不敢决,有罪者久而不论,无罪者久系不决。自今以来,县道官狱疑者,各谳所属二千石官,二千石官以其罪名当报之。所不能决者,皆移廷尉,廷尉亦当报之。廷尉所不能决,谨具为奏,傅所当比律令以闻。"①对于县级司法官员无法决断的疑难案件,需要层层上报,由上级司法机构审决,有时需要皇帝亲自断决。另外,对当事人不服判决而要求复审的案件,县级司法机构也只有权受理但无权进行审理,而应该将案件上报本县所属的郡。《二年律令·具律》载:"罪人狱已决,自以罪不当,欲乞鞫者,许之……乞鞫者各辞在所县道,县道官令、长、丞谨听,书其乞鞫,上狱属所二千石官,二千石官令都吏覆之。都吏所覆治,廷及郡各移旁近郡,御史、丞相所覆治移廷。"②

县以下的基层组织是乡、亭、里,也有一定的司法职权,《后汉书·百官五》载:"乡置有秩、三老、游徼。本注曰:有秩,郡所署,秩百石,掌一乡人;其乡小者,县置啬夫一人……三老掌教化……游徼掌徼循,禁司奸盗";"亭有亭长,以禁盗贼。本注曰:亭长,主求捕盗贼,承望都尉"。③亭长之下还有专门负责抓捕盗贼的求盗。④

这里需要简单论述一下汉朝的州和刺史。汉初,文帝以御史多失职,命丞相另派人员出刺各地,不常置。汉武帝元封五年(公元前106年)分全国为十三部(州),各部置刺史一人,后通称刺史,"丞相遣史分刺州,不常置。武帝元封五年初置部刺史,掌奉诏条察州,秩六百石,员十三人。成帝绥和元年更名牧,秩二千石。哀帝建平二年复为刺史,元寿二年复为牧。"⑤东汉时刺史、州牧的设置也经历了

---

① 《汉书》卷二十三《刑法志》。
② 张家山二四七号汉墓竹简整理小组:《张家山汉墓竹简[二四七号墓]》(释文修订本),文物出版社2006年版,第24—25页。
③ 《后汉书》志第二十八《百官五》。
④ 《史记·高祖本纪》:"令求盗之薛治之。"应劭曰:"求盗者,旧时亭有两卒,其一为亭父,掌开闭扫除,一为求盗,掌逐捕盗贼。"(《史记》卷八《高祖本纪》。)
⑤ 《汉书》卷十九《百官公卿表》。

一个反复的过程。刺史最初只行使监察权,且无固定治所。后来其职权逐渐扩大,开始干预地方的行政事务,成为了一级地方行政长官,到东汉末年,实际上已经是割据一方的诸侯。刺史大权独揽,自然也是一州的司法长官。

总体而言,汉朝地方的司法重心在县,郡府主要负责疑难重大案件的复审,具有审判和监督的双重职能。

三国两晋南北朝时期,地方行政体制划分为州、郡、县三级。这一时期虽然政权更迭频仍,但总体上延续了秦汉以来的司法体制。

三国、两晋时期,地方划分为州、郡、县三级。州的长官为刺史或州牧。"魏、晋世州牧隆重,刺史任重者为使持节都督,轻者为持节督……晋太康中,都督知军事,刺史治民,各用人。惠帝末,乃并任,非要州则单为刺史。"[1]郡的长官为太守,曹魏"每郡太守一人,二千石,第五品。掌治民、进贤、决讼、检奸,并举孝廉"[2],蜀、吴、两晋皆同。京师所在地则为尹,如曹魏与晋均有河南尹。县的长官是县令或县长。三级地方政府均沿袭秦汉以来由行政长官兼理司法的传统。据《三国志·魏书·杜畿传》载,杜畿为郑县令时,"县囚系数百人,畿亲临狱,裁其轻重,尽决遣之"[3]。《三国志·魏书·仓慈传》载,仓慈为敦煌太守,"先是属城狱讼众猥,县不能决,多集治下;慈躬往省阅,料简轻重,自非殊死,但鞭杖遣之,一岁决刑曾不满十人"[4]。《三国志·魏书·高柔传》载:"护军营士窦礼近出不还。营以为亡,表言逐捕,没其妻盈及男女为官奴婢。盈连至州府,称冤自讼,莫有省者。乃辞诣廷尉。"[5]可见,当时的案件一般在县级司法机构解决,如遇县级无法决断的案件则移送郡处理,例外情况下,申诉

---

[1] 《南齐书》卷十六《百官》。
[2] (清)洪饴孙:《三国职官表》(下)。
[3] 《三国志》卷十六《魏书十六》。
[4] 同上。
[5] 《三国志》卷二十四《魏书二十四》。

第一章 司法机构

的案件可以直达廷尉。《晋书·王彪之传》载:"时永嘉太守谢毅,赦后杀郡人周矫,矫从兄球诣州诉冤。扬州刺史殷浩遣从事收毅,付廷尉。彪之以球为狱主,身无王爵,非廷尉所料,不肯受,与州相反覆。"①此案中,由于被告人是郡守,刺史不敢擅自审决只得上报廷尉,廷尉却因原告并非王爵而拒绝受理,可见案件的管辖问题与原告的身份有关系。三级政府均分曹理事,设有专司司法事务的部门,《唐六典》载:"汉、魏已下,州、郡有贼曹、决曹掾。或法曹,或墨曹"②。晋朝郡设有门下贼曹,县设有金、仓、贼曹掾、史。还设有司法佐吏若干,如晋朝有狱小史、狱门亭长、贼捕掾等。

南朝的地方官制沿袭东晋,北朝虽为少数民族政权,但其地方制度亦多沿袭汉魏旧制。地方分为州、郡、县三级。地方政府中设有若干辅佐司法的官吏。在州一级有:(1)法曹参军③,刘宋诸州府设置北魏、北齐称法曹行参军;(2)长流参军,掌刑狱,齐、梁、北魏、北齐均设有此职;(3)刑狱参军,刘宋时刑狱参军与长流参军并置,刑狱位在长流之下,北魏、北齐亦设有此职;(4)贼曹参军,刘宋时大小府皆设;(5)墨(默)曹参军,陈之州府皆设此职,北魏孝文帝时直至魏末设有此职,北齐设有此职。在郡一级设有门下贼曹和贼曹掾、史,北魏还设有法曹掾、法曹佐。④ 这些官吏的职责都是辅佐地方主官处理司法刑狱事务。

三国两晋南北朝时期的基层组织设置大体上沿袭汉朝,此处不赘。

---

① 《晋书》卷七十六《列传第四十六》。
② 《唐六典》卷三十《三府督护州县官吏》。
③ 《宋书·王宏传》:"臣昔以法曹参军,奉讯于听朝之末。王每断狱,降声辞,和颜色,以待士女之讼。"(《宋书》卷七十二《列传第三十二》)。严耕望认为,尚不能据此断定法曹参军参与刑讼之事。
④ 参见严耕望:《中国地方行政制度史·魏晋南北朝地方行政制度》,上海古籍出版社2007年版,第205—207、276、282、569—571、590、615、635页。

三、唐、宋时期的地方司法机构

隋朝统一全国之初,仍将地方分为州、郡、县三级,之后改为州(或郡)、县两级。开皇三年(公元583年),"罢天下诸郡,以州统县"①,大业三年(公元608年),隋炀帝改州为郡,在地方确立了郡、县二级体制。郡的长官是太守,县的长官是县令。隋朝的太守、县令不但主持日常的行政工作,同时对审判事务也亲力亲为,尤其是作为基层行政长官的县令,审理案件是其日常工作的重要组成部分。

唐朝很大程度上继承了隋朝的地方制度,在地方司法机构的设置上则较隋朝更加完善。唐初地方机构分为州(郡)、县两级。武德元年(公元618年),朝廷将郡改为州,天宝元年(公元743年)又改州为郡,"自是州郡史守更相为名,其实一也"②。唐朝还有府的设置,虽然政治地位上略高于州,但在级别上与州平行。

唐朝州的长官是刺史,总领包括司法事务在内的地方综合事务。下设六曹对口负责辖区内的具体工作,其中法曹是在刺史的领导下掌理地方司法狱政的机构。法曹司法参军事主掌刑狱,"掌律令格式,鞫狱定刑,督捕贼盗,纠逖奸非之事,以究其情伪而制其文法。赦从重而罚从轻。使人知所避而迁善远罪。"③户曹司户参军事负责户婚、田土、钱债等事务,"掌户籍、记帐、道路、逆旅、田畴、六畜、过所、蠲符之事,而剖断人之诉竞。凡男女婚姻之合,必辨其族姓,以举其违。凡井田利害之宜,必止其争讼,以从其顺。凡官人不得于部内请射田地及造碾硙,与人争利"④。这表明在唐朝地方政府中已经出现了由不同机构分别处理不同类型案件的做法。

---

① 《通典》卷三十三《职官十五·郡太守》。
② 同上。
③ 《唐六典》卷三十《三府督护州县官吏》。
④ 同上。

第一章 司法机构

府在唐朝是一种特别的行政区划,政治地位上略高于州,但并非州的上级。唐朝的府包括三类:第一类是因特殊的政治地位而设置的,如唐初设京兆、洛阳、太原三府,即西京、东都和北都,合称三京府,后又陆续设置凤翔、成都、江陵等六府。三京府设牧一人,另设尹负责日常政务,其余六府设府尹,"掌宣德化,岁巡属县,观风俗、录囚、恤鳏寡。亲王典州,则岁以上佐巡县"①。第二类是都督府,是因重要的战略地位而设置的,"都督掌督诸州兵马、甲械、城隍、镇戍、粮禀,总判府事。"②第三类是设置于边塞重镇的都护府,"都护掌统诸蕃,抚慰、征讨、叙功、罚过,总判府事"③。府尹、都督、都护是府的司法长官,其下均设有法曹参军事具体负责刑狱。

县是唐朝最低一级地方行政机构,长官为县令,"县令之职,皆掌导扬风化,抚字黎氓,敦四人之业,崇五土之利,养鳏寡,恤孤穷,审察冤屈,躬亲狱讼,务知百姓之疾苦……若籍帐、传驿、仓库、盗贼、河堤、道路,虽有专当官,皆县令兼综焉"④。《唐律·斗讼》"越诉"条疏议曰:"凡诸辞诉,皆从下始。从下至上,令有明文。"⑤县是唐朝最低一级审级,大量的案件会在县一级得到解决,因此审理案件是县令重要的日常工作。县令之下设县丞,为佐吏之首,地位仅次于县令。县丞具有断决狱讼、维护治安的职能。史载唐临任万泉县丞时,"县有轻囚十数人,会春暮时雨,临白令请出之,令不许。临曰:'明公若有所疑,临请自当其罪。'令因请假,临召囚悉令归家耕种,与之约,令归系所。囚等皆感恩贷,至时毕集诣狱,临因是知名。"⑥可见,当县令请假不在时,县丞可以暂时代行县令职务。县还

---

① 《新唐书》卷四十九下《百官四下》。
② 同上。
③ 同上。
④ 《唐六典》卷三十《三府督护州县官吏》。
⑤ 《唐律·斗讼》"越诉"条。
⑥ 《旧唐书》卷八十五《列传第三十五》。

设有县尉,县尉"亲理庶务,分判众曹,割断追征,收率课调"①,在司法方面,县尉的主要职能是缉捕贼盗,在实践中有时也行使审判权,史载李程任蓝田县尉时,"县有滞狱十年,程单言辄判。京兆状最,迁监察御史"②。列曹中有司户佐、史和司法佐、史,分别办理民间争讼案件和刑事案件。主簿相当于秘书,"掌付事勾稽,省署抄目,纠正非违,监印,给纸笔杂用之事"③,主簿对民间争讼案件也有一定的审判权,《新唐书·姚崇传》载:"奉先、冯翊二县民诉牛羊使夺其田,诏美原主簿朱俦覆按,猥以田归使,合劾发其私,以地还民"④。有时主簿也参与刑事案件的审理,《新唐书·成汭传》载:"垫江贼阴杀令,其主簿疑小史导之,讯不承"⑤。

唐朝还有道一级的行政区划。唐初将天下分为十道,由中央派遣监察官在监区内巡游,在地方并无固定衙署。至开元二十一年(公元733年),由十道增为十五道,每道置采访处置使一人,基本职能是察访善恶,举其违法。伴随着职权的日益扩张,道的性质开始由监察区变为行政区,州、县二级的地方区划逐渐转变为道、州、县三级。安史之乱后,为了应对时局设立了节度使,后期节度使通常兼任道的行政长官,于是道开始演变成为方镇,而有的节度使统领数个方镇,从而形成了藩镇。节度使也就成为了藩镇的行政长官和司法长官。

宋朝仍设置州、县两级地方政府,并将唐朝的"道"改为"路",路并非地方政府行政机构,而是中央派出的监察机构。

宋朝州一级行政系统包括州、府、军及领县的监。它们既是一级地方政府,也是司法机构。其中以州的数量最多。府设置于政

---

① 《唐六典》卷三十《三府督护州县官吏》。
② 《新唐书》卷一百三十一《列传第五十六》。
③ 《唐六典》卷三十《三府督护州县官吏》。
④ 《新唐书》卷一百二十四《列传第四十九》。
⑤ 《新唐书》卷一百九十《列传第一百一十五》。

第一章 司法机构

治、经济、军事上具有特殊地位的地区,包括京师所在地,宋朝府的数量比唐朝有所增加,其中京府的地位高于普通的州、府。军主要设置在军事要地,监则设置在矿区,二者较少涉及民务。

州的长官称为知州,全称为"权知军州事",皆为朝廷委派京、朝官员担任,统领一州的行政、司法事务。《宋史·职官七》载:"诸府置知府事一人,州、军、监亦如之。掌总理郡政,宣布条教,导民以善而纠其奸慝,岁时劝课农桑,旌别孝悌,其赋役、钱谷、狱讼之事,兵民之政皆总焉。"①太祖乾德初年,每州设立通判一名,是为"监州","职掌倅贰郡政,凡兵民、钱谷、户口、赋役、狱讼听断之事,可否裁决,与守臣通签书施行"②。在知州之下设有参军,协助知州处理政事,为防止知州权限过大,这些参军均由朝廷直接派遣。其中,录事参军、司理参军、司法参军负责司法事务③,"录事参军掌州院庶务,纠诸曹稽违……司法参军掌议法断刑,司理参军掌讼狱勘鞫之事"④。乾道以后,还曾"间以司户(参军)兼司法"⑤。这里涉及宋朝一项重要的司法制度——鞫谳分司,即案件的事实审理与法律适用由不同的官员负责,以防止擅断。录事参军和司理参军负责查清案件事实,然后将案件移送司法参军"议法断案"。

两宋的京师开封府和临安府具有特殊的政治地位。开封府的行政长官牧、尹不常置,设权知府一人。北宋名臣包拯(见图1-3)就曾权知开封府,在任期间改革旧制,"开正门,使(百姓)得至前陈曲直,吏不敢欺"⑥。知府"掌尹正畿甸之事,以教法导民而劝课之。中都

---

① 《宋史》卷一百六十七《职官七》。
② 同上。
③ 录事参军监管州(府、军)院,司理参军的官署为司理院或司理厅,司法参军的官署为司法厅,根据各州大小的不同,这些官署的设置情况也有所不同,参见白钢主编:《中国政治制度通史·第六卷》,社会科学文献出版社2011年版,第224—225页。
④ 《宋史》卷一百六十七《职官七》。
⑤ 同上。
⑥ 《宋史》卷三百一十六《列传第七十五》。

之狱讼皆受而听焉,小事则专决,大事则禀奏,若承旨已断者,刑部、御史台无辄纠察。屏除寇盗,有奸伏则戒所隶官捕治"①。可见开封府的审判权可不受刑部、御史台的干涉。开封府的司法属官及其执掌如下:判官、推官负责审理案件;司录参军负责审理民间纠纷;左右军巡使、判官分掌京师内的争斗及推鞫之事;左右厢公事干当官分掌检复推问,处理轻微的犯罪案件。临安府长官为知府,"掌畿甸之事。籍其户口,均其赋役,颁其禁令。城外内分南北左右厢,各置厢官,以听民之诉讼"②。知府之下设有通判、签书节度判官厅公事、节度推官、观察推官、观察判官、录事参军、左右司理参军、司户参军、司法参军,对应佐理府事。除了在两京设立府之外,宋朝还设有河南府、应天府等,在机构设置上与京府多有相似,此处不赘。

图 1-3　包拯像

州府一级司法机构有权审理并执行县级司法机构移送的徒刑及徒刑以上的案件,在元丰改制之前,甚至可以判决死刑案件。例如

---

① 《宋史》卷一百六十六《职官六》。
② 同上。

第一章 司法机构

太祖建隆二年（公元961年）诏曰："诸大辟送所属州军决判。"①元丰改制后，州府一级不再有权判决死刑案件，下文还将论及这一问题。

县是设置于府、州、军、监之下的一级地方政府，也是宋朝最基层的一级地方政府，与县平级的还有镇和寨。县的长官为知县或县令。若以京、朝官领县者往往称为知县。县令"掌总治民政、劝课农桑、平决狱讼"②。县令之下设有县丞，协助县令掌理县务，也可以受理并审理案件。另设有主簿、县尉两名属官，主簿相当于政府的秘书，掌理县衙的出纳官物、销注簿书，有时也协助县令处理司法事务；县尉的地位在主簿之下，主理一县的治安，负责抓捕贼盗。宋朝县衙中还设有许多从事司法事务的书吏，在案件审理中也拥有比较大的影响力。③

宋朝《断狱令》中明确规定了县级司法机构管辖权的范围："诸犯罪皆于事发之所推断。杖以下，县决之。徒以上及应奏者，并须追证勘结圆备，方得送州。"④"应论诉公事，不得蓦越，须先经本县勘问，该徒罪以上送本州，杖罪以下在县断遣。"⑤首先，在地区管辖方面，案件皆由案发地县府审理。其次，对于判处笞、杖刑的案件，县令即可判决并执行；对于可能判处徒、流、死刑的案件，县级司法机构仅有权收集证据、查清事实，并无断案权，案件查清之后，应将卷宗、人犯押送至州府，听候判决。

宋朝在人口比较稠密的县，专门设置镇以处理繁重的行政、司法事务；在军事要地设立寨，以应对某些紧急情况。在镇，"设监官，

---

① 《宋史》卷一《太祖一》。
② 《宋史》卷一百六十七《职官七》。
③ 参见张晋藩主编：《中国司法制度史》，人民法院出版社2004年版，第129页。
④ 《庆元条法事类》卷七十三《刑狱门三·检断》。
⑤ 《宋会要辑稿·刑法》三之一二。

管火禁或兼酒税之事"①；寨设寨官，"招收土军，阅习武艺，以防盗贼"②。镇、寨具有杖以下案件的审判权，"凡杖罪以上并解本县，余听决遣"③。

宋初的路在性质上有从监察区向行政区过渡的特征。④ 宋太宗时期，天下共分为十五路，元丰八年（公元1085年），增加为二十三路。每路均设有转运司主管行政，提点刑狱司主管司法，提举常平司主管财政，三者各掌其责，互不隶属。

转运司享有一定的司法职能，因其"与一路之事，无所不总也"⑤。提点刑狱司初设于太宗淳化初年，"凡管内州府十日一报囚帐，有疑狱未决，即驰传往视之。州县稽留不决，按谳不实，长吏则劾奏，佐史、小吏许便宜按劾从事"⑥。可见，设置提刑司的目的一方面是复核州县审理的案件、平反冤狱，以监督州县司法官员的审判工作，另一方面也有分割转运使权限的考虑。其后提点刑狱司常有废置，直到景德四年（公元1007年），真宗重置提刑司，亲自挑选了能臣担任此职，并进一步明确了提刑司的职能。此后地方机构虽几经改革，提点刑狱司最后还是作为路一级的最高司法机构保留了下来。

提刑司"掌察所部之狱讼而平其曲直，所至审问囚徒，详覆案牍，凡禁系淹延而不决，盗窃逋窜而不获，皆劾以闻，及举刺官吏之事"⑦。设有提刑官一人，主要属官是检法官和干办官。提刑司在州县与中央的司法活动中起着承上启下的作用，主要表现在以下几个方面：首先，提刑司有时享有除奏谳案件外的各种案件的终审权，如

---

① 《宋史》卷一百六十七《职官七》。
② 同上。
③ 同上。
④ 参见张晋藩主编：《中国司法制度史》，人民法院出版社2004年版，第198页。
⑤ 《文献通考》卷六十一《职官十五·转运使》。
⑥ 《宋史》卷一九十九《刑法一》。
⑦ 《宋史》卷一百六十七《职官七》。

第一章 司法机构

元丰改制后,"四方之狱非奏谳者,则提点刑狱主焉"①。其次,州县要将判处死刑的案件经提刑司(和转运司)②上报到中央。元丰改制前,提刑司要先报刑部,由刑部审核后再奏报皇帝,元丰改制后,不再经刑部而直接奏报皇帝。③ 再次,提刑司有权复审犯人翻异的案件,此问题本书有关审判程序的章节中将会详述。最后,提刑司在一定情况下可以受理百姓的告诉。例如,孝宗乾道二年(公元1166年)规定:"迄自今词诉,在州、县半年以上不为结绝者,悉许监司受理"④。

四、元、明、清时期的地方司法机构

元朝是一个少数民族政权,其国家制度包含了本民族的特色和不断汉化的因素。在地方制度和地方司法机构的设置上也呈现出一些新的特征。

元朝在地方制度方面的重要创举是建立了行省制度。行省是地方最高政务机关,带有中央派出机构的性质。行省的组织形式与中央政府相似,设有行中书省、行枢密院和行御史台。

在行省的下属机构中,理问所主理狱政,设理问二人;副理问二人;首领官知事、提控案牍各一人。史载,成宗元贞年间,"兰溪州民叶一、王十四有美田宅,范欲夺之,不可,因诬以事,系狱十年不决。事闻于省,省下理问所推鞫之,适拜降至官,冤遂得直"⑤。大德七年(公元1303年),畅师文"出为陕西行中书省理问官,决滞狱,不少阿

---

① 《文献通考》卷一百六十七《刑考六·刑制》。
② 真宗大中祥符五年(公元1012年),将州县原来每旬末申报两司的做法,改为"即日报两司"。[《宋会要辑稿·刑法》六之五三]
③ 哲宗元祐元年(公元1086年),刑部重申"自官制行,详覆案归诸路提刑司,刑部不复详覆"。[《宋会要辑稿·职官》一五之一三]
④ 《宋会要辑稿·刑法》三之三二。
⑤ 《元史》卷一百三十一《列传第十八》。

徇"①。大德四年(公元1300年)鄂州路录事司万永年"异性承继立户"一案,"具状告到湖广行省,送理问所归问"。② 可见理问所有权审理滞狱、冤狱,而且不仅审理刑事案件,也审理民事案件。对于下级上报的案件,"行省专委文咨省官并首领官吏,用心参照,须要驳问一切完备,别无可疑情节,拟罪咨省"③。可见行省要指派官员对上报的案件进行审核。不过元朝法律对行省的司法管辖权限并没有明确规定。④

元朝还曾设置过宣慰司这种地方行政机构,并一度是地方行政管理的总司。至元二十八年(公元1291年)后,行省的建制趋于完善,成宗、武宗朝各道宣慰司相继被撤销,保留下来的宣慰司则成为了行省的下属机构,"掌军民之务,分道以总郡县,行省有政令则布于下,郡县有请则为达于省"⑤。在司法方面,宣慰司对于路府州县的冤狱有权覆按,例如,史载王都中任浙东道宣慰副使时,"金华有殴杀人者,吏受赇,以为病死。都中摘属吏覆按,得其情。狱具,县长吏而下,皆以赃败"⑥。

行省之下设路。元朝的路分为上、下两等,通常设达鲁花赤一人,总管一人;下属官员有同知、治中、判官。至元二十三年(公元1286年),又置推官二人。达鲁花赤在蒙古语里是镇守者的意思,是路的最高长官;总管的地位仅次于达鲁花赤,总管庶政,内容涉及民讼、财税等。推官专理刑狱,"诸各路推官专掌推鞠刑狱,平反冤滞,

---

① 《元史》卷一百七十《列传第五十七》。
② 《元典章》卷十七《户部三·承继》。
③ 《元典章》卷四十《刑部二·断狱》。
④ 至元二十八年(公元1291年)颁布的《至元新格》中有关裁判权限的规定,并没有涉及行省。行省本是中书省的临时派出机构,代表中书省处理政务,后来才逐步演变成一级地方政府,它的职责范围也是逐渐才明确的。在司法方面,行省的司法机构有权对下级地方政府上报的案件进行复核,并审理疑难案件。参见白钢主编:《中国政治制度通史·第八卷》,社会科学文献出版社2011年版,第260页。
⑤ 《元史》卷九十一《百官七》。
⑥ 《元史》卷一百八十四《列传第七十一》。

第一章　司法机构

董理州县刑名之事"①。"推官专管刑狱,其余一切府事并不签押,亦无余事差占。凡遇刑名词讼,推官先行穷问,须要狱成,与其余府官再行审责,完签案牍文字。或有淹禁,责在推官。"②可见,推官审讯之后,还需要其他官员的认可和共同签署方可结案。这里涉及元朝的"圆座署事"制度,"京府州县官员,每日早聚圆坐,参议词讼,理会公事。除合给假日外,毋得废务。仍每日一次署押公座文簿。若有公出者,于上标附。诸官府凡有保明官吏,推问刑狱,科征差税,应支钱谷,必须圆签文字"③。通过这种方式,可以限制司法官员的专断。

路之下的建制是州、府。元朝路总管府称为"总府",其他府称为"散府","所在有隶诸路及宣慰司、行省者,有直隶省部者,有统州县者,有不统县者,其制各有差等"④。府设有达鲁花赤一人,知府或者府尹一人。设有专理刑狱的推官,还有同知、判官、知事、提控案牍等属官。元朝的州依据户数分为上、中、下三等。州的长官是达鲁花赤,下设有知州、同知、判官,还有知事、提控案牍等佐官。其中,"州判(官)兼管捕盗,除额设一员去处,虽与管民官通行署事,若许余事差占,恐妨巡警,合依呈准通例专一捕盗外,见设判官二员州郡,既是轮番兼管捕盗,其不该巡捕月日,依例轮差相应。"⑤州、府官员在决策时也采用圆署制度。

县是元朝最基层的一级政府,依据户数分为上、中、下三等。达鲁花赤为主官。下设尹、丞、簿、尉、典史等佐官,中县、下县不置丞,民少事简的下县则以簿兼任尉。县尉"主捕盗之事"。⑥ 县以下设巡

---

① 《元史》卷一百三《刑法二》。
② 《元典章》卷四十《刑部二·鞫狱》。
③ 《元典章》卷十三《吏部七·署押》。
④ 《元史》卷九十一《百官七》。
⑤ 《元典章》卷五十一《刑部十三·捕盗》。
⑥ 《元史》卷九十一《百官七》。

检司,职责也是巡捕盗贼,但是"例禁不许接受民讼"。① 县级官员在审理案件之时也采用圆署制度。

元朝法律明确规定了路、府、州、县各自的审判权限:"诸杖罪五十七以下,司、县断决;八十七以下,散府、州军断决;一百七以下,宣慰司、总管府断决;配流、死罪,依例勘审完备,申关刑部待报。申扎鲁火赤者亦同。"②因此,下级司法机构对其无权断决的案件,只能进行初审,而后上报上级司法机构。根据元朝法律的规定,各级司法机构在做出判决时都采取"圆座署事"的方式,"京府州县凡遇鞠勘罪囚,须管公座圆问,并不得委公吏人等推勘"③。可见,法律还要求审理案件必须由司法机构的正官进行,不得委托他人。④

明朝是中国古代封建集权达到顶峰的时期。明朝的地方政府划分为省、府(州)、县三级;而省一级政府的行政权、司法权、军事权被分配给三个机构。省在中央与地方间起到了承上启下的作用。府(州)、县仍然保留了行政长官兼理司法的传统。

明朝将全国划分为十三省,永乐皇帝迁都北京之后,形成了南、北两京,南京称应天府,北京京畿地区称为顺天府,与省平级,直接归中央统辖,故明朝地方共分两京十三省。

明朝一改元朝行中书省集权的体制而将一省的权力一分为三:行政权力由承宣布政使司执掌;司法监察权由提刑按察使司执掌;军事权由都指挥使司执掌,三者相互平级且不隶属,分别向中央负责。其中负责司法事务的主要是提刑按察使司。承宣布政使司虽然主掌行政,其下属的理问所和司狱司也拥有部分司法职权,理问

---

① 《元典章》卷五十三《刑部十五·听讼》。
② 《元典章》卷三十九《刑部一·刑法》。
③ 《元典章》卷六《台纲二·体察》。
④ 类似的规定可见《元典章》卷五十三《刑部十五·问事》"词讼正官推问"和"人吏不得问事"两条。

第一章 司法机构

所置正理问一人,"典刑名"①,属官有副理问和提控案牍;司狱司置司狱一人。正德元年(公元1506年)之后,朝廷下诏"凡布政司官不许受词,自问刑名。抚、按官亦不许批行问理;其分守官受理所属所告户婚、田土等情,许行理问所,及各该府属问报"②。由此,布政使司只对户婚、田土等案件拥有管辖权。

提刑按察使司又称为按察司,或者按台、臬台。明朝将都察院称为内台,而将按察司称为外台,《明史·刑法二》载:"按察名提刑,盖在外之法司也"③。提刑按察使司的长官是按察使,《明史·职官四》载:"按察使掌一省刑名按劾之事。纠官邪,戢奸暴,平狱讼,雪冤抑,以振扬风纪,而澄清其吏治。大者暨都、布二司会议,告抚、按,以听于部、院"④。提刑按察使司是一省处理司法事务的中心,按察使下设有副使、佥事作为副贰,并设经历司、照磨所和司狱司。

明朝省级政府以下还设有道,道并非正式的行政区划,而是根据不同的功能分别设置,其中属于按察司系统的主要有:提学道、清军道、驿传道、水利道、屯田道、招练道、抚民道、兵备道、监军道、分巡道等。"副使、佥事,分道巡察"⑤。道实际上是按察司派驻地方的机构,具有督导和监察地方司法工作的职能。

提刑按察使司主要承担复审和平冤狱的职能。《明史·刑法二》载:"凡府州县轻重狱囚,依律断决。违枉者,御史、按察司纠劾。"⑥律典中也有关于按察司职能的规定,《大明律·刑律·断狱》载:"凡狱囚情犯已完,监察御史、提刑按察司审录无冤,别无追勘事理,应断决者,限三日内断决。应起发者,限一十日内起发"⑦。"凡

---

① 《明史》卷七十五《职官四》。
② 《明会典》卷一百七十七《刑部十九·问拟刑名》。
③ 《明史》卷九十四《刑法二》。
④ 《明史》卷七十五《职官四》。
⑤ 同上。
⑥ 《明史》卷九十四《刑法二》。
⑦ 《大明律·刑律·断狱》"淹禁"条。

监察御史、按察司辩明冤枉,须要开具所枉事迹,实封奏闻,委官追问得实,被诬之人,依律改正,罪坐原告、原问官吏。若事无冤枉,朦胧辩明者,杖一百,徒三年。"①此外,死刑案件应报按察司复核:"凡狱囚鞠问明白,追勘完备……至死罪者,在内听监察御史、在外听提刑按察司审录,无冤,依律议拟,转达刑部定议奏闻回报……在外去处,从布政司委官,与按察司官,公同审决。若犯人反异,家属称冤,即便推鞠。事果违枉,同将原问原审官吏,通问改正。其审录无冤,故延不决者,杖六十。若明称冤抑,不为申理者。以入人罪故失论。"②

在省之下,明朝将元朝的路、府、州、县简化为府(直隶州)、县(州)两级。明朝的两京设有顺天府和应天府,京府的长官称府尹,顺天府尹"宣化和人,劝农问俗,均贡赋,节征徭,谨祭祀,阅实户口,纠治豪强,隐恤穷困,疏理狱讼,务知百姓之疾苦"③。下设丞、治中、通判等属官,其中推官主理刑名。应天府的官制、执掌与顺天府同。其他府的长官为知府,"掌一府之政,宣风化,平狱讼,均赋役,以教养百姓"④。遇有重大的案件,知府往往亲自审理。知府下设若干官吏佐理公务,其中,推官是专司审判的官吏,"理刑名,赞计典"⑤,通判负责缉捕贼盗,司狱司设司狱一人,掌管狱政。

明朝的州分为两类,"有属州,有直隶州。属州视县,直隶州视府,而品秩则同"⑥。直隶州直辖于布政司,级别与府相当;属州则辖于府,级别与县相当。州的长官是知州,负责审理辖区内发生的案件。

---

① 《大明律·刑律·断狱》"辩明冤枉"条。
② 《大明律·刑律·断狱》"有司决囚等第"条。
③ 《明史》卷七十四《职官三》。
④ 《明史》卷七十五《职官四》。
⑤ 同上。
⑥ 同上。

第一章 司法机构

县是明朝最基层的地方政府。知县是一县的行政长官兼司法长官,"掌一县之政……凡养老、祀神、贡士、读法、表善良、恤穷乏、稽保甲、严缉捕、听狱讼,皆躬亲厥职而勤慎焉"①。知县之下有县丞、主簿,分掌粮马、巡捕之事;其属吏还有典史,管文书收发。若无县丞或者主簿,则分领丞、簿之职。

《明史·刑法二》载:"洪武初决狱,笞五十者县决之,杖八十者州决之,一百者府决之,徒以上具狱送行省。"②洪武二十六年(公元1393年)定制:"布政司及直隶府州县,笞杖就决;徒流、迁徙、充军、杂犯死罪解部,审录行下,具死因所坐罪名上部详议如律者,大理寺拟覆平允,监收俟决。"③由于明朝法律禁止越诉,一般的案件都是由县级司法机构最初审理。虽然无权判决笞以上的案件,但是这些案件的受状、取证、羁押都是由县级司法机构完成的;杖刑以上的案件也由县级司法官员拟定判决意见以供上级参考。因此,县级司法机构在审判程序中发挥着重要的作用。

清是少数民族统治的政权,但是相较于元,在治理经验上更为成熟。有清一代,除在东北的顺天府、盛京、吉林、黑龙江、新疆、蒙古、西藩、土司等地区设置了特别行政区划外,基本上延续了明朝的地方制度模式。清朝的地方行政机构包括省、道、府(直隶厅、直隶州)、县(厅、州)四级。

清朝继承了明朝后期在一省的三司之上增设总督与巡抚的做法。但明朝的督抚并非常设,只是中央临时派到地方,协调三司以强化地方职能,后来逐渐成为事实上的地方长官。到了清朝,督抚成为了正式的地方行政首长。因此清朝省级政府实际上有督抚、布按两级:一省设巡抚一人,若干省设一总督,有的总督也兼任巡抚,

---

① 《明史》卷七十五《职官四》。
② 《明史》卷九十四《刑法二》。
③ 同上。

总督与巡抚同为封疆大吏,合称"督抚",总督比巡抚的级别略高,但他们并非上下级的关系。布政使、按察使和都指挥使成为了督抚的下级。

总督"掌釐治军民,综制文武,察举官吏,修饬封疆"①,职权涉及军事、监察、民政、财政等各个方面。下设副将、参将等属官。巡抚"掌宣布德意,抚安齐民,修明政刑,兴革利弊,考核群吏,会总督以诏废置"②。下设参将、游击等属官。在司法领域,总督和巡抚的职能基本相同,包括:第一,审核徒刑案件。清朝条例规定:"其寻常徒罪,各督抚批结后,即详叙供招,按季报部查核。"③对于一般的徒刑案件,督抚审核后即可执行,只需要报刑部备案。第二,复核军、流案件。清朝条例规定:"外省徒罪案件,如有关系人命者,均照军流人犯解司审转,督抚专案咨部核覆,仍令年终汇题。"④对于军流案件和涉及人命的徒刑案件,督抚复核后还要上报刑部候批。第三,督抚复审死刑案件。清朝法律规定:"凡狱囚鞫问明白,追勘完备……至死罪者,在内法司定议,在外听督抚审录无冤,依律议拟,法司覆勘定议,奏闻回报,委官处决。"⑤督抚复审的死刑案件,要向皇帝具题,还要经三法司核拟,详见本书第七章。

按察使司掌管一省的司法监察,简称"臬司",也叫"臬台","掌振扬风纪,澄清吏治。所至录囚徒,勘辞状,大者会藩司议,以听于部、院。兼领阘者驿传"⑥。按察使司设属官辅佐司法事务,"知事掌勘察刑名。司狱掌检察系囚。经历、照磨所司视藩署"⑦。按察使司主管一省的司法,其职能主要包括:第一,州县将徒刑和军、流刑案

---

① 《清史稿》卷一百十六《职官三》。
② 同上。
③ 《大清律例·刑律·断狱》"有司决囚等第"条。
④ 同上。
⑤ 同上。
⑥ 《清史稿》卷一百十六《职官三》。
⑦ 同上。

第一章 司法机构

件移送到省,首先由臬司进行复核(徒刑)、复审(军流),再交督抚复核,督抚复核后依不同情形处理,上文已述。第二,参与州县移送的死刑案件的复审。死刑人犯的押送和案卷移送均由按察使负责;在督抚亲自审理之前,按察使应当进行复核,若事实认定和法律适用没有问题,便上报督抚;若有问题,可以直接打回要求重审。第三,负责朝廷秋审的准备工作,清朝条例规定:"各省每年秋审,臬司核办招册,务须先期定稿,陆续移咨在省司道。"①

清朝沿袭了明朝的守道、巡道制度,清初,"设布政司左右参政、参议,曰守道;设按察使副使、佥事,曰巡道。有通辖全省者,有分辖三四府州者,各以职事设立于要地……乾隆十八年,省去参政、参议、副使、佥事等衔,定为守巡各道"②。其中巡道专掌刑名。道员原本只是藩司、臬司的辅佐官员,受其临时差遣,道员的品秩视其原有官职而定。乾隆十八年(公元1753年)时将所有道员的品秩确定为正四品,其地位逐渐巩固,职权范围也逐渐明确。道员的司法职权主要是:第一,在每年的秋审中,"距省窎远之府、州所属秋审人犯,均免其解省",而是责成各该管道"各于冬季巡历时,逐一亲加研鞫,造册加结,移报院司汇核,不必会同该府。倘有鸣冤翻异者,即将本犯解省,听候院司复审。"③第二,"距省窎远府、厅、州所属之各厅、州、县,寻常遣、军、流人犯及命案拟徒人犯,均毋庸解省",而是由各该管道"就近审转,详报院司核办。倘有鸣冤翻异,分别提审解省。其命案内遣、军、流犯仍各解省复审"。④另外,"刑名案件,除府所理流罪以上,直达按察使外,其余案件,必申详于道。若直隶厅州之案件,则无论性质如何,皆必经道,然后达之按察使"⑤。

---

① 《大清律例·刑律·断狱》"有司决囚等第"条例。
② 《清朝通典》卷三十四《职官十二·司道》。
③ 《钦定大清会典事例》卷八百四十五《刑部·刑律断狱》。
④ 同上。
⑤ 萧一山:《清代通史》,中华书局1986年版,第541页。

清朝在京师所在地和盛京所在地设顺天府和奉天府,由于其政治地位特殊,实际上属于特别行政区。顺天府设府尹,"掌清肃邦畿,布治四路,率京县颁政令条教"①。属官有丞、治中、通判。还设经历司、照磨所、司狱司,"经历、照磨掌出纳文书,司狱掌罪囚籍录"②。奉天府设府尹,"掌留都治化与其禁令,小事决之,大事以闻"③。奉天府的属官设置与执掌与顺天府相似。普通的府是设于县以上的一级地方政府,长官为知府,"掌总领属县,宣布条教,兴利除害,决讼检奸"④。同知和通判为副贰,并设经历司、照磨所和司狱司。清朝的州和厅分为两种,直隶州、直隶厅与府同级。直隶州的长官为知州,州同知和州通判是其副贰,还设吏目,"掌司奸盗、察狱囚、典簿录"⑤;直隶厅的长官为同知或通判,属官有经历、知事等。府、直隶州、直隶厅的主要司法职能是复核所辖州县上报的案件,"州县一切案犯,由府审转解司,直隶州一切案犯,由道审转解司,此定章也,而刑律并无明文"⑥。如果是下级州县判处徒刑和徒刑以上的军、流案件,经府、直隶州、直隶厅审转,还需报送按察司复审,上文已述。

散州、散厅,与县同级,是清朝的基层政府。散州、散厅隶属于府,县则有的隶属于府,有的隶属于直隶州、直隶厅。它们的属官设置基本相同。县设知县,"掌一县治理,决讼断辟,劝农赈贫,讨猾除奸,兴养立教"⑦。下设县丞、主簿,分掌粮马、征税、户籍、缉捕等事

---

① 《清史稿》卷一百十六《职官三》。
② 同上。
③ 同上。
④ 同上。
⑤ 同上。
⑥ (清)薛允升:《读例存疑·刑律·断狱下》,载胡星桥、邓又天主编:《读例存疑点注》,中国人民公安大学出版社1994年版,第853页。
⑦ 《清史稿》卷一百十六《职官三》。

项,设典史"掌稽检狱囚"①。

县(散州、散厅)是最低一级审级,能够处理的案件包括两类:第一类为户婚田土这种相当于现代意义上的民事案件以及较为轻微的刑事案件,可以审决的案件限于判处笞、杖、枷刑的;第二类案件为相对严重的刑事案件,即判处徒刑以上的案件。对此类案件,县级司法机构无权判决,仅有侦查和初步审理的权力,也有权进行侦查活动和采取强制措施,包括逮捕人犯、检验尸体、收集物证、扣押赃物等。在查清基本事实后,县级司法官员可对案件进行初步审理,并作出拟判,又称"拟罪",内容包含定罪和量刑两部分。之后,应将案卷、证据与人犯一起解送上级司法机构进行复审。

可以看出,清朝各级地方政府都有严格的管辖范围,超出范围无权审断的案件就需要向上移送,一般情况下:笞、杖刑案件在县(散州、厅)一级即可终审,徒刑案件在督抚一级即可终审,军、流刑案件在刑部终审,死刑案件需要上报皇帝才能终审。尽管下级司法机构对某些案件并无审断权,但因为移送是在查清事实和给出审理意见基础上进行的,下级司法机构实际上参与了案件程序的始终。

第三节　皇帝的司法权

中国古代自产生国家起,便实行君主专制的基本政治制度。在王权至上的政治体制下,王或者皇帝作为国家的最高统治者也享有最高的司法权。

夏朝统治者宣扬"受命于天",夏王是天命的代理人以及人间事务的管理者,拥有至高无上的司法权。《尚书·甘誓》记载:"今予惟恭行天之罚……用命,赏于祖。弗用命,戮于社,予则孥戮汝。"②《甘

---

① 《清史稿》卷一百十六《职官三》。
② 《尚书·甘誓》。

誓》是夏启出兵讨伐有扈氏时在甘地作的一场临阵演说。上面这段话的大意是,夏启是代表天的意志,对有扈氏进行征讨,并且对不执行命令的本族成员也要施行严厉的惩罚。这是夏王"奉天命"享有并行使司法权的明证。

商、周时代,商王和周天子是国家的最高统治者,也是最高的司法官。《尚书·汤誓》载:"尔尚辅予一人,致天之罚,予其大赉汝。尔无不信,朕不食言。尔不从誓言,予则孥戮汝,罔有攸赦。"①大意是商汤奉天之命实施讨伐,对于不听命令者要进行惩罚。《尚书·盘庚上》载:"无有远迩,用罪伐厥死,用德彰厥善。"②大意是无论亲疏远近,要以刑罚来惩罚罪行,以奖赏来表彰善行。"乃有不吉不迪,颠越不恭,暂遇奸宄,我乃劓殄灭之,无遗育,无俾易种于兹新邑。"③大意也是我(商王盘庚)要杀掉那些为非作歹者以示惩罚。这些史料都反映出商王宣称自己享有实施"天罚"、生杀予夺的最高权力。甲骨文中有"王令禽屠子画""令永屠子央于南"这样的记载,反映的都是商王对臣僚进行杀戮。商朝是王权与神权相结合的政权,只有商王才可以沟通神意,而了解神意的方式主要是用甲骨进行占卜,因此商王往往要通过占卜决定刑罚的执行。甲骨卜辞中有"贞刖仆八十人,不死?""贞其刖百人?"这样的记载,都是通过占卜决定刑罚是否执行。

《尚书》中也有周朝统治者宣称代表天意行使司法权的记载,例如:"尔不克敬,尔不啻不有尔土,予亦致天之罚于尔躬"④。《论语·季氏》载:"孔子曰:'天下有道,则礼乐征伐自天子出;天下无道,则礼乐征伐自诸侯出。'"正义曰:"王者功成制礼,治定作乐,立司马之官,掌九伐之法,诸侯不得制礼作乐,赐弓矢然后专征伐,是

---

① 《尚书·汤誓》。
② 《尚书·盘庚上》。
③ 《尚书·盘庚中》。
④ 《尚书·多士》。

第一章 司法机构

天下有道之时,礼乐征伐自天子出也。"①国家权力皆由周天子掌握,审判大权也不例外。周天子有时会亲自听讼议刑,《周礼·秋官·乡士》载:"协日刑杀,肆之三日。若欲免之,则王会其期。"②《礼记·王制》记载:"大司寇以狱之成告于王,王命三公参听之,三公以狱之成告于王,王三又(又当作宥),然后制刑。"③《礼记》出自西汉戴圣之手,其所记载西周司法程序未必完全可信,但应能推断当时的重大案件的最终决定权属于周天子。

秦朝是古代第一个中央集权君主专制的国家,封建皇权大大加强。秦始皇不仅是最高的立法者,最高的行政官,也是最高的审判官。在皇权至上的体制下,"天下之事无大小皆决于上"④。掌握生杀予夺的司法权,既是皇帝维护其统治的保证,也是表明其地位、尊严和权威的标志。因此,在整个帝制时代,封建帝王都具有最高司法官的身份,享有国家最高的司法权,并以不同的形式行使着这种权力。

下面对于皇帝司法权从三个方面予以重点叙述。

一、皇帝对刑罚的实施与赦免拥有任意决定权

皇帝的至高司法权体现在对任何案件仅凭自己的意志实施刑杀与赦免,而基本不受法律与制度的限制,具有很强的任意性。

首先,皇帝对任何臣民均可以擅自处刑甚至于直接处死。例如:秦始皇三十五年(公元前212年),"始皇帝幸梁山宫,从山上见丞相车骑众,弗善也。中人或告丞相,丞相后损车骑。始皇怒曰:'此中人泄吾语'。案问莫服。当是时,诏捕诸时在旁者,皆杀

---

① 《论语·季氏》。
② 《周礼·秋官·乡士》。
③ 《礼记·王制》。
④ 《史记》卷六《秦始皇本纪》。

之"①。汉文帝有一次出行至中渭桥,有一人从桥下走出,乘舆马惊,于是将此人逮捕,交廷尉治罪,廷尉张释之审问后依法判处罚金。文帝大怒,认为处罚太轻,张释之奏曰:"法者天子所与天下公共也。今法如此而更重之,是法不信于民也。且方其时,上使立诛之则已。今既下廷尉,廷尉,天下之平也,一倾而天下用法皆为轻重,民安所措其手足?唯陛下察之。"②文帝听从了张释之的意见(见图1-4)。这件事一方面反映了司法官员秉公办案的精神,另一方面,"上使立

图1-4 张释之执法图③

---

① 《史记》卷六《秦始皇本纪》。
② 《史记》卷一百二《张释之冯唐列传》。
③ 图片引自马小红、庞朝骥:《守望和谐的法文明:图书中国法律史》,北京大学2009年版,第35页。

第一章 司法机构

诛之则已"这句话也意味着,皇帝其实可以任意决定刑杀,在制度上实际不存在限制。

再看唐宋两代的事例,唐高宗咸亨二年(公元671年),"婺州司马秦怀恪坐赃,特令朝堂斩之",实际上高宗知道秦的行为"但合处流",但他认为,"罪恶难容者,虽小必刑;情状可原者,虽大必宥。此乃彝典,非故滥诛。"①宋太祖乾德年间,"伐蜀之役,有军大校割民妻乳而杀之,太祖召至阙,数其罪。近臣营救颇切,帝曰:'朕兴师伐罪,妇人何辜,而残忍至此!'遂斩之。"②

明朝的廷杖制度是皇帝为了驾驭臣下,直接行使刑罚的一种特殊的、极端的形式,即皇帝在朝堂之上直接杖责大臣。廷杖创自于明太祖,是"不衷古制"的制度之一。廷杖不采用一般的审理程序,从审问到定罪名再到刑罚执行都在朝堂之上进行,"杀人至惨,而不丽于法"③。史载,正德十四年(公元1519年),"以谏止南巡,廷杖舒芬、黄巩等百四十六人,死者十一人"④;嘉靖三年(公元1524年),"群臣争大礼,廷杖丰熙等百三十四人,死者十六人"⑤。嘉靖朝中期,刑法愈加残酷,"四十余年间,杖杀朝士,倍蓰前代"⑥。

需要指出的是,尽管皇帝决定刑杀的权力基本不受制度上的约束,但是在实践中并非没有任何限制,因为,有些比较明智的皇帝认识到滥用刑罚不利于皇权的巩固,严格执法则有利于社会的稳定。

以唐朝为例:唐高祖武德元年(公元618年),"有犯法不至死者,上特命杀之。监察御史李素立谏曰:'三尺法,王者所与天下共也;法一动摇,人无所措手足。陛下甫创洪业,奈何弃法!臣忝法

---

① 《册府元龟》卷一百五十二《帝王部·明罚》。
② 《宋史》卷二百《刑法二》。
③ 《明史》卷九十五《刑法三》。
④ 同上。
⑤ 同上。
⑥ 同上。

司,不敢奉诏.'上从之"①。唐太宗即位之初,"或闻诸曹案典,多有受赂者,乃遣人以财物试之。有司门令史受馈绢一匹,太宗怒,将杀之,矩进谏曰:'此人受赂,诚合重诛。但陛下以物试之,即行极法,所谓陷人以罪,恐非导德齐礼之义。'太宗纳其言"②。唐高宗永徽二年(公元651年),"左武侯引驾卢文操,踰垣盗左藏库物。上以引驾职在纠绳,而身行盗窃,命有司诛之。谏议大夫萧钧进曰:'文操所犯,情实难原,然准诸常法,罪未至死。今致之极刑,将恐天下闻之,必谓陛下轻法律、贱人命、任喜怒、贵财物……'上纳之"③。可见,皇帝在行使刑杀之权时并非全无顾忌,也并非随意的突破法律规定。

其次,皇帝有权决定赦免刑罚。赦免权是皇帝行使最高司法权的重要方式,也是皇帝独占的权力。中国古代自汉朝以后,历朝历代的帝王大都实施赦免,据沈家本考证,中国古代的赦免有大赦、特赦、减等、曲赦、别赦、赦徒这几类。④

大赦与特赦均指针对全国范围内的囚犯的赦免。《史记·秦本纪》载:"庄襄王元年,大赦罪人。"⑤沈家本说:"若惠文、庄襄之赦,即为后世改元肆赦之权舆矣。大赦之名亦始见于此。"⑥自汉朝起,历朝历代的皇帝都会实施大赦,史书中相关的记载非常多,这里就不列举了。另外,沈家本将"无事而赦"称为特赦:"如元朔三年有诏,元康二年有诏,建昭五年有诏⑦,皆特赦也"⑧。有研究者指出,

---

① 《资治通鉴》卷一百八十六高祖武德元年十二月壬辰日。
② 《旧唐书》卷六十三《列传第十三》。
③ 《唐会要》卷五十五《省号下·谏议大夫》。
④ 参见(清)沈家本撰:《历代刑法考》,邓经元、骈宇骞点校,中华书局1985年版。
⑤ 《史记》卷五《秦本纪》。
⑥ (清)沈家本撰:《历代刑法考》,邓经元、骈宇骞点校,中华书局1985年版,第573页。
⑦ 《汉书·武帝纪》载:"(元朔三年)三月,诏曰:夫刑罚所以防奸也,内长文所以见爱也……其赦天下。"《汉书·宣帝纪》载:"(元康)二年春正月,诏曰:书云:'文王作罚,刑兹无赦',今吏修事奉法,未有能称朕意,朕甚愍焉。其赦天下,与士大夫厉精更始。"《汉书·元帝纪》载:"(建昭)五年春三月,诏曰:盖闻明王之治国也,明好恶而定去就,崇敬让而民与行,故法设而民不犯,令施而民从……其赦天下。"
⑧ (清)沈家本撰:《历代刑法考》,邓经元、骈宇骞点校,中华书局1985年版,第576页。

第一章 司法机构

所谓"无事而赦",未必无因,或者史书未记,或者本来就是有因而赦,只是颁赦不便于明言罢了。①

减等之赦,顾名思义就是减免部分刑罚。例如,据《后汉书·光武帝纪》记载,建武二十二年,制诏曰:"其死罪系囚在戊辰以前,减死罪一等。"②沈家本说:"减等之名实始见于此,自此以后,东京遂奉为成法矣。"③《后汉书·明帝纪》记载:"(永平八年十月)诏三公募郡国中都官死罪系囚,减罪一等,勿笞,诣度辽将军营,屯朔方、五原之边县……其大逆无道殊死者,一切募下蚕室。"④《后汉书·桓帝纪》载:"(永兴元年十一月)诏减天下死罪一等,徙边戍……(二年九月)减天下死罪一等,徙边戍。"⑤据沈家本考证,"自此以后,遂无减等之文"⑥。

曲赦,是针对某一地区或某几个地区的囚犯的一种赦免方式。《宋史·刑法三》载:"凡曲赦惟一路或一州,或别京,或畿内。"⑦汉朝时尚无曲赦之名,但是实际上已经有了这种类型的赦免,例如《汉书·高帝纪》载:"(十年七月)赦栎阳囚死罪已下"⑧。在晋代出现了曲赦这一名称,《晋书·武帝纪》载:"(泰始五年)曲赦交阯、九真、日南五岁刑"⑨。《晋书·惠帝纪》载:"(永平元年六月)曲赦洛阳。"⑩此后历代王朝,皇帝赦免特定地区内的囚犯的事例不胜枚举。

别赦是针对特定的人、特定的案件实施的赦免,但在史籍中并

---

① 沈厚铎:《试析中国古代的赦》,载于《中外法学》1998 年第 2 期。
② 《后汉书》卷一下《光武帝纪下》。
③ (清)沈家本撰,邓经元、骈宇骞点校:《历代刑法考》,中华书局 1985 年版,第 570 页。
④ 《后汉书》卷二《明帝纪》。
⑤ 《后汉书》卷七《桓帝纪》。
⑥ (清)沈家本撰:《历代刑法考》,邓经元、骈宇骞点校,中华书局 1985 年版,第 573 页。
⑦ 《宋史》卷二百一《刑法三》。
⑧ 《汉书》卷一下《高帝纪下》。
⑨ 《晋书》卷三《武帝纪》。
⑩ 《晋书》卷四《惠帝纪》。

不常以"别赦"称之。① 例如《汉书·高帝纪》载:"田横归彭越。项羽已灭,横惧诛,与宾客亡入海。上恐其久为乱,遣使者赦横,曰:'横来,大者王,小者侯。不来,且发兵加诛'。"② 这是针对田横一人的赦免;《汉书·宣帝纪》载,(元康二年)夏五月,诏曰:"闻古天子之名,难知而易讳也。今百姓多上书触讳以犯罪者,朕甚怜之。其更讳询。诸触讳在令前者,赦之"③。这是针对因触犯皇帝名讳而犯罪之人的赦免;《宋史·太祖纪》载:"(开宝六年十月)特赦诸官吏奸赃"④。这是针对犯有奸赃罪的官吏的赦免。

赦徒是对被科以徒刑的囚犯实施的减免。例如《汉书·景帝纪》载:"(中元四年)赦徒作阳陵者。"⑤《汉书·武帝纪》载:"(元封二年)赦所过徒。"⑥ 赦徒根据其内容,有时可能属于曲赦的范围,例如上文所引晋武帝泰始五年曲赦交阯、九真、日南五岁刑,实际上也属于赦徒;也有可能属于大赦的范围,例如《汉书·宣帝纪》载:"(元康元年)赦天下徒"⑦。《晋书·明帝纪》载:"(太宁二年正月)赦五岁刑以下。"⑧

尽管赦免权是皇帝的绝对权力,但也不是毫无原因的任意行使。例如有研究者指出,汉朝开始,赦必有引因。汉朝赦因大体有践阼、改元、立后、建储、后临朝、大丧、帝冠、郊、祀明堂、临雍、封禅、立庙、巡狩、徙宫、定都、从军、克捷、年丰、祥瑞、灾异、劝农、饮酎、遇乱等二十余种。⑨ 皇帝往往会因为上述这些事件而实施赦免。皇帝

---

① 往往就称之为"赦",有时还会称为"特赦",但是从内容上讲,与上文中的特赦不同。
② 《汉书》卷一下《高帝纪下》。
③ 《汉书》卷八《宣帝纪》。
④ 《宋史》卷三《太祖三》。
⑤ 《汉书》卷五《景帝纪》。
⑥ 《汉书》卷六《武帝纪》。
⑦ 《汉书》卷八《宣帝纪》。
⑧ 《晋书》卷六《明帝纪》。
⑨ 沈厚铎:《试析中国古代的赦》,载于《中外法学》1998年第2期。

第一章 司法机构

还经常会通过录囚的方式实施赦免,这也是皇帝行使最高司法权的一种具体方式。在本书监狱制度一章对此会有详述,此处不赘。

二、皇帝亲审与皇帝交审

皇帝的最高司法权更多地以亲审和交审两种方式来体现:

第一,亲审。亲审是皇帝以"法官"的身份亲自主持或参加审理。古代的帝王很重视亲自审理案件,皇帝亲审既能体现他们的勤政,又能表明他们对官员办案出现冤滥的担心,更是出于牢牢掌握司法权的考虑。历代帝王经常躬亲狱讼,史料对此多有记载:

《汉书·刑法志》载:"(秦始皇)躬操文墨,昼断狱,夜理书。"①

《汉书·刑法志》载:"时上(上指汉宣帝)常幸宣室,斋居而决事,狱刑号为平矣。"②

《晋书·刑法志》载:"光武中兴,留心庶狱,常临朝听讼,躬决疑事。"③

《宋书·孝武帝纪》载:"(孝武帝)诏曰:'自今囚至辞具,并即以闻,朕当悉详断,庶无留狱。若繁文滞劾,证逮遝广,必须亲察,以尽情状。'"④

《资治通鉴·齐纪三》载:"魏主(孝文帝)更定律令于东明观。亲决疑狱。"⑤

《宋史·刑法一》记载,宋太宗曾说:"天下至广,安得无枉滥乎?朕恨不能亲决四方之狱。"⑥因此,他在位时,"常躬听断,在京狱有疑者,多临决之,每能烛见隐微"⑦。

---

① 《汉书》卷二十三《刑法志》。
② 同上。
③ 《晋书》卷三十《刑法》。
④ 《宋书》卷六《孝武帝纪》。
⑤ 《资治通鉴》卷一百三十七世祖武皇帝中永明九年五月己亥日。
⑥ 《宋史》卷一百九十九《刑法一》。
⑦ 同上。

《宋史·刑法二》载:"咸平间,有三司军将赵永昌者,素凶暴,督运江南,多为奸赃。知饶州韩昌龄廉得其状,乃移转运使冯亮,坐决杖停职。遂挝登闻鼓,讼昌龄与亮讪谤朝政,仍伪刻印,作亮等求解之状。真宗察其诈,于便殿自临讯,永昌屈伏,遂斩之。"①

明太祖也曾说:"凡有大狱,当面讯,防构陷锻炼之弊。"②

《清史稿·刑法三》载:"如非常大狱……自顺治迄乾隆间,有御廷亲鞫者。"③

从以上史料可以看出,皇帝的亲审往往是非制度化的,既没有法律规定什么案件必须由皇帝亲自审理,也没有法律规定皇帝亲自审理案件所应遵循的程序。通常情况下,皇帝会亲自审理那些重大疑难的、涉及政治事件的和有较大社会影响力的案件。

第二,交审。即便是再勤政的皇帝,其精力也是有限的,不可能事事躬亲。因此,皇帝过问的案件,多数会被交给大臣们办理。历代都有很多这类皇帝交审的案件。例如:汉朝皇帝交办的案件称为诏狱,通常由廷尉审理,例如《汉书·文帝纪》载:"绛侯周勃有罪,逮诣廷尉诏狱"④。有时皇帝会将案件交由众多官员会审,称为杂治,例如《汉书·王嘉传》载:"初,廷尉梁相与丞相长史、御史中丞及五二千石杂治东平王云狱"⑤。

汉朝以后,历代皇帝交办的案件也称为诏狱。唐朝,遇有特别重大的案件,皇帝会指派官员进行审理,《新唐书·杨凭传》载:"(杨凭)与御史中丞李夷简素有隙,因劾凭江西奸赃及它不法,诏刑部尚书李鄘、大理卿赵昌即台参讯"⑥。宋朝还设置有制勘院这种临

---

① 《宋史》卷二百《刑法二》。
② 《明史》卷九十四《刑法二》。
③ 《清史稿》卷一百四十四《刑法三》。
④ 《汉书》卷四《文帝纪》。
⑤ 《汉书》卷八十六《何武王嘉师丹传》。
⑥ 《新唐书》卷一百六十《列传第八十五》。

第一章　司法机构

时机构来审理诏狱,《宋史·刑法二》载:"诏狱,本以纠大奸慝,故其事不常见。初,群臣犯法,体大者多下御史台狱,小则开封府、大理寺鞫治焉。神宗以来,凡一时承诏置推者,谓之'制勘院',事出中书,则曰'推勘院',狱已乃罢"①。明朝皇帝亲自交办的案件称为奉旨推问案件,一般承办此类案件的是两法司②和锦衣卫北镇抚司,其中北镇抚司"本添设专理诏狱"③。

三、皇帝对特殊案件的最终决定权

皇帝的至高司法权的一项重要内容是对特殊案件的最终决定权。在古代司法中,这类特殊案件主要包括两类:一是涉及贵族官僚犯罪的案件,皇帝的最终决定权体现在八议和上请制度之中;二是死刑案件,皇帝的最终决定权体现在死刑的奏报制度上。关于死刑案件的奏报制度,在本书第七章中将作详细叙述,在此仅阐述贵族官僚犯罪案件的八议制度与上请制度。

贵族、官僚在法律上享有特权,这是中国古代法制的一大特点。《礼记·曲礼上》云:"礼不下庶人,刑不上大夫。"④这是关于官僚贵族法律特权的经典表述。这种特权并不单纯体现在观念上,也为一系列法律制度所确认。在审判活动中,官僚贵族的特权最显著的体现就是八议与上请制度,而这两种制度都与皇帝的司法权紧密相关。

(一) 八议制度

通常认为八议制度起源于周礼的八辟。《周礼·秋官·小司

---

① 《宋史》卷二百《刑法二》。
② 《明会典》卷二百十四《大理寺·请旨发落》载:"弘治三年奏准,两法司囚犯,有奉旨来说者,问拟明白,仍具本发本寺审录奏请。若系机密重情,不可漏泄者,径自开具招由奏讫,仍发本寺审录。十三年议准,两法司囚犯,若奉特旨会问了来说者,开具招由,奏发本寺审录。其余拟罪来说者,具本,发本寺审允,奏请发落。近例,凡奉旨送法司问者,由本寺详审具题,送刑部拟罪者,则该部径题。"
③ 《明会典》卷二百二十八《上二十二卫·镇抚司》。
④ 《礼记·曲礼上》。

寇》记载:"以八辟丽邦法,附刑罚。一曰议亲之辟,二曰议故之辟;三曰议贤之辟,四曰议能之辟,五曰议功之辟,六曰议贵之辟,七曰议勤之辟,八曰议宾之辟。"[①]

秦朝奉行法家"刑无等级"的思想,八辟之法废而不用,"按八议之制,见于《周礼》,至秦而废"[②]。汉朝出现了上请制度,从功能上讲与八辟之法相似。《曹魏律》将"八辟"改为"八议",自此正式规定于法典。"八议"是对于八种具有特殊身份的被告人,不应按照正常的审判程序进行审理,而应"皆先奏请,议其所犯"[③],等候皇帝的处理意见方可决断,最后决定的权力掌握在皇帝手中。八议制度也是儒家"刑不上大夫"理念的体现。这八类特殊的人具体指:亲,皇帝宗室亲戚;故,皇帝故旧;贤,有德行的人;能,有大才能的人;功,有功劳的人;贵,有一定级别、爵位的人;勤,为国家勤劳服务的人;宾,前朝皇室宗亲。此八类人主要是皇室宗亲、贵族以及高级官僚。

《唐律·名例》系统规定了八议制度,其八类人与"八辟"同,疏议曰:"今之'八议',周之'八辟'也。礼云:'刑不上大夫。'犯法则在八议,轻重不在刑书也。其应议之人,或分液天潢,或宿侍旒扆,或多才多艺,或立事立功,简在帝心,勋书王府。若犯死罪,议定奏裁,皆须取决宸衷,曹司不敢与夺。此谓重亲贤,敦故旧,尊宾贵,尚功能也。以此八议之人犯死罪,皆先奏请,议其所犯,故曰'八议'"[④]。唐律还对适用八议制度的具体程序作出了规定:"诸八议者,犯死罪,皆条所坐及应议之状,先奏请议,议定奏裁;(议者,原情议罪,称定刑之律而不正决之)。"疏议曰:"八议人犯死罪者,皆条录所犯应死之坐及录亲、故、贤、能、功、勤、宾、贵等应议之状,先奏请

---

① 《周礼·秋官·小司寇》。
② 程树德:《九朝律考》,商务印书馆2010年版,第123页。
③ 《唐律·名例》"八议"条。
④ 同上。

第一章 司法机构

议。依令,都堂集议,议定奏裁。"①也就是说,享有八议特权的人犯死罪的,要先由大臣集议,议其所犯之罪和应处刑罚,然后奏请皇帝做最终的裁决。一般的司法机构无权处理这类案件。以上程序只适用于八议者犯死罪的情形,而根据唐律及疏议的解释,"流罪以下,减一等","流罪以下,犯状既轻,所司减讫,自依常断"②,也就是司法机关可以依照常法减一等处罚,不必奏请皇帝。此外,对于犯十恶重罪之人,不适用八议制度。

从八辟到八议,在适用群体上并无差别,但是后者在程序上更加细致。后世律法都继承了唐律中的八议规定。明清律中对八议制度实施的程序也做出了规定,《大明律·名例律》规定:"凡八议者犯罪,实封奏闻取旨,不许擅自勾问,若奉旨推问者,开具所犯及应议之状,先奏请议,议定奏闻,取自上裁"③。这种程序与唐律的规定基本相同,区别在于,按唐律的规定,这种程序只对八议者犯死罪时适用,而明律的规定则不限于死罪。

(二) 上请制度

另一项体现官僚贵族司法特权的制度是上请制度。上请制度确立于西汉时期,是指官僚贵族犯罪后,普通审判机关不能随意审断,而应将案件上报中央,由廷尉请示皇帝,最终由皇帝作出处理,并且通常会因犯罪人的特殊身份而给予宽宥。汉朝有关上请制度的记载有很多。高祖七年,"春,令郎中有罪耐以上,请之。"④《汉书·刘屈氂传》载:"会夜司直田仁部闭城门,坐令太子得出,丞相欲斩仁。御史大夫暴胜之谓丞相曰:'司直,吏二千石,当先请,奈何擅斩之?'

---

① 《唐律·名例》"八议"条。
② 同上。
③ 《大明律·名例律》"应议者犯罪"条。
④ 《汉书》卷一下《高帝纪下》。

丞相释仁。"①宣帝黄龙元年夏四月诏曰:"吏六百石位大夫,有罪先请。"②平帝元始元年,"令诸侯王、公、列侯、关内侯亡子而有孙若子同产子者,皆得以为嗣。公、列侯嗣子有罪,耐以上先请"③。东汉光武帝建武三年秋七月诏曰:"吏不满六百石,下至墨绶长、相,有罪先请。"④可见,享有上请特权的官僚贵族的范围在不同时期有所不同,但总的来说是呈扩大的趋势。

上请制度一直为后世继承,唐朝以后的历代法典都有所规定。《唐律·名例》规定:"诸皇太子妃大功以上亲、应议者期以上亲及孙、若官爵五品以上,犯死罪者,上请。"⑤关于适用上请的人员范围,疏议进一步解释:"八议之人,荫及期以上亲及孙,入请。期亲者,谓伯叔父母、姑、兄弟、姊妹、妻、子及兄弟子之类";"官爵五品以上者,谓文武职事四品以下、散官三品以下、勋官及爵二品以下,五品以上。此等之人,犯死罪者,并为上请"。⑥由此可见,上请制度将八议之人以外的一些官僚贵族纳入了适用的范围。关于上请的程序,唐律规定:"请,谓条其所犯及应请之状,正其刑名,别奏请"⑦。疏议进一步解释:"条其所犯者,谓条录请人所犯应死之坐。应请之状者,谓皇太子妃大功以上亲,应议者期以上亲及孙,若官爵五品以上应请之状。正其刑名者,谓录请人所犯,准律合绞、合斩。别奏者,不缘门下,别录奏请,听敕。"⑧简言之,就是应请之人若犯死罪,普通司法机构无权裁决,而必须报请皇帝决断。若应请之人所犯为流罪以下,并不适用上述程序,而是减一等处罚。此外,"其犯十恶,反逆缘

---

① 《汉书》卷六十六《公孙刘田王杨蔡陈郑传》。
② 《汉书》卷八《宣帝纪》。
③ 《汉书》卷十二《平帝纪》。
④ 《后汉书》卷一上《光武帝纪上》。
⑤ 《唐律·名例》"请章"。
⑥ 同上。
⑦ 同上。
⑧ 同上。

第一章 司法机构

坐,杀人,监守内奸、盗、略人、受财枉法者,不用此律"。①《宋刑统》的规定与唐律相同。

《大明律·名例律》规定:"凡京官及在外五品以上官有犯,奏闻请旨,不许擅问。六品以下,听分巡御史、按察司并分司取问明白,议拟闻奏区处。若州府县官犯罪,所辖上司不得擅自勾问。止许开具所犯事由,实封奏闻。若准许推问,依律议拟回奏,候委官审实,方许判决。其犯应该笞决、罚俸、收赎纪录者,不在奏请之限。"②还规定:"凡应八议者之祖父母、父母、妻及子孙犯罪,实封奏闻取旨,不许擅自勾问。若奉旨推问者,开具所犯及应议之状,先奏请议,议定奏闻,取自上裁。若皇亲国戚及功臣之外祖父母、伯叔父母、姑、兄弟、姊妹、女婿、兄弟之子,若四品、五品官之父母、妻及应合袭荫子孙犯罪,从有司依律追问,议拟奏闻,取自上裁。其犯十恶反逆缘坐,及奸盗杀人、受财枉法者不用此律。其余亲属、奴仆、管庄、佃甲,倚势虐害良民,凌犯官府者,加常人罪一等,止坐犯人,不在上请之律。"③可见,职官犯罪或八议之人的亲属犯罪,普通司法机构不得直接审理,而是要奏请皇帝的旨意。《大清律例》中也有这些规定。总的来看,明清律中的上请制度,也使得八议之人以外的官僚贵族获得了司法特权。明清两朝是古代专制集权发展到顶峰的时期,律典中关于应奏请皇帝裁决的事项的规定非常之多,由此可见封建君主对于司法权控制的加强。

八议制度和上请制度几乎在整个帝制时代都得以存续,它是儒家法律思想和君主集权制的一种结合。八议制度和上请制度既是官僚贵族的一种法律特权,也是君主的一种特殊审判权;既是皇帝对司法权的控制手段,又体现了皇权的至高无上。

---

① 《唐律·名例》"请章"。
② 《大明律·名例律》"职官有犯"条。
③ 《大明律·名例律》"应议者之父祖有犯"条。

第 二 章
监 察 制 度

监察制度是中国古代独具特色的一项政治法律制度,历史源远流长,体系严密完备。监察官的基本职责是纠察官邪,整饬纪纲;参与并监督审判活动;对皇帝的失举、违法行为,亦有责任进谏驳正。监察与司法密切相关,难以分割,故将监察制度在本书中列专章予以详述。

第一节 监察机构的沿革

中国古代的监察机构经历了从无到有并逐渐完备的发展历程,在古代官制中居于特殊地位,本节择要论述古代监察机构的沿革及地位。

一、监察机构的开端——御史

夏、商、周时期,国家事务中已有监察的因素。据考证,夏商时有东吏、西吏的使者监察方国是否对国王忠实,另有各种"史"官,凭

第二章 监察制度

借祭文、占卜监察官吏是非,这些都是早期监察的方式。① 西周时,古代监察制度中最重要的官称——"御史"正式出现,但当时的御史并不具有监察之职,真正行使监察职能的是大宰、小宰和宰夫。《周礼·天官》载:

"天官冢宰……治官之属:大宰,卿一人。小宰,中大夫二人。宰夫,下大夫四人、上士八人、中士十有六人。""大宰之职,掌建邦之六典,以佐王治邦国。""小宰之职,掌建邦之宫刑,以治王宫之政令。凡宫之纠禁,掌邦之六典、八法、八则之贰,以逆邦国、都鄙、官府之治。""宰夫之职,掌治朝之法。以正王及三公、六卿、大夫、群吏之位,掌其禁令。叙群吏之治,以待宾客之令、诸臣之复、万民之逆。"②

由以上可知,冢宰的属官有大宰、小宰、宰夫等,小宰为大宰的副职,宰夫为大宰、小宰的助手,官员人数依次递增,层层协助上一级工作,因此叫"转相辅贰",即递相辅佐。大宰行使周王之下的最高行政监察权。小宰作为大宰的副职,主要行使大宰的监察职能。宰夫主要依法考核百官治绩,根据"官刑"监督并惩治官吏。另据《周礼·春官·御史》载:"御史,掌邦国都鄙及万民之治令,以赞冢宰。凡治者受法令焉,掌赞书,凡数从政者。"③即御史掌理邦国、都鄙、万民的法令,辅助冢宰,昭告王者。凡有治职的,书写所治的法令,王者如有诏命,负责制作文辞。因此,西周的御史实际为掌管文书和记事的普通"史官"。但由于我国古代"大小官名及职事之名,多由史出"④,且史官在负责记事时也向君王上报所记之事,逐渐具

---

① 关于东吏、西吏等,可参见陈梦家:《殷墟卜辞综述》,中华书局1988年版,第517—521页。
② 《周礼·天官·冢宰》。
③ 《周礼·春官·御史》。
④ 王国维:《观堂集林》卷六《释史》,中华书局1959年版,第269页。

有了监视的功用,遂成后世纠弹御史之渊源。周朝也有匡人等专职监察,据《周礼·夏官·匡人》载:"匡人,掌达法则,匡邦国,而观其慝,使无敢反侧,以听王命。"①这类职掌监国的专职监察官,大大加强了中央对诸侯国的监控,巩固了王权。

战国时期,诸侯国为了确保政权的稳固,纷纷加强官员监督,监察制度也随之受到重视。此时,"御史"已兼有监察的职责。如《滑稽列传》中载,淳于髡对齐威王说:"赐酒大王之前,执法在傍,御史在后,髡恐惧俯伏而饮,不过一斗径醉矣。"②可见御史的纠察职责对于百官的震慑作用。御史的职位也越来越重要,《战国策·韩策三》记载:"安邑之御史死,其次恐不得也。输人为之谓安令曰:'公孙綦为人请御史于王,王曰:'彼固有次乎?吾难败其法。'因遽置之。"③但整体而言,战国时期的监察活动还不系统,专门的监察机构尚未产生。

秦汉时期是君主专制中央集权确立的时期,也是监察体系开始建立的阶段。秦汉时期的监察体制为后世历朝监察制度的发展完善奠定了基础。

1. 御史组织

秦汉时期御史组织的办事机构称为御史府或御史大夫寺④,长官为御史大夫(西汉中后期为御史中丞),御史大夫下设御史丞和御史中丞,属官有治书侍御史、侍御史、符玺御史、御史内史、御史主簿、督运漕御史、绣衣御史、监御史以及后来的刺史。

御史大夫,"秦官,位上卿,银印青绶,掌副丞相","成帝绥和元年更名大司空,金印紫绶,禄比丞相,置长史如中丞,官职如故。哀

---

① 《周礼·夏官·匡人》。
② 《史记》卷一百二十六《滑稽列传》。
③ 《战国策·韩策三》。
④ 《通典》卷二十四《职官六·御史台》载:"所居之署,汉谓之御史府,亦谓之御史大夫寺,亦谓之宪台。"

第二章 监察制度

帝建平二年复为御史大夫,元寿二年复为大司空,御史中丞更名御史长史"①。自东汉,"虽置三公,事归台阁"②,即虽有"三公"之职,实际则由宪台(御史台)、中台(尚书署)和谒者台行使职权。东汉末,"省御史大夫而以中丞为台率",自此御史台成为"始专纠察之任"③的专职中央监察机构。

御史中丞,"汉御史大夫有二丞,一曰御史丞,二曰中丞"④。御史丞执掌不详。御史中丞也叫御史中执法,"以其居殿中,故曰中丞"⑤。御史中丞的地位仅次于御史大夫。汉成帝绥和元年(公元前8年),御史大夫更名为大司空,不再任监察之职,御史中丞成为御史府实际长官,其官署也由御史府改为御史台。

侍御史,"有绣衣直指,出讨奸猾、治大狱,武帝所制,不常置"⑥。据《汉旧仪》记载:"御史,员四十五人,皆六百石,其十五人衣绛,给事殿中,为侍御史,宿庐在石渠门外,二人尚玺,四人持书给事,二人侍前,中丞一人领,余三十人留寺,理百官事也。"⑦即别居殿中的十五人为侍御史,由御史中丞统领,另有三十人留于御史寺监察百官。两汉时期,侍御史主要包括治书侍御史、符玺侍御史、督运漕御史和绣衣御史等。

秦汉时期,为加强中央集权,设置了专门监察地方的官吏。秦朝,在郡一级设监郡御史,隶属御史大夫,史籍多称其为"监御史","监御史,秦官,掌监郡"⑧。西汉初,监御史被废除,由刺史承担监察地方的任务。元封五年(公元前106年),"武帝攘却胡、越,开地斥

---

① 《汉书》卷十九《百官公卿表》。
② 《后汉书》卷四十九《王充王符仲长统列传》。
③ 《钦定历代职官表》卷十八《都察院表》。
④ 《通典》卷二十四《职官六·中丞》。
⑤ 同上。
⑥ 《汉书》卷十九《百官公卿表》。
⑦ (汉)卫宏撰:《汉旧仪》卷上。
⑧ 《汉书》卷十九《百官公卿表》。

境,南置交阯,北置朔方之州,兼徐、梁、幽、并夏、周之制,改雍曰凉,改梁曰益,凡十三部,置刺史"①。即除京畿附近七郡外,其余为十三个州部,每州为一监察区,各置刺史一名。刺史"掌奉诏条察州,秩六百石,员十三人"②。刺史隶属御史府,由御史中丞统领,刺察地方吏治。"成帝绥和元年更名牧,秩二千石。哀帝建平二年复为刺史,元寿二年复为牧"③。刺史更置为牧,监察官变为行政官,监察权力遭到破坏。

2. 丞相司直

秦汉时期,丞相职权极广,除一般行政事务外,还职掌封驳与谏诤等方面的权能,意于"匡正君失,纠正官伪"。武帝元狩五年(公元前118年),在丞相府中设置辅佐丞相的丞相司直,"掌佐丞相,举不法"④,主管监察。其"秩比二千石",秩位高于御史中丞,权力重于司隶校尉,由丞相直接统领,监察检举之权极大。这是在中央行政机关内部设置的监察官,另外秦汉时期在地方行政机关内部也设有监察官,如丞相史、督邮、廷掾等。

3. 司隶校尉

司隶校尉,"武帝征和四年初置。持节,从中都官徒千二百人,捕巫蛊,督大奸猾。后罢其兵。察三辅、三河、弘农。元帝初元四年去节。成帝元延四年省。绥和二年,哀帝复置,但为司隶,冠进贤冠,属大司空,比司直"⑤。即司隶校尉设置之初并非职掌监察,"初置司隶校尉,捕巫蛊,督大奸猾"。后专门监察"三辅"(京兆、冯翊、扶风),"三河"(河东、河内、河南),"弘农"七郡的官吏。东汉时,司隶校尉的监察对象扩大至外戚和宦官。司隶校尉是皇帝特设的监

---

① 《汉书》卷二十八《地理志》。
② 《汉书》卷十九《百官公卿表》。
③ 同上。
④ 同上。
⑤ 同上。

第二章 监察制度

察官,既不隶属于御史府,也不受丞相府的统领,独立行使监察权。但西汉中后期,司隶校尉受御史大夫节制,御史大夫后改为大司空,其仍属大司空,秩比二千石,位在司直下。东汉时,司隶校尉在皇帝面前与尚书令、御史中丞均专席独坐,被称为"三独坐"。[①]

总体而言,秦汉时期监察体系得以确立,监察官威严的重要体现便是"獬豸冠"。由于"獬豸"是"法"的化身,从先秦到明清,"獬豸"形象被当成监察、司法官员廉明正直、执法公正的象征,在特定场合被经常使用并作为监察御史和司法官员等的重要标志。因此,监察、司法官员穿戴獬豸冠也是其威严的象征。据《后汉书》记载:"法冠,一曰柱后。高五寸,以纚为展筒,铁柱卷,执法者服之,侍御史、廷尉正监平也。或谓之獬豸冠。獬豸神羊,能别曲直,楚王尝获之,故以为冠。胡广说曰:'春秋左氏传有南冠而絷者,则楚冠也。秦灭楚,以其君服赐执法近臣御史服之。'"[②]即秦始皇灭楚后,以楚王冠赐御史大夫,冠状如獬豸,表示对不法者即可抵触之。春秋战国时,楚王仿照獬豸的形象制成衣冠。秦朝时正式赐给御史作为饰志,后遂称"獬豸冠"。汉朝时,廷尉、御史等都戴獬豸冠。到了东汉时期,獬豸冠则被冠以法冠之名,执法官也因此被称为獬豸。自秦朝赐给御史獬豸冠,此后各朝御史和按察使等监察官吏一律戴獬豸冠,穿绣有"獬豸"图案的补服(见图2-1)。

魏晋南北朝时期,监察机构有了新的变化。御史台在西汉末年转属少府,东汉以后实际上已独立,但名义上仍归少府。魏晋时期,御史台才从少府中正式脱离出来,成为由皇帝领导的独立的监察机构,其主要长官仍为御史中丞,并在京畿地区设有司隶校尉,在地方设有州刺史。北魏的监察机构改御史台为南台,长官称御史中尉,属官有治书侍御史、殿中侍御史、检校御史、监察侍御史等,另有人

---

① 《后汉书》卷二十七《宣张二王杜郭吴承郑赵列传》。
② 《后汉书》志第三十《舆服下》。

图 2-1　浙江桐乡杨家桥明墓出土的獬豸补服①

数不定的出巡御史,其中东、西魏设置稍有不同。北齐的监察机构仍称南台,长官称御史中丞。北周御史台称司宪,台主称司宪中大夫。

　　此时的监察机构组织扩大,职权也有所加强。两晋时期,御史中丞突破了不纠三公的限制。例如,晋武帝时,侍御史刘暾上书奏劾司徒王浑:"谨按司徒王浑,蒙国厚恩,备位鼎司,不能上佐天子,调和阴阳,下遂万物之宜,使卿大夫各得其所。敢因刘舆拒扞诏使,

---

①　此獬豸补服收藏于浙江省桐乡市博物馆,本图片引自《桐乡濮院杨家桥明墓发掘简报》。

第二章 监察制度

私欲大府兴长狱讼。昔陈平不答汉文之问,邴吉不问死人之变,诚得宰相之体也。既兴刑狱,怨怼而退,举动轻速,无大臣之节,请免浑官。右长史、杨丘亭侯刘肇,便辟善柔,苟于阿顺,请大鸿胪削爵土"①。《晋书》还记载有刘暾监察皇亲大吏的事例:一次武库发生火灾,当时皇后贾南风表亲郭彰任尚书,率领百人只顾自保而不救火,于是刘暾就严肃地责问他。郭彰怒曰:"我能截君角也。"刘暾则愤怒斥责道:"君何敢恃宠作威作福,天子法冠而欲截角乎!"于是请索纸笔上奏。②

南朝,御史中丞位尊权贵,专道而行,仪仗人数与尚书令相等。萧齐时,御史中丞"职无不察,专道而行,驺辐禁呵,加以声色,武将相逢,辄致侵犯,若有卤簿,至相殴击"③。萧梁时,"皇太子已下,其在宫门行马内违法者,皆纠弹之。虽在行马外,而监司不纠,亦得奏之。专道而行,逢尚书丞郎,亦得停驻。其尚书令、仆、御史中丞,各给威仪十人"④。即废除了汉朝中丞路遇尚书丞郎要行止车版揖之礼,提高了中丞的地位。因御史中丞威权的崇高,"自齐梁皆谓中丞为南司"⑤。北朝,御史中丞的地位比南朝更高,"魏氏旧制,(御史)中丞出,清道,与皇太子分路行,王公皆遥住车,去牛,顿轭于地,以待中丞过,其或迟违,则赤棒棒之"⑥。

此外,为了加强监察官吏行使监察权的效果,南北朝时期开始允许监察官风闻奏事。⑦ 据《梁书》记载,梁武帝天监元年(公元502

---

① 《晋书》卷四十五《列传第十五》。
② 同上。
③ 《通典》卷二十四《职官六·中丞》。
④ 《隋书》卷二十六《百官上》。
⑤ 《通典》卷二十四《职官六·中丞》。
⑥ 《北齐书》卷十二《列传第四》。
⑦ 风闻奏事,即御史无需有真凭实据便可依传闻立案纠劾,奏事时不记揭发人姓名,不重证词和自讼。据南宋学者洪迈在《容斋四笔》卷十一《御史风闻》中的考证,风闻奏事大约起源于南北朝时期:"御史许风闻论事,相承有此言,而不究所从来。以予考之,盖自晋宋以下如此。"

年)诏:"成务弘风,肃厉内外,寔由设官分职,互相惩纠。而顷壹拘常式,见失方奏,多容违惰,莫肯执咎,宪纲日弛,渐以为俗。今端右可以风闻奏事,依元熙旧制。"①由此,御史可以风闻奏事成为定制,即便弹劾有错,也不负任何责任。②

二、监察机构的发展——台院

隋朝上承御史之遗绪,下启台院之先河,以监察命名之官由此伊始,③在监察制度发展史上,实为转折点。④隋朝的中央监察机构为御史台,地方监察机构为司隶台、谒者台,"御史台,大夫一人,治书侍御史二人,侍御史八人,殿内侍御史、监察御史,各十二人,录事二人"⑤。隋炀帝即位后,又进行变革,"御史台增治书侍御史为正五品。省殿内御史员,增监察御史员十六人,加阶为从七品。开皇中,御史直宿禁中,至是罢其制。又置主簿、录事员各二人。五年,又降大夫阶为正四品,减治书侍御史为从五品;增侍御史为正七品,唯掌侍从纠察,其台中簿领,皆治书侍御史主之。后又增置御史,从九品,寻又省"⑥。

司隶台专察州郡之组织,置"大夫一人,掌诸巡察,别驾二人,分察畿内,一人案东都,一人案京师。刺史十四人,巡察畿外。诸郡从事四十人,副刺史巡察"⑦。刺史下又置丞、主簿、录事各一人,处理

---

① 《梁书》卷二《武帝纪中》。
② 但从历史的记载来看,在某些情况下奏事不实是会治罪的,如唐律"诬告反坐"条规定:诸诬告人者,各反坐。即纠弹之官挟私弹事不实者,亦如之。即据令亦合纠弹者,若有憎恶前人,或朋党亲戚,挟私饰诈妄作纠弹,准前任入罪之法。若上表告人已经闻奏,事有不实,反坐罪轻者,从上书诈不实论。宋朝规定:诸对制及奏事、上书,不以实者,徒二年。
③ 《通典》卷二十四《职官六·监察侍御史》载:"秦以御史监理诸郡,谓之监御史,汉罢其名……隋开皇二年,改检校御史为监察御史,凡十二人。"
④ 张金鉴:《中国吏治制度史概要》,三民书局1981年版,第208页。
⑤ 《隋书》卷二十八《百官下》。
⑥ 同上。
⑦ 同上。

第二章 监察制度

日常台务。刺史每年二月乘轺巡郡县，十月入奏。

谒者台为隋炀帝时所设，"掌受诏劳问，出使慰抚，持节察授，及受冤枉而申奏之。驾出，对御史引驾"①。设谒者大夫一人为台长，司朝谒者二人，为大夫副贰。属官有丞、主簿、录事各一人，处理台内日常事务。谒者台掌握对地方的监察权，使秦汉以后临时性的遣使巡察制度化，成为唐朝巡察使的前身。

唐朝，监察制度臻于成熟，监察机构更加健全。中央监察机构仍为御史台，是国家最高监察机关，御史台设"御史大夫一人，中丞二人，侍御史四人，主簿一人，殿中侍御史六人"②。御史大夫是御史台长官，全面掌管中央和地方的监察事务，地位独立。御史台下设三院：台院、殿院和察院。台院设侍御史六人，职掌"纠举百僚"；殿院设殿中侍御史九人，"掌殿廷供奉之仪式"，巡察京城"不法之事"；察院设监察御史八人，"分察巡按郡县"。③ 三院在职能上有交叉，但各有分工，并互相配合，组成了一个严密的监察系统。

唐朝的御史台地位独立，极具典型。御史在行使监察职能时被授予两种特权：一为独立行使弹奏权，即凡百官违法，御史皆可独立纠弹，即使是御史长官事先也无权询问奏弹内容，所谓"台官无长官"④。二为风闻弹事权。唐朝的御史台不受理诉讼，但有告官吏违法者，可持辞状立于御史台门外，御史有权到门外收采辞状，认为应弹奏之事则略去检举人的姓名，于上朝时奏劾。风闻弹奏并非任意弹劾，而是保护检举人的一种措施，一旦立案，首先要从检举人处取

---

① 《隋书》卷二十八《百官下》。
② 《唐六典》卷十三《御史台》。
③ 《旧唐书》卷四十四《职官三》。具体人数在唐后期有变化，文中人数参见《新唐书》卷四十八《百官三》。
④ 《通典》卷二十四《职官六·监察侍御史》载：长安四年三月，监察御史萧至忠弹凤阁侍郎、同凤阁鸾台三品苏味道赃污，贬官。御史大夫李承嘉尝召诸御史，责之曰："近日弹事，不咨大夫，礼乎？"众不敢对。至忠进曰："故事，台中无长官。御史，人君耳目，比肩事主，得各自弹事，不相关白。若先白大夫而许弹事，如弹大夫，不知白谁也。"

得证据。若御史弹劾行政官员有不当之处或失职行为,则由尚书仆射、尚书左右丞纠劾。① 侍御史凡遇弹奏大事,则服獬豸冠,对着朝廷仪仗宣读弹文,被弹大臣须"趋出,立朝堂待罪"②。

另外,为了制约官吏的行为,提高行政效率,各行政部门均设有勾检官,其系独立于御史台之外的监察机构。最高勾检官为尚书都省左、右丞:左丞掌管辖诸司,纠正省内,勾吏部、户部、礼部十二司,通判都事,若右丞阙,则并行之。右丞管兵部、刑部、工部十二司。若左丞阙,右丞兼知其事。御史有纠劾不当,兼得弹之。③ "勾检"在唐律中的解释为:"检勾之官,同下从之罪。疏议曰:检者,谓发辰检稽失,诸司录事之类。勾者,署名勾讫,录事参军之类。"勾检官的职能是:勾检稽失,即监督检查行政机关办事的效率与质量;受事发辰,即勾检官在文件上盖上始发始收的日期,以便计算是否稽期;省署抄目,即勾检官登记抄录收发的文书目录,审查后签署,交付有关部门执行,执行完毕再由勾检用红笔在文书上端勾讫,记录完成的时间后存档。通过检查这些详细的记录,并与时间进行核对,从而监督官吏。

宋朝监察制度在继承唐制的同时有所变革。中央监察机构仍以御史台为主,下设三院。御史台的职权是"掌纠察官邪,肃正纲纪。大事则廷辨,小事则奏弹。其属有三院:一曰台院,侍御史隶焉;二曰殿院,殿中侍御史隶焉;三曰察院,监察御史隶焉。凡祭祀、朝会,则率其属正百官之班序。"④

宋朝的地方监察制度,吸取汉唐时期地方监察官由于权力太大而变为割据势力的历史教训,采用了"分而察之,互相牵制"的政策,

---

① 参见《旧唐书》卷四十三《职官二》载尚书仆射及左右丞之职云:"御史有纠劾不当,兼得弹之。"
② 《新唐书》卷一百九《列传第三十四》。
③ 《旧唐书》卷四十三《职官二》。
④ 《宋史》卷一百六十四《职官四》。

第二章 监察制度

设监司和通判,直隶皇帝。监司是路的官署,但有四个互不统属的监司,即转运司、提点刑狱司、提举常平司、安抚司四个机构。宋朝在路和县之间设置州等机构,长官知州有权"察郡吏德义才能而保任之,若疲软不任事,或奸贪冒法,则按劾以闻"。知州以外,专司监察的官员称"通判某州军州事",简称通判。通判与知州共同处理州事并监督知州。另外,地方监察机构要接受御史和谏官的监察。监察御史的任职在唐朝由宰相任命或者荐举,但到宋朝,改为由皇帝亲自任命,且监察御史可以纠举宰相。

另外,宋朝规定:"百官应赴台参谢辞者,以拜跪、书札,体验其老疾。凡事经郡县、监司、省曹不能直者,直牒阁门,上殿论奏。官卑而入殿中监察御史者,谓之'里行'。"治平四年(公元1067年),中丞王陶言:"奉诏举台官,而才行可举者多以资浅不应格。"乃诏举三任以上知县为"里行"。熙宁二年(公元1069年)诏:"御史阙,委中丞奏举,毋拘官职高下兼权"①。可见,宋朝监察机构具有多重设置、范围广泛的特点。

元朝,御史台与中书省、枢密院并列为中央三大机关,互不统属,地位并重,"凡有奏禀公事",三大机关"一同闻奏"②。为了强化地方监察,元朝又在各省设行御史台,作为中央御史台的派出机构,曾先后设立四个行御史台,即河西、云南、江南、陕西行御史台,最后保留江南行御史台和陕西行御史台。此外,在地方还常设有提刑按察司与肃政廉访司。至元六年(公元1269年)正月,世祖"立四道提刑按察司",至元二十八年(公元1291年),改按察司为肃政廉访司。至成宗时,将全国划分为二十二道监察区,设肃政廉访使常驻各区,肃政廉访使归所在行省的行御史台直接领导。大德九年(公元1305

---

① 《宋史》卷一百六十四《职官四》。
② 《元典章》卷五《台纲一·内台》。

年)五月,元成宗"改各道肃政廉访司为详刑观察(司)"①,但其职能地位未变。这样,元朝便形成了以御史台为核心、行御史台为重点、各道廉访司为经纬的严密监察网。

三、监察机构的强化——都察

明、清两朝,君主专制达到顶峰,监察机构亦进一步强化。

明初,国家机构的设置大体仍沿袭传统,中央设中书省、都督府、御史台三大机构分别掌管国家的行政、军事及监察大权。明太祖朱元璋曾说:"国家立三大府,中书总政事,都督掌军旅,御史掌纠察。朝廷纪纲尽系于此,而台察之任尤清要。"②但是,此种设置使得"三大府"的职权过大,影响皇权的行使。因此,政权稳固之后,太祖便着手改造中央机构。在监察制度方面,最大的改革是中央监察机关的革新,"国初,置御史台。设左右御史大夫、御史中丞、侍御史、治书侍御史、殿中侍御史、经历、都事、照磨、管勾、监察御史、译事、引进使等官"。洪武十三年(公元1380年)明太祖朱元璋罢御史台,"止设左右中丞"。"十四年,改都察院,止设监察御史。分设浙江、江西、福建、北平、广西、四川、山东、广东、河南、陕西、湖广、山西十二道。""十七年,始定为正二品衙门,设左右都御史、左右副都御史、左右佥都御史、经历、都事、十二道监察御史。""二十九年,置照磨所照磨、检校。永乐元年,改北平道为北京道。十九年,北京道革,添设贵州、交阯、云南、三道。宣德十年,交阯道革,定为十三道。"③"十三道监察御史,主察纠内外百司之官邪,或露章面劾,或封章奏劾。在内两京刷卷,巡视京营,监临乡、会试及武举,巡视光禄,巡视仓场,巡视内库、皇城、五城,轮值登闻鼓。"④

---

① 《续资治通鉴》卷一百九十五元成宗大德九年五月戊午。
② 《明史》卷七十三《职官二》。
③ 《明会典》卷二百九《都察院》。
④ 《明史》卷七十三《职官二》。

第二章 监察制度

图 2-2 明朝监察御史王忬腰牌正、反面图①

"给事中"是明朝监察中央六部的独立监察机构,与十三道监察御史合称为"科道之官"。而十三道巡按御史、省提刑按察使、督抚也常在同一地方执行监察任务。明朝还出现了监督地方官的镇守太监、监察军队的监军等,分布于各地,直接听命皇帝作其耳目。又设立了特务监察机构——锦衣卫、东厂、西厂,自行问刑断狱,其他司法机关无权过问,使监察制度走向异化。

明初御史台是从一品衙门。洪武十三年(公元 1380 年),改正二品衙门。十四年(公元 1381 年),改都察院,正七品衙门。十六年,升正三品衙门。十七年(公元 1384 年),始定为正二品衙门。②可以看出,明朝中央监察机构的品秩一直较高。

清朝监察机关为都察院,以左都御史和副御史执掌院务,右都御史、右副都御史由总督、巡抚等地方官兼任,"左都御史,满、汉各一员,左副都御史满、汉各二员,掌察核官常、整饬纲纪。右都御史

---

① 图片引自马小红、庞朝骥:《守望和谐的法文明:图书中国法律史》,北京大学 2009 年版,第 320、321 页。
② 参见《明会典》卷二百九《都察院》。

为总督兼衔,右副都御史为巡抚、河道总督、漕运总督兼衔。"①都察院统领十五道监察御史(清末增至22道)分察地方,并分工稽查中央各部、院衙门。②雍正年间,清廷取消了六科给事中执掌的封驳权,并六科于都察院。

　　清初沿明制,六科为独立机构,六科各设掌印给事中满汉各一人,给事中满汉各一人,秩正五品。康熙五年(公元1666年),改都给事中为掌印给事中。雍正元年(公元1723年)并入都察院,六科给事中与各道监察御史合称科道,同任漕、盐等差,台省合一,品级亦提高为正五品。光绪三十二年(公元1906年),又废六科之名,统设给事中。③至此科道合一,都察院的机构设置臻于完备,监察职能进一步加强。

---

　　① 《钦定台规》卷九《宪纲一》。
　　② 十五道,掌印监察御史满、汉各二十八员。京畿道:掌印监察御史满汉各一人,监察御史满、汉各一人;河南道:掌印监察御史满汉各一人,监察御史满、汉各一人;江南道:掌印监察御史满汉各一人,监察御史满、汉各三人。顺治二年汉员,五人,内掌印一人。十八年省一人。康熙七年省二人。雍正四年增一人。乾隆十四年增一人;浙江道:掌印监察御史满汉各一人,监察御史满、汉各一人。汉员六人,内掌印一人。九年省一人,十八年省二人。康熙七年省一人。雍正四年增一人。乾隆十四年省一人;江西道:掌印监察御史满汉各一人,监察御史满、汉各一人。汉员六人,十六年省一人,十八年省三人。康熙七年省一人,雍正四年增一人。乾隆十四年省一人;福建道:掌印监察御史满汉各一人,汉员五人,十年省一人。康熙七年省二人;湖广道:掌印监察御史满汉各一人,监察御史满、汉各一人。康熙七年省一人。雍正四年增一人。乾隆十四年復省一人;山东道:掌印监察御史满汉各一人,监察御史满、汉各二人。汉员五人,内掌印一人。十八年省二人。康熙七年省一人。乾隆十四年增一人;山西道:掌印监察御史满汉各一人,监察御史满、汉各一人。监察御史满、汉各一人。汉员五人,内掌印一人。十年省一人,十八年省二人。乾隆六年增一人,十四年省一人;陕西道:掌印监察御史满汉各一人,监察御史满、汉各一人。汉员四人,内掌印一人。十八年省二人。雍正四年增一人。乾隆十四年省一人;四川道:掌印监察御史满汉各一人,汉员四人,十八年省二人。康熙七年省一人。雍正四年增一人。乾隆十四年省一人;广东道:掌印监察御史满汉各一人,汉员五人,十八年省二人。康熙七年省二人。雍正四年增一人。乾隆十四年省一人;广西道:掌印监察御史满汉各一人,汉员四人,十八年省二人。康熙七年各省二人。乾隆十四年各省二人;云南道:掌印监察御史满汉各一人,汉员四人,十八年省二人。康熙七年各省二人。乾隆十四年各省二人;贵州道:掌印监察御史满汉各一人,汉员四人。十八年省二人。康熙七年省一人。雍正四年增一人。乾隆十四年省一人(《钦定台规》卷九《宪纲一》)。
　　③ 《钦定台规》卷九《宪纲一》。

第二章　监察制度

清朝监察机构的地位也进一步提升。太宗在都察院设置之初就要求:"凡有政事背谬,及贝勒大臣骄肆慢上,贪酷不法,无礼妄行者,许都察院直言无隐,即所奏涉虚,亦不坐罪。倘知情蒙蔽,以误国论。"①"内地各衙门条陈章奏……有专恣徇私者",亦"明白纠驳"。② 太宗、世祖、圣祖诸朝推动了风闻言事制度的发展,允许都察院官员风闻奏劾。太宗认为,风闻言事可以使"贪官似有儆畏"。圣祖朝更明确规定,科道官言事不实,不治其罪。但如果知情不报,以误国罪惩处。从而使监察机构的监察职能更为强化,地位提升。

另外,清朝实行密折奏劾制度,以避免监察官员遭到报复,免除其后顾之忧。世祖时下诏:"外任旗员受该旗都统参领,及五旗本王恣意需索者,许本官据实封章密详督抚转奏;倘督抚瞻循容隐,即许本官封章揭都察院转为密奏;倘不为奏闻,即各御史亦得据揭密奏,务期通达下情,以除积弊。"③雍正三年(公元 1725 年),特谕诸臣"令各人密封进呈,其中言有可采招怨结冤者,朕将折内职名裁去发出,或令诸臣会议,或见诸施行,而外间不知何人所奏"④。这种密折奏劾制度对于保障监察官吏有效行使监察权,发挥了重要作用。

综上所述,古代监察官能纠弹比自身品秩更高的官员,不畏权贵,一方面是由于各朝皇帝的重视,另一方面也因其被赋予了一定的独立地位与特权,并具有威严的形象,因此官吏有所畏惧。这种"位卑权重"的状态在一定时期内发挥了良好的作用,使位高者有所顾忌,不敢妄为,位卑的监察官又因无所顾忌而可以竭忠尽力。但在政治昏暗和无法律制度保障的情况下,监察官权重的后果也造成了权力的膨胀,逐渐向更多的行政权力靠拢,在一定时期成为地方割据势力的推手,不仅没能发挥监察地方的作用,反而破坏了中央

---

① 《钦定大清会典事例》卷九百九十八《都察院·宪纲》。
② 《钦定台规》卷二《训典二》。
③ 《钦定台规》卷一《训典一》。
④ 同上。

集权,造成国家的分裂,不得不让人反思。随着清朝的灭亡,我国古代监察机构也寿终正寝。

第二节　监察机构的职能

中国古代监察机构的职权可以概括为:纠察官邪,肃正纲纪;推鞫狱讼,究治不法;匡正君主,谏诤得失;监决囚徒,察明冤枉。由于监察机构在各个朝代的职能定位与受重视程度不同,因而监察机构的权力与监督范围也有所变化,本节从以下三个方面论述其主要职能及其行使方式。

一、纠劾官邪,监督百官

监督百官,主要是监督官吏对朝廷颁布的律、令、敕、诏是否遵守并严格执行,以及督察官吏是否忠于职守、勤于政事、廉洁奉公、爱护隶民。其中,察举、弹劾官吏的违法行为是纠察百官的重点,也是我国古代监察制度的核心,类似于我们今天所说的行政监察。另外,随着地方权力的不断扩大,为加强中央集权,派史"巡察"地方逐渐成为定制。监察方式也由以考核为主的"上计"变为后期以审查文卷为主的"照刷"。

（一）弹劾

在中国古代监察制度中,监察官监督的对象非常广泛,先秦时期为中央百官,秦汉时期为郡国二千石长吏及诸侯,唐宋时期为朝廷至州县的百官,元明清时期为皇子诸王及内外大臣,可谓天子之下,无所不监。随着监督对象的扩大,纠举弹劾的范围也逐步明晰。依据与监察机构职责相关的法律规定,古代监察官主要对实施以下不法行为的官吏纠举弹劾。

第二章 监察制度

1. 违反法令，违诏擅权

即官吏是否依据律、令、敕、诏的规定履行职责，是否有超出规定之外的行为。

秦汉时期，治吏是稳固和加强中央集权的关键。因此，官吏"违诏擅权"的行为就成为御史大夫监察的重点。例如，武帝元鼎年间，博士徐偃到各地视察，妄称奉命让鲁国和胶东地区铸铁煮盐。御史大夫张汤获知此事之后，奏劾"偃矫制大害，法至死"①（见图2-3）。

图2-3 （左）张汤墓出土的张汤印②（右）张汤墓纪念碑③

另外，地方官吏拥权自重，可能危害中央集权，对其监察也是加强中央集权的内在要求。东汉时，司直"助督录诸州""州郡所举上奏，司直察能否以惩虚实"。④ 即考察州郡的奏章虚实，纠举不法。

隋朝，刘昉因违反诏令被御史梁毗弹劾。据《隋书》记载：文帝时京师饥荒，诏令禁酒，但刘昉使其妾租屋当垆卖酒，此事被治书侍御史梁毗所劾。⑤ 唐朝，察举、弹劾官吏违法失职也是监察的重点。

---

① 《汉书》卷六十四下《严朱吾丘主父徐严终王贾传》。
② 图片引自西安市文物考古所：《西安市长安区西北政法学院西汉张汤墓发掘简报》，载《文物》2004年第6期，第25页。
③ 图片引自马小红、庞朝骥：《守望和谐的法文明：图书中国法律史》，北京大学2009年版，第62页。
④ 《后汉书》卷二十四《马援列传》。
⑤ 参见《隋书》卷三十八《列传第三》。

因"自律令颁下,积有岁时,内外群官,多不寻究,所行之事,动乖文旨"。太宗认为"此乃臣有所隐,民不见德,与夫不令而诛,何以异也？斯岂守道履正徇公奉法者乎？"于是在《纠劾违律行事诏》中强调："自今以后,官人行事与律乖违者,抑所司纠劾,具以名闻。"①即以纠劾的方式对违反法令的官吏进行督察。

宋朝统治者也多次下诏强调御史要对官吏违犯法令的行为纠举弹劾。元丰五年(公元1082年),神宗诏曰："新除省、台、寺、谏、监官,详定官制所已著所掌职事,如被选之人不徇循守法,敢有僭紊,其申谕中外,违是令者,执政官委御史台弹奏,尚书以下听长官纠劾以闻。"②八月再下诏曰："三省、枢密院、秘书、殿中、内侍、入内内侍省听御史长官及言事御史弹纠。"③元朝《宪台格例》载："诸官司刑名违错,赋役不均,擅自科差及造作不如法者,委监察纠察。"

明朝治吏严苛,史籍所载弹劾官吏的事例不少,如《明史》记载的一则纠劾官吏不守法令的事例：杨稷是杨士奇之子,杨士奇是正统初年内阁三相("三杨")之一,曾"逮事四朝,为时耆硕"辅助皇帝,建功立业,是有名的贤相。然而其子杨稷却依恃父亲,随意触法,经言官劾奏,终被正法。史料记载："士奇既耄,子稷傲很,尝侵暴杀人。言官交章劾稷。朝议不即加法,封其状示士奇。复有人发稷横虐数十事,遂下之理。士奇以老疾在告。天子恐伤士奇意,降诏慰勉。士奇感泣,忧不能起。九年三月卒,年八十。赠太师,谥文贞。有司乃论杀稷。"④

2. 贪污受贿,为政不廉

即官吏是否利用职务便利索取贿赂、谋取私利、贪赃枉法、迫害隶民。

---

① 《唐大诏令集》卷八十二《纠劾违律行事诏》。
② 《续资治通鉴长编》卷三百二十六神宗元丰五年五月壬午。
③ 《续资治通鉴长编》卷三百二十九神宗元丰五年八月癸丑。
④ 《明史》卷一百四十八《列传第三十六》。

第二章 监察制度

历朝历代,贪污屡禁不止。肃贪是朝廷的要务,从秦朝的御史到明清的都察院,历朝的监察机构都是肃贪的主要力量。在古代历史上,有不少监察官员惩贪的案例。

据《汉书》载:"望之多使守史自给车马,之杜陵护视家事。少史冠法冠,为妻先引,又使卖买,私所附益凡十万三千。案望之大臣,通经术,居九卿之右,本朝所仰,至不奉法自修,踞慢不逊攘,受所监臧二百五十以上,请逮捕系治。"①武则天长安四年(公元704年)三月,监察御史萧至忠弹凤阁侍郎、同凤阁鸾台三品苏味道赃污,贬官。② 唐玄宗时,李尚隐为御史大夫,积极纠举贪赃枉法的官吏,"时司农卿陈思问多引小人为其属吏,隐盗钱谷,积至累万。尚隐又举按之,思问遂流岭南而死"③。宋朝,"诏御史察赃吏"④是监察的核心所在,监察御史可以对贪赃枉法的宰相进行弹劾,且史籍所载弹劾宰相贪污受贿的事例较多。如殿中侍御史雷德骧弹劾宰相赵普"强市人第宅,聚敛财贿"⑤。皇祐三年(公元1051年),殿中侍御史唐介弹劾宰相文彦博"守蜀日造间金奇锦,缘庵侍通宫掖,以得执政"⑥。绍兴元年(公元1131年)高宗下诏:"如人吏受赂及故违条限,仍许御史台检举送大理寺,依法断遣,所有京朝官、大使臣亦依此。"⑦元朝也以查处官吏为政不廉、贪污受贿为监察的重点。《宪例》第八至十条规定:"官为和买诸物,如不依时价,冒支官钱,或其中克减给散不实者""官吏将官物侵使,或移易借贷者""官吏乞受钱物"等皆"委监察纠察"。另外,《行例》《察例》皆有类似规定。

明朝崇尚"重典治吏",惩治腐败是其中的重点。《大明律·刑

---

① 《汉书》卷七十八《萧望之传》。
② 《唐会要》卷六十一《御史台中·弹劾》。
③ 《旧唐书》卷一百八十五下《良吏下》。
④ 《宋史》卷二十二《徽宗四》。
⑤ (宋)朱熹:《宋名臣言行录·前集》卷一《赵普》。
⑥ 《宋史》卷三百一十六《列传第七十五》。
⑦ 《宋会要辑稿·职官》五五之一七。

律》规定："有禄人枉法……八十贯，绞……不枉法……一百二十贯，罪止杖一百，流三千里""凡官吏犯赃罪，一律不赦"①。洪武二十五年(公元1392年)又在《醒贪简要录》中规定："官吏贪赃钞六十两以上者，枭首示众且剥皮装草，置于衙门公座旁"，以儆效尤。永乐年间，左副都御史李庆劾权贵赵彝、谭青、朱崇、费瓛、梁铭等贪暴黩货，使他们受到严惩，一时"中外凛其风采"②。永乐时，监察御史周新，"敢言，多所弹劾。贵戚震惧，目为'冷面寒铁'。"后因查办锦衣卫指挥纪纲之贪赃，得罪权贵，被逮，"在道榜掠无完肤"，临刑前仍大呼："生为直臣，死当作直鬼！"时人称："周新当代第一人"③。宣德年间，顾佐任右都御史，"纠黜贪纵，朝纲肃然"。同时期，邵玘任南京左副都御史，大力整顿风纪，与顾佐齐名。《明史》上说："顾佐掌邦宪，风纪为之一清。""廉之足尚也卓矣。"④天顺年间，"御史李纲，历按南畿、浙江，劾去浙江赃吏四百余人，时目为'铁御史'"⑤。

严嵩是嘉靖朝重臣，在其得宠专权的二十年间，严氏父子贪赃枉法非常严重，监察官反对严嵩的斗争也从未停止过。嘉靖十六年(公元1537年)，御史桑乔、给事中胡汝霖疏劾严嵩"秽行"⑥。嘉靖十九年(公元1540年)，御史谢瑜疏论严嵩奸贪⑦。嘉靖二十年(公元1541年)，给事中王晔、御史伊敏生、郑芸、陈策、喻时，吏科都给事中沈良才先后上疏揭露严嵩大奸大贪。⑧嘉靖二十四年(公元1545年)，御史何维柏弹劾严嵩奸贪罪无果，反被治罪："帝震怒，遣

---

① 《大明律·刑律·受赃》"官吏受财"条例。
② 《明史》卷一百五十《列传第三十八》。
③ 《明史》卷一百六十一《列传第四十九》。
④ 《明史》卷一百五十八《列传第四十六》。
⑤ 《明史》卷一百五十九《列传第四十七》。
⑥ 《明史》卷二百十《列传第九十八》。
⑦ 同上。
⑧ 同上。

第二章 监察制度

官逮治。士民遮道号哭,维柏意气自如。下诏狱,廷杖,除名"①。嘉靖三十一年(公元1552年),御史王宗茂奏疏严嵩八大罪,"方宗茂上疏,自谓必死,及得贬,恬然出都"②。此后还有御史叶经、周冕、赵锦,给事中厉汝进、吴时来等监察官员不断上疏揭发严嵩贪污罪状。虽然许多监察官员因弹劾严嵩而遭迫害,但最后御史邹应龙依据确凿的证据再次上疏弹劾严嵩父子的奸贪行为,终于使嘉靖帝罢免了严嵩,下其子严世蕃于诏狱,后处死。

《清史稿》载李漱芳担任河南道监察御史期间,"巡视中城,尚书福隆安家奴蓝大恃势纵恣,挟无赖酗酒,横行市肆间。漱芳捕治,论奏,高宗深嘉之,命戍蓝大,以福隆安下吏议。"③

3. 拥权懒政,怠于政事

即官吏是否有在职时不勤政、不作为的情形。

这类事例在历史上屡见不鲜。魏晋南北朝时期,贾逵为豫州刺史,是时天下初复,州郡多不摄。逵曰:"州本以御史出监诸郡,以六条诏书察长吏二千石以下,故其状皆言严能鹰扬有督察之才,不言安静宽仁有恺悌之德也。今长吏慢法,盗贼公行,州知而不纠,天下复何取正乎?"考竟其二千石以下阿纵不如法者,皆举奏免之。文帝曰:"逵真刺史矣。"布告天下,当以豫州为法。④据《隋书》载,尚书右仆射苏威,因职事多不理,为御史所弹劾。⑤

宋朝监司专纠拥权懒政的官吏。太平兴国六年(公元981年),太宗发布诏令,诸路转运使"察部下官吏,有罢软不胜任,怠慢不亲事及黩货扰民者"上报朝廷。⑥绍兴十五年(公元1145年),高宗命

---

① 《明史》卷二百十《列传第九十八》。
② 同上。
③ 《清史稿》卷三百二十二《列传一百九》。
④ 《册府元龟》卷六百九十五《牧守部·刺举》。
⑤ 《隋书》卷四十一《列传第六》。
⑥ 《续资治通鉴长编》卷二十二太宗太平兴国六年三月癸丑。

监司察"县令治状显著及老懦不职者",上其名以为黜陟。① 二十六年(公元1156年),令监司官出巡,凡州县官"奉行弗虔、职事不举者",按劾以闻。②

元朝《宪台格例》规定:"私盐酒面并应禁物货,及盗贼生发藏匿处所,若官司禁断不严,缉捕怠慢者,委监察随事纠察。"③另外,元朝的科举制规定:"举人从本贯官司于诸色户内推举,年及二十五以上,乡党称其孝悌,朋友服其信义,经明行修之士,结罪保举,以礼敦遣,[贡]诸路府;其或徇私滥举,并应举而不举者,监察御史、肃政廉访司体察究治。"如果"所在官司迟误开试日期,监察御史、肃政廉访司纠弹治罪"④。可见,元朝的肃政廉访司、监察御史负责纠弹科举中怠于行使职权、不负责任的官吏。

清朝,顺治九年(公元1652年)谕:"上自诸王、下至诸臣,孰为忠勤、孰为不忠勤,及内外官员之勤惰","科道皆可尽言"。⑤

4. 结党营私,祸乱朝政

即是否有官吏互相勾结,结成党羽,谋取私利,祸乱朝政的情形。

中国古代的"朋党之争"自唐中后期兴起之后,宋、明、清时期愈演愈烈。宋朝,为了防范臣下结党营私,危害皇权,弹劾朝臣结党也是监察官吏的重要职责。咸平初年,宋真宗对宰相说:"闻朝臣中有交结朋党、互扇虚誉,速求进用者。人之善否,朝廷具悉,但患行已不至耳。浮薄之风,诚不可长"⑥。于是宋真宗降诏,申警御史台对这类行为进行纠察。大观四年(公元1110年),徽宗下诏:"交结权

---

① 《宋史》卷三十《高宗七》。
② 《宋史全文》卷二十二下《宋高宗》。
③ 《元典章》卷五《台纲一·内台》。
④ 《元史》卷八十一《选举一》。
⑤ 《钦定台规》卷二《训典二》。
⑥ 《续资治通鉴长编》卷四十四真宗咸平二年二月己酉。

第二章 监察制度

近,饬巧驰辩,沽誉躁进,阴构异端,附下罔上,腾播是非,分朋植党","仍令尚书省御史台觉察纠劾以闻"①。

明朝末期,党派林立,斗争不断,致使官场混乱。因此,清朝统治者吸取了明末结党营私,吏治败坏的教训,特别强调对官僚结党的纠察,严惩结党营私的行为。《大清律例》"奸党"条规定:"若在朝官员,交结朋党,紊乱朝政者,皆斩。妻子为奴,财产入官。"②《钦定台规》规定:"结党恶习诚朝廷之大患",科道官要对"自皇子诸王及内外大臣官员有所为贪虐不法,并交相比附轧党援理应纠举之事,务宜大破情面,据实指参,勿得畏怯贵要,瞻徇容隐"③。为了防止各级官吏结党营私,法令严禁官吏私交私宴,无端庆贺馈赠。顺治十七年(公元1660年)规定:"私交私宴者依议严行禁革,如仍前违禁私相交结,庆贺升迁,馈送杯币及无端设宴献酬,假馆陈乐,长夜酣歌者,科道官即行指实纠察,从重治罪。如科道官徇情容隐,不行纠参,一并治罪。"④

清朝,陈名夏案是参劾官员结党营私的著名案件。陈名夏是清初权倾一时的大学士,曾因与睿亲王多尔衮、满尚书谭泰等人结党擅权而屡被弹劾。在查处陈名夏案的过程中,诸多科道官员被裹挟其中,参与陈名夏的结党案。因此在陈名夏被大学士宁完我弹劾,并处绞刑两年后,顺治帝下旨对科道言官结党现象提出严厉警戒:"科道为耳目之官,职在发奸剔弊。凡大奸大恶,从未经人纠劾者,果有见闻,即据实直陈,不许徇私党比,摭拾塞责,将人已纠参之事,剿袭妄陈"⑤。

除以上四种情形以外,古代还设有专职监督仪礼的官吏,纠举

---

① 《宋大诏令集》卷一百九十六《申饬百僚御笔手诏》。
② 《大清律例·吏律·职制》"奸党"条。
③ 《钦定台规》卷二《训典二》。
④ 《大清世祖章皇帝实录》卷一百三十一顺治十七年正月。
⑤ 《钦定大清会典事例》卷九百九十八《都察院·宪纲》。

弹劾是否有不遵守殿廷之仪、祭祀之礼的情形。隋朝的殿中侍御史，专门纠举朝会时的百官失仪。唐朝在仪礼方面的监察，主要体现为知班和监督祭祀。知班，即主持百官上殿的序列和班次，由殿中侍御史主持弹劾包括"或纵观敕目，或旁阅制词，或交首乱言，或越班问事，或私申庆吊，或公诵诗篇，或笑语喧喧，或行立怠惰"①等行为。监督祭祀由监察御史行使，"职在省其器服，阅其牲牢，有不修敬，则举劾闻奏"②。

对于有上述行为的官吏进行弹劾时，需要遵循一定的程序。西汉须经三公审核案验，再呈皇帝裁决。东汉初，刺史奏劾不再经由三公案验，直接奏事于皇帝。唐朝御史大夫可直接向皇帝奏劾，御史中丞或侍御史则要向台主"关白"后再行弹劾，监察御史和刺史则通常要经过主管官吏的审核后才能奏劾。③ 御史若弹劾"中书门下五品以上，尚书省四品以上，诸司三品以上，则书而进之，并送中书门下"④。弹劾时，"大事则方幅奏弹之，小事则署名"。⑤ 明朝的御史弹劾百官"或露章面劾，或封章奏劾"⑥。既可以当面劾奏，也可以上书奏章。

古代监察官的弹劾，对于各级官吏具有很大的威慑力，不仅使官吏畏惧不敢犯法，也使官场肃静、官风清廉。如史载永乐年间顾佐"入为御史……刚直不挠，吏民畏服，人比之包孝肃……权贵人多

---

① 《唐会要》卷六十二《御史台下·知班》。
② 《唐会要》卷六十《御史台上·监察御史》。
③ 关白，即向长官知会。但长安四年(公元704年)三月，监察御史萧至忠弹凤阁侍郎、同凤阁鸾台三品苏味道赃污，致其贬官。御史大夫李承嘉尝召诸御史，责之曰："近日弹事，不咨大夫，礼乎？"众不敢对。至忠进曰："故事，台中无长官。御史，人均耳目，比肩事主，得各自弹事，不相关白。若先白大夫而许弹事，如弹大夫，不知白谁也。"于是在唐中期以前的一段时间，御史弹奏不须向台主"关白"。参见《通典》卷二十四《职官六·监察侍御史》。
④ 《唐会要》卷六十《御史台上·御史台》。
⑤ 《唐会要》卷六十一《御史台中·弹劾》。
⑥ 《明史》卷七十三《职官二》。

第二章 监察制度

不便之"。宣德年间,顾佐被擢为右都御史,"于是纠黜贪纵,朝纲肃然"①。孙承泽撰《春明梦余录》中也说:"国朝顾佐为都御史,在朝大臣有贪墨不法,许穿绯衣当御前,面加纠举,就行拿问,故都御史凡衣绯入朝之日,必有纠举,大臣莫不股栗。"②应该说,纠举弹劾朝廷的不法官员,对整肃纪纲起了较大作用。

(二) 巡察

早期国家机构相对简单,官员有限,国君常常亲自"巡行"监察百官。秦汉以前君王巡行比较频繁,史料多有记载。《韩非子·外储说右下》载"齐桓公微服以巡民家";《史记·秦本纪》载:惠文王更元五年(公元前320年)"游至北河",昭王十七年(公元前290年)"之宜阳",二十年(公元前287年)"王之汉中,又之上郡、北河";《史记·秦始皇本纪》载:秦王政十三年(公元前234年)"之河南",十九年(公元前228年)"之邯郸"等。秦统一以后,秦始皇先后进行过五次巡行。巡行涉及活动内容广泛,有了解民意、检查官吏工作、修改不合时宜的政令、惩恶扬善等,巡行的目的主要在于考察百官治绩,进而整顿吏治,纠察不法。

随着国家的发展,皇帝事务日益繁重,亲自巡行已不能经常进行,于是遣使巡察就成了监督地方官吏的常用方式,也成为了监察机构的日常事务。南朝宋武帝永初元年(公元420年)六月诏:"遣大使分行四方。"③文帝元嘉三年(公元426年)五月诏:"可遣大使巡行四方。"遣使巡察可"亲见刺史二千石官长,申述至诚,广询治要,观察吏政,访求民隐,旌举操行,存问所疾"④。隋朝司隶大夫设别驾"分察畿内",刺史巡察畿外。

---

① 《明史》卷一百五十八《列传第四十六》。
② 《春明梦余录》卷四十八《都察院·都御史》。
③ 《宋书》卷十五《礼二》。
④ 《宋书》卷六十四《列传第二十四》。

唐朝时,朝廷不断派出监察御史和使臣"巡按郡县,纠视刑狱,肃整朝仪"①。自贞观八年(公元634年),太宗李世民发布"遣使巡行天下诏"起,便不断发布敕令派遣使臣巡察地方。中宗神龙二年(公元706年)二月颁布"遣十使巡察风俗制":分为十道巡察使,二周年一替,以廉按周部。② 开元二十一年(公元733年),玄宗颁布"置十道采访使敕","且十道为率,六察分条。"改巡按察使为采访处置使,令"诸道采访使考课官人善绩,三年一奏,永为常式。"③安史之乱后,采访处置使成为道的行政、军事长官,使臣巡察地方遭到破坏。于是朝廷进行了变革,至宪宗时,监察地方的权力转移到巡院。此后,巡院作为监察地方的机构逐步确立。巡察地方旨在"明察冤狱、维护法令、肃清吏治"。

宋朝时,朝廷亦重视对地方政府的监察,严密监司出巡监察制度,按察州县官吏。庆元二年(公元1196年)正月二十四日,臣僚言:"比年以来,州郡、监司务相蒙蔽,或市私恩,或植私党,或牵自己之利害,或受他人之嘱托,见赃不劾,闻暴不刺。乞令诸州专察属县,监司专察诸州,台谏则总其举摘。如令、丞、簿、尉有罪而州不按察以闻,则犯者亦论如律,而监司亦量经[轻]重与之降黜。州之僚属则并责之守、倅之按察,监司之僚属亦并责之监司之按察,而其坐罪亦如之。如此,则上下交制,小大相维,奸赃暴虐无所逃罪,朝廷特举其大纲,而天下无不治,斯民无不被赐矣"。从之。④

监司巡察地方"寄耳目之任,专刺举之权"⑤。监察的范围包括"或暴赋横敛以摇民心,或隐蔽水旱以欺主听,或大吏有奸赃而蠹

---

① 《唐六典》卷十三《御史台》。
② 《唐大诏令集》卷一百三《遣十使巡察风俗制》。
③ 《唐会要》卷七十八《诸使中·采访处置使》。
④ 《宋会要辑稿·职官》七九之一一。
⑤ 《宋会要辑稿·职官》四五之二一。

第二章 监察制度

国,或兵将包藏而干纪"①等贪腐、渎职行为。监司要在一年或两年内巡遍所辖地区。哲宗元祐元年(公元1086年)规定:"诏诸道监司互分州县,每二年巡遍。"五年(公元1090年)诏"转运、提刑司按部,二年一周"②。高宗绍兴二十六年(公元1156年)诏诸路监司"分上下半年出巡,修举职事"③。嘉定三年(公元1210年),令诸路监司"每岁各季轮流巡按管下州县"④。

元朝的按察司及肃政廉访司"以纠察百官为职"⑤,以出巡的方式监察道郡县官吏。至元二十三年(公元1286年)二月,"立按察司巡行郡县法,除使二员留司,副使以下每岁二月分莅按治,十月还司"⑥。至元三十一年(公元1294年)六月,按察司被肃政廉访司取代,"廉访司官岁以五月分按所属,次年正月还司"⑦。元末,改为"岁以八月终出巡,次年四月中还司"⑧。

明朝御史出巡以察酷吏、酷刑为重点。嘉靖六年(公元1527年)题准:"酷刑官员虽有才守,不许推荐,仍要劾奏罢黜。"嘉靖二十一年(公元1542年)令:"御史出巡,务要痛革淫刑,严惩酷吏。"隆庆二年(公元1568年)题准:"所劾之人,仍明开或贪或酷,以凭议覆。如有荐举方行,即以事败,官箴已坏,故为容隐者,回道之日,考察降黜。"为督促巡察御史的工作,嘉靖二十七年(公元1548年)令:"御史差满之日,严核司道原奉勘合,务完至七分之上,如不及数,指名参劾……各边巡按御史,查勘将官失事并究问未结事情,务要从公

---

① 《宋会要辑稿·职官》四五之四二。
② 《宋会要辑稿·职官》四五之一。
③ 《宋会要辑稿·职官》四五之二十。
④ 《宋会要辑稿·职官》四五之四一。
⑤ 《元史》卷十三《世祖十》。
⑥ 《元史》卷十四《世祖十一》。
⑦ 《元史》卷十八《成宗一》。
⑧ 《元史》卷四十一《顺帝四》。

据实,作速奏结,使有功者早蒙录用,有罪者不至漏网"①。

清朝的御史出巡由《钦定台规》明确规定,各地巡视御史,自命下之日限领敕后三日内出京。凡巡行御史,必须设法确访,不可只凭府、厅开报;不能纵容司、道、府、厅,而只参劾州、县;不能庇护大贪大恶,而只参劾弱者、老者。若有御史违犯禁令,准许地方文武百官对御史进行纠举,撤回治罪并新派御史。

(三) 上计与照刷

弹劾、巡察是古代监督百官的主要方式,此外,上计与照刷也是考察地方官吏政绩的重要方式,监察官吏直接参与其中,现分述如下。

1. 上计

上计,指各级官吏将其管辖区域内的民政、经济及刑狱等情况,汇编成册,逐级上报,直至国君,以供审查监督。西周至秦汉时期,"上计"是君王对臣下进行监督的主要方式,而监察官则是上计制度的具体实行者。

据《周礼》记载:大宰"岁终,则令百官府各正其治,受其会,听其致事,而诏王废置。三岁,则大计群吏之治,而诛赏之"。小宰"月终,则以官府之叙,受群吏之要。赞冢宰受岁会。岁终,则令群吏致事。正岁,帅治官之属而观治象之法,徇以木铎,曰:不用法者,国有常刑"。宰夫"岁终,则令群吏正岁会。月终,则令正月要。旬终,则令正日成,而以考其治。治不以时举者,以告而诛之。正岁,则以法警戒群吏,令修宫中之职事,书其能者与其良者,而以告于上"②。

上计在西周时称"大计",前期以"致事"的方式先行呈报政绩。"致事"即呈报一年的政绩,以供考核。呈报的流程是,群吏按时间交予宰夫,宰夫汇总后按时间交予小宰,小宰则交大宰,由大宰辅助

---

① 《明会典》卷二百十《都察院·出巡事宜》。
② 《周礼·天官·冢宰》。

第二章 监察制度

冢宰进行大计。这种下报于上,逐步逐年汇报政绩的方式,成为后代上计制度的渊源。

春秋战国时期,上计已经制度化,"岁终""三岁"之计在史籍中屡见不鲜。《史记·范雎蔡泽列传》载:"(秦)昭王召王稽,拜为河东守,三岁不上计。"①另据《秦会要订补·职官上》载:"上计之制,六国亦有之。"②说明当时各国已普遍通过上计监督各级官吏。

秦朝,出现了"上计簿",由负责审查上计簿的官员,对上计簿中所列项目如户田、垦田、粮谷出入、赋税收入、徭役征派、灾变、治理情况等进行审查,从而确定官吏政绩的优劣,提出赏罚的建议,上报皇帝。

审查簿籍作为秦朝监察官行使监察职能的一种方式也在文献中有所记载。《睡虎地秦墓竹简·仓律》载:

县上食者籍及它费太仓,与计偕。都官以计时雠食者籍。③

大意为:各县向太仓上报领取口粮人员的名籍和其他费用,应与每年的账簿同时缴送。都官应在每年结账时核对领取口粮人员的名籍。

汉朝的上计制度在沿袭秦朝的基础上进一步规范化。全国每年进行一次上计考核活动,县上计于郡国,由郡国守相考核;郡国上计于朝廷,由丞相、御史大夫、尚书、司徒等主持考核。以此评估政绩等第,作为奖惩的依据。以刺史和御史为主的监察官要对计簿的真实性进行审查,刺史负责审核郡县上计簿的虚实,待上计簿送至中央,御史再负责审查其真伪。宣帝黄龙元年(公元前49年)二月颁布诏令:"上计簿具文而已,务为欺谩以避其课。三公不以为意,朕

---

① 《史记》卷七十九《范雎蔡泽列传》。
② 徐复:《秦会要订补》,群联出版社1955年版,第219页。
③ 睡虎地秦墓竹简整理小组:《睡虎地秦墓竹简》,文物出版社1978年版,第42页。

将何任？……御史察计簿,疑非实者,按之,使真伪毋相乱。"①

2. 照刷

照刷,"照"意为明察,"刷"意为刮扫寻究,即检查文卷规定事务是否依限完结,有无错失、遗漏、规避、侵挪款项、刑名违错的情况。自元朝开始,照刷成为地方监察机关提刑按察司(后改为肃政廉访司)的一项重要的监察职能,即通过刷磨案牍,纠察官吏是否违纪犯法。它也是考评官吏行政效率高低的重要依据。世祖初年,《立台分条规则》规定:"自中书省已下诸司文卷,俱就御史台照刷"②。世祖至元五年(公元1268年)制定的《设立宪台格例》中明确规定:御史台纠弹"内外百官奸邪非违",必须"刷磨诸司案牍"作为根据。③至元十年(公元1273年)规定:"磨刷案牍……因公事文字里稽迟、违错,轻的也有,重的也有。若事轻的,交罚俸钱;重的依着在先圣体例里要罪过呵。"④至元二十五年(公元1286年)《察司合察事理》强调:"诸官府文卷,上下半年照刷,但有违错,依理决罚,凡干碍动支钱粮并除户免差事理,虽文卷完备,数目不差,仍须加意体察,有诈冒不实者,随事究治。"⑤监察官吏在照刷过程中若发现稽迟、违错和官吏不公等情形,应呈省送部定拟惩处。

《元史》中记载了一则事例:"桑哥,胆巴国师之弟子也……为人狡黠豪横,好言财利事。……二十八年春……也里审班及也先帖木儿、彻里等人,劾奏桑哥专权黩货。……二月,世祖谕大夫月儿鲁曰:'屡闻桑哥沮抑台纲,杜言者之口;又尝捶挞御史。其所罪者何事,当与辨之。'桑哥等持御史李渠等已刷文卷至,令侍御史杜思敬

---

① 《汉书》卷八《宣帝纪》。
② 《元典章》卷六《台纲二·照刷》。
③ 《元典章》卷五《台纲一·内台》。
④ 《元典章》卷六《台纲二·照刷》。
⑤ 《元典章》卷六《台纲二·体察》。

第二章 监察制度

等勘验辨论,往复数四,桑哥等辞屈"①。

明朝统治者非常重视都察院制衡各级官吏的作用。都察院长官为左、右都御史,下设副都御史、佥都御史,其位高权重,"在内两京刷卷,巡视京营、监临乡、会试及武举,巡视光禄,巡视仓场,巡视内库、皇城、五城、轮值登闻鼓。在外巡按、清军、提督学校、巡盐、茶马、巡漕、巡关、攒运、印马、屯田。师行则监军纪功,各以其事专监察。而巡按则代天子巡狩,所按藩服大臣、府州县官诸考察,举劾尤专,大事奏裁,小事立断。按临所至,必先审录罪囚,吊刷案卷,有故出入者理辩之"②。

都察院内设照刷吏、户、礼、兵、刑、工六房,通过审查各衙门文卷对官吏进行书面监察。明朝关于档案审查方面的律令大多沿袭元朝的照刷磨勘文卷制度,略有变化。明洪武二十六年(公元1393年)规定:"凡监察御史,并按察司分司,巡历去处,先行立案。令各该军民衙门抄案从实取勘,本衙门并所属有印信衙门,各刷卷宗,分豁已未照刷,已未结绝,号计张缝,依左粘连刷尾。同具点检单目,并官吏不致隐漏结罪文状,责令该吏亲赍赴院,以凭逐宗照刷"。照刷之后,根据审查的不同结果分为照过、通照、稽迟、失错和埋没五种情况进行处理。"如刷出卷内,事无违枉,俱已完结,则批以'照过';若事已施行,别无违枉,未可完结,则批以'通照';若事已行,可完而不完,则批以'稽迟';若事已行已完,虽有违枉,而无规避,则批以'失错'。若事当行不行,当举不举,有所规避,如钱粮不追,人赃不照之类,则批以'埋没'。"③

明朝监察御史照刷文卷,遇有"狱讼淹滞、刑名违错、钱粮埋没、赋役不均等项,依律究问。迟者举行,错者改正,合追理者即与追

---

① 《元史》卷二百五《奸臣》。
② 《明史》卷七十三《职官二》。
③ 《明会典》卷二百十《都察院·照刷文卷》。

理,务要明白立案,催督结绝。不能尽职者,监察御史从都察院、按察分司从总司体察,奏闻究治"。①

清朝都察院享有督催、注销案卷的权力,"注销"与"照刷"文卷也是监察官吏稽核政务的具体方式,有利于督励各级衙门提高工作效率。所谓督催,即督促检查各行政机关的公务是否如期完成。所谓注销,就是及时办理所承担事项的注销手续,以示了结。②顺治十八年(公元1661年)上谕:"各部事务,虽巨细不同,于国政民情均有关系,理宜速结。今各部一切奉旨事件及科抄俱定有期限,六科按月察核注销。其余不系奉旨事件及无科抄者,若不专令稽察,必致稽迟。除刑部已差科员稽察外,吏、户、礼、兵、工五部,亦应照刑部例,各差科臣一员,不时稽察。如有迁延迟误,即行参奏,仍于差满未交待之前,将已完、未完事件明白具奏。"③刷卷制度在乾隆年间发生变化,刷卷只稽核钱粮事件。乾隆三十二年(公元1767年)规定:凡有关钱粮方面的卷宗全部开送照刷,不得遗漏,其余卷宗停止送刷。④

监察御史通过"刷卷"的方式来查究两京直隶衙门的公务文书,即通过清查、核实公务文书,检查各衙门的工作情况,以检验其政事优劣。刷卷一般每两年或一年进行一次。《大清律例》"官文书稽程","照刷文卷"各条,详细规定了对承办官吏的惩处办法:

> 凡照刷有司有印信衙门文卷,迟一宗、二宗,吏典笞一十;三宗至五宗,笞二十;每五宗加一等,罪止笞四十。府、州、县首领官及仓库、务场、局所、河泊等官,各减一等。失错及漏报一宗,吏典笞二十;二宗、三宗,笞三十;每三宗加一等,罪止笞五十。

---

① 《明会典》卷二百十《都察院·照刷文卷》。
② 参见张晋藩:《中国监察法制史稿》,商务印书馆2007年版,第558页。
③ 《钦定台规》卷十五《六科一》。
④ 《钦定大清会典事例》卷一千一十七《都察院·各道》。

第二章 监察制度

府、州、县首领官及仓库、务场、局所、河泊等官,各减一等。其府、州、县正官、巡检,一宗至五宗,罚俸一月,每五宗加一等,罚止三月。若钱粮埋没、刑名违枉等事,有所规避者,各从重论。①

总体而言,古代的国家治理中,下级呈报上级的计簿与案牍的真伪虚实确需监督审查,监察官的参与能较大程度上保证上计与照刷制度发挥考察地方官吏政绩的作用。

二、参与审判,监督司法

监督司法,是古代监察机构的又一重大任务,除了对违法犯罪的司法官吏进行弹劾以外,监察机关主要是对司法活动从受理到审判至执行的全过程进行监督审查。在不同的历史时期,监督司法的方式与途径有所不同,如"三司推事"制度,为保证司法公正、正确适用法律发挥了重要作用;"录囚"制度,在平反冤狱、防止淹狱方面作用不可小视。在这些制度当中,监察机构作为司法监督的主力,发挥了重要作用。"录囚"及三法司会同审理死刑案件的内容在其他章节详述,此处不赘。

(一) 接受词状

从职能演变的角度来看,御史最初只是负责记事的史官,之后才成为专司监察的官员。在监察官设立之初,只接受通词者的风闻举报,并不受理词讼。通词的人须在御史台外等候,御史按时在门外收状,认为牵涉官员应该弹劾,便具状上奏,略去通词者的姓名,托言风闻访知。唐永徽年间,开受事之例,接受状词。劾状中得叙述告人姓名。开元以后,成为定制。

宋朝的御史台也接受申诉案件。景德四年(公元1007年),真宗诏曰:"先有内臣勾当鼓司,自此悉罢。诸人诉事,先诣鼓院;如不

---
① 《大清律例·吏律·公式》"照刷文卷"条。

受,诣检院;又不受,即判状付之,许邀车驾;如不给判状,听诣御史台自陈。"①仁宗天圣七年规定:"其称冤滥枉屈而检院、鼓院不为进者,并许诣理检使审问以闻。"②

清朝五城察院负责审理京师五城词讼案件,杖罪以下自行完结,徒刑以上送刑部定案。其他案件,如"官民果有冤枉,许赴院辨明,除大事奏请闻外,小事立予裁断或行令该督抚复审昭雪"③。

(二) 鞫审诏狱

鞫审诏狱是古代监察机构参与、监督司法的重要方式。诏狱,即由皇帝交办的案件。在对出现违法情形的官吏进行弹劾时,一般经御史奏劾以后,由皇帝决定交付处理。据史料记载:东汉顺帝时,大司农李固就当时选举人才中出现的弊病上书奏言。顺帝接纳其建议,"于是下诏诸州劾奏守令以下,政有乖枉,遇人无惠者,免所居官;其奸秽重罪,收付诏狱"④。从诏书内容中可以看出:"诏狱"用以纠察为非作歹的官吏,纠察、惩治的对象与行为都是特定的。

唐朝御史台鞫审的诏狱有三种:东推、西推和三司会审。东推掌推鞫京城百官的违法失职案件;西推掌推鞫各地方州县官吏的违法失职案件,分别由东西推御史主持,是御史台单独鞫审的诏狱;三司会审则是由刑部、大理寺和御史台官员组成三司,共同鞫审大狱。

宋朝御史台专设检法一人,下置推勘官十至二十人,掌推鞫狱讼。遇有官员违法失职的案件,送大理寺审判之前,先由御史台调查审讯。如:开宝六年(公元973年)六月,雷有邻到登闻院击鼓告状,告发赵普庇护"堂后吏"胡赞、李可度等受贿作弊,宋太祖大怒,下御史府按问,悉抵罪,前摄上蔡主簿刘伟因伪造代理官职的公文

---

① 《续资治通鉴长编》卷六十五真宗景德四年五月戊申。
② 《续资治通鉴长编》卷一百七仁宗天圣七年闰二月癸丑。
③ 《钦定台规》卷十四《宪纲六》。
④ 《后汉书》卷六十三《李固列传》。

第二章 监察制度

被斩首,秘书丞王洞被关进死牢,胡赞与李可度被杖打籍没。八月,赵普罢相,出为河阳(孟州,今河南孟县南)三城节度使。① 同时,宋朝法律在程序上作出了特别规定,以确保御史台能够秉公断案,御史台在承诏治狱期间,"不得与在外官吏往还"②;"不得言语怕吓,虚令招罪,违者,重寘之法"③;"推勘公事,其当推御史并须当面推鞫,不得垂帘,只委所司取状,仍令中丞知杂,御史专切提点,务在公当,不得淹延。"④。若有人向当推御史请托,"许人陈告,支赏钱二百千"⑤。

明朝锦衣卫拥有自己的监狱,即"锦衣卫狱"就是明朝的诏狱,由北镇抚司署理,可直接拷掠刑讯,取旨行事,刑部、大理寺、都察院均无权过问。嘉靖时刑科都给事中刘济有谓:"国家置三法司,专理刑狱,或主质成,或主平反。权臣不得以恩怨为出入,天子不得以喜怒为重轻。自锦衣镇抚之官专理诏狱,而法司几成虚设。"⑥明朝锦卫衣的发展致使都察院鞫审诏狱的职能被搁置。

(三)审核大案、疑案、冤案

秦汉时期,中央监察机关监督司法的主要方式是参与疑难案件的审理。例如《汉书·王嘉传》就有"廷尉梁相与丞相长史、御史中丞及五二千石杂治东平王云狱"的记载。

唐朝体现司法监察的案例较多。例如,《旧唐书》记载一案:"僧鉴虚者,自贞元中交结权倖,招怀赂遗,倚中人为城社,吏不敢绳。会于頔、杜黄裳家私事发,连逮鉴虚下狱。存诚案鞫得奸赃数十万,狱成,当大辟。中外权要,更于上前保救,上宣令释放,存诚不奉诏。

---

① 《宋史》卷二百七十八《列传第三十七》。
② 《宋会要辑稿·职官》五五之一〇。
③ 《宋会要辑稿·职官》五五之五。
④ 《宋会要辑稿·职官》五五之二。
⑤ 《宋会要辑稿·职官》五五之七。
⑥ 《明史》卷一百九十二《列传第八十》。

明日,又令中使诣台宣旨曰:'朕要此僧面诘之,非赦之也。'存诚附中使奏曰:'鉴虚罪款已具,陛下若召而赦之,请先杀臣,然后可取。不然,臣期不奉诏。'上嘉其有守,从之,鉴虚竟笞死。"①此案中,御史中丞薛存诚不从王命,坚持依法判处怙恶不悛的僧人鉴虚,维护了司法的权威与审判的公正。

"御史李元素昭雪东都按大将令狐运"一案最具有代表性。该案发生于宪宗时期,李元素为昭雪冤案反复向皇帝陈词,该案主要内容如下:

> 元和五年四月,命监察御史杨宁,往东都按大将令狐运事。时杜亚为东都留守,素恶运。会盗发洛城之北,运适与其部下畋于北邙,亚意为盗,遂执讯之,逮系者四十余人。宁既按其事,亚以为不直,密表陈之,宁遂得罪。亚将逞其宿怒,且以得贼为功,上表指明运为盗之状。上信而不疑。宰臣以狱大宜审,奏请覆之,命侍御史李元素就覆焉。亚迎路以狱成告。元素验之五日,尽释其囚以还。亚大惊且怒,亲追送马上责之。元素不答,亚遂上疏,又论元素。元素还奏言未毕。上怒曰:"出俟命。"元素曰:"臣未尽词。"上又曰:"且去。"元素复奏曰:"臣一出,不复得见陛下,乞容尽词。"上意稍缓。元素尽言运冤状明白。上乃悟曰:"非卿孰能辨之。"后数月,竟得真贼,元素由是为时器重,累迁给事中。每美官缺,必指元素焉。②

御史台作为唐朝的中央监察机关,不仅监督大理寺和刑部的审判活动,遇到重大案件,也直接参与审判。《通典》载:"其事有大者,则诏下尚书刑部、御史台、大理寺同按之,亦谓此为'三司推事'"③;地方发生的大案,三部门则派出所属官员前去审理。御史台下设的

---

① 《旧唐书》卷一百五十三《列传第一百三》。
② 《唐会要》卷六十二《御史台下·推事》。
③ 《通典》卷二十四《职官六·侍御史》。

第二章 监察制度

察院属官监察御史,"掌分察百寮,巡按州县,狱讼……"①,即受理地方重大刑狱也是其重要职责。此外,皇帝还经常遣使考察,或者由殿中侍御史按验冤假错案。例如,唐太宗时,唐临"再迁侍御史,奉使岭外,按交州刺史李道彦等申叩冤系三千余人"②。又如,肃宗时,张镒为殿中侍御史,"华原令卢枞以公事呵责邑人内侍齐令诜,令诜衔之,构诬。外发镒按验,枞当降官,及下有司,枞当杖死。镒其公服白其母曰:'上疏理枞,枞必免死,镒必坐贬。若以私则镒负于当官,贬则以太夫人为忧,敢问所安?'母曰:'尔无累于道,吾所安也。'遂执奏正罪,枞获配流,镒贬抚州司户"③。

  宋朝,御史有重大疑难案件的最后审定权。宝元元年(公元1038年),诏曰:"御史台、刑部与审刑院、大理寺详定以闻"④。遇有州郡不能断决的疑案,"付之大理,大理不能决而付刑部,刑部不能决,而后付之御史台"⑤。

  宋神宗熙宁八年(公元1075年)发生的"李逢谋反案"是一起涉及人数较多、情节比较严重的大案,所以不是按普通审判程序,而是由御史台亲自审理。"(神宗熙宁)八年,沂州民朱唐告前余姚主簿李逢谋反。提点刑狱王庭筠言其无迹,但谤讟,语涉指斥及妄说休咎,请编配。帝疑之,遣御史台推直官蹇周辅劾治。中书以庭筠所奏不当,并劾之。庭筠惧,自缢死。逢辞连宗室秀州团练使世居、医官刘育等、河中府观察推官徐革,诏捕系台狱,命中丞邓绾、同知谏院范百禄与御史徐禧杂治。狱具,赐世居死,李逢、刘育及徐革并凌迟处死,将作监主簿张靖、武进士郝士宣皆腰斩,司天监学生秦彪、百姓李士宁杖脊,并湖南编管。余连逮者追官落职。世居子孙贷死

---

① 《新唐书》卷四十八《百官三》。
② 《旧唐书》卷八十五《列传第三十五》。
③ 《旧唐书》卷一百二十五《列传第七十五》。
④ 《续资治通鉴长编》卷一百二十二仁宗宝元元年五月甲寅。
⑤ 《续资治通鉴长编》卷三百三十五神宗元丰六年五月丙戌。

除名,削属籍。旧勘鞫官吏并劾罪。"①

南宋时期,御史台的审判职能更加强化,例如乾道元年(公元1165年)御史台曾奏称:"本台系掌行纠弹百官稽违,点检推勘刑狱,定夺疑难刑名、婚田钱谷并诸色人词讼等,事务繁重"②。宋朝在州县之上设路,最初只是监察区,各路设提点刑狱司等派出机构,其执掌最初是监督地方的司法活动,"有疑狱未决,即驰传往视之。州县稽留不决,按谳不实,长吏则劾奏,佐史、小吏许便宜按劾从事"③。后来路逐渐发展为一级行政区,提点刑狱司逐渐成为了路一级的最高司法机构。

明朝在承继唐朝"三司推事"的基础上,建立了较为成熟的疑案会审制度,从而大大推动了司法监察的发展。重大疑难案件由三法司,即刑部、都察院及大理寺会同审理。《明史·刑法志》载:"刑部受天下刑名,都察院纠察,大理寺驳正。"出现要案重囚,都察院"会鞫于外朝,偕同刑部、大理寺谳平之"④。可见,三司会审是一项重要的司法监察制度,为司法审判的公正提供了重要保障。以《浚川驳稿集》记载的"强贼劫财杀伤人口事"的会审案件为例,"会审得,本犯招内,唐敬等商议行劫刘铎家财之时,查无奚买儿名字,临盗,增出买儿等在外把风,况失主马立、刘铎、王秀、刘人才、刘瞎儿等俱被贼人捉住。招称:刘瞎儿言说:'我认得唐敬,你如何劫我家财物?'既是认识唐敬,必要泯灭认识之情,岂有不连马立等当时杀死之理?情节似为不通。及查喻聪等慌惧,将原盗刘铎蓝布、锡壶等物皆背分,不知去向。又称:典史周经拏住唐敬等,就于喻聪家内搜出原盗锡壶一把。壶止三把,已云分走,今又搜出,却是四把,自相矛盾,情有可疑。及审奚买儿,执称:棉花、铜盆皆是刘铎等自相寻见,非喻

---

① 《宋史》卷二百《刑法二》。
② 《宋会要辑稿·职官》五五之二三。
③ 《宋史》卷一百九十九《刑法一》。
④ 《明史》卷九十四《刑法二》。

第二章 监察制度

景云等招出。况见在赃物止是棉花、铜盆,又在旷野地内,其蓝布等物俱称各分。今晚打劫,明早捉获,必无花费之理,如何不见下落?蒋英、喻聪招称撞遇,通不明言知情上盗与否。看得盗贼一事,生死所关,最为暗密,本伙之外岂容一人得知?既是撞遇相识之人,岂敢公然复行为盗?若非知情,必是诬捏。况各犯再四称冤,赃证多无下落,除将枷项暂开外,合驳,再问明白,另招呈来施行"①。

明朝通过监察纠驳、平复了诸多冤错案件,对廉明司法确实起到了一定保障作用。例如:

"(宣德五年)御史李骥巡视仓场。军高祥盗仓粟,骥执而鞫之。祥父妄言:祥与张贵等同盗。骥受贵等贿,故独罪祥。刑部侍郎施礼遂论骥死。骥上章自辨。帝曰:'御史即擒盗,安肯纳贿!'命偕都察院再讯,骥果枉。帝乃切责礼,而复骥官。"②

又如御史陈选在四川调查司法贿赂案件,为冤狱平反。

"(陈选)为御史,出按四川,黜贪奖廉,雪死囚四十余人。正统末,大军征邓茂七,往抚其民,释被诬为贼者千余家。都指挥蒋贵要所部贿,都督范雄病不能治军,皆劾罢之……久之,进按察使。决遣轻系数百人,重囚多所平反,囹圄为空。治尚简易,独于赃吏无所假。然受赂百金以上者,坐六七环而止。或问之,曰:'奸人惜财亦惜命,若尽挈所赂以货要人,即法挠矣。'"③

清朝承继了以往朝代司法监察制度的精华,结合当时的社会现状加以完善,形成了自己的特色,使中国传统司法监察制度趋于完

---

① (明)王廷相:《浚川驳稿集》,载《王廷相集》(四),王孝鱼点校,中华书局1989年版,1176页。
② 《明会要》卷六十五《刑二·详谳》。
③ 《明史》卷一百六十一《列传第四十九》。

备。司法监察的最高权力依然由都察院行使,据《大清会典》载,都察院"掌司风纪,察中外百司之职,辨其治之得失与其人之邪正。率科道官而各矢其言责,以饬官常,以兼国宪……凡重辟则会刑部、大理寺以定谳,与秋审、朝审"①。都察院作为"九卿之一",参加秋审、朝审的会审大典。对于特别重大的案件,由六部尚书、都御史、通政使和大理寺卿组成的九卿共同审理。都察院还与刑部、大理寺组成"三法司"会同审核死刑案件。

康熙时期,通过奏议,御史在会审中发挥的监察作用有所增强。

康熙十二年(公元1673年)议准:各省刑名事件,分道御史与掌道御史一同稽核。

十七年(公元1678年)议准:各省由三法司核拟事件,各具揭帖二通,一揭送院,一揭送道。

二十七年(公元1688年)议准:外省揭帖到日,御史豫看全招,俟三法司核拟旨下,会议定稿。如有情节不符,许别议。

又议准:凡会审重案,刑部即将原供送该道勘阅。

三十一年(公元1692年)定,凡外藩地方命盗案件,理藩院会同三法司核拟具题。

又题准:凡关系人命事情照热审之例,三法司共同会审,一次具题。②

雍正朝进一步明确、强化御史在会谳中的监察职权,"凡会审事件,刑部移会到日,该道满汉御史各一人到部,会同承办司官取供;都御史一人,会刑部堂官录供定稿。刑部堂官画题,续送院画题。若有两议,五日内缮稿送部,一并具题"③。

由此可以看出,在中国古代的监察机构中,以御史台为中心形

---

① 《钦定大清会典》卷六十九《都察院》。
② 《钦定台规》卷十三《会谳》。
③ 《大清会典则例》卷一百四十七《都察院三》。

第二章　监察制度

成了对中央与地方司法进行监督的核心监察体系。此外,秦朝的监御史、汉朝的刺史、唐朝的监察御史、明清时期的巡按御史或巡察御史,形成了监督地方司法的监察体系。这些监察机构及其官员,在对司法活动的监察过程中,推动冤狱平反、坚持公正裁判、正确适用法律,对保证司法的公正和权威,发挥了积极作用。

三、谏诤得失,匡正君主

中国古代以御史为核心的监察机构除上述纠劾官邪,监督百官、参与审判,监督司法的职能以外,还负有"谏诤得失,匡正君主"的职责。虽然在我国古代存在独立的谏议系统,但在谏议机构没有成立之前以及谏议机构被废黜之时,御史台官员始终行使谏议职权。谏官与御史在职务上有联系,但职能上有分工。本节对中国古代谏议制度的发展历程与具体设置不作详述,只探讨与御史台官员有关的谏议内容。

秦汉以前,监察系统并未形成,但史籍中记载的君王积极纳谏的事例颇多,如在远古时期:"黄帝立明台之议者,上观于贤也;尧有衢室之问者,下听于人也;舜有告善之旌,而主不蔽也;禹立谏鼓于朝,而备讯矣"①。即氏族首领在开会议事的"明台""衢室"听取各种意见,设立"告善之旌"和"谏鼓",接受各方监视。②

夏商周时期,行谏职之人既有进谏君王的群臣,亦有劝谏万民

---

① 《管子·桓公问》。
② 虽然目前有研究指出:《桓公问》所言黄帝之"明台"、尧之"衢室"、舜之"告善之旌"、禹之"谏鼓",都是帝王"求贤纳谏"的地方,但它与古文献记载多有出入,存在着时间上的错乱和逻辑上的混乱,不一定是史实。《桓公问》存在托古言今的倾向,但其中也隐含着某种历史记忆。"明台""衢室""谏鼓"等在一定程度体现了传说时代的帝王能够吸收下属和民众的意见,允许他人批评自己的过错。这应该是氏族公社或部落联盟时的遗存,给后世留下的深远影响,成为后世讽喻劝谏君主的重要依据。这个观点是值得肯定的。参见张连伟:《〈管子·桓公问〉与先秦时期的监察制度》,载《管子学刊》2008年第1期。

的司谏,所谏之人上至君王,下至臣民。夏有"工执艺事以谏"①,商有"群臣咸谏于王"②,周有"保氏掌谏王恶""司谏掌纠万民之德而劝之朋友"③。

春秋战国时期,由于政权变动频繁,君王与臣下常于朝会共商国事,有时为了得到民众的支持,也向民众询问如"国危""国迁""立君"等事宜。据史料记载,春秋战国时期,纳谏之人有专有兼,且鼓励谏诤,如《史记·楚世家》载:"有敢谏者死无赦"。④ 彼时谏议活动比较频繁,敢谏之人涌现,如《左传·昭公二十八年》载:"冬,梗阳人有狱,魏戊不能断,以狱上,其大宗赂以女乐,魏子将受之,魏戊谓阎没、女宽,曰:'主以不贿闻于诸侯,若受梗阳人,贿莫甚焉,吾子必谏'"。⑤ 诸侯纳谏的事例也不少,如《战国策·齐策一》记载,齐威王听到邹忌的谏言之后,下令群臣吏民:"能面刺寡人之过者,受上赏;上书谏寡人者,受中赏;能谤讥于市朝,闻寡人之耳者,受下赏"。⑥ 另有,秦昭王接受范雎的谏言,废太后,逐禾襄侯、高陵、华阳、泾阳于关外。⑦

以上这些实例可视为谏议制度的渊源,也为后世开启谏议之风奠定了基础。

秦汉时期,有专职的谏议官,但御史大夫也行谏议之职。御史大夫与其他官员一样通过"朝议"行使谏议职权,即参与讨论国家重大事务,发表意见。隋朝至唐宋时期,谏议制度发展到成熟阶段,机

---

① 《尚书·胤征》载:每岁孟春,道人以木铎徇于路,官师相规,工执艺事以谏,其或不恭,邦有常刑。
② 《尚书·说命上》载:群臣咸谏于王。且在《尚书·伊训》中还专门规定了臣下对违法失德的卿士或邦君进行劝谏的义务,否则"臣下不匡,其刑墨"。
③ 《周礼·地官·司谏》。
④ 《史记》卷四十《楚世家》。
⑤ 《左传·昭公二十八年》。
⑥ 《战国策·齐策一》。
⑦ 《史记》卷七十九《范雎蔡泽列传》。

第二章 监察制度

构设置日趋成熟,形成独立的谏官系统,规模不断扩大,职权不断完善。但御史台官员依然享有谏诤权,并未因专职谏官的出现而削弱,尤其在唐朝,谏议之风盛行,进谏与纳谏的实例不少。试举几例:

唐朝裴矩为御史中丞时,"太宗初即位,务止奸吏,或闻诸曹案典,多有受赂者,乃遣人以财物试之。有司门令史受馈绢一匹,太宗怒,将杀之,矩进谏曰:'此人受赂,诚合重诛。但陛下以物试之,即行极法,所谓陷人以罪,恐非导德齐礼之义。'太宗纳其言,因召百僚谓曰:'裴矩遂能廷折,不肯面从,每事如此,天下何忧不治!'"①

贾至在兼御史大夫之前就积极进谏,"至德中,将军王去荣杀富平令杜徽,肃宗新得陕,且惜去荣材,诏贷死,以流人使自效。至谏曰:'圣人诛乱,必先示法令,崇礼义。……彼逆乱之人,有逆于此而顺于彼乎?乱富平而治于陕乎?悖县令,能不悖于君乎?律令者,太宗之律令,陛下不可以一士小材,废祖宗大法。'帝诏群臣议,太子太师韦见素、文部郎中崔器等皆以为:'法者,天地大典,王者不敢专也。帝王不擅杀,而小人得擅杀者,是权过人主。开元以前,无敢专杀,尊朝廷也;今有之,是弱国家也。太宗定天下,陛下复鸿业,则去荣非至德罪人,乃贞观罪人也。其罪祖宗所不赦,陛下可易之耶?'诏可"②。

《资治通鉴》记载:"鄃令裴仁轨私役门夫,上怒,欲斩之。殿中侍御史长安李乾祐谏曰:'法者,陛下所与天下共也,非陛下所独有也。今仁轨坐轻罪而抵极刑,臣恐人无所措手足。'上悦,免仁轨死,以乾祐为侍御史。"③此外,《唐会要·御史台下·谏诤》记载,景云二年(公元711年),监察御史韩琬以耳目所闻见上陈时政;长安四

---

① 《旧唐书》卷六十三《列传第十三》。
② 《新唐书》卷一百一十九《列传第四十四》。
③ 《资治通鉴》卷一百九十二唐太宗贞观六年十二月戊申。

年(公元794年)十一月监察御史张廷珪进谏"市牛羊"之事;元和十五年(公元820年)二月,监察御史杨虞卿以上频行幸盤游,上疏谏议。①

唐朝官员的积极进谏,使皇权的随意性受到了一定的制约,对王朝统治的较长稳定起到了很大的作用。随着台谏并立的形成,古代监察制度趋于成熟。但唐朝中后期,尤其是"安史之乱"以后,官员因谏诤而招致杀身之祸的事情时有发生,致使谏诤之路绝断。

宋朝台官"言事",谏官"弹奏",导致台谏职责混杂,台谏趋向合一。乾道三年(公元1167年)十一月,因"雷发非时",宋孝宗下诏:"台谏、侍从、两省官指陈阙失"②。淳熙十年(公元1183元)七月,因"夏秋旱暵",宋孝宗又下诏令"侍从、台谏、两省、卿监、郎官、馆职各陈朝政阙失"③。淳熙十四年(公元1187年)七月,因旱灾严重,宋孝宗再次下诏"侍从、台谏、两省、卿监、郎官、馆职疏陈阙失及当今急务,毋有所隐"④。台官与谏官也常常一起弹劾官员、进谏君王。如明道二年(公元1033年)仁宗废郭皇后,谏院孙祖德、御史中丞孔道辅、御史蒋堂等谏诤不当废。⑤

元、明、清时期,君主专制发展到极致,谏官的职权日趋衰落,不再设专职的谏官,且专司谏议的机构也被取消,其职能由御史兼任,谏议、监察系统合并,史称"台谏合一"。

元朝,至元五年(公元1268年),忽必烈对侍御史张雄飞说:"卿等既为台官,职在直言,朕为汝君,苟所行未善,亦当极谏,况百官乎!"⑥自此,御史既要纠劾,又要言谏。成宗元贞二年(公元1296

---

① 参见《唐会要》卷六十二《御史台下·谏诤》。
② 《宋史》卷三十四《孝宗二》。
③ 《宋史》卷三十五《孝宗三》。
④ 《皇宋中兴两朝圣政》卷六十三淳熙十四年七月丙午。
⑤ 《续资治通鉴长编》卷一百十三仁宗明道二年十一月甲寅。
⑥ 《元史》卷一百六十三《列传第五十》。

第二章 监察制度

年),监察御史李元礼上疏称:"今朝廷不设谏官,御史职当言路,即谏官也"①。至文宗天历年间,"今日之事御史言之"②。

明朝罢谏院,设六科给事中,所谓"科道言官",是六科给事中和十三道监察御史的总称。六科给事中是政府对吏、户、礼、兵、刑、工六部业务进行对口监察的机构。给事中"掌侍从、规谏、补阙、拾遗、稽查六部百司之事。凡制敕宣行,大事覆奏,小事署而颁之,有失,封还执奏。凡内外所上章疏下,分类抄出,参署付部,驳正其违误"③。十三道监察御史负责监察地方十三行省,二者在监察的同时亦负有谏诤之责。明中叶以后,科道只能制造舆论,宦官往往矫旨行事,科道官因一言不合即受到廷杖、诏狱、革职、充军的不胜枚举,以至言路日塞。④

清朝六科并入都察院,科道并为一体,将谏官并入监察官系统。清初,都察院依然享有谏议国政的职权,顺治十年(公元1653年)上谕:"凡事关政治得失,民生休戚,大利大害,应兴应革,切实可行者,言官宜悉心条奏,直言无隐"⑤。随着清朝专制皇权的不断强化,科道官员的谏诤权逐步萎缩。雍正年间,因推行密折制度,使六科给事中的封驳权也名存实亡。

综上,我们可以看出,随着君主专制的不断加强,对百官的监察越来越严密,对皇帝的规谏则越来越薄弱。这是由制度本身的性质和作用所决定的,也是为了管理的需要所做的调适。但整体而言,古代御史台官在很多关键时刻不畏强权,敢于直言,勇于进谏,拨乱反正,对国家治理和社会稳定起到了积极的作用。

---

① 《元史》卷一百七十六《列传第六十三》。
② 《道园学古录》卷五《送杜立夫妇西蜀序》。
③ 《明史》卷七十四《职官三》。
④ 参见白钢主编:《中国政治制度史》,天津人民出版社2002年版,第762页。
⑤ 《钦定台规》卷二《训典二》。

第三节　监察法律

在长期的发展过程中，中国古代逐步形成了较完备的监察法律制度体系。这些监察法律详细地规定了监察机构的设置、监察职权的范围以及监察官吏的职责与纪律等，是中国传统法制文明的重要组成部分。

一、监察法律的萌芽

夏商周时期，形成了治官之法的雏形。《尚书·伊训》记载了早期为治理官吏而制定的"官刑"，其主要内容是所谓的"三风十愆"："敢有恒舞于宫，酣歌于室，时谓巫风；敢有殉于货色，恒于游畋，时谓淫风；敢有侮圣言，逆忠直，远耆德，比顽童，时谓乱风"。"三风"即指巫风、淫风和乱风，巫风是指在宫室中纵情饮酒，歌舞取乐；淫风是指贪财好色，经常游乐打猎；乱风是指轻慢圣贤的言论，拒绝忠直的规劝，疏远年高德重者，而亲近愚顽不经之人。"十愆"即指执政者所犯的舞、歌、货、色、游、畋、侮、逆、远、比十种错误。制定"三风十愆"的目的，即在于"儆于有位"，对官吏予以震慑。当时的统治者已认识到卿士邦君腐败的危害性，"卿士有一于身，家必丧；邦君有一于身，国必亡"，从而规定"臣下不匡，其刑墨"。[①]

《周礼·天官》记载大宰"以八法治官府"：一曰官属，以举邦治。二曰官职，以辨邦治。三曰官联，以会官治。四曰官常，以听官治。五曰官成，以经邦治。六曰官法，以正邦治。七曰官刑，以纠邦治。八曰官计，以弊邦治。[②]"官刑以纠邦治"，即采用官刑来纠察官吏，从而实现百官的治理。

---

① 《尚书·伊训》。
② 《周礼·天官·大宰》。

第二章 监察制度

《周礼·春官·御史》中也载:"御史掌邦国都鄙及万民之治令,以赞冢宰,凡治者受法令焉。"①《历代职官表》解释曰:"然考其所掌,如赞冢宰以出治令,则凡政令之偏私阙失,皆得而补察之,故外内百官,悉为受成法于御史,实后世司宪之职所由出。"②此外,"小宰之掌,掌建邦之宫刑,以治王宫之政令,凡官之纠禁"③,"宰夫之职,掌治朝之法,以正王及三公六卿大夫群吏之位,掌其禁令"④。"建邦之宫刑"与"治朝之法",也是纠察王宫与百官的监察法规。

《吕刑》记载了司法官员的"五过之疵":惟官—倚官仗势、惟反—挟私抱怨、惟内—暗中牵制、惟货—敲诈勒索、惟来—贪赃枉法,凡有犯者"其罪惟均,其审克之"⑤,以此规范司法官员的行为。

夏商周时期的"治官之法",明确了对官员违法犯罪的惩治,确定了监督官员的内容和范围,可以视为是监察法律的早期形态。

二、监察法律的确立

秦汉时期,监察法律初步确立。秦朝奉行法家"缘法而治"的治国方略,注重运用法律监察百官,维护秦帝国的统治。在石刻中有许多关于监察官吏的内容,如二十八年(公元前219年)的琅琊刻石,"方伯分职,诸治经易;举措必当,莫不如画;皇帝之明,监察四方;尊卑贵贱,不踰次行;奸邪不容,皆务贞良",此内容既是给为官者提出的基本要求,也是监察活动的准则与依据。

《睡虎地秦墓竹简》中的《为吏之道》记载了对官吏的各种要求,包括任用与考课的标准,其中的"吏有五善""吏有五失"等关于为官的品格与作风的要求,为考察官员提供了准则:

---

① 《周礼·春官·御史》。
② 《钦定历代职官表》卷十八《都察院表》。
③ 《周礼·天官·小宰》。
④ 《周礼·天官·宰夫》。
⑤ 《尚书·吕刑》。

凡为吏之道,必精洁正直,慎谨坚固,审悉无私,微密纤察,安静毋苛,审当赏罚。严刚毋暴,廉而毋刖,毋复期胜,毋以忿怒决。宽容忠信,和平毋怨,悔过勿重。慈下勿陵,敬上勿犯,听谏勿塞。审知民能,善度民力,劳以率之,正以矫之。反赦其身,止欲去愿。中不方,名不章;外不圆。尊贤养孽,原野如廷。断割不刖。怒能喜,乐能哀,智能愚,壮能衰,勇能屈,刚能柔,仁能忍,强良不得。审耳目口,十耳当一目。安乐必戒,毋行可悔。以忠为榦,慎前虑后。君子不病也,以其病病也。同能而异。毋穷穷,毋岑岑,毋衰衰。临财见利,不取苟富;临难见死,不取苟免。欲富太甚,贫不可得;欲贵太甚,贱不可得。毋喜富,毋恶贫,正行修身,祸去福存。

吏有五善:一曰忠信敬上,二曰清廉毋谤,三曰举事审当,四曰喜为善行,五曰恭敬多让。五者毕至,必有大赏。

吏有五失:一曰夸以迣,二曰贵以泰,三曰擅裴割,四曰犯上弗知害,五曰贱士而贵货贝。一曰见民倨傲,二曰不安其朝,三曰居官善取,四曰受令不偻,五曰安家室忘官府。一曰不察所亲,不察所亲则怨数至;二曰不知所使,不知所使则以权衡求利;三曰兴事不当,兴事不当则民伤指;四曰善言惰行,则士毋所比;五曰非上,身及于死。①

秦朝的监察法律处于初创阶段,尚未发现专门的监察法规,但是以上这些诏、令、律中也涉及不少监察法律的内容。

西汉时期开始出现专门的监察立法,具有代表性的法律是《监御史九条》与《刺史六条》。《监御史九条》又称《御史九法》,颁布于汉惠帝三年(公元前192年):"惠帝三年,相国奏遣御史监三辅郡,

---

① 睡虎地秦墓竹简整理小组:《睡虎地秦墓竹简》,文物出版社1978年版,第281—284页。

第二章 监察制度

察辞诏凡九条"①,"有辞讼者,盗贼者,铸伪钱者,狱不直者,徭赋不平者,吏不廉者,吏苛刻者,逾侈及弩力十石以上者,非所当服者,凡九条。"②

《监御史九条》是汉初曹参奏请批准创设的监察御史对地方进行监察的法规。其内容极为简洁,仅适用于三辅郡。尽管实施时间不长,但却是中国古代地方监察立法的源头,具有较高的历史价值。《监御史九条》仅涉及对特定地区的监察,汉武帝时期制定的《刺史六条》,则是一部全国性的地方监察法规。元封元年(公元前113年)武帝曾亲赴各地巡察,发觉许多郡国守相失职严重,而监郡御史同流合污,匿而不报,遂下诏"御史止不复监"③。"武帝元封五年,初置部刺史,掌奉诏条察州。"④同时,制定了《刺史六条》,又称《刺史六条问事》或《六条察郡法》。其条文见蔡质《汉官典职仪式选用》:

> 诏书旧典,刺史班宣,周行郡国,省察治状,黜陟能否,断治冤狱,以六条问事,非条所问,即不省。一条,强宗豪右田宅逾制,以强凌弱,以众暴寡。二条,二千石不奉诏书遵承典制,倍公向私,旁诏守利,侵渔百姓,聚敛为奸。三条,二千石不恤疑狱,风厉杀人,怒则任刑,喜则淫赏,烦扰苛暴,剥戮黎元,为百姓所疾,山崩石裂,妖祥讹言。四条,二千石选署不平,苟阿所爱,蔽贤宠顽。五条,二千石子弟恃怙荣势,请托所监。六条,二千石违公下比,阿附豪强,通行货赂,割损政令也。⑤

《刺史六条》标以条目,一事一条,条款分明,操作性强,体现了

---

① (汉)卫宏撰:《汉旧仪补遗》卷上。
② 《唐六典》卷十三《御史台》。
③ 《通典》卷三十二《职官十四·州牧刺史》。
④ 《汉书》卷十九《百官公卿表》。
⑤ (汉)蔡质撰:《汉官典职仪式选用》。

较高的立法水平。《刺史六条》将二千石官员与强宗豪右列为首要监察对象,严防地方势力相互勾结,危及中央集权。它是汉武帝加强中央集权,监控诸侯势力的产物。其强化监察地方的举措,在客观上推动了中国古代监察立法的发展。

东汉时期,监察立法基本承袭西汉,建树不大。但为了适应社会形势的变化,也颁布了一些监察性质的法令,如光武帝时颁布的《惩举荐非其人令》,该法令要求刺史、二千石官严格按四科选举人才:

> 刺史、二千石察茂才尤异孝廉之吏,务尽实核,选择英俊、贤行、廉洁、平端于县邑,务授试以职。有非其人,临计过署,不便习官事,书疏不端正,不如诏书,有司奏罪名,并正举者。①

建武四年(公元 28 年)颁布的《禁吏卒嫁娶过令》规定:"吏三百石、庶民嫁娶毋过万五千,关内侯以下至宗室及列侯子聘娶(娶)各如令,犯者没入所赍奴婢、财物县官。"②

章帝建初五年(公元 80 年)颁诏,重申武帝元狩六年(公元前 117 年)所颁布的《察冤令》:"今吏多不良,擅行喜怒,或案不以罪,迫胁无辜,致令自杀者,一岁且多于断狱,甚非为人父母之意也。有司其议纠府之"③。

三国两晋南北朝时期监察立法取得了相当的成就。

曹魏以汉《刺史六条》为基础,由豫州刺史贾逵创立《察吏六条》:

> 察民疾苦冤失职者;察墨绶长吏以上居官政状;察盗贼为民之害及大奸猾者;察犯田律四时禁者;察民有孝悌廉洁行修正

---

① (汉)应劭撰:《汉官仪》卷上。
② 甘肃省文物考古研究所编:《居延新简》,中华书局 1994 年版。
③ 《后汉书》卷三《章帝纪》。

第二章 监察制度

茂才异等者,察吏不簿入钱谷放散者。所察不得过此。①

曹魏《察吏六条》与汉《刺史六条》的内容不同,其监察的对象为二千石长吏以下官吏的政绩,还包括司法冤滥与农业经济犯罪。此外,还将察纠违法与荐举人才合于一法,这是曹魏监察立法的创新之处。

晋武帝于泰始四年(公元268年)六月诏颁了《察长吏八条》:

> 若长吏在官公廉,虑不及私,正色直节,不饰名誉者,及身行贪秽,谄黩求容,公节不立,而私门日富者,并谨察之。②

同年十二月,又颁布《五条律察郡》:

> 一曰正身,二曰勤百姓,三曰抚孤寡,四曰敦本息末,五曰去人事。③

南北朝时期,南朝在监察立法上并无太多建树,北朝则有不小的成就。西魏的《六条诏书》与北周的《诏制九条》是北朝时期具有代表性的监察法规。《六条诏书》强调:"牧守令长非通六条及计帐者,不得居官。"④北周武帝宣政元年(公元578年)制定《诏制九条》,也称《九条监诸州》,其重点是决狱科罪,皆准律文,用以纠正州郡县长官任意断罪决罚的弊端:

> 八月……(宣帝)遣大使巡察诸州,诏制九条,宣下州郡:一曰,决狱科罪,皆准律文;二曰,母族绝服外者听婚;三曰,以杖决罚,悉令依法;四曰,郡县当境贼盗不擒获者,并仰录奏;五曰,孝子顺孙义夫节妇,表其门闾,才堪任用者即宜申荐;六曰,或昔经驱使,名位未达,或沉沦蓬荜,文武可施,宜并采访,具以

---

① 《文选》卷五十九《碑文下·齐故安陆昭王碑文》注引《汉书音义》。
② 《晋书》卷三《武帝纪》。
③ 同上。
④ 《周书》卷二十三《列传第十五》。

名奏；七曰，伪齐七品以上已敕收用，八品以下爰及流外，若欲入仕，皆听预选，降二等授官；八曰，州举高才博学者为秀才，郡举经明行修者为孝廉。上州、上郡岁一人，下州、下郡三岁一人；九曰，年七十以上，依式授官，鳏寡困乏不能自存者，并加禀恤。①

北魏律中还有"违制律"的规定，凡官员违制的行为均属监察的范围。例如，按律禁止"买良人为婢"，据此，"御史中尉王显，奏志在州日，抑买良人为婢……会赦免。"②"继在青州之日，民饥馁，为家僮取民女为妇妾。又以良人为婢，为御史所弹，坐免官爵。"③

唐宋时期的监察法制日趋成熟并趋于定型。唐玄宗开元年间，仿照汉朝的《刺史六条》，颁布了《监察六法》：

其一，察官人善恶；其二，察户口流散，籍帐隐没，赋役不均；其三，察农桑不勤，仓库减耗；其四，察妖猾盗贼，不事生业，为私蠹害；其五，察德行孝悌，茂才异等，藏器晦迹，应时用者；其六，察黠吏豪宗兼并纵暴，贫弱冤苦不能自申者。④

《监察六法》在性质上属于地方监察法规，是与唐朝道察体制相适应的产物。它立足于唐朝特定的社会现状，较之以往的监察立法有所创新。首列监察官人善恶，并且扩大了监察范围。不论官品，是官皆察，以惩贪、举优为核心，及于官吏的品德、政绩、文才、修养等，反映出统治者对地方吏治的重视。另外，武则天时期还颁布了《风俗廉察四十八条》用以监察官吏。

有宋一代，监察立法也得以强化，《宋会要辑稿·职官》一七中记录了诸多关于改良监察法制、严明监察程序的内容。例如，仁宗

---

① 《周书》卷七《宣帝纪》。
② 《魏书》卷十四《神元平文诸帝子孙列传》。
③ 《魏书》卷十六《道武七王列传》。
④ 《新唐书》卷四十八《百官三》。

第二章 监察制度

宝元二年(公元1039年)十二月十五日,手诏付中书曰:

自今御史阙官,并依先朝旧制具两省班簿来上,朕自点一名令充御史,免宪司朋党之欺。(先是,令中丞、知杂荐补御史之阙,而孔道辅举姻家王素,仁宗以为比周。故革其制而复故事,因令翰林学士丁度举而易之。)庆历二年正月,诏:"御史台举属官,故事太常博士以上两任通判三人中御笔点一人。如闻难于得人,自今听举一任通判及三丞该磨勘者二人选之"。

高宗绍兴元年(公元1131年),臣僚言:

在京官司无不隶六察者,惟纠察刑狱司职事独归御史。凡审问狱囚事既亲领,苟有不当,无复弹治,恐非严重狱事之意。又本台刑狱皆朝廷所付治,轻重可否宜取决于上。今令右司纠察,甚非尊朝廷、正官名之意。诏:"御史台见领旧纠察司职事内合审录问者,归刑部右曹,余悉仍旧。"

七月二十五日,监察御史刘拯言:

"元丰中御史台置六察案,治省曹及诸官司违慢,以防有司之弛堕不职者。元祐七年五月十八日立法,除事干刑名因陈诉外,余未结绝,皆不得取索。至九月三日,因臣僚言其不便,方许取索一年已上未绝公案点检。且元祐七年诸曹未绝事缘一千二百余件,今蒙朝廷委御史点检,总六千件,已四倍前日,其养成有司稽违之弊如此,望依元丰条。"从之。

绍兴三年(公元1133年)八月二十二日,御史台主簿陈祖礼言:

"谨按台令,两院御史有分(请)[诣]三省、密院取摘点检之文,监察御史有轮诣尚书六曹按察之制。凡奉行稽违,付受差失,咸得纠弹。渡江之后,始不克行,孰谓公朝,尚兹阙典,乞依旧例施行。"从之。续本台申:"检准令节文,诸上下半年轮两院御史四人就三省、枢密院取摘诸房文簿等点检,中书、尚书省以仲月中旬,门下省、枢密院以仲月下旬。本台勘会,依上条,自来中书省以仲月中旬,门下省以孟月下旬,合轮官两员诣两省点检。今来门下省、中书省已并为一省,本台即未敢便依上条作两省轮官前去。"诏依点检中书省簿书条例施行。

同时,宋朝还制定了适用于御史监察活动的专门法规。例如,太宗时期将与御史台有关的敕令格式和例,整编成御史适用的专门法规;真宗时期编成《御史台仪制》六卷;徽宗时期,编撰《崇宁重修御史台令》;还有《诸路监司互察法》等。宋朝的地方性监察立法成就最大,以诏、敕、令为主要法律形式,散见于《庆元条法事类》及《宋大诏令集》之中。虽然没有形成一部完整的地方性监察法规,但是,其内容相较于汉唐时期充实许多,立法技术也有很大提升。例如,将监察主体根据其职权做了明确划分:"诸称监司者,为转运、提点、刑狱、提举常平司;称按察官者,谓诸司,通判以上之官及知州通判各于本部职事相统摄者。"①

三、监察法律的加强

元朝重视监察活动的功用,"世祖尝言,中书朕左手,枢密朕右手,御史台是朕医两手的。此其立台之旨,历世遵其道不变"②。

元朝的监察立法上承唐宋下启明清。元世祖至元五年(公元1268年),在设置御史台的同时,由侍御史高鸣主持"定台纲三十六条"。"台纲"全称为《设立宪台格例》,是御史台行使监察权的基本法律依据。它分为宪纲与条例两部分。"宪纲"部分规定了御史台的职权范围和地位;"条例"部分包括纠察、纠弹、体究、推纠、体察、纠劾、照刷及罚则等。至元六年(公元1269年)二月制定了《察司体

---

① 《庆元条法事类》卷七《职制门四·监司知通按举》。
② (明)叶子奇撰:《草木子》,中华书局1959年版,第61—62页。

第二章 监察制度

察等例》,明确了提刑按察司的权责,使其能够依法发挥监察的职能。至元十四年(公元 1277 年)七月,为了对行御史台的职掌、权责及活动方式进行规范,制定了《行台体察等例》。至元二十五年(公元 1288 年)三月,元世祖颁布圣旨:"据提刑按察司行已多年,事渐不举。今命尚书省、御史台议到合行事理,仰行御史台、提刑按察司并诸官府,照依见降条画施行"①。所谓"见降条画"即指新制定的《察司合察事理》,再次对按察司的职权范围与行使权力的方式作了规定。

明朝吸取元朝亡国的教训,实行重典治吏的方略。监察职能随之进一步强化,监察立法在传承宋元的基础上,得以进一步发展。主要表现为都察院法规、六科给事中法规与地方监察法规内容的完善,以及法典化的加强。洪武四年(公元 1371 年)正月,"御史台进拟《宪纲》四十条,上览之亲加删定,诏刊行颁给"②,这是明朝最早的监察立法。其主要内容是关于御史的选用及职权方面的规定。朱元璋曾说:"朕之用人,惟才是使,无间南北。风宪作朕耳目,任得其人,自无壅蔽之患。"③洪武二十六年(公元 1393 年),在推行重典治吏政策的基础上,制定了以《宪纲总例》为代表的监察法规。《明会典》载:

> 洪武二十六年定左右都御史、副都御史、佥都御史,职专纠劾百司,辩明冤枉,提督各道,及一应不公不法等事。其属有十二道监察御史,凡遇刑名,各照道分送问发落。其有差委监察御史,出巡、追问、审理、刷卷等事,各具事目,请旨点差。④

此后,明惠帝、成祖、仁宗、宣宗历朝都对《宪纲》进行了增补。

---

① 《元典章》卷六《台纲二·体察》。
② 《大明太祖高皇帝实录》卷六十洪武四年正月。
③ (明)徐学聚:《国朝典汇》卷五十四《御史》。
④ 《明会典》卷二百九《都察院·风宪总例》。

至英宗正统年间,较为完整的《宪纲条例》已编制完成。明朝形成了督抚监察制度,督抚与代天子巡狩的巡按御史在行使职权上产生了矛盾。王廷相在《遵宪纲考察御史疏》中说:"近年以来,辄因小忿,遂成嫌隙,至相奏讦,安望其同心戮力有益地方乎？臣等尝求其故,皆巡按御史无礼不逊致之。"①为了解决此矛盾,协调彼此关系,使监察工作顺利进行,嘉靖年间颁行《抚按通例》规定了巡按与巡抚的职责。

清朝监察法规是法律体系的重要组成部分,在充分吸收历代监察法制精华的基础上取得了重大发展,以《钦定台规》等法典为典型代表。

顺治十七年(公元1660年),制定了《科规九事》,明确了都给事中的职掌。其内容为:

> 一,开明都给事中职掌,以专责成;二,严发钞日期,以慎关防;三,查对史书录书,以备纂修;四,按期注销,以查部件;五,细阅本章,以慎钞参;六,稽查邸报,以防虚伪;七,明升转之例,以杜挽越;八,严贿赂之禁,以励官箴;九,议劝惩笔贴式,以核实效。②

《科规九事》内容尽管相对粗疏,但对清王朝的监察立法具有开创之功。顺治十八年(公元1661年),为了规范巡按的监察职责,制定了《巡方事宜十款》,这部法规是清入关后不久制定的,重点在于监察地方官吏的贪腐行为,对于清王朝监察法制建设也具有奠基作用。

乾隆八年(公元1743年)开始纂修《钦定台规》,嘉庆七年(公元1802年),由恭阿拉奉命领衔修撰台规,于嘉庆九年(公元1804年)

---

① 《明臣奏议》卷二十二《郊礼仪·嘉靖八年》。
② 《清通鉴》卷三顺治十七年三月十三日。

第二章 监察制度

完成,其内容包括都察院规则、圣谕、议准条例及御史衙门所使用的监察规定等,共分十八目,二十卷。道光七年(公元1827年),由松筠等大臣奉命在嘉庆九年台规的基础上,续修台规,增加了从乾隆九年至乾隆五十九年的相关法规及少量嘉庆初年新颁布的条款,并附有道光七年松筠请旨纂修的奏章等,共四十卷。

光绪十六年(公元1890年),由延煦等大臣奉命续修《钦定台规》,于光绪十八年(公元1892年)由都察院正式颁布。它在保留部分乾嘉旧例的基础上,增加了道光、咸丰、同治、光绪历朝的各种监察法规,共四十二卷。《钦定台规》由"训典""宪纲""六科""各道""五城""稽查""巡察""通则"等八个部分组成。在实体法和程序法层面,《钦定台规》系统而细致地规定了监察机构和监察官员的设置、监察的职责和程序、监察人员的管理等内容。《钦定台规》规定,都察院"纠劾百司,辨明冤枉,及一应不公不法事",对"平日办事勤奋、品行端谨、遇事敢言、有裨国计者","当酌量保荐,以收得人效"。[1] 因此,监察官员"必须学问优长,人品端正,方能无忝厥职"。并能够"大公无私,常存以言事君之诚,尽屏取巧谋利之伪"。[2] 在选任监察官吏方面也严加限制,《钦定台规》规定:"考选给事中、监察御史,以大理寺评事、太常寺博士、中书科中书、行人司行人,历俸二年者,及在外俸深有荐之推官、知县考取。若遇缺急补,间用部属改授"[3]。同时,为保证监察的公正性,《钦定台规》规定了监察官员回避的内容:如康熙三十年(公元1691年)定例,"凡父兄现任三品京堂、外省督抚,子弟不准考选科道。其父兄在籍起文赴补,及后虽升任者,有子弟现任科道,皆令回避,改补各部郎中"[4]。又如乾隆四十四年(公元1779年)下令:"嗣后由各部院改补御史者,非系练习部

---

[1] 《大清穆宗毅皇帝实录》卷六十六同治二年五月上。
[2] 《钦定台规》卷一《训典一·圣制》。
[3] 《钦定台规》卷三十九《通例一·考选》。
[4] 同上。

务必不可少之人,该堂官不得擅行奏留。"①《钦定台规》内容之完备、规定之严密,实为历代监察法规之大成,它既是清王朝最后一部监察法典,也是中国历史上最完备的一部监察法典,在中国法制史上占有重要的地位。

中国古代监察法律制度历史悠久,体系完备,内容丰富,影响深远。汉朝的《刺史六条》、隋朝的《司隶六条》、唐朝的《六察法》、宋朝的《诸路监司互察法》、元朝的《宪台格例》、明朝的《责任条例》、清朝的《钦定台规》,这些监察法律细致地规定了监察官的职责、权力以及有关监察的纪律和要求等。应该肯定的是,历代王朝所制定的各类监察法规在监督与制衡权力,遏制腐败、促进清廉,维护国家机器正常运转,保障司法公正等方面确实起到了一定的积极作用。然而,我们也必须看到,尽管中国古代监察制度有法制化的成分,但是它毕竟是特定历史条件下的产物。从整个监察制度的发展来看,法律规范与人治专权的矛盾突出且尖锐,这使得监察法制呈现出忽进忽退的不稳定性。在具体的监察实践活动中因人废法,因人改法的情形屡见不鲜。皇权凌驾于法律之上,监察法制的调整和变化鲜明地体现着君主的个人意志。

综上所述,古代监察制度历经萌芽、建立、发展和强化的阶段,呈现出以下四个方面特点:一是为君主专制中央集权服务。君主依赖监察官监督中央与地方官员,并以监察官为"耳目",了解全国各地方的情况。监察官在皇帝支持下实施监察活动,所纠弹的问题最终由皇帝裁决。二是监察机构及监察官具有相对独立性。监察机构逐步脱离行政机构直接由皇帝掌控。监察官在处理监察事务时,可不向其长官报告而直接上奏。巡察是历朝采取的一种重要的监

---

① 《钦定台规》卷二十一《五城三·听断》。

第二章 监察制度

察方式,中央派遣监察官前往各地巡察,并可直接处理地方事务。同时为保证监察官独立行使监察权力,规定了一系列监察官任职回避制度。三是监察机构职能广泛,"无所不监"。上至丞相,下至县官,大到违诏擅权,小到礼仪言行,均在其监察范围内。监察官对皇帝也有权进谏驳正。四是监察法制发达。古代监察在长期发展过程中,逐步形成了相当严密和完备的监察法律体系。这些监察法律详细地规定了监察机构的设置和职权、监察活动的规则以及监察官作为"治官之官"的职责与纪律等,很大程度上保障了监察活动的有序开展和权威性。以上这些古代监察制度的特色,为后世积累了丰富的文化遗产,提供了可资借鉴的宝贵经验。

第 三 章
起 诉 制 度

第一节 起诉的方式

在中国古代,没有设立专门的侦查机关①办理刑事案件,在审判之前,没有专门的侦查程序,基本上是侦审不分。同时,古代没有设立检察机关提起公诉,在起诉方式上不像现代诉讼那样只有公诉和自诉两种,而是存在多种起诉方式。古代的起诉实际上是司法机关开始审理案件的缘由或依据。根据史料的记载,大致可以将中国古代的起诉方式分为以下五种。

一、被害人告诉

被害人告诉是最古老、最常见的起诉方式,也是古代诉讼中司法机关开始审判的最重要依据。"诉讼"这个词,究其原意,"诉,告也";"讼,争也"。② 也就是说,"诉讼"就是原告一方告于官府,而后原告被告双方进行争讼,由官府进行决断。而原告主要是指被害人。

---

① 明朝所设锦衣卫、东西厂,以侦缉为主要任务之一,这是历朝的特例。
② (汉)许慎:《说文解字》卷三上《言部》。

第三章 起诉制度

地下出土的一些青铜器铭文所记录的案件内容反映了西周时期的起诉制度,其中《曶(hu)鼎》铭文记载:"昔馑岁,匡众厥臣廿夫,寇曶禾十秭。以匡季告东宫。"①寇,抢劫。秭,禾的计量单位。过去荒年的时候,被告匡季指使其臣二十人,抢劫了原告曶十秭的粮食,曶即起诉至东宫。

从铭文记载可见,这是一起刑事案件,因被害人曶的起诉引起了这一诉讼。东宫受理之后,要求被告将抢掠之人交给曶,否则就要承担不利后果,即"汝匡罚大"。

《䣴攸比鼎》(见图3-1)铭文记载:"䣴比以攸卫牧告于王,曰:'汝觅我田,牧弗能许䣴比'。"②䣴,是商周时的族姓,或作鬲。觅,

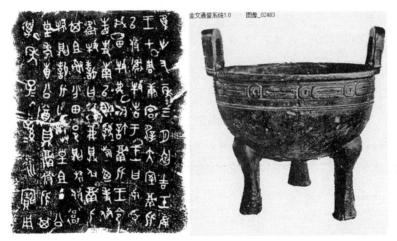

图3-1 (左)《䣴攸比鼎》拓片图版③(右)《䣴攸比鼎》器形图片④

---

① 曶鼎又称舀鼎、召鼎,清朝中叶出土于陕西,原器已经亡失。现在拓片铭文共计384字。铭文见王辉:《商周金文》,文物出版社2006年版,第170—171页。
② 䣴(li)攸比鼎,又名䣴从鼎,为周厉王时期青铜器,现存于日本黑川文化研究所。铭文共102字。铭文见王辉:《商周金文》,文物出版社2006年版,第226页。
③ 图片引自中国社会科学研究院考古研究所编:《殷周金文集成》(修订增补本)(第二册),中华书局2007年版,第1488页。
④ 图片引自吴镇烽:《金文通鉴》"䣴攸比鼎"。

求取,此处表示侵占。鄘比因为攸卫牧侵占了自己的田土,而亲自到周厉王处提起告诉。从被害人的告辞内容可知,此案主要涉及田土纠纷。最终判决则是要求被告攸卫牧起誓,归还侵占土地,胆敢再有此行为,则"杀"。

上述铭文如实地记载了西周时期诉讼的整个过程,从提起告诉到最后的判决执行。可见当时已经存在被害人告诉这种起诉形式。

秦汉时期,由被害人告诉而引起诉讼更为普遍。秦简《封诊式》中就载有被害人告诉的若干案例。如《出子》条记载有这样一份"爰书":

> "某里士伍妻甲告曰:'甲怀子六月矣。自昼与同里大女子丙斗,甲与丙相捽,丙偾庰甲。里人公士丁救,别丙、甲。甲到室即病腹痛,自宵子变出。今甲裹把子来诣自告,告丙。'"①

某里士伍的妻子甲控告因丙的伤害行为导致自己流产,在告辞中甲详细说明了事件发生的经过:"甲已怀孕六个月,昨日白昼和同里的大女子丙斗殴,甲和丙互相揪发,丙把甲摔倒。同里的公士丁来救,把甲分开。甲到家就患腹痛,昨夜胎儿流产。现甲将胎儿包起,拿来自诉"②。以此来控告丙的侵害行为。

《出子》记载的是因斗殴而流产的被害人提出告诉。又如《告子》"爰书"记载:"某里士伍甲告曰:'甲亲子同里士伍丙不孝,谒杀,敢告'"③。

大意为:某里士伍甲控告说:"甲的亲生子同里士伍丙不孝,请求处以死刑,谨告"。这是父亲作为被害人控告儿子不孝并请求官府对不孝子执行死刑的案例。

---

① 睡虎地秦墓竹简整理小组:《睡虎地秦墓竹简》,文物出版社1978年版,第274页。
② 同上书,第276页。
③ 同上书,第263页。

第三章 起诉制度

汉朝，被害人或其亲属的告诉有两种具体的方式，一种是以口头的方式向官府告诉，史籍中称"自言"。《汉书·王尊传》："（王）尊出行县，男子郭赐自言尊，'许仲家十余人共杀赐兄赏，公归舍'。"①颜师古注曰：自告，有冤事自言。当地豪强许仲聚众杀害男子郭赏，案发后又公然归己家，可见气焰嚣张，无所畏惧。被害人之弟郭赐只能当面向正在行县的京兆尹王尊陈述冤情并起诉许仲的犯罪行为。

这种"自言"的方式，较为简单，容易操作，方便乡里百姓向官府提出告诉。上述秦简爰书所记载的两则案件，很可能也是被害人口头告诉，然后由法吏整理成文书的形式供审理判决使用。

还有一种方式是"书告"，即被害人或其家属以书面形式提出的告诉，一般出现在较为严重的案件当中。如《汉书·景十三王传》记载："（刘）建为太子时，邯郸人梁蚡持女欲献之易王，建闻其美，私呼之，因留不出。蚡宣言曰：'子乃与其公争妻。'建使人杀蚡。蚡家上书，下廷尉考，会赦，不治。"②江都易王太子刘建强抢梁蚡之女为妻，又指使他人杀害梁蚡。被害人亲属直接上书告诉，刘建被下廷尉，赶上大赦，最终脱罪而出。

"下廷尉考"的记载反映出被害人家属越过了当地官府，直接向中央朝廷控告刘建的犯罪行为。这从侧面反映出向当地官府提出的"书告"，可能会因当地吏治松弛或司法腐败而受到阻挠，乃至出现被害人冤情无处伸张，甚至久拖不决耗费家财以致陷入贫困的窘境。③ 为此，汉朝设置了直接告诉的相关制度，《周礼·秋官·大司

---

① 《汉书》卷七十六《赵尹韩张两王传》。
② 《汉书》卷五十三《景十三王传》。
③ 相关论述可参见《后汉书·王符传》记载："今冤民仰希申诉，而令长以神自畜，（难见如神也。）百姓废农桑而趋府廷者，相续道路，非朝晡不得通，非意气不得见。或连日累月，更相瞻视。或转请邻里，馈粮应对。岁功既亏，天下岂无受其饥者乎？"（《后汉书》卷四十九《王充王符仲长统列传》。）

寇》记载:"凡远近惸独老幼之欲有复于上而其长弗达者,立于肺石,三日,士听其辞,以告于上,而罪其长"。郑玄注:"报之者,若上书诣公府言事矣。"①郑玄在注解"立肺石"制度时,将其比作汉朝的"上书诣公府言事",可见这是汉时直接越过地方官府告诉于朝廷的制度,而梁蚡一案是司法实践中反映这一制度的鲜活例证。

《唐律·斗讼》中专门规定了起诉的若干具体制度。一些案件是基于被害人的告诉而开始审理的,多见于民间的财产纠纷,例如,卫州新乡县人王敬因戍边,请舅舅李进代为喂养六头母牛,后生三十头小牛犊,王敬回乡后向李进索牛犊未果,"经县陈牒",主张明确对这些牛犊的所有权并请求归还,县令裴子云通过佯装李进为偷牛贼的计策,迫使其承认这三十头牛犊是王敬母牛所生。最终县令裴子云判决将这些牛犊归还王敬。② 对某些案件,则要求受害人必须提起告诉,否则要承担法律责任。详细内容见本章第二节。唐律还赋予被害人亲属直接向最高统治者告诉的权利,即"邀车驾""挝登闻鼓"。宋元明清时期,被害人告诉的规定基本沿袭唐朝,这种告诉形式在中国古代一直都是案件审理、追究不法者法律责任的最重要依据。

由于古代诉讼中侦审不分、审检不分,被害人的告诉存在两种情况:一是有确定的犯罪人作为控告对象,如上述《出子》《告子》两例。二是只向司法机关告诉自己或亲属被犯罪所侵害,但不能指出谁是犯罪者。后一种情况实际上只是向官府报告发生了犯罪行为。如秦简《封诊式》的《穴盗》记载:某里士伍乙向官府报告,头天夜里有人挖洞入房盗窃走绵裪衣一件,不知盗窃者是谁,有几个人,官府立即派人去勘察现场,调查情况。③《奏谳书》案例二二"不知何人

---

① 《周礼·秋官·大司寇》及郑玄注。
② (唐)张鷟撰:《朝野佥载》卷五。
③ 参见睡虎地秦墓竹简整理小组:《睡虎地秦墓竹简》,文物出版社1978年版,第270—274页。

第三章 起诉制度

刺女子婢最里中"一案,即不知罪犯真实身份,被害人婢被刺伤背部,身上的钱被抢,不知罪犯"何人、之所",既不知罪犯身份特征,又不知其逃离案发地点的方向和处所。①

图 3-2　清朝衙门告状②

二、一般人告诉

一般人告诉是指非被害人或其亲属的第三人,如同伍里的人及其他的人,得知犯罪事实和犯罪人后,向官府进行告发。这也是司法机关开始审理案件的重要依据。

春秋时期,这种告诉形式就已经出现。如僖公二十八年,"卫侯与元咺诉",卫国大夫元咺因卫成公无辜杀害其弟叔武之事向盟主晋国告诉,经过辩论审理,最终"卫侯不胜",置于深室之中。③ 被害

---

① 参见张家山二四七号汉墓竹简整理小组编著:《张家山汉墓竹简[二四七号墓](释文修订本)》,文物出版社 2006 年版,第 109 页。
② 图片引自赵晓耕:《大衙门》,法律出版社 2007 年版,第 14 页。
③ 《左传·僖公二十八年》。

人叔武已死,元咺作为第三人提出告诉。

秦汉时期,一般人告诉在司法实践中很常见。秦简《封诊式》中的《奸》"爰书"记载:

> 某里士伍甲诣男子乙、女子丙,告曰:"乙、丙相与奸,自昼见某所,捕校上来诣之。"

大意为:某里士伍甲送来男子乙、女子丙,报告说:"乙、丙通奸,昨日白昼在某处被发现,将两人捕获并加木械,送到"①。

这是秦时司法文书所记载的一起一般人告诉并直接逮捕移送官府的案例。

《奏谳书》案例四中记载:"十二月壬申,大夫𧟟诣女子符,告亡。"②此案中被告人女子符犯逃亡罪,大夫𧟟发现其亡人身份之后,将其带至官府告发,此案发生在高祖十年,是汉初一般人告诉的具体案例。

在汉朝,一般人告诉通常是以"书告"的形式进行的。如《汉书·陈平传》记载:"汉六年,人有上书告楚王韩信反。"③《汉书·周勃传》记载:"其后人有上书告勃欲反,下廷尉。"④《汉书·杨恽传》记载:"人有上书告长乐非所宜言,事下廷尉。长乐疑恽教人告之,亦上书告恽罪。"⑤汉朝时,上书告发的案件很多涉及谋反等较为严重的罪行,往往成为政治构陷或者权力斗争的导火线。但可以肯定,一般人的告诉在汉朝已经成为开始审判的重要依据。

唐宋时期,一般人告诉也是起诉的重要形式。在宋朝,涉及一

---

① 睡虎地秦墓竹简整理小组:《睡虎地秦墓竹简》,文物出版社1978年版,第278页。
② 张家山二四七号汉墓竹简整理小组编著:《张家山汉墓竹简[二四七号墓](释文修订本)》,文物出版社2006年版,第94页。
③ 《汉书》卷四十《张陈王周传》。
④ 同上。
⑤ 《汉书》卷六十六《公孙刘田王杨蔡陈郑传》。

第三章 起诉制度

般违法行为的,准许一般人自愿告发。宋真宗乾兴元年(1022年)十二月发布诏令:"应典卖田产、影占徭役者,听人告。"①

《宋史·包拯传》记载了一个割牛舌案件:

> (包拯)知天长县。有盗割牛舌者,主来诉。拯曰:"第归,杀而鬻之。"寻复有来告私杀牛者,拯曰:"何为割牛舌而又告之?"盗惊服。

在这个案件中,耕牛主人来告状,是属于被害人告诉,而后来那个割牛舌而又告人私宰耕牛者,是属于一般人告诉。②

值得注意的是,为了遏制当时的"健讼"风气,惩治横行乡里的助讼者——如因罪被罢免的官吏、生员等,景德二年(公元1005年),宋真宗下诏:"自今讼不干己事,即决杖荷校示众十日,情理切害,屡诉人者,具名以闻,仍配隶远处"③。客观上对一般人告诉进行了限制。这一法令一直沿袭至明清,明正统十一年(公元1446年),工部右侍郎周忱称:"若有仍将他人人命不干己事牵连讦告者,法司不许准理……若告事务全不干己者,就将告人问拟违制罪名,所告事务立案不行。"④

明清时期一般人告诉的制度规定大致沿袭唐宋,并没有太大的改变。

三、犯罪人自首

自首是指罪犯主动向官府投案,坦白所犯罪行并接受审判的制度。古代侦查技术相对落后,为了有效打击犯罪,减少抓捕罪犯时的困难,有效维护统治秩序和社会稳定,一般都会在立法中规定自

---

① 《续资治通鉴长编》卷九十九真宗乾兴元年十二月乙卯。
② 《宋史》卷三百一十六《列传第七十五》。
③ 《续资治通鉴长编》卷六十真宗景德二年六月丁亥。
④ 《皇明条法事类纂》卷三十九《刑部类·诬告》。

首减轻乃至免除刑罚的条文,这是中国古代刑法的一个重要特色。

春秋时期就存在与"自首"形式类似的行为。如"自系",楚相石奢行县,遇到杀人案件,在追捕过程中发现凶手是自己的父亲,最后"纵其父"。石奢平日执法刚正不阿,但这次因犯罪者是父亲的原因,不得不废法纵罪,于是就"自系"于朝,表示"臣罪当死",虽然楚王予以宽宥,最终石奢还是自刎而死。①

类似的还有"自拘"。在楚庄王时,克黄的家族涉嫌叛乱被灭,正奉命出使齐国的克黄毅然回国复命,并"自拘于司败",可见克黄的行为是主动接受楚王的审判。②唐国人为救国君,知扣留国君的楚国令尹子常喜爱唐成公的宝马,故"窃马而献之子常,子常归唐侯",唐人因盗马之故"自拘于司败"。③

《左传》中另有"自囚"的记载:管仲辅佐齐国公子纠与公子小白争位,后来失败,公子纠被鲁国杀死,而"管仲请囚",被押送回齐国。④

以上"自系""自囚""自拘"等行为从性质上看都是行为人主动向司法机关投案,表示愿意接受审判与相应的刑罚,与自首行为类似,可以看作是先秦时期的"犯罪人自首"。

到了秦汉时,自首一般被称为"自告",逃亡犯事发后主动投案自首则另称为"自出"。秦简中记载自告案例较多,《封诊式》的《盗自告》爰书就有自告的案例:

> 某里公士甲自告曰:"以五月晦与同里士伍丙盗某里士伍丁千钱,无它坐,来自告,告丙。"即令令史某往执丙。⑤

---

① 《史记》卷一百十九《循吏列传》。
② 《左传·宣公四年》。
③ 《左传·定公三年》。
④ 《左传·庄公九年》。
⑤ 睡虎地秦墓竹简整理小组:《睡虎地秦墓竹简》,文物出版社1978年版,第251页。

第三章 起诉制度

大意为:公士甲与丙共盗丁千钱,在案发之前即向当地官府自首,并告发同伙丙的罪行。然后官府派遣令史去抓捕丙。毫无疑问,甲正是基于可以减轻刑罚的心理自首并告发同案犯。

先自告,即在案发之前主动投案。秦简中有自告的罪犯减轻量刑的记载。《法律答问》载:"司寇盗百一十钱,先自告,何论?当耐为隶臣,或曰赀二甲。"①按照秦律规定,一般人盗窃的赃值数额在一百一十钱的,对应的刑罚是耐为隶臣妾,赃值数额低于一百一十钱的,对应的刑罚是赀二甲。② 司寇,秦汉时刑徒名,原义是指在边境负责侦察敌情。刑徒再次犯罪本应加重刑罚,但因为自首在先,最后司法官吏在讨论确定刑罚时的两个判决意见均较一般量刑来得轻。

汉朝时关于自告的法律规定更加细致,自告者不仅可以减罪,有时就特定罪行的自首,还可以免除刑罚。

首先,自告者可减轻刑罚。《二年律令·告律》规定:"告不审及有罪先自告,各减罪一等。"接下去又详细列举了减刑的具体处理办法,如死罪减罪一等之后就变成了"黥为城旦舂"。③

东汉时期曾多次颁布自告减罪的诏令。汉明帝永平十五年(公元72年)春二月辛丑诏:"亡命自殊死以下赎:死罪缣四十匹,右趾至髡钳城旦舂十匹,完城旦至司寇五匹。犯罪未发觉,诏书到日自告者,半入赎。"④汉章帝建初七年(公元82年)九月诏:"亡命赎:死罪入缣二十匹,右趾至髡钳城旦舂十匹,完城旦至司寇三匹,吏人有

---

① 睡虎地秦墓竹简整理小组:《睡虎地秦墓竹简》,文物出版社1978年版,第154页。
② 根据《法律答问》简35、简38可知,秦律中规定了普通人盗窃时,赃值数额一百一十钱以上,刑罚是耐为隶臣妾,不足一百一十钱的,刑罚为赀二甲。简文参见睡虎地秦墓竹简整理小组:《睡虎地秦墓竹简》,文物出版社1978年版,第166—167页。
③ 张家山二四七号汉墓竹简整理小组编著:《张家山汉墓竹简[二四七号墓](释文修订本)》,文物出版社2006年版,第26页。
④ 《后汉书》卷二《明帝纪》。

罪未发觉,诏书到自告者,半入赎。"①以上诏令具体规定了替换"亡命殊死"刑以下的不同等级刑罚的赎刑标准,更有自告者赎刑减半的政策。

其次,就某些罪行,汉律又规定了"先自告,除其罪"②。在衡山王刘赐谋反案中先自告行为人就适用过此律条。衡山王之子刘孝牵涉其父谋反一案,担心谋反之事被人泄露,又"闻律先自告除其罪",即在案发前主动将案情与同谋者告诉于中央朝廷,最终衡山王刘赐自杀,刘孝因"先自告反,告除其罪"。颜师古注:"(孝)先告有反谋,又告人与己反,而自得除反罪。"③可见,刘孝一方面自首己罪,另一方面又揭发罪行,最终免除了罪责。先自告除罪的前提是要在案发之前自首,如果案发之后再自首交代案情,就不适用此律条。伍被没有"先自告",而是在淮南王谋反案发之后向官府自首,因此未能免罪,最终受刑被诛。④

《二年律令》也有先自告除罪的规定。《户律》规定:"诸不为户,有田宅、附令人名,及为人名田宅者,皆令以卒戍边二岁,没入田宅县官。为人名田宅,能先告,除其罪,又畀之所名田宅,它如律令。"⑤名田,即占田。如果占田宅不独立为户而依附于他人名下,或者以自己的名字为他人占田宅,均要被罚戍边两年,相关田宅还会被充公。而能在案发前自首,将自己名下依附者的田宅之事检举告发,不仅免罪,而且能实际占有这些田宅。这是汉朝政府为有效征收赋税而制定的法规。

不过汉律中存在着例外规定,对于不孝罪、奴婢侵犯主人的犯

---

① 《后汉书》卷三《章帝纪》。
② 《汉书》卷四十四《淮南衡山济北王传》。
③ 同上。
④ 同上。
⑤ 张家山二四七号汉墓竹简整理小组编著:《张家山汉墓竹简[二四七号墓](释文修订本)》,文物出版社2006年版,第53页。

第三章 起诉制度

罪,即使自告也不得减罪。《二年律令·告律》规定:"杀伤大父母、父母,及奴婢杀伤主、主父母妻子,自告者皆不得减。"①

一般人逃避徭役或犯案之后逃逸,之后又主动投案自首的,在秦汉时期称为"自出"。因秦及汉初时期战争频繁、徭役繁重,刑罚较为严酷,逃亡现象十分普遍。为了减少逃亡现象,获得劳动力,朝廷一方面制定了严密的惩治逃亡犯的细则,另一方面又作出了"自出"减罪的规定。秦《亡律》规定:"其自出也,减罪一等。"②汉《亡律》规定:"诸亡自出,减之";"诸舍匿罪人,罪人自出,若先自告,罪减,亦减舍匿者罪"。③ 舍匿,将人或物藏匿家中,置于自己管理之下。

《封诊式》中的《亡自出》爰书记载了一件逃亡犯自出的案例:

> 男子甲自诣,辞曰:"士伍,居某里,以迺二月不识日去亡,无它坐,今来自出。"

大意为:男子甲自行投到,供称:"是士伍,住在某里,于本年二月不知日期的一天逃亡,没有其他过犯,现来自首"④。

唐朝在继承历代自首规定的同时,取消了秦汉时"自告""自出"的区别,统一适用"自首"。并在唐律中明确了自首的法定概念。《唐律·名例》规定:"诸犯罪未发而自首者,原其罪。"⑤可见唐朝的自首相比秦汉而言,适用范围有所缩小,只限于案发之前,即官府或他人未察觉以前,如果犯罪已经被告发至官府,并进入了调查审理

---

① 张家山二四七号汉墓竹简整理小组编著:《张家山汉墓竹简[二四七号墓]》(释文修订本)》,文物出版社2006年版,第26页。
② 陈松长主编:《岳麓书院藏秦简(四)》,上海辞书出版社2015年版,第45页。
③ 张家山二四七号汉墓竹简整理小组编著:《张家山汉墓竹简[二四七号墓]》(释文修订本)》,文物出版社2006年版,第31页。
④ 睡虎地秦墓竹简整理小组:《睡虎地秦墓竹简》,文物出版社1978年版,第278—279页。
⑤ 《唐律·名例》"犯罪未发自首"条。

阶段，或者即使告诉文牒未入官府，但已经败露的，即使主动投案，也只能被认定为"自新"，而不是自首。①

因自首可以免于承担罪责，所以唐律对自首适用较为严格，以案发前主动投案并交代所犯罪行作为前提条件，同时还有若干限制。此外，唐律将几种特殊情况也规定为犯罪者"自首"。

《唐律·名例》规定："即遣人代首，若于法得相容隐者为首及相告言者，各听如罪人身自首法。（缘坐之罪，及谋叛以上本服期，虽捕告，俱同自首例。）"②就是说以下三种情况也以罪犯自首论处：

第一，遣人代首。即犯罪人出于自愿，请别人代其自首。在这种情况下，任何人都可充当代首者。

第二，法得相容隐者为首及相告言。即法律允许相容隐犯罪不必揭发的人（详见下节），可以不取得犯罪人同意而代其自首，或者对犯罪人进行控告。

第三，法律规定要缘坐（犯罪的亲属连带坐罪）的犯罪以及谋叛以上不必缘坐的重罪，期亲（如祖父母、伯叔父母、兄弟、姐妹等）以内的人，将犯罪人捕送官府并对他加以控告。

但是如果别人代为自首之后，犯罪者本人却"被追不诉"，即听到官府传唤不出庭受审的话，"不得原罪"，即本人不被视为自首。

另外，向"财主首露"也被视为自首，即犯强盗、窃盗以及诈骗他人钱物的罪犯因悔过而向被害人承认罪行的，"与经官司自首同"。③

唐律在自首之外，又有"自觉举"的规定。《唐律·名例》规定："诸公事失错，自觉举者，原其罪，应连坐者，一人自觉举，余人亦原之。"④公事失错，即因处理公事致罪，但不存在因私枉法舞弊的情形。只要在事情尚未揭露前，行为人自己主动检举罪行的，即可免

---

① 《唐律·名例》"犯罪未发自首"条疏议。
② 《唐律·名例》"犯罪未发自首"条。
③ 《唐律·名例》"盗诈取人财物首露"条。
④ 《唐律·名例》"公事失错自觉举"条。

第三章 起诉制度

除刑罚,而同官府连带责任者也可以一并免除罪责。

这也是"觉举"与"自首"的区别点,如果行为人知道有人要检举自己的罪行而自首,只能减二等量刑,而不能免罪。而"自觉举"没有这方面的限制。①

最后,唐律规定了不适用"自首免罪"原则的具体情形。《唐律·名例》规定:"其于人损伤,(因犯杀伤而自首者,得免所因之罪,仍从故杀伤法。本应过失者,听从本。)于物不可备偿,(本物见在首者,听同免法。)即事发逃亡,(虽不得首所犯之罪,得减逃亡之坐。)若越度关及奸,(私度亦同。奸,谓犯良人。)并私习天文者,并不在自首之例。"②具体而言,就是以下几种情形不适用"自首":

第一,已经杀伤人,造成人身损伤,无法挽回犯罪后果。

第二,损坏或丢失重要物品,如官印、制书、官文书、禁兵器及禁书等,属于不可复原,或私人禁止拥有之物。

第三,因犯罪而逃亡,后自首的,只能就逃亡之罪减二等处罚,而不能免除或减轻原犯之罪的刑罚。

第四,奸两人、私渡津关以及私习天文这三种具体罪名。

唐律关于自首的规定较秦汉律更为科学严谨,体现了唐律立法技术上的进步。

《宋刑统》基本沿袭了唐律关于自首的规定,在司法实践中,又根据实际情况作了一些调整:

如有皇帝诏令针对某些特定的违法行为要求一定限期内强制自首,真宗天禧四年(公元1020年)诏:

> 诸民伪立田产要契,讬衣冠形势户庇役者,限百日自首,改户输税。限满不首,许人陈告,命官除名,余人决配。③

---

① 《唐律·名例》"公事失错自觉举"条疏议。
② 《唐律·名例》"犯罪未发自首"条。
③ 《续资治通鉴长编》卷九十五真宗天禧四年正月辛未。

另外,源自司法实践的宋例中出现了官吏自觉举而免罪适用范围扩大的趋势,大中祥符七年(公元 1014 年)三月,殿中侍御史曹定上书说:"诸州长吏有罪,恐为人所诉,即投牒自首。虽情状至重,亦以例免"①。"情状至重"的犯罪行为明显已经超过了原先唐律规定的"公事失错"(公务上的过失犯罪)或"官文书稽程"(办理公文延误期限)。

明清对自首的规定与唐宋时大同小异,限于篇幅不再展开。在中国古代的封建司法中,由于有自首从宽的法律规定,因此犯罪投案自首的现象时有发生,它是引起诉讼的依据之一。

四、官吏举发

这里的官吏举发是指没有审判职权的官吏发现犯罪和犯罪人而进行举发的情况。至于监察官吏对犯罪人的弹举,已在第二章中阐述,此处不赘。

《周礼·秋官》记载:"禁杀戮掌司斩杀戮者,凡伤人见血而不以告者,攘狱者,遏讼者,以告而诛之。"②"禁杀戮"官职名,司犹察也,其主要职责就是负责侦查四种违法犯罪行为:一是百姓之间相斩、相杀、相戮;二是发生较为严重的伤害案件而不告诉官府;三是攘狱行为,即却狱,有人提起告诉而官吏故意不受理;四是遏讼行为,指有人想要去告诉而故意制止使其不能成行。"禁杀戮"在得知以上四种不法行为之后,需要查明事实,然后向具有审判权的司寇提起诉讼,并执行刑罚。

承担类似职能的还有"禁暴氏"。《周礼·秋官》记载:"禁暴氏掌禁庶民之乱暴力正者,挢诬犯禁者,作言语而不信者,以告而诛

---

① 《续资治通鉴长编》卷八十二真宗大中祥符七年三月己亥。
② 《周礼·秋官·禁杀戮》。

第三章 起诉制度

之"①。如有滥用暴力侵害他人,诈伪欺骗违反禁令,造谣生事的行为,禁暴氏都要在查明之后提起诉讼。

秦汉时期,一般行政官员举发犯罪的行为更加普遍。当时的基层小吏,如游徼、求盗、校长等负有维持地方治安、追捕盗贼的职责,还有如传舍吏、守津吏、市掾等负责盘查监视行人,而里正、乡老则是基层社区百姓的直接负责人,如果在其管辖区内发现罪案,就必须采取措施保护现场,抓捕罪犯。因为没有审判权,因此必须及时向有审判权的县府报告或捕送犯罪人到县。

秦简《封诊式》中记载有校长、求盗报告发生犯罪事件或捕拿犯罪人到案的司法文书。其中《群盗》爰书记载:某亭校长甲与求盗乙、丙捆送男子丁,以及首级一个,弩两具,箭二十只押解到官府报案。报告中提到,丁和被斩首之人结伙抢劫,潜逃至山中,昨天甲率领乙巡逻至某山,发现此二人,在逮捕过程中,被斩首者用弩箭攻击甲等人,被甲用箭斩去首级,因山险不能将身体运出,就押送丁、首级以及武器等物证到官府。②

《封诊式》另有《盗马》爰书记载了类似求盗逮捕犯人并举发的案例,市南街亭的求盗甲捆送男子丙,还有马一匹,淡黄色帛面夹衣,以及一双鞋子,并控告丙偷窃了这匹马和衣服。③

秦汉时期官吏举发告诉,又称为"告劾"。劾,《急就篇》曰:"诸罚诈伪劾罪人",颜师古注:"劾,案举之也,有罪则举案。"即发现犯罪事实之后,向司法机关指控犯罪行为和犯罪人。④《二年律令》规定:"治狱者,各以其告劾治之。……及人毋告劾而擅覆治之,皆以

---

① 《周礼·秋官·禁暴氏》。
② 参见睡虎地秦墓竹简整理小组:《睡虎地秦墓竹简》,文物出版社1978年版,第255—256页。
③ 同上书,第253—254页。
④ 秦汉的"劾"性质和作用在实践中十分复杂,大多数出现在司法活动中,但功能也不同,有的作为逮捕依据使用,有的作为行政处理的依据。同时,劾也出现在政府部门的日常行政活动之中。本书仅讨论司法活动中一般官吏举发犯罪的"告劾"问题。

鞫狱故不直论。"①司法机关审理案件必须以"告劾"的内容作为依据和前提,如果没有告劾而擅自进行审理,则要承担"鞫狱故不直"的法律责任。

告劾通常是以书面形式提出的,这种文书被称为"劾状"。出土秦汉简牍中多见告劾案例和相关文书。

《奏谳书》案例十三记载:"八年十月己未,安陆丞忠劾狱史平舍匿无名数大男子种一月。"此告劾发生在高祖八年,安陆县丞忠向南郡郡府提出告劾,指控狱史平舍匿无民籍成年男子种一个月的犯罪行为。②

《居延新简》当中出现了多份东汉时期相对完整的劾状。试举一例,如图3-3:

> 建武六年四月己巳朔戊子,甲渠候长昌林敢言之。谨移劾状一编,敢言之。
>
> ……
>
> 建武六年四月己巳朔己丑,甲渠候长昌林劾将良诣居延狱,以律令从事。
>
> 状辞皆曰:名爵县里年姓官禄各如律,皆□,迹候备盗贼寇房为职,乃丁亥,新占民居延临仁里赵良兰越塞。验问。良辞曰:今月十八日毋所食,之居延博望亭部采胡于,其暮日入后,欲还归邑中,夜行迷河。兰越甲渠却适隧北塞天田出。
>
> 案:良兰越塞天田出入。以此知而劾无长吏使,劾者状具此。
>
> 四月己丑,甲渠守候移居延,写移如律令。③

---

① 张家山二四七号汉墓竹简整理小组编著:《张家山汉墓竹简[二四七号墓](释文修订本)》,文物出版社2006年版,第24页。

② 参见张家山二四七号汉墓竹简整理小组编著:《张家山汉墓竹简[二四七号墓](释文修订本)》,文物出版社2006年版,第97页。

③ 参见李均明:《简牍文书分类辑解》,文物出版社2009年版,第71页。

第三章 起诉制度

图3-3 《居延新简》EPT68.29,即劾状的第一枚简①

---

① 图片引自甘肃省文物考古研究所等编:《居延新简——甲渠候官》(下),中华书局1994年版,第454页。

这一劾状记载了甲渠候长昌林"劾赵良兰越塞"的前后案情。新占民赵良兰因去野外采摘"胡于其"充饥,夜幕降临而迷路,越过了边塞天田,从而构成犯罪行为。被昌林当场捕获。昌林写成劾状并与赵良兰一起送交居延。

唐宋时期官员举发犯罪的相关制度更加完善,在《唐律》和《宋刑统》中规定的十分详细,将官吏纠举犯罪规定为法定义务,违反这一义务要承担刑事责任。具体内容见下节中的"惩治不告"部分。

五、审判机关纠问

由于古代行政官员兼理司法,侦审不分,因此,职掌审判的官员发现犯罪后,在没有个人控告或有关官吏举发的情况下,有权主动追查犯罪、进行审判,这叫作纠问或者纠劾。试举两例予以说明:

汉宣帝神爵年间,涿郡有豪强大姓号为西高氏、东高氏,其"宾客放为盗贼,辄入高氏,吏不敢追"。久而久之,导致涿郡当地治安恶化,百姓路上行走必须佩带弓箭刀剑。严延年知晓高氏为祸乡里的情况,刚到任就派遣属吏赵绣对高氏的犯罪活动进行案验侦查,收集证据材料。后来,又派遣郡吏分别侦查拷问东高氏、西高氏,"穷竟其奸,诛杀各数十人"。①

北宋名臣张咏镇守四川时,"因出过委巷闻人哭",听到其哭声"惧而不哀",于是立即使人讯问。妇女云"夫暴卒。"张咏交付一官吏仔细侦查此事。但官吏未发现致命伤。回家之后,他的妻子告诉吏搜头顶发髻,果然发现有"大钉陷其脑中"。该吏十分高兴,并将来龙去脉告知了张咏。张咏"问(吏之妻)所知之由,令并鞫其事"。发现该妇女用同样的方法谋杀过前夫。派人"发棺视尸",见"其钉尚在"。最后,张咏判决"(此女)与哭妇,俱刑于市"。②

---

① 《汉书》卷九十《酷吏传》。
② (宋)郑克:《折狱龟鉴》卷五《察奸》"子产"条附"张咏事"。

以上两个事例当中,严延年和张咏都是主动派遣属下官吏追查案情,案件的告诉、审理、定罪乃至最终的刑罚执行,都由他们主导。

第二节 关于控告犯罪的政策

古代统治者为了打击犯罪,鼓励人们揭发检举各种犯罪行为,维护社会秩序的稳定,借此巩固其统治地位。在控告犯罪问题方面(包括被害人告诉、一般人告诉和官吏举发等各种控告犯罪形式),确定了一系列政策,并具体规定在法典之中。

一、奖励控告

从现有资料来看,奖励控告的政策始见于战国时期。《墨子》记载:"诸吏卒民,有谋杀伤其将长者,与谋反同罪,有能捕告,赐黄金二十斤。"[1]秦商鞅变法时实行厚赏重刑的政策,《韩非子》记载:"商君说秦孝公以变法易俗而明公道,赏告奸"[2]。《商君书》中也记载:"守法守职之吏有不行王法者……周官之人,知而讦之上者,自免于罪,无贵贱,尸袭其官长之官爵田禄。"[3]

秦时对于控告犯罪的奖励,规定得更加具体。秦简《法律答问》中记载,甲控告乙杀伤人,经讯问是乙杀死了人,并非杀伤,在这种情况下,即使告发不确,官府也应奖赏甲黄金二两。[4] 又有"或捕告人奴妾盗百一十钱,问主购之且公购?公购之之"的记载[5]。可见,

---

[1] 《墨子·号令》。
[2] 《韩非子·奸劫弑臣》。
[3] 《商君书·赏刑》。
[4] 参见睡虎地秦墓竹简整理小组:《睡虎地秦墓竹简》,文物出版社1978年版,第208页。
[5] 睡虎地秦墓竹简整理小组:《睡虎地秦墓竹简》,文物出版社1978年版,第211页。整理小组指出第二个"之"字是衍文,笔迹与第一个不同,是后面添加。

私人奴婢盗窃,如果能够捕告,由官府而非个人给予赏金。

汉朝奖励告奸的规范涉及范围更为广泛。首先,针对谋反等重大犯罪的检举揭发,如果查证属实,甚至可以奖赏封侯。永平十三年(公元70年)男子燕广告发楚王刘英与渔阳王平等"造作图书,有逆谋",后案验得实,燕广被封为"折奸侯"。① 其次,规定了检举揭发官吏渎职受贿行为的奖励办法。② 西汉景帝时规定:官吏利用职权在所管辖的范围内接受贿赂财物或贱买贵卖,他人发现后捕告,赃物奖给捕告者。另外,为了规范当时的财政秩序和货币流通,《二年律令·钱律》规定:"诇告吏,吏捕得之,赏如律"③。诇,侦查。如果能够侦查到他人盗铸钱,并向官吏检举告发,则按照律文规定予以奖励,即《捕律》的规定:"诇告罪人,吏捕得之,半购诇者。"④汉武帝元鼎三年(公元前116年)十一月颁布诏令:"令民告缗者以其半与之。"⑤缗,即丝,用来串钱。汉朝一贯千钱。汉武帝为了增加财政收入,鼓励百姓告发他人偷税、漏税行为,并将追回税款的一半奖励给告发者。

秦汉以后,封建统治者仍实行奖励控告的政策。唐武则天当政时,为了排除异己,盛开告密之门,规定凡告密的,在路途上供给驿马和五品官的饮食,如所告符合武则天心意,可不按常规封官。宋太祖下诏:"诸行赂获荐者,许告讦,奴婢、邻、亲能告者赏。"⑥宋朝关于告赏的诏令很多。如仁宗景祐元年(公元1034年)闰六月,诏有能告杀人者,赏钱五万。⑦ 仁宗庆历七年(公元1047年),诏御史台,

---

① 《后汉书》卷四十二《光武十王列传》。
② 参见张家山二四七号汉墓竹简整理小组编著:《张家山汉墓竹简[二四七号墓](释文修订本)》,文物出版社2006年版,第27页。
③ 同上书,第36页。
④ 同上书,第27页。
⑤ 《汉书》卷六《武帝纪》。
⑥ 《宋史》卷一《太祖一》。
⑦ 《续资治通鉴长编》卷一百十四仁宗景祐元年闰六月戊午。

第三章 起诉制度

自今定夺公事,如有求行请用,许人陈告,赏钱二百千。① 王安石变法所制定的保甲法规定:"(保丁)如告捉到窃盗徒以上,每名支赏钱三千;杖以上支一千;以犯事人家财充。"②明律则明确规定:谋反(谓谋危社稷)、大逆(谓谋毁宗庙山陵及宫阙),"有能捕获者,民授以民官,军授以军职,仍将犯人财产全给充赏"③。谋叛(谓谋背本国,潜从他国),"有能告捕者,将犯人财产全给充赏"④。清律规定与明律相同。

二、惩罚不告

古代法律规定了行为人必须告诉的义务,如果不告发犯罪,就要承担刑事责任。大致可以分为三种情况:

第一,官吏不举。秦自商鞅变法以来,就实行官吏不举发犯罪受罚的政策,上引"周官之人,知而讦之上者,自免于罪",那么如果不向上举发,自然要论罪了。秦始皇焚书时,"有敢偶语诗、书者弃市。以古非今者族。吏见知不举者与同罪"⑤。汉武帝命令张汤、赵禹专门制定了"监临部主,见知故纵"的法律,规定:官吏对他所管属的官民犯罪,必须要检举揭发,"其见知而故不举劾,各与同罪;失不举劾,各以赎论;其不见不知,不坐也"⑥。《汉书》颜师古注引张晏:"诸侯有罪,傅相不举奏,为阿党。"⑦东汉桓帝又下诏:"长吏臧满三十万而不纠举者,刺史、二千石以纵避为罪。"⑧《唐律·斗讼》规定:

---

① 《续资治通鉴长编》卷一百六十一仁宗庆历七年秋七月己卯。
② 《宋会要辑稿·兵》二之五。
③ 《大明律·刑律·盗贼》"谋反大逆"条。
④ 《大明律·刑律·盗贼》"谋叛"条。
⑤ 《史记》卷六《秦始皇本纪》。
⑥ 参见《晋书》卷三十《刑法》,意思是:官长对部下犯罪看见和知道而故意不举发,同罪论处;过失不举发,以赎罪论处;没看到和不知道的不论处。
⑦ 《汉书》卷三十八《高五王传》。
⑧ 《后汉书》卷七《桓帝纪》。

"诸监临主司知所部有犯法,不举劾者,减罪人罪三等。纠弹之官,减二等。"①

第二,同伍保内不告。商鞅变法,"令民为什伍,而相牧司连坐"。索隐曰:"牧司,谓相纠发也。"②就是说,同什伍编制之内的人,如果有人犯罪,别人不告发,是要负刑事责任的。秦简《法律问答》中载:

> 贼入甲室,贼伤甲,甲号寇,其四邻、典、老皆出不存,不闻号寇,问当论不当? 审不存,不当论;典、老虽不存,当论。

大意为:有贼进入甲家,将甲杀伤,甲呼喊有贼,其四邻、里典、伍老都外出不在家,没有听到甲呼喊有贼,问应否论处? 四邻确不在家,不应论处;里典、伍老虽不在家,仍应论罪。③

在伤杀案中,其四邻外出不在家,没有听到被害人呼喊的不论罪;里典、伍老虽不在家仍应论罪,那么他们在家而不进行告发,当然是要论罪的。

汉律继承了秦律的精神,规定"自五大夫以下,比地为伍,以辨券为信,居处相察,出入相司"④五大夫,汉朝二十等爵制之第九爵,辨券,可分为两半的符信。相司,即上文的"相牧司"。同伍之间具有告发犯罪的法律义务,汉律规定较为普遍:如"有为盗贼及亡者,辄谒吏、典……不从律,罚金二两"⑤。"盗铸钱及佐者,弃市……正典、田典、伍人不告,罚金四两。"⑥

---

① 《唐律·斗讼》"监临知犯法不举劾"条,意思是:各主管官吏,知道所管辖的人中有犯法而不举发的,处以比犯罪者减三等的刑罚。负有纠弹职责的官员则减二等。
② 《史记》卷六十八《商君列传》。
③ 睡虎地秦墓竹简整理小组:《睡虎地秦墓竹简》,文物出版社1978年版,第193页。
④ 张家山二四七号汉墓竹简整理小组:《张家山汉墓竹简[二四七号墓](释文修订本)》,文物出版社2006年版,第51页。
⑤ 同上。
⑥ 同上书,第35页。

第三章 起诉制度

唐律同样规定同伍保之内的人负告发犯罪之责,但有所限制:"同伍保内,在家有犯,知而不纠者,死罪,徒一年,流罪,杖一百,徒罪,杖七十。其家唯有妇女及男年十五以下者,皆勿论。"①就是说,对负知而不告责任的,其处刑以所应告之罪的轻重为衡量标准,同时考虑到家中只有妇女和十五岁以下男孩,无力承担告发义务,因而不论其罪。《宋刑统》的规定与唐律相同。宋朝王安石变法中的保甲法对部伍组织重新进行了厘定,规定:"凡十家为一保,五十家为一大保,十大保为一都保。"同时进一步规定:"同保内有犯,除强窃盗、杀人、放火、强奸、略人、传习妖教、造畜蛊毒,知而不告,并依从保伍法科罪。及居停强盗三人以上,经三日,同保内邻人虽不知情,亦科不觉察之罪。"②在这部熙宁三年(公元1070年)颁布的《畿县保甲条例》中,不仅规定了同保之人对一系列重大犯罪知而不告的刑事责任,而且规定了对窝藏强盗的不觉察罪。

第三,被告人和一般人不告。封建法律对某些重大犯罪规定了一般人和特定人不告的刑事责任:

首先,谋反、谋大逆及谋叛罪三种罪,危及封建政权和皇权,是"十恶"中的前三种罪名,因此封建法律不仅对犯罪者规定了严厉的刑罚,而且对知而不告者也科以重刑。汉朝《二年律令·贼律》规定:"其坐谋反者,能偏捕,若先告吏,皆除坐者罪。"谋反大罪,按照汉律规定,谋反者,腰斩,其父母、妻子、同产(同母兄弟),无少长皆弃市。③ 亲属因连坐者,只有捕获全部参与谋反的罪犯,或者在案发之前向官府告发,才可免除罪责,否则要承担连带责任。唐律规定:"诸知谋反及大逆者,密告随近官司。不告者,绞。知谋大逆、谋叛

---

① 《唐律·斗讼》"监临知犯法不举劾"条。
② 《宋会要辑稿·兵》二之五。
③ 张家山二四七号汉墓竹简整理小组编著:《张家山汉墓竹简[二四七号墓]》(释文修订本)》,文物出版社2006年版,第7页。

不告者,流二千里。"①明律规定:谋反及大逆"知情故纵隐匿者,斩。……(知而)不首者,杖一百,流三千里"②。谋叛"知情故纵隐藏者,绞。……知而不首者,杖一百,流三千里。若谋而未行……知而不首者,杖一百,徒三年"③。清律的规定同于明律。此外,唐律还规定:"知指斥乘舆及妖言不告者,各减本罪五等。"④但明律、清律无此规定。⑤

其次,强盗罪及杀人罪对封建统治秩序的危害很大,特定人必须予以告发。对此,汉律中就已经有所规定,《二年律令·盗律》规定:"劫人、谋劫人求钱财,虽未得若未劫,皆磔之;罪其妻子,以为城旦舂。其妻子当坐者徧捕若告吏,吏捕得之,皆除坐者罪"⑥。如果犯劫人、谋劫人罪,即使劫人未成功或没有勒索到财物,犯罪者之妻与子都要承担连带责任。除非能够将罪犯全部抓捕,或者向官吏告发、而后官吏因其告发而抓捕罪犯归案,才能免除刑事制裁。

唐律中也有类似的规定:"诸强盗及杀人贼发,被害之家及同伍,即告其主司。若家人、同伍单弱,比伍为告。当告而不告,一日杖六十。"⑦封建法律专门规定了杀人罪被害人之亲属与犯罪人私自和解、不告发的刑事责任。唐律规定:"诸祖父母、父母及夫,为人所杀,私和者,流二千里。期亲,徒二年半。大功以下,递减一等。受财重者,各准盗论。虽不私和,知杀期以上亲,经三十日不告者,各减二等。"⑧

---

① 《唐律·斗讼》"知谋反逆叛不告"条。
② 《大明律·刑律·盗贼》"谋反大逆"条。
③ 《大明律·刑律·盗贼》"谋叛"条。
④ 《唐律·斗讼》"知谋反叛逆不告"条。指斥乘舆:指斥皇帝。
⑤ 《大明律·刑律·诉讼》"告状不受理"条仅规定"凡告谋反逆叛官司,不即受理掩捕者,杖一百,徒三年。"
⑥ 张家山二四七号汉墓竹简整理小组编著:《张家山汉墓竹简[二四七号墓](释文修订本)》,文物出版社2006年版,第18页。
⑦ 《唐律·斗讼》"强盗杀人不告主司"条。
⑧ 《唐律·贼盗》"亲属为人杀私和"条。受财重者,各准盗论;指接受对方财物,如按窃盗罪的赃物多少论处,重于私和之罪,就按窃盗罪处。例如大功亲属私和,当徒二年。如接受财物二十匹,按窃盗罪论处,当徒二年半,则应按徒二年半论罪。

第三章 起诉制度

明律则规定:"凡祖父母、父母及夫,若家长为人所杀,而子孙、妻妾、奴婢、雇工人私和者,杖一百,徒三年。期亲尊长被杀而卑幼私和者,杖八十,徒二年。大功以下,各递减一等。其卑幼被杀而尊长私和者,各减一等。若妻妾、子孙及子孙之妇、奴婢、雇工人被杀,而祖母、父母、夫、家长私和者,杖八十。受财者,计赃,准窃盗论,从重科断。常人私和人命者,杖六十。"①明律还规定了对同伴人杀人不告的刑事责任:"凡知同伴人欲行谋害他人,不即阻挡、救护,及被害之后,不首告者,杖一百。"②

三、对控告的限制

封建统治者在鼓励人们揭发犯罪的同时,为防止控告犯罪逾越封建伦理纲常及产生其他不利于统治的副作用,又对控告犯罪作了一定的限制。法律规定不得控告的原因和情况主要有:

1. 因亲属关系

体现宗法制度的亲亲相隐原则是中国古代法制的重要内容。所谓亲亲相隐,是指亲属之间对犯罪可互相隐瞒,不予告发或作证。先秦儒家首倡这个主张,说:"父为子隐,子为父隐,直在其中矣。"③"事亲,有隐而无犯。"④秦朝虽不尊儒,但为维护家族关系和等级制度,也在法律上对子告父母、父母告子有所限制。

秦律中有"公室告"与"非公室告"的区别:

"公室告"【何】也?"非公室告"何也?贼杀伤、盗它人为"公室";子盗父母,父母擅杀、刑、髡子及奴妾,不为"公室告"。

大意为:什么叫"公室告"?什么叫"非公室告"?杀伤或盗窃

---

① 《大明律·刑律·人命》"尊长为人杀私和"条。
② 《大明律·刑律·人命》"同行知有谋害"条。
③ 《论语·子路》。
④ 《礼记·檀弓》。

他人,是"公室告";子盗窃父母,父母擅自杀死、刑伤、髡剃子及奴婢,不是"公室告"。①

《法律答问》还进一步解释了"非公室告",即"主擅杀、刑、髡其子,臣妾,是谓'非公室告'。"属于"非公室告"的告诉案件,不予受理。如果仍行控告,告者有罪。告者已经处罚,又有别人替他控告,也不应当受理。②

汉朝前期,以"黄老思想"为治国理念,同时以孝治天下,一方面继承了秦律的精神和规范,另一方面更加重视对封建伦常等级秩序的维护。在告诉的主体方面,原则上禁止卑幼告尊长。《二年律令·告律》规定:"子告父母,妇告威公……勿听而弃告者市。"③威公,即指公婆。如果子告父母,媳妇告公婆,官府不受理且要对告诉者执行死刑。

西汉中期独尊儒术后,法律上开始有"亲亲得相首匿"④的规定,汉宣帝地节四年(公元前66年)的诏令中说:"父子之亲,夫妇之道,天性也。虽有患祸,犹蒙死而存之。诚爱结于心,仁厚之至也,岂能违之哉!自今子首匿父母,妻匿夫,孙匿大父母,皆勿坐。其父母匿子,夫匿妻,大父母匿孙,罪殊死,皆上请廷尉以闻"⑤。就是这道诏令正式确定了西汉的亲亲得相首匿之法。

三国两晋南北朝时期,封建统治者继承了亲亲相隐原则。据《晋书·刑法志》载,东晋元帝时,卫展上书,反对"考(拷)子正(证)父死刑,或鞭父母问子所在",认为"相隐之道离,则君臣之义废;君

---

① 睡虎地秦墓竹简整理小组:《睡虎地秦墓竹简》,文物出版社1978年版,第195—196页。
② 参见上书,第196页。
③ 张家山二四七号汉墓竹简整理小组:《张家山汉墓竹简[二四七号墓](释文修订本)》,文物出版社2006年版,第27页。
④ (汉)何休:《公羊传解诂》闵公元年春王正月引汉律注:"论季子当从议亲之辟,犹律亲亲得相首匿。"
⑤ 《汉书》卷八《宣帝纪》。首匿,师古注:"凡首匿者,言为谋首而藏匿罪人。"

第三章 起诉制度

臣之义废,则犯上之奸生矣"。元帝采纳了他的意见。

唐律对亲亲相隐作了明确而全面的规定。一方面,规定亲属[①]相容隐,不构成犯罪,或可减刑,即:"诸同居,若大功以上亲及外祖父母、外孙、若孙之妇、夫之兄弟及兄弟妻,有罪相为隐……皆勿论。即漏露其事及擿语消息,亦不坐。其小功以下相隐,减凡人三等"[②]。另一方面,规定控告亲属,要按亲属的尊卑亲疏关系而处以不同的刑罚,告尊亲属,越是近亲刑罚越重;告卑亲属则越是近亲刑罚越轻。即规定:"诸告祖父母、父母者,绞。"[③]"诸告期亲尊长、外祖父母、夫、夫之祖父母,虽得实,徒二年。其告事重者,减所告罪一等。……告大功尊长,各减一等;小功、缌麻,减二等。"[④]"诸告缌麻、小功卑幼,虽得实,杖八十;大功以上,递减一等。"[⑤]

唐以后历代均有亲属相隐的规定。《宋刑统》与《唐律》条文相同,皇帝敕令亦没有变化,如宋真宗大中祥符五年(公元 1012 年)四月,"有司请违法贩茶者许同居首告,帝谓以利败俗非国体,不许"[⑥]。《大元通制》规定:"诸子证其父,奴讦其主,及妻妾弟侄不相容隐,凡干名犯义,为风化之玷者,并禁止之。""妻得相容隐,而辄告讦其夫者,笞四十七。"还规定教唆者也要论罪:"诸教令人告缌麻以上亲及奴婢告主者,各减告者罪一等,若教令人告子孙,各减所告罪二等。"[⑦]

明律的规定略同于唐律:"凡同居,若大功以上亲,及外祖父母、

---

① 唐律中的亲属,按亲疏程度,通常分为五等,即直系(父祖子孙)、期亲(伯叔父母、兄弟、未嫁姐妹、妻、侄等)、大功(堂兄弟、未嫁的堂姐妹、已嫁的姐妹等)、小功(堂伯叔父母、已嫁堂姐妹、兄弟妻、从堂兄弟等)缌麻(族伯叔父母、族兄弟及未嫁族姐妹等)。
② 《唐律·名例》"同居相为隐"条。同居:指同财共居者。
③ 《唐律·斗讼》"告祖父母父母"条。
④ 《唐律·斗讼》"告期亲尊长"条。
⑤ 《唐律·斗讼》"告缌麻卑幼"条。
⑥ 《宋史》卷八《真宗三》。
⑦ 《元史》卷一百五《刑法四》。

外孙、妻之父母、女婿、若孙之妇、夫之兄弟及兄弟妻,有罪相为容隐……皆勿论。若漏泄其事,及通报消息,致令罪人隐匿逃避者,亦不坐。其小功以下相容隐,及漏泄其事者,减犯人三等。无服之亲减一等。"①但控告得相容隐的亲属,其罪刑一般较唐律为轻,即:"凡子孙告祖父母、父母、妻妾告夫及夫之祖父母、父母者,杖一百,徒三年。……若告期亲尊长、外祖父母,虽得实,杖一百;大功,杖九十;小功,杖八十;缌麻,杖七十"②。清律的规定与明律相同。

但是,封建法律对于亲属相隐,规定了一些例外情况:

第一,对于某些重大犯罪。唐律、明律在"同居相为隐"或"亲属相为容隐"条中规定:"若犯谋叛以上者,不用此律。"另外,唐律规定,缘坐之罪也不适用亲属相容隐原则。③ 唐律规定的缘坐之罪,除谋叛以上外,还有造畜蛊毒和杀一家非死罪三人及支解人等。明律则除谋叛以上,只规定了窝藏奸细,不适用亲属相容隐。④ 封建法律作这样的例外规定,显然是因为亲属相容隐原则的实行必须服从于皇权和封建统治的根本利益。

第二,某些亲属互相侵害的犯罪。唐律规定:"即嫡、继、慈母杀其父,及所养者杀其本生,并听告。"⑤告期亲以下尊长或告缌麻以上卑幼相侵犯,即侵夺财物或殴打其身,"自理诉者,听"⑥。明清律在唐律基础上规定得更明确:"嫡母、继母、慈母、所生母,杀其父,若所养父母杀其所生父母,及被期亲以下尊长侵夺财产,或殴伤其身,应

---

① 《大明律·名例律》"亲属相为容隐"条。
② 《大明律·刑律·诉讼》"干名犯义"条。
③ 《唐律·斗讼》"告祖父母父母"条。在"诸告祖父母、父母者,绞"之后注:"谓非缘坐之罪及谋叛以上而故告者,下条准此"。下条为"告期亲尊长"。
④ 《大明律·刑律·诉讼》"干名犯义"条:"其告谋反、大逆、谋叛、窝藏奸细……并听告,不在干名犯义之限。"
⑤ 《唐律·斗讼》"告祖父母父母"条。嫡母:父之正妻。继母:父续娶之正妻。慈母:父妾无子者,或妾子无母者,经父指定为母子关系的。所养者:所养父母。本生:所生父母。
⑥ 《唐律·斗讼》"告期亲尊长"条。

第三章 起诉制度

自理诉者,并听告,不在干名犯义之限。"①之所以这样规定,是因为这些亲属之间的互相侵害,如以亲属相容隐而限制其告诉,不仅被害者失去了自卫能力,而且会使封建的家族关系遭到破坏。

2. 因主奴关系

限制奴告主是古代诉讼制度中阶级公开不平等的一个重要表现。早在秦律中,已有臣(男奴隶)妾(女奴隶)告主人,不受理,而且告者有罪的规定。《二年律令·告律》规定:"奴婢告主、主父母妻子,勿听而弃告者市。"②唐律则规定:"部曲、奴婢为主隐,皆勿论。"③又规定:"诸部曲、奴婢告主,非谋反、逆、叛者,皆绞。(被告者同首法。)告主之期亲及外祖父母者,流;大功以下亲,徒一年。"④这就是说,部曲、奴婢告主人,告者要处绞刑;而被告却可以自首论,而得到免刑。部曲、奴婢也不得告主人的近亲属,否则要处流刑或徒刑。明清时期,雇佣关系在经济领域里有所发展,社会上出现了一批出卖劳动力的雇工。但是雇工与主人的关系也打上鲜明的主奴关系的烙印,明清法律将雇工人告主,与奴婢告主同列在一起,只是刑罚减轻一等:"奴婢、雇工人为家长隐者,皆勿论"⑤。"若奴婢告家长及家长缌麻以上亲者,与子孙卑幼罪同。若雇工人告家长及家长之亲者,各减奴婢罪一等。"⑥

3. 因生理条件

汉律中已对此有所规定,《二年律令·告律》规定:"年未盈十岁……告人,皆勿听"⑦。唐律中的规定则更加具体:"即年八十以

---

① 《大明律·刑律·诉讼》"干名犯义"条。清律同此条。
② 张家山二四七号汉墓竹简整理小组:《张家山汉墓竹简[二四七号墓](释文修订本)》,文物出版社2006年版,第27页。
③ 《唐律·名例》"同居相为隐"条。部曲相当于家奴,奴婢即奴隶。
④ 《唐律·斗讼》"部曲奴婢告主"条。
⑤ 《大明律·名例律》"亲属相为容隐"条。清律同。
⑥ 《大明律·刑律·诉讼》"干名犯义"条。
⑦ 张家山二四七号汉墓竹简整理小组编著:《张家山汉墓竹简[二四七号墓](释文修订本)》,文物出版社2006年版,第27页。

上,十岁以下及笃疾者,听告谋反、逆、叛、子孙不孝及同居之内为人侵犯者。余并不得告。"①就是说,八十以上老人、十岁以下幼童和笃疾(恶疾、癫狂、两肢废、两目盲等)这三种人,除对某些重大犯罪或与本人有直接利害关系的犯罪外,对一般罪行没有控告的权利。之所以这样规定,首先,是因为这三种人由于生理条件而难以具备控告犯罪的能力。其次,是因为唐律还有这三种人犯一般罪不论的规定②,如果让他们充当告诉人,则发生诬告反坐时,就无法治罪了。唐律规定这三种人犯一般罪不论,对一般罪也无控告权,从而使两者统一起来。元朝的法律参考唐律规定:"诸老废笃疾,事须争诉,止令同居亲属深知本末者代之。若谋反大逆,子孙不孝,为同居所侵侮,必须自陈者听。"③明清的法律规定也大体上与唐律相同。如明律规定:"其年八十以上、十岁以下及笃疾者,若妇人,除谋反、逆、子孙不孝,或已身同居之内,为人盗诈、侵夺财产及杀伤之类,听告。余并不得告。"④

4. 因犯罪被囚禁

秦律中囚犯是被允许告发别人的。秦简《法律答问》记载:"上造甲盗一羊,狱未断,诬人曰盗一猪。论何也?当完城旦。"⑤"葆子狱未断而诬告人,其罪当刑为隶臣。"⑥这里,上造和葆子的案件都因未判决,又犯了诬告他人的新罪行而受到处罚,说明当时未决的囚

---

① 《唐律·斗讼》"囚不得告举他事"条。
② 《唐律·名例》"老小及疾有犯"条:"八十以上,十岁以下及笃废,犯反、逆、杀人应死者,上请。盗及伤人者,亦收赎(有官爵者,各从官当、除、免法)。余皆勿论。"
③ 《元史》卷一百五《刑法四》。
④ 《大明律·刑律·诉讼》"现禁囚不得告举他事"条。
⑤ 睡虎地秦墓竹简整理小组:《睡虎地秦墓竹简》,文物出版社1978年版,第173页。上造,爵名。完城旦:不加肉刑髡鬄的城旦劳役刑。
⑥ 睡虎地秦墓竹简整理小组:《睡虎地秦墓竹简》,文物出版社1978年版,第198页。葆子:可能是任子;秦汉时,二千石以上的官吏,视事满三年,可保举兄弟或儿子一人为郎,被保举者叫任子。居延汉简中位于人民籍贯之上的"葆"字是一种身份,有人认为此字通"保"字,表示担保、保证的意思。隶臣:刑徒。

第三章 起诉制度

徒告发别人是被允许的。

但汉律的规定则有所不同,《二年律令·告律》规定:"城旦舂、鬼薪白粲告人,皆勿听"①。城旦舂,鬼薪白粲是判决之后,正在服役的刑徒,可见已决囚徒举发犯罪是不被受理的。在曹魏时期,"囚徒诬告人反,罪及亲属"②。可见当时是允许囚徒告发的。不许囚徒告发的制度始于北齐。当时豫州检使白擥,为左丞卢斐所劾,便在狱中诬告卢斐接受贿金,文宣帝高洋知其奸诈,下令调查,果无其事,便命令制定《立案劾格》,规定"负罪不得告人事"。③

到了唐朝,这一规则便明定于法典之中:"诸被囚禁,不得告举他事。其为狱官酷己者,听之"④。该条疏议中说:"即流囚在道,徒囚在役,身婴枷锁,或有援人,亦同被囚禁之色,不得告举他事。又准《狱官令》……明知谋叛以上,听告;余准律不得告举。"在疏议问答中又指出:"有人被囚禁,更首别事,其事与余人连坐,官司合受以否?""官司亦合为受,被首之者,仍依法推科。"据上可知,在唐朝,无论是未决的囚禁者,还是已被判处流刑、徒刑的罪犯,均不得告举别人。但有三种例外情况,即:(1)监狱官酷虐囚犯时可告;(2)明知别人有谋叛以上罪的可告;(3)在被囚禁期间坦白自己的犯罪,牵连别人,则此人仍应依法论罪。

后来明清律也延续唐律的规定:"凡被囚禁,不得告举他事。其为狱官、狱卒非理凌虐者,听告。若应囚禁被问,更首别事,有干连之人,亦合准首,依法推问科罪。"⑤封建法律关于被囚禁者不得告举他事的规定,用意在于防止被告人和犯罪人诬告他人,制造混乱,但

---

① 张家山二四七号汉墓竹简整理小组编著:《张家山汉墓竹简[二四七号墓]》(释文修订本)》,文物出版社2006年版,第27页。
② 《晋书》卷三十《刑法》。
③ 《隋书》卷二十五《刑法》。
④ 《唐律·斗讼》"囚不得告举他事"条。
⑤ 《大明律·刑律·诉讼》"现禁囚不得告举他事"条。清律同。

是未免过于机械。

5. 因犯罪事已被赦免

历代统治者为缓和社会矛盾,维护统治秩序,或者基于其他原因(如庆祝登基、册立太子等),有时会实行"恩赦"。即一般的犯罪(对严重犯罪有时不赦或仅减刑),在赦免的情况下,未被告发的犯罪人,自然也在赦免之列而不必再行追究。例如,唐律规定:"诸以赦前事相告言者,以其罪罪之。"但这条规定存在例外,即"若事须追究者,不用此律"①。事须追究者是指某些罪虽已赦免不罚,但其犯罪所造成的结果须消除,以恢复原状,否则仍要追究其罪责。如违律为婚的仍要离婚,养奴为子的仍要改变,隐藏逃亡部曲、奴婢的要在赦免令到达后一百日内交出来,脱漏户口的要重新报上,官吏私自借贷他人财物或以官财物借贷给他人的要收回,以及盗贼诈骗之赃物在赦后仍要追回等。明洪武元年(公元1368年)也仿照唐律规定:"凡以赦前事告言人罪者,以其罪罪之。若系干钱粮、婚姻、田土,事须追究,虽已经赦,必合改正征收者,不拘此例。"②

6. 因犯罪人死亡

秦简《法律答问》中记载:

> 甲杀人,不觉,今甲病死已葬,人乃后告甲,甲杀人审,问甲当论及收不当? 告不听。

大意为:甲杀人,未被察觉,现甲因病死亡,已经埋葬,事后才有人对甲控告,甲杀人系事实,问应否对甲论罪并没收其家属? 对控告不予受理。③

"家人之论,父时家罪也,父死而甫告之,勿听。"何谓"家

---

① 《唐律·斗讼》"以赦前事相告言"条。
② 《明会典》卷一百七十七《刑部十九·问拟刑名》。
③ 睡虎地秦墓竹简整理小组:《睡虎地秦墓竹简》,文物出版社1978年版,第180页。

第三章 起诉制度

罪"?"家罪"者,父杀伤人及奴妾,父死而告之,勿治。

大意为:"对家属的论处,如系父在世时的家罪,父死后才有人控告,不予受理。"什么叫"家罪"?家罪即父杀伤了人以及奴婢,在父死后才有人控告,不予处理。①

  葆子以上,未狱而死若已葬,而甫告之,亦不当听治,勿收,皆如家罪。

大意为:葆子以上有罪未经审判而死或已埋葬,才有人控告,也不应受理,不收捕其家属,都和家罪同例。②

据上可见,在秦律中,对某些罪,如果犯罪人死亡,司法机关就不再受理告诉,也不株连其家属。但秦以后的法律,如唐律、明律、清律,均无犯罪人死亡不予追究的明文规定。古代存在掘墓、戮(lu)尸(斩戮死尸)、鞭尸、剉(cuo)尸(剉碎死尸)这类针对已死亡犯罪人的"刑罚",例如:秦时成蟜反叛,其士兵已死的仍受到戮尸。东汉末年黄巾起义失败后,皇甫嵩对已病死的领袖张角,戮其尸。唐窦怀贞与太平公主谋逆,失败后投水死,追戮其尸。元朝以后,戮尸明定于法典,如规定:"诸子弑其父母,虽瘐死狱中,仍支解其尸以徇"。"诸因争,虐杀其兄者,虽死仍戮其尸。"③《问刑条例》规定:谋杀祖父母、父母者"如有监故在狱者,仍戮其尸"。"杀一家非死罪三人及支解人,为首监故者,将财产断付被杀之家,妻子流二千里。仍剉碎死尸,枭(xiao)首示众。"④上述法律规定说明,在古代,案件的犯罪人死亡,特别是重大案件中的犯罪人死亡,仍然可以对其进行控告和处罚。

---

① 睡虎地秦墓竹简整理小组:《睡虎地秦墓竹简》,文物出版社1978年版,第197页。
② 同上书。此处译文与原书有变动,"收"当作"收孥"解。
③ 《元史》卷一百四《刑法三》。
④ 《问刑条例·刑律·人命》"谋杀祖父母、父母新题例"和"杀一家三人条例"。

四、对控告不实和诬告的惩处

在秦朝,控告犯罪不真实,是要负刑事责任的。秦律把控告犯罪不符合事实分为"端为"(故意)和"不端为"(无意)两种,前者叫做"诬人"(诬告),后者叫做"告不审"(控告不实),秦简《法律答问》明确解释:

> 甲告乙盗牛若贼伤人,今乙不盗牛、不伤人,问甲何论?端为,为诬人;不端,为告不审。

大意为:甲控告乙盗牛或杀伤人,现在乙没有盗牛,没有伤人,问甲应如何论处?如系故意,作为诬告他人;不是故意,作为控告不实。①

不论控告不实或诬告,控告者都要受惩罚,不过后者较前者为重。除了诬告和控告不实外,秦律还有"告盗加赃"的规定。所谓"告盗加赃",是指控告盗窃罪确有其事而又故意增加赃数。例如甲盗羊,乙知道,而故意控告说甲盗牛。甲盗羊,乙知道是盗羊,而不知道所盗羊数,就向官吏控告说甲盗窃了三只羊等。② 这种"告盗加赃"也要受到法律制裁。

另外,秦律禁止所谓"州告"。"何谓'州告?'州告者,告罪人,其所告且不审,又以它事告之。勿听,而论其不审。"③就是说,控告犯罪人,所控不实,又以其他事控告,这叫做"州告"。对此,不仅不受理,而且以控告不实论罪。

汉朝诬告反坐,成为定制。《二年律令·告律》规定:"诬告人以

---

① 睡虎地秦墓竹简整理小组:《睡虎地秦墓竹简》,文物出版社1978年版,第169页。
② 参见上书,第170—171页。
③ 同上书,第194页。

第三章 起诉制度

死罪,黥为城旦舂;它各反其罪。"①诬告他人死罪的,诬告人要被判处"黥为城旦舂";诬告他人非死罪的,实行反坐,即以诬告之刑罚适用于诬告之人。汉朝严惩诬告,因此,诬告的处罚不受年龄的限制,汉宣帝元康四年(公元前62年)诏令规定:"自今以来,诸年八十以上,非诬告杀伤人,佗(它)皆勿坐"。颜师古注:"诬告人及杀伤人皆如旧法,其余则不论。"②可见,年满八十的老人诬告他人,也不得免罪。曹魏时,文帝曾下诏:"敢以诽谤相告者,以所告者罪罪之"③。之后法律上明定:"诬人以反……反受其罪。"④

唐律对诬告反坐作了一系列具体规定,主要内容如下:

(1)"诸诬告人者,各反坐。即纠弹之官,挟私弹事情不实者,亦如之。"⑤所谓反坐,就是以所诬告的罪责反加于诬告人。

(2)"诸诬告谋反及大逆者,斩;从者,绞。"⑥唐律规定谋反及大逆者,不分首、从皆斩;而且缘坐家属。而诬告谋反及大逆者,为首者斩;从者绞,这较反坐为轻。

(3)"若告二罪以上重事实,及数事等但一事实,除其罪;重事虚,反其所剩。"⑦意思说:如果告别人两个罪以上,其中罪重之事属实,其他事是虚假的;或者所告的几件事罪责相等,其中有一事属实,其他虚假,都可以免除其诬告罪。如果所告的事中,重罪之事是虚假的,轻罪之事属实,就以重罪之刑减轻罪之刑所剩之刑反坐。这种规定有将功折罪、功过相抵之意。但是"若告二人以上,虽实者

---

① 张家山二四七号汉墓竹简整理小组编著:《张家山汉墓竹简[二四七号墓]》(释文修订本)》,文物出版社2006年版,第26页。
② 《汉书》卷八《宣帝纪》。
③ 《三国志》卷二十四《魏书二十四》。
④ 《三国志》卷九《魏书九》。
⑤ 《唐律·斗讼》"诬告反坐"条。
⑥ 《唐律·斗讼》"诬告谋反大逆"条。
⑦ 《唐律·斗讼》"诬告反坐"条。

多,犹以虚者反坐"①。就是说,控告二人以上的,不能以真实罪刑抵消虚假之罪的罪刑,只要其中一人被控之事是假的,就仍要反坐。

(4)"若上表告人,已经闻奏,事有不实,反坐罪轻者,从上书诈不实论。"②也就是对向皇帝上表诬告的行为应从重处罚。

(5)"诸告小事虚,而狱官因其告,检得重事及事等者,若类其事,则除其罪;离其事,则依本诬论。"③这是说,所告小事是虚假的,但法官由于其控告而查出了重于所告或相等的新罪,如新罪与所告罪类似(如告人盗马,查得盗骡之类),则免除其罪。因为类似之事,"其形状难辨,原情非诬",所以不以诬告论。如新罪与所告无关(如告人盗马,查得私自铸钱),则仍依诬告论。

(6)"反坐致其罪……至死而前人虽断讫未决者,反坐之人听减一等。"④"诸诬告人流罪以下,前人未加拷掠,而告人引虚者,减一等。若前人已拷者,不减。即拷证人,亦是。"⑤就是说,诬告人至死罪,已判而未执行,诬告人可减刑一等。诬告流罪以下的,被诬人及证人未被拷打,诬告人即自出承认所告是虚假的,也减刑一等。这是考虑到诬告并未产生严重后果。

(7)诬告本地长官加重处罚。即"诸诬告本属府主、刺史、县令者,加所诬罪二等"⑥。另外,卑亲属诬告尊亲属,奴婢、部曲诬告主人的亲属(奴婢、部曲告主人处绞刑,所以不存在诬告问题),也要不同程度加重处罚,但"诬告子孙、外孙、子孙之妇妾及己之妾者,各勿论"⑦。在这里,尊卑等级的公开不平等表现得十分鲜明。

以上论述的是唐律关于诬告的规定。对非故意的控告不实,唐

---

① 《唐律·斗讼》"诬告反坐"条。
② 同上。
③ 《唐律·斗讼》"告小事虚"条。
④ 《唐律·斗讼》"诬告反坐"条疏议。
⑤ 《唐律·斗讼》"诬告人流罪以下引虚"条。
⑥ 《唐律·斗讼》"诬告府主刺史县令"条。
⑦ 《唐律·斗讼》"告缌麻卑幼"条。

律没有规定要负刑事责任。例外情况是,对于控告谋反逆、叛者,"若事容不审,原情非诬者,上请"①。就是说,对谋叛以上罪,因事关重大,虽属非故意地控告不实,也要上报皇帝决定如何处理。唐律只惩罚诬告,而不惩罚"不审",这对统治者是比较有利的。因为惩罚"不审",会使人们不敢告发,影响对犯罪的揭露。

唐律关于诬告反坐的规定,为后代所继承。《宋刑统》基本沿袭唐律的规定,坚持诬告反坐的原则,同时扩大了诬告的适用范围,宋真宗天禧三年(公元1019年),依殿中侍御史董温其的建议,规定"被盗之家如是认赃之时明知不是己物,虚有识认,或旧有嫌仇致官司承误断杀平民者,其认赃人从诬告死罪已决法科处"②。元朝法律规定:"诬告者抵罪反坐。"③明律的规定略同于唐,但处罚更严,并要求诬告人赔偿被诬人的经济损失:"凡诬告人笞罪者,加所诬罪二等,流、徒、杖罪,加所诬罪三等;各罪止杖一百,流三千里。若所诬徒罪人已役,流罪人已配,虽经改正放回,验日于犯人名下追征用过路费给还。若曾经典卖田宅者,著落犯人备价取赎。因而致死随行有服亲属一人者,绞。将犯人财产一半,断付被诬之人。至死罪,所诬之人已决者,反坐以死。未决者,杖一百,流三千里,加役三年"④。清律的规定与明律相同。

五、严禁投匿名文书告发别人

中国古代法律历来严禁投匿名文书告发别人犯罪。秦简《法律问答》记载:

"有投书,勿发,见辄燔之;能捕者购臣妾二人,系投书者鞫

---

① 《唐律·斗讼》"诬告谋反大逆"条。
② 《宋会要辑稿·刑法》三之三。
③ 《元史》卷一百五《刑法四》。
④ 《大明律·刑律·诉讼》"诬告"条。

审谳之。"所谓者,见书而投者不得,燔书,勿发;投者【得】,书不燔,鞫审谳之之谓也。①

此条问答的内容可以分为两个部分,前半部分是法律规定:即"有投匿名信的,不得拆看,见后应即烧毁;能把投信人捕获的,奖给男女奴隶二人,将投信人囚禁,审讯定罪"。而后半部分是对规定的解释:看到匿名信而没有拿获投信人,应将信烧毁,不得开看;已拿获投信人,信不要烧毁,将投信者审讯定罪。②可见秦时匿名文书不能作为起诉的根据,相反投匿名文书会构成严重罪名。

投匿名文书,西汉时仍作"投书"③,东汉时称为"飞章"或"飞书"④。汉朝对于投匿名文书的相关规定基本继承秦朝。

《二年律令·盗律》规定:"投书、县人书,恐猲人以求钱财……皆磔。"⑤县,读为悬,悬挂,即下文唐律疏议中的"悬之"。猲,以威力胁迫人。汉初投匿名书、张贴匿名书以胁迫他人索取钱财的,判处磔刑。汉景帝时曾下诏,"改磔为弃市"。⑥到了三国时候,魏律"改投书弃市之科,所以轻刑也"⑦。说明在汉朝,投书罪一直是死罪,到魏时其刑罚才予以减轻。

法律不仅禁止投递匿名书信,司法官吏也不准受理相关案件。《二年律令·具律》规定:"毋敢以投书者言系治人。不从律者,以鞫狱故不直论。"⑧即不得根据匿名信中所载内容逮捕、审讯他人。不

---

① 睡虎地秦墓竹简整理小组:《睡虎地秦墓竹简》,文物出版社1978年版,第174页。
② 同上书,第174—175页。
③ 见下文《二年律令·盗律》记载。
④ 见《后汉书》中《梁统传》《蔡邕传》《李固传》等。
⑤ 张家山二四七号汉墓竹简整理小组编著:《张家山汉墓竹简[二四七号墓](释文修订本)》,文物出版社2006年版,第17页。
⑥ 《汉书》卷五《景帝纪》。
⑦ 《晋书》卷三十《刑法》。
⑧ 张家山二四七号汉墓竹简整理小组编著:《张家山汉墓竹简[二四七号墓](释文修订本)》,文物出版社2006年版,第25页。

第三章 起诉制度

依据此律的,司法官以"鞫狱故不直"论处。

唐律规定:"诸投匿名书告人罪者,流二千里。得书者,皆即焚之。若将送官司者,徒一年。官司受而为理者,加二等。被告者,不坐。辄上闻者,徒三年。"①疏议中还对什么是投匿书作了解释:"谓绝匿姓名,及假人姓名以避己作者。弃、置、悬之,俱是。"②就是说,投匿名文书指的是:隐匿自己姓名,或冒写别人姓名。不论丢在街道上、放到官府中或悬挂在旌旗上等,都算作投匿名文书。明律则规定:"凡投隐匿姓名文书,告言人罪者,绞。见者,即便烧毁。若将送入官司者,杖八十。官司受而为理者,杖一百。被告言者,不坐。若能连文书捉获解官者,官给银一十两充赏。"③明律与唐律的不同之处在于,一方面加重投匿名文书者的刑罚,另一方面减轻了对送匿名文书者及官吏受理者的刑罚,而且对捉捕罪犯者,给予奖赏。

封建法律这样严禁投匿名文书告发犯罪,是因为"匿名之书,不合检校,得者即需焚之,以绝欺诡之路"④。这样有利于维护统治秩序,杜绝欺诡的言论到处流传。

但是涉及侵害皇权的犯罪,法律则有例外规定。《唐律·斗讼》"投匿名书告人罪"条的疏议和问答中解释称:"若得告反逆之书,事或不测,理须闻奏,不合烧除。""得书不可焚之,故许送官闻奏。状既是实,便须上请听裁。告若是虚,理依诬告之法。"⑤一个人如果得到告反逆的匿名文书,不许烧掉,而要送官向皇帝奏报。但如果是虚假的,依诬告法处理。

---

① 《唐律·斗讼》"投匿名书告人罪"条。
② 《唐律·斗讼》"投匿名书告人罪"条疏议。
③ 《大明律·刑律·诉讼》"投匿名文书告人罪"条。
④ 《唐律·斗讼》"投匿名书告人罪"条疏议。
⑤ 《唐律·斗讼》"投匿名书告人罪"条疏议及问答。

第三节　对控告的受理

在中国古代,法律对司法机关受理控告作出了一定的要求。

一、有审判权的官府才能受理

秦律中有"辞者辞廷"①的规定。所谓"廷",就是有权审判的官府。只有"廷"才可接受"辞者"(诉讼人)的控告。如第一章所述,秦朝以后,只有县以上的地方政府才有权受理对犯罪的控告。在《封诊式》中,有不少"敢告某县主",求盗或其他人向县府"缚诣告"(捆送罪人来告),以及县府派官吏去勘验或委托乡的负责人去查封当事人家产的案例。这说明,县府以上才有权受理控告,进行审判。

汉朝明文规定了受理起诉的机构和临时变通办法。《二年律令·具律》规定:"诸欲告罪人,及有罪先自告而远其县廷者,皆得告所在乡,乡官谨听,书其告,上县道官。廷士吏亦得听告。"②该律明确了汉朝告诉适用属地主义原则,即必须到所在地方县廷检举揭发犯罪行为,除非距离较远,可以直接向乡级官府告诉案件,而乡府官吏必须在认真听取之后及时上报至县级官府。

唐律规定,军府之官③不得受理控告,犯罪人自首,军府之官也不得受理:"诸犯罪欲自陈首者,皆经所在官司申牒,军府之官不得辄受。其谋叛以上及盗者,听受,即送随近官司。若受经一日不送及越览余事者,各减本罪三等。其谋叛以上,有须掩捕者,仍依前条

---

① 睡虎地秦墓竹简整理小组:《睡虎地秦墓竹简》,文物出版社1978年版,第192页。
② 张家山二四七号汉墓竹简整理小组编著:《张家山汉墓竹简[二四七号墓]》(释文修订本)》,文物出版社2006年版,第22—23页。
③ 唐实行府兵制,军府之官指卫将军府和折冲府的官员。

承告之法"①。

二、依法应受理者，不得推诿不受，否则要处罚

唐律规定："若应合为受，推抑而不受者，笞五十。三条加一等，十条杖九十。"②特别是对谋叛以上的罪，官府接到控告而不受理，以及在接到控告拖延时间不去突击逮捕、超过半天的，要处绞刑或流二千里。元朝法律规定："诸府州司县应受理而不受理，虽受理而听断偏屈，或迁延不决者，随轻重而罪罚之。"③明律则规定得更为具体："凡告谋反、逆、叛，官司不即受理掩捕者，杖一百，徒三年。以致聚众作乱，攻陷城池及劫掠人民者，斩。若告恶逆不受理者，杖一百。告杀人及强盗不受理者，杖八十。斗殴、婚姻、田宅等事不受理者，各减犯人罪二等。并罪止杖八十。受财者，计赃，以枉法从重论。"④

三、依法不得受理的，如受理应受处罚

根据目前所见的材料，汉朝法律规定的依法不得受理的情况，主要是指匿名信告诉。前文已述，司法官违法受理的以"鞠狱故不直"论处。具体的处罚办法，《二年律令·具律》规定："鞠狱故纵、不直……死罪，斩左趾为城旦，它各以其罪论之"⑤。因此，如果违法受理了匿名信的告诉，如果涉及的罪名是死罪的，受理的司法官就要被判处斩左趾为城旦，如果是非死罪的，那么司法官就要被所告之罪反坐。

---

① 《唐律·斗讼》"犯罪皆经所在官司首"条。
② 《唐律·斗讼》"越诉"条。
③ 《元史》卷一百五《刑法四》。
④ 《大明律·刑律·诉讼》"告状不受理"条。
⑤ 张家山二四七号汉墓竹简整理小组编著：《张家山汉墓竹简[二四七号墓]》（释文修订本），文物出版社2006年版，第22页。

唐律、明律中的规定更为完善，包括以下内容：

1. 被囚禁人告举他事。唐律规定，受理者处以各减所理罪三等，明律为笞四十。

2. 年八十以上，十岁以下，及笃疾者告一般罪，受理者所受的刑罚同上项。

3. 以赦免的前事告人。唐律规定受理者以故入人罪论，至死者，各加役流。明律则无此规定。

4. 投匿名文书告人。唐律规定受理者处徒刑二年。明律为杖一百。

5. 告状不合要求。唐律规定："诸告人罪，皆须明注年月，指陈实事，不得称疑。违者，笞五十。官司受而为理者，减所告罪一等。"①就是说，告诉犯罪的诉状，必须写清犯罪的时间和事实，不得说怀疑此事如何。否则，告诉人要受罚。如果官府予以受理也要受罚。但是这一规定实际上很难执行，因此明律取消了这条规定。

6. 越诉。古代诉讼，要求从下到上，逐级告诉，不得越诉，否则不予受理。唐律规定："诸越诉及受者，各笞四十。"②明律规定只罚越诉者，而不罚受理者："凡军民词讼，皆须自下而上陈告。若越本管官司，辄赴上司称诉者，笞五十"③。

四、亲告乃坐的罪，有亲告才受理

亲告乃坐，是指某些罪，如果没有被害人亲自告诉，不予论罪。根据唐律规定，亲告乃坐罪有下列四种：

1. 夫殴伤妻、妾，须妻、妾告乃坐；

2. 妻殴伤夫，须夫告乃坐；

---

① 《唐律·斗讼》"告人罪须明注年月"条。
② 《唐律·斗讼》"越诉"条。
③ 《大明律·刑律·诉讼》"越诉"条。

3. 妻、妾骂夫之祖父母、父母，须舅姑（即夫之父母）告乃坐；

4. 子孙违犯教令及供养有阙者，须祖父母、父母告乃坐。①

明律中亲告乃坐罪的范围比唐律宽一些，如：奴婢、雇工骂家长和家长的某些亲属，须亲告乃坐；凡骂祖父母、父母，骂缌麻兄姐、小功、大功亲属，妻妾骂夫之祖父母、父母，妻妾骂夫之期亲以下缌麻以上尊长，妻骂夫，妾骂妻和妻之父母等，都须亲告乃坐。②

中国古代法律之所以规定亲告乃论，是考虑到这些罪一般属于亲属之间的争斗，"犹存隐忍之私"③，要允许他们自己和解。至于明律增加的奴婢、雇工骂家长及其亲属须亲告乃论，把是否惩罚奴婢、雇工的决定权交给主人，一定程度上体现了商品经济发达情况下主人和奴婢、雇工关系的商品化。

以上这些亲告乃坐的罪，如果没有亲告，不得论罪，自然也不必受理了。

五、控告人须有一定证据

官府受理控告人的申诉的前提是其有一定的证据。《周礼·秋官》就有关于原告起诉时应具备一定证据的记载："凡有责者，有判书以治则听。"④判书即傅别，是借贷契约，这句话的意思是有借贷债务纠纷来告诉，必须有借贷契约才受理。

这一原则在《唐律》中被明文规定："诸告人罪，皆须明注年月，指陈实事，不得称疑。违者，笞五十。"疏议曰："告人罪，皆注前人犯罪年月，指陈所犯实状，不得称疑。"⑤此条规定虽未明言证据问题，

---

① 《唐律·斗讼》"殴伤妻妾""妻殴詈夫""妻妾殴詈夫父母""子孙违反教令"条。
② 《大明律·刑律·骂詈》"奴婢骂家长""骂尊长""骂祖父母父母""妻妾骂夫期亲尊长""妻妾骂故夫父母"条。
③ （清）薛允升：《唐明律合编》，怀效锋、李鸣点校，法律出版社1998年版，第626页。
④ 《周礼·秋官·朝士》。
⑤ 《唐律·斗讼》"告人罪须明注年月"条疏议。

但是不难推测,告诉人要证明自己所告诉的行为是"实事",显然必须提供一些基本的证据,使审判官员相信所告犯罪确有其事。

《宋刑统》《元典章》中都有这条规定。北宋真宗天禧元年(公元1017年)诏曰:"今后所诉事,并须干己,证佐明白,官司乃得受理,违者坐之。"①同样也是规定告诉人实施告诉只有具备明白的证据才能获得受理。

在清朝的司法实践中,如果起诉时不能提供证据,控告人可能要承担官府不进行审判的法律后果,甚至还要接受惩罚。厉秀芳任山东武城知县时处断了一个案子:"有以讨欠被殴喊禀者,余登堂,验之无伤,索其券弗得,当于原禀判曰:'告债无据,告殴无伤,不准,杖之'。"②

六、令控告人三审

秦汉律中有关于"三环"的规定。秦简《法律答问》中记载:

> 免老告人以为不孝,谒杀,当三环之不?不当环,亟执勿失。③

免老,六十岁以上的老人。即老人控告不孝,要求将其子判处死刑,应否经过三环?对此的回答是,不应三环,要立即逮捕,不要使其逃亡。此处的"三环"即三次反复告诉的意思,类似唐朝的"三审"。

《二年律令·贼律》也有类似的规定:"年七十以上告子不孝,必三环之。三环之各不同日而尚告,乃听之。"④年龄在七十岁以上的

---

① 《续资治通鉴长编》卷九十真宗天禧元年十月丙子。
② (清)胡文炳:《折狱龟鉴补》卷六《杂犯下》"下车新政"。
③ 睡虎地秦墓竹简整理小组:《睡虎地秦墓竹简》,文物出版社1978年版,第195页。整理小组将此处"三环"理解为"三宥",即古代判处死刑的三次宽宥的程序。
④ 张家山二四七号汉墓竹简整理小组编著:《张家山汉墓竹简[二四七号墓](释文修订本)》,文物出版社2006年版,第13页。

第三章 起诉制度

老人告其子不孝,必须反复告诉三次,司法机关才予以受理。

《唐六典》规定:"凡告言人罪,非谋叛以上,皆三审之。"就是说,凡是控告别人犯罪,如果所告的不是谋叛以上的罪,都要令他进行三次慎重考虑。具体做法是:受理控告状的官员要告知控告者虚告反坐的法律责任,让控告者考虑以后,别日接受词状,这样要经过三次,每次都别日受理词状。但是"若有事切害者不在此例"。即遇到杀人、强盗、逃亡、强奸等案件急需追究的,可不经过令控告人三审而马上受理。[1] 唐朝的令控告人三审制度,以后各朝未予袭用。

---

[1] 《唐六典》卷六《尚书刑部》。

第 四 章
强 制 措 施

在诉讼过程中,为了防止犯罪人逃亡,保证诉讼任务顺利实现,必须采取一定的强制措施。在中国古代诉讼中,强制措施有逮捕、囚禁、追摄(勾取)、勾问、保候等。其中逮捕、囚禁是历朝被广泛采用的主要强制措施。

第一节 逮 捕

由于夏商时期相关史料较少,无法确知当时逮捕制度的具体内容。到了春秋战国时期,法律中已经存在专门规定追捕罪犯、逃亡者的篇目。战国李悝的《法经》中有《网》《捕》二篇,后来商鞅改法为律,秦简中有《捕盗律》《索律》,均与抓捕罪犯相关,汉简中有《捕律》和《亡律》。以后历代法典中都有《捕亡》或类似名称的专篇,对逮捕罪人作了规定:魏、晋、宋、齐,沿袭未改,称为《捕律》,梁时称《讨律》,至北魏名《捕亡律》,北齐名《捕断律》,后周名《逃捕律》,隋朝恢复《捕亡律》,唐律沿袭。明律与清律为《捕亡》,隶属《刑律》。

一、先秦时期的逮捕

春秋战国时期尚未形成像秦汉时期那样严格规范的强制措施,

第四章 强制措施

在一些史料中可以见到关于"执"的记载:在《左传》中,"执"的发生与诉讼直接相关,并且是发生在诉讼开始后,因此可以推测,"执"类似于"逮捕"或"抓获"。例如襄公十七年(公元前556年),卫大夫石买、孙蒯侵曹隧田土,"曹人诉于晋"①,第二年"晋人执卫行人石买于长子,执孙蒯于纯留"②。邾、莒两国侵占了鲁国的田土,晋平公即位后,"命归侵田,以我故,执邾宣公、莒犁比公"③。

二、秦汉时期的逮捕程序

出土简牍所见的秦汉时期有关逮捕的法规较为严密。从这些法律简牍来看,秦汉时期的逮捕依据不同的主体,有以下三类:

一是县以上地方司法机构捕人。《封诊式》的《告子》和《出子》爰书记载,某里士伍甲控告他的儿子不孝,某士伍妻甲控告另一妇女同她打架,致使她流产,县府就命令佐吏令史去捉拿被告。《盗自告》爰书也记载,公士甲自首盗窃,并举发了同案犯士伍丙,县府派令史去逮捕。县府具有审判权,因此可对捕来的人进行关押和审判。同时,对于如"群盗""贼杀伤""强盗"等重大刑事案件,县令、县尉也需要亲自率队到犯罪现场以及罪犯逃逸地抓捕相关罪犯归案。《二年律令·捕律》规定:"群盗杀伤人、贼杀伤人、强盗,即发县道……尉分将,令兼将,亟诣盗贼发及之所,以穷追捕之。"④

二是校长、求盗、吏主者以及有秩吏(有薪俸的低级官吏)捕人。这些基层小吏有缉捕盗贼、维持治安的职责,但没有审判权,因而他们发现犯罪人并实施捕获后,要捆送县府处理。例如,《盗马》爰书记载,市南街亭的求盗甲,在亭旁发现丙盗窃马和衣服,于是将丙捕

---

① 《左传·襄公十七年》。
② 《左传·襄公十八年》。
③ 《左传·襄公十六年》。
④ 张家山二四七号汉墓竹简整理小组编著:《张家山汉墓竹简[二四七号墓](释文修订本)》,文物出版社2006年版,第27页。

获,连马和衣服同时送到县府。① 《法律答问》中也有"有秩吏捕阑亡者"②的记载。《岳麓书院藏秦简(三)》记载:"校长癸、求盗上造柳、士五轿、沃诣男子治等八人、女子二人,告群盗盗杀人。"③可见校长、求盗等基层官吏一般会率领普通民众抓捕群盗,捕获之后移交县府。

图4-1 汉朝"缉盗荣归图"④

三是一般人逮捕犯罪人,捆送官府告发。秦推行商鞅奖励告奸捕亡的政策,一般人捕告的情况在秦简中记载很多,如"夫、妻、子五人共盗,皆当刑城旦,今中(甲)尽捕告之。"⑤"或捕告人奴妾盗百一十钱"⑥等。汉律中详细地规定了逮捕不同罪犯的赏赐,除获得赏金外,还可获得爵位。如"捕从诸侯来为间者一人,拜爵一级,又购二万钱。"⑦此条规定逮捕充当诸侯国耳目间谍之人者,可赐爵一级并受赏金二万钱。

---

① 参见睡虎地秦墓竹简整理小组:《睡虎地秦墓竹简》,文物出版社1978年版,第253—254页。
② 同上书,第210页。
③ 朱汉民、陈松长主编:《岳麓书院藏秦简(三)》,上海辞书出版社2013年版,第95页。
④ 汉朝"缉盗荣归图"长度8米,是目前国内发现最长的汉画像石。该幅画像石表现了从审讯犯人、解押囚徒到亭长迎候的全过程。该幅画像石现存于徐州汉画像石艺术馆。
⑤ 睡虎地秦墓竹简整理小组:《睡虎地秦墓竹简》,文物出版社1978年版,第209页。
⑥ 同上书,第211页。
⑦ 张家山二四七号汉墓竹简整理小组编著:《张家山汉墓竹简[二四七号墓](释文修订本)》,文物出版社2006年版,第29页。

第四章 强制措施

汉律还禁止官吏夜间进入民居捕人。《捕律》规定:"禁吏毋夜入人庐舍捕人,犯者,其室殴伤之,以毋故入人室律从事。"①《周礼·秋官·朝士》记载:"凡盗贼军乡邑及家人,杀之无罪。"郑司农云:"若今时无故入人室宅庐舍……其时格杀之,无罪。"②《捕律》中的"毋故入人室律"一部分内容应当就是郑司农提到的格杀夜入庐舍的官吏,不承担刑事责任。换言之,汉律禁止官吏夜间非法闯入他人居处逮捕。

一般而言,逮捕不需要凭证,只有某些特殊或者案情较为复杂、严重的案件,需要经皇帝直接下旨逮捕。此类凭证主要有:

(1)诏书。汉朝所谓的"诏捕"和"名捕",都必须以诏书为准。例如,江充诣阙告太子丹"与同产姊及王后宫奸乱,交通郡国豪猾",天子大怒,派遣使者"诏郡发吏卒围赵王宫,收捕太子丹"。③

(2)诏狱书。汉武帝时,淮南王曾伪造诏狱书,"逮诸侯太子及幸臣"④。因此,诏狱书可能是在逮捕特定身份的疑犯时使用的文书。

根据逮捕对象身份的不同,逮捕的程序也存在一些差别。在逮捕特殊身份的犯罪嫌疑人时,汉朝法律贯彻"有罪先请"原则,如汉文帝七年(公元前173年)诏曰:"令列侯太夫人、夫人、诸侯王子及吏二千石无得擅征捕"⑤。可见未经皇帝同意,王侯贵族及其近亲属享有不被擅捕的特权。而对于低级官吏和普通百姓,执行机关可以直接实施逮捕,不需要上请。

汉律还规定地方官吏必须先期发觉盗贼案件并积极逮捕,如果

---

① 谢桂华、李均明、朱国炤:《居延汉简释文合校》,文物出版社1987年版,第551页。
② 《周礼·秋官·朝士》及注。
③ 《汉书》卷四十五《蒯伍江息夫传》。
④ 同上。
⑤ 《汉书》卷四《文帝纪》。

在盗贼案发之时,没有察觉的,县令、县丞、县尉要承担连带责任,"罚金各四两",而直接负责抓捕盗贼的士吏、求盗"以卒戍边二岁"。县令、丞只有能事先察觉并积极抓捕盗贼以及"自劾",方能免除罚责。①

关于犯罪人拒捕反抗的问题,汉律规定:"捕盗贼、罪人,及以告劾逮捕人,所捕格斗而杀伤之,及穷之而自杀也,杀伤者除,其当购赏者,半购赏之"②。即在抓捕中导致罪犯受伤或死亡的,抓捕之人免责,但赏金则要减半。

汉律鼓励共同犯罪者相互告发并实施逮捕。《盗律》规定:"相与谋劫人、劫人,而能颇捕其与,若告吏,而吏颇得之,除告者罪,又购钱人五万。"颇,少部分。与,共同犯罪者。③ 参与劫人的共同犯罪者如果能够逮捕同案犯或向官吏告发、帮助逮捕,不仅能免除刑事责任,还能获得赏金。

三、唐朝时期的逮捕规定

唐朝法律对逮捕问题规定得比较具体、完备。逮捕的权力主体有许多种。在地方上,各地县尉"分判众曹,割断追催"④,具体执掌地方治安的,被称为"捕贼尉"或"捕贼官"。在司法实践中,一般州、县官府派出将吏进行逮捕,县以下的乡、里、村、坊基层组织的官吏具体承担逮捕罪犯的职责。《捕亡令》规定:"诸有盗贼及被伤杀者,即告随近官司、村、坊、屯、驿。闻告之处,率随近军人及夫,从发处追捕。"⑤《捕亡令》还规定了未能捕获盗贼的处理办法,即写明盗

---

① 参见张家山二四七号汉墓竹简整理小组编著:《张家山汉墓竹简[二四七号墓]》(释文修订本)》,文物出版社2006年版,第28页。
② 同上书,第29页。
③ 同上书,第18—19页。
④ 《唐六典》卷三十《三府督护州县官吏》。
⑤ 〔日〕仁井田陞:《唐令拾遗》,栗劲、霍存福等编译,长春出版社1989年版,第658页。

贼的相关情况,上报所属官府。只有在追捕三年之后,仍然未有结果,才能停止逮捕行动。①

在京城,金吾卫将军有逮捕罪犯的权力,《唐六典》规定:"将军之职,掌宫中及京城昼夜巡警之法,以执御非违"②。另外,京兆府、河南府、太原府以及各王府、都督府、都护府设立的法曹参军事或司法参军事执掌"督捕盗贼",纠察犯罪。③

根据唐律的规定,一般人在特定情况下有协助逮捕犯人的义务:"诸被人殴击折伤以上,若盗及强奸,虽傍人皆得捕系,以送官司"。而在一般情况下,则只能向官府报告而不得径行捕系:"若余犯不言请而辄捕系者,笞三十"④。唐律还要求道路上的行人必要时应当协助捕获犯罪人,否则要承担刑事责任,受刑罚制裁:"诸追捕罪人而力不能制,告道路行人,其行人力能助之而不助者,杖八十。势不得助者,勿论"⑤。

按照唐律的规定,逮捕人受命以后不尽职抓捕罪犯,或是在抓捕过程中,在"人仗足敌"时因畏惧逃犯,不敢上前搏斗而退缩、或搏斗之后而退缩,均属于犯罪行为,《唐律·捕亡》规定:"诸罪人逃亡,将吏已受使追捕而不行及逗留;虽行,与亡者相遇,人仗足敌,不斗而退者,各减罪人罪一等。斗而退者,减二等。即人仗不敌,不斗而退者,减三等。斗而退者,不坐"⑥。还严格要求,逮捕人者有保密的义务,如果"有漏露其事,令得逃亡者,减罪人罪一等(罪人有数罪,但以所收捕罪为坐)"⑦。

---

① 参见〔日〕仁井田陞:《唐令拾遗》,栗劲、霍存福等编译,长春出版社1989年版,第657页。
② 《唐六典》卷二十五《诸卫府》。
③ 《唐六典》卷三十《三府督护州县官吏》。
④ 《唐律·捕亡》"被殴击奸盗捕法"条。
⑤ 《唐律·捕亡》"道路行人不助捕罪人"条。
⑥ 《唐律·捕亡》"将吏捕罪人逗留不行"条。
⑦ 《唐律·捕亡》"捕罪人漏露其事"条。

为了应对逮捕时犯罪人拒捕反抗,唐律规定:"诸捕罪人而罪人持仗拒捍,其捕者格杀之及走逐而杀(走者,持仗、空手等),若迫窘而自杀者,皆勿论"①。但是,捕人时也不能随便把被捕者杀死或打伤,如"空手拒捍而杀者,徒二年"。如果犯罪人已被拘执或没有拒捕而把他杀死或打伤,"各以斗杀伤论";用刀杀伤,则"从故杀伤法"。至于犯罪人本人拒捕和殴打捕者,"加本罪一等;伤者,加斗伤二等;杀者,斩"②。

如果冒充官吏或官府派遣之人实施逮捕,或者低官位、无逮捕权之人冒充高官位之人去实施逮捕,都要受到惩罚:"诸诈为官及称官所遣而捕人者,流二千里。为人所犯害(犯其身及家人、亲属、财物等),而诈称官捕及诈追摄人者,徒一年"。"其应捕摄,无官及官卑诈称高官者,杖八十。即诈称官及冒官人姓字,权有所求为者,罪亦如之。"③

逮捕的对象,依《捕亡令》规定:"囚及征人、防人、流人、移乡人逃亡,及欲入寇贼,若有贼盗及被伤杀,并须追捕。"④这反映了法律对逮捕的控制。

唐律鼓励一起逃亡的罪犯,轻罪捕重罪,同罪互相捕,向官府自首:"诸犯罪共亡,轻罪能捕重罪首(重罪应死,杀而首者亦同。)及轻重等,获半以上首者,皆除其罪。(常赦所不愿者,依常法。)"⑤

四、宋朝的逮捕规定

宋朝专门从事缉捕罪犯的机构是县尉和各级巡检司。县尉的治所称为尉司,是县一级维持治安的专门机构。随着社会矛盾加剧,

---

① 《唐律·捕亡》"罪人持杖拒捕"条。
② 同上。
③ 《唐律·诈伪》"诈称官捕人"条。
④ 《唐律·捕亡》"将吏追捕罪人逗留不行"条疏议。
⑤ 《唐律·名例》"犯罪共亡捕首"条。

第四章　强制措施

县尉所承担的职能越来越多,任务也越来越重。到南宋孝宗隆兴年间,大县置两尉司成为惯例。①

巡检司发端于五代,原来是皇帝亲信将领以巡检名义出镇地方、监视地方军阀势力的官职。宋朝建立以后,改巡检司为专门负责"训治甲兵,巡逻州邑,擒捕盗贼"②的地方治安机构。宋朝在地方州县普遍设置巡检司,"或数州、数县管界,或一州一县巡检"③。除了按照行政区划设立县、州巡检司之外,宋朝还在江河、沿海以及战略要地设置了各种专职的巡检司。如在西部少数民族杂居地区设置了"沿边奚峒都巡检""藩汉都巡检"作为当时的边防治安缉捕机构。

尉司和巡检司的主要职责就是缉捕盗贼,如果未履行职责,将会被治罪:"应地分内被盗,而本保不以闻官,与巡尉受报不即掩捕……皆重行断罪"④。同时,尉司与巡检司还要执行州县的牒文命令,进行逮捕、追捕各类罪犯、逃军以及案件相关当事人。

《宋刑统·捕亡》关于逮捕对象、逮捕情形的规定基本沿袭唐律,需要注意的是,各级司法机构长官签发的牒文文书是实施逮捕的前提条件,但是在实际司法操作中,往往由低级官吏、胥吏擅自下达逮捕命令。⑤

同时,宋朝法律也有逮捕期限的规定:"三十日内能自捕得罪人,获半以上;虽不得半,但所获者最重,皆除其罪。虽一人捕得,余人亦同"⑥。逮捕时,巡检和县尉必须亲自带队,南宋时进一步明确规定:"常制不得差出使臣",即下级军官不得单独行动,只有在巡检

---

① 参见《宋史》卷一百六十七《职官七》。
② 同上。
③ 同上。
④ 《宋会要辑稿·职官》四八之七一。
⑤ 黄淮、杨士奇编:《历代名臣奏议》卷二百十七《乞令县丞兼治狱事疏》。
⑥ 《宋刑统·捕亡》"将吏追捕罪人"条。

有公务出差时,方能"听选差捕杀"①。

南宋时,逮捕程序中的"批书"制度愈发严格,各级机构必须在盗贼案件发生时及时填写时间、地点、人数等内容,批发给巡捕官吏,称为"印纸批书",要求限期缉拿归案。②

五、明清时代的逮捕规定

明清律关于逮捕的规定略同唐律,但也有些不同之处。

首先,在逮捕期限方面,规定:罪犯如在押送期间内逃亡的,相关责任人要承担刑事责任,"主守及押解人不觉失囚者,一名杖六十,每一名加一等,罪止杖一百,皆听一百日内追捕"③,也就是能在一百天内抓捕逃犯,可免除刑事责任。

其次,与汉律相似,明清律规定了捕告盗贼予以赏金的内容。《大清律例·刑律·捕亡》规定:"其邻境、他省之文武官有能拏获别案内首盗、伙盗、质审明确者,该地方文武各官交部分别议叙,兵役分别酌量给赏,若不在伙内之人首出,盗首即行拏获者,地方官从优给赏,捕役拏获盗首者,亦从优给赏。"④可见,清朝法律鼓励地方官府相互协助抓捕盗贼,从而惩治危害社会的严重犯罪行为,维护社会稳定和秩序。当然,负有抓捕职责的本地官吏是没有获得赏金的资格的。

最后,明清律放宽了对逮捕的限制。如唐律中"被殴击奸盗捕法"的条文,明律不载,就是说普通百姓可以捕系任何犯罪人送府,而不像唐朝那样仅限于殴击折伤以上、盗和强奸三类案件。而且唐律中没有关于奖赏捕告的规定,而明律中却间有所见。如捕告伪造印信历日、伪造宝钞、私铸铜钱的犯罪人,可得赏银三十、五十以至

---

① 《庆元条法事类》卷六《职制门三·差出》。
② 《庆元条法事类》卷六《职制门三·批书》。
③ 《大清律例·刑律·捕亡》"徒流人逃"条。
④ 《大清律例·刑律·捕亡》"盗贼捕限"条。

二百五十两。①

总之,古代的逮捕和今天刑事诉讼法中的逮捕有明显的差别:其一,不论是有司法权的县、州、府实施逮捕,还是乡、里、亭、保捕送官府和老百姓捕送官府,都称为捕,这不像今天刑事诉讼法上有逮捕、拘留、扭送的区分。实际上,乡、里、亭、保和老百姓的捕送官府,更类似于扭送。其二,对逮捕的机关、条件和手续,不像现代法律那样有明确的规定和限制。

第二节 囚 禁

古代的囚禁称"囚""系狱""囚系""囚拘"等。囚禁按照性质可以分为两类,一是对有关诉讼参与人囚禁,类似现在的羁押;二是对已决犯囚禁。前者属于强制措施,后者属于判决的执行。本节将对前者进行探讨。

囚,商朝甲骨文作"㘝""㘝"等,就是把人关在监牢里,《说文》:"囚,系也,从人在口中"。

春秋时期,发生过囚系诸侯的事例,晋国作为盟主,曾就卫国卿大夫孙氏与卫献公因君位废立以及田土纠纷问题进行过调解,后来晋国联合其他诸侯与卫国会盟,"卫侯如晋,晋人执而囚之于士弱氏"②。

秦汉时期,囚禁措施开始规范化、制度化,秦《司空律》规定:"所弗问而久系之,大啬夫、丞及官啬夫有罪"③。如果不经审讯而长期拘禁犯罪嫌疑人,大啬夫、丞等负有审理责任的主官要承担刑事责任。可见在当时,犯罪嫌疑人久押不决的问题已经引起了人们的关

---

① 《大明律·刑律·诈伪》"伪造印信历日等""伪造宝钞""私铸铜钱"条。
② 《左传·襄公二十六年》。
③ 睡虎地秦墓竹简整理小组:《睡虎地秦墓竹简》,文物出版社1978年版,第84页。

注,并以法律加以规制。然而秦汉律中并未明确规定囚系的期限,《法律答问》记载了一个案例,未成年人甲盗牛,此案久拖不决,被囚系一年,身高从六尺变为六尺七寸,对其最终的量刑成为一个疑问。判决以案发时六尺定罪,最终减刑为完城旦。①

同时,在拘留犯罪嫌疑人时需要有"系牒",即囚系文书,汉简《奏谳书》案例十六记载:"求盗甲告曰……公梁亭校长丙坐以颂系,毋系牒,弗穷讯"②。颂系,即不戴狱具。因为没有系牒,犯罪嫌疑人丙无需戴桎梏等械具,也未经"穷讯",可见有无系牒关系到逮捕的法律效力。

唐宋时期的囚禁制度日益完善。不是所有的被告都应囚禁,唐律规定:"犯笞者不合禁,杖罪以上始合禁推"③,只对杖以上罪犯实行囚禁。司法官吏对被告应禁而不禁,或不应禁而禁,要承担刑事责任:"诸囚应禁而不禁……杖罪笞三十,徒罪以上递加一等。……若不应禁而禁……杖六十"④。

除了所犯罪行的轻重,被告的身份地位也会影响囚禁措施的适用。例如官吏犯了应当被囚禁的罪行时,按《狱官令》的规定:"诸职事官五品以上,散官二品以上,犯罪合禁,在京者皆先奏;若犯死罪在外者,先禁后奏。其职事官及散官参品以上有罪,敕令禁推者,所推之司皆复奏,然后禁推"⑤。可见囚禁高官需要经过特殊的上请程序,这体现了唐朝高品级官员的司法特权。

宋朝基本继承了唐朝的相关制度,并且规定的更加细密。如对

---

① 参见睡虎地秦墓竹简整理小组:《睡虎地秦墓竹简》,文物出版社1978年版,第153页。
② 张家山二四七号汉墓竹简整理小组编著:《张家山汉墓竹简[二四七号墓]》(释文修订本),文物出版社2006年版,第98页。
③ 《唐律·断狱》"囚应禁不禁"条疏议引《狱官令》。
④ 《唐律·断狱》"囚应禁不禁"条。
⑤ 〔日〕仁井田陞:《唐令拾遗》,栗劲、霍存福等编译,长春出版社1989年版,第718页。

第四章 强制措施

于官吏作为被告的案件,不首先囚禁,"官人有被告者,不须即收禁,待知得实,然后依常法"①。同时,宋朝针对原告的不同情况,规定了囚禁的制度,"凡告人罪犯,事状未明,各须收禁。虽得实情,亦且本家知在,候断讫逐便。"②

明清时期对适用囚禁的被告范围进一步限缩。明朝法律规定:"男子犯徒以上,妇女犯奸及死罪,皆应收禁。"③清朝法律也规定:"徒犯以上,妇人犯奸,收禁。"④可见,基本的原则是所犯罪行较轻的犯罪嫌疑人不适用囚禁,同时从封建伦理和体恤女性的角度出发,还规定了男女不同的收禁情形。明清律还增加了一条新的规定:"凡官吏怀挟私仇故禁平人者,杖六十,因而致死者,绞。"⑤其用意是防止官吏为了报私仇而囚禁无辜。

在古代诉讼中,对原告和证人也可加以囚禁。明律规定:"凡告词讼,对问得实,被告已招服罪,原告人别无待对事理,随即放回,若无故稽留三日不放者,笞二十,每三日加一等,罪止笞四十。"⑥这条规定反过来说明,在被告罪行没有证实,被告未招认的情况下,对原告是要加以囚禁的。另外明律"故禁故勘平人"条纂注云:"虽无罪犯,系紧关干对之人,立有文案,而应该监禁者,则非故禁矣。"⑦可见,与案件有关的证人,也是可以囚禁的。

为了防止囚禁者越狱、行凶及进行其他反抗活动,对某些囚禁者,用器械束缚其身体。这些束缚身体的器械,称为狱具。狱具与刑讯的工具,统称为刑具。

---

① 《宋刑统·断狱》"应囚禁枷鏁杻"条准用刑部格敕。
② (宋)李元弼:《作邑自箴》卷三《处事》。
③ 《大明律集解附例·刑律·断狱》"囚应禁而不禁"条纂注。
④ 《大清律例·刑律·断狱》"囚应禁而不禁"条注。
⑤ 《大明律·刑律·断狱》"故禁故勘平人"条。平人指平安无事、并与公事毫不相干的人。清律同明律规定。
⑥ 《大明律·刑律·断狱》"原告人事毕不放回"条。
⑦ 《大明律集解附例·刑律·断狱》"故禁故勘平人"条纂注。

古代的狱具种类很多,而且随着历史的发展不断变化。总的来说主要包括以下三类:

(1) 桎梏(zhi gu)。桎梏是木制的束缚手足的工具,根据《说文解字》的解释,桎者"足械也",梏者"手械也",梏即手铐,桎即脚铐(见图4-2)。桎梏由来已久,在商朝的甲骨文中,(幸),就是当时的桎梏,从甲骨文字形可以看出,"幸"是两半相合的形状,用时将手腕放置于器械中心圆孔中;(执),就是把双手用"幸"铐起来;,就是把脚用"幸" 铐起来。1937年在河南安阳殷墟出土了一批戴着梏的陶俑,女俑双手铐在身前,男俑双手铐在背后。《周易》中有"利用刑人,用说桎梏"①的记载。《说文·幸部》载:"幸,所以惊人也。"就是用以使人惊骇的刑具。桊是"两手同械也"的意思,《周礼》载:"上罪梏桊而桎"。郑司农注:"桊者,两手共一木也。"②从字形上看,

图4-2 河南安阳小屯出土的双手戴桎梏的商朝陶俑③

① 《周易·蒙》。
② 《周礼·秋官·掌囚》及注。
③ 图片引自《中国大百科全书·法学》,中国大百科全书出版社1984年版,第443页。

第四章　强制措施

当是双手被套进一块木头上,梏,唐以后通称为杻(chou)。唐朝的杻,长一尺六寸以上,二尺以下,广三寸,厚一寸。明朝的杻,长一尺八寸,厚一寸。

（2）锁（鏁）。即锒铛(langdang),或镣,是一种用铁环勾连而成的长索,系在囚人的脚上或颈脖上。这种狱具出现于汉朝,当时称为钛,《史记·平准书》索隐描述脚镣曰:"状如跟衣,著左足下,重六斤"①。其中跟衣应该是马蹄形脚垫。②《汉书·王莽传》记载:"民犯铸钱,伍人相坐,没入为官奴婢。其男子槛车,儿女子步,以铁锁琅当其颈,传诣钟官,以十万数。"师古注:"琅当,长鏁也。"可见西汉时,铁锁这种狱具被广泛使用。唐朝时,锁长八尺以上,一丈二尺以下。③ 元朝时将系于颈部的铁链称为"锁",系于腿部的称为"镣",其规格与唐朝一致。④ 明朝时系轻罪的叫索,长一丈,另一种系足的铁镣,重三斤(见图4-3)。⑤

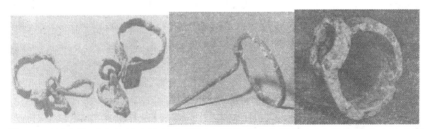

图4-3　(左)郑州出土的东汉铁镣⑥(中)刑徒墓出土的钳(右)刑徒墓出土的钛⑦

（3）枷。又称校,是加在囚人颈项上的木制械具。《易·噬·

---

① 《史记》卷三十《平准书》索隐引张斐《汉晋律序》。
② 钛具体形制可见秦中行：《汉阳陵附近钳徒墓的发现》,载《文物》1972年第7期。
③ 《唐六典》卷六《尚书刑部》。
④ 参见《新元史》卷一百二《刑法志上》。
⑤ 《明史》卷九十三《刑法一》载:"索,铁为之,以系轻罪者,其长一丈。镣,铁连环之,以絷足,徒者带以输作,重三斤。"
⑥ 图片引自谢遂莲：《郑州市郊发现汉代铁刑具》,载《中原文物》1981年第1期。
⑦ 图片引自秦中行：《汉阳陵附近钳徒墓的发现》,载《考古》1976年第12期。

上九》记载:"何校灭耳",据解释,"何(荷)校,若今犯人带枷也。"① 这说明周朝时可能已有枷。汉时称为钳,晋律规定:"钳重二斤,翘长一尺五寸"②。钳即头枷,翘为角状物,一般钳套在刑徒头顶,角状物垂在肩头,如鸟尾翘起之形,故而得名(见图4-3)。③ 汉朝时期钳为铁制,魏武帝时期因为铁不足,钳、钛改为木制。北魏时,枷的大小轻重,没有定制,宣武帝永平元年(公元508年)秋七月,诏令"尚书检枷杖大小违制之由,科其罪失"。于是尚书令高肇等奏请制造一定规格的大枷用于大逆外叛,其他各种大枷,一律烧掉。奏章中又说:"枷本掌囚,非拷讯所用,从今断狱,皆依令尽听讯之理。"当时"枷杖之制,颇有定准"④。唐朝规定枷的大小为:长五尺以上,六尺以下;颊长二尺五寸以上,六寸以下;共阔一尺四寸以上,六寸以下;径头三寸以上,四寸以下。但是武则天时来俊臣等制造的大枷,共有十种,"一曰定百脉,二曰喘不得,三曰突地吼,四曰著即承,五曰失魂胆,六曰实同反,七曰反是实,八曰死猪愁,九曰求即死,十曰求破家"⑤。这不仅不符合枷的大小定制,而且把枷变成了折磨人的残酷工具。明朝,枷长五尺五寸,头阔一尺五寸,用干木制作,死罪重三十五斤,徒流重二十斤,杖罪重一十五斤,长短轻重,都刻志在枷上。

以上这些狱具,古代早期均未有定制,到了隋唐时期,法律规定了各类狱具的规格,意图废除法外戒具。《旧唐书·刑法志》记载:"又系囚之具,有枷、杻、钳、锁,皆有长短广狭之制。"⑥但是在特殊时期,也往往突破定制,武则天时期囚禁犯人常用大枷,十分残酷。以

---

① 《说文解字》卷六《木部》段玉裁注。
② 《太平御览》卷六百四十四《刑法部一〇·钳》。
③ 翘的具体形制图片引自秦中行:《汉阳陵附近钳徒墓的发现》,载《考古》1976年第12期。
④ 《魏书》卷一百一十一《刑罚志》。
⑤ 《旧唐书》卷五十《刑法》。
⑥ 同上。

第四章 强制措施

后历代,基本上沿袭唐制,以法律规定狱具的种类、规格、使用方式,但是也都存在在定制之外擅制狱具的现象,例如宋朝有夹帮、脑箍等狱具,明朝有重枷、立枷等狱具。

图 4-4 清朝戴枷的犯人①

在一般情况下,原则上主要根据囚人犯罪的轻重程度而决定狱具的施用,或同时使用几种狱具,或只用其中一种,或不戴狱具而"散禁"。如《周礼》中规定:"上罪桎梏而桎,中罪桎梏,下罪桎。王之同族拲,有爵者桎,以待弊罪。"②《北齐律》中规定:"罪行年者锁,无锁以枷;流罪已上加杻械,死罪者桁之。"③北周,凡死罪枷而拲;流罪枷而梏;徒罪枷、鞭罪桎、杖罪散以待断。④ 唐朝,"禁囚死罪枷、杻,妇人及流以下去杻,其杖罪散禁"⑤。明朝,"其在禁囚,徒以上应杻,充军以上应锁,死罪应枷。惟妇人不杻"⑥。清朝的规定与明朝相同,康熙十二年(公元 1673 年)时还规定:"凡关系强盗人命等重

---

① 图片引自马卫国编著:《图圄内外:中国古代监狱文化》,浙江大学出版社 2013 年版,第 70 页。
② 《周礼·秋官·掌囚》。
③ 《隋书》卷二十五《刑法》。
④ 同上。
⑤ 《唐律·断狱》"囚应禁不禁"条疏议引狱官令。
⑥ 《大明律集解附例·刑律·断狱》"囚应禁而不禁"条纂注。

罪人犯,脖项手足应用铁锁、杻、镣各三条,其余人犯用铗锁、杻、镣各一条"①。

唐朝至明、清的法律还明文规定,诸囚应戴狱具而不戴,不应戴而戴,以及改戴别种狱具,都要受到不同的惩罚。唐律规定:"诸囚……应枷、锁、杻而不枷、锁、杻,及脱去者,杖罪笞三十,徒罪以上递加一等;迴易所著者,各减一等。即囚自脱去及迴易所著者,罪亦如之。若不应禁而禁及不应枷、锁、杻而枷、锁、杻者,杖六十。"②明律规定:"凡狱囚……应枷、锁、杻而不枷、锁、杻及脱去者,若囚该杖罪,笞三十;徒罪,笞四十;流罪,笞五十;死罪,杖六十。若应枷而锁,应锁而枷者,各减一等。若囚自脱去及司狱官、典狱卒私与囚脱去枷、锁、杻者,罪亦如之。提牢官知而不举者,与同罪;不知者不坐。……不应枷、锁、扭而枷、锁、杻者,各杖六十。若受财者,并计赃以枉法从重论。"③

古代法律还规定,对特定的囚人,应宽容处理,不戴狱具,这叫做"颂系"。颜师古解释"颂系"云:"颂读曰容。容,宽容之,不桎梏。"④这类囚人主要包括以下几种:

一是官僚贵族等有特权身份的人。汉惠帝时,"爵五大夫、吏六百石以上,及宦皇帝而知名者,有罪当监械者,皆颂系"⑤。梁律规定:"郡国太守、相、都尉、关中侯已上、亭侯已上之父母妻子及所生,坐非死罪除名之罪,二千石以上非槛征者,并颂系之。"⑥北齐法律规定"皇族与有爵者,死罪已下锁之,徒已下散之"⑦,宗室和贵族中可享受赎罪特权的人,犯死罪以下,只需要戴锁,而犯徒罪以下,可不

---

① 《钦定大清会典事例》卷八百三十八《刑部·刑律断狱》。
② 《唐律·断狱》"囚应禁不禁"条。
③ 《大明律·刑律·断狱》"囚应禁而不禁"条。
④ 《汉书》卷二十三《刑法志》颜师古注。
⑤ 《汉书》卷二《惠帝纪》。
⑥ 《隋书》卷二十五《刑法》。
⑦ 同上。

第四章 强制措施

加狱具。唐朝时,一定等级的官吏犯徒、流罪,可得到"锁而不枷"的待遇,只有犯公罪(因公事犯罪而无私情的)处徒刑的,才受到颂系的优待。① 明朝时,官犯私罪(不因公事犯罪而无私情的)徒刑以下的,以及公罪流刑以下的,也都散收不加狱具。

二是老少、废残和孕妇。汉景帝时规定,年八十以上、八岁以下、孕妇、盲人乐师、侏儒(短人不能行走者),应当审讯囚系的,予以颂系。以后历代的规定与此大同小异。梁律规定:"耐罪囚八十已上、十岁已下,及孕者、盲者、侏儒当械系者……并颂系之。"②唐朝规定:"年八十、十岁,废疾、怀孕、侏儒之类,皆讼(颂)系以待断。"③元朝规定,重病者,去枷、锁、杻,听家人入侍。明朝则规定囚徒年七十以上、十五以下和废疾者,都散收不戴狱具。历代法律所以这样规定,主要是由于这些人在囚禁期间不太可能逃跑、行凶或实施其他有危险性的活动;同时,这样的规定也反映了实行"仁政"的理念。

第三节 其他强制措施

在中国古代,除了逮捕和囚禁这两种主要的强制措施外,见于法律的,还有追摄(勾取)、勾问和保候等。

追摄(勾取)和勾问。唐律在"鞫狱停囚待对"条中规定,法官在囚徒有同伙在外地的情况下,"虽职不相管,皆听直牒追摄"④。明律则规定:"虽职分不相统摄,皆听直行勾取。"集解说:"勾取即关提

---

① 参见《唐六典》卷六《尚书刑部》。
② 《隋书》卷二十五《刑法》。
③ 《唐六典》卷六《尚书刑部》。废疾:指痴症、侏儒、腰脊折伤、一肢废。《唐律·断狱》"议请减老小疾不合拷讯"条疏议引唐令。
④ 追摄,在唐律"拒殴州县以上使"条和明律"拒殴追摄人"条中,指"追征钱粮,勾摄公事",即主要是指官员因行政上需要造报下属官吏和平民。被追摄者可能有罪,也可能无罪,与诉讼中的追摄被告或关系人,有所不同。

之意。"①可见，追摄和勾取，轻于逮捕，类似于现在诉讼中的拘传。在明律中还有"勾问"这种强制措施，如规定："凡上司催会公事，立案定限，或遣牌，或差人……其有必合追对刑名、查勘钱粮，监督造作重事，方许勾问，事毕，随即发落"②。又规定："凡八议者犯罪，实封奏闻取旨，不许擅自勾问。"③从这些条文中可见，勾问比追摄的强制性小一些，但也不是没有强制性，与现代刑诉法中不带强制性的传唤有区别，仍类似于拘传。

  保候，即取保候审。唐律规定：拷讯被告人，"拷满不承，取保放之"④。《唐六典》规定：诸犯流、徒罪者服劳役时，"皆着钳，若无钳者着盘枷，病及有保者听脱"⑤。这说明唐朝已有取保的制度了。元朝法律规定："诸狱讼，有必听候归对之人，召保知在，如无保识，有司给粮养济，勿寄养于民家。"⑥明律"故禁故勘平人"条纂注："有罪则有招，无罪则无招，既无罪而不先省发保候，是为无招误禁。"⑦清律规定："若因(该问)公事干连平人在官，(本)无招(罪而不行保管)，误禁致死者，杖八十。"⑧明律在"狱囚衣粮"条中规定，狱官对狱囚患病"应保管出外而不保管"的要承担刑事责任。该条纂注中又规定："干证之人应保候。"⑨清律在"狱囚衣粮"的附条例中规定："病重者……杖罪以下保管在外医治，痊日依律断决。"⑩从这些规定来看，保候是对与案件有关的证人、可能无罪的被告及有病之囚禁者采取的。

---

① 《大明律集解附例·刑律·断狱》"鞫狱停囚待对"条纂注。
② 《大明律·吏律·职制》"擅勾属官"条。
③ 《大明律·名例律》"应议者犯罪"条。
④ 《唐律·断狱》"拷囚不得过三度"条。
⑤ 《唐六典》卷六《尚书刑部》。
⑥ 《元史》卷一百五《刑法四》。
⑦ 《大明律集解附例·刑律·断狱》"故禁故勘平人"条纂注。
⑧ 《大清律例·刑律·断狱》"故禁故勘平人"条。
⑨ 《大明律集解附例·刑律·断狱》"狱囚衣粮"条纂注。
⑩ 《大清律例·刑律·断狱》"狱囚衣粮"条例。

第四章 强制措施

《折狱龟鉴补》中记载了一则案例,可以说明取保的实施情况。清朝嘉庆年间,安徽省霍邱县范寿子,家贫,故其父将其入赘到一个姓顾的老太家中做女婿。第二年正月十四日,范寿子忽然失踪。范寿子的父亲因怀疑儿子被她家杀害,一再到老太家吵闹,言语之间侵犯顾老太干儿子杨三,结果被杨三推倒在地,遂至县衙告状。王姓县令仅凭一奶妈的传闻证言,认为此案是因奸致命,便对杨三等严刑拷打。后杨三等供认与顾氏通奸,因怕走漏消息,杨三伙同顾氏母女将范寿子打死。于是把五个人监禁起来。案件经府到省里,按察使产生了疑问,经过进一步调查,了解到范寿子在十五日曾到他的姨夫陈大风家,住了一晚,十六日吃过早饭才走。但一时又找不到范寿子下落,按察使就命令"将五人保候,饬该县确查寿子踪迹"。半年以后,范寿子自己来报案,说是当时因赌钱欠了别人的债,偷逃到河南去了。在此案中,保候是对可能无罪的被告采取的措施。①

---

① 这一案例见(清)胡文炳:《折狱龟鉴补》卷三《犯奸下》"风闻奸毙"条。

第 五 章
证 据 制 度

证据制度历来是司法制度中的核心内容。因为要对案件作出处理,必须首先认定案件事实;而要认定案件事实,就必须收集和运用证据。证据制度就是司法活动中收集运用证据认定案件事实的原则、规则和程序的总和。中国古代的证据制度散见于有关审判的史料,并比较集中地规定在历代刑律之中。本章就古代证据制度的若干重点问题予以论述。

第一节 古代证据制度的主要特点

中国古代证据制度不仅受社会经济制度、政治制度和诉讼制度的制约,而且和生产水平、科技及文化的发展程度有直接关联。中国古代的诉讼证据制度,既具有世界各国奴隶制、封建制证据制度的共同特点,又具有中华法系的独特之处。

中国古代证据制度主要有以下特点:

第一,神判法消失得比较早。世界诉讼史表明,在国家和诉讼活动出现之初,科学文化不发达,宗教迷信盛行,人们还不懂得通过使用证据来认定事实、判断是非。这时就会求助于神,从而产生了

第五章 证据制度

神判法。一般来说,神判和证据交织使用一个时期后,神判就消失了。中国古代也存在过神判法。《说文解字》解释"灋"字(古法字)时说:"刑也。平之如水,从水。廌所以触不直者去之,从廌去。"又释"廌"(zhi)字曰:"兽也。似山牛,一角。右者决讼,令触不直。"廌,即獬豸(见图5-1、5-2),据说,"獬豸,神羊,能别曲直,楚王尝获之,故以为冠"①。东汉王充也说:"皋陶治狱,其罪疑者,令羊触之,有罪则触,无罪则不触。"②这种以神兽触罪者的传说,正是古代早期曾经实行过神判的反映。但是,神判在中国历史上消失得比较早,到了周朝,神判基本上已不实行了,但仍有残迹可见。例如《墨子·明鬼》中记载了这样一个故事:

"昔者齐庄君之臣,有所谓王里国、中里徼者。此二子者,讼三年而狱不断。齐君由谦杀之,恐不辜;犹谦释之,恐失有罪。乃使二人共一羊,盟齐之神社,二子许诺。于是洿洫,揠羊而漉其血。读王里国之辞既已终矣;读中里徼之辞未半也,羊起而触之,折其脚,祧神之而槀之,殪之盟所。当是时,齐人从者莫不见,远者莫不闻,著在齐之春秋。"③

墨子希望以此来证明鬼神的存在,这当然是不对的。但这则故事形象地说明当时确实存在着神明裁判。

第二,重视被告人口供的口供主义。被告人供述又称口供,是指被告人就其被指控的犯罪事实和其他有关情况向司法机关所作的陈述。中国古代在有罪推定、重供定案的理念指导下,刑事案件的被告人实际上承担着一定的证明自己有罪的责任,因此这里的被告人供述仅指有罪供述。在中国古代的诉讼中,口供是最有分量的证据,没有被告人的供认,一般是不能定罪的。而为了取得口供,法

---

① 《后汉书》志第三十《舆服下》。
② (汉)王充:《论衡》,陈蒲清点校,岳麓书社2006年版,第228页。
③ 《墨子·明鬼下》。

图5-1 为北魏的镇墓兽獬豸,独角朝前,藏于陕西历史博物馆

图5-2 为北京明十三陵神道上的獬豸,独角朝后

律明文规定允许采取刑讯的手段,只不过法律对采取刑讯的条件和程序做出了限制性规定,防止滥施刑讯。

《睡虎地秦墓竹简·封诊式》"讯狱"篇主要是规范刑讯的使用,但是从中也可以看出,秦朝的审讯活动是以获取供词为中心展开的,讯问要持续进行直到被告人作出有罪供述为止。由此可见口供在诉讼中的重要性。在《封诊式》和汉简《奏谳书》中,能看到不少被告人供述的记载。例如:《封诊式·告子》载:"丞某讯丙,辞曰:'甲亲子,诚不孝甲所,无它坐罪。'"①《封诊式·告臣》载:"讯丙,辞曰:'甲臣,诚悍,不听甲。甲未尝身免丙。丙无病也,无它坐罪。'"②《奏谳书》中有一则女子"符"逃亡的案例,"符"自己供认说:"诚亡,诈自以为未有名数,以令自占书名数,为大夫明隶,明嫁符隐官解妻,弗告亡,它如蒜"③。这些被告人供述对于定罪都起着重要作用。

到了唐朝,法律不仅明确规定了通过刑讯获取口供的条件和程

---

① 睡虎地秦墓竹简整理小组:《睡虎地秦墓竹简》,文物出版社1978年版,第263页。
② 同上书,第259页。
③ 张家山二四七号汉墓竹简整理小组:《张家山汉墓竹简[二四七号墓]》(释文修订本),文物出版社2006年版,第94页。

第五章 证据制度

序,对口供在认定案件事实时的作用也有所涉及。《唐律·断狱》规定:"若赃状露验,理不可疑,虽不承引,即据状断之。"疏议曰:"若赃状露验,谓计赃者见获真赃,杀人者检得实状,赃状明白,理不可疑,问虽不承,听据状科断。"[①]也就是说,如果证据确实,无可怀疑,即使被告人不供认,也可以不必拷讯而直接定罪。这条规定一方面表明物证在定案中具有重要作用,另一方面也说明口供并非定案的必要证据。这个规定是合理的,在当时能作出这样的规定也是很不容易的。但是,这条规定只是针对证据显露的案件,并不适用于所有案件。更重要的是,这个规定在明清律中被取消了。本书在初审程序一章提到,按照《大明律》的规定[②],即使其他证据已经足以证明案件事实,依然要获取被告人的供述方可定案。《大清律例·刑律·断狱》也规定:"凡诸衙门鞫问刑名等项(必据犯者招草以定其罪)。"[③]《清史稿·刑法三》载:"断罪必取输服供词,律虽有'众证明白,即同狱成'之文,然非共犯有逃亡,并罪在军、流以下,不轻用也。"[④]这些规定显然与唐朝的规定有所差异,意味着即使其他证据足以证明案件事实,依然需要获取被告人的有罪供述。

总而言之,在整个中国古代,口供始终是诉讼中最重要的证据。口供之所以最受重视,首先,是由于古代侦查技术不够发达,有的案件中无法获取其他证据,只能寄希望于被告人自己供认;其次,被告人对自己做过什么最为清楚,其口供对于认定案件事实的价值最大;最后,古代诉讼不仅是定罪量刑的活动,也兼有实施教化的功能,被告人自己的招认被认为是一种悔罪态度的体现,表明自己认识到了自己的错误。

第三,基本上不实行形式证据制度,判断事实主要靠法官个人

---

① 《唐律·断狱》"讯囚察辞理"条。
② 见《大明律·刑律·断狱》"故禁故勘平人"条。
③ 《大清律例·刑律·断狱》"吏典代写招草"条。
④ 《清史稿》卷一百四十四《刑法三》。

决断,追求查明案件事实真相。众所周知,在欧洲中世纪后期实行封建专制主义,盛行法定证据制度,一切证据的证明力,由法律机械地加以规定,例如把证据分为完全的、半完全的、少半完全的等。法官只能死板地按照法律规定认定事实,而不能按照自己的认识来判案。中国古代则不同,判断证据,认定案情主要凭法官自己的判断。《周礼》中有以"五听"来断狱的记载:"以五声听狱讼,求民情:一曰辞听(郑玄注:观其出言,不直则烦),二曰色听(郑玄注:观其颜色,不直则赧然),三曰气听(郑玄注:观其气息,不直则喘),四曰耳听(郑玄注:观其听聆,不直则惑),五曰目听(郑玄注:观其眸子视,不直则眊然)。"①《尚书·吕刑》也载:"两造具备,师听五辞。"②五辞,"即五听也"。③"五听"后来被封建法律所认可并奉为审判案件的准则。例如《唐律·断狱》规定:"依狱官令:'察狱之官,先备五听。'"④"五听"要求法官面对面地审问被告人及其他诉讼参与人,并直接观察其颜色,不采取间接的书面审理方式,这是可取的;但是"五听"通过察言观色来进行推测,往往不完全可靠,从而容易发生错案。中国古代也有"据众证定罪"的规定,形式主义定罪色彩颇浓,但属于例外,不是占主导地位的制度。

古代诉讼重"五听"固然存在着主观臆断的倾向,但同时又相当重视查明案件事实真相。《周礼·秋官·司刺》载:"司刺掌三刺……一刺曰讯群臣,二刺曰讯群吏,三刺曰讯万民。""云'赞司寇听狱讼者',专欲以成,恐不获实,众人共证,乃可得真,故谓赞之也。"⑤这里的"三刺"制度旨在得到案件的"实"与"真"。秦汉时期

---

① 《周礼·秋官·小司寇》。
② 《尚书·吕刑》。
③ (清)孙星衍撰:《尚书今古文注疏》,陈抗、盛冬铃点校,中华书局2004年版,第531页。
④ 《唐律·断狱》"讯囚察辞理"条。
⑤ 《周礼·秋官·司刺》。

审结案件常用"审""皆审"的表述,"审"字在古汉语中也有真实之意;唐宋明清定罪的证据标准常用"理不可疑""事实无疑""证佐明白",这些都表明要查明案件实情。在古代诉讼中,一方面追求事实真相,另一方面倚重口供定案,这形成了明显的矛盾,但是这种矛盾是当时历史条件下的必然产物。

第二节 证据的种类

中国古代的法律虽然没有像近现代法律那样对证据种类作出明确的规定。但是从古代法典和其他史料的记载中可以看出,中国古代的证据主要有被告人供述、证人证言、物证、勘验结果和书证。下面将分别加以论述。需要说明的是,由于被告人供述的问题,在本书第六章中刑讯部分以及上文古代证据制度特点部分已有论述,为避免重复,下面将不再探讨被告人供述的问题。

一、证人证言

证人证言是一种古老的证据。《周礼·地官·小司徒》载:"凡民讼,以地比正之。"①贾公彦疏曰:"民讼,六乡之民有争讼之事,是非难辨,故以地之比邻知其是非者,共正断其讼。"《周礼·秋官·朝士》载:"凡属责者,以其地傅,而听其辞。"②郑玄注曰:(凡因债务纠纷而诉讼的)"以其地之人相比近,能为证者来,乃受其辞为治之。"以上材料表明,在周朝,诉讼中可能已经使用证人证言。

到了封建时期,法律对证人证言作出了明确的规定,其主要内容和特点如下:

---

① 《周礼·地官·小司徒》。
② 《周礼·秋官·朝士》。

1. 对证人可以逮捕、拷问

在封建专制时代的诉讼中,证人和被告人一样,是可以逮捕和拷讯的。西汉杜周任廷尉时,逮捕证人作证,"章大者连逮证案数百,小者数十人",审案时,"吏因责如章告劾,不服,以掠笞定之。于是闻有逮证,皆亡匿"。① 东汉的戴就任郡仓曹掾时,扬州太守犯罪,戴就拒绝作证,于是"收就于钱唐县狱,幽囚考掠,五毒参至"②。《唐律·斗讼》规定:"诸诬告人流罪以下,前人未加拷掠,而告人引虚者,减一等。若前人已拷者,不减。即拷证人,亦是。"疏议曰:谓虽不拷被告之人,拷旁证之者,虽自引虚,亦同已拷,不减。③《宋刑统》也有此条规定,可见在当时拷打证人是法定的程序。《大明律·刑律·断狱》规定:"若因公事,干连平人在官无招,误禁致死者,杖八十。有文案应禁者,勿论。"④可见,司法机构有权将证人关押,而且有文案的,即使关押致死的也不承担责任。

2. 一些特殊身份的主体不必作证或被限制作证

早在先秦时期,对于证人的资格和身份就有了限制性规定,某些人不能作为证人出庭作证。《周礼·秋官·小司寇》载:"凡命夫、命妇不躬坐狱讼。"⑤命夫、命妇是指大夫以上的贵族夫妇,这些人不必亲自到庭参与诉讼,也不必出庭作证。这种制度旨在维护贵族的身份尊严。孔子曰:"父为子隐,子为父隐,直在其中矣。"⑥亲亲相隐是中国传统法律和诉讼中的重要原则,它允许一定范围内的亲属可以相互隐瞒犯罪、不予告发,从汉朝起,法律就规定了亲亲相隐的原则,此外,"法律上既容许亲属容隐,禁止亲属相告讦,同时也就不要

---

① 《汉书》卷六十《杜周传》。
② 《后汉书》卷八十一《戴就传》。
③ 《唐律·斗讼》"诬告人流罪以下引虚"条。
④ 《大明律·刑律·断狱》"故禁故勘平人"条。
⑤ 《周礼·秋官·小司寇》。
⑥ 《论语·子路》。

第五章 证据制度

求亲属在法庭上作证人"①。南朝宋时,侍中蔡廓曾建议:"鞫狱不宜令子孙下辞,明言父祖之罪。亏教伤情,莫此为大"②。经过朝议,他的建议得到了批准。南朝梁武帝时,"建康女子任提女,坐诱口当死。其子景慈对鞫辞云,母实行此。是时法官虞僧虬启称:'案子之事亲,有隐无犯,直躬证父,仲尼为非。景慈素无防闲之道,死有明目之据,陷亲极刑,伤和损俗'"③。于是将其子流放。这从反面印证了诉讼中应遵循亲亲相隐的原则。

《唐律·断狱》规定:"其于律得相容隐,即年八十以上,十岁以下及笃疾,皆不得令其为证。违者减罪人罪三等。"④据此,不得作证的人有两种:一是依照法律应当互相容隐的。这是汉朝以来亲亲相隐原则的延续。唐律规定的容隐范围包括同居者,大功以上亲及外祖父母、外孙、孙之妇、夫之兄弟及兄弟妻,部曲、奴婢亦得为主隐。二是年八十以上、十岁以下和笃疾者。法律之所以规定老少笃疾者不得作证,一方面是因为这些人缺乏作证的能力,更主要是由于对证人允许采取拷讯,伪证要负刑事责任,而对这类人,"以其不堪加刑,故并不许为证"⑤。明、清律对不得作证之人的规定与唐律基本相同,只是容隐的范围有一些变化⑥;违反不得为证的规定的处罚,改为笞五十。

此外,根据古代司法文献的记载,妇女、儿童、监生这些具有特殊身份的人也会被禁止作为证人出庭作证,同时,对于证人的人数还有所限制。例如清同光时期浙江台州府黄岩县的《状式条例》中规定:"户婚田土细事,干证不得过三名,违者不准;告诉内以生监、

---

① 瞿同祖:《中国法律与中国社会》,中华书局2003年版,第63页。
② 《宋书》卷五十七《蔡廓传》。
③ 《隋书》卷二十五《刑法》。
④ 《唐律·断狱》"议请减老小疾不合拷讯"条。
⑤ 同上。
⑥ 明、清律规定的容隐范围包括同居者,大功以上亲,外祖父母、外孙、妻之父母、女婿、孙之妇、夫之兄弟及兄弟妻,奴婢、雇工人亦得为家长隐。

妇女作证,并已经结案复行翻控者,不准。"①类似的规定还有:"事非命盗,被告不得过三名,应审干证俱不得过二名。如故违,牵出多人者,不准外,代书责革。"②这些限制显然是不利于原告的,一定程度上可以抑制原告启动诉讼,因而可以视为明清时期为抑制民间健讼之风而采取的措施。

3. 伪证有罪

伪证是指故意提供不真实的证言。在古代,作伪证是要负刑事责任的。居延汉简中发现的东汉《建武三年候粟君所责寇恩事》简文中记载:法官先以"证财物故不以实,臧五百以上;辞已定,满三日而不更言请者,以辞所出入罪反罪"之律辨告。乃爰书验问。③ 大意是:先向受讯问者告知以下的法律规定:"如果提供证明财物的证言故意作假不真实,数量在五百钱以上的,证辞已定,三日内又不去重新说明真实情况的,就要按证辞不实所造成的出罪或入罪,反过来加以惩罚。"然后进行讯问,并记入爰书。据此,惩罚伪证采取的是"罪反罪"的反坐原则。《二年律令·具律》规定:"证不言情,以出入罪人者,死罪,黥为城旦舂,它各以其所出入罪反罪之。狱未鞫而更言情者,除。吏谨先以辨告证。"④大意基本相同,也是要求在讯问之前,预先就伪证罪向证人做出说明。这类记载在出土汉简中屡有所见。

唐朝至明清,也采取这个原则,不过量刑稍轻。《唐律·诈伪》规定:"诸证不言情,及译人诈伪,致罪有出入者,证人减二等,译人

---

① 田涛、许传玺、王宏治主编:《黄岩诉讼档案及调查报告》(上卷),法律出版社2004年版,第18页。
② 同上书,第17页。
③ 甘肃居延考古队简册整理小组:《"建武三年候粟君所责寇恩事"释文》,载《文物》1978年第1期。
④ 张家山二四七号汉墓竹简整理小组:《张家山汉墓竹简[二四七号墓]》(释文修订本),文物出版社2006年版,第24页。

与同罪。"①所谓"证不言情",即指证人不吐实情,遂令罪有增减。《大明律·刑律·断狱》规定:"若鞫囚而佐证之人不言实情,故行诬证……致罪有出入者,证佐人减罪人罪二等。"②《大清律例》中也有此条规定。

4. 据众证定罪

据众证定罪,是在某些不能拷讯的情形下,运用证人证言来定罪的重要规则。《唐律·断狱》规定:"诸应议、请、减,若年七十以上,十五以下及废疾者,并不合拷讯,皆据众证定罪,违者以故失论。若证不足,告者不反坐。"疏议曰:"'应议',谓在《名例》八议人;'请',谓应议者期以上亲及孙,若官爵五品以上者;'减',谓七品以上之官及五品以上之祖父母、父母、兄弟、姊妹、妻、子孙者;'若年七十以上,十五以下及废疾',依令'一支废,腰脊折,痴痖,侏儒'等;并不合拷讯,皆据众证定罪。称'众'者,三人以上,明证其事,始合定罪……"③对于官僚贵族、年老年幼及废疾者,不能通过刑讯获取口供,就只能依靠证人证言进行决断,此时必须"三人以上明证其事,始合定罪"。《宋刑统》继承了唐律的规定。

明、清法律继承了对不合拷讯者"据众证定罪"的规定,但在适用的范围上与唐宋时期有所不同。如《大明律·刑律·断狱》"老幼不拷讯"条规定:"凡应八议之人、及年七十以上、十五以下、若废疾者,并不合拷讯、皆据众证定罪。违者,以故失入人罪论。"《大清律例》中也有同样的规定。此外,《大明律·名例律》规定:"若犯罪事发而在逃者,众证明白,即同狱成,不须对问"④。

"据众证定罪"貌似谨慎,却失之机械,因为三个证人明证其事,不一定就是真实的。反之,两个证人证明的事,如果加上其他物证、

---

① 《唐律·诈伪》"证不言情及译人诈伪"条。
② 《大明律·刑律·断狱》"狱囚诬指平人"条。
③ 《唐律·断狱》"议请减老小疾不合拷讯"条。
④ 《大明律·名例律》"犯罪事发在逃"条。

书证的证明,可能更加可靠。因此,机械地规定"据众证定罪"的标准,这与欧洲中世纪的形式证据制度有类似之处。需要说明的是,"据众证定罪"的规则还具有证明标准的意涵,后文将会对此进行探讨。

二、物证

物证是指以其外部特征、物质属性、存在状况等证明案件真实情况的物品和痕迹。在中国古代,物证一般包括作案工具、赃物和犯罪现场留下的物品。物证很早就被广泛使用,是定案的重要根据。

《周礼·秋官·司厉》载:"司厉,掌盗贼之任器、货贿,辨其物,皆有数量,贾而楬之,入于司兵。"郑司农云:"任器、货贿,谓盗贼所用伤人兵器及所盗财物也。"[1]可见在当时的诉讼中,已注意收集凶器、赃物等物证。

秦朝法律也强调搜集物证。《睡虎地秦墓竹简·封诊式》记载:

"爰书:某里士伍甲、乙缚诣男子丙、丁及新钱百一十钱、镕二合,告曰:'丙盗铸此钱,丁佐铸。甲、乙捕索其室而得此钱、镕,来诣之。'"[2]大意是,爰书:某里士伍甲、乙捆送男子丙、丁及新钱一百一十个、钱范两套,控告说:"丙私铸这些钱,丁帮助他铸造。甲、乙将他们捕获并搜查其家,得到这些钱和钱范,一并送到。"

"爰书:市南街亭求盗在某里曰甲缚诣男子丙,及马一匹,骓牝右剽;緹複衣,帛里莽缘领袖,及履,告曰:'丙盗此马、衣,

---

[1] 《周礼·秋官·司厉》。
[2] 睡虎地秦墓竹简整理小组:《睡虎地秦墓竹简》,文物出版社1978年版,第252—253页。

第五章 证据制度

今日见亭旁,而捕来诣。"①大意是:爰书:市南街亭的求盗某里人甲捆送男子丙,还有马一匹,系苍白杂色母马,右眼有病,丹黄色帛面夹衣,有帛里,领和袖有宽大的缘边,还有鞋子一双,控告说:"丙盗窃了这匹马和衣物,今天在亭旁发现,于是将丙捕获送到。"

"爰书:某亭校长甲、求盗在某里曰乙、丙缚诣男子丁,斩首一,具弩二、矢廿,告曰:'丁与此首人强攻群盗人,自昼甲将乙等缴循到某山,见丁与此首人而捕之。此弩矢丁及首人弩矢也。'"②大意是:某亭校长甲、求盗某里人乙、丙捆送男子丁,首级一个,具弩两具、箭二十支,报告说:"丁和这个被斩首的人结伙抢劫,昨日白昼甲率领乙等巡逻到某山,发现丁和这个被斩首的人,即行逮捕。"这些弩箭是丁和被斩首人的。

这三个案例,第一个是私铸钱币案,第二个是盗窃案,第三个是抢劫案。在捆送罪犯的同时,要把钱范和私铸的钱、马和衣服、弩和箭这些作案工具、赃物交给官府。可见当时对物证的重视。汉朝也十分注重物证的作用,《奏谳书》中所载案例中多有运用物证来确定案件事实的,"醴阳令恢盗县官米"一案中的官米二百六十三石八斗、得金六斤三两、钱万五千五十是赃物、赃款;"男子孔盗伤女子婢"一案中"铁环,长九寸"的短刀是凶器。③

唐宋法律对于物证在定案中的作用规定的更为明确。《唐律·断狱》载:"若赃状露验,理不可疑,虽不承引,即据状断之。"④"赃状露验",疏议解释为"计赃者见获真赃,杀人者检得实状,赃状明白",

---

① 睡虎地秦墓竹简整理小组:《睡虎地秦墓竹简》,文物出版社1978年版,第253页。
② 同上书,第255页。
③ 参见张家山二四七号汉墓竹简整理小组:《张家山汉墓竹简[二四七号墓]》(释文修订本),文物出版社2006年版,第98页,第109页。
④ 《唐律·断狱》"讯囚察辞理"条。

也就是当案件的赃物、凶器等物证和通过勘验、检查确定的犯罪事实情况都是确实的,达到了"理不可疑"的程度,那么即使没有获得被告人的招供,也可以根据这些物证来认定犯罪事实。这不仅说明在当时口供并不是认定案件事实的必要证据,也说明物证在定案中的作用是相当大的。《宋刑统》继承了《唐律》的规定,还规定:"诸犯罪事发,有赃状露验者,虽徒伴未尽,见获者,先依状断之,自后从后追究"①。需要说明的是,"赃状露验,理不可疑"具有证明标准的意涵,后文将会对此进行探讨。

到了明清时期,法律中取消了唐宋律中"赃状露验,理不可疑"的条文,必须获取被告人的有罪供述才能够定罪。② 但物证在认定案件事实时仍然具有重要作用,特别是在强盗等严重危害统治的犯罪中,物证往往是定案的关键证据。例如明朝《问刑条例·刑律·贼盗》规定:"响马强盗,执有弓矢军器,白日邀劫道路,赃证明白,俱不分人数多寡,曾否伤人,依律处决。于行劫去处,枭首示众。"③《大清律例·刑律·贼盗》"强盗"条中条例也规定:"凡问刑衙门鞫审强盗,必须赃证明确者,照例即决。"④古代的审判官员能够认识到物证的证明力有时高于其他证据,正如郑克所说:"证以人,或容伪焉,故前后令莫能决;证以物,必得实焉,故盗者始服其罪"⑤。但是总的来说,在整个封建时代的法律中,被告人口供的价值还是在物证之上。

在司法实践中,如果案件缺少物证,谨慎的审判官员会做疑案处理,继续追查案件真相,例如,《折狱龟鉴》载:向敏中丞相,判西京。有僧暮过村舍求宿,主人不许。求寝于门外车厢中,许之。是夜,有盗入其家,携一妇人并囊衣,逾墙出。僧不寐,适见之。自念

---

① 《宋刑统·断狱》"断罪引律令格式"条。
② 关于这一变化,后文将做详细探讨,此处不赘。
③ 《问刑条例·刑律·贼盗》"强盗"条。
④ 《大清律例·刑律·贼盗》"强盗"条。
⑤ (宋)郑克:《折狱龟鉴》卷六《证慝》"顾宪之"条按语。

第五章　证据制度

不为主人所纳,而强求宿,明日必以此事疑我,而执诣县矣。因亡去。夜走荒草中,忽坠眢井。而逾墙妇人已为人所杀,尸在井中,血污僧衣。主人踪迹,捕获送官。不堪掠治,遂自诬,云:"与妇人奸,诱以俱亡。恐败露,因杀之,投尸井中。不觉失脚,亦坠于井。赃与刀在井旁,不知何人持去。"狱成,皆以为然。敏中独以赃、仗不获,疑之。诘问数四,僧但云:"前生负此人命,无可言者"。固问之,乃以实对。于是密遣吏访其贼,食于村店,有妪闻其自府中来,不知其吏也,问曰:"僧某狱如何?"吏绐之曰:"昨日已答死于市矣。"妪叹息曰:"今若获贼,如何?"吏曰:"府已误决此狱,虽获贼,不敢问也。"妪曰:"然则言之无害。彼妇人,乃此村少年某甲所杀也。"吏问:"其人安在?"妪指示其舍。吏往捕,并获其赃,僧始得释。一府咸以为神。①

在有些案件中,不仅需要收集物证,为了鉴别物证的真伪和正确使用物证,还需要对物证进行检验。这方面的案例有很多。试举几例:

案例一:"吴太子孙登,尝乘马出,有弹丸过,左右求之。适见一人操弹佩丸,咸以为是。辞对不服。从者欲捶之,登不听,使求过丸,比之非类,乃见释。"②

案例二:"程颢察院,初为京兆府鄠县主簿,民有借其兄宅以居者,发地中藏钱,兄之子诉曰:'父所藏也。'令言:'无证佐,何以决之?'颢曰:'此易辨耳。'问兄之子曰:'尔父藏钱几何时矣?'曰:'四十年矣。''彼借宅居几何时矣?'曰:'二十年矣。'即遣吏取钱十千视之,谓曰:'今所铸官钱,不五六年即遍天下,此钱皆尔父未藏前数十年所铸,何也?'其人遂服。令大

---

① (宋)郑克:《折狱龟鉴》卷二《释冤下》"向敏中"。
② (宋)郑克:《折狱龟鉴》卷一《释冤上》"孙登"。

奇之。"①

案例三："李惠为雍州刺史,人有负盐、负薪者,同释重担,息于树阴。二人将行,争一羊皮,各言藉背之物。惠遣争者出,顾州纲纪曰:'以此羊皮拷知主乎?'群下以为戏言,咸无应者。惠令人置羊皮席上,以杖击之,见少盐屑,曰:'得其实矣。'使争者观之,负薪者乃伏而就罪。"②

案例四："王蜀时,有许宗裔守剑州,部民被盗,灯下识之,迨晓告官。捕获一人,所收赃物,唯丝绚䌷线而已。宗裔引问,缧囚诉冤,称是本家物,与被盗人互有词说。乃命取两家缲车,以丝绚量其大小,与囚家车軕同。又问:'䌷线胎心用何物?'一云:'杏核。'一云:'瓦子。'因令相对开之,见杏核,与囚款同。于是被盗人服妄认之罪,巡捕吏当考决之辜。指顾之间,便雪冤枉。"③

三、勘验

勘验是指对犯罪有关的场所和物品进行勘察,对尸体和活人身体进行检验。自古以来勘验就是审判官员收集物证和其他证据,查明案情的重要手段。

《礼记·月令》载:"孟秋之月……命理瞻伤,察创视折。审断,决狱讼,必端平。"④理,是治狱之官。据东汉蔡邕的解释:"皮曰伤、肉曰创、骨曰折、骨肉皆绝曰断。言民斗辨而不死者,当以伤、创、折、断、深浅、大小正其罪之轻重。"⑤伤、创、折、断均指伤害的程度,瞻、察、视、审是以肉眼进行检验。这说明中国很早就有了对斗殴所

---

① （宋）郑克：《折狱龟鉴》卷六《证慝》"程颢"。
② （宋）郑克：《折狱龟鉴》卷六《证慝》"李惠"。
③ （宋）郑克：《折狱龟鉴》卷二《释冤下》"许宗裔"。
④ 《礼记·月令》。
⑤ 《礼记质疑》卷六《月令》。

第五章 证据制度

致伤情的检验。

《睡虎地秦墓竹简·封诊式》载有三个现场勘察和尸体检验的文书案例：一是"贼死"（杀人）；二是"经死"（缢死）；三是"穴盗"（挖洞偷窃）。从这三个勘察文书来看，当时的司法长官在接到辖区内发案报告后，必须立即派官吏去现场进行勘验，勘验时不仅要详细勘察现场的情况，检验尸体的伤痕和有关情况，而且要询问被害人及其亲属和邻近知情人。这说明当时对勘验相当重视，并且已经有了一定的规则。

下面附"贼死"一案的勘验文书，以见一斑：

爰书：某亭求盗甲告曰："署中某所有贼死、结发、不知何男子一人，来告。"即令令史某往诊。令史某爰书：与牢隶臣某即甲诊，男子尸在某室南首，正僵。某头左角刃痏一所，背二所，皆纵头北背，袤各四寸，相耎，广各一寸，皆臽中类斧，脑角䪼皆血出，被污头背及地，皆不可为广袤；它完。衣布襌裙、襦各一。其襦背直痏者，以刃决二所，应痏。襦背及中衽□污血。男子西有繫秦綦履一两，去男子其一奇六步，一十步；以履履男子，利焉。地坚，不可知贼迹。男子丁壮，晳色，长七尺一寸，发长二尺；其腹有久故瘢二所。男子尸所到某亭百步，到某里士伍丙田舍二百步。令甲以布幏裹埋男子某所，待令。以襦、履诣廷。讯甲亭人及丙，知男子可何日死，闻号寇者不也？① 大意是：爰书：某亭的求盗甲报告说："在辖地内某处发现被杀死的梳髻无名男子一人，前来报告。"当即命令令史某前往检验。令史某爰书：本人和牢隶臣某随甲前往检验，男子尸体在某家以南，仰身。某头上左额角有刃伤一处，背部有刃伤两处，都是纵向的，长各四寸，互相沾渍，宽各一寸，伤口都中间陷下，象斧砍的痕

---

① 睡虎地秦墓竹简整理小组：《睡虎地秦墓竹简》，文物出版社1978年版，第264—265页。

迹。脑部、额角和眼眶下部都出血,污染了头部、背部和地面,都不能量出长宽;其他部位完好无伤。身穿单布短衣和裙各一件。其短衣背部与伤口相对处,有两处被刃砍破,与伤口位置符合。短衣背部和衣襟都染有污血。男子西方有涂漆的秦綦履一双,一只离男子六步有余,一只离男子十步;把履给男子穿上,恰相适合。地面坚硬,不能查知杀人者的遗迹。男子系壮年,皮色白,身长七尺一寸;发长二尺;腹部有灸疗旧疤两处。男子尸体距某亭一百步,距某里士伍丙的农舍二百步。命甲用布裙将男子掩埋在某处,等候命令。把短衣和履送交县廷。讯问甲同亭人员和丙,是否知道男子死在哪一天,有没有听到呼喊有贼的声音?

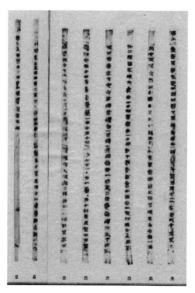

图 5-3 《封诊式·贼死》①

---

① 图片引自睡虎地秦墓竹简整理小组:《睡虎地秦墓竹简》(线装本),文物出版社1977年版,第48—49页。

第五章 证据制度

汉朝继承了秦朝重视勘验检查的传统。通过勘验检查获取的证据是汉朝司法官员定罪量刑的重要依据。在《居延新简》中记载了一些现场勘查、人身、物品检验的爰书,例如:

>□□内郡荡阴邑焦田亥告曰:所与同郡县□□□□死亭东内中东,首正偃、目眚、口吟、两手捲、足展、衣□、□□当时死,身完,毋兵刃、木索迹。实疾死,审皆证□。①

从这则爰书可以看出,案发之后,司法官吏对尸体进行了细致的检验,包括口、眼、手、脚的状态,尸体有无伤痕,最终确定实系因病而死。勘验检查的结论无疑是揭示实情的主要根据。

汉以后至唐,仍重视检验。《唐律·斗讼》中详细规定了各类伤害案件中伤情检验的标准。"斗殴以手足他物伤"条规定:"伤及拔发方寸以上,杖八十。若血从耳目出及内损吐血者,各加二等。"疏议曰:"谓他物殴人伤及拔发方寸以上,各杖八十。方寸者,谓量拔发无毛之所,纵横径各满一寸者。若方斜不等,围绕四寸为方寸。若殴人头面,其血或从耳或从目而出,及殴人身体内损而吐血者,各加手足及他物殴伤罪二等。其拔发不满方寸者,止从殴法。其有拔鬓,亦准发为坐。若殴鼻头血出,止同伤科。殴人瘀血,同吐血例。"②

"斗殴折齿毁耳鼻"条规定:"诸斗殴人,折齿,毁缺耳鼻,眇一目及折手足指,(眇,谓亏损其明而犹见物)。若破骨及汤火伤人者,徒一年;折二齿、二指以上及髡发者,徒一年半。"疏议曰:"因斗殴人而折其齿;或毁破及缺穴人耳鼻,即毁缺人口眼亦同;'眇一目',谓殴眇其目,亏损其明而犹见物者;及折手足指;若因打破骨而非折者;及以汤若火烧、烫伤人者:各徒一年。若汤火不伤,从他物殴法。若

---

① 马怡、张荣强主编:《居延新简释校》,天津古籍出版社2013年版,第554页。
② 《唐律·斗讼》"斗殴以手足他物伤"条。

'折二齿、二指以上',称'以上'者,虽折更多,亦不加罪;及髡截人发者:各徒一年半。其髡发不尽,仍堪为髻者,止当拔发方寸以上,杖八十。"①

"兵刃斫射人"条规定:"若刃伤,(刃谓金铁,无大小之限,堪以杀人者。)及折人肋,眇其两目,堕人胎,徒二年。(堕胎者,谓辜内子死,乃坐。若辜外死者,从本殴伤论)。"疏议曰:"'若刃伤',谓以金刃伤人,注云'刃谓金铁,无大小之限,堪以杀人者';'及折人肋',谓斗殴人折肋;'眇其两目',亦谓亏损其明而犹见物;'堕人胎',谓在孕未生,因打而落者:各徒二年。"②

"殴人折跌支体瞎目"条规定:"诸斗殴折跌人支体及瞎其一目者,徒三年;(折支者,折骨;跌体者,骨差跌,失其常处)。辜内平复者,各减二等。(馀条折跌平复,准此)。"疏议曰:"因斗殴'折跌人支体',支体谓手足,或折其手足,或跌其骨体;'及瞎一目',谓一目丧明,全不见物者:各徒三年。注云折支者,谓折四支之骨;跌体者,谓骨节差跌,失於常处。'辜内平复者',谓折跌人支体及瞎一目,於下文立辜限内,骨节平复及目得见物,并於本罪上减二等,各徒二年。"③

"即损二事以上,及因旧患令至笃疾,若断舌及毁败人阴阳者,流三千里。"疏议曰:"即损二事以上者,谓殴人一目瞎及折一支之类;'及因旧患令至笃疾',假有旧瞎一目为残疾,更瞎一目成笃疾,或先折一脚为废疾,更折一脚为笃疾;'若断舌',谓全不得语;'毁败阴阳',谓孕嗣废绝者:各流三千里。断舌,语犹可解,毁败阴阳不绝孕嗣者,并从伤科。"④

此外,唐律还规定了检验不实所应承担的法律责任。《唐律·

---

① 《唐律·斗讼》"斗殴折齿毁耳鼻"条。
② 《唐律·斗讼》"兵刃斫射人"条。
③ 《唐律·斗讼》"殴人折跌支体瞎目"条。
④ 同上。

第五章 证据制度

诈伪》规定:"诸有诈病及死伤,受使检验不实者,各依所欺,减一等。若实病死及伤,不以实验者,以故入人罪论。"①

上述条文都是关于伤情检验的,此外唐朝法律中也有关于现场勘验的规定。在吐鲁番出土文书中有一则现场勘验的司法文书,从中可以看出一起盗窃案件的现场勘验过程:

□□□□坊
赵仲行家䄂僧香

右奉判付坊正赵(思)艺专为堪当者,准状就僧香家内检,比邻全无盗物踪迹。又问僧香口云:其铜钱、耳当等在厨下,披子在一无门房内坎上,并不觉被人盗将,亦不敢加诬比邻。请给公验,更自访觅者。今以状言。

□状如前。谨牒。

永淳元年八月□日坊正赵思艺牒。②

宋朝,勘验技术取得了显著的发展,这方面的法律规定也臻于完备,这是宋朝法制的一大特点。最初,浙西提点刑狱官郑兴裔制定了《检验格目》,在所辖官府施行。宋孝宗淳熙元年(公元1174年),颁行到各路提刑司,在全国实行。宋宁宗嘉定四年(公元1211年),根据徐似道的建议,又颁布了《检验正背人行图》,要求检验时"令于伤损去处,依样朱红书画,唱喝伤痕,众无异词,然后署押"。宋理宗淳祐七年(公元1247年),湖南提点刑狱宋慈在总结前人经验的基础上,编著成《洗冤集录》(见图5-4)。这是世界上最早的法医学专著。该书分门别类地对法医检验中主要的死伤现象,如暴力死与非暴力死,自杀与他杀,生前伤与死后伤,真伤与假伤,机械性

---

① 《唐律·诈伪》"诈病死伤检验不实"条。
② 《唐永淳元年(公元682年)坊正赵思艺牒为勘当失盗事》,见唐长孺主编:《吐鲁番出土文书》(三),文物出版社1996年版,第341页。

窒息致死(缢死、绞死、扼杀、掩捂死、溺死等)、高低温致死(烧死、烫死、冻死等),以及雷击、中毒、急死等,作了不同程度的叙述,对当时的司法勘验起了重要的指导作用。

图5-4 (左)洗冤录;(右)宋慈画像

在这部书的开篇,宋慈对宋朝有关勘验的法律、法规加以综合,汇编成《条令》,共二十九条。其主要内容如下:

首先,明确了检验的范围。《条令》载:"诸死人未死前,无缌麻以上亲在死所(若禁囚责出十日内及部送者同)。并差官验尸(人力、女使经取口词者,差公人)。因及非理致死者,仍复验。验复讫,即为收瘗(仍差人监视。亲戚收瘗者付之)。若知有亲戚在他所者,仍报知。"①此外,某些情况下可以免于检验,《条令》载:"诸因病死

---

① (宋)宋慈:《洗冤集录》卷一《条令》,高随捷、祝林森译注,上海古籍出版社2014年版,第5页。

第五章 证据制度

(谓非在囚禁及部送者)。应验尸,而同居缌麻以上亲,或异居大功以上亲,至死所而愿免者,听。若僧道有法眷,童行有本师,未死前在死所,而寺观主首保明各无他故者,亦免。其僧道虽无法眷,但有主首或徒众保明者,准此。""诸命官因病亡(谓非在禁及部送者)。若经责口词,或因卒病,而所居处有寺观主首,或店户及邻居,并地分合干人保明无他故者,官司审察,听免检验。"①

其次,根据宋朝法律的规定,检验要经过报检、初检、复检三个阶段。当发生了杀伤人的案件,地邻、保甲必须向当地的州县政府报检。州县官吏接到报检后,即应差官前往进行检验。《条令》中对差官有明确的要求:"诸检复之类应差官者,差无亲嫌干碍之人";"诸命官所任处,有任满赏者,不得差出,应副检验尸者听差";"诸验尸,州差司理参军(本院囚别差官,或止有司理一院,准此),县差尉。县尉阙,即以次差簿、丞(县丞不得出本县界)、监当官皆缺者,县令前去"。② 在特殊情况下,可能需要去邻近县请官检验或者申州差官,"若过十里,或验本县囚,牒最近县。其郭下县皆申州。应复验者,并于差初验日,先次申牒差官。应牒最近县,而百里内无县者,听就近牒巡检或都巡检(内复检应止牒本县官而独员者,准此。谓非见出巡捕者)",但是"诸请官验尸者,不得越黄河、江、湖(江河谓无桥梁,湖谓水涨不可渡者)。及牒独员县(郭下县听牒,牒至即申州,差官前去)"。③ 复检一般在上级地方政府或邻近县中选派官吏进行,特殊情况下可以由本州县官吏复检:"诸尸应复验者,在州申州;在县,于受牒时牒尸所最近县(状牒内,各不得具致死之因)。相

---

① (宋)宋慈:《洗冤集录》卷一《条令》,高随捷、祝林森译注,上海古籍出版社2014年版,第5—6页。
② 同上书,第4—5页。
③ 同上书,第5页。

去百里以上而远于本县者,止牒本县官(独员即牒他县)"①。

再次,检验之后要做成笔录,作为证据使用。《条令》载:"诸初、复检尸格目,提点刑狱司依式印造。每副初、复各三纸,以《千字文》为号,凿定给下州县。遇检验,即以三纸先从州县填讫,付被差官。候检验讫,从实填写。一申州县,一付被害之家(无即缴回本司);一具日时字号入急递,径申本司点检(遇有第三次后检验准此)。"②检尸格目是宋朝尸检笔录的一种形式,《洗冤集录》中还记载了一种笔录形式:验状。"凡验状,须开具:死人尸首元在甚处,如何顿放,彼处四至,有何衣服在彼,逐一各检剳名件。其尸首有无雕青、灸瘢、旧有何缺折肢体及伛偻、拳跛、秃头、青紫、黑色、红痣、肉瘤、蹄踵诸般疾状,皆要一一于验状声载,以备证验诈伪,根寻本原推勘。及有不得姓名人尸首,后有骨肉陈理者,便要验状证辨观之。"③

另外,《条令》对检验官吏的不依法检验所应承担的责任做了明确规定:"诸尸应验而不验(初复同);或受差过两时不发(遇夜不计,下条准此);或不亲临视;或不定要害致死之因;或定而不当(谓以非理死为病死,因头伤为胁伤之类),各以违制论。即凭验状致罪已出入者,不在自首觉举之例。其事状难明,定而失当者,杖一百,吏人、行人一等科罪";"诸被差验复,非系经隔日久,而辄称尸坏不验者,坐以应验不验之罪(淳祐详定)";"诸验尸,报到过两时不请官者,请官违法,或受请违法而不言;或牒至应受而不受;或初、复检官吏、行人相见及漏露所验事状者,各杖一百(若验诣,不当日内申所属者,准此)";"诸县承他处官司请官验尸,有官可那而称阙;若阙官,而不具事因申牒;或探伺牒至,而托故在假被免者,各以违制

---

① (宋)宋慈:《洗冤集录》卷一《条令》,高随捷、祝林森译注,上海古籍出版社2014年版,第5页。
② 同上。
③ (宋)宋慈:《洗冤集录》卷五《验状说》,高随捷、祝林森译注,上海古籍出版社2014年版,第182页。

第五章 证据制度

论";"诸行人因验尸受财,依公人法";"诸监临主司受财枉法二拾匹,无禄者二十五匹,绞。若罪至流,及不枉法赃五拾匹,配本城。"①

《洗冤集录·检复总说》对检验官吏的注意事项作了概括性的规定,例如,要求检验官吏"凡到检所,未要自向前,且于上风处坐定,略唤死人骨属或地主(湖南有地主,他处无)、竞主,审问事因了,点数干系人及邻保,应是合于检状着字人齐足,先令札下硬四至,始同人吏向前看验"②。《洗冤集录》中不仅详细记载了各类尸体检验的具体要求,还全面地论述了不同情形下现场勘验中的注意事项。例如检验未掩埋的尸体时,"并先打量顿尸所在四至、高低,所离某处若干。在溪涧之内,上去山脚或岸几许,系何人地上,地名甚处,若屋内,系何处,及上下有无物色盖簟?讫,方可攒尸出验。先剥脱在身衣服,或妇人首饰,自头上至鞋袜,逐一抄剳;或是随身行李,亦具名件。讫,且以温水洗尸一遍了,验。未要便用酒、醋"③。检验已经掩埋的尸体,"先验坟系何人地上,地名甚处。土堆一个,量高及长阔,并各计若干尺寸,及尸见殡殓在何人屋下,亦如前量之。次看尸头、脚所向,谓如头东脚西之类;头离某处若干,脚离某处若干。左右亦如之"④。此外,还有对溺死者、自缢者、尸首异处者的案发现场勘验时的注意事项,在此不一一摘录。

总之,《洗冤集录》一书反映出宋朝的检验、勘验技术已有相当程度的科学性,并且在法律制度上也已相当完备。

元朝法律对检验制度作了进一步的规定。以下附元朝检验尸体

---

① (宋)宋慈:《洗冤集录》卷一《条令》,高随捷、祝林森译注,上海古籍出版社2014年版,第4页,第6页。
② (宋)宋慈:《洗冤集录》卷一《检复总说上》,高随捷、祝林森译注,上海古籍出版社2014年版,第18页。
③ (宋)宋慈:《洗冤集录》卷二《验未埋瘗尸》,高随捷、祝林森译注,上海古籍出版社2014年版,第66页。
④ (宋)宋慈:《洗冤集录》卷二《验坟内及屋下殡殓尸》,高随捷、祝林森译注,上海古籍出版社2014年版,第69页。

格式,以见一斑:

检 尸 法 式

某路某州某县某处,某年月日某时,检验到某人尸形,用某字几号勘合书填,定执生前致命根因,标注于后:

一,仰面

顶心、偏左偏右、囟门、额颅、额角、两太阳穴、两眉、眉丛、两眼胞、两眼双睛、两腮颊、两耳、耳轮、耳垂、耳窍、鼻梁、鼻准、两窍、人中、上下唇吻、上下牙齿、舌、颔颏、咽喉、食气颡、两血盆骨、两肩甲、两腋肢、两胳膊、两胴朒、两手腕、两手心、十指、十指肚、十指甲缝、胸膛、两乳、心坎、肚腹、两肋、两胁、脐肚、两胯、男子茎物肾囊妇人阴户、两腿、两膝、两臁肕、两脚腕、两脚面、十趾、十趾甲。

二,合面

脑后、发际、耳根、项颈、两臂膊、两肐肘、两手腕、两手背、十指、十指甲、脊背、脊膂、两后肋、两后胁、腰眼、两臀、谷道、两腿、两胴朒、两腿肚、两脚踝、两脚跟、两脚心、十趾、十趾肚、十趾甲缝。

一,对众定验得某人委因○○○致命

一,检尸人等:

正犯人某 干犯人某 干证人某 地邻人某。

主首某、坊(里)正某、尸亲某。

件作行人某。

右件,前项致命根因,中间但有脱漏不实、符同捏合、增减尸伤,检尸官吏人等情愿甘伏罪责无词,保结是实。

某年某月某日。司吏某押。

首领官某押。

第五章 证据制度

检尸官某押。①

这则检尸法式清晰地反映了尸体检验的对象、内容及注意事项。此外元朝法律还明确了司法官吏违反检验规定所应承担的责任:"诸检尸,有司故迁延及检复牒到不受,以致尸变者,正官笞三十七,首领官吏各四十七。其不亲临,或使人代之,以致增减不实,移易轻重,及初复检官相符同者,正官随事轻重论罪黜降,首领官吏各笞五十七罢之;仵作行人杖七十七,受财者以枉法论。诸有司,在监囚人因病而死,虚立检尸文案及关复检官者,正官笞三十七,解职别叙。已代会赦者,仍记其过。诸职官复检尸伤,尸已焚瘗,止傅会初检申报者,解职别叙。若已改除,仍记其过。"②

明清时期,法律对检验也作出了详细的规定。首先,是规定了检验的主体和程序。明朝《问刑条例·刑律·断狱》规定:"凡遇告讼人命,除内有自缢、自残及病死而妄称身死不明,意在图赖挟财者,究问明确,不得一概发检,以启弊害外,其果系斗杀、故杀、谋杀等项当检验者,在京初发五城兵马,复检则委京县知县,在外初委州县正官,复检则委推官。务求于未检之先,即详鞫尸亲、证佐、凶犯人等,令其实招,以何物伤何致命之处,立为一案,随即亲诣尸所,督令仵作,如法检报,定执要害致命去处,细验其圆长斜正,青赤分寸,果否系某物所伤,公同一干人众,质对明白,各情输服,然后成招。中间或有尸久发变青赤颜色,亦须详辩,不许听凭仵作,混报殴伤,辄拟抵偿。"③《大清律例》继承了这一规定。尸体检验应当场进行,《大明令》规定:"如遇初、复检验尸伤划时,委官将引首领官吏、仵作行人,亲诣地所,呼集应合听检人等,眼同仔细检验,定执生前端的致命根因。依式标注,署押,一幅付苦主,一幅粘连附卷,一幅缴申

---

① 《元典章》卷四十三《刑部五·检验》。
② 《元史》卷一百二《刑法一》。
③ 《问刑条例·刑律·断狱》"检验尸伤不以实新题例"。

上司。"①《大清律例》规定:"凡人命呈报到官,该地方印官立即亲往相验,止许随带仵作一名,刑书一名,皂隶二名,一切夫马饭食,俱自行备用,并严禁书役人等,不许需索分文。其果系轻生自尽,殴非重伤者,即于尸场审明定案,将原、被、邻、证人等释放。"②

其次,明清法律明确地规定了检验的责任。《大明律·刑律·断狱》规定:"凡检验尸伤,若牒到托故不即检验,致令尸变,及不亲临监视,转委吏卒,若初复检官吏相见,符同尸状,及不为用心检验,移易轻重、增减尸伤不实、定执致死根因不明者,正官杖六十,首领官杖七十,吏典杖八十。仵作行人检验不实,符同尸状者,罪亦如之。因而罪有增减者,以失出入人罪论。若受财,故检验不以实者,以故出入人罪论。赃重者,计赃以枉法各从重论。"③《大清律例》中也有相同规定。

明清法律还规定了无需进行尸体检验的情况。《大明令》规定:"凡诸人自缢、溺水而死,别无他故,亲属情愿安葬,官司详审明白,准告免检。若事主被强盗杀死,苦主告免检者,官为相视伤损,将尸给亲埋葬。其狱囚患病责保看治而死者,情无可疑,亦许亲属告免检。复外据杀伤而死者,亲属虽告,不听免检。"④《大清律例》中有相同规定。

中国古代的法医检验技术相当先进,司法官员在实践中探索并总结出了许多检验尸伤的方法,《洗冤集录》《折狱龟鉴》等史料对此多有所载,限于篇幅,笔者略举几则案例,以见一斑:

案例一:"张举,吴人也,为句章令。有妻杀夫,因放火烧舍,称火烧夫死。夫家疑之,诉于官。妻不服。举乃取猪二口,

---

① 《大明令·刑令》。
② 《大清律例·刑律·断狱》"检验尸伤不以实"条例。
③ 《大明律·刑律·断狱》"检验死伤不以实"条。
④ 《大明令·刑令》。

第五章 证据制度

一杀之,一活之,而积薪烧之。活者口中有灰,杀者口中无灰。因验尸口,果无灰也。鞫之,服罪。"①

案例二:"太常博士李处厚,知庐州慎县。尝有殴人死者,处厚往验尸,以糟藏灰汤之类薄之,都无伤迹。有一老父求见,曰:'邑之旧书吏也,知验伤不见迹,请用赤油伞日中覆之,以水沃尸,迹必立见。'处厚如其言,伤迹宛然。自此江淮间往往用其法。"②

案例三:"山右民妇有外遇,久之,为夫所觉,尚隐忍未发也。妇微窥其意,告于所私,谋毙之。一夕,其夫醉卧,遽以帛勒其项,已气绝矣。复恐迹彰,自焚其舍,尸通身焦黑,颈痕模糊,方喜得计,报官验视。妇抢地哀号泣诉。官曰:'尔非与夫同室耶?'曰:'然。''然则曷为夫死而尔生?'曰:'火起时因其醉卧,推之不醒,及焰炽,不得已舍之出走,故免于难。'官曰:'此系死后被焚,非生前之故。'妇抗词不屈,官曰:'是无难辨。视尔夫死,两手握拳。如果焚在生前,虽醉人亦必以手护痛;今坚握其拳,其为死后不能运动所知。如不吐实,不汝宥也。'一面验殓,仍带妇至署。严鞫之,妇不能隐,遂并逮奸夫,正其罪。"③

综上所述,我国古代在司法勘验领域积累了丰富的经验,并制定了一系列法律规则,这些经验和规则,在今天看来仍有一定的参考价值。

四、书证

书证,是以文书的内容(包括笔迹)证明案件事实的证据。书证

---

① (宋)郑克:《折狱龟鉴》卷六《证慝》"张举"。
② (宋)郑克:《折狱龟鉴》卷六《证慝》"李处厚"。
③ (清)胡文炳:《折狱龟鉴补》卷二《犯奸上》"移尸焚尸"。

也是一种实物,因此可包括在广义的物证中。古人常讲人证、物证俱在,这里的物证就包括书证在内。但书证以其内容起证明作用,物证以其外部特征起证明作用,两者是有明显区别的,因此,近现代的诉讼法中一般把它们作为两种证据。

书证的使用由来已久。《周礼》中多处提到书证的问题。《天官·小宰》载:"听闾里以版图";"听称责以傅别";"听取予以书契";"听卖买以质剂"。① 这里的版图②、傅别③、质剂④、书契⑤都可以在诉讼中作为书证使用。此外,《地官·小司徒》载:"地讼,以图正之。"⑥郑玄注曰:"地讼,争疆界者;图谓邦国本图。"意思是说,争土地疆界的案件,用存于官府的丈量土地的图来加以证明。《秋官·士师》载:"凡以财狱讼者,正之以傅别、约剂。"⑦郑玄注曰:"傅别,中别手书也。约剂,各所持券也。"郑司农曰:"若今时市买,为券书以别之,各得其一,讼则案券以正之。"意思是说,因财货纠纷引发的诉讼,要根据买卖双方各自拿到的契约加以判断。《秋官·朝士》载:"凡有责者,有判书以治,则听。"⑧郑司农曰:"谓若今时辞讼,有

---

① 《周礼·天官·小宰》。
② 版图是指户籍与地图。郑司农曰:"听人讼地者,以版图决之。"贾公彦疏曰:"闾里之中有争讼,则以户籍之版、土地之图听决之。"
③ 傅别是记录借贷关系的借券,郑司农曰:"傅别,谓券书也。听讼责者,以券书决之"。郑玄注曰:"傅别,谓为大手书于一札,中字别之。"贾公彦疏曰:"称责,谓举责生子……争此责者,则以傅别券决之。"(称责,郑司农解释为贷子,相当于有息贷款——笔者注)
④ 质剂是买卖契约,郑玄注曰:"质剂,谓两书一札,同而别之,长曰质,短曰剂。傅别质剂,皆今之券书也,事异,异其名耳。"贾公彦疏曰:"质剂谓券书。有人争市事者,则以质剂听之";"案《地官·质人》云'大市曰质,小市曰剂',郑注:'大市,人民马牛之属,用长券;小市,兵器、珍异之物,用短券'"。
⑤ 书契也是一种契约文书,郑玄注曰:"书契,符书也";"谓出予受入之凡要"。贾公彦疏曰:"此谓于官直贷不出子者,故云取予。若争此取予者,则以书契券书听之。"(书契被用来证明无息的借贷关系——笔者注)
⑥ 《周礼·地官·小司徒》。
⑦ 《周礼·秋官·士师》。
⑧ 《周礼·秋官·朝士》。

第五章 证据制度

券书者为治之。"意思是说,凡债务纠纷案件,有借贷契约为证,才予以受理。

在封建时代,书证一直是诉讼中广泛使用的证据。书信、契约、账簿、遗嘱、户籍册、税籍册是常见的书证。在清朝,告田宅、钱债、婚姻、承继等事,诉状纸上必须粘连契券、婚书等书证。这个问题在起诉制度一章已有涉及,此处不赘。

在古代,常有人伪造文书以牟利或诬告他人,因此鉴别真伪是使用书证的前提。古代审判官员在这方面总结了不少经验,试举几例:

> 案例一:"陵州仁寿县有里胥洪氏,利邻人田,绐之曰:'我为收若税,免若役。'邻人喜,划其税,归之。逾二十年,且伪为券,以茶染纸,类远年者,讼之于县。县令江某郎中取纸卷展开视之,曰:'若远年纸,里当色白。今表里如一,伪也。'讯之果服。"①

> 案例二:"唐湖州左史江琛,取刺史裴光书,割取字,合成文理,诈为徐敬业反书以告。及差使推之,款云:'书是光书,语非光语。'前后三使并不能决。则天令差能事人张楚金劾之,仍如前款。楚金忧懑,仰卧向窗,日影透窗,向日视之,其书乃是补葺而成。因令琛取书投水中,字字解散。琛叩头伏罪,奉勑斩之。"②

> 案例三:"侍御史章频知彭州九陇县时,有眉州大姓孙延世,为伪契夺族人田,久不能辨。运使委频验治,频曰:券墨浮朱上,决先盗用印而后书之。既引伏。"③

在某些刑事案件中,文书的笔迹对于破案至关重要,因为笔迹

---

① (宋)桂万荣:《棠阴比事》"江分表里"。
② (宋)桂万荣:《棠阴比事》"左史诬裴"。
③ (宋)桂万荣:《棠阴比事》"章辨朱墨"。

可以证明文书的真伪,进而证明文书所载的内容是否可信。试举几例:

案例一:"魏国渊为魏郡太守,时有投书诽谤太祖者,太祖疾之,必欲知其主名。渊请留其本书,而不宣露。书中多引《二京赋》,乃勑功曹曰:'此郡既大,今在都辇,而少学者。其简开解少年,欲遣就师。'功曹差三人,临遣引见,训以'所学未及《二京赋》,此博物之书也,世人忽略,少有其师,可求能读者从受之。'旬日,得能读者,遂往受业。吏因请使作笺,比方其书,似出一手。收问,服罪。"①

案例二:"王安礼右丞知开封府时,或投书告一富家有逆谋,都城惶恐,安礼不以为然。后数日,有旨根治,搜验富家,事皆无迹,因问:'曾与谁为仇?'对以:'数月前,鬻状马生者,有所贷而弗与,颇积怨言。'于是密以他事绾马生至对款,取匿名书校之,字无少异,讯鞫引伏。"②

案例三:"侍郎郎简知窦州,有掾吏死,子幼,赘婿伪为券取其田。后子长,屡诉不得直,因诉于朝。下简劾治,简以旧案示之曰:'此尔妇翁书?'曰:'然。'又取伪券示之,甚勿类。婿乃伏罪。"③

相较于书信、契约等私人文书,户籍、税籍由于是官府所造,因此可信度更高,往往被用来验证案件事实。所谓"争田之讼,税籍可以为证;分财之讼,丁籍可以为证。"④试举几例:

案例一:"尹洙龙图,尝知河南府伊阳县。有女幼孤而冒贺氏产者,邻人证其非是而没之官。后邻人死,女复诉,且请所没

---

① (宋)郑克:《折狱龟鉴》卷六《核奸》"国渊"。
② (宋)郑克:《折狱龟鉴》卷六《核奸》"国渊"条附王安礼事。
③ (宋)桂万荣:《棠阴比事》"郎简校券"。
④ (宋)郑克:《折狱龟鉴》卷六《证慝》"王曾"条按语。

产,久不能决。洙问:'汝年几何?'曰:'三十二。'乃检咸平年籍,二年贺死,而妻刘为户。诘之曰:'若五年始生,安得贺姓耶?'女遂服。"①

案例二:"王曾丞相,少时谒郡僚,有争负郭田者,封畛既泯,质剂且亡,未能断决。曾谓:'验其税籍,曲直可判。'郡将从之,其人乃服。"②

第三节 证 明

"证明"一词,在社会日常生活中是指用可靠材料来表明或判断一定事物的真实性。古代文献中证明一词已屡有所见,如《汉书·儒林传》载:"同门梁丘贺疏通证明之,曰:'田生绝于施雠手中,时喜归东海,安得此事?'"师古注曰:"证明,明其伪也。"③在中国古代法制中证明没有成为专有名词,中国古代法律对于证明问题也缺少系统的规定。但是,凡有诉讼,总需要凭借某些材料来判定发生在过去的事件的真实性,也必然存在着证明。通过散见于历代法典、判例和司法文献中的材料,我们可以勾勒出中国古代诉讼证明问题的基本样态。

本节将主要探讨中国古代的证明问题和疑罪处理问题。需要说明的是,证明责任也属于证明问题的范畴,但在本书起诉制度一章涉及了原告的证明责任,本章被告人口供部分则涉及了被告人证明责任的问题,因此在本节中不再赘述。

---

① (宋)郑克:《折狱龟鉴》卷六《核奸》"尹洙"。
② (宋)郑克:《折狱龟鉴》卷六《证慝》"王曾"。
③ 《汉书》卷八十八《儒林传》。

一、证明标准

当代意义上的证明标准指的是证明主体运用证据对案件事实的证明所应达到的程度,也称证明要求。严格来说,中国古代法律中不存在制度化的证明标准。但是在审判官员审判案件时,对案件事实的认定一定需要达到某种标准,否则就意味着裁判活动的无限恣意,即使在中国古代也是不容许的。中国人常说的"铁证如山""人证物证俱在",实际上就反映出一种朴素的证明标准的意涵。需要说明的是,现代意义上的证明标准在刑事诉讼与民事诉讼中有所不同,但在中国古代制度上并未做出这样的区分。根据文献的记载,下面将分三个阶段阐述古代的证明标准。

(一) 唐朝以前的证明标准

中国古代很早就有了证明案件事实所应达到的要求。《周礼·秋官·司刺》载:"司刺掌三刺、三宥、三赦之法,以赞司寇听狱讼。一刺曰讯群臣,二刺曰讯群吏,三刺曰讯万民。""云'赞司寇听狱讼者',专欲以成,恐不获实,众人共证,乃可得真,故谓赞之也。"①三刺本身并非证明标准,而是要通过听取群臣、群吏、民众的意见——"众人共证"来决定最终的判决。所谓"实"和"真",才是对事实认定所欲达到的程度。可见,古代诉讼证明所追求的是案件的事实真相。

在《睡虎地秦墓竹简·封诊式》中也能看到关于证明程度的表述,"治狱"篇载:"治狱,能以书从迹其言,毋笞掠而得人情为上,笞掠为下,有恐为败。"其后注曰:"情,真情,《周礼·小宰》注:'情,争讼之辞。'疏:情,谓情实。"②从中同样能看出证明的目标是发现案件

---

① 《周礼·秋官·司刺》。
② 睡虎地秦墓竹简整理小组:《睡虎地秦墓竹简》,文物出版社1978年版,第245—246页。

第五章 证 据 制 度

的真实情况。

在张家山汉简《奏谳书》所记载的许多案例中都能看到"审""皆审"的表述。例如：

"醴阳令恢盗县官米"条记载了一桩盗卖公米的案子[①]："鞫：恢，吏，盗过六百六十钱，审。"[②]

"淮阳守行县掾新郪狱"条记载了一桩杀人案："鞫之：苍贼杀人，信与谋，丙、赘捕苍而纵之，审。"[③]

"四月丙辰黥城旦讲乞鞫"条记载了一桩诬告他人盗牛的案件："鞫之：讲不与毛谋盗牛，吏笞掠毛，毛不能支疾痛而诬指讲，昭、铫、敢、赐论失之，皆审。"[④]

"审"或"皆审"的表述均出现在"鞫"之后，"鞫"在古汉语中通常理解为审讯，也有"穷"的意思。这里的"鞫"，应理解为审讯的结果，也即通过审讯对案件事实的归纳总结。在"鞫"的最后注明"审"或"皆审"的字样，则表明案件的事实都已查清属实。"审"在古文字中写作"宷"，《说文解字》曰："宷，悉也；知宷谛也。"是详尽、了解得详尽周密之意。"审"字在古汉语中也有"真实"之意。[⑤] 据此，本书认为"审"可以理解为"真实、属实"。从诉讼法的角度讲，"审"与"皆审"的表述不仅表明案件事实已经查清，也意味着对案件事实的证明已经达到了要求，蕴含了证明标准的内涵。

总之，"审"反映出审判者对于案件真实情况的重视，这与西周以三刺之法求真实、秦朝治狱求情实所体现的理念是一脉相承的。

[①] 为行文之便，文中所引仅是案例的部分内容。以下同。
[②] 张家山二四七号汉墓竹简整理小组：《张家山汉墓竹简[二四七号墓]》（释文修订本），文物出版社2006年版，第98页。
[③] 同上书，第99页。
[④] 同上书，第101页。
[⑤] 例如《战国策·秦策一》载："为人臣不忠当死，言不审亦当死。"此处"审"意为"真实、翔实"。

(二) 唐宋元时期的证明标准

从唐朝起,律典当中出现了更加明确、具体的关于证明标准的规定。如本章开篇所述,唐律规定了某些情况下无需口供也可以定案。《断狱》规定:"若赃状露验,理不可疑①,虽不承引,即据状断之。"疏议曰:"谓计赃者见获真赃,杀人者检得实状,赃状明白,理不可疑,问虽不承,听据状科断。"②《宋刑统·断狱》沿袭了唐律"赃状露验、理无可疑"的律文,还规定:"诸犯罪事发,有赃状露验者,虽徒伴未尽,见获者,先依状断之,自后从后追究"③。又准唐长兴二年八月十一日敕节文:"今后凡有刑狱,宜据所犯罪名,须具引律、令、格、式,逐色有无正文……事实无疑,方得定罪。"④《宋史·刑法一》载,景德四年(公元1007年),"知审刑院朱巽上言:'官吏因公事受财,证左明白,望论以枉法,其罪至死者,加役流'"⑤。《宋史·刑法三》载:"夫情理巨蠹,罪状明白,奏裁以幸宽贷,固在所戒。"⑥以上两则史料表明,当证据达到"明白"的程度之时,就可以认定犯罪事实了。元朝法律中也有"理无可疑"的规定,据《元史·刑法三》载:"诸杖罪以下,府州追勘明白,即听断决。徒罪,总管府决配,仍申合干上司照验。流罪以上,须牒廉访司官,审覆无冤,方得结案,依例待报。其徒伴有未获,追会有不完者,如复审既定,赃验明白,理无可疑,亦听依上归结。"⑦而在赌博犯罪中,则规定:"因事发露,追到摊场,赌

---

① 《魏书》卷一百一十一《刑罚志》中已有"赃状露验"一语以及类似的表达:"且货贼小愆,寇盗微戾,赃状露验者,会赦犹除其名";"寺谓犯罪迳弹后,使复检鞫证定刑,罪状彰露,案署分明,狱理是成"。《隋书》卷二十五《刑法》中也已有:"小大之狱,理无疑舛"的记载。
② 《唐律·断狱》"讯囚察辞理"条。
③ 《宋刑统·断狱》"断罪引律令格式"条。
④ 同上。
⑤ 《宋史》卷一百九十九《刑法一》。
⑥ 《宋史》卷二百一《刑法三》。
⑦ 同上。

第五章 证据制度

具赃证明白者,即以本法科论"①。

"赃状露验,理不可疑""事实无疑""赃验明白、理无可疑"等都具有证明标准的内涵,其中唐律规定的"赃状露验、理不可疑"最具有代表性。所谓"赃状露验",唐律的疏文解释为"计赃者见获真赃,杀人者检得实状,赃状明白"。"赃"相当于财产犯罪中物证,而"状"基本相当于对有关的场所、物品、人身、尸体进行勘验、检查得出的犯罪事实情况结论。可见,"赃状露验"就是要求证据真实,案情明白。"理不可疑"表明了结论的不可怀疑性,可以理解为根据常理或推理,案件事实不存在任何的疑问。

对于唐律"赃状露验,理不可疑"规定,还有以下几点需要注意:

第一,这只是在不需要口供的情况下定罪的一种证明标准,而不是一种概括性的、适用于一切案件的证明标准。

第二,这一证明标准本身并没有排除通过刑讯获取被告人供述的做法。"虽不承引"意味着没有获取被告人的有罪供述,但并没有说不能通过刑讯获取口供。律文原意,是允许审判官员在满足了"赃状露验,理不可疑"的标准的情况下,即使缺少口供也可定罪。②

第三,"赃状露验,理不可疑"是一个主客观相结合的证明标准。"赃状露验"是其客观上的表现,"理不可疑"终究是要靠审判官员通过内心感受的程度来判断,是审判官员主观上的认识,主客观相结合,表明审判官员相信已有证据证明的案件事实是客观、无可怀疑的事实。

(三) 明清时期的证明标准

明清时期的律典中没有出现"赃状露验,理不可疑"的条文。

---

① 《元史》卷一百五《刑法四》。
② 《魏书》卷一百一十一《刑罚志》中有"拷不承引,依证而科"的记载,意思与"虽不承引,即据状断之"相似,只是明确指出是在刑讯后不认罪的可以依据证据定罪。《唐律》的规定与之有细微的差异,但并非规定不能使用刑讯。

《大明律·刑律·断狱》规定:"罪人赃仗证佐明白,不服招承,明立文案,依法拷讯。"①可见,当"赃仗证佐明白"、案件事实已经得到证明时,依然需要进行刑讯获取被告人的有罪供述。

此外,明律中也出现了"赃证明白"这类表述,对不同类型的犯罪,法律规定了在认定犯罪事实时要达到的程度。例如:"响马强盗,执有弓矢军器,白日邀劫道路,赃证明白,俱不分人数多寡,曾否伤人,依律处决。于行劫去处,枭首示众。"②"若放火故烧官民房屋及公廨仓库,系官积聚之物者,皆斩(须于放火处捕获、有显迹证验明白者,乃坐)。"③

清律沿袭了明律"故禁故勘平人"条的规定,此外,《大清律例·刑律·断狱》规定:"凡诸衙门鞫问刑名等项,必据犯者招草以定其罪"④。这更加明确了口供是定案的必要证据。还有不少律、例文中出现了"明白""无疑"这类的表述,例如:

《名例律》规定:"凡边境(重地)城池,若有军人谋叛,守御官捕获到官,显迹证佐明白,鞫问招承……随即依律处治。"⑤

《名例律》规定:"若现获之犯,称逃者为首,如现获多于逸犯,供证确凿……即依律先决从罪,毋庸监候待质。"⑥

《刑律·贼盗》规定:"凡问刑衙门鞫审强盗,必须赃证明确者照例即决。如赃亦未明,招扳续缉,涉于疑似者,不妨再审。或有续获强盗,无自认口供,赃亦未明,伙盗已决无证者,俱引监候处决。"⑦

《刑律·贼盗》规定:"拿获窃盗,承审官即行严讯……拟遣者其供出邻省、邻邑之案,承审官即行备文,专差关查。若赃证俱属相

---

① 《大明律·刑律·断狱》"故禁故勘平人"条。
② 《问刑条例·刑律·贼盗》"强盗条例"。
③ 《大明律·刑律·杂犯》"放火故烧人房屋"条。
④ 《大清律例·刑律·断狱》"吏典代写招草"条。
⑤ 《大清律例·名例律》"处决叛军"条。
⑥ 《大清律例·名例律》"犯罪事发在逃"条例。
⑦ 《大清律例·刑律·贼盗》"强盗"条例。

第五章 证据制度

符,毫无疑义,即令拿获地方迅速办结……"①

《刑律·斗殴》规定:"子妇拒奸殴毙伊翁之案,如果实系猝遭强暴,情急势危,仓猝捍拒,确有证据,毫无疑义者,仍照殴夫之父母本律定拟。"②

《刑律·捕亡》规定:"盗案获犯到官,无论首盗伙盗缉获几名,如供证确凿、赃迹显明者,一经获犯,限四个月完结……"③

《刑律·断狱》规定:"各省军流等犯,臬司审解之日,将人犯暂停发回,听候督抚查核。如有应行复讯者即行提讯,其或情罪本轻,供证明确,毫无疑窦者,亦不必概行解送致滋稽延拖累。"④

《刑律·断狱》规定:"五城及步军统领衙门审理案件……至查拿要犯,必须赃证确凿,方可分别奏咨交部审鞫……"⑤

《刑律·断狱》规定:"犯妇怀孕,律应凌迟斩决者……若初审证据已明,供认确凿者,于产后一月起限审解,其罪应凌迟处死者产后一月期满,即按律正法。"⑥

综上,明清律、例规定了"证佐明白""明白、无疑"或者"毫无疑义"的证据加上被告人的供述方可确认案件事实,这可以视为是对于证明标准的法定表述。

中国古代的诉讼证明标准在唐朝以前较为原则、概括,到唐宋时期有了比较具体的规定,再到明清时期则更加明确、通俗,已经相当接近今天"事实清楚""证据确凿"证明标准的表述⑦,并体现了查

---

① 《大清律例·刑律·贼盗》"窃盗"条例。
② 《大清律例·刑律·斗殴》"殴祖父母父母"条例。
③ 《大清律例·刑律·捕亡》"盗贼捕限"条例。
④ 《大清律例·刑律·断狱》"鞫狱停囚待对"条例。
⑤ 《大清律例·刑律·断狱》"有司决囚等第"条例。
⑥ 《大清律例·刑律·断狱》"妇人犯罪"条例。
⑦ 古代司法文献中也有这类表述,如王又槐《办案要略·论命案》载:"谋杀之故,不外奸、盗、仇三项。若因奸而谋……须审认有奸,证据确凿,方足征信。"王又槐:《办案要略·论命案》,华东政法学院语文教研室注译,群众出版社1987年版,第3页。

明案件事实真相的追求。

需要说明的是,在中国古代,还有一种具有证明标准意涵的制度:据众证定罪。上文对据众证定罪已有论述,此处不再重复。其具有的证明标准的意涵体现在:三名以上证人证明被告人有罪是作出有罪判决应达到的要求。但在整部法典当中,据众证定罪是一种特殊的或者说例外情况下的证明标准,只适用在被告人具有法定特殊身份的案件中,目的是解决不能通过刑讯获取口供的问题。

二、疑罪处理原则

疑难案件的出现在任何社会任何时期的司法活动中都是不可避免的。就刑事案件而言,疑难案件就是定罪有一定根据、不定罪也有一定理由的案件。疑罪包括认定事实存疑和适用法律存疑两种情况,但更多的疑难案件是在事实认定方面存在疑问。对于疑罪,不同历史背景下的司法制度有不同的处理原则和方式。

中国古代曾采取神判的方式来解决疑罪,本章开篇对此已有说明。中国的神判消失得比较早,正式的疑罪处理原则始见于夏商周三代。《尚书·大禹谟》载:"罪疑惟轻,功疑惟重。与其杀不辜,宁失不经。"[①]疏曰:"罪有疑者,虽重,从轻罪之。功有疑者,虽轻,从重赏之。与其杀不辜非罪之人,宁失不经不常之罪。以等枉杀无罪,宁妄免有罪也。"[②]这里的"宁失不经"应理解为对疑罪被告人不予处罚。"与其杀不辜,宁失不经"是中国最早的关于疑罪处理的原则,为整个古代社会的疑罪处理问题奠定了基调,也是古代司法文明的宝贵遗产。

[①] 《大禹谟》经过考证,被认为是晋人伪作,这在学界已达成共识。《左传·襄公二十六年》中有"故〈夏书〉曰:'与其杀不辜,宁失不经'"的记载,但没有"罪疑惟轻"的表述。据研究者考证,"罪疑惟轻"应该是作伪者自行编造,置于"与其杀不辜,宁失不经"之前。参见蒋铁初:《中国古代的罪疑惟轻》,载《法学研究》2010 年第 2 期。

[②] 《尚书·大禹谟》。

第五章 证据制度

"疑罪从轻""疑罪从赎"的原则在《尚书·吕刑》中得到了具体化:"五刑不简,正于五罚。五罚不服,正于五过";"五刑之疑有赦,五罚之疑有赦,其审克之"。孔安国解释为:"刑疑赦从罚,罚疑赦从免,其当清察,能得其理。"①"五刑之疑有赦,五罚之疑有赦"一般理解为,用五刑去处罚犯罪有疑问的,可以减等按照五罚的规定处理;如果按照五罚去处理仍有疑问的,便减等按照五过的规定来处理。具体的处理方式是"从赎",每一种拟判处的刑罚都与一定数量的财货相对应,按照《尚书·吕刑》的规定,"墨辟疑赦,其罚百锾,阅实其罪。劓辟疑赦,其罚惟倍,阅实其罪。剕辟疑赦,其罚倍差,阅实其罪。宫辟疑赦,其罚六百锾,阅实其罪。大辟疑赦,其罚千锾,阅实其罪。"②西周以铜作为赎罪财物,锾是一种重量单位。

后世也有人主张"疑罪从无",例如汉朝的贾谊提出:"诛赏之慎焉,故与其杀不辜也,宁失于有罪也。故夫罪也者,疑则附之去已;夫功也者,疑则附之与已……疑罪从去,仁也;疑功从予,信也"③。

古代中国虽然有"疑罪从无"的思想,但是在法律规定的层面上,对疑罪的实体处理方式主要还是"疑罪从轻""疑罪从赎"。到了唐朝,法律将这一原则明文规定了下来,《断狱》"疑罪"条规定:"诸疑罪,各依所犯以赎论"④。这是古代法制史中体现疑罪处理原则的著名规定。

唐律首先具体解释了何为疑罪。《断狱》"疑罪"条曰:"疑,谓虚实之证等,是非之理均;或事涉疑似,傍无证见;或傍有闻证,事非疑似之类。"疏议曰:"'疑罪',谓事有疑似,处断难明。……注云'疑,谓虚实之证等',谓八品以下及庶人,一人证虚,一人证实,二人以上虚实之证其数各等;或七品以上,各据众证定罪,亦各虚实之数

---

① 《尚书·吕刑》。
② 同上。
③ (汉)贾谊:《新书·大政》。
④ 《唐律·断狱》"疑罪"条。

等。'是非之理均',谓有是处,亦有非处,其理各均。'或事涉疑似',谓赃状涉于疑似,傍无证见之人;或傍有闻见之人,其事全非疑似。称'之类'者,或行迹是,状验非;或闻证同,情理异。疑状既广,不可备论,故云'之类'。"①概括地讲疑罪即"事有疑似,处断难明"、也就是事实无法确定、难以做出判断的案件。具体又可以分为以下几种情形:

第一类是"虚实之证等、是非之理均"的案件。根据疏议的解释,"虚实之证等"又包括两种情况,一是当犯罪主体是八品以下官员或者庶人时,只要证明有罪和证明无罪的证人人数相等(无论证人人数有多少),就构成疑罪;当犯罪主体是七品以上官员时,则应适用"据众证定罪"的规则,若提供有罪证言的人数超过三人且恰好提供无罪证言的人数与之相等,则构成疑罪。②"是非之理均"是指有罪与无罪的理由相当,既有对的地方,也有错的地方。

第二类是"事涉疑似"的案件。包括两种情况:一是赃物和案件情状似乎涉及犯罪,又无见证之人;二是虽然有旁人见证,但是事情本身又没有可以怀疑为犯罪的地方,这种情况也只能认为是疑罪。

第三类是"之类"的情形,相当于今天法典中常用的"其他"条款。包括:形迹可疑但经查验又没有真情实状;见证人的说法一致但从情理上推断又有差异;疑罪的情况很多,不能够全部列举。③

质言之,疑罪就是既有证据证明被告人实施了犯罪行为,也有证据证明被告人没有实施犯罪行为,审判官员无法确定案件事实真

---

① 《唐律·断狱》"疑罪"条。
② 《唐律·断狱》"据众证定罪"条也涉及七品以上官员这类"不合拷讯者"的疑罪问题。这类特殊主体犯罪,应"据众证定罪",若三人证实,三人证虚,是名"疑罪",也就是提供有罪证言的证人人数超过三人且恰好提供无罪证言的证人人数与之相等时会构成疑罪。
③ 关于《唐律》"疑罪"条的理解,可参见曹漫之:《唐律疏议译注》,吉林人民出版社1989年版,第1024页;钱大群:《唐律疏义新注》,南京师范大学出版社2007年版,第1011页。

第五章 证据制度

相究竟是什么样。而且在法典中,此条与"理不可疑并列,自属允当"①,更可说明,罪疑是与"理不可疑"相对应而言的,即罪疑指对犯罪事实的证明没有达到"理不可疑"的程度。

其次,被认定为疑罪的案件,应当从赎处理,薛允升认为此"即罪疑惟轻之意也"②。说得透彻些,就是罪疑作有罪处理,只是从轻处罚而已,因此,其实质上是实行有罪推定和疑罪从有的处理。③

至于具体如何赎罪,唐朝也以铜作为赎罪财产。《名例》中详细规定了笞、杖、徒、流、死每种刑种及其刑期所对应的赎铜数量:其中,笞刑五等,从十到五十,对应的赎铜为一斤到五斤;杖刑五等,从六十到一百,对应的赎铜为六斤到十斤;徒刑五等,从一年到三年,对应的赎铜为二十斤到六十斤;流刑三等,从两千里到三千里,对应的赎铜为八十斤到一百斤;死刑有斩、绞两种执行方式,赎铜一百二十斤。

《宋刑统》继承了唐律关于疑罪的规定。在司法实践中,审判官员面对罪疑的情况,往往首先查实案情,然后再做处理。下面这则宋朝案例清晰的反映了这种处理方式:

"钱若水,为同州推官……有富民家小女奴逃亡,不知所之。奴父母讼于州,命录事参军鞫之。录事尝贷钱于富民不获,乃劾富民父子数人共杀女奴,弃尸水中,遂失其尸,或为元谋,或从而加功,皆应死。富民不胜榜楚,自诬服。具上,州官审

---

① (清)薛允升:《唐明律合编》,怀效锋、李鸣点校,法律出版社1999年版,第818页。
② 同上。
③ 尽管史料中存在"疑罪从赦"的记载,例如《元史》卷一百五《刑法四》载:"诸疑狱,在禁五年之上不能明者,遇赦释免",《元史》卷三十《泰定帝二》载:"疑狱系三岁不决者咸释之",但是这种处理不同于"疑罪从无",在中国古代侦、控、审职能不分的体制下,即使是疑罪,审判官员也并不是径行将被告人宣判无罪并释放,如下文所述,实践中将案件往往暂缓处理,继续收集证据,直到真相大白,才将原犯释放。

覆无反异,皆以为得实。若水独疑之,留其狱,数日不决……"①

此案中,推官钱若水认为判处富民父子谋杀乃是疑罪,理由是并未发现被害人尸体。派人四处寻找被害人下落,最终女奴出现,证明富民父子确属冤枉。

元、明、清时期法律对疑罪的规定方式与唐宋时期不同:在正式的刑律中均不见"疑罪"条目,只是在个别律、例条文中有所规定。例如《皇明条法事类纂·刑部类》载:"查照各衙门见监重囚,中间果有强盗,追无赃状,久不结正,人命无尸检验,累诉冤枉者,务要从公审究是实。"②对于强盗、斗殴、人命等案件,赃状、尸体、证佐明白的,才能定罪处刑;反之,"及系三年之上,如前赃状身尸之类不明者,终是疑狱,合无罪拟惟轻……发边远充军"③。可见,"无尸、无赃"这类证据不够确实明白、事实存疑的案件会被视为疑罪,虽然"合无罪",但依然只是"从轻"处理;又如,清乾隆初年定例:"续获强盗既无自认口供,赃迹亦未明晰,伙盗又已处决,无从待质,若即行拟结,诚恐冤滥,故引监候处决,以明罪疑惟轻之义"④。可见法律是将这类既缺少自认,物证也不充分,又没有同案犯做证人的案件作为疑罪处理,并且依然遵循"从轻"的原则。此外,后世律法在赎罪财物的种类上有所变化,如明清时期以银钱收赎,但是究其原理历代大抵相同。

从历史发展的角度讲,唐朝法律对于"罪疑以赎论"的规定是比较开明的。疑罪条是唐律的最后一条,薛允升认为,唐律"终之以疑狱,其所以矜恤罪囚而惟恐稍有错失者,可谓无微不至矣",而明律

---

① (宋)郑克:《折狱龟鉴》卷二《释冤下》"钱若水"。
② 《皇明条法事类纂》卷三十七《刑部类·辨明冤枉》。
③ 同上。
④ (清)祝庆祺等:《刑案汇览三编(一)》,北京古籍出版社2004年版,第523页。

第五章 证据制度

"删去疑狱一条,均失唐律之意"。① 这种变化不是偶然的,也不仅是立法技术的差异,而是体现了不同历史时期统治者的立法宗旨的转变。唐朝,中国封建制度处于鼎盛时期,在德本刑用理念指导下制定的唐律较为宽仁,而到了明清封建社会末期,随着社会矛盾的加剧和专制制度的加强,法律变得更加严苛和极端,删除罪疑从赎正是其标志之一。

---

① (清)薛允升:《唐明律合编》,怀效锋、李鸣点校,法律出版社1999年版,第820页。

第六章
初审程序

第一节 审判管辖

审判管辖,是指确定哪类案件由哪个机关、哪个地区或哪级机关受理和审判,这是解决审判机关在审理案件上的分工问题。建立审判管辖制度,是为了使审判机关各自明确有权审判的案件范围,以免发生逾越权限或互相推诿的现象;也是为了把某些较重大的案件或有特殊性的案件划归更适当的审判机关处理。现代诉讼法对审判管辖有明确的规定,古代的审判管辖在法律上规定得不够系统,制度上有些混乱,但大体上可分为下面几种。

一、级别管辖

现代刑事诉讼法上的级别管辖是指各级审判机构的初审管辖权;而在中国古代,对于一般的犯罪案件,无论轻重,均是由最低一级的司法机构行使初审管辖权的。只有在一些特殊情况下,会由较高审级的司法机构行使初审管辖权。

西周时期,级别管辖方面的规定尚不十分明确。正如本书第一章所述,在王畿地区划分了中央与地方的层次,在地方设置有司法

第六章 初审程序

机构，依据所管辖区域的行政等级，分为乡士、遂士、县士等，他们在其管辖范围之内皆有权审结案件，但对于一些特殊案件，需要上报司寇方能审结执行。

秦汉时期，地方司法机构分为郡、县两级。一般的犯罪案件，均由县级司法机构初审，"禁奸罚恶，理讼平贼"①是县令、长的重要职责。县以下还有乡，并设有三老、游徼、啬夫处理简单的民间纠纷和轻微的犯罪案件，但它们并不是一级司法机构，其职能主要在调解和维护基层社会治安。据史料记载，某些特殊案件由郡级司法机构行使初审管辖权，例如《奏谳书》所记载的"醴阳令恢盗县官米"一案，被告人是官员，又有左庶长的爵位，"狱史平舍匿无名数男子种"一案，被告人是狱史，又有五大夫的爵位，这两起案件的被告人身份特殊，因此都是由郡级司法机构进行初审的。② 廷尉是秦汉时期的中央最高司法机构，皇帝会将一些重大案件交给廷尉进行审理，例如在汉文帝时，发生过一起盗窃高庙坐前玉环的案件，文帝将此案交给时任廷尉张释之审理。③ 这可以视为是廷尉行使初审管辖权的一种情形。

唐朝法律关于管辖的规定更为明确。《唐六典》规定："凡有犯罪者，皆从所发州、县推而断之。"④一般案件都是由县级司法机构初审的。但某些特殊案件，县级司法机构无权初审，《唐律·名例》规定："诸八议者，犯死罪，皆条所坐及应议之状，先奏请议，议定奏裁"。疏议曰："八议人犯死罪者……先奏请议。依令，都堂集议，议定奏裁。"⑤这说明对享有八议特权的官僚贵族，是不能按照通常的

---

① 《后汉书》志第二十八《百官五》。
② 参见张家山二四七号汉墓竹简整理小组：《张家山汉墓竹简［二四七号墓］》（释文修订本），文物出版社2006年版，第97、98页。两则案件的文书中都有"南郡守强、守丞吉、卒史建舍治"一语，由此可以推测，案件是由郡级审判机构初审的。
③ 参见《史记》卷一百二《张释之冯唐列传》。
④ 《唐六典》卷六《尚书刑部》。
⑤ 《唐律·名例》"八议者"条及疏议。

审判程序进行审理的,就级别管辖而言,一般的司法机构对这类案件都没有初审管辖权,即"若犯死罪,议定奏裁,皆须取决宸衷,曹司不敢与夺"。①《宋刑统》的规定与唐律相同。此外,在唐宋时期,遇有重大案件,皇帝也会指派官员进行审理,这也可以视为级别管辖的一种特殊情形。

明清时期,一般案件的初审管辖权也是属于县级司法机构的。明律中也规定了八议制度,而且进一步将案件范围从死刑扩大到所有犯罪:"凡八议者犯罪,实封奏闻取旨,不许擅自勾问。若奉旨推问者,开具所犯及应议之状,先奏请议,议定奏闻,取自上裁"②。参加集议的包括五军都督府、四辅、谏院、刑部、监察御史、断事官,这同样说明一般司法机构对八议者犯罪的案件无权初审。此外,明朝皇帝会将某些案件交由特别的司法机构审理,例如锦衣卫北镇抚司即"本添设专理诏狱"③,也就是对诏狱案件行使初审管辖权。

二、地区管辖

地区管辖是指同级审判机关在地域上对案件的分工。在唐朝,"凡有犯罪者,皆从所发州、县推而断之"④。即案件由案发地的审判机关来审判。但是,有时会出现一案数人、一人数案或数人数案的情况,致使审判管辖牵连两地以上,这就难以按案发地来确定管辖。⑤ 对于这类牵连案件,唐律规定:"诸鞫狱官,囚徒伴在他所者,听移送先系处并论之。(谓轻从重;若轻重等,少从多;多少等,后从

---

① 《唐律·名例》"八议"条。
② 《大明律·名例律》"应议者犯罪"条。
③ 《明会典》卷二百二十八《上二十二卫·镇抚司》。
④ 《唐六典》卷六《尚书刑部》。
⑤ 有人将此归为"移送管辖",似有不妥。按照现代诉讼法的理解,移送管辖是对"管辖权异议"的纠正,而此处的规定是在确定由哪一地的审判机关审判。另外,现代意义上的"移送管辖"适用于民事案件,而此处的规定适用于刑事案件。作为同级审判机关在地区上对案件的分工,此处归为地区管辖更为妥当。

先。若禁处相去百里外者,各从事发处断之。)违者,杖一百。"①根据这条规定,牵连案件的地区管辖,按下列原则处理:

第一,轻从重。如不同地方的被告人罪名轻重不同,将犯罪较轻的被告人移送到犯罪较重的被告人所在地一并审理。

第二,少从多。如罪名轻重相同,则将被告人从人数少的地方移送到被告人人数多的地方审理。

第三,后从先。如罪名、人数相等,但发案时间、地点不同,则由案件最先发生地来审理,即后发案的地区移送到先发案的地区审理。

第四,如囚禁被告人的两地相距百里以上,则不论罪名轻重、被告人数多少、发案先后,各按发案地审理,不必移送。

为了防止因管辖问题而拖延审判,唐律进一步规定:如果违反上述原则而移送被告人,受移送的官府也应接受,并加以审判。同时向上级申报违法移送之事,以追究移送方的责任。明律、清律关于牵连案件管辖原则的规定与唐律基本相同,但其中唐律规定两地相距一百里外,各从事发处断之,明律、清律则改为三百里外。

三、专门管辖

专门管辖指对特定人(特定民族、特定职业、特定宗教等)的案件,不归普通审判机关管辖,而由专门审判机关管辖。古代诉讼中的专门管辖,大体有三种:

第一,对特定民族的专门管辖。如元朝为维护统治民族的特权,规定:"诸蒙古人居官犯法,论罪既定,必择蒙古官断之,行杖亦如之。诸四怯薛及诸王、驸马、蒙古、色目之人,犯奸盗诈伪,从大宗

---

① 《唐律·断狱》"囚徒伴移送并论"条。

正府治之。"①清朝也规定：外省旗人的狱讼，专设理事同知会同州县审理。清朝还把除满族以外的少数民族的重大案件划归理藩院审核。如蒙古案件，"死罪由盟长核报理藩院，会同三法司奏当；在京犯斩绞，刑部审讫，会理藩院法司亦如之"②。

第二，对特定职业的专门管辖。这突出表现在对军人案件的专门管辖上。如元朝规定：凡属军人、军户的一般刑民案件，即"其斗讼、婚田、良贱、钱债、财产、宗从继绝及科差不公自相告言者"，归所管军官和奥鲁官（管理后方军户的官）理问。凡"犯强窃、盗贼、伪造宝钞、略卖人口、发冢放火、犯奸及诸死罪"等重大刑事案件，以及涉及一般民户的案件，仍归普通司法机关审理。但是普通司法机关审判案件，"事关蒙古军者"，必须与管军官约同会审。③

明朝，军官军人的词讼，一般归都指挥使司（管理一省的军队）和卫（管理几个府的军队）断事司审理。明律规定："凡军官、军人有犯人命，管军衙门约会有司检验归问。若奸盗、诈伪、户婚、田土、斗殴，与民相干事务，必须一体约问。与民不相干者，从本管军职衙门自行追问。"④清律对军官军人案件管辖的规定同于明律。

第三，对宗教徒的专门管辖。唐朝规定：凡官度人为道士、女官及僧、尼，皆由祠部给牒，称为度牒或告牒。⑤ 元朝奉喇嘛教为国教，对僧人（和尚）犯罪有专门管辖的规定：僧人"其自相争告，从各寺院住持本管头目归问"，但是犯奸盗、诈伪、致伤人命及其他重罪，归普通司法机关理问。还规定："诸僧、道、儒人有争，有司勿问，止令三家所掌会问。"⑥元朝这种对宗教徒的专门管辖，在中国诉讼史上是

---

① 《元史》卷一百二《刑法一》。怯薛：成吉思汗时建立的护卫军。色目人：元朝将西夏人、回回、西域人称为色目人。大宗正府：元朝废除大理寺，另设大宗正府。
② 《清史稿》卷一百四十四《刑法三》。
③ 《元史》卷一百二《刑法一》。
④ 《大明律·刑律·诉讼》"军民约会词讼"条。
⑤ 参见刘俊文：《唐律疏议笺解》，中华书局1996年版，第529页。
⑥ 《元史》卷一百二《刑法一》。

第六章 初审程序

不多见的。

由以上内容可知,在司法机构设置逐渐完善的趋势下,中国古代有关诉讼案件的管辖也逐步明晰并有了机构之间的分工协作。古代司法机构的设置有其特定历史背景和指导思想,因此在某个时代会出现一些特别的规定和特殊的保护倾向,此外管辖权的划分还会因机构本身的变化而时有变更。总体而言,中国古代的审判管辖出现了职能的分工和职级的定位,为诉讼活动的顺利进行和当事人诉讼请求的实现提供了保障,使司法官能够准确、及时地处理案件。

第二节 法官及其责任

一、法官及法庭的组成

(一) 法官

在中国古代,由各级行政官员执掌审判权,并不像现代由专门的法官负责审判断案。"法官"一词见于法家著作《商君书》中:"天子置三法官:殿中置一法官,御史置一法官及吏,丞相置一法官。诸侯、郡、县,皆各为置一法官及吏,皆此奉一法官。郡、县、诸侯一受赍之法令,学问并所谓。吏民知法令者,皆问法官。故天下之吏民无不知法者。吏明知民知法令也,故吏不敢以非法遇民,民不敢犯法以干法官也,遇民不修法则问法官,法官即以法之罪告之,民即以法官之言正告之吏。"此处的"法官",并不具有审判职能,而是"为置法官,置主法之吏,以为天下师"[①]。所以,此处之"法官"是主掌法令的官吏,目的是使民知法令而不敢犯。我国古代并未使用"法官"来称呼审断案件的官吏,主审官的称谓也因机构设置的不同而有所差异,在本书第一章对机构的设置有详细论述,此处不再赘述。

---

① 《商君书·定分》。

(二) 法庭的组成

在中国古代,虽然会因审级和案件类型特殊,由不同的机关共同审理,但从来没有实行过陪审制度。清末沈家本及后来的陈顾远、徐朝阳等学者认为,《周礼》所载的"以三刺断庶民狱讼之中:一曰讯群臣,二曰讯群吏,三曰讯万民"实际上就是陪审制度。① 这种观点是值得商榷的。唐贾公彦疏"三刺":"三刺之言,当是罪定断讫,乃向外朝始行三刺。"②《周礼·秋官·司刺》载:"掌三刺、三宥、三赦之法,以赞司寇听狱讼"③,即由司刺辅佐大司寇掌理三刺(讯群臣、讯群吏、讯万民),三宥(不识、过失、遗忘),三赦(幼弱、老旄、愚蠢)之事,以辅佐司寇听讼断狱。据此,三刺是在审判官审理结束之后,由司刺向群臣、群吏、万民讯问意见,以求得公正的裁判。这就表明,群臣、群吏、万民参与的是案件的讨论,而非他们直接参与审判。考之史料,陪审的说法也缺乏依据。出土的金文表明,当时的审判是由法官独立负责的,如《㡯匜(ying yi)》铭文中记载的争奴隶的诉讼,是由伯扬父定的判词。《师旂鼎》记载的惩治下发不从王出征的案件,是由白懋父作的判决。《䤼攸比鼎》记载的关于田租的诉讼,是由周王命令属官司交给虢旅处理的。春秋时期楚王叔陈生与伯舆争政,这样大的案件,也是由晋侯使"士匄听之"④,而没有实行陪审。秦汉以后至明清,更没有实行陪审制度的文献记载。⑤

---

① (清)沈家本:《秦进呈诉讼法拟请先行试办折》,"考周礼秋官司刺掌 三刺之法,三刺曰讯万民,万民必皆以为可杀,然后施上服下服之刑。……实为陪审员之权舆。"陈顾远:《中国法制史》第 239 页:"三刺又有似陪审制度也。"徐朝阳:《中国诉讼法溯源》第 103 页:"所谓三刺……换言之,实则周代陪审制度之名称也。"
② 《周礼·秋官·小司寇》贾公彦疏。
③ 《周礼·秋官·司刺》。
④ 《左传·襄公十年》。
⑤ 从现有的研究和观点来看,人们更倾向于将这种制度称为"集议制",以说明我国古代的审判方式。参见秦涛:《律令时代的"议事以制":汉代集议制研究》,西南政法大学 2014 年博士学位论文;黄海波:《中国古代刑事评议制度的演进》,载陈光中主编:《刑事司法论坛》(第四辑),中国人民公安大学出版社 2011 年版;程政举:《先秦和秦汉的集体审判制度考论》,载《法学》2011 年第 9 期。

第六章 初审程序

纵观历代审判情况,大多数案件,是由一个法官坐堂问案的。但是对少数重大或特殊案件,采取由若干法官会审的制度。会审制度也因各朝的规定不同,有不同的审理机构和审判方式。会审成为一种制度,始于唐朝的三司推事。三司,指中央大理寺、刑部、御史台三大司法机关。遇有大案疑案,皇帝诏令三司派大理卿、刑部侍郎、御史中丞组成法庭共同审理,称为大三司使。[1] 如由三司分别派刑部员外郎、御史、大理寺官组成法庭共同审理,称为小三司使。[2]

唐朝的三司推事,到明清时期,发展为正式的会审制。明朝,重大案件由三法司(刑部、大理寺、都察院)会审。遇特别重大案件,厂卫及其他官吏也参加。在清朝,重大案件由九卿(六部加都察院、大理寺、通政使司)会审。会审还有一种情况,就是由于当事人有某种特定身份(如军人、少数民族的人等),案件由当事人所属机关和普通司法机关约同会审。例如元朝,有关蒙古军的案件,如果归普通审判机关管辖,必须约同管军官司会审(因为这部分内容涉及审判方式和判决的内容,详见本章其他小节的论述,特列此部分是为了澄清以往的误论)。

二、法官的回避制度

中国古代早期没有法官回避制度,法官可以参与审理自己亲属的案件。《韩非子·外储说左下》载:"梁车新为邺令,其姊往看之,暮而后,门闭,因逾郭而入,车遂刖其足,赵成侯以为不慈,夺之玺而免之令。"[3]这说明,梁车的姐姐犯法,梁车可直接处罚而不必回避。

---

[1] 《续通志》卷二五七于頔传载:"(頔子敏)诱(梁)正言家奴支解之,弃溷中,家童上诉,诏捕頔吏沈璧及它奴送御史狱,命中丞薛存诚、刑部侍郎王播、大理卿武少仪杂问之,頔贬为恩王傅,子敏,窜雷州。"这是大三司使审案的例子。

[2] 《唐会要》卷五十九载:"贞元十二年五月,信州刺史姚骥举奏员外司马卢南史赃犯,……令监察御史郑楚相、刑部员外郎裴澥、大理寺评事陈正仪充三司,同往覆按之。"这就是小三司使审案的例子。

[3] 《韩非子·外储说左下》。

法律明文规定法官回避制度，始于唐朝。《唐六典》规定："凡鞫狱官与被鞫人有亲属、仇嫌者，皆听更之。"注称："亲谓五服内亲，及大功已上婚姻之家，并受业经师为本部都督、刺史、县令，及府佐与府主，皆同换推。"①宋朝则规定："诸鞫狱官与被鞫人有五服内亲，及大功以上婚姻之家，并受业师，经为本部都督、刺史、县令，及有仇嫌者，皆须听换推，经为府佐、国官于府主，亦同。"②元朝进一步规定法官应回避而不回避的，要受到法律制裁："诸职官听讼者，事关有服之亲，并婚姻之家，及曾受业之师与所仇嫌之人，应回避而不回避者，各以其所犯坐之。有辄以官法临决尊长者，虽会赦，仍解职降叙"。"诸曾诉官吏之人有罪，其被诉官吏勿推。"③明律参照元朝法律，规定："凡官吏于诉讼人内，关有服亲，及婚姻之家，若受业师，及旧有仇嫌之人，并听移文回避，违者，笞四十。若罪有增减者，以故出入人罪论"④。清律规定同于明律。总之，中国古代法律所规定的法官回避制度，其内容有二：一是回避理由主要是法官与案件当事人有亲属、仇嫌、受业师等关系；二是如应回避而不回避的，要受到刑事制裁；如因不回避而造成加重减轻罪责的后果，以故出入人罪论处。

三、法官的责任

法官在诉讼中担负多种责任，若有违犯则要受到处罚，这是中国古代诉讼中的特点之一。法官的责任是多方面的，如应受理不受理，不依法刑讯，状外求罪，判决不引律令或者与律令、情状有出入，应上言（报）不上言，应上奏不上奏等。此处只探讨法官判错案件，出入人罪（有罪判无罪或重罪判轻罪为出罪，无罪判有罪或轻罪重

---

① 《唐六典》卷六《尚书刑部》。
② 《宋刑统·断狱》"不合拷讯者取众证为定"条附引狱官令。
③ 《元史》卷一百二《刑法一》。
④ 《大明律·刑律·诉讼》"听讼回避"条。

第六章 初审程序

判为入罪)的责任问题。其他问题将分别结合有关部分进行分析。

关于法官责任最早的记载是《尚书·吕刑》中的"五过之疵":"五过之疵,惟官、惟反、惟内、惟货、惟来,其罪惟均,其审克之。"①即法官审判案件,如因依仗官势(惟官)、私报恩怨(惟反)、受家属牵制(惟内)、勒索财贿(惟货)、请托说情(惟来),导致影响案件的正确处理,要处以与所断罪相同的刑罚。

秦朝的法律对法官的错判,区分了故意和过失两类不同的情况。故意错判又分为"不直"和"纵囚"。秦简《法律答问》载:

> 论狱[何谓]"不直"?何谓"纵囚"?罪当重而端轻之,当轻而端重之,是谓"不直"。当论而端弗论,及伤其狱,端令不致,论出之,是谓"纵囚"。

大意为:判案怎样称为"不直"?怎样称为"纵囚"?罪应重而故意轻判,应轻而故意重判,称为"不直"。应当论罪而故意不论罪,以及减轻案情,故意使罪犯够不上判罪标准,于是判他无罪,称为"纵囚"。②

可见在秦朝,故意重罪轻判、轻罪重判,就构成"不直"罪;故意有罪不论罪或减轻罪责,则构成"纵囚"罪,都要负刑事责任。另据史料记载:秦始皇三十四年(公元前213年),"适治狱吏不直者,筑长城及南越地"③。说明当时的官吏因断狱不直而被判刑的人数不少。

非故意的用刑不当,称为"失刑"罪。《法律答问》中有三处谈到"失刑"罪,其中一则答问曰:

> 士伍甲盗,以得时值赃,赃值过六百六十,吏弗值,其狱鞫乃

---

① 《尚书·吕刑》。
② 睡虎地秦墓竹简整理小组:《睡虎地秦墓竹简》,文物出版社1978年版,第191页。
③ 《史记》卷六《秦始皇本纪》。

值赃,赃值百一十,以论耐,问甲及吏何论?甲当黥为城旦;吏为失刑罪,或端为,为不直。

大意为:士伍甲盗窃,如在捕获时估其赃物价值,所值应超过六百六十钱,但吏当时没有估价,到审讯时才估,赃值一百一十钱,因而判处耐刑,问甲和吏如何论处?应黥为城旦;吏以失刑罪论,如系故意而为,以不直罪论。①

汉朝基本上沿袭秦朝的法官责任制度,罪名上略有不同,即以"出罪为故纵,入罪为故不直"②。如戚圉侯季信成"坐为太常纵丞相侵神道,为隶臣"。③ 商利侯王山寿"坐为代郡太守故劾十人罪不直,免"④。

自唐以后,对法官的责任问题在法律中作了具体规定,其主要内容如下:

(1)故意出入人罪,全出全入的,以全罪论。

(2)故意从轻入重,或从重入轻,原则上以所剩论,即以所增减的刑罚论。但唐律规定,如因此而改变刑罚种类的,那么,笞杖之间和徒流之间的改变,仍以所剩论;而笞杖与徒流之间和徒流与死罪之间的改变,以全罪论。明清律则规定,除死罪的改变坐以死罪外,其他一律以所增减论。

(3)因过失而出入人罪的,失于入的,各减三等;失于出的,各减五等。

(4)错判而未执行的,即入罪未决,出罪未放的;或已执行而后果不严重的,即已放而又捕回,或因犯自死者,各减一等。

(5)判决徒、流罪,不应赎而赎,应赎而不赎,或者应官当(以官

---

① 睡虎地秦墓竹简整理小组:《睡虎地秦墓竹简》,文物出版社1978年版,第165—166页。
② 《汉书》卷十七《景武昭宣元成功臣表》注。
③ 《汉书》卷十六《高惠高后文功臣表》。
④ 《汉书》卷十七《景武昭宣元成功臣表》。

第六章 初审程序

品抵罪)而不以官当,不应官当而官当的,各依故意或过失出入人罪,减一等。判决死罪,应绞而斩或应斩而绞的,唐律规定,徒一年,过失的减二等;明律规定,杖六十,过失的减三等。应绞斩而令其自尽于家,或应自尽于家而绞斩的,同上处理。

(6)案件如由官府中几个官吏连署文案而发生错误的,都要负刑事责任。但要根据其职位和错判是否由他开始产生等情况,分成四个等级,每等递减刑罚一等。具体办法唐、明又略不同。①

应当说,中国古代法律规定的法官责任制度,有利于维护法律的严肃性和减少错案的发生,是一项较好的制度。但是在司法实践中,却很难真正贯彻执行,统治者往往实行出罪从严、入罪从宽的政策。据史料记载:

> 河内人李好德风疾瞀乱,有妖妄之言,诏按其事。大理丞张蕴古奏:好德癫病有征,法不当坐。治事侍御史权万纪劾蕴古贯相州,好德之兄厚德,为其刺史,情在阿纵,奏事不实。太宗曰:"吾常禁囚于狱内,蕴古与之弈棋,今复阿纵好德,是乱吾法也。"遂斩于东市。……太宗既诛张蕴古之后,法官以出罪为诫,时有失入者,又不加罪焉,由是刑网颇密。帝尝问大理卿刘德威曰:"近来刑网稍密,何也?"德威对曰:"律文失入减三等,失出减五等。今失入则无辜,失出则便获大罪,所由吏皆深文。"太宗然其言。由是失于出入者,令依律文,断狱者渐为平允。②

以上史料表明,在"出罪从严、入罪从宽"的原则指导下,法官往往很难拿捏定罪量刑的尺度。而且由于官吏徇私枉法,往往使法官

---

① 以上各项内容见于《唐律·断狱》"官司出入人罪"条、"断罪应决配而收赎"条、"断罪应斩而绞"条,《唐律·名例》"同职犯公坐"条,《大明律·刑律·断狱》"官司出入人罪"条、"断罪不当"条。《大清律例》规定同于《大明律》。
② 《旧唐书》卷五十《刑法》。

责任制度的规定流于形式。正如宋朝的郑兴裔所言:"今之勘官,往往出入情罪,上下其手。或捶楚煨炼,文致其罪,或衷私容情,阴与脱免。虽在法有故出故入、失出失入之罪,几为文具。"①

第三节　代理人、讼师和官代书

一、诉讼代理

中国古代法律限制特定人群的诉讼资格,同时以诉讼代理制度作为相应的补救措施。起初,诉讼代理主要适用于贵族官僚。《周礼》载:"凡命夫、命妇,不躬坐狱讼。"命夫,指"男子之为大夫者";命妇,指命夫之妻。就是说,凡是大夫及其妻子,一律不亲自到法庭坐对受审,而派其部属或家属代理诉讼。之所以这样规定,"为治狱吏亵尊者也"②,就是怕法官在审讯时侮辱了那些尊贵的贵族,可见诉讼代理主要是为维护贵族特权而设立的。

《左传》中记载了两个诉讼代理的案例。例一,公元前632年,卫侯和元咺(xuan)争讼于晋,由于卫侯是国君,元咺又是他的臣子,因此,卫侯派了鍼庄子代理出庭坐对,又派宁武子和士荣协助鍼庄子。结果卫君的官司打输了,便杀了士荣,对鍼庄子处以刖刑,只宽免了宁武子。③ 例二,公元前563年,楚王叔陈生和伯舆争讼,王叔派其家宰,伯舆派其大夫瑕禽坐狱于王庭,双方进行了激烈的争辩,士匄听审了这个案件。④ 在这两个案例中,由于当事人的地位相当高,因此,其代理人也相当于大夫。在一般情况下,大夫也不出庭受审而由其部属或家属代理。

---

① 《宋会要辑稿·刑法》四之八四。
② 参见《周礼·秋官·小司寇》及郑玄注。
③ 《左传·僖公二十八年》。
④ 《左传·襄公十年》。

第六章 初审程序

大夫不亲自出庭的制度，秦朝时仍实行。秦简《封诊式·黥妾》爰书记载：某里公士甲捆送大女子丙，控告说："本人是某里五大夫乙的家吏。丙是乙的婢女。乙派甲来说：丙强悍，请求对丙施加黥劓。"审讯丙，供称："是乙的婢女，没有其他过犯。"①五大夫，是商鞅变法时定的二十等爵中的第九级，他可以派家吏（管家务事的私吏）把婢女送官府要求处以黥劓，而不必亲自出庭。《封诊式》中另载有《告臣》案例：某里士伍甲因其奴隶丙不听使唤，便捆送甲亲自到官府控告，请求对丙施加黥劓。②《汉旧仪》载："无爵为士伍。"③这个案件中，由于士伍甲没有爵位，所以他必须亲自出庭受审。对比《黥妾》和《告臣》两例，可以清楚地看到，秦时有较高爵位的人享有由别人代理诉讼的特权。当然，如本人犯罪，则必须出庭受审。

秦以后至唐宋，法律上没有关于诉讼代理的规定。到了元朝，《大元通制》规定："诸老废笃疾，事须争讼，止令同居亲属深知本末者代之；若谋反、大逆、子孙不孝，为同居所侵侮，必须自陈者听。诸致仕得代官，不得已与齐民讼，许其亲属家人代诉，所司毋侵挠之。诸妇人辄代男子告辨争讼者，禁之。若果寡居及虽有子男，为他故所妨，事须争讼者，不在禁例。"④即年老、废疾、笃疾、官吏、妇人等，除某些重大案件和涉及告者本身利益的案件以外，可令家人亲属代理诉讼。

《大明令》规定："凡年老及笃废、残疾之人，除告谋反、叛逆、子孙不孝，听从赴官陈告外，其余公事，许令同居亲属，通知所告事理的实之人代告。诬告者，罪坐代诉之人"⑤。清律与上述规定相同，

---

① 参见睡虎地秦墓竹简整理小组：《睡虎地秦墓竹简》，文物出版社1978年版，第260—261页。
② 参见上书，第259—260页。
③ （汉）卫宏撰：《汉旧仪》卷下。
④ 《元史》卷一百五《刑法四》。
⑤ 《大明令·刑令》。

但更加细化。另外,明清时期出现了专门的代理制度——抱告,由于其主要适用于民事案件,第十章将详述此制度,在此不赘。

总体而言,古代的诉讼代理限于有官僚贵族身份者与无诉讼能力者,即官吏、生员、绅衿、妇人及老幼、有残疾者,法律准许他们派遣亲属或家丁代替诉讼,并代受罚,使其免受诉讼之苦。这一方面体现了法律的公允和人道,一方面也维护了有职者的尊严。而这种代理制度,也为代人书写诉状和讼师的出现留下了空间。

二、讼师与官代书

讼师,就是"教人词辩,帮人诉讼"的社会群体,其历史可以追溯到春秋时期的邓析。邓析"操两可之说,设无穷之辞"①,"与民之有狱者约,大狱一衣,小狱襦裤"。② 可以说,邓析是中国古代最早的讼师,在邓析的带动下,"民之献衣襦裤而学讼者,不可胜数"③。此后较长时期直至唐以前,未发现有关于讼师的史料记载。

(一) 唐朝"为人作辞牒者"

唐朝,出现了与讼师行为相近的"为人作辞牒",最早见于《唐律·斗讼》"为人作辞牒加状"条:

> 诸为人作辞牒,加增其状,不如所告者,笞五十;若加增罪重,减诬告一等。"
>
> 【疏】议曰:为人雇倩作辞牒,加增告状者,笞五十。若加增其状,得罪重于笞五十者,"减诬告罪一等",假有前人合徒一年,为人作辞牒增状至徒一年半,便是剩诬半年,减诬告一等,合杖九十之类。若因雇倩受财,得赃重者,同非监临主司因事受财坐赃之罪,如赃重,从赃科;赃轻者,从减诬告一等法。

---

① 《列子·力命》。
② 《吕氏春秋》卷十八《审应览·离谓》。
③ 同上。

第六章 初审程序

即受雇诬告人罪者,与自诬告同,赃重者坐赃论加二等,雇者从教令法。若告得实,坐赃论;雇者不坐。

【疏】议曰:上文"为人作辞牒",虽复得物,不雇诬告,因有加增,得减诬告一等;此文"即受雇诬告人罪者",谓彼此同谋,本共诬构,情规陷害,故与自诬告罪同。"赃重者,坐赃论加二等",假有得绢十匹,受雇诬告人一年半徒,坐赃论,十匹合徒一年,加二等,即徒二年之类。"雇者从教令法",依下条"教令为从",减受雇者一等,仍得一年徒。"若告得实,坐赃论",谓受绢十匹,告得实事,合徒一年之类。"雇者不坐",以其得实,故得无罪。①

唐律中明确规定"为人雇倩作辞牒,加增告状者""若因雇倩受财,得赃重者,同非监临主司因事受财坐赃之罪""受雇诬告人罪者,与自诬告同",这些针对受雇为他人写状词且有增加罪状或收受赃物等行为的规定,充分说明了当时代写诉状之人已普遍存在,诬告、教唆告状等行为也较为常见,即类似于讼师的群体已经出现。同时由于这种教唆行为威胁到司法秩序与社会安定,法律规定的惩罚也与本罪处罚相差无几。

(二) 宋元时期的讼师与官代书

到了宋朝,可以说出现了真正意义上的讼师群体,且助长了民间"健讼之风"的盛行:"州县之间,顽民健讼,不顾三尺。稍不得志,以折角为耻,妄经翻诉,必欲侥幸一胜。则经州、经诸司、经台部。技穷则又敢轻易妄经朝省,无时肯止。甚至陈乞告中,微赏未遂其意,亦敢辄然上渎天听,语言妄乱,触犯不一"②。民间还有专门教人词讼的业觜社③,甚至"江西州县百姓好讼,教儿童之书,有如四言

---

① 《唐律·斗讼》"为人作辞牒加状"条。
② 《宋会要辑稿·刑法》二之一三七。
③ 周密的《癸辛杂识》续集记载沈括的家乡浙江即有业觜社:"又闻括之松阳有所谓业觜社者,亦专以辩捷给利口为能,如昔日张槐应,亦社中之琤琤者焉。"参见(宋)周密:《癸辛杂识》续集卷上《讼学业觜社》。

杂字之类,皆词诉语"①。法律对这些行为严加管制:"诸色人自今讼不干己事,即决杖枷项令众十日。情理蠹害屡诉人者,具名以闻,当从决配。"②"乞禁约健讼之人……其诉事不干己,并理曲或诬告,及教令词诉之人,依法断讫,本州县将犯由、乡贯、姓名籍记讫,县申州,州申监司照会。若日后再有违犯,即具情犯申奏断遣。"③对起诉与自己不相干的事、恶意多次起诉的人与教唆人诉讼的人应依据具体情节给予处罚。

宋朝的讼师活动,一方面是代写讼词,另一方面是把持诉讼,出入官府,帮人请托,"始则招诱诸县投词人户,停泊在家,撰造公事。中则行求公吏,请嘱官员,或打话倡楼,或过度茶肆,一罅可入,百计经营,白昼攫金,略无忌惮。及其后也,有重财,有厚力,出入州郡,颐指胥徒,少不如意,即唆使无赖上经台部,威成势立,莫敢谁何。乘时邀求,吞并产业,无辜破家,不可胜数"④。随着讼师活动的愈发频繁,讼师的名号也渐渐形成,如"珥笔之民""佣笔之人""茶食人""健讼之民""讼师官鬼"与"哗鬼讼师"等。⑤ 当然,这些称谓难免有夸大与讽刺之嫌。在官府眼中,讼师是健讼之风的始作俑者,都是些"奸猾之徒",并不为官方认可。"大凡市井小民,乡村百姓,本无好讼之心。皆是奸猾之徒教唆所至。幸而胜,则利归己,不幸而负,则害归他人。"⑥

与此同时,为应对健讼之风、限制讼师的活动并使词讼精简,官

---

① 《宋会要辑稿·刑法》三之二六。
② 《宋会要辑稿·刑法》三之一二。
③ 《宋会要辑稿·刑法》三之二八。
④ 中国社会科学院历史研究所隋唐五代宋辽金元史研究室点校:《名公书判清明集》卷十三《惩恶门·撰造公事》,中华书局2002年版,第482页。
⑤ 陈景良:《讼学、讼师与士大夫—宋代司法传统的转型及其意义》,载《河南省政法管理干部学院学报》2002年第1期。
⑥ 中国社会科学院历史研究所隋唐五代宋辽金元史研究室点校:《名公书判清明集》卷十二《惩恶门·责决配状》,中华书局2002年版,第476页。

第六章 初审程序

方认可的民间专门代写诉状的机构——写状钞书铺户(即官代书)产生了。宋朝的"官人、进士、僧道、公人(谓诉己事,无以次,听自陈)听亲书状,自余民户并各就书铺写状投陈"①。即百姓诉讼须经书铺写好状纸投递,"不经书铺不受,状无保识不受,状过二百字不受,一状两事不受,事不干己者不受,告讦不受,经县未及月不受,年月姓名不实的不受,披纸枷、布枷、自毁咆哮、故为张皇不受,非单独无子孙孤孀、辄以妇女出名不受"②。

对于书铺的资质和具体行为,官府有严格的规范要求:

> 写状钞书铺户,每名召土著人三名保识,自来有行止不曾犯徒刑,即不是吏人勒停、配军拣放、老疾不任科决,及有荫赎之人,与本县典吏不是亲戚,勘会得实置簿,并保人姓名籍定。各用木牌书状式并约束事件挂门首,仍给小木印,印于所写状钞诸般文字年月前(文曰:某坊巷或乡村居住写状钞人某人官押),如违县司约束指挥断讫,毁劈木牌印子,更不得开张,书铺内有改业者,仰赍木牌印子赴官送纳,亦行毁弃,他人不得冒名行使。身死者,妻男限十日送纳。③

书铺给人书写词状,须"词状前朱书事目;状钞中紧切处不得揩改;据人户到铺写状先须仔细审问,不得添借语言,多入闲词及论诉不于己事。……百姓年七十或笃疾及有孕妇人并不得为状头"④。"代写状人不得增加词理,仍于状后著名,违者勘罪。州县录此诏当厅悬挂,常切遵禀。"⑤"令人代笔为状即不得增添情理,别入言词,并元陈状人本无枝蔓论奏事。被代笔人诱引,妄有规求者,以代笔人

---

① 《朱文公文集》卷一百《公移·约束榜》。
② (宋)黄震:《黄氏日抄》卷七十八《公移·词诉约束》。
③ (宋)李元弼:《作邑自箴》卷三《处事》。
④ (宋)李元弼:《作邑自箴》卷八《写状纱书铺户约束》。
⑤ 《宋会要辑稿·刑法》三之一二。

为首科罪。"①"书铺如敢违犯本州约束,或与人户写状不用印子,便令经陈,紊烦官司,除科罪外,并追毁所给印子。"②书铺如果违反了官府的相关规定,会受到重罚,甚至吊销代写诉状的资格。这些对于书铺代写词状的规范,同样也是为了禁止讼师介入诉讼。

元朝时,民间仍然"好讼",起诉人的范围不断扩大,出现妇人"代替儿夫、子侄、叔伯、兄弟,赴官争理"③的现象。因此,官府在全国遍置书铺,由官府认定的书状人代写民间词讼,但其实"书铺中代写词状的书状人,多为不谙吏事,蝇营狗苟之徒,官府也没有明确书状人的法律责任与要求,以致书铺成为营利之所"④。在代写词状中,讼师对"有钱告状者,自与妆饰词语,虚捏情节,理虽曲而直。无钱告状者,虽有情理,或与之削去紧关事意,或与之减除明白字样,百般调弄,起灭词讼"⑤。元朝对书状的格式做了具体而严格的规定,在一定程度上增加了民间百姓自己书写词状的难度,从而使讼师成为诉讼活动中必不可少的参与者。元朝书铺为官立,要求:"诸哗强之人,辄为人伪增籍面者,杖八十七,红泥粉壁识过其门"⑥。可见官府对代书人进行了限制和规范,"使官府词讼静简,公事易于杜绝"⑦。但在实践中代书人仍任意收费,不但扰乱了司法秩序,还为平民告诉增加了难度。

(三) 明清时期的讼师及其活动

明清时期,官府对民间讼师进一步压制,但由于实际司法活动中的需求在增多,反而使讼师的活动越来越活跃。如史料记载,"白发黄童,俱以告讦为生。刀笔舞文之徒,且置弗论,而村中执耒荷锄

---

① 《宋会要辑稿·刑法》三之一四。
② 《朱文公文集》卷一百《公移·约束榜》。
③ 《元典章》卷五十三《刑部十五·代诉》。
④ 张晋藩主编:《中国民法通史》,福建人民出版社2003年版,第774页。
⑤ 《元典章》卷五十三《刑部十五·书状》。
⑥ 《元史》卷一百五《刑法四》。
⑦ 《元典章》卷十二《吏部六·司吏》。

第六章 初审程序

之夫,亦变为雄辩利口。……竟入市,市纸书讼词,郡中为之纸贵,一肆中有日得三十金者。……今市廛之徒,言讼者十家而九,四亩之夫,言讼者十家而八"①。"小民之好讼,未有甚于今日者。"②据记载,清朝嘉庆年间,安徽六安州的知州在其在任的十个月间,曾处理1360件案件③。康熙年间任会稽(今浙江绍兴)令的张我观"每日收受词状一百数十余纸"④;乾隆年间汪辉祖任湖南宁远县知县时,三八放告之日,每天收受200余份词状。⑤ 如此好讼,官府不得不极力管制,尤其对于教唆词讼规制更加严格。

《大明律》"教唆词讼"条规定:"凡教唆词讼及为人作词状增减情罪诬告人者,与犯人同罪。若受雇诬告人者,与自诬告同。受财者,计赃以枉法从重论。其见人愚而不能伸冤,教令得实,及为人书写词状而罪无增减者,勿论。"⑥即因他人不能书写而代人写诉状,只要不增减情节,如实书写的,不违法,但增减情罪诬告他人则要受罚。明律此条规定与唐律大致相同,但比唐律更加清晰。

《大清律例》对此有相同的规定⑦,另外清朝条例作出了更细致的规定:"代人捏写本状,教唆或扛帮赴京,及赴督抚并按察司官处,各奏告强盗、人命重罪不实,并全诬十人以上者,俱问发边卫充军"。⑧ "审理词讼究出主唆之人,除情重赃多、实犯死罪及偶为代作词状情节不实者,俱各照本律查办外,若系积惯讼棍串通胥吏,播弄乡愚,恐吓诈财,一经审实,即依棍徒生事扰害例问发云贵、两广极

---

① (明)朱察卿:《朱邦宪集》卷十四《与潘御史》。
② (清)贺长龄编:《清经世文编》卷九十四《慎狱刍言·论一切词讼》。
③ 〔日〕滋贺秀三:《清代中国的法与审判》,创文社1984年版,第260页。
④ (清)张我观:《覆瓮集》卷一《颁设状式等事》。
⑤ (清)汪辉祖:《病榻梦痕录》卷下。
⑥ 《大明律·刑律·诉讼》"教唆词讼"条。
⑦ 《大清律例·刑律·诉讼》"教唆词讼"条。
⑧ 《大清律例·刑律·诉讼》"教唆词讼"条例。

边烟瘴充军"。①

此时的讼师活动,可以从官方对讼师的评价中略知其貌。如"乃有奸宄不法之徒,好事舞文,阴谋肆毒,或捏虚以成实,或借径以生波,或设计以报宿嫌,或移祸以卸已罪。颠倒是非,混淆曲直,往往饰沉冤负痛之词,逞射影捕风之术。更有教唆词讼者,以刀笔为生涯,视狱讼为儿戏,深文以冀其巧中,构衅而图其重酬,乡里畏之,名曰讼师。因而朋比协谋,党恶互证……"②京控案件中,"有受讼师主唆,代作呈词者;有事不干已,得财挺身包揽者;有案尚未定,情虚先遁,希图脱罪者;有案已拟结,遣人上控,妄思翻异者;……讼师土棍所在皆有,往往将毫不干己之事,从中唆使,代作呈词,甚或从中渔利,包揽具控,又或于地方官审案未定之先,情虚畏逃,来京呈控。且有结案时本无枉纵,亦俱妄思翻控,希冀幸免者"③;"讼师最为民害。地方偶遇鼠牙雀角,本无讼心,若辈从中唆耸,或以是为非,或以小架大,蜃楼海市,尽掩真情,百计千方,包告包准,因而勾通书役,设法捱延,且复牵累无辜,故为朦混。甚至拖延日久,两造之气早平,而若辈之谋益肆。其害不可枚举"④。概言之,讼师的诉讼活动包括代写词状、出谋划策、疏通关系、代打官司等,而在不断的代写词状的活动中,出现了讼师秘本。

讼师秘本指的是:"记载对讼师的起诉有用的知识,或者说记载对审判方面有用的知识的书籍。"⑤讼师秘本的作用在于使读者明白做状的基本规则和相关法律,免得"未作琴堂稿,先思御史台。不谙

---

① 《大清律例·刑律·诉讼》"教唆词讼"条例。
② 《圣谕广训》"息诬告以全善良"。
③ 《大清仁宗睿皇帝实录》卷之一百八十七。
④ 台湾文献史料丛刊《福建省例》刑政例下《访拿讼棍示》,台湾大通书局1987年版,第1118页。
⑤ 〔日〕夫马进:《讼师秘本〈萧曹遗笔〉的出现》,载于杨一凡总主编:《中国法制史考证·丙编第四卷·日本学者考证中国法制史重要成果选择·明清卷》,中国社会科学出版社2003年版,第471页。

刀笔理,反受槛车灾"①。在讼师秘本的示范作用下,写状词有了一个可操作的规程,流传最广的当属"十段锦":"状有十段锦,犹时文有破题破承、起挑泛股、正讲后股、缴结大结也,先后期顺序,脉络贵相联"②。

(四) 古代讼师评析

从目前所见的资料和一系列的诉讼档案中可以发现,对于讼师的评价,褒贬不一,官方的记载多为贬低之口吻,如认为:讼师唆使人兴起诉讼,笔利如刀,称其为"刀笔吏"等。讼师被视为教唆人们进行毫无必要的诉讼,颠倒是非、混淆黑白,利用诉讼文书和花言巧语诱使人陷入诉讼,与盘踞官府的胥吏和差役相互勾结,从善良的人那里骗取金钱等作恶多端的地痞流氓。③ 尤其对那些以营利为目的的恶讼师,评价更差:"大抵此辈皆系奸民猾吏,操心不仁,专窥瞰官府差错,采摘富家过失,或自身陈告,或教唆他人,兴灭词讼,把持官府,懦官弱吏往往为其所制,莫敢谁何"④。例如,有记载讼师颠倒黑白的案例:

> 湖南廖某者,著名讼棍也,每为人起诉或辩护,罔弗胜。
> ……又有某姓子者素以不孝闻里中,一日殴父,落父齿,父诉之官。官将惩子,子乃使廖为之设法,廖云:"尔今晚来此,以手伸入吾之窗洞而接呈词,不然,讼将不胜"。应之。及晚,果如若言,以手伸入窗洞,廖猛噬其一指,出而告之曰:"讯时,尔言尔父噬尔指,尔因自卫,欲出指,故父齿为之落,如是,无有弗

---

① (明)江湖逸人编著:《新携音释四民要览萧曹明镜》卷一《兴词切要讲意》。
② (明)《新刻法家须知》卷一《十段锦》。
③ 〔日〕夫马进:《明清时代的讼师与诉讼制度》,载〔日〕滋贺秀三:《明清时期的民事审判与民间契约》,王亚新等编译,法律出版社1998年版。
④ (明)汪天锡:《官箴集要》卷上《宣化篇》"治习"。

胜者"。及讯,官果不究。①

这些恶讼师,在一定程度上对健讼风气起到了推波助澜的作用,官方由此以偏概全地将健讼根源归咎于讼师的存在,由此形成了一种较为普遍的认识误区。实际上,健讼社会中,当事人需要专业的法律服务,而官方并不提供相应的法律援助,这才催生了讼师的出现与活跃。史料中也载有讼师"路见不平,拔笔相助"的案例:

> 福宝游天竺山,遇土豪名飞山虎,足踢民妇死之。豪以纹银十两作偿命资,民慑其势炎,不敢较。福宝路见不平,代草一状控豪,状云:为土豪横行,惨杀发妻事:窃李某某,绰号飞山虎,素性蛮悍,无恶不为。今兹怒马横行,践民人之亩。民妇出而干预,豪即飞足踢中要害,当即身死。豪全不介意,掷下纹银十两,扬长自去。夫身有纹银十两,已可踢死一人;若家有黄金万镒,便将尽屠杭城。草菅人命,于此可见,不想光天化日之下,而乃有此恶魔。伏祈缉凶法办,以慰冤魂。上伸国法,下顺民情,存没共戴。沥血陈词,哀哀上告。②

作为一种以"写诉状、打官司"为生的职业,对当事人来说,讼师知晓更多的律令规则,可以为其免于处罚或者减轻处罚提供更多的技术支持,因此容易被诉讼当事人所用和认可;对司法官而言,讼师为其断决案件增加了难度并可能使案件的审判拖延或者出现其预料之外的情形,加上古代以"息讼"思想为主导,因此才百般遏止和阻挠讼师介入诉讼活动,讼师也更难被官方认可和接受。当然,在讼师中难免有一些"诈讼"者出现,从而影响整个讼师群体的形象。但作为诉讼活动中重要的参与者,讼师在启动诉讼程序、推进审判

---

① 徐珂编撰:《清稗类钞》第三册,《狱讼类·讼师伎俩》,中华书局1984年版,第1191页。
② 襟霞阁主编:《刀笔菁华》,中华工商联合出版社2001年版,第31页。

第六章 初审程序

公正等方面发挥了不可替代的作用。

第四节 案件的审讯和刑讯

一、审讯

案件的审讯在古代叫"讯狱"或"鞫狱"。在古代诉讼中,虽然也有勘验现场、检验尸体、检查伤痕以及外出查问等调查活动,但是主要靠坐堂问案查明案件真相。因此,审讯是审判案件的中心环节。

审讯的对象,主要是被告,也包括原告、证人及其他与案件有关的人。受审讯的人是站着,坐着,还是跪着,在不同时期有所不同。在周朝,原告、被告是对坐于法庭的。《周礼》记载:"凡命夫命妇,不躬坐狱讼。"贾公彦疏曰:"古者取囚要辞,皆对坐。"①当时人们通常坐在席子上,坐时两膝着地,臀部压在脚跟上。不过,"狱讼不席"②,打官司时是坐在公堂的地上。到后来,则都是跪着受审了。③ 原告跪在左面,被告跪在右面。《水浒》第二十二回中描写县官审问杀人案时说:"知县听得有杀人的事,慌忙出来升厅。……知县看时,只见一个婆子跪在左边,一个汉子跪在右边。"这是符合史实的。这种跪着受审的情况到清末变法时才开始改变。如《大清刑事民事诉讼法》草案第 15 条规定:"凡审讯原告或被告及诉讼关系人,均准其站立陈述,不得逼令跪供。"

秦简《封诊式》"讯狱"对如何讯问规定了如下的要求和程式:

> 凡讯狱,必先尽听其言而书之,各展其辞,虽知其訑(dan),勿庸辄诘。其辞已尽书而无解,乃以诘者诘之。诘之又尽听

---

① 《周礼·秋官·小司寇》。
② 《晏子春秋·内篇谏下》。
③ 跪着受审,始于何时,有待进一步考证。

其解辞,又视其它无解者以复诘之。诘之极而数讯,更言不服,其律当笞掠者,乃笞掠。

大意为:凡审讯案件,必须先听完口供并加以记录,使受讯者各自陈述,虽然明知是欺骗,也不要马上诘问。供辞已记录完毕而问题没有交待清楚,于是对应加诘问的问题进行话问。诘问的时候,又把其辩解的话记录下来,再看看还有没有其他没有清楚的问题,继续进行诘问。诘问到犯人辞穷,多次欺骗,还改变口供,拒不服罪,依法应当拷打的,就施行拷打。①

《明会典》对进行审讯的方式,则有如下的详细规定(见图6-1):

其引问一干人证,先审原告词因明白,然后放起原告,拘唤被告审问;如被告不服,则审干证人,如干证人供与原告同词,却问被告,如各执一词,则唤原被告干证人一同对问,观看颜色,察听情词,其词语抗厉颜色不动者,事理必真;若转换支吾,则必理亏,略见真伪,然后用笞决勘;如又不服,则用杖决勘,仔细磨问,求其真情。②

从这段材料来看,审讯程序大体上是依次个别讯问原告、被告和证人,必要时让他们进行对质,仍不服,最后就进行拷打。

关于审讯的范围,从唐以后的法律规定看,审问必须依照告状的范围进行,不得追究其他罪行。唐律规定:"诸鞫狱者,皆须依所告状鞫之。若于本状之外,别求他罪者,以故入人罪论。"③这是为了防止法官借审案而加罪于人。不过为了使新发现的罪行也得到追究,该条疏议又解释道:"若因其告状,或应掩捕搜检,因而检得别罪者,亦得推之。其监临主司,于所部告状之外,知有别罪者,即须举

---

① 睡虎地秦墓竹简整理小组:《睡虎地秦墓竹简》,文物出版社1978年版,第246、247页。
② 《明会典》卷一百七十七《刑部十九·问拟刑名》。
③ 《唐律·断狱》"依告状鞫狱"条。

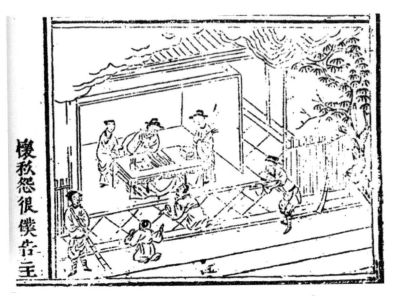

图 6-1　明朝公堂审理"怀私怨狠仆告主"案①

牒,别更纠论,不得因前告状而辄推鞫。若非监临之官,亦不得状外别举推勘"②。就是说,如果因为告状或因捕拿、搜查、检查而连带发现别的罪行的,也可以进行审问追查。主管长官对其部属,如发现别的罪,必须另行立案纠问,不得因原告状而立即加以审问。如不是主管长官对其部属,即便是发现新罪,也不得另行纠问。明、清律的规定与唐律略同:"凡鞫狱,须依所告本状推问,若于状外别求他事,摭拾人罪者,以故入人罪论。同僚不署文案者,不坐。若因其告状,或应掩捕搜检因而检得别罪,事合推理者,不在此限。"③

二、刑讯

刑讯是古代审案中取得被告人口供的主要方法。在古代诉讼

---

① 图片引自《今古奇观》明末刊本。
② 《唐律·断狱》"依告状鞫狱"条疏议。
③ 《大明律·刑律·断狱》"依告状鞫狱"条。清律同于明律。

中,通常情况下定案非有口供不可,而被告人(不论是否系犯罪人)又不可能轻易承认自己犯罪,于是法官只有依靠刑讯来逼供了。刑讯逼供乃是古代审判制度落后、野蛮的一个重要标志。

刑讯始于何时,尚难考定。[①]《礼记·月令》载:"仲春之月……命有司省囹圄,去桎梏,毋肆掠,止狱讼。"注曰:"掠,谓捶治人。"既然仲春时不得"捶治人",即不得刑讯,那么平时当然可以刑讯了。而且这里提到的囹圄、桎梏,在周朝都确实存在,因此,《礼记》虽系后世儒家著作,但是周朝诉讼中已有刑讯,这是可信的。[②]

刑讯至晚在秦时就合法化和制度化了。秦简《封诊式》"治狱"说:

治狱,能以书从迹其言,毋笞掠而得人情为上;笞掠为下,有恐为败。

大意为:审理案件,能根据记录的口供,进行追查,不用拷打而察得犯人的真情,是最好的;施行拷打,不好;恐吓犯人是失败。[③]

在另则《讯狱》中则有刑讯条件和爰书的规定。这表明,秦律要求在审讯中最好不施以拷打,但在一定情况下允许拷打。实际上秦朝严刑峻法,拷讯也十分残酷。如李斯尊为丞相而仍被榜掠千余,夏侯婴不过犯伤人罪而笞掠至数百之多。[④]

秦以后到明、清,间或有人抨击刑讯,但法律上始终规定在审讯中可施加拷打,并逐渐建立了一套完备的刑讯制度,现分述于下。

---

① 学界目前普遍认为,刑讯作为一种制度而著之于律令,始于南北朝时期。秦汉刑讯不见律令,或为法官的一种淫威。

② 从欧洲诉讼史来看,审判之后,采用人证物证,就随之出现了刑讯。在希腊、罗马的奴隶制诉讼中都有刑讯。中国在周朝,神判已不盛行,因而代之以刑讯,这是符合规律的。

③ 睡虎地秦墓竹简整理小组:《睡虎地秦墓竹简》,文物出版社1978年版,第245、246页。

④ 参见《史记》卷八十七《李斯列传》、卷九十五《樊郦滕灌列传》。

第六章 初审程序

（一）刑讯的条件

对此各朝规定不一，大体上不外两方面：一是有一定证据，但被告人不供述；二是所犯罪行比较严重。秦律的要求是："诘之极而数訑，更言不服，其律当笞掠者，乃笞掠。"①即讯问到犯人辞穷，多次欺骗，还改变口供，拒不服罪，依法应当拷打，就施行拷打。不过这里"依法应当拷打"，法律究竟怎样规定的，目前不得而知。南朝梁规定："凡系狱者，不即答款，应加测罚。"陈则规定："其有赃验显然而不款，则上测立。"②唐朝法律规定："依狱官令，察狱之官，先备五听，又验诸证信，事状疑似，犹不首实者，然后拷掠"③。明朝的法律则规定："犯重罪，赃证明白，故意怙顽不招者，则用讯拷问。"④嘉靖时，又命"凡内外问刑官，惟死罪并窃盗重犯，始用拷讯"⑤。清朝的规定更加具体："强、窃盗、人命、及情罪重大案件正犯，及干连有罪人犯，或证据已明，再三详究，不吐实情，或先已招认明白，后竟改供者，准夹讯外，其别项小事，概不许滥用夹棍。"⑥

（二）刑讯的立案程序

刑讯是严重伤害受审人身心的行为，为防止滥施刑讯，有的朝代法律要求必须经过一定程序，才可施行刑讯。唐律规定："事须讯问者，立案同判，然后拷讯，违者杖六十。"⑦疏议曰："立案，取见(现)在长官同判，然后拷讯。若充使推勘及无官同判者，得自别拷。"就是说，法官在审讯中如认为需加拷打，必须经过"立案"，由所

---

① 睡虎地秦墓竹简整理小组：《睡虎地秦墓竹简》，文物出版社1978年版，第246页。
② 《隋书》卷二十五《刑法》。测罚：就是测度其情节而施加刑罚，使之招供。测立：受刑讯的人要站在一个高土垛上，所以叫"测立"。
③ 《唐律·断狱》"讯囚察辞理"条疏议。
④ 《明会典》卷一百七十七《刑部十九·问拟刑名》。
⑤ 《明史》卷九十四《刑法二》。
⑥ 《大清律例·刑律·断狱》"故禁故勘平人"条例。
⑦ 《唐律·断狱》"讯囚察辞理"条。

在长官共同审讯。如果是作为派出官员进行审案,或长官不在,则可自行拷问。宋太宗太平兴国六年(公元981年),诏曰"自今系囚,如证佐明白而捍拒不伏合讯掠者,集官属同讯问之,勿令胥吏拷决"①。元朝《大元通制》规定:"诸鞫问囚徒,重事须加拷讯者,长贰僚佐会议立案,然后行之,违者重加其罪。"②明律规定:"若因公事,干连平人在官,事须鞫问,及罪人赃仗证佐明白,不服招承,明立文案,依法拷讯,邂逅致死者,勿论。"③清律的规定同于明律。

(三)刑讯的工具

历代法定的刑讯工具,最常用的是杖。汉时刑杖叫箠(棰)。这种箠杖,原是用来执行笞刑的,不过刑讯时也用箠杖。④ 另据史料记载:景帝制:……其定箠令,(箠,策也,所以击者也。箠长五尺,其本大一寸,其末簿半寸,皆平其节。)"笞臀,(先时笞背。)毕一罪乃得更人"。(更人,更易行笞人。)自是笞者得全。⑤

北魏献文帝时,鉴于当时审案,虽限杖五十,但审判官"欲免之则以细棰,欲陷之则先大杖,民多不胜而诬引,或绝命于杖下。"于是立下制度:"棰用荆,平其节,讯囚者其本大三分,杖背者二分,挞胫者一分。"⑥唐朝时审讯用的杖叫讯杖,唐太宗时规定:杖一律长三尺五寸,削去节目,讯杖大头径三分二厘,小头二分二厘。⑦ 元朝规定"讯杖大头径四分五厘,小头径三分五厘,长三尺五寸,并刊削节目,无令筋胶诸物装钉。⑧"明朝讯杖大头径四分五厘,小头径三分五厘,

---

① 《文献通考》卷一百六十六《刑考五·刑制》。
② 《元史》卷一百三《刑法二》。
③ 《大明律·刑律·断狱》"故禁故勘平人"条。
④ 《汉书·司马迁传》:"今交手足,受木索,暴肌肤,受榜箠。"《汉书·路温舒传》:"棰楚之下,何求而不得?"这两处都是指刑讯时受箠打。
⑤ 《通典》卷一百六十三《刑法一·刑制上》。
⑥ 《魏书》卷一百一十一《刑罚志》。
⑦ 《旧唐书》卷五十《刑法》。
⑧ 《元史》卷一百三《刑法二》。

第六章　初审程序

长三尺五寸,以荆杖为之。① 至清朝,法定的刑讯工具,通常用竹板,竹板长五尺五寸,小竹板大头阔一寸五分,小头阔一寸,重不过一斤半;大竹板大头阔二寸,小头阔一寸五分,重不过二斤。强盗人命案件,男子许用夹棍,女子许用拶(zan)指。夹棍,中梃木长三尺四寸,两旁木各长三尺,上圆下方,圆头各阔一寸八分,方头各阔二寸,从下量至六寸处,凿成圆窝四个,面方各一寸六分,深各七分。拶指以五根圆木为之,各长七寸,径圆各四分五厘。② 用绳穿连小圆木,套人手指,用力紧收,使人极端疼痛(见图6-2)。

　　以上所述,都是法定刑讯工具,至于法外的刑讯工具,就更加野蛮残酷了。如北齐"讯囚,则用车辐、𥱼(chu)杖、夹指、压踝、又立之烧犂耳上,或使以臂贯烧车釭,既不胜其苦,皆致诬服"③。隋朝"有司讯考,皆以法外,或有用大棒、束杖、车辐、鞋底、压踝、杖桄(guang)之属,楚毒备至,多所诬伏"④。武则天当政时,酷吏来俊臣"每鞫囚,无问轻重,多以醋灌鼻,禁地牢中,或盛之于瓮,以火圜绕炙之;兼绝其粮饷,至有抽衣絮以噉之者"⑤。而来俊臣审讯另一酷吏周兴时,则采取了"请君入瓮"⑥的手法。当时索元礼等也用酷刑讯囚,有所谓"凤凰晒翅""驴驹拔橛""仙人献果""玉女登梯"⑦等各种花样。宋理宗时,官吏"擅置狱具,非法残民。或断薪为杖,掊击手足,名曰'掉柴';或木索并施夹两胴(dou)名曰'夹帮';或缠绳于首,加以木楔,名曰'脑箍'(gu);或反缚跪地,短竖坚木,交辫两

---

①　《明会典》卷一百七十八《刑部二十·狱具》。
②　参见《大清律例·名例律》"五刑"条例。
③　《隋书》卷二十五《刑法》。
④　同上。
⑤　《旧唐书》卷五十《刑法》。
⑥　《资治通鉴》卷二百四唐则天皇后天授二年正月己亥。
⑦　《资治通鉴》卷二百三唐则天后垂拱二年三月戊申。"或以橼关手足而转之,谓之凤凰晒翅;或以物绊其腰,引枷向前,谓之驴驹拔橛;或使跪棒枷,累甓其上,谓之仙人献果;或使立高木之上,引枷尾向后,谓之玉女登梯。"

股,令狱卒跳跃于上,谓之'超棍'"。明朝厂卫审案,所用讯具,有械、镣、棍、拶、夹棍,五毒具备。地方恶吏审案,有挺棍、夹棍、脑箍、竹签、咀掌、背花、烙铁、灌鼻、钉指、一封书、鼠弹筝、拦马棍、燕儿飞、带根板、水缸杖、生树棍、磨骨钉、寸寸紧等刑,这些都是法律没有规定的法外刑。

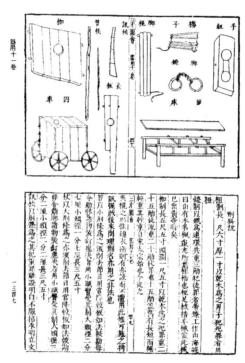

图6-2 古代刑具图及解说①

法外的刑讯,是被法律禁止的。如明朝规定:采用非法惨酷刑具的,"若但伤人,不曾致死者,俱奏请。文官降级调用,武官降级,于本卫所带俸。因而致死者,文官发原籍为民,武官革职,随舍余食

---

① 图片引自(明)王圻、王思义编集:《三才图会》,上海古籍出版社1988年版,第1347页。

粮差操。若致死至三命以上者,文官发附近,武官发边卫,各充军"①。清朝也规定,实施非法刑讯的,问刑官要受处分。但法律上的这些规定作用很有限,近似具文,法外的刑讯在我国古代司法实践中始终盛行。

(四) 刑讯的施行

汉朝时,"笞臀,(先时笞背。)毕一罪乃得更人"。(更人,更易行笞人。)自是笞者得全。② 即,汉以前"笞背",汉时"笞臀",笞完一罪后要换人。南北朝和隋朝时,刑讯逐渐形成一定的制度。隋朝规定,受刑讯的鞭二十、杖三十后,手足被械站在一个高一尺、上面圆形面积仅能容足的土垛上,七刻后再受刑,经杖总数合一百五十,仍不承认的,就免去死罪。北魏时,刑讯杖限五十。隋朝时,杖数不得过二百,且不许换人行刑。唐律规定得更加具体:

第一,拷讯不得超过三次,每次相隔二十天;总数不得超过二百。犯杖罪以下的,拷打数不得超过应处刑罚的数目。如拷打超过三次以及用杖以外的其他方法拷打的,处杖刑一百,杖数超过的,反坐所剩;因而致死的,处徒刑二年。

第二,如囚犯患疮病,不等病好就进行拷打的,处杖刑一百,因而致死的,处徒刑一年半。如依法拷讯,囚犯意外死亡的,不论;但应由长官等人亲自勘验,查清确无其他原因,并具为文案,违者,杖六十。

第三,拷讯囚犯,如拷打已达到法定数限而仍不承认的,就取保释放。同时应当反过来拷打原告。但是被杀被盗案件以及被水决火烧案件中的家人及亲属来控告的,不实行反拷。反拷原告,拷满法定数限,不承认的,也取保释放。违反者,以故意或过失论罪。③

---

① 《问刑条例·刑律·断狱》"凌虐罪犯条例"。
② 《通典》卷一百六十三《刑法一·刑制上》。
③ 《唐律·断狱》"拷囚不得过三度"条、"拷囚限满不首"条及疏议。

第四,拷打的部位,狱官令规定:"决笞者,腿、臀分受;决杖者,背、腿、臀分受。须数等。拷讯者亦同。笞以下,愿背、腿分受者,听"①。

唐律的刑讯规则,在元、明、清的刑律中没有规定。不过当时对刑讯也有一定的规则限制。如元朝规定:拷讯者,臀若股分受,务令均停。② 清朝规定:"凡讯囚用杖每日不得过三十……(用刑)通不得过二次。"③

图 6-3　古代刑讯场景④

(五) 不许刑讯的对象

唐律规定:"诸应议、请、减,若年七十以上,十五以下,及废疾者,并不合拷讯,皆据众证定罪,违者以故失论。"⑤又规定:"诸妇人怀孕,犯罪应拷及决杖笞,若未产而拷、决者,杖一百,伤重者,依前

---

① 《唐律·断狱》"决罚不如法"条疏议。
② 《元史》卷一百三《刑法二》。
③ 《清史稿》卷一百四十四《刑法三》。
④ 图片引自《国朝明公神断详刑公案》明万历明德堂刘太华刊本。
⑤ 《唐律·断狱》"议请减老小疾不合拷讯"条。

第六章 初审程序

人不合捶拷法;产后未满百日而拷、决者,减一等。失者各减二等。"①明律、清律也规定:"凡应八议之人,及年七十以上,十五以下,若废疾者,并不合拷讯,皆据众证定罪。违者,以故失入人罪论。"②"若妇人怀孕,犯罪应拷决者……皆待产后一百日拷决。若未产而拷决,因而堕胎者,官吏减凡斗伤罪三等,致死者,杖一百,徒三年,产限未满而拷决者,减一等。"③可见自唐迄于明清的诉讼中,通常有三种人是不允许刑讯的,即:(1)有特权的人;(2)老年人、少年和废疾者。(3)孕妇和产后一百天内的产妇。另外,唐律规定:"若事已经赦,虽须追究,并不合拷。"④这是指,有的罪由于会赦,免死,仍处流刑;或不判刑而要移乡、除名、免官或征收财物等。这些案件,虽仍追究,但由于不判刑或减刑,所以不必拷打。在元朝时,蒙古人在诉讼上享有特权,《大元通制》规定:"诸正蒙古人,除犯死罪,监禁依常法,有司毋得拷掠"⑤。

明、清律还特别规定,官吏不得挟私仇拷讯无罪平民。凡官吏怀挟私仇故意拷讯无罪平民的,杖八十;折伤以上,依斗殴律所规定的以凡人斗殴伤论罪;因而致死者,斩。共事的官吏及狱卒明知其挟私仇而参与拷讯的,同罪;至死者,减一等,即处杖一百,流三千里。⑥ 当然法律上的规定无法杜绝古代官吏的胡作非为和拷打无辜。

古代合法的和非法的刑讯逼供,造成了严重的恶果,产生了大量的冤案。史载,唐太宗与魏徵论狱时,魏徵讲述了隋炀帝时的一个故事:"炀帝时尝有盗发,帝令于士澄捕之,少涉疑似,皆拷讯取

---

① 《唐律·断狱》"拷决孕妇"条。
② 《大明律·刑律·断狱》"老幼不拷讯"条。清律同。
③ 《大明律·刑律·断狱》"妇人犯罪"条。清律同。
④ 《唐律·断狱》"讯囚察理辞"条。
⑤ 《元史》卷一百三《刑法二》。
⑥ 《大明律·刑律·断狱》"故禁故勘平人"条。清律同。

服,凡二千余人,帝悉令斩之。大理丞张元济怪其多,试寻其状,内五人尝为盗,余皆平民,竟不敢执奏,尽杀之"①。在这场血腥屠杀中,即使按古代法律的标准来衡量,两千多人中也只有五个人是"盗",其余都是"拷讯取服"的无辜良民。戏剧《窦娥冤》《玉堂春》《十五贯》中的窦娥、苏三、苏戌娟,也都是屈打成招的善良妇女。窦娥哭诉自己"捱千般拷打,万种凌逼,一杖下,一道血、一层皮"。"打得我血肉都飞,血淋漓,腹中冤枉有谁知!"最后临刑时无比悲愤地喊道:"地也,你不分好歹何为地?天也,你错勘贤愚枉做天!"这正是对古代司法和刑讯制度的血泪控诉。

刑讯的危害,古代一些有识之士也有所认识,如汉朝的路温舒说:"夫人情安则乐生,痛则思死。棰楚之下,何求而不得?故因人不胜痛,则饰辞以视之"②。南朝梁的周弘正说:"所以重械之下,危堕之上,无人不服,诬枉者多。"③但是古代社会生产力落后、文化不发达的状况和古代法制的本质、特点,决定了刑讯逼供制度不可能废除,到明清时期甚至愈演愈烈。正如马克思说的:"实体法却具有本身特有的必要的诉讼形式。例如中国法里面一定有笞杖,和中世纪刑律的内容连在一起的诉讼形式一定是拷问。"④

第五节 保辜制度

在古代司法中,存在一项特殊的制度,既可以作为定罪量刑的一项标准,也可以作为调解息讼的一种方式而运用于法庭审判之中,这便是"保辜"制度。《大清律例·刑律·斗殴上》"保辜限期"

---

① 《资治通鉴》卷一百九十三太宗贞观五年十二月壬寅。
② 《汉书》卷五十一《贾邹枚路传》。师古注:"视读曰示"。
③ 《陈书》卷三十三《列传第二十七》。
④ 《马克思恩格斯全集》(第一卷)人民出版社1956年版,第178页。

第六章 初审程序

条注解曰:保,养也;辜,罪也。保辜,谓殴伤人未至死,当官立限以保之。保人之伤,正所以保己之罪也。① 也就是说,保辜制度是指在殴伤人未至死的情况下,于法律规定的期限内,加害人对被害人积极医治,待期限届满,依据被害人的伤亡情况对加害人进行定罪量刑的制度。

一、保辜制度的源流

秦汉时期有关保辜制度的记载见于以下史料:
《睡虎地秦墓竹简·法律答问》载:

> 人奴妾笞子,子以肘死,黥颜頯、畀主。│相与斗,交伤,皆论不殴(也)? 交论。②

《张家山汉简·二年律令》"贼律"简24载:

> 斗伤人,而以伤辜二旬中死,为杀人。

简39载:

> 父母殴笞子及奴婢,子及奴婢以殴笞辜死,令赎死。

简48载:

> 诸吏以县官事笞城旦舂、鬼薪白粲,以辜死,令赎死。③

《张家山汉简·奏谳书》载:

> 公大夫昌笞奴相如,以辜死,先自告。④

---

① 《大清律例·刑律·斗殴》"保辜限期"条。
② 睡虎地秦墓竹简整理小组:《睡虎地秦墓竹简》,文物出版社1978年版,第183页。
③ 张家山二四七号汉墓竹简整理小组:《张家山汉墓竹简〔二四七号墓〕》(释文修订本),文物出版社2006年版,第11、14、15页。
④ 同上书,第95页。

《急救篇》"疻痏保辜谍呼号"注：

> 保辜者，各随其状轻重，令殴者以日数保之，限内至死，则坐重辜也。①

《居延新简》EPS4T2·100 载：

> 以兵刃、索绳、它物可以自杀者，予囚，囚以自杀、伤人，若自伤、伤人而以辜二旬中死，予者，髡为城旦舂。②

EPF22·326 载：

> □所持钗，即以疑所持胡桐木丈从后墨击意项三下，以辜一旬内立死。案疑贼杀人。甲辰，病心腹□□。③

《汉书·功臣表》载：

> 昌武靖信侯嗣侯单德，（汉武帝）元朔三年，（昌武侯单德）坐伤人二旬内死，弃市。④

《九朝律考·汉律考四》载：

> 古者保辜，辜内当以弑君论之，辜外当以伤君论之。疏、其弑君论之者，其身枭首，其家执之；其伤君论之，其身斩首而已，罪不累家，汉律有其事。⑤

根据以上资料可知，保辜制度在秦汉时期已经存在，其内容包括：（1）保辜主要适用于斗殴杀伤人案件。（2）保辜的期限多为二旬，即二十天；也有一旬（十天）的案例记载。（3）从适用保辜后罪

---

① 转引自程树德：《九朝律考》，商务印书馆 2010 年版，第 141 页。
② 甘肃省文物考古研究所等编《居延新简——甲渠候官》，中华书局 1994 年版，第 100 页。
③ 转引自张伯元：《出土法律文献丛考》，上海人民出版社 2013 年版，第 29 页。
④ 《汉书》卷十六《高惠高后文功臣表》。
⑤ 程树德：《九朝律考》，商务印书馆 2010 年版，第 141 页。

名的确定情况来看,若辜内死亡的则为重罪,以"杀人论"。(4)行为人与被害人的身份不同,也会使得刑罚轻重各异。如尊长殴打卑幼,辜内死可以听赎;而辜内弑君者,其身枭首,其家执之。充分体现了"尊尊亲亲"的礼制传统和等级秩序。

魏晋南北朝时期,有关保辜制度缺乏史料记载。但唐律完备地规定了保辜制度。《唐律·斗讼》"保辜"条规定:

> 诸保辜者,手足殴伤人限十日,以他物殴伤人者二十日,以刃及汤火殴伤人者三十日,折跌支体及破骨者五十日。(殴、伤不相须。余条殴伤及杀伤,各准此。)
>
> 【疏】议曰:凡是殴人,皆立辜限。手足殴人,伤与不伤,限十日;若以他物殴伤者,限二十日;"以刃",刃谓金铁,无大小之限,"及汤火伤人",谓灼烂皮肤,限三十日;若折骨跌体及破骨,无问手足、他物,皆限五十日。注云"殴、伤不相须",谓殴及伤,各保辜十日。然伤人皆须因殴,今言不相须者,为下有僵仆或恐迫而伤,此则不因殴而有伤损,故律云"殴、伤不相须"。"余条殴伤及杀伤各准此",谓诸条殴人或伤人,故、斗、谋杀,强盗,应有罪者,保辜并准此。
>
> 限内死者,各依杀人论;其在限外及虽在限内以他故死者,各依本殴伤法。(他故,谓别增余患而死者。)
>
> 【疏】议曰:"限内死者,各依杀人论",谓辜限内死者,不限尊卑、良贱及罪轻重,各从本条杀罪科断。"其在限外",假有拳殴人,保辜十日,计累千刻之外,是名"限外";"及虽在限内",谓辜限未满,"以他故死者",他故谓别增余患而死,假殴人头伤,风从头疮而入,因风致死之类,仍依杀人论,若不因头疮得风,别因他病而死,是为"他故":各依本殴伤法。故注云"他故,谓别增余患而死"。其有堕胎、瞎目、毁败阴阳、折齿等,皆约手

足、他物、以刃、汤火为辜限。①

此条律文及疏议,涵盖了唐朝保辜制度的三项内容:一为保辜制度的适用范围;二为保辜的辜限及其确定标准;三为适用保辜制度之后罪名的论定。

从律文可以看出,适用保辜制度的犯罪包括殴人、伤人、故斗、谋杀、强盗等行为。但实际上比照唐律律文,在谋杀、故杀、强盗等行为当中,伤与杀、既遂与未遂、主观与客观方面的判断都已有明确的内容与标准。因此,保辜制度重点适用于斗殴杀伤人的案件,也适用于比照斗殴杀伤人论处的行为。唐朝的"辜限"有四种:十日、二十日、三十日、五十日,依据杀伤人之器具及伤害结果的轻重而分别适用不同的辜限。斗殴行为会导致两种结果:死和伤。这两种结果又表现为四种情形:一为当场死亡;二为辜限外死亡;三为辜限内因斗殴或因他故死亡;四为辜限内伤害平复。这四种情形也导致了三种不同的处罚方法:一为当场致死及辜限内因斗殴致死者,各依杀人论;二为辜限外死亡及辜限内因他故而死者,各依殴伤法;三为折跌支体辜限内平复者,各减二等处罚。

宋承唐制,《宋刑统》中,"保辜"制度的条文内容未有任何增减。元朝时,《大元通制》所定"保辜"的期限和唐律相同,但刑罚略有不同,如规定:"诸职官殴妻堕胎者,笞三十七,解职,期年后降先品一等,注边远一任,妻离之。""诸以他物伤人致成废疾者,杖七十七,仍追中统钞一十锭,付被伤人充养济之资。""诸挟仇伤人之目者,若一目元损,又伤其一目,与伤两目同论,虽会赦,仍流"。②

《大明律》的"保辜"律文与唐律大略相同。但"保辜限期"条较唐律更加规范化和条理化,而且将唐律规定在其他条文中涉及保辜制度的内容统一列于"保辜限期"条,使适用和查找更为方便。从内

---

① 《唐律·斗讼》"保辜"条。
② 《元史》卷一百五《刑法四》。

容上来看,明律中的保辜制度相较于唐律,分别增加了十日及二十日的限外限,使保辜制度的适用范围变宽。

清朝的保辜制度较之唐朝有以下变化:

第一,清朝明确规定保辜制度仅适用于斗殴杀伤人案件。

此前,《唐律·斗讼》"保辜"条,注"余条殴伤及杀伤,各准此",并未明确保辜的适用范围。但至明律"保辜"条将此删除后,清律"保辜限期"条中亦未出现,从而明确了保辜的适用范围。此外,清朝将有服制杀伤、僧人殴伤犯罪等案件排除在适用保辜制度的范围外①,反映了清朝对待礼制和僧侣的严肃态度。

第二,《大清律例》"保辜限期"条律文及例文对唐律规定不合理和遗漏之处做了调整和修补。

唐律《斗讼》"殴人折跌支体瞎目"条规定:"诸斗殴折跌人支体及瞎其一目者,徒三年,辜内平复者,各减二等。"《大清律例》"保辜限期"条规定:"若折伤以上,辜内医治平复者,各减二等。辜内虽平复,而成残废、笃疾,及辜限满日,不平复(而死)者,各依律全科。"②由此,弥补了唐律对于造成残废、笃疾的情况未作规定的疏漏。正如薛允升所言:"'折跌肢体'可以经过加害人的积极救治而恢复,'瞎目'经治疗后'目得见物'而平复。然而'一齿已无有,一指已损坏矣,又何平复之有'。"③做出这种区分和规定,增强了保辜制度的可适用性和合理性。

第三,《大清律例》"保辜限期"条律例条文延长了保辜期限。

唐律"保辜"条规定:"手足殴伤人限十日,以他物殴伤人者二十日",《大清律例》则将手足殴伤人的保辜期限增加到了二十日,"手

---

① 参见马建石、杨育裳主编:《大清律例通考校注》,中国政法大学出版社1992年版,第823—824页。
② 《大清律例·刑律·斗殴》"保辜限期"条。
③ (清)薛允升:《唐明律合编》,怀效锋、李鸣点校,法律出版社1999年版,第576页。

足及以他物殴伤人者,(其伤轻,)限二十日(平复)"。①

此外,自明律规定"堕胎"适用保辜制度的具体条件以来,《大清律例》中将致人堕胎的保辜期限确定为五十日。至此,为致人堕胎适用保辜制度提供了明确的期限。而且自明朝以后,律例中还出现"余限"的规定,如明、清律例中的"限外十日""限外二十日",便是"余限"。若被害人在"余限"内死亡,对加害人便以杀人罪定罪量刑。而且明、清律对保辜制度"余限"的适用也是有严格程序规定的——必须奏请皇帝定夺。②

二、保辜制度的司法实践

从现有的史料来看,最早记述保辜制度司法实践情况的是敦煌吐鲁番唐朝法制文书中的"康失芬行车伤人案",此案编号为73TAM509:(1)、(2)号《勘问康失芬行车伤人事案卷》残卷,现录案文如下:

〈前缺〉

1 男金儿八岁。｜｜｜

2 牒:拂𪓰上件男在张(游)鹤店门前坐,乃被行客

3 靳嗔奴家生活人将车辗损,腰已下骨并碎破,

4 今见困重,恐性命不存,谨处分。谨牒。

5 元年建未月 日。百姓史拂𪓰牒。

6 追问。舒示

7 □｜

〈空白〉

8 元年建未月 日,百姓曹没冒辞。

---

① 《大清律例·刑律·斗殴》"保辜限期"条。
② 参见:《问刑条例·刑律·斗殴》"保辜期限条例";《大清律例·刑律·斗殴》"保辜限期"条例。

第六章 初审程序

9 女想子八岁。｜｜｜

10 县司:没冒前件女在张游鹤店门前坐,乃

11 被行客靳嗔奴快车人将车辗损,腰骨

12 损折,恐性命不存,请乞处分。谨辞。

13 本案。舒

14 示。

15 □｜

16 靳嗔奴快车人康失芬,年卅。｜｜｜

17 史拂男金儿。曹没冒女想子。

18 问:得史拂舩等状称上件儿女并

19 在门前坐,乃被靳嗔奴快车人辗损,腰

20 胯折,见今困重,仰答虚实。但失芬身

21 是处蜜部落百姓,靳嗔奴雇使年作,今日

22 将使车牛,向城外般堑,却回行至城南门

23 口,遂辗前件人男女,损伤有实。被问,依

24 实谨辩。舒。

25 元年建未月 日。

26 康失芬年卅。｜｜｜

27 问:身既快车牛行,劈路见人,即合唱唤,

28 何得有此辗损良善?仰答,有情故具吐。

29 但失芬为是借来车牛,不谙性行,拽挽不

30 得,力所不逮,遂辗前件人男女,损伤有实。

31 亦更无情故。所有罪僭,伏听处分。被问,依实

32 谨辩。舒。

33 元年建未月 日。

34 靳嗔奴快车人康失芬,年卅。｜｜｜

35 问:快车路行,辗损良善,致令

36 困顿,将何以堪?款占损伤不虚,今
37 欲科断,更有何别理?仰答。但失芬快
38 车,力所不逮,遂辗史拂觫等男女,损伤
39 有实。今情愿保辜,将医药看待。如不
40 差身死,情求准法科断。所答不移前
41 　,亦无人抑塞,更无别理。被问,依实谨辩。
42 元年建未月　日。
〈中缺〉
43 检诚白。
44 十九日。
45 靳嗔奴并作人康失芬
46 右得何伏昏等状,称保上件人在外看养史拂觫等
47 男女,仰不东西。如一保已后,忽有东西逃避,及翻
48 覆与前状不同,连保之人情愿代罪,仍各请求
49 受重杖廿者。具检如前。请处分。
50 牒件检如前。谨牒。
51 建未月　日,史张奉庭牒。
52 靳嗔奴并作人责保到。
53 随案引过谘。取处分讫。
54 牒所山谘。诚白。十九日。
55 依判谘。曾示。十九日。
56 放出,勒保辜,
57 仍随牙。余依判。
58 舒示。廿二日。
〈后空白〉①

---

① 刘俊文:《敦煌吐鲁番唐代法制文书考释》,中华书局1989年版,第566页—570页。

第六章　初审程序

73TAM509:(1)、(2)号《勘问康失芬行车伤人事案卷》残卷是依据唐朝法律对康失芬行车伤人一案所进行的实判,因此,其中所记载的审判活动、法律适用原则等也反映了唐朝实体法和程序法的原貌。

此案卷内容为百姓史拂胘、曹没冒控告行客靳嗔奴之雇工康失芬,行车辗伤史子金儿、曹女想子,审判属实,判处康失芬保辜治疗。据学者考证,此案受理审判时间为宝应元年六月。① 其中,案卷第1—15行是原告诉辞,第16—44行是案件的审问情况,第45—58行是县司批示。案卷内容基本完整,其中,有关适用保辜的内容如下:

第一,适用对象——康失芬为"处密部落"百姓,据刘俊文考证,处密部落原属突厥,为"化外人",后归降唐,所以亦属本国人,并无适用特例。

第二,适用条件——行为人主观上为"不谙性行,拽挽不得,力所不逮",造成了"遂辗前件人男女,损伤有实"的客观情况,且损害结果与行为之间具有因果关系。

第三,适用程序——县司接受辞牒之后,经过审理查明案件事实,被告人提出"保辜"的请求。再由勾检官作出伤害鉴定,由"保人"看护养伤。待保人出现,行为人可被放出。

第四,"保人"的职责——"保上件人在外看养史拂胘等男女","仰不东西"。"如一保已后,忽有东西逃避,及翻覆与前状不同,连保之人情愿代罪,仍各请求受重杖廿者"。即保人除了要看护受害人外,还不能离开居所。若有违反,行为人与保人一并受罚。

第五,适用保辜后,"仍随牙",即不得离境。保辜后的刑罚适用依据唐律"保辜"条及其他律文的规定。

---

① 参见刘俊文:《敦煌吐鲁番唐代法制文书考释》,中华书局1989年版,第571页。郑显文:《从〈73TAM509:8(1)、(2)号残卷〉看唐代的保辜制度》,载韩延龙主编:《法律史论集·第3卷》,法律出版社2001年版,第208页。

另外,通过《旧唐书·裴潾传》所载曲元衡杖杀柏公成之母案,也可对唐朝保辜制度的适用问题作一窥探。

> 穆宗即位……征潾为兵部员外郎,迁刑部郎中。有前率府仓曹曲元衡者,杖杀百姓柏公成母。法官以公成母死在辜外,元衡父任军使,使以父荫征铜。柏公成私受元衡资货,母死不闻公府,法寺以经恩免罪。潾议曰:"典刑者,公柄也。在官者得施于部属之内,若非在官,又非部属,虽有私罪,必告于官。官为之理,以明不得擅行鞭捶于齐人也。且元衡身非在官,公成母非部属,而擅凭威力,横此残虐,岂合拘于常典?柏公成取货于仇,利母之死,悖逆天性,犯则必诛。"奏下,元衡杖六十配流,公成以法论至死,公议称之。①

此案中,长安城中前率府的仓曹曲元衡,用杖打死了百姓柏公成的母亲。官府立案后,经审理查明曲元衡杖伤柏公成之母,但其母死于伤害罪的保辜期限之外,杖伤与被害人的死亡没有直接的因果关系。依据法律,曲元衡不应被处死。另外,曲元衡之父曾任军使之职,曲元衡依法可受到荫护,可以判其以钱赎罪。而柏公成却故意隐瞒其母之死讯,不仅不请求官府为其母报仇,反而违背天理,私下接受仇家之财物,借母亲之死获取利益,应当受到严惩。经奏请,曲元衡被处杖六十,并处配流,柏公成则处以死刑。群臣皆赞同该案判决。

清朝有关适用保辜制度的案例多载于《刑案汇览》卷三十至卷三十八,集中于斗殴杀伤人的案件和比照斗殴杀伤人的案件。现举一个典型案例说明其适用情况。

"弟系救兄情切兄系限外身死案":

> 李如贵之兄李如柏因索欠起衅,被蔡明璟殴伤囟门骨损倒

---

① 《旧唐书》卷一百七十一《列传第一百二十一》。

第六章 初审程序

地,李如贵目击救护,将蔡明璟戳伤,蔡明璟逾时殒命,李如柏越七十三日于破骨伤保辜余限外身死。查,蔡明璟殴伤李如柏余限外身死,按律止科伤罪,亦无应抵正凶,固未便将李如贵即照有服亲属殴死应抵正凶之例拟以满徒。惟李如柏之死,究系被蔡明璟殴伤所致,若因其死在限外,竟将李如贵仍拟缳首,致该犯弟兄二人,一死于殴,一死于抵,不足以示平允。应如该抚所咨,将李如贵于斗殴杀人绞罪上酌减一等,拟以满流,仍照例专本具题,到日再议。①

此案系李如柏与蔡明璟斗殴,李如柏被蔡明璟殴伤,李如柏之弟李如贵为帮助其兄而致蔡明璟殒命,事后李如柏死于辜限外。依照律文,李如贵应以杀人论,蔡明璟以殴伤人论,但由于李如柏与蔡明璟都已死,为"以示平允"而对李如贵酌情减刑。

综上,保辜制度体现了儒家"体恤慎刑"的伦理思想和"德主刑辅"的法律观念,在古代司法中发挥了重要的积极作用。首先,从罪刑角度而言,保辜制度的适用对加害人罪名与刑罚产生了直接影响,使审判结果更符合加害人社会危害性的程度。其次,保辜制度含有给予加害人"将功补过"的机会之意,有利于恢复被破坏的社会关系,尤其在古代的熟人社会里,保辜制度对于缓和及消除受害人和加害人及其家族之间的矛盾,对于维护社会的稳定及社会关系的和谐,发挥了积极作用。最后,保辜制度激励加害人积极医治受害人,减少后者死亡的概率和伤害的后果,并使受害人免于或减轻了医疗负担,从而益于平息冲突、避免缠讼、和谐社会。览古观今,保辜制度为当今刑事和解与恢复性司法的适用提供了有益的经验借鉴。但是,古代的保辜制度在时间上的规定比较机械,不甚科学;更重要的是,把保辜施行的成效与罪名的认定直接加以联系,与当代

---

① (清)祝庆祺等编撰,尤韶华等点校:《刑案汇览》全编,法律出版社2007年版,第1618页。

刑法中的"因果关系"理论不相吻合,因此清末变法以后保辜制度不再沿用。

第六节 案件的判决

一、案件的断议

案件经过审讯后,就要在事实上和法律上进行决断,判定受审人是否犯罪,应当怎样惩处,这就是今天所说的判决。在古代,负责审讯的官吏不一定有判决权,因为审判权在地方由行政长官掌握,在中央主要由刑部、大理寺等司法机关的长官掌握,但长官不是都要亲自审案,有时是下属的专职司法官先进行审讯和初步决断后,再交长官审议定判;而且在属官中也有等级和分工,因此一个案件,特别是比较重大的案件,往往要经过决断和审议两大阶段,才能定判。

西周时,大多数案件实行独自审判制,为了避免审判官误判滥刑,采用了"共听"的办法:"恐专有滥,故众狱官共听之,云'各丽其法'者,罪状不同,附法有异,当如其罪状,各依其罪,不得滥出滥入,如此以议狱讼也"[①]。还对判决后的案件实行"三刺"制度。如前所述,三刺并非现代意义上的陪审制度,而是在案件判决后,向外朝征求意见、集体评议,以求准确定罪量刑。另外,对于地方上报的案件,中央司法官司寇在判决前也进行集议。对于国中之"乡"、四郊之"遂"、县之"野"、都家之"方"内的案件都实行判前集议。《周礼·秋官》载:"辨其狱讼,异其死刑之罪而要之,旬而职听于朝,司寇听之,断其狱、弊其讼于朝。群士司刑皆在,各丽其法,以议狱

---

① 《周礼·秋官·乡士》贾公彦疏。

第六章 初审程序

讼。"①"遂士掌四郊,各掌其遂之民数,而纠其戒令,听其狱讼,察其辞,辨其狱讼,异其死刑而之罪而要之。二旬而职听于朝,司寇听之,断其狱、弊其讼于朝,群士司刑皆在,各丽其法,以议狱讼。"②"县士掌野,各掌其县之民数,纠其戒令,而听其狱讼,察其辞,辨其狱讼,异其死刑之罪而要之。三旬而职听于朝,司寇听之,断其狱、弊其讼于朝,群士司刑皆在,各丽其法,以议狱讼。"③"方士掌都家,听其狱讼之辞,辨其死刑之罪而要之。三月而上狱讼于国,司寇听其成于朝,群士、司刑皆在,各丽其法,以议狱讼。"④

唐律规定,徒刑以上案件,必须"长官同断"⑤,即判决必须经过长官同意。而且比较重要案件的判决要几个人连署意见,错了要连带负刑事责任。连署者分四等:长官、通判官、判官、主典。如果是由中央大理寺审判,则大卿是长官,少卿及正是通判官,丞是判官,府史是主典。⑥可见在唐朝,比较重要的案件判决,都要先议后判。

宋朝实行独具特色的审判制度——鞫谳分司,即审判程序中的断和议明确区分,分别由不同的官员担当,分设有"鞫司"和"谳司"。大理寺的审判,先断司而后议司:评事、司直和正为断司;丞和寺的正副长官为议司,一切案件先断而后议,经过一再审议,而后定判。元祐二年(公元1087年)确定的审判期限中,还明确划分了断议的期限:每十天,断用七天,议用三天。地方的审判,县级简单一些,主要由知县负责。州的审判程序,则大体上分为三个阶段:(1)推鞫,就是由司理参军进行审讯、调查犯罪事实。(2)检断,就是由司法参军根据已查明的犯罪事实,检出应当适用的法律条文,

---

① 《周礼·秋官·乡士》。
② 《周礼·秋官·遂士》。
③ 《周礼·秋官·县士》。
④ 《周礼·秋官·方士》。
⑤ 《唐律·断狱》"狱结竟取服辩"条疏议。
⑥ 《唐律·名例》"同职犯公坐"条及疏议。

议定罪刑。(3)勘结,就是由幕职官(朝廷派到州来协理司法的)在推鞫、检断的基础上,进一步审议案情,或者重新直接审讯犯人,作出定罪量刑的判决稿。最后由知州决定判词,对外发布。宋以后的各朝,虽不像宋那样严密,但大体上也有推鞫和审议的程序。

二、判决的依据

在中国古代,司法官据以判决的依据除制定法以外,还有皇帝的意旨及诏令、前代判例及经义。通常情况下,国家要求官吏判案必须以法律为依据。但是"法之设文有限,民之犯罪无穷,为法立文,不能网罗诸罪。民之所犯,不必正与法同,自然有危疑之理"[1]。因此,国家在要求依法断案的同时,又采取灵活变通的方法,以免让法律捆住了自己的手脚。

西周时期,统治者强调案件在审理后应依法断罪,不杀无辜。"不永念厥辟,不宽绰厥心,乱罚无罪,杀无辜,怨有同,是丛于厥身。"[2]且要"乃其速由文王作罚,刑兹无赦"[3]。强调按照文王制定的刑法,迅速对罪犯严加惩罚,不要宽恕。另外,西周依据不同的法规处理不同身份人的狱讼,如"凡诸侯之狱讼,以邦典定之。凡卿大夫之狱讼,以邦法断之。凡庶民之狱讼,以邦成弊之"[4]。邦典、邦法、邦成之内容已不可考,但据其治理的对象分析,"邦典"应为周之"六典","大宰之职,掌建邦之六典,以佐王治邦国"。"邦法"应为周之"八法","以八法治官府"[5]。"邦成"应为周之"八成","以官府之八成经邦治"[6]。

---

[1] 《左传·昭公六年》孔颖达正义。
[2] 《尚书·无逸》。
[3] 《尚书·康诰》。
[4] 《周礼·秋官·大司寇》。
[5] 《周礼·天官·大宰》。
[6] 《周礼·天官·小宰》。

第六章 初审程序

汉朝,律令是基本的成文法律。律、令是两种不同的法律形式,《汉书·宣帝纪》"令甲"颜师古注引文颖曰:"萧何承秦法所作为律令,律经是也;天子诏所增损,不在律上者为令"。《盐铁论》记载:"文学曰:春夏生长,圣人象而为令。秋冬杀藏,圣人则而为法。故令者教也,所以导民人;法者刑罚也,所以禁强暴也。"①在犯罪事实清楚、法律有明文规定的情形下,汉朝要求司法官判决案件首先依据律令。《奏谳书》案例三载:"十年八月庚申朔癸亥,太仆不害行廷尉事,谓胡啬夫谳狱史阑,谳固有审,廷以闻,阑当黥为城旦,它如律令。"②

汉朝就有采取"比附"的方法,即比照类似法律条文或案例来断罪的先例。如"廷尉所不能决,谨具为奏,傅所当比律令以闻"③,即当廷尉遇到疑难案件无律令正文时,应比附相近之律令,上奏皇帝,由皇帝断决。又如张家山汉简《奏谳书》中案例三引用的内容:"人婢清助赵邯郸城,已即亡,从兄赵地,以亡之诸侯论。"④这是一个定谳的判例,审判官中有人认为所承办的案子可以参照此判例。汉朝时,在儒家学者的提倡和当权者的支持下,还盛行"春秋决狱",即以儒家的经典《春秋》等作为判决的理由根据。例如,梁王刘立因有乱伦行为,司法官奏请以犯有禽兽行而杀之。另一官吏却以"《春秋》为亲者讳"为理由而反对惩罚,结果皇帝听从了后者的意见。⑤春秋决狱一方面有利于运用儒家思想,把适用法律和天理人情结合起来;另一方面给官吏违法断案开了方便之门。到了晋朝,法律要求:"律法断罪,皆当以法律令正文。若无正文,依附名例断之。其正

---

① (汉)桓宽撰,张之象注:《盐铁论》,上海古籍出版社1990年版,第180页。
② 张家山二四七号汉墓竹简整理小组:《张家山汉墓竹简[二四七号墓]》(释文修订本),文物出版社2006年版,第93页。
③ 《汉书》卷二十三《刑法志》。
④ 张家山二四七号汉墓竹简整理小组:《张家山汉墓竹简[二四七号墓]》(释文修订本),文物出版社2006年版,第93页。
⑤ 《汉书》卷四十七《文三王传》。

文、名例所不及,皆勿论"①。北魏则要求"律无正条,须准傍以定罪"②。但是,在三国两晋南北朝时期,"春秋决狱"之风未灭。

唐朝总结前朝的经验教训,规定:

第一,"诸断罪皆须引律、令、格、式正文,违者笞三十"③。律、令、格、式,是唐朝的四种法律形式,"凡律以正刑定罪,令以设范立制,格以禁违正邪,式以轨物程事"④。唐朝要求判决必须引用各种的正式法律条文作为依据,否则要受罚。

第二,"诸断罪而无正条,其应出罪者,则举重以明轻;其应入罪者,则举轻以明重"⑤。据疏议解释,所谓"举重以明轻",例如按《贼盗律》规定,"夜无故入人家,主人登时杀者,勿论"。假使主人只是把他折伤,律中无此规定,依律推理,显然不必论罪。所谓"举轻以明重",例如按《贼盗律》规定,"谋杀期亲尊长,皆斩"。已杀伤期亲尊长则没有规定。但既然谋杀处斩,已伤已死比谋杀罪重,更应处斩。⑥

第三,"诸制敕断罪临时处分,不为永格者,不得引为后比。若辄引,致罪有出入者,以故失论"⑦。这是说,皇帝对某一案件的临时处理命令,后来没有正式成为永久性法律,则不得援引作为判决的依据。

后来的明、清律也有类似唐律的规定。如明律规定:"凡断罪皆须具引律令,违者笞三十。……其特旨断罪,临时处治,不为定律者,不得引比为律。若辄引比,致罪有出入者,以故失论。"⑧又规定:

---

① 《晋书》卷三十《刑法》。
② 《魏书》卷一百八之四《礼志四》。
③ 《唐律·断狱》"断罪不具引律令格式"条。
④ 《唐六典》卷六《尚书刑部》。
⑤ 《唐律·名例》"断罪无正条"条。
⑥ 《唐律·名例》"断罪无正条"条及疏议。
⑦ 《唐律·断狱》"辄引制敕断罪"条。
⑧ 《大明律·刑律·断狱》"断罪引律令"条。

第六章 初审程序

"凡律令该载不尽事理,若断罪而无正条者,引律比附,应加应减,定拟罪名,转达刑部,议定奏闻。若辄断决,致罪有出入者,以故失论。"[1]

此外,还须探讨的是中国古代诉讼中的外国人犯罪案件怎样适用法律的问题。在1840年鸦片战争以前,外国人在中国犯罪,是由中国司法机关审判的。但是根据什么法律来判罪,唐、宋与明、清的做法不尽相同。唐律规定:"诸化外人,同类自相犯者,各依本俗法。异类相犯者,以法律论。"所谓"化外人",据疏议解释,"谓蕃夷之国,别立君长者"[2],也就是外国人。按唐律这条规定,如同一国家的外国人相侵犯,依其本国的法律断罪。如不同国家的外国人相侵犯,或外国人和中国人相侵犯,则依中国的法律断处。明清律将这条改为:"凡化外人犯罪者,并依律拟断。"[3]就是说,外国人在中国犯罪,一律按中国法律断处,这体现了明清时期对国家司法主权的强调。另外,前引编号为73TAM509:(1)、(2)号《勘问康失芬行车伤人事案卷》一案,也可以说明古代审判时的判决依据,即如何比附援引、使用法律进行断决,以及法律适用问题,详见第五节。

三、判决的宣告

经过审讯和断议后,法官如认为"狱成"(被告人有罪),便作出有罪判决;如认为无罪,便将被告人释放。古代的有罪判决,历来是要对犯罪人宣告的,称为"读鞫",如对判决不服,则可以"乞鞫"。《周礼》载:"读书则用法"。郑玄注曰:"郑司农云:读书则用法,如今时读鞫已乃论之。"贾公彦疏曰:"读书则用法者,谓行刑之时,当读刑书罪状,则用法刑之。"[4]

---

[1] 《大明律·名例律》"断罪无正条"条。
[2] 《唐律·名例》"化外人相犯"条。
[3] 《大明律·名例律》"化外人有犯"条。清律同明律。
[4] 《周礼·秋官·小司寇》。

有关向被告人宣告判决的规定历代有所不同。例如：

晋令规定：

> 狱结竟，呼囚鞫语罪状。囚若称枉欲乞鞫者，许之也。①

《唐律·断狱》规定：

> 诸狱结竟，徒以上，各呼囚及其家属，具告罪名，仍取囚服辩。若不服者，听其自理，更为审详。违者笞五十，死罪杖一百。②

《大明律·刑律·断狱》规定：

> 凡狱囚，徒、流、死罪，各唤囚及其家属，具告所断罪名，仍取囚服辩文状。……其囚家属在三百里之外，止取囚服辩文状，不在具告家属罪名之限。③

如上所述，唐律规定徒刑以上案件，判决后，要向囚犯及其家属宣告其罪行，并听取囚犯本人是否服判的意见。如果所断为笞、杖之罪，则虽不具告罪名或不取服辩亦得勿论。明清律则补充规定，如家属在三百里外，就不告知其判决，而只告知囚犯本人并听取其是否服判的意见。

四、判决书

中国古代的司法文书或案牍统称为"判牍"，判决书的书写与应用，从判词的内容可见一斑。判词，唐朝称"文"，留存至今的"文"有拟判和实判之分，拟判多带有文学色彩，如张鷟的《龙筋凤髓》和白居易的《甲乙判》，还具有应试参考功能。宋朝的判词风格更加务

---

① 引自《史记》卷九十五《樊郦滕灌列传》索隐。
② 《唐律·断狱》"狱结竟取服辩"条。
③ 《大明律·刑律·断狱》"狱囚取服辩"条。清律同于明律。

第六章 初审程序

实,谓"书判",代表为《名公书判清明集》,案判均为实判,朴实易懂,判文的司法功能凸显。元、明、清谓"判牍",真正成为实用文体。明朝判词的典范是李清的《折狱新语》。清朝为古代判词的集大成时期,形成了"以简当为贵"的散判文体和情法两用的制判风格。以下特举清朝名吏于成龙和陆稼书的判词两例,以窥清朝判词之风貌和情法两用之特色:

于成龙判"欠债诬陷"案:

有吕思义者,其祖莘耕,曾欠同邑人陈敏生之祖景山钱八十千。是时吕贫陈富。此尚在前明末叶。迨满清定鼎后,陈族衰落,一贫如洗;而吕姓因有军功,反隆隆日上,家资拥有百万。至顺治十三年,于公知广西罗城县。陈敏生因向吕思义索债不还,大肆辱骂。敏生之父曾任明都尉,死于桂林,殉桂王之难,而敏生亦曾从军三年。吕思义被辱后,拟借此诬陷之。谓为阴结江湖亡命,意谋不轨。陈知之,不恐,谋先发制人,即以索债事控官,而吕亦投牒讦陈。于公审问一过,即下判曰:

审得陈敏生呈控吕思义一案。本县研鞫数四,真相业已明白。此事吕思义实有不是:欠债不还,一罪也;图谋诬陷,二罪也。在吕思义意,以为欠债一事,尚在前朝,今国家已易大清,前朝所有之区区债事,何能再行索讨?自应销灭。在陈敏生意,欠债事虽在明代,而欠债者仍是吕姓之人物,不能因国家更易大清,即可置债事于不问。

查例载:顺治十一年,福建按察使曾详请总督移文刑部,询问前朝私人事务办法。据刑部复文,谓前代所有私人间一切纠葛,仍应执法审断,不能以事属前代,即可妄谓销灭,致细民吞声受害等语。宪谕煌煌,仰见大部公忠无私,洞悉民隐。本案吕莘耕欠陈景山钱八十千文,虽在前明万历二十二年,而契纸尚在,又经吕莘耕之孙吕思义承认属实,则欠债一事,当非虚伪。既非虚伪,遵照顺治十一年刑部复浙闽总督移文,吕思义即应如数偿出,不得有所借口而妄思狡赖。此欠债不还一事,吕思义实不能逃阙咎也。再从吕思义投牒攻讦陈敏生勾结江湖亡命图谋不轨言之:陈敏生之父陈应龙在前明时曾任桂林都尉,是明代之臣子,非国朝之庶民,其抗拒王师,矢志不屈,是正臣子所应为。吾大清定鼎后,于顺治九年,曾下谕奖恤明朝殉难诸臣子,赐谥立传,以昭激劝。该民何得借此告讦,欲以朝廷所褒扬激赏者,转为诬陷扳害之资?不唯不忠不孝,抑亦无父无君。至陈敏生前在顺治二、三、四等三年,确曾随父从戎,服兵明代。然是时吾大清虽定鼎燕京,而桂林仍在明手,仍为大明之臣子,不得以叛逆论。桂林攻克,天下一统。陈敏生亦即归顺国朝,还至家乡,耕田自活。七年以来,并未稍有不法情事,致劳官厅督责。此次因向吕思义索偿不遂,稍加斥辱,即被借端诬陷,谓为叛逆。本县三搜其宅,五询其邻,均无实迹可得。而原告人吕思义亦改变其辞,游移莫定。谓为勾结亡命,所谓亡命者何人?谓为图为不轨,所谓不轨者又何据?本县五次查讯陈敏生邻人,均云七年以来,从未见有外来客民来村与陈敏生来往。陈敏生亦从不出外。搜查陈敏生家中,亦未发现有何种可疑之处。是吕思义之控陈敏生勾结亡命,图谋不轨,均属诬妄虚伪。不过以狡赖债款未遂,致被斥责,故老羞成怒,出此毒手。其心思之阴险,手腕之刻毒,实所罕有。本县审问至此,目眦欲裂。

须知,吾国家开基之正,得民之盛,夐绝千古,莫与伦比。吾皇上又以忠孝治国,仁厚抚民。凡前明臣子,甘心殉难守节者,无不予以褒荣。即今日隐逸山林、甘食夷齐之薇蕨而不愿出佐盛世者,亦不加以督责,一任其心之所安。顺治十二年三月,又特颁上谕,禁止人民借明代之事,为嫌挟攻讦。并重申其说:凡

第六章 初审程序

曾为明朝臣子者,自应有追念故国故君之思。人情之常,不足骇异。其愿归顺朝廷,裸将肤敏者,固为吾大清之赤子,即耻食周粟,隐逸山林者,亦不失为胜国之顽民。苟无狂悖情事,足以扰乱王章者,概不得妄事吹求。纶因天语,仁圣莫加。凡为大清臣民,或曾服官前代今亦为大清赤子者,应如何感激涕零!乃吕思义,妄言攻讦,借端诬陷,其居心之不可问,实为人类中所罕有。

  按律:诬告人叛逆者,即以叛逆罪治之。姑念吕思义于大清入关时,首先归顺,转战两粤,持弓十年,应特予宽恩,免其一死。杖二百,流三千里;妻孥发配,家资入官。所欠陈敏生钱八十千,由公家在吕思义赀产中分出,拨归完案。除详报抚臬宪外,此判。①

此案是于成龙知罗城时受理的案件,于成龙既不因吕思义首先归顺清朝,转战两粤,立有军功而偏袒他;也不因陈敏生曾效忠明朝,反抗清兵而处罚他。而是遵循顺治帝"不得以前朝情事,诬陷良民"的告诫,依据清廷的律、令、诏、谕,巧妙辨明吕思义的"图谋不轨"。判得有理有据,有情有义,引人深思。

陆稼书断"乡董不法之妙判"案:

  灵寿有乡董顾锡泉者,孝廉公也。素以武断乡曲、包揽词讼著称。乡人畏其势,莫敢如之何。陆公到任后,顾自知不免,于晋谒时,自投一禀,历述从前在乡曲种种恶德,一事不遗。末谓从今后应革面洗心,不再为恶,以副盛德。唯愿特宽宥,赦其既往。公许之,且曰:"今后须好好做人,勿再蹈覆辙,不汝宥也。"顾欢然而去。初极敛迹,半岁后,故态又萌。公大怒,立擒至案,声诉其罪而讨之。顾再三哀求,公不许。判孝廉详革,杖二

---

① 高潮主编:《古代判词选》,群众出版社1981年版,第34—37页。

百,徒十五年,一时民心大快。其判文如左:

审得乡董顾锡泉者,以孝廉之官身,司乡曲之祭酒,勾结官吏,欺压小民,十载以来,无恶不作,数其罪状,何止千数?小民惮其威势,莫敢与较,怨气沸天,道路以目。历任县令,虽明知地方害马,不可不除,而或牵于情面,或怵于威势,利人民之缄口,亦行所无事。本县莅任伊始,即访闻顾锡泉种种恶行,正拟饬差访拿,加以王章,而顾锡泉已先自求饶,哀哀涕泣,至不忍听。本县不追既往,不逆将来,宥其前犯,勖以后事。力戒从今而后,须革面洗心,勿再蹈故。方谓顾锡泉经此惩创,或可一返故常乎。乃五月而后,故态又萌。卖寡妇赵潘氏;唆王德金涉讼;恃强以侵夺宋凤鸣之田;受贿以庇卢梅氏之奸,种种故伎,又来试渲。本县宥尔于前,原本善善从长之旨。今再不问,直纵虎以噬人民。为民牧围之谓何,而可小不忍以害群伦?应按律革去举人,杖二百,徒十五年。所有在乡党任时经手公家各款项,勒令家属于五日内缴出,不得有误。最近侵夺宋凤鸣田三亩七分,亦应如数缴还。孀妇赵潘氏,既供愿嫁后夫关德林,应听自便。但孀妇非卖买之物,所有价银五十两,亦着顾锡泉家属缴出,全数捐入清节堂。卢梅氏掌颊五百,由夫叔具结领回。除详禀抚臬宪外,此判。①

此案为陆稼书任灵寿知县时所作。不法乡董顾锡泉,仗势欺人,横行乡里,同乡百姓敢怒不敢言,历任县令又听之任之。陆稼书到任后,秉公执法,对其严惩不贷,大快人心。从判词来看,陆稼书既批评了历任县令的徇情枉法,又历数了顾锡泉的种种罪行,最后按律处断。

从判词内容来看,由于制判主体为"父母官",他们既要平息讼

---

① 高潮主编:《古代判词选》,群众出版社1981年版,第63—64页。

争,又要安抚民众,体现在判词上便是寓情于法之中,循循善诱,以达到让当事人心服口服的效果,因而情感化的语言比较明显,判词也会运用日常事理加以佐证,以表法官之情意。古代这种集文学化、情感化、道德化于一身的判词,不仅读来朗朗上口,也体现了"父母官"的人文关怀,与现今规范化、理性化的判决书差异明显。且因古代法官多由科举选拔而来,文学修养本身很高,精彩判词频出。但官吏制判也是在法律的框架内进行,法律要求官吏严格执法并进行监督,若有违犯则要受到训斥或处分。

第七节　审判期限

现代司法中,审判期限是指法律规定的法院审判案件所应当遵循的时间期限,包括初审、二审及其他审判程序的期限。在中国古代存在着审判期限制度,但其内涵与现代有所不同,而且不同朝代的审判期限也有所差别。本节既叙述古代审判的初审期限,并述及各级复审的审判期限。下一章有关复审、复核、复奏的审限内容不再赘述。

一、西周时期已有审判期限制度萌芽

周朝规定在审问以后必须经过一定的期间,才能判决,以便让法官慎重思考,防止滥判。《尚书·康诰》载:"要囚,服念五、六日,至于旬时,丕蔽要囚。"孔颖达疏谓:"周公又重言曰:'既用刑法要察囚情,得其要辞,以断其狱。当须服膺思念之,五日、六日,次至于十日,远至于三月,一时乃大断囚之要辞。'言必反覆重之如此,乃得无滥故耳。"[①]即案件在审问以后,必须经过五、六日,十日,以至三个月

[①]《尚书·康诰》。

的考虑,然后制作判决。《周礼》也有"至于旬,乃弊之"的记载,郑玄注曰:"十日乃断之"①。这与《康诰》的记载相似。又《春秋公羊传》宣公元年(公元前608年):"古者大夫已去,三年待放。"注曰:"古者,疑狱三年而后断。"②因此,以"审限就是为裁判活动划定时限要求"的视角观之,西周时期即有关于审判期限的要求,只是此时的期限要求侧重于"下限"而非"上限"。

二、审判期限制度正式确立于唐朝

秦汉以后,统治者对刑事犯罪的危害性认识更加深入,为及时惩罚犯罪分子,并防止无罪之人长期被关押和疑罪案件长期不决断,法律要求审判必须在一定时限之内完结,不得拖延。这就是通常意义上的审判期限制度。

限期断狱,始于唐朝。《唐六典》规定:"凡内外百司所受之事皆印其发日,为之程限:一日受,二日报。(其事速及送囚徒,随至即付。)小事五日,(谓不须检覆者。)中事十日,(谓须检覆前案及有所勘问者。)大事二十日,(谓计算大簿帐及须咨询者。)狱案三十日,(谓徒已上辨定须断结者。)其急务者不与焉。小事判勾经三人已下者给一日,四人已上给二日;中事,每经一人给二日;大事各加一日。内外诸司咸率此。(若有事速及限内可了者,不在此例。其文书受、付日及讯囚徒,并不在程限。)"③这是唐朝处理公文的普遍程限,同时也适用于司法审判。④ 宪宗元和四年(公元809年)九月,因司法机关"决断系囚,过为淹迟",皇帝敕令:"自今已后,大理寺检断,不得过二十日,刑部覆下不得过十日。如刑部覆有异同,寺司重加不得过十五日,省司量覆不得过七日。如有牒外州府节目及于京城内

---

① 《周礼·秋官·小司寇》。
② 《春秋公羊传·宣公元年》。
③ 《唐六典》卷一《三师三公尚书都省》。
④ 张晋藩主编:《中国司法制度史》,人民法院出版社2004年版,第142页。

勘,本推即日以报,牒到后计日数,被勘司却报不得过五日。"①穆宗长庆元年(公元821年),鉴于"天下刑狱,苦于淹滞",御史中丞牛僧孺上奏"请立程限":"大事,大理寺限三十五日详断毕,申刑部,限三十日闻奏;中事,大理寺三十日,刑部二十五日;小事,大理寺二十五日,刑部二十日。一状所犯十人以上,所断罪二十件以上,为大;所犯六人以上,所断罪十件以上,为中;所犯五人以下,所断罪十件以下,为小。其或所抵罪状并所结刑名并同者,则虽人数甚多,亦同一人之例。违者,罪有差。"②穆宗"从中丞牛僧孺奏","立程"。③这就是唐朝审理刑事案件的"三限"之制,为后世具有层次性的审判期限设置模式奠定了基础。

三、宋朝的审判期限制度更为完善

在沿袭唐朝"三限"制基础上,宋朝的审判期限设置更趋繁密,根据审判环节以及案件轻重制定了不同的期限规定,对于承审官员断狱稽违的处罚制度也更趋细化,在审判期限制度建构层面达到了一个新的高度。

(一) 审判期限的基本设置

1. 一般审判期限

秦汉以来级别管辖的特点为:无论情节轻重,都由县级机关审理。唐宋两朝,杖罪以下轻案可立即作出生效判决,徒罪以上重案则需经审转程序由上级机关进行复审。

宋初,对于州县审理案件的期限并未作出明确规定,导致大量案件滞留于县。太宗雍熙(公元986年)二月十二日,左拾遗张素言:"诸州县系囚动经旬月,迄令自今诸县镇禁系不得过十日,仍令

---

① 《旧唐书》卷五十《刑法》。
② 同上。
③ 《旧唐书》卷十六《穆宗本纪》。

本州长吏察访"①。太宗从其所请,令行天下。由于徒以上重案须申解到州,审判期限也需要相应延长。太宗太平兴国六年(公元981年),恢复唐朝"三限之制",定"大事四十日、中事二十日、小事十日。有不须追逮而易决者,不过三日"。②

中央司法机关依据其负责的具体审判环节,遵守不同的审判期限规则。总体而言,大理寺负责复审地方申奏案件,审判期限短于地方审判机关;审刑院负责详复大理寺所决案牍,审判期限比大理寺更短:"淳化初……凡狱上奏,先达审刑院,印讫,付大理寺、刑部断覆以闻。乃下审刑院详议申覆,裁决讫,以付中书省。当,即下之;其未允者,宰相覆以闻,始命论决。盖重慎之至也。凡大理寺决天下案牍,大事限二十五日,中事二十日,小事十日。审刑院详覆,大事十五日,中事十日,小事五日。"③真宗景德元年(公元1004年)八月,更"定审刑院详断案牍之限:大事十日,中事七日,小事五日"④。

哲宗元祐二年(公元1087年),根据刑部和大理寺建议,进一步更定中央司法机构的审判期限,根据地理位置远近和案件情节之不同,奏狱和公案适用不同的期限:"凡断谳奏狱,每二十缗以上为大事,十缗以上为中事,不满十缗为小事。大事以十二日,中事九日,小事四日为限。若在京、八路,大事十日,中事五日,小事三日。台察及刑部举劾约法状并十日,三省、枢密院再送各减半。有故量展,不得过五日。凡公案日限,大事以三十五日,中事二十五日,小事十日为限。在京、八路,大事以三十日,中事半之,小事三之一。台察及刑部并三十日。每十日,断用七日,议用三日。"⑤

---

① 《宋会要辑稿·刑法》六之五一。
② 《文献通考》卷一百六十六《刑考五·刑制》。
③ 《宋史》卷一百九十九《刑法一》。
④ 《续资治通鉴长编》卷五十七真宗景德元年八月己巳。
⑤ 《宋史》卷一百九十九《刑法一》。

第六章 初审程序

至南宋时,大理寺断议期限有所缩减,乾道二年(公元 1166 年)变成大案二十日、中案十四日、小案三日。因划分案件大小的标准未变,缩短后的审限显得"委是太窄"。因此,是年十二月二日,孝宗又下诏大理寺:"今后狱案到寺,满一百五十张为大案,一百五十张以下为中案,不满二十张为小案。断议限并依绍兴二十一年八月十六日指挥"①。也就是说更多的重案可依大案限期详审,而更多的轻案则依小案限期速决。

2. 特殊审判期限

在常规审限之外,对于不能依通常程序审理的疑难重案,须依循特殊审判期限甚至是随案立限,体现了较强的灵活性。有宋一代,这种特殊的审判期限主要适用于下列三种情形②:

第一,需要临时差官专门置司推鞫的案件,根据案情繁简不同,随事立限。由皇帝直接差官置司的制勘院,一般由中书刑房立限。如神宗元丰二年(公元 1079 年)七月十三日,诏中书:"四方诏狱及根治事皆逾年淹系,未能结正。宜令诸房具出据轻重缓急,随宜立限,约以稽违刑名。逐房置簿勾考,违者具姓名取旨"③。特别重要的诏狱由皇帝特旨立限,审刑院和刑部置簿勾考;推勘院则由监司或尚书本曹(刑部)临时立限。

第二,案件经大理寺、刑部断复后,如果存在错误或者案情不够清楚,须驳退重审或者补充相关情节,这一过程也有期限要求。孝宗淳熙七年(公元 1180 年)五月十四日诏:"诸路州军将应承受到疏驳再勘狱案,须管遵依鞫狱条限。如承受取会不圆情节,亦不得过会问条限。自今如有违滞去处,仰本路开具当职官吏姓名,申尚书省取旨,重作施行。"④这里的"鞫狱条限"应指一般程序的期限,而

---

① 《宋会要辑稿·职官》二四之二八。
② 参见王云海主编:《宋代司法制度》,河南大学出版社 1992 年版,第 247—248 页。
③ 《续资治通鉴长编》卷二百九十九神宗元丰二年七月巳卯。
④ 《宋会要辑稿·职官》五之五〇。

"会问条限"则是临时专门立定。

第三,中央司法机构之间有疑难刑名不易定夺,需交由两制官集议的,以及下级机关就具体案件派员向上级机关请示询问的,称"巡白""禀白"。仁宗庆历三年(公元1043年)定:"两制官详定公事,大事限一月,小事限半月。"[①]哲宗元符元年(公元1098年)又依刑部之建议确立了"巡白"时限:"刑部言:'疑难公案合奏巡白者,押札子后,请限三日内纳到部禀议,本部限二日内与决行下。如合诣都省巡白,即再限二日录元札子赴部,限二日纳都省候报到,限二日诣都省禀决。已上每两件加一日。'从之。"[②]

3. 急案审判期限

所谓"急案",依《宋史·刑法志》记载,乃"不待期满而断者"[③]。主要适用于下列情况:

一是严寒酷暑之月,为防止监狱系囚染疾而亡,需缩短审限。宋初即有遇炎暑之月而迅速结绝案件的规定。至仁宗时正式规定急案审限:"自四月至六月,案有系囚者,减日之半。两川、广南、福建、湖南,如急案例断奏。"[④]哲宗元祐元年(公元1086年),诏令系统规定了冬夏时节大理寺和开封府断案的"季日之限":开封府、大理寺禁囚公案,冬夏仲、季月到寺日限,五日定断,百纸已上七日,每百纸加二日,详议案减半,其半日就全日。刑部准此。旧案断在仲、季月者,亦依仲、季月到寺日限。如元限未满日比仲、季月限数少者,止依元限。已上应经历官司,各不得过一日。有故判展,情节未圆须行取会,不在季日之限。[⑤]

二是遇有自然灾害时,也常要求缩短审限。如哲宗元祐元年

---

① 《续资治通鉴长编》卷一百四十一仁宗庆历三年五月庚寅。
② 《续资治通鉴长编》卷四百九十四哲宗元符元年二月乙未。
③ 《宋史》卷一百九十九《刑法一》。
④ 《续资治通鉴长编》卷一百十六仁宗景祐二年五月辛卯。
⑤ 《续资治通鉴长编》卷三百九十三哲宗元祐元年十二月辛丑。

(公元1086年),因天气干旱,诏令:"应今日已前奏案所由官司,并减元限一半了当。以旱决留狱,而大理等奏案未下者尚多故也"①。这样的诏书宋朝很多,几乎每遇一次自然灾害,都要下诏恤刑,或者促期断绝、或者疏决留滞,以冀消灾弥难。

三是遇某地形势十分紧急时,也适用急案之限。如徽宗宣和三年(公元1121年),值方腊于东南起义之时,朝廷下诏:"应江东、两浙路诸州申奏,到见禁待报公案,大理寺大案十日,中案、小案限五日;刑部大案限五日,中案、小案限三日上省。候贼平日依旧"②。

(二)根据"鞫谳分司"制分为审断与议刑期限

宋朝实行"鞫谳分司"制,案件的审断和检法议刑分别由不同的官员负责。中央的大理寺、刑部由详断官(断司)负责审讯,详议官(议司)负责检法用律,最后由主管长官决断。地方各府州则分别由司理参军(鞫司)和司法参军(谳司)负责审断和议刑。鞫谳分司的基本精神,在于"鞫之与谳者,各司其局,初不相关,是非可否,有以相济,无偏听独任之失"③。此制之下,宋朝将审判期限划分为审断之限与议刑之限。根据《续资治通鉴长编》的记载,在京、八路之公案,大事"断二十日、议十日",中事"断十日、议五日",小事"断七日、议三日"。④

(三)对官员断狱稽违的处罚

断狱稽违的处罚制度发轫于唐朝,司法官员不能在法定"三限"内审结完毕的,"罪有差"。宋朝在严密的审限之外,也规定了断狱稽违者所要承担的责任。

太祖乾德二年(公元964年)正月甲辰日,下诏确立了处罚断狱

---

① 《续资治通鉴长编》卷三百六十四哲宗元祐元年正月癸卯。
② 《宋会要辑稿·刑法》六之六〇。
③ 《历代名臣奏议》卷二百十七《论刑部理寺谳决当分职札子》。
④ 《续资治通鉴长编》卷四百五哲宗元祐二年九月庚戌。

稽迟行为的原则:"自今诸道奏案,并下大理寺检断,刑部详覆,如旧制焉。其两司官属善于其职者,满岁增秩,稽违差失者,重寘其罪"①。太宗太平兴国六年(公元981年),诏令进一步明确了处罚的具体标准:"诸道刑狱……(违限)一日者笞十下,三日加一等,罪止杖八十"②。雍熙三年(公元986年)十月二十二日,有司言:"自来诸道刑狱出限三十日以下者,比官文书稽程定罪,故违日限稍多者,即引上件诏书,从违制定罪。今请别立条制,凡违四十日以下者,比附官文书定断,罪止杖八十,四十日以上奏取旨"③。徽宗时,对奉制推鞫及根治公事而未能依限结绝的官员,曾出台更为严厉的处罚标准,规定超限一日即徒二年。承奉郎王寔认为这会使得"官司迫于禁限,或卤莽结断,别致害犯"④,建议恢复之前"一日杖一百,五日加一等,罪止徒二年"的规定,徽宗从之。

　　需要注意的是,对官员审案稽违的处罚,在实际执行中可以官当徒刑,还可按罪行轻重缴纳赎铜。如宋真宗天禧元年(公元1017年),章频任彭州九陇县知县时,眉州大姓孙延世伪造契书试图侵夺族人田产,时间过去很久尚无法辨定,于是转运使委托章频办理此案。章频指出,契书上的书墨浮于朱印之上,显然是先盗盖印章之后再书写文字所致,孙氏伏罪。随后,其家人上诉于转运使之处,后者又命益州华阳县黄梦松覆审案件,黄氏所得意见与章频一致,并借此升为监察御史,而章频却因审案超期受到处罚,"频坐不时具狱,降监庆州酒税,徙知长洲县"⑤。

---

① 《续资治通鉴长编》卷五太祖乾德二年正月甲辰。
② 《宋会要辑稿·刑法》三之四九。
③ 同上。
④ 《宋会要辑稿·刑法》一之一九。
⑤ 《续资治通鉴长编》卷九十真宗天禧元年六月庚辰。

四、元、明两朝的审判期限略作变动

元朝不像唐、宋那样明定断狱期限。但至正年间,诏令官府办案,不得淹滞岁月。另外元朝曾规定,如双方当事人诉讼,一方逃匿不到案,满一百天,即将对方释放。

明朝也并未如同唐、宋那样明确规定案件需要在多长时间内审理完毕,只是要求在案情已查清应判处有罪的情况下须在三日内作出判决,违者施以笞、杖之刑。《大明律·刑律·断狱》"淹禁"条规定:"凡狱囚情犯已完,监察御史、提刑按察司审录无冤,别无追勘事理,应断决者,限三日内断决……若限外不断决……者,当该官吏,三日笞二十。每三日加一等。罪止杖六十。因而淹禁致死者,若囚该死罪,杖六十;流罪,杖八十;徒罪,杖一百。杖罪以下,杖六十,徒一年。"①实践中,多有官吏因违反此项规定受到追究。如宪宗朝时,山西巡抚何乔新劾奏迟延狱讼事尚敬、刘源:"凡二司不决断词讼者,半年之上,悉宜奏请执问"。宪宗批复"以乔新所奏,通行天下"。②

五、清朝审判期限制度建构更趋完备

(一)依审判机关和案件性质确定审限

清朝有关刑事案件审判期限的立法越发精密、科学。不仅区分命案、无关人命的徒罪等不同性质的案件分别立限,州县、府、州、臬司、督抚各级也都有各自的承审限期。

其一,盗劫及情重命案、钦部事件并抢夺发掘坟墓一切杂案,俱定限四个月。具体的时间分配为:州县应在两个月内审理完毕将案件上解府州,府州二十天内上解臬司,臬司二十天内将案件上解督

---

① 《大明律·刑律·断狱》"淹禁"条。
② 《明史》卷九十四《刑法二》。

抚,督抚于二十天内咨题。其二,普通的命案限定六个月内审结,其中州县应在三个月内审理完毕上解府州,府州应在一个月内上解臬司,臬司则应在一个月将案件上解督抚,督抚于一个月内咨题。其三,卑幼擅杀期功尊长,属下人殴伤本管官,妻妾谋死本夫,奴婢殴、故杀家长等案,因为性质严重、影响恶劣,需要在更短期限内审理完毕,以强化刑罚效果。依清朝法律,这类案件"承审官限一月内审结,府司、督抚各限十日审转具题……至杀死三命、四命之案,该督抚即提至省城,督同速审。其审解限期悉照卑幼擅杀期功尊长之例办理"①。其四,按察司自理事件,限一个月完结。府、州、县自理事件,即笞、杖罪案件,因案情相对简单、性质相对较轻,限二十日审结。

(二) 审判期限的延展与扣除

层次性的审限设置体现了我国古代刑事立法的科学性,但仅有这些规定仍无法满足复杂的刑事审判的需要。如果遇有被告人患病、承审官员调离或出差等客观情由,审判只能暂时中止或延期,最终可能导致案件无法在法定审限内终结。为此,清朝在基本审限之外规定了较为详细的展限和扣限制度。

清朝州县官员承审限期之中,应扣除的期间包括解府程限、人犯中途患病和解犯中途阻水、州县官公出日期、每年的封印日期等。② 至于审限延展的规定则更为复杂。根据《大清律例》规定,官员承审命盗、钦部事件及一切杂案,遇以下情形者,可以申请展限:第一,因查获人犯耽搁时间的。"有余犯到案,因正犯及要证未获,情词未得……或因隔省行查,限内实难完结者;承问官将此等情由,预行申详督抚,分别题咨展限……若承审期内遇有续获之犯,如到案在州、县分限以内者,即行一并审拟,毋庸另展限期;如到案已在

---

① 《大清律例·刑律·捕亡》"盗贼捕限"条例。
② 那思陆:《清代州县衙门审判制度》,中国政法大学出版社2006年版,第138页。

第六章 初审程序

州、县分限以外,不能并案审拟者,将续获人犯另行展案扣限,四个月完结;如间有获犯到案,时在州、县分限将满者,亦不得逾违统限。"①第二,犯人或关键证人身患重病的。"州、县官承审案件,或正犯、或紧要证佐染患沉疴,即将患病日期详报,俟该犯病愈之日起解,其患病日期,准于原限内扣除。府、州、司、道审转之时,或遇犯、证患病,亦准报明扣除","监犯患病,除轻病旬日即痊者毋庸展限外,如遇病果沉重,州、县将起病、病痊月日,及医主医方先后具文通报,成招时出具甘结附送,令该管府、州于审转时查察加结转运,准其扣展一月"。② 第三,承审官员调离的,后继官员可以申请扣展审限。依《大清律例》"盗贼捕限"条所附条例规定,"至承审官内有升任、革职、降调及因公他往,委员接审者,如前官承审未及一月者,准其按审过日期扣展。一月以上离任者,准其展限一个月。分限三个月,两个月事件,前官承审历限过半离任者,准其扣半加展。如前官于二参限内离任者,接任官准其以到任之日起,无论六个月、四个月事件,俱扣限四个月审结。"③

若事属盗案,清律额外定有专门的展限规则。一是"盘获贼犯,究出多案,事主未经认赃,必须等候,方可审拟"的,例同前述因查获人犯耽误时间的情况。二是"盗案果有虚实情形未分,盗赃未确,限内不能完结"的,"许承审有司据实详报,该管上司核实,即行报部,准其展限四个月"④。三是"盗案如有隔省关查口供,必须时日者,许申详督抚,咨部展限两个月"⑤。除此之外,对于州县承审的人命案件,如果"屡次驳查后,经批准,迟延有因之案,该督抚据实声明报

---

① 《大清律例·刑律·捕亡》"盗贼捕限"条例。
② 《大清律例·吏律·公式》"官文书稽程"条例。
③ 《大清律例·刑律·捕亡》"盗贼捕限"条例。
④ 同上。
⑤ 同上。

部,准其另行扣限"①。

鉴于审限延展可能带来案件久系不决的后果,立法者对展限的适用控制得较为严格,如果承审官员或其上级官员矫作情节、捏词扣展限期,按律需应交部议处。例如"承审官有将易结之盗案,滥请展限,该督抚漫为咨部者,有司官照易结不结例,革职,转详之司、道、府、州,及咨部之督抚,一并交部,分别议处"②。

(三)对官员断狱稽违的处罚

清朝时官员审判案件违反期限规定的,一般予以行政处分,包括罚俸、降级、革职等。"凡承审命盗及钦部事件,至限满不结,该督抚照例咨部,即于限满之日接算,再限四个月,仍令州、县两个月,解府、州;府、州、臬司、督抚,各分限二十日。如逾限不结,该督抚将易结不结情由,详查注明题参,照例议处。"③另据《钦定吏部则例》之规定,州县官以人犯到案之日计算审限,初参(两个月、三个月)分限之外迟延不及一月者,罚俸三个月;一月以上者,罚俸一年。二参限期即于初参统限(四个月、六个月)届满之日起再限四个月完结,州县分限两个月,府、州、臬司、督抚各二十日。如再逾分限不能完结,即将何官易结不结之处查参革职。在二参分限以内审结的,如果是初参统限四个月的案件并计已在五月以上,或者是初参统限六个月的案件并计已在七月以上,均予降一级留任。情重命案初参统限(两个月)届满尚未审结,即于限满之日接扣二参。州县限二十日,府、州、臬司、督抚仍各限十日完结。如有迟延,分别初参、二参,照前例议处。另外,清袭明律,对案件事实查明后作出判决的期限也有规定,违法官员要承担刑事处罚。

---

① 《大清律例·吏律·公式》"官文书稽程"条例。
② 《大清律例·刑律·捕亡》"盗贼捕限"条例。
③ 同上。

第 七 章
审判救济程序

古代统治者较早地认识到了慎刑的重要性,认为"刑者,侀也,侀者成也,一成而不可变,故君子尽心焉"①。特别是在司法实践中,如果出现冤判、错杀,将不利于社会秩序的稳定和政权的稳固。因此在法律上逐渐建立起了比较完备的审判救济程序,为不服裁判的当事人提供了申诉的渠道,并针对初审判决、特别是死刑判决提供了纠错的程序机制。

第一节 对申诉不服的复审

在中国古代诉讼中,被告人被判刑后,如不服判决,本人及其亲属可提出申诉,请求再审。② 这种制度,在秦朝称为"乞鞫"。秦简《法律答问》载:"以乞鞫及为人乞鞫者,狱已断乃听,且未断犹听也?狱断乃听之。"③这段简文说明,为自己或为他人申诉的案件应当是

---

① 《礼记·王制》。
② 一般情况下,被告人本人对判决不服可请求再审,但在死刑案件中,只允许由父母、兄弟、夫妻等被告人的家属请求再审,不允许本人请求再审。
③ 睡虎地秦墓竹简整理小组:《睡虎地秦墓竹简》,文物出版社1978年版,第200页。

在判决作出以后受理。

据史料记载:汉高祖刘邦在青年时,因与夏侯婴相戏而伤到了夏侯婴,被人告发。由于他当时担任亭长,受到了加重的处罚。刘邦不服,乞鞫说自己没有故意伤害夏侯婴。夏侯婴也为他作证。于是案件重新审理,对夏侯婴施以刑讯,刘邦得以免罪。[①] 秦朝曾经规定:"谪治狱吏不直及覆狱故、失者,筑长城及处南越地。"[②]这也证明秦朝有覆狱,即重新审理的制度。

汉朝法律对乞鞫有详细的规定,张家山汉墓竹简中的《奏谳书》所载的"毛诬讲盗牛案"(见图7-1)较为完整地展示了案件乞鞫及复审的全过程:

第一个步骤,由不服判决的"讲"提出乞鞫:四月丙辰,黥城旦讲乞鞫,曰:故乐人,不与士伍毛谋盗牛,雍以讲为与毛谋,论黥讲为城旦。(简99)

第二个步骤,由复审法官对原案案情进行重新审查。审查的内容包括:(一)原审被告的供述。简牍中记载:毛曰:盗士伍牝牛,毋它人与谋(简100);毛改曰:迺已嘉平可五日,与乐人讲盗士伍和牛,牵之讲室,讲父士伍处见(简100—101);讲曰:践更咸阳,以十一月行,不与毛盗牛(简103);毛改曰:十月中与谋曰:南门外有纵牛,其一黑牝,类扰易捕 也。到十一月复谋,即识捕而纵,讲且践更,讲谓毛勉独捕牛,卖,分讲钱。到十二月已嘉平,毛独捕,牵卖雍而得。它如前(简104—105)。(二)原审质证的过程。简牍中记载了原审的证人证言和诘问。牝曰:不亡牛(100);处曰:守汧邑南门,已嘉平不识日,晦夜半时,毛牵黑牝牛来,即复牵去。不知它(简101);

[①] 《史记》卷九十五《樊郦滕灌列传》载:"高祖戏而伤婴,人有告高祖。高祖时为亭长,重坐伤人,告故不伤婴,婴证之。后狱覆,婴坐高祖系岁余,掠笞数百,终以是脱高祖。"《集解》:邓展曰:"律有故乞鞫,高祖自告不伤人。"

[②] 《资治通鉴》卷七始皇帝三十四年。覆狱故、失者:指进行重新审理,由于故意或过失而错判者。

第七章 审判救济程序

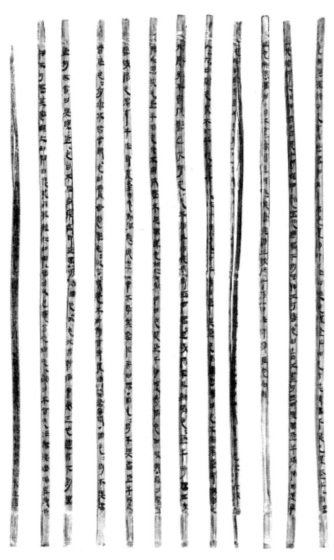

图 7-1　毛诬讲盗牛案①

---

①　图片引自张家山二四七号汉墓竹简整理小组:《张家山汉墓竹简(二四七号墓)》,文物出版社 2001 年版,第 57—58 页。

和曰:纵黑牝牛南门外,酒嘉平时视,今求弗得。以毛所盗牛献和,和识,曰:和牛也(简102—103);诘讯讲,讲改词如毛(简105)。(三)原审确定的事实。简牍中记载:鞫曰:讲与毛谋盗牛,审(简105—106)。(四)原审的判决。简牍中记载:二月癸亥,丞昭、史敢、铫、赐论,黥讲为城旦(简106)。

　　第三个步骤,复审法官对案件重新审理。具体审理程序包括:(一)听取原告陈述,这里的原告是指再审原告,也就是原审的被告"讲"。讲曰:践十一月更外乐,月不尽一日下总咸阳,不见毛。史铫初讯谓讲,讲与毛盗牛,讲谓不也,铫即磔答讲背可十余伐。居(?)数日,复谓讲盗牛状何如? 讲谓实不盗牛,铫又磔讲地,以水渍讲背。毛坐讲旁,铫谓毛,毛与讲盗牛状何如? 毛曰:以十月中见讲,与谋盗牛。讲谓不见毛弗与谋。铫曰:毛言而是,讲和弗口。讲恐复答,即自诬曰:与毛谋盗牛,如毛言。其情讲不与毛谋盗牛(简106—109)。(二)听取双方质辩:毛曰:十一月不尽可三日,与讲盗牛,识捕而复纵之,它如狱。(简110—111)讲曰:十月不尽八日为走马魁都傭,与偕之咸阳,入十一月一日来,即践更,它如前。(简111)毛改曰:诚独盗牛,初得□时,史滕讯毛谓盗牝牛,腾曰:谁与盗? 毛谓独也,腾曰非情,即答毛背可六伐。居(?)八九日,谓毛:牝不亡牛,安亡牛? 毛改言情,曰:盗和牛,腾曰:谁与盗? 毛谓独也。腾曰:毛不能独盗,即磔答毛背臀股,不审伐数,血下汗地。毛不能支答疾痛,即诬指讲。讲道咸阳来。史铫谓毛:毛盗牛时,讲在咸阳,安道与毛盗牛? 答毛背不审伐数。不与讲谋,它如故狱(简112—115)。(三)听取证人证言:和曰:毛所盗牛雅扰易捕。它如故狱。(简115)处曰:讲践更咸阳,毛独牵牛来,即复牵去。它如(故)狱。(简115—116)魁都从军,不讯;其妻租言如讲。(简116)(四)再审诘问。诘毛:毛苟不与讲盗牛,覆者讯毛,毛何故不早言情? 毛曰:覆者初讯毛,毛欲言情,恐不如前言,即复答,此以不早言

第七章 审判救济程序

情。诘毛:毛苟不与讲盗,何故言曰与谋盗?毛曰:不能支疾痛,即诬讲,以彼治罪也。(简116—118)(五)验证:诊讲背,答胻大如指者十三所,小胻瘢相质伍也,道肩下到腰,稠不可数。(简109—110)诊毛背答胻瘢相质伍也,道肩下到腰,稠不可数,其臀瘢大如指四所,其两股瘢大如指。(简118—119)(六)旁审:腾曰:以毛漫,答。它如毛。(简119)铫曰:不知毛诬讲,与丞昭、史敢、(赐)论盗牛之罪,问如讲。昭、敢、赐言如铫,问如辞。(简119—120)。

第四个步骤,复审法官确定案件事实,进行改判。包括:(一)确定案件事实:鞠之:讲不与毛盗牛,吏答掠毛,毛不能支疾痛而诬指讲,昭、铫、敢、赐论失之,皆审。(简120—121)。(二)重新判决:覆之:讲不盗牛。讲系子县,其除讲以为隐官,令自尚,畀其於於。妻子已卖者,县官为赎。它收已卖,以价畀之;及除坐者赀,赀已入还之(简122—123)。① 即恢复被错判并执行刑罚的当事人的清白、安置在隐官②,已经没收、卖掉的妻、子和其他财产由官府赎回,已经罚缴的款物予以归还。

汉朝的申诉复审程序与秦朝相同,据《二年律令》记载:"罪人狱已决,自以罪不当,欲乞鞫者,许之。乞鞫不审,加罪一等;其欲复乞鞫,当刑者,刑乃听之。死罪不得自乞鞫,其父、母、兄、姊、弟、夫、妻、子欲为乞鞫,许之。其不审,黥为城旦舂。年未盈十岁为乞鞫,勿听。狱已决盈一岁,不得乞鞫。乞鞫者各辞在所县道,县道官令、长、丞,谨听,书其乞鞫,上狱属所二千石官,二千石官令都吏覆之。都吏所覆治,廷及郡各移旁近郡,御史、丞相所覆治移廷。"③曹魏时,

---

① 张家山二四七号汉墓竹简整理小组:《张家山汉墓竹简[二四七号墓]》(释文修订本),文物出版社2006年版,第100—102页。
② 因其身受肉刑而肢体不全,依照当时的规定,不能回归社会,应安置在隐官这种场所。
③ 张家山二四七号汉墓竹简整理小组:《张家山汉墓竹简[二四七号墓]》(释文修订本),文物出版社2006年版,第24—25页。

"二岁刑以上,除以家人乞鞫之制"。① 家人不许乞鞫,本人的乞鞫则应仍允许。晋令中规定:"狱结竟,呼囚鞫语罪状,囚若称枉,欲乞鞫者,许之也。"②从汉到晋,不服判决的申诉制度一直存在,称谓沿用"乞鞫"一词。

唐以后法律上不再使用乞鞫这个词,但都规定了不服判决的申诉制度。唐律规定:"诸狱结竟,徒以上,各呼囚及其家属,具告罪名,仍取囚服辩。若不服者,听其自理,更为审详。违者,笞五十;死罪,杖一百。"据该条疏议解释,"狱结竟",指徒以上案件经"长官同断,案已判讫";"仍取囚服辩",指听取囚犯服判的表示或不服判的申辩,但"其家人亲属唯止告示罪名,不须问其服否"。③ 这条规定要求:徒刑以上的案件,审判结束,要对囚犯和家属宣告所犯罪名,而且要听取囚犯本人是否服判的意见,如不服而提出申辩,就应当重新审判。对判决不服,如原审机构不予改正,还可逐级向上级审判机构直至皇帝提出申诉,但不得越诉:"凡有冤滞不申欲诉理者,先由本司本贯,或路远而踬碍者,随近官司断决之。即不伏,当请给不理状,至尚书省,左、右丞为申详之。又不伏,复给不理状,经三司陈述。又不伏者,上表"④。就是说,向上级申诉后,上级复审结束,如仍不服,可发给"不理状",即说明申诉不理的书状,申诉人可持此状再向上一级申诉。

《宋刑统》关于原审机构复审的规定与唐律完全相同。⑤ 此外,太宗淳化年间规定,死刑案件宣判后,犯人和他的家属不服,都可以诉冤(宋人谓之"翻异"),原审机构必须将案件移送到同级的另一审

---

① 《晋书》卷三十《刑法》。对这句话,陈顾远理解为"魏律,定二岁刑以上者,不得乞鞫。"(陈顾远:《中国法制史》,商务印书馆1935年版,第241页。)但是,原文明指不许家人乞鞫,非指本人不许乞鞫。对照晋令、唐律的规定,更可说明这一点。
② 《史记》卷九十五《樊郦滕灌列传》索隐。
③ 《唐律·断狱》"狱结竟取服辩"条及疏议。
④ 《唐六典》卷六《尚书刑部》。三司:指中书省、门下省、御史台。
⑤ 《宋刑统·断狱》"徒以上呼囚告家属罪名"条。

判机构重新审理。《文献通考》载:"淳化三年(公元992年)令诸州决死刑,有号呼不伏及亲属称冤者,即以白长吏移司推鞫"①。至于开封府所审的案件,如果犯人不服,也要移司重审,"左军(巡院)则移右军(巡院),右军(巡院)则移左军(巡院),府司亦然"②。

元朝法律规定:"诸所在重刑,皆当该官司,公厅圆坐,取讫服辨,移牒肃政廉访司,审复无冤,结案待报。若犯人翻异,家属称冤,听牒本路移推。其贼验已明,及不能指论,抑屈情由者,不在移推之例。"③

明朝的规定略异于前朝。明律规定:"凡狱囚徒、流、死罪,各唤囚及其家属,具告所断罪名,仍取囚服辩文状。若不服者,听其自理,更为详审。违者,徒、流罪,笞四十;死罪,杖六十。其囚家属在三百里之外,止取囚服辩文状,不在具告家属罪名之限。"④"若犯人反异,家属称冤,即便推鞫。事果违枉,同将原问原审官吏,通问改正。"⑤"凡监察御史、按察司辩明冤枉,须要开具所枉事迹,实封奏闻,委官追问得实,被诬之人,依律改正,罪坐原告、原问官吏。"⑥"法司遇有重囚称冤,原问官员辄难辩理者,许该衙门移文,会同三法司、锦衣卫堂上官,就于京畿道会同辩理。果有冤枉及情罪有可矜疑者,奏请定夺。"⑦从上述内容来看,对判决不服也是先由原审机关予以改正,若由上级机关改正原有判决,则要惩处原审官员。清律的规定同于明律。

明、清律与唐律的不同之处在于,一是规定如家属在三百里外,就不告知其判决,而只告知囚犯本人并听取其是否服判的意见;二

---

① 《文献通考》卷一百六十六《刑考五·刑制》。
② 《续资治通鉴长编》卷一百九十一仁宗嘉祐四年七月庚申。
③ 《元典章》卷四十《刑部二·察狱》。
④ 《大明律·刑律·断狱》"狱囚取服辩"条。清律同明律。
⑤ 《大明律·刑律·断狱》"有司决囚等第"条。
⑥ 《大明律·刑律·断狱》"辩明冤枉"条。
⑦ 《问刑条例·刑律·断狱》"辩明冤枉条例"。

是减轻了对违反该条规定者所处的刑罚。清朝向上级的申诉称为上控,即"控府、控道、控司、控院",若"有冤抑赴都察院、通政司或步军统领衙门呈诉者,名曰京控"①。京控是上控的形式之一,只是因申诉的机关不同而有称谓之别,京控之后仍可翻案与申诉。对于上控案件,上级审判机关可以提审,也可以发给下级审判机关再审,如控告原审官员"有抑勒画供,滥行羁押,及延不讯结,书役诈赃舞弊者"②,一概不准发交原审官及会同原审官办理。

可以看出,古代的申诉与现代的上诉相似,但也有所不同:第一,申诉可按审判机关的等级逐级向上提出,直至皇帝;现代法律中则有二审终审的限制,实际上古代的申诉,既近似现代的上诉程序,又近似依审判监督程序的申诉。第二,被告人的申诉,不一定能阻止案件的定判和交付执行。判决是否可交付执行,一般不取决于被告人是否向上提出申诉,而取决于各级审判机关的不同定判权限。

第二节　申报上级的复审

在中国古代,下级审判机关对罪行较重的案件和疑难案件,无权定判执行,必须在拟定判决以后向上级审判机关申报复审定判,也就是审转结案。申报复审制度是古代诉讼中上级审判机关考察和指导下级审判机关工作并纠正其错误判决的一种基本制度。

一、申报复审的一般规定

据《礼记·王制》记载:"成狱辞,史以狱成告于正,正听之;正以狱成告于大司寇,大司寇以狱之成告于王,王命三公参听之;三公以

---

① 《清史稿》卷一百四十四《刑法三》。
② 《大清律例·刑律·断狱》"辩明冤枉"条例。

第七章 审判救济程序

狱之成告于王,王又三,然后制刑。"①也就是说,案件的审判结果,要逐级上报进行复审,从史、正、大司寇以至于王,然后才确定刑罚。《周礼·秋官·乡士》载:"乡士掌国中,各掌其乡之民数而纠戒之。听其狱讼,察其辞。辨其狱讼,异其死刑之罪而要之,旬而职听于朝。司寇听之,断其狱,弊其讼于朝。群士司刑皆在,各丽其法,以议狱讼。狱讼成,士师受中。协日刑杀,肆之三日。若狱免之,则王会其期。"②《遂士》《县士》中的规定与《乡士》相同,只是乡士"旬而职听于朝",而遂士、县士分别为二旬、三旬。③ 根据上述规定,周朝地方的司法官吏(乡士、遂士、县士)对其所管辖的案件,在审判后的十天、二十天或三十天,要上报司寇复审。复审时,原审的群士及司寇的属官司刑也参与审理。定案后,由士师执行。如果免予惩罚,则王必须在司寇复审时亲自参加。《礼记》和《周礼》的记载尽管不完全可靠,而且两者的说法也有差异,不过都反映了周朝有逐级复审的规定。

汉朝《二年律令·兴律》载:"县道官所治死罪及过失、戏而杀人,狱已具,勿庸论,上狱属所二千石官。二千石官令毋害都吏复案,闻二千石官,二千石官丞谨录,当论,乃告县道官以从事。"④这条规定说明,对于死刑案件、杀人案件,县级审判机构审理后需要申报上级(二千石官)复审才能定案。

南朝宋孝武帝大明元年(公元457年),都官尚书谢庄上奏曰:"旧官长竟囚毕,郡遣督邮案验,仍就施刑。督邮贱吏,非能异于官长,虽有案验之名,而无研究之实。"因此他主张改革复审制度:"自

---

① 《礼记·王制》。
② 《周礼·秋官·乡士》。
③ 据《周礼·秋官》,遂士"掌四郊,各掌其遂之民数而纠其戒令,听其狱讼"。县士"掌野,各掌其县之民数,纠其戒令而听其狱讼"。
④ 张家山二四七号汉墓竹简整理小组:《张家山汉墓竹简[二四七号墓]》(释文修订本),文物出版社2006年版,第62页。

今入重之囚,县考正毕,以事言郡,并送囚身,委二千石亲临覆辩,必收声吞鲱,然后就戮。若二千石不能决,乃度廷尉。神州统外,移之刺史;刺史有疑,亦归台狱。"①

唐朝的申报复审的制度趋于完备。其内容大要如下:

(一) 笞、杖罪的案件,由县定判,不必向上申报。徒罪及流罪应易处决杖或应赎的案件由州定判,县所断的徒罪案件,要送州复审。流罪和死罪案件,则必须逐级申报到尚书省刑部复审后,再上奏皇帝裁决。

(二) 由大理寺、京兆府、河南府初审的案件,徒罪以及官人罪并后有雪减者,都应申报尚书省刑部复审。流罪以上及除(名)免(官)、官当的案件,要经尚书省刑部复审后报皇帝裁决。②

(三) 如果审判案件,应申报上级复审而不申报,应等上级复审后通知下级而不等,便擅自决断执行的,故意的按所决罪减三等处罚,过失的又减三等。③

《宋刑统》关于申报复审的规定与唐律相同。④ 宋朝的复审亦施行"鞫谳分司"的制度,即由"鞫司"负责"审",由"谳司"负责"判"。徒刑以上案件,县呈报州复审,知州或发交州院审理,或发交司理院审理。两院推鞫完结后,送司法参军检法断刑,最后送知州裁决。宋朝的府比照州复审徒罪以上案件。此外,元丰改制前,提点刑狱司对于流罪案件有结案权,无须申报审刑院,但对于死罪案件要申

---

① 《通典》卷一百六十四《刑法二·刑制中》。
② 以上两项是根据《唐六典·刑部》的以下规定:"犯罪者,徒以上县断定,送州覆审讫,徒罪及流应决杖、笞若应赎者,即决配、征赎。其大理及京兆、河南断徒及官人罪,并后有雪减,并申省司审详无失,乃覆下之;如有不当者,亦随事驳正。若大理及诸州断流以上若除、免、官当者,皆连写案状申省案覆,理尽申奏;若按覆事有不尽,在外者遣使就覆;在京者追就刑部覆以定之。"又《唐律·断狱》"应言上待报而辄自决断"条疏议所引《狱官令》规定与以上规定相同。
③ 《唐律·断狱》"应言上待报而辄自决断"条规定:"诸断罪应言上而不言上,应待报而不待报,辄自决断者,各减故失三等。"报,指上级复审后通报下级。
④ 《宋刑统·断狱》"应言上待报"条。

第七章　审判救济程序

报。元丰改制后,审刑院及纠察在京刑狱司并入刑部,复审案件的程序有所变革,"元丰更定官制,断狱公案并由大理、刑部申尚书省,然后上中书省取旨。自是断狱轻重比例,始得归一,天下称明焉"①。

元朝法律规定,笞罪五十七以下的案件由县级处理决断,杖罪六十七以上的案件,须呈报州复审。杖罪八十七以下的案件州有结案权,杖罪九十七以上的案件须呈报上司衙门(如行中书省、路总管府、散府等)。杖罪一百零七以下的案件,总管府有结案权,其余案件须呈报行中书省。死罪及流罪案件则呈报中书省(刑部)复审,"诸斗殴杀人无轻重,并结案上省、部详谳,有司任情擅断者,笞五十七"。即对斗殴杀人的案件,地方审判结案后,必须上报到行省和刑部复审。又规定:"诸大宗正府理断人命重事,必以汉字立案牍,以公文移宪台,然后监察御史审覆之。"②即中央大宗正府所审判的人命重案,审判以后,必须移到御史台,由监察御史进行复审。

明朝的审级为县、州、府、按察使司及中央的刑部和都察院,总体而言,地方的固定复审机关为府及按察使司,中央复核机关为大理寺,刑部及都察院对各省及直隶案件复核完结后送大理寺复核,大理寺复核后具本奏闻皇帝。根据《明会典》和《明史·刑法志》的记载,明朝复审程序经过多次变革:洪武初,"决狱,笞五十者县决之,杖八十者州决之,一百者府决之,徒以上县具狱送行省(指行中书省)"。行省复审后,送中书省、御史台详谳。洪武十七年(公元1384年),"布政司、按察司,所拟刑名,其间人命重狱,恐有差误,令具奏转达刑部、都察院参考,仍发大理寺详拟,已著为令。今后直隶府州县所拟刑名,一体具奏"。洪武二十六年(公元1393年),"凡各布政司,并直隶府州,遇有问拟刑名,笞杖就彼决断。徒流迁徙充军,杂犯死罪,解部审录发落。其合的决、绞、斩、凌迟处死罪名,各

---

① 《宋史》卷一百九十九《刑法一》。
② 《元史》卷一百三《刑法二》。

处开坐备细招罪事由,照行事理,呈部详议。比律允当者,则开缘由,具本发大理寺复拟。如复拟平允,行移各该衙门,如法监收听候,依时差官审决"①。"在外都司、布政司、按察司并直隶卫所府州一应刑名,问拟完备,将犯人就彼监收,具由申达合干上司。都司并卫所,申都督府;布政司并直隶府州,申呈刑部;按察司呈都察院。其各衙门备开招罪转行到寺详拟,凡罪名合律者,回报如拟施行。内有犯该重刑,本寺奏闻回报。不合律者,驳回再拟。中间或有招词事情,含糊不明者,驳回再问。"②正统四年(公元1439年),"凡在外问完徒流死罪,备申上司详审。直隶听刑部、巡按御史;各布政司听按察司并分司审录无异。徒流就便断遣,死罪议拟奏闻,照例发审"。正统四年以后,各省及直隶刑名案件复审程序逐渐确定,"在外问刑衙门,罪至大辟者,皆呈部详议,议允,则送大理寺复拟,复拟无异,然后请旨施行"③。

  清朝,非死罪的案件,即笞、杖、徒、流及充军的案件,府、县(州)可自行决配。④ 不过徒、流案件,县要申报府复审。至于死罪案件,则要逐级申报到中央以至皇帝(详见第四节)。清朝法律规定:"外省徒罪案件,如有关系人命者,均照军流人犯解司审转督抚,专案咨部核覆,仍令年终汇题。其寻常徒罪,各督抚批结后,即详叙供招,按季报部查核。"⑤由于清朝在按察使之上又有督抚(总督、巡抚),因此徒刑、流刑案件由督抚复审,之后还要咨部核复,并于年终汇题。

---

① 《明会典》卷一百七十七《刑部十九·详拟罪名》。
② 《明会典》卷二百十四《大理寺·详拟罪名》。
③ 《明会典》卷一百七十七《刑部十九·详拟罪名》。
④ 《大清律例·刑律·断狱》"有司决囚等第"条规定:"凡狱囚鞫问明白,追勘完备,军流徒罪各从府、州县决配。"
⑤ 《大清律例·刑律·断狱》"有司决囚等第"条例。

二、疑狱的复审

汉朝法律规定了疑狱申报上级司法机关决断的制度。汉高祖七年(公元前200年)下诏令曰:"狱之疑者,吏或不敢决,有罪者久而不论,无罪者久系不决。自今以来,县道官狱疑者,各谳所属二千石官,二千石官以其罪名当报之。所不能决者,皆移廷尉,廷尉亦当报之。廷尉所不能决,谨具为奏,傅所当比律令以闻。"①这道诏令规定了疑狱层报制度,也即:县道官吏断狱如遇疑难而不能决断时,应上报二千石官,二千石官若不能决,上报廷尉,廷尉若不能决,奏请皇帝决断。为使疑狱层报制度得以落实,景帝时还做了补充规定,中元六年(公元前144年)九月诏曰:"法令度量,所以禁暴止邪也。狱,人之大命,死者不可复生。吏或不奉法令,以货赂为市,朋党比周,以苛为察,以刻为明,令亡罪者失职,朕甚怜之。有罪者不伏罪,奸法为暴,甚亡谓也。诸狱疑,若虽文致于法而于人心不厌者,辄谳之"②。这道诏令说明,已断决的案件,即使合于法令,如果当事人不服,承审官也须以疑案的形式报上级官吏决断。后元年春正月,诏曰:"狱,重事也。人有智愚,官有上下。狱疑者谳有司,有司所不能决,移廷尉。有令谳而后不当,谳者不为失。欲令治狱者务先宽"③。这道诏令不但重申了疑狱上报的程序,还对办案人员做出了免责的规定,以保障和鼓励他们积极贯彻"治狱务先宽"的审判原则。

在出土的简牍文献中,也有关于疑狱上报的记载,例如《奏谳书》中记载的一则案例:

> 六月戊子发弩九诣男子毋忧,告为都尉屯,已受致书,行未到,去亡。

---

① 《汉书》卷二十三《刑法志》。
② 《汉书》卷五《景帝纪》。
③ 同上。

罪犯毋忧是南郡一少数民族成年男子,他以交了赋税"賨钱"为由,自认为"不当为屯",在收到官方遣屯文书的情况下,不去屯戍之地而逃亡在外。审判官吏经过核实案件事实之后,对毋忧是否犯罪有所疑惑,故而直接谳报中央廷尉。"廷报"判处毋忧腰斩处死:

> 鞫之:毋忧蛮夷大男子,岁出賨钱,以当徭赋,窯遣为屯,去亡,得,皆审。疑毋忧罪,它县论,敢谳之,谒报。署狱史曹发。
> 吏当:毋忧当腰斩,或曰不当论。廷报:当腰斩。①

唐律规定:"诸疑罪,各依所犯以赎论。疑,谓虚实之证等,是非之理均;或事涉疑似,傍无证见;或傍有闻证,事非疑似之类。即疑狱,法官执见不同者,得为异议,议不得过三。"②即对于案件事实及证据有疑问的案件,法官意见有分歧、无法统一科断之疑狱,应上报,但上报的案卷中所附审案法官的意见不能超过三种,以防止过于纷纭,便于上级裁决。另外唐朝法律规定:对于疑案,县、州先移大理寺,大理寺不能决,再移送尚书省众议,然后奏报皇帝。③即县、州对疑案的复审,要由大理寺复审,大理寺不能决的再送尚书省,最后报皇帝决断。

宋朝,遇有州郡不能断决的疑案,"付之大理,大理不能决而付刑部,刑部不能决,而后付之御史台"④。著名的"阿云之狱"是宋朝"疑狱"的典型案例:登州报奏有一个叫阿云的女子,在母亡服丧期间许聘给姓韦的男子,她嫌恶此人丑陋,欲谋杀而未果。在审问过程中,决定将要检举她的时候,她主动供认了犯罪事实。审刑院、大理寺将其判定为死罪,用违律为婚的理由奏报皇帝裁决,皇帝却最

---

① 张家山二四七号汉墓竹简整理小组:《张家山汉墓竹简[二四七号墓]》(释文修订本),文物出版社2006年版,第91页。
② 《唐律·断狱》"疑罪"条。
③ 据《文献通考》卷一百六十六《刑考五·刑制》载,太宗时规定:"天下疑狱,谳大理寺不能决者,尚书省众议之,录可以为法者,送秘书省奏报。"
④ 《续资治通鉴长编》卷三百三十五神宗元丰六年五月丙戌。

第七章 审判救济程序

终赦免了她的死罪。

此案的处理过程颇为曲折:据史料记载,当时负责审案的为登州知州许遵,因熙宁元年(公元1068年)七月宋神宗曾下诏曰:"谋杀已伤,司法官经审问将要纠举时,罪犯自首,依照谋杀罪减刑二等论处",他据此上奏,以阿云图谋杀人为由,认为应当依"按问欲举自首"的诏条予以减刑二等论处。刑部核定的意见与审刑院、大理寺相同,但御史台却奏劾许遵判决不当。许遵不服,请求将案件发下内外两制(即参与起草皇帝诏书的官员)讨论。于是皇帝命令翰林学士司马光、王安石共同议论,司马光认同刑部的判决,王安石则支持许遵的判处,两人意见不同,各持己见分别上奏皇帝。皇帝诏命采纳了王安石的意见。但御史中丞滕甫仍要请求再推选官吏评议决定。皇帝又下诏将案件送交翰林学士吕公著、韩维、知制诰钱公辅重行审定,这几人的评议与王安石一致,制曰"可"。可是法官齐恢、王师元、蔡冠卿等对吕公著等人所议不赞同。皇帝又命王安石和法官等集议,反复研究此案。

第二年二月(公元1069年)庚子,神宗下诏:"今后谋杀人自首,并奏听敕裁"。这一月,王安石被任命为参知政事,于是奏以为:"律意,因犯杀伤而自首,得免所因之罪,仍从故杀伤法;若已杀,从故杀法,则为首者必死,不须奏裁;为犯者自有编敕奏裁之文,不须复立新制"。他与唐介等在皇帝面前争论了多次,最后皇帝接受了王安石的意见。于是又下诏曰:"自今并以去年七月诏书从事。"刑部尚书刘述等又请中书省、枢密院合议,御史中丞吕诲、御史刘琦、钱𫖮等也提出同样要求。神宗认为律文很明确,无须合议。而曾公亮等都认为,广泛收集异同的意见,说服意见不同的人也是无妨的,于是以众议而付诸枢密院评议。① 后来由于政权变动,此案又有反

---

① 参见《宋史》卷二百一《刑法三》。

复且引发了律文的修改,由此可见"疑狱"之案的复杂及其在推动法律改制和促进判决的合理性方面发挥的重要作用。综合来看,"阿云之狱"并非事实认定不清,主要是法律适用问题,同时体现了宋朝变法时党派争议的激烈。

第三节 直诉制度

中国古代司法中,一般情况下,不容许当事人越过案件应受理机关直接向皇帝呈诉冤情。但对于某些"冤无所诉"的重大案件,各朝都设有相应的鼓、石等物,可以直接向皇帝诉说冤情以期获得公正的裁决,这便是中国古代诉讼中的直诉制度。

直诉制度可追溯到《周礼》所载的路鼓和肺石制度。所谓路鼓,即"建路鼓于大寝之门外而(大仆)掌其政,以待达穷者与遽令,闻鼓声,则速逆御仆与御庶子"①。即在宫殿最里层门外设立路鼓,让大仆掌管。有冤无门者和有紧急事的人要上达于王,就来击鼓。大仆听到鼓声,要迅速去迎接看守路鼓的御仆与御庶子,以便了解情况后向王报告。所谓肺石,即"以肺石达穷民,凡远近惸独老幼之欲有复于上而其长弗达者,立于肺石三日,士听其辞以告于上而罪其长"②。即通过设置肺石(赤色的石头)使无法诉冤之人的冤情得以上达。不论地方远近,凡是没有兄弟、子孙及老幼者,有冤上诉于王和六卿而其长官不向上报告的,可以站在肺石的上面三天,然后由士听取其辞,以报告王和六卿,同时对不上达的长官加以治罪。

周朝究竟有无路鼓和肺石制度,已难考实,但《周礼》注曰:"郑

---

① 《周礼·夏官·大仆》。大寝:君主居住的地方。穷:有冤无处申。遽令:传递紧急军政情报的人。御仆与御庶子:看守路鼓的官。
② 《周礼·秋官·大司寇》。郑玄注:"无兄弟曰惸。无子孙曰独。复犹报也。上谓王与六卿也。……长谓诸侯若乡遂大夫。"

司农云,穷谓穷冤失职,则来击此鼓,以达于王,若今时上变事击鼓矣"①。说明当时确已有击鼓上事的制度。

另据《汉书·刑法志》记载:

> (汉文帝)即位十三年,齐太仓令淳于公有罪当刑,诏狱逮系长安。淳于公无男,有五女,当行会逮,骂其女曰:"生子不生男,缓急非有益!"其少女缇萦,自伤悲泣,乃随其父至长安,上书曰:"妾父为吏,齐中皆称其廉平,今坐法当刑。妾伤夫死者不可复生,刑者不可复属,虽后欲改过自新,其道亡繇也。妾愿没入为官婢,以赎父刑罪,使得自新。"②书奏天子,天子怜悲其意……

此即为著名的"缇萦上书",也说明在汉朝时可向皇帝直接上表呈诉。

又《晋书·刑法志》载魏律序略云:

> (汉)囚律有告劾、传覆,厩律有告反逮受,科有登闻道辞,故分为告劾律。③

可见,汉朝允许"上变事击鼓",其鼓名"登闻"。由此可以推断,直诉所击的鼓,在汉朝时已称为登闻鼓(见图7-2),晋武帝时"西平人麹路伐登闻鼓,言多袄谤,有司奏弃市"④。此后,登闻鼓历代相承,成为古代申诉的一项重要制度。北魏太武帝时,宫阙左面悬登闻鼓,人有穷冤则击鼓,由主管官吏公车上奏其表。据《梁书·吉翂传》记载,吉翂曾敲登闻鼓,乞代父命。隋朝时也规定:有枉屈,逐级

---

① 《周礼·夏官·大仆》注。
② 《汉书》卷二十三《刑法志》。
③ 《晋书》卷三十《刑法》。
④ 《晋书》卷三《武帝纪》。陈顾远所著《中国法制史》谓登闻鼓始于南北朝(陈顾远:《中国法制史》,商务印书馆1935年版,第242页),张金鉴《中国法制史概要》也持此观点(第93页),似不准确。另据沈家本考证,"登闻,始于此"(即汉),参见(清)沈家本撰:《历代刑法考》,邓经元、骈宇骞点校,中华书局1985年版,第1878页。

申诉均不能解决的,"听挝登闻鼓,有司录状奏之"①。

图 7-2　三县衙门登闻鼓②

唐朝法律规定:"诸邀车驾及挝登闻鼓,若上表,以身事自理诉而不实者,杖八十。"③"即邀车驾及挝登闻鼓,若上表诉,而主司不即受者,加罪一等。其邀车驾诉,而入部伍内,杖六十。"④另据《唐六典》规定:"受表者又不达,听挝登闻鼓;若惸、独、老幼不能自申者,乃立肺石之下。"注云"立于石者,左监门卫奏闻;挝于鼓者,右监门卫奏闻"⑤。即凡有冤诉上表不达者,即听挝登闻鼓以诉,不便挝鼓者可立于肺石之下。

---

①　《隋书》卷二十五《刑法》。
②　图片引自马小红、庞朝骥:《守望和谐的法文明:图说中国法律史》,北京大学出版社 2009 年版,第 308 页。
③　《唐律·斗讼》"邀车驾挝鼓诉事不实"条。
④　《唐律·斗讼》"越诉"条。
⑤　《唐六典》卷六《尚书刑部》。但唐律中不见有立肺石的规定。

第七章 审判救济程序

由此可知，唐朝时，向皇帝直诉的方式有四种：一是邀车驾，即在皇帝外出时于路旁迎车驾申诉；二是挝登闻鼓，即在东西两都王城门外设鼓，伸冤者击鼓以求皇帝得知其事；三是上表，即上奏书披陈身事；四是立肺石，即立于肺石之下。这四种方式可视不同情况而适用。另外，武则天掌政时，制成铜匦（铜匣子。匦，音 gui）四个，置于朝堂，接受天下表疏。其西称为"伸冤"，有冤抑者投之。后来四匦合为一匦，作用却没有改变。并设知匦使、理匦使掌管，受纳诉状，早晨拿出，傍晚收进。这也是上表的一种方式，并且更加方便。

宋朝的直诉制度与唐朝相同。《宋史》中记载了不少击登闻鼓的案件，试举几例：其一，宋太宗时，开封女子李尝击登闻鼓，要求官府帮助解决其死后家业的处理问题，开封府却因此而逮捕了她的父亲，李尝又击登闻鼓诉说其父被捕，太宗吃惊地说："此事岂当禁系？辇毂之下，尚或如此。天下至广，安得无枉滥乎？朕恨不能亲决四方冤狱，固不辞劳尔！"① 其二，宋太宗时开封府寡妇刘某告其夫前妻儿子王元吉毒害她将死，案件经过几个月的审理定不下来。刘某在这期间也死了。后来元吉因证据不足，免死，判决徒刑。他的妻子张某击登闻鼓称冤，太宗亲自召问张某，后查清是刘某有奸情怕其子发觉才进行诬告的，于是将审判此案的官吏，分别加以处理：弄错了的予以处罚，坚持对了的予以奖赏。② 其三，宋真宗时，有个武官叫赵永昌，督运江南，多为奸赃，饶州的知州韩昌龄查得其事，就移交转运使冯亮加以处罚。赵永昌便击登闻鼓，告韩昌龄和冯亮讪谤朝政，并伪造了证据。真宗察其诈，亲自临讯，使赵永昌伏罪问斩。③ 以上三例说明登闻鼓在通达下情，平反冤狱方面的确起到了一定作用，而且皇帝也相当重视，有时甚至亲自审问案件。

---

① 《宋史》卷一百九十九《刑法一》。
② 参见《宋史》卷二百七十六《列传第三十五》。
③ 参见《宋史》卷二百《刑法二》。

元、明、清时期也有登闻鼓、邀车驾等直诉方式。据元史记载："至元十二年四月,谕中书省议立登闻鼓,如为人杀其父母兄弟夫妇,冤无所诉,听其来击。其或以细事唐突者,论如法。"①"诸事赴省、台诉之,理决不平者,许诣登闻鼓院击鼓以闻。"②《元史·刑法志》也载:"诸告人罪者,自下而上,不得越诉。……诸诉官吏受赂不法,径赴宪司者,不以越诉论。诸陈诉有理,路、府、州、县不行,诉之省、部、台、院,省、部、台、院不行,经乘舆诉之。未诉省、部、台、院辄经乘舆诉者,罪之。"③

明朝,洪武元年(公元1368年)将登闻鼓置于午门外,一御史日监之,"非大冤及机密重情,不得击,击即引奏"。后移至长安右门外,让六科、锦衣卫轮流值班,接受击鼓申诉上奏,不许阻遏。明宣宗时,登闻鼓值班官林富曰:"重囚二十七人,以奸盗当决,击鼓诉冤,烦渎不可宥"。受到宣宗的斥责:"登闻鼓之设,正以达下情,何谓烦渎?自后凡击鼓诉冤,阻遏者罪。"④

《清史稿》记载:"登闻鼓,顺治初立诸都察院。十三年,改设右长安门外。每日科道官一员轮值。后移入通政司,别置鼓厅。其投厅击鼓,或遇乘舆出郊,迎驾申诉者,名曰叩阍。"⑤这说明清朝也有多种直诉方式,但限制很严:"迎车驾或击登闻鼓申诉不实,杖一百;冲突仪仗而又申诉不实,绞"。还规定:"凡车驾行瀛台等处有申诉者,照迎车驾申诉律拟断;车驾出郊外行幸有申诉者,照冲突仪仗律拟断。""擅入午门长安等门叫冤枉,奉旨勘问,得实者枷号一个月,满日杖一百;若涉虚者杖一百,发边远地方充军";"凡跪午门长安等门及打长安门内石狮鸣冤者,俱照擅入禁门诉冤例治罪;若打正阳

---

① 《元史》卷八《世祖五》。
② 《元史》卷十二《世祖九》。
③ 《元史》卷一百五《刑法四》。
④ 《明史》卷九十四《刑法二》。
⑤ 《清史稿》卷一百四十四《刑法三》。

门外石狮者,照损坏御桥例治罪"。① 顺治中,又命令在鼓厅的鼓前面刊刻木榜,其要点是:(1)状内事情必关军国重务,大贪大恶,奇冤异惨,方许击鼓。(2)凡告鼓状,必开明情节,不许黏列款单,违者不与准理;状后仍书代书人姓名,如不书,亦不与准受理。(3)民间冤抑,必亲身赴告,果本身羁押,令其亲属确写籍贯年貌保结,方准报告,违者不准。

综上可见,各朝各代对直诉尽管有一些限制性规定,但总的来说,为冤狱的当事人及其家属提供了一种有效的救济途径,在"下情上达""平反冤抑"等方面发挥了重要作用,不失为古代司法中的一项优良制度。

第四节 死刑复核与复奏制度

死刑是剥夺生命的最重刑罚。古代统治者认为"人命至重",不能错杀滥杀,必须严把核准权。因此在程序上逐渐建立起一套比较完善的死刑复核与复奏制度。

一、死刑复核制度

决定死刑的权力归哪一级司法机关掌握,这是关系到能否正确适用死刑的重要问题。一般地说,决定死刑的权力控制在较高的审级,才能较好地贯彻慎刑方针,防止滥杀现象的出现。在中国古代,随着历史的发展,决定死刑的权力逐步从地方集中到中央司法机关和皇帝手里。

(一)秦汉时期郡守掌握死刑权

秦汉时期,郡守对一般的死刑案件有定夺权,而不必奏请皇帝

---

① 《大清律例·刑律·诉讼》"越诉"条及附例。

核准。《二年律令·兴律》规定:"县道官所治死罪及过失、戏而杀人,狱已具,勿庸论,上狱属所二千石官。二千石官令毋害都吏复案,闻二千石官,二千石官丞谨录,当论,乃告县道官以从事。"①即县道官对死罪案件,立案查清事实以后,不能做出判决而要将案件上报给二千石官(如郡守),由二千石官令毋害都吏复审后将结果反馈回来,再由守丞复审定判,最后由县道官执行。也就是说,县一级对于一般的死罪案件只具有初审与执行的权力,终审与核准须上报郡守一级决断。

据史料记载,西汉严延年任涿郡太守,派下属官吏赵绣去追查豪强西高氏、东高氏的罪行。赵绣查得高氏应处死罪,但为了开脱高氏,准备了两个罪状草稿:一个轻的,一个重的,想在见严延年时,先拿出轻的,如果不行,再拿出重的来。但严延年事先已有所知,在赵绣告以轻的罪状时从他怀中搜出了重的罪状。当天晚上把赵绣关进监狱,第二天早晨就把他处决于街市。而后再派官吏去追查两高的罪行,各杀了几十人。但对于某些案情重大或官僚贵族犯罪的死刑案件,就必须奏请皇帝核准。如西汉王温舒上任河内太守,为了严惩郡内豪猾,自河内至长安设置驿站,然后对豪猾进行大逮捕,相连坐千余家。"上书请,大者至族,小者乃死,家尽没入偿臧。奏行不过二日,得可,事论报,至流血十余里。"②这是由于案情重大、诛杀面广而奏请皇帝核准的。汉武帝时绣衣御史暴胜之等"奏杀二千石,诛千石以下"。师古注:"二千石者,奏而杀之。其千石以下,则得专诛。"③这是说,官位秩禄在二千石以上,要经皇帝核准,千石以下就不必上报核准了。

---

① 张家山二四七号汉墓竹简整理小组:《张家山汉墓竹简[二四七号墓]》(释文修订本),文物出版社 2006 年版,第 62 页。
② 《汉书》卷九十《酷吏传》。
③ 《汉书》卷九十八《元后传》。

第七章 审判救济程序

(二) 魏晋以后死刑由皇帝核准

魏晋时期,国家分裂、地方割据,中央难以控制杀人权,但有的皇帝仍要求杀人须奏闻,不得专杀。南齐征东将军王敬则杀路氏,其家人诉冤,齐武帝责问敬则道:"人命至重,是谁下意杀之?都不启闻?"①。北魏太武帝时规定:"当死者,部案奏闻。以死不可复生,惧监官不能平,狱成皆呈,帝亲临问,无异辞怨言乃绝之。诸州国之大辟,皆先谳报,乃施行。"②这是自秦朝大一统以来,第一次明确规定,死刑案件需要皇帝亲自过问后执行。

隋唐时,死刑通常要中央司法机关审查后再报皇帝核准。隋朝,死刑案件先由地方州县拟判,然后上报中央复审并由皇帝核准。开皇十二年(公元592年),隋文帝下诏曰:"诸州死罪不得便决,悉移大理案覆,事尽然后上省奏裁",③即州不能判决死刑,须由大理寺复审再上报裁决。唐朝,死刑案件须经刑部复奏、中书门下详复,才可奏报皇帝裁决。据开元二十一年(公元723年)敕载:"其十恶死罪、造伪头首、劫贼杀财主、不在赦例。就中仍虑有冤滥者,所司具状送中书门下,尽理详覆奏闻,朕将亲览。"④《唐六典》进一步规定:"旧制,(死刑)皆于刑部详覆,然后奏决。开元二十五年,敕以为庶狱既简,且无死刑,自今已后,有犯死刑,除十恶死罪、造伪头首、劫杀、故杀、谋杀外,宜令中书门下与法官等详所犯轻罪,具状闻奏。"⑤由此,唐朝的死刑案件须由中书门下详复,再报皇帝"亲览"裁决。这种严格的控制,使唐"贞观中断死刑二十九人,开元中五十八人,得为兴隆之盛矣。"⑥与当时的人口相较,"贞观户不满三百万。天宝

---

① 《南齐书》卷二十六《王敬则传》。
② 《魏书》卷一百一十一《刑罚志》。
③ 《隋书》卷二十五《刑法》。
④ 《唐大诏令集》卷六十八《开元十一年(723年)南郊赦》。
⑤ 《唐六典》卷六《尚书刑部》。
⑥ 《历代名臣奏议》卷二百十一"熙宁二年御史中丞吕海论重辟数多状"。

十四载,管户总八百九十一万四千七百九,管口总五千二百九十一万九千三百九"①,可以说是相当少了。

宋元时期,死刑案件的复核稍有变化。宋太祖建隆二年(公元961年)诏曰:"诸大辟送所属州军决判。"②建隆三年(公元962年)又下令:"令诸州奏大辟案,须刑部详覆。"③由此可见,宋朝地方政府拥有对死刑的审判与执行权,只需将死刑执行的结果上报中央即可。中央负责对全国上报案件进行审理的是大理寺,死刑案件只有出现疑问时才予以上报,又经刑部复核、门下省进行复查,最后由皇帝核准。但如上文所述,元丰改制后,刑部不再负责死刑案件的详复,而州、府也无权判决死刑,死刑案件必须申报提刑司核准后才能执行。元朝,全国死刑案件的决定权在中央,中统元年(公元1260年)下诏曰:"今后凡有死刑,仰所在官司推问得实,具事情始末及断定招款。申宣抚司再行审复无疑,呈省闻奏,待报处决。"④此后逐渐形成定制。当然,对于死刑案件进行具体复核的是中央司法机关,皇帝在形式上具有最后的决定权,有些案件需要报请皇帝最后决断。

(三) 明清时期建立朝审秋审制度

明清时期,死刑案件的复核更加制度化,形成了会审、会谳制,以及针对监候案件的朝审与秋审制。

明初,太祖非常重视断狱,凡有重案大狱定要亲自审讯:"太祖尝曰:'凡有大狱,必面讯'……故其时重案多亲鞫,不委法司"⑤。洪武十四年(公元1381年)谕刑部曰:"自今论囚,惟武臣、死罪,朕

---

① 《通典》卷七《食货七·历代盛衰户口》。
② 《宋史》卷一《太祖一》。
③ 《宋史》卷一百九十九《刑法一》。
④ 《元典章》卷三《圣政二·理冤滞》。
⑤ 《明史》卷九十四《刑法二》。

第七章 审判救济程序

亲审之,余俱以所犯奏。"①也就是说,明初死刑案件一直由皇帝亲自审讯裁决,其余案件奏报即可。其后大明律规定:"至死罪者,在内听监察御史,在外听提刑按察司审录,无冤,依律议拟,转达刑部,定议奏闻回报。直隶去处,从刑部委官,与监察御史;在外去处,从布政司委官,与按察司官公同审决。"②随着会官审录制度的建立和完善,死刑案件一般经由会审来决断,县级仅有初审的权力,之后需要经州、府复审,上报按察司进行复核,然后与布政司合署上报刑部。在中央,由刑部、大理寺、都察院分工审议,若三机关在复核之后仍有疑问或意见不统一,则转入其他衙门进行复审,还有疑问,便奏请皇帝裁决。

清朝将明朝的会审制度演化为会谳制度,死刑案件经过从州县到督抚的逐级审转,由督抚向皇帝具题,"俱专本具题,分送揭帖于法司科道,内阁票拟,交三法司核议"③,都察院与刑部、大理寺共同复核、拟议。具体流程为:全国的死刑案件经刑部核拟后,送都察院,都察院列署其意见转大理寺,大理寺附署意见后退回刑部。京师的死刑案件,由刑部承办"现审"后,都察院、大理寺再参加会审定谳。三法司复核后再向皇帝具题,皇帝批准(称为"批红")立决的案件即下文地方执行,清律规定:"至死罪者,在内法司定议,在外听督抚审录无冤,依律议拟,斩绞,情罪法司覆勘定议,奏闻候有回报,应立决者,委官处决,故延不决者,杖六十"④。所批监候案件则要等待秋后处决。在此基础上,明清建立了朝审秋审制度。

明清时期的死刑案件,分立决(立即执行)和秋后决(秋后执行)两种,对于秋后处决的死刑案件,明朝通过朝审制度加以审核。明英宗天顺三年(公元1459年),"令每岁霜降后,三法司同公、侯、伯

---

① 《明史》卷九十四《刑法二》。
② 《大明律·刑律·断狱》"有司决囚等第"条。
③ 《清史稿》卷一百四十四《刑法三》。
④ 《大清律例·刑律·断狱》"有司决囚等第"条。

会审重囚,谓之朝审"①。霜降,在每年农历九月中旬,现公历十月二十三日前后。"霜降录重囚,会五府、九卿、科道官共录之。矜疑者戍边,有词者调所司再问,比律者监候。"②即朝审的案件,分情况作出不同处理:情节有矜悯或可疑的改为戍边;囚犯有翻供异词的移调官府再审;符合法律的监候听决。这说明朝审不仅是审批死刑,而且包含有宽宥之意。开始时,每年会官审录,只进行一天就结束,明孝宗时,兵科给事中潘铎指出:"审录数多,一日不能详定,恐致冤滥"。于是孝宗诏令:"每岁审录重囚,毋限一日。"③另外,明朝条例规定:"在京法司,监候枭首重囚,在监病故,凡遇春夏,不系行刑时月,及虽在霜降以后、冬至以前,若遇圣旦等节,或祭祀斋戒日期,照常相埋,通类具奏"④。

  清朝称"立决"为"斩立决""绞立决","秋后决"为"斩监候""绞监候",凡是性质特别严重的死刑案件,如谋反、大逆、谋叛及杀人、强盗罪中的严重者,要处立决,"决不待时",一般的死刑案件则待秋后处决,秋后决的案件,要经过秋审(见图7-3)和朝审,清朝的秋审与朝审是在明朝朝审的基础上发展而来的。⑤ 秋审是审核各省所判的监候案件,朝审是审核刑部所判的监候案件。凡属于秋审的案件,各省督抚应将人犯提解省城,带领在省城的按察使、道员等官进行"会勘"(共同勘核)并拟出处理意见,报送刑部。各省限五月内将案件报至刑部。经刑部、大理寺等法司勘核后,由刑部将原案材料和法司、督抚"勘语",刊刷成"招册"(案件卷册),分送九卿、詹事、⑥科、道各一份。秋审在八月内定期举行,由三法司、九卿、詹事、

---

① 《明史》卷九十四《刑法二》。
② 《明史》卷七十二《职官一》。
③ 《明会要》卷六十五《刑二·详谳》。
④ 《问刑条例·刑律·断狱》"有司决囚等第条例"。
⑤ 清律关于秋审与朝审的规定甚多且详尽,在此不再一一列举。
⑥ 詹事,三品官,无实职,只备翰林官的升迁。

第七章 审判救济程序

图 7-3 清朝秋审题本①

科、道参加,地点在天安门外金水桥西。由于死罪人犯在各省关押,秋审仅凭招册进行书面审核。朝审比秋审稍晚,在霜降后十天举行。朝审的死罪人犯关在刑部的监狱里,因此,朝审须提人犯到堂,当堂朗诵罪状,并加以讯问。秋审和朝审后,有四种处理方式:情实(罪情确实,刑罚恰当,应予处决)、缓决(有需要考虑的问题,暂缓处决,等下次秋审时再定)、可矜(老幼废笃及有其他值得同情的情节,可免死)、留养承祀(家中无人奉养父母和继承祭祀,可免死)。最后奏请皇帝审批。

清朝统治者十分重视秋审、朝审。"二百余年来,刑部历办秋、朝审,句稽讲贯,备极周密。"②而且嘉庆时规定地方司法长官如对秋审案件所审定上报的处理意见,与后来秋审的结果有出入,超过一定案数,要受到降级调任处分。如嘉庆四年(公元 1799 年)规定:"各省勘拟秋谳,除失入仅一二案者,仍毋庸议外,如失入至三案者,将臬司巡抚降一级调用。如过此数,以次递加。"③嘉庆十年(公元

---

① 图片引自马小红、庞朝骥:《守望和谐的法文明:图说中国法律史》,北京大学出版社 2009 年版,第 26 页。
② 《清史稿》卷一百四十四《刑法三》。
③ 《大清律例增修汇纂大成》卷三十七《秋审实缓错误》。

1805年)则规定,失出五案失入一案者予以处分。清朝有的皇帝对秋审、朝审案件的审批,也十分认真。顺治帝曾指示刑部:"朝审秋决系刑狱重典,朕必详阅招案始末情形允协,令死者无冤。"康熙帝曾在懋勤殿,招大学士、学士等共同酌定在京秋审情实重犯,取罪案逐一亲阅,再三详审,并指示说:"人命事关重大,故召尔等共相商酌,情有可原,即开生路"。雍正帝在洞明堂审阅秋审情实招册时,指示刑部说:"在前日定拟情实,自是执法。在此刻句到商酌,又当原情。断不可因前奏难更,遂尔隐默也"①。

清朝影响较大的秋审案件有道光六年(公元1826年)发生的"廖馨受燃放竹铳致死案":案犯廖馨受因与朱馨争闹,顺手燃放竹铳恫吓,误伤小功服叔廖其述,致其死亡。廖馨受因此被依据"卑幼殴小功尊属,故杀亦斩"之律判处斩立决,因是误伤,奉旨改为斩监候。经两次秋审均情实,照例改为缓决。后廖馨受以其父年已七十一岁,家无次丁,请求留养。四川总督将本案请示刑部。刑部援引道光二年直隶省郭立桢因保护母亲而点放铁手炮中伤与母亲争打之大功兄郭立陇身死,郭立桢被判斩立决,改为斩监候,情实二次后改为缓决,因母老丁单准予留养之案例,认为本案廖馨受非故意行凶干犯,既经改为监候,秋审情实二次改为缓决,自应留养,故批准廖馨受请求,予以结案。具题案情:"(道光六年)川督题缓决斩犯廖馨受补请留养一案。查犯罪存留养亲,原系法外之仁,非为凶犯开幸免之门,实以慰犯亲衰暮之景,且服制内由立决改为监候之案,悉皆情可矜悯之犯,故亲老丁单,定案时虽不准留养,至情实二次改入缓决之后,仍准其随时题请留养,历经办理有案。此案廖馨受因与朱馨争闹,顺用竹铳吓放,误伤小功服叔廖其述身死。依卑幼殴小功尊属故杀亦斩律拟斩立决,照例夹签声明,奉旨改为斩候,

---

① 《清史稿》卷一百四十四《刑法三》。

情实二次照例改为缓决。今该督查明犯父廖其贵,现年七十一岁,家无次丁,取结送部,题请留养。查道光二年直隶省郭立桢护母点放铁手炮,中伤大功兄郭立陇身死,拟斩立决,改为斩候,情实二次改缓,因母老丁单,题准留养在案。此案原题夹签内本声明伤由误中,死出不虞,与无故逞凶干犯者有间,既经改为监候,秋审入实,二次改缓,自应准其留养。"①

二、死刑复奏制度

死刑复奏,是指死刑已定判的案件,在行刑前必须奏请皇帝再次核准。这是古代独特的诉讼制度之一,其目的既是让皇帝对死刑有最后考虑的机会,以示慎刑,同时也使皇帝更牢固地掌握生杀大权。死刑复奏,从现代诉讼程序来看,应该属于执行程序,即执行死刑的程序,但由于它对死刑案件起最后复核的作用,因而一并放在死刑复核程序中讨论。

死刑复奏制度始于何时?有的论著认为始于北魏。②《魏书·刑罚志》载:"论刑者,部主具状,公车鞫辞,而三都决之。当死者,部案奏闻,以死不可复生,惧监官不能平,狱成皆呈。帝亲临问,无异辞怨言乃绝之,诸州国之大辟,皆先谳报乃施行。"③以上材料只能说明,死刑须经皇帝核准,还难以断定这就是执行前的复奏制度。根据史料记载,死刑复奏制度应该正式确立于隋朝,《隋书·刑法志》载:"(开皇)十五年制:死罪者,三奏而后决"。④《隋书·高祖纪》也载:"(开皇十六年)诏决死罪者,三奏而后行刑。"⑤虽然北魏和隋朝

---

① (清)祝庆祺等编:《刑案汇览三编(一)》卷二《犯罪存留养亲》。
② 陈顾远认为:"死罪覆奏,然后行刑,自古有之,所以示慎刑也。然其制之确定,则始于魏隋。"(陈顾远:《中国法制史》,商务印书馆1935年版,第318页。)
③ 《魏书》卷一百一十一《刑罚志》。
④ 《隋书》卷二十五《刑法》。
⑤ 《隋书》卷二《高祖下》。

的死刑复奏制度"皆不尽永行其制,然实开唐宋以后三覆奏之先端矣"。①

史载,唐太宗由于错杀大理寺丞张蕴古和交州都督卢祖尚,颇感不慎,后悔之余,下制曰:"凡决死刑,虽令即杀,仍三覆奏"。②后唐太宗认为三复奏仍显草率,"比来决囚,虽三覆奏,须臾之间,三奏便讫,都未得思,三奏何益?"于是又改为"二日中五覆奏,下诸州三覆奏","其五覆奏,以决前一日、二日覆奏,决日又三覆奏。惟犯恶逆者,一覆奏而已"。③《唐六典》中明确、系统地规定了死刑复奏制度:"凡决大辟罪,在京者,行决之司五覆奏;在外者,刑部三覆奏(注云:在京者,决前一日二覆奏,决日三覆奏;在外者,初日一覆奏,后日再覆奏。纵临时有敕不许覆奏,亦准次覆奏。)若犯恶逆已上及部曲、奴婢杀主者,唯一覆奏。"④即:京师案件,决前一日二复奏,决日又三复奏;各州的死刑案件仍三复奏。但是犯恶逆以上罪和部曲、奴婢杀主罪的,一复奏即可。唐律还规定:"诸死罪囚,不待覆奏报下而决者,流二千里。"疏议曰:"死罪囚,谓奏画已讫,应行刑者。皆三覆奏讫,然始下决。"⑤这条律文明确地指出,复奏的对象是已经奏上批准应行刑的死罪犯人,可见死刑复奏与奏请核准死刑是两种程序。

唐以后至明、清,法律上均规定了死刑复奏制度,但在复奏的次数上有所不同。宋朝规定京师死罪一复奏,州郡死罪不复奏。宋真宗时曾拟恢复三复奏,但经臣下讨论,由于担心拖延处决,造成淹系狱囚,未得施行。⑥明成祖永乐元年(公元1403年),曾"命法司五日

---

① 陈顾远:《中国法制史》,商务印书馆1935年版,第318页。
② 《旧唐书》卷五十《刑法》。
③ 同上。
④ 《唐六典》卷六《尚书刑部》。
⑤ 《唐律·断狱》"死囚复奏报决"条及疏议。
⑥ 参见《宋史》卷一百九十九《刑法一》。

第七章 审判救济程序

一引奏罪囚"①。永乐十三年(公元1415年)又下令:"自今死罪者皆五覆奏,著为令。"②英宗正统元年(公元1436年),"谕三法司,死罪临决,三覆奏然后加刑"③。清顺治十年(公元1653年),规定朝审的案件实行三复奏,秋审的案件则不实行。雍正二年(公元1724年),诏令秋审情实应决者,和朝审一样要三复奏。乾隆十四年(公元1749年),由于各省死罪复奏的案件太多,皇帝没有时间审阅,又命令朝审案件仍三复奏,秋审案件改为一复奏。

纵观中国古代的申诉复审制度、直诉制度、死刑复核、复奏制度,对于平反冤狱、慎用死刑、化解社会矛盾、维护社会稳定等起到了重要作用,也是中国古代法制史中体现慎刑思想的重要制度。

---

① 《明史》卷六《成祖纪二》。
② 《明史》卷七《成祖纪三》。
③ 《明史》卷十《英宗前纪》。

第 八 章
判决的执行

刑事判决如何执行,取决于判决的内容,也就是要视所处的不同刑罚而定。中国古代的刑罚,在隋唐以后,形成了笞、杖、徒、流、死的五刑体系。其中,笞、杖属于体刑,徒刑、流刑在执行上有不少相同之处。所以,本章分别探讨死刑、体刑、流刑与徒刑的执行制度。

第一节 死刑的执行

死刑在商、周时称"大辟",有炮烙、杀、烹①、醢(hǎi)②、辕(yuán)③、屋诛、枭首④等执行方式;秦朝时有车裂、腰斩、枭首、磔(zhé)⑤和弃市⑥;汉朝废除了车裂与磔刑,其余皆承秦制;魏晋南北

---
① 烹:用锅煮人的酷刑。
② 醢:古代把人剁成肉酱的酷刑。
③ 辕:即车裂。古代用车裂人体的酷刑。
④ 枭首:古代把人头砍下悬挂起来的一种刑。
⑤ 磔:古代分裂肢体的酷刑。
⑥ 弃市:古代执行死刑,并把尸体示众于市。

第八章　判决的执行

朝又承汉制;隋唐五代时期,死刑采取两种形式:绞①和斩;宋朝因袭唐制,另设凌迟②,后为元朝沿用;明朝分为绞、斩、兼用凌迟、枭首;清朝又因袭明制。

中国古代死刑的执行制度归纳起来大体有:死刑复奏制度;适时行刑制度;公开行刑制度;监督、警戒制度;暂缓行刑制度。死刑复奏制度前章已经论及,此处不赘。本章仅就其他四项制度进行探讨。

一、适时行刑制度

适时行刑制度,起源于周朝的"协日刑杀",《周礼·秋官》载:"乡士掌国中,……狱讼成,士师受中。协日刑杀,肆之三日"③;"遂士掌四郊,……狱讼成,士师受中。协日就郊而刑杀,各于其遂,肆之三日"④;"县士掌野,……狱讼成,士师受中。协日刑杀,各就其县,肆之三日"⑤。郑司农云:"协日刑杀,协,合也,和也。和合支干善日,若今时望后利日也"⑥,郑玄注曰:"乡士则择可刑杀之日"⑦;"遂士择刑杀日……如乡士为之矣"⑧;这意味着刑杀要选择适合的日期。

中国古代的天命思想认为,把犯人处死是在执行"天罚"。何时执行"天罚",也必须合乎天意。"刑者,阴事也。阴道属义,人君奉天出治,当顺天道肃杀之威,而施刑害杀戮之事,所以法天时行义道也。"⑨

---

① 绞:古代用帛、绳等把人勒死的一种刑罚。
② 凌迟:亦作陵迟,俗称"剐",是我国古代极为残酷的一种死刑。《宋史》卷一百九十九《刑法一》载:"凌迟者,先断其支体,乃抉其吭,当时之极法也。"
③ 《周礼·秋官·乡士》。
④ 《周礼·秋官·遂士》。
⑤ 《周礼·秋官·县士》。
⑥ 《周礼·秋官·乡士》郑玄注。
⑦ 同上。
⑧ 《周礼·秋官·遂士》郑玄注。
⑨ (明)邱濬:《大学衍义补》,林冠群、周济夫点校,京华出版社1999年版,第921页。

死刑的执行具体选在什么时间,不同历史时期有所差异。秦汉之前,死刑的执行,据《左传》载,在秋、冬两季,"赏以春夏,刑以秋冬"①。而据《礼记·月令》载,则选择在三秋季节:"孟秋之月,……凉风至,白露降,寒蝉鸣,鹰乃祭鸟,用始行戮。……戮有罪,严断刑,天地始肃,不可以赢";"仲秋之月……乃命有司申严百刑,斩杀必当。毋或枉桡,枉桡不当,反受其殃";"季秋之月……乃趣狱刑,毋留有罪"②。孟秋、仲秋、季秋,各为农历的七、八、九月,是秋天的三个阶段。七月,是一年之中开始"行戮"的时间,不得有丝毫懈怠;八月,可以大兴杀伐,但要"斩杀必当",违法曲断或有理不申,都为法所不允;九月杀戮即将结束,要求"毋留有罪"。总之,先秦时期,行刑的季节是秋季或秋冬两季。

但在秦朝,死刑的执行并不拘泥天时,《后汉书·陈宠传》载:"秦为虐政,四时行刑"③。

西汉初年,行刑时间定在季秋、三冬,据《后汉书·陈宠传》载:"汉旧事断狱报重,常尽三冬之月";"萧何草律,季秋论囚,俱避立春之月"④。即农历九月、十月、十一月、十二月四个月为实施刑杀的时间。至立春,即停止刑杀。东汉章帝元和二年(公元85年)改变行刑时间,"其定律,无以十一月、十二月报囚"⑤,即十一月、十二月不再行刑。

在汉朝,刑杀需选在"望后利日"⑥施行。望为月亮最圆之日,每月农历十五日或十六日为望。利日,本意是吉利日,此处是指最合

---

① 《左传·襄公二十六年》。
② 《礼记·月令》。
③ 《后汉书》卷四十六《郭陈列传》。
④ 同上。
⑤ 《后汉书》卷三《章帝纪》。
⑥ 《周礼·秋官·乡士》郑玄注引郑司农云:"协日刑杀,协,合也。和也。和合支干善日,若今时望后利日也。"贾公彦疏曰:"云'若今时望后利日也'者,月大则十六日为望,月小则十五日为望。利日,即合刑杀之日是也。"

适的日子。汉以为"望后"属阴,刑杀亦是阴事,故在望日之前不准刑杀。

三国两晋南北朝时期,也有杀人的季令限制。即寒露、霜降、立冬、小雪、大雪、冬至、小寒、大寒。如《陈书·世祖纪》载天嘉元年(公元560年)诏曰:"自今孟春讫于夏首,罪人大辟事已款者,宜且申停。"①

《唐律·断狱》具体规定了不得执行死刑的时间:"诸立春以后、秋分以前决死刑者,徒一年。其所犯虽不待时,若于断屠月及禁杀日而决者,各杖六十。待时而违者,加二等。"②依此规定,唐朝不得执行死刑的时间是:立春至秋分期间、断屠月③及禁杀日。④

立春至秋分期间,共十六个节气⑤,余下八个节气⑥,正好在农历的九至十二月间;断屠月在余下的四个月中是农历九月;禁杀日每个月有十日。由此可知,唐朝死刑判决的执行时间,一般是在十月、十一月、十二月的禁杀日以外的日期。

唐朝的秋、冬行刑制度,基本为后代所沿用。如《大明律·刑律·断狱》规定:"若立春以后、秋分以前决死刑者,杖八十。其犯十恶之罪应死,及强盗者,虽决不待时,若于禁刑日而决者,笞四十。"⑦清朝条例规定,每年秋审之后,要"将情实人犯,于霜降后冬至前正法"⑧。霜降后、冬至前,即农历九月后半月至十一月的时间。

---

① 《陈书》卷三《世祖纪》。
② 《唐律·断狱》"立春后秋分前不决死刑"条。
③ 根据疏议的解释,断屠月"谓正月、五月、九月"。据《释氏要览》解释,中国佛教把一年二月至五月、六月至九月、十月至正月分为三时,每时的最末一个月,即五、九、正月叫作三长月,在这三长月中,是不准杀生的,故三长月又叫断屠月。
④ 根据疏议的解释,禁杀日"谓每月十直日,月一日、八日、十四日、十五日、十八日、二十三日、二十四日、二十八日、二十九日、三十日"。共十天。
⑤ 即立春、雨水、惊蛰、春分、清明、谷雨、立夏、小满、芒神、夏至、小暑、大暑、立秋、处暑、白露和秋分。
⑥ 即寒露、霜降、立冬、小雪、大雪、冬至、小寒、大寒。
⑦ 《大明律·刑律·断狱》"死囚复奏待报"条。
⑧ 《大清律例·刑律·断狱》"有司决囚等第"条例。

"秋冬奏决死刑""立春后不决死刑"制度的确立,限制了统治者随意杀人,保证了春夏农忙生产不被讼事中断,但法律中也有例外的规定,如唐律规定:"依狱官令:'从立春至秋分,不得奏决死刑',违者徒一年。若犯'恶逆'以上及奴婢、部曲杀主者,不拘此令。……虽不待时,于此月日,亦不得决死刑,违而决者,各杖六十"①。即恶逆以上和奴婢、部曲杀主人的案件,则"决不待时",即除断屠月、禁杀日之外,一年之中任何时候都可以执行死刑。清朝法律规定,"其犯十恶之罪应死,及强盗者,虽决不待时,若于禁刑日而决者,笞四十"②。可见"决不待时"之案,也必须要避开"禁刑日"。

古代适时行刑的制度,多明文规定在法律条文中。而在司法实践中,统治者自己往往会违反法律的规定。如据《汉书·武帝纪》载:"(征和三年)六月,丞相屈氂下狱要斩,妻(子)枭首。"③《汉书·王莽传》载:"地皇元年……下书曰:'方出军行师,敢有趋欢犯法者,辄论斩,毋须时,尽岁止。'于是春夏斩人都市,百姓震惧,道路以目。"④《隋书·刑法志》载:"(隋文)帝尝发怒,六月棒杀人。大理少卿赵绰固争曰:'季夏之月,天地成长庶类。不可以此时诛杀。'帝报曰:'六月虽曰生长,此时必有雷霆。天道既于炎阳之时,震其威怒,我则天而行,有何不可?'遂杀之。"⑤可见古代帝王有时并未按照时令季节实施刑杀,而是随时处决犯人。皇权的恣意由此可见一斑。

二、公开行刑制度

中国古代最初并没有公开审判的传统。但为了发挥刑罚的威吓作用,死刑的执行一般需要公开进行。

---

① 《唐律·断狱》"立春后秋分前不决死刑"条。
② 《大清律例·刑律·断狱》"死囚复奏待报"条例。
③ 《汉书》卷六《武帝纪》。
④ 《汉书》卷九十九下《王莽传》。
⑤ 《隋书》卷二十五《刑法》。

第八章　判决的执行

死刑的公开执行，主要有两项内容：一为"示戮"，如《左传·桓公十五年》载："祭仲杀雍纠，尸诸周氏之汪"。注曰："杀而暴其尸以示戮也。"①二为"明梏"，如《周礼·秋官》载："掌囚掌守盗贼……及刑杀，告刑于王，奉而适朝，士加明梏，以适市而刑杀之。"②意思是在手铐上标明罪刑。

所谓示戮，即公开杀人，陈尸于市，以期收到以儆效尤、惩罚犯罪者之功用。示戮之制，始于商、周。《礼记·王制》载："刑人于市，与众弃之。"孔颖达疏曰："'刑人于市，与众弃之'者，亦谓殷法，谓贵贱皆刑于市。"③《周礼·秋官》载："士加明梏，以适市而刑杀之"④；"凡杀人者，踣诸市，肆之三日"。⑤郑国公孙黑因反叛未遂，而"尸诸周氏之衢"⑥，即将其尸体陈于街道以示戮；晋国在处理邢侯怒杀叔鱼与雍子一案时，亦"尸雍子与叔鱼于市"⑦。

秦汉时期，弃市为法定死刑之一，自然适用示戮制度。秦简《法律答问》载："士伍甲无子，其弟子以为后，与同居，而擅杀之，当弃市。""同母异父相与奸，何论？弃市。"⑧史籍中对于秦汉公开执行死刑多有记载，如秦二世曾令赵高"杀大臣蒙毅等，公子十二人戮死咸阳市"⑨；秦二世二年（公元前208年）七月，丞相李斯被"论腰斩咸阳市"⑩。东汉安帝时，河间人赵腾诣阙上书，指陈得失，被判犯罔上不道罪而处死，亦"伏尸都市"⑪。

---

① 《左传·桓公十五年》。
② 《周礼·秋官·掌囚》。
③ 《礼记·王制》。
④ 《周礼·秋官·掌囚》。
⑤ 《周礼·秋官·掌戮》。
⑥ 《左传·昭公二年》。
⑦ 《左传·昭公十四年》。
⑧ 睡虎地秦墓竹简整理小组：《睡虎地秦墓竹简》，文物出版社1978年版，第181—182页，第225页。
⑨ 《史记》卷八十七《李斯列传》。
⑩ 同上。
⑪ 《后汉书》卷五十四《杨震列传》。

北齐法律规定,死刑"重者轘之,其次枭首,并陈尸三日;无市者,列于乡亭显处"①。北周法律规定,"凡恶逆,肆之三日"②。所谓"陈尸三日""肆之三日",指的都是示戮制度。

唐朝自玄宗始废除弃市,但示戮之制仍被沿用。只是形式上不再拘泥于"肆之三日"和"刑人于市"了。例如,唐肃宗时,河南尹达奚珣等三十九人,就被"以为罪重,与众共弃"③。

清朝,示戮之制更加灵活。京师仍然刑人于市。地方行省则或在校场,或在城外旷地,情形不一。但总体来看,示戮之制仍被遵行。清朝条例规定,子孙殴杀祖父母、父母之类逆伦重案,"如距省在三百里以内,无江河阻隔者,均于审明后,即恭请王命,委员会同该地方官,押赴犯事地方,即行正法。若距省在三百里以外,即在省垣正法,仍将首级解回犯事地方枭示"④。所谓犯事地方,即今天所称犯罪地。在犯罪地"正法"或"枭示",皆为示戮(见图8-1、图8-2)。

图 8-1　清朝死刑公开执行的场景⑤

---

① 《隋书》卷二十五《刑法》。
② 同上。
③ 《旧唐书》卷五十《刑法》。
④ 《大清律例·刑律·断狱》"有司决囚等第"条例。
⑤ 图片引自赵晓耕:《大衙门》,法律出版社2007年版,第13页。

第八章　判决的执行

图8-2　清朝菜市口行刑场景①

示戮的施行,多伴之以明梏,二者同为古时"明刑"思想的实践。《周礼·秋官·司圜》载:"凡害人,弗使冠饰而加明刑焉。"贾公彦疏曰:"云'明刑'者,以版牍书其罪状与姓名,著于背,表示于人,是明刑也。"②沈家本指出:"明刑,《李燮传》之署帛于背也。明梏,尹赏之楬著也。惟明梏在行刑之时,若今时之斩条。楬著在行刑之后,若今时之榜示也。"③明梏指将死罪执行的告示公开标明于被执行人手械上。《周礼·秋官·掌囚》载:"及刑杀,告刑于王,奉而适朝,士加明梏,以适市而刑杀之。"郑玄注曰:"士,乡士也。乡士加明梏者,谓书其姓名及其罪于梏而著之也。囚虽时有无梏者,至于刑杀,皆设之,以适市就众也。庶姓无爵者,皆刑杀于市。"④可见在周朝,被判处死刑者,由士负责执行,士在将罪犯押赴市曹之前,需要在罪犯的手械上写明其名字及所犯何罪,使人一看便知。上文所引公孙黑被示戮一案,在"尸诸周氏之街衢"的同时,并需"加木焉",即"书其罪于木,以加尸上"。⑤

---

① 图片引自马卫国编著:《图圄内外:中国古代监狱文化》,浙江大学出版社2013年版,第38页。
② 《周礼·秋官·司圜》。
③ (清)沈家本撰:《历代刑法考》,邓经元、骈宇骞点校,中华书局1985年版,第1500页。
④ 《周礼·秋官·掌囚》。
⑤ 《左传·昭公二年》。

汉朝,"明梏"即要求官吏在行刑前后和陈尸时公布犯人的罪状。罪状书写方式包括两种:书于"榜"与书于"编书",即竹木简牍。前者如《后汉书·酷吏列传》载:"(阳球)乃僵磔甫尸于夏城门,大署榜曰'贼臣王甫'。"①后者如《汉书·诸葛丰传》载:"故常愿捐一旦之命,不待时而断奸臣之首,悬于都市,编书其罪,使四方明知为恶之罚,然后却就斧钺之诛。"颜师古曰:"编谓联次简牍也。"②汉朝书写犯人姓名、罪状之楬,称作"楬头"。③

北周法律规定:"狱成将杀者,书其姓名及其罪于拲,而杀之市。"④"书其姓名及其罪于拲"指的也是明梏之制。

明梏到宋朝发展成为"犯由牌"。"犯由牌"即载明案由之牌,多以纸贴在芦蓆片上制成。犯由牌制成以后,由当案孔目⑤在行刑之前负责填写,所填内容一般是犯人姓名、所犯案由、应处刑罚及监斩官的职务和姓名。如《水浒传》第四十回中写道:"那众人仰面看那犯由牌,上写道:江州府犯人一名宋江,故吟反诗,妄造妖言,结连梁山泊强寇,通同造反,律斩。犯人一名戴宗,与宋江暗递私书,结勾梁山泊强寇,通同谋叛,律斩。监斩官:江州府知府蔡某。"⑥到清朝则演变为"斩条",沈家本指出:"明梏之制,若今行刑者以纸书姓名及罪绾于小竿,插犯人之背,曰'斩条'以示众是也。虽与古制稍异,而其意则同矣"⑦。

示戮与明梏,是古代行刑公开制度的主要内容,旨在宣传法律

---

① 《后汉书》卷七十七《酷吏列传》。
② 《汉书》卷七十七《盖诸葛刘郑孙毋将何传》。
③ 所谓"楬头",《周礼·秋官·司烜氏》载:"军旅,修火禁。邦若屋诛,则为明竁焉"。郑玄注曰:"明竁,若今楬头明书其罪法也。"
④ 《隋书》卷二十五《刑法》。
⑤ 孔目:官名,掌管文节档案,保管印鉴。因事无大小,皆经其手,一孔一目,无不综理,因故得名。
⑥ (明)施耐庵,罗贯中:《水浒传》,人民文学出版社1975年版,第553页。
⑦ (清)沈家本撰:《历代刑法考》,邓经元、骈宇骞点校,中华书局1985年版,第1224页。

第八章 判决的执行

并发挥刑罚的威吓作用,以使人们知道法律允许与禁止的行为,若为法律所不允许,将会招致何种惩罚。

需要强调的是,古代的公开行刑,适用对象主要是犯死罪的平民百姓。至于皇亲国戚、达官显贵等则并不适用。《周礼·秋官·小司寇》载:"凡王之同族有罪,不即市"[1];《周礼·秋官·掌囚》载:"凡有爵者与王之同族,奉而适甸师氏,以待刑杀"[2];《周礼·秋官·掌戮》载:"唯王之同族与有爵者,杀之于甸师氏"[3]。不即市即不"刑人于市"。可见,有官爵者与王族有罪当死者,刑"不即市",而要押赴"甸师氏"处秘密执行。

汉朝,朝廷大臣犯罪当死,为了不致屈辱于狱吏,不致公开抛露尸骨而有损于他们的高贵身份,多采取自杀方式,或被命令自杀于家。例如汉成帝对犯死罪的翟方进说:"使尚书令赐君上尊酒十石,养牛一,君审处焉。"[4]对大臣赐牛酒,本是朝廷送给大臣的一种告病之礼,用这种礼物对待犯罪当死的大臣,言外之意,该大臣自亡于家,则似病老告终。以此免去公开行刑,而全大臣之体。除自尽于家之外,与公开执行死刑的"明刑"相对的,还有"下狱死""下狱瘐死"等"隐刑",也限于王族或高官大吏,史籍对此多有记载,如富侯龙于元康元年,"坐使奴杀人,下狱瘐死"[5]。"已未,九江太守丘腾有罪,下狱死。"[6]"二月,豫章太守虞续坐赃,下狱死。"[7]

《唐六典》规定:"五品已上犯非恶逆已上,听自尽于家。七品已上及皇族、若妇人犯罪非斩者,皆绞于隐处。"[8]唐武宗会昌元年(公

---

[1] 《周礼·秋官·小司寇》。
[2] 《周礼·秋官·掌囚》。
[3] 《周礼·秋官·掌戮》。
[4] 《汉书》卷八十四《翟方进传》。
[5] 《汉书·王子侯表上》。
[6] 《后汉书》卷六《孝顺孝冲质帝纪》。
[7] 同上。
[8] 《唐六典》卷六《尚书刑部》。

元841年)九月,"库部郎中、知制诰纥干泉等奏:'准刑部奏,犯赃官五品已上,合抵死刑,请准狱官令赐死于家者,伏请永为定格'。从之"①。在死刑执行上的特殊待遇也是官僚贵族的司法特权的表现之一。

此外,对妇女公开执行死刑也有一定的限制,如上引《唐六典》所载:"若妇人犯罪非斩者,绞于隐处"②。清嘉庆十四年(公元1809年)定例:"妇女犯斩枭者,即拟斩立决,免其枭示。"③这是统治者显示其仁政的方式之一。

三、监督、警戒制度

为保证准确、顺利地执行死刑,历代都实行行刑监督和刑场警戒制度。正如沈家本所言:"是古者刑人必有监决之人,即《周礼·大司寇》之莅戮,后世所谓监斩者也。"④

春秋时期,称行刑监督为"莅杀",《左传·隐公四年》记载,陈国人按照卫国老臣石碏的计谋,捉住了弑君而立的州吁和石厚,"陈人执之,而请莅于卫。九月,卫人使右宰醜莅杀州吁于濮,石碏使其宰獳羊肩莅杀石厚于陈"⑤。可见当时对行刑监督的重视。

汉朝监刑称"临刑"或"监杀",监刑官员必须负责犯人从监狱到刑场途中的安全,有时会派遣数名官吏监督押送行刑。例如,赵广汉任京兆尹,捕获杜建,"令数吏将建弃市,莫敢近者。京师称之"⑥。

《唐六典·尚书刑部》注曰:"决大辟罪,官爵五品已上在京者,大理正监决;在外者,上佐监决;余并判官监决,在京决者,亦皆有御

---

① 《旧唐书》卷五十《刑法》。
② 《唐六典》卷六《尚书刑部》。
③ 《大清律例·刑律·断狱》"妇人犯罪"条例。
④ (清)沈家本撰:《历代刑法考》,邓经元、骈宇骞点校,中华书局1985年版,第1228页。
⑤ 《左传·隐公四年》。
⑥ 《汉书》卷七十六《赵尹韩张两王传》。

第八章 判决的执行

史、金吾监决。"①对于重要死刑犯,若有必要在地方处决,朝廷则会派人监决,如杨国忠专权时,"杀岭南流人,以中使传口敕行刑,畏议者嫉其酷,乃以(宇文)审为岭南监决处置等使,活者甚众"②。当然,除严正刑声法纪外,监刑官的设置也是为了慎重刑狱、避免冤案。唐宣宗大中四年(公元850年),御史台奏请地方各州处决死囚前,刺史都要派官临刑。监刑者要先询问死囚是否自觉冤枉,如有冤枉要停刑重审。

明、清时期,经"朝审"定为"情实"的死刑案件,执行时也必须专门派员临场监督。清朝在京师处决死囚,要由刑部给事中和刑部侍郎各一人作监督官,"朝审案件,令京畿道专办。行刑时,著刑部给事中,及刑部侍郎一人监视"③;在外省一般要由"正印官"④临场监督,"凡立决之犯,部文到日,如正印官公出,令同城之州同、州判、县丞、主簿等官,会同本城武职遵查不停刑日,代行监决。若该地方无佐贰官,令该知府于部文到时,即委府属之同知、通判、经历等官,速至该州县,会同武职代行监决。该佐贰等官俟监斩后,将正印官因何事公出,并见委某官于何年、月、日,会同武职某官,监决何犯,逐一详报各上司查核"⑤。

刑场警戒制度,即古代"防援"之制,目的是为了防止劫法场或发生其他意外事件。《唐六典·尚书刑部》注曰:"决大辟罪皆防援至刑所,囚一人防援二十人,每一人加五人。"⑥唐前期的"防援",一般由左右吾卫的卫士担任,垂拱四年(公元688年),太子通事舍人郝象贤被诬告谋反,武后令周兴审讯后,定其谋反罪。临刑时,象贤

---

① 《唐六典》卷六《尚书刑部》。
② 《新唐书》卷一百三十四《列传第五十九》。
③ 《大清律例·刑律·断狱》"有司决囚等第"条例。
④ 正印官:正印即正方形的官印。清制,自布政使至知州、知县等各级地方正行政长官均用正印,故又称正印官。
⑤ 《大清律例·刑律·断狱》"有司决囚等第"条例。
⑥ 《唐六典》卷六《尚书刑部》。

"极口骂太后,发扬宫中隐慝,夺市人柴以击刑者,金吾兵共格杀之"①。到了唐后期,"防援"亦称为"防押",京城重犯处决时,左右防押者常多至三百人。例如,穆宗长庆二年(公元822年),在处理汴州李介反叛一案时,便"以左右神策兵各三百人防押,即日行刑于京城之西市"②。不仅如此,对待决死刑犯的管理十分严格,在行刑前及赴刑场路上必须带上枷、锁等刑具,刑具依据其身份、年龄、身体状况等会有所区别。清朝对于朝审之后皇帝勾决的囚犯,在从刑部绑赴刑场之时,还特别强调要由专门的武官负责警戒,"每年朝审勾到,刑部将人犯绑出之日,步军统领衙门派步军翼尉一员护送"③。

四、暂缓行刑制度

暂缓行刑制度,是指遇到一定情况时,要暂缓执行死刑。适用暂缓行刑的情况有:

1. 怀孕的妇女应暂缓执行死刑

例如南朝梁法律规定:"女子怀孕者,勿得决罚。"④北魏法律规定:"妇人当刑而孕,产后百日乃决。"⑤《唐律·断狱》规定:"诸妇人犯死罪,怀孕,当决者,听产后一百日乃行刑。"⑥《大明律·刑律·断狱》规定:"(妇人怀孕)若犯死罪,听令稳婆入禁看视,亦听产后百日乃行刑。"⑦清乾隆二十三年(公元1758年)定例:"犯妇怀孕……其罪应凌迟处死者,产后一月期满,即按律正法。"⑧

---

① 《资治通鉴》卷二百四唐则天后垂拱四年四月戊戌。
② 《册府元龟》卷十二《帝王部上·告功》。
③ 《大清律例·刑律·断狱》"有司决囚等第"条例。
④ 《隋书》卷二十五《刑法》。
⑤ 《魏书》卷一百一十一《刑罚志》。
⑥ 《唐律·断狱》"妇人怀孕犯死罪"条。
⑦ 《大明律·刑律·断狱》"妇人犯罪"条。
⑧ 《大清律例·刑律·断狱》"妇人犯罪"条例。

2. 临刑时发现有冤滥可能应暂缓执行死刑

《唐六典》规定,唐朝负责临场监督的官员,"若因有冤滥灼然者,听停决奏闻"①。唐文宗太和元年(公元 827 年),"御史台奏:'伏以京城囚徒准勑科决者,臣当司准旧例,差御史一人监决,如囚称冤,即收禁闻奏,便令监决御史覆勘者。……伏请自今以后,有囚称冤者,监察御史闻奏,勑下后,便配四推。所冀狱无冤滞,事得伦理。'从之"②。宋朝,最终判死刑的犯人,在获准向亲友告别时,可在行刑处称冤,此时,也将暂缓行刑并重审案件。清朝条例也规定:"凡处决人犯,有临刑时呼冤者,奏闻复鞠。如审明实有冤抑,立为申雪,将原审官参奏,照例惩治。"③

第二节 体刑的执行

体刑,亦称肉刑,即以切断肢体、残害器官、鞭笞肌肤等方式使人身肉体受到损害与痛苦的刑罚。体刑在秦朝以前,主要以墨刑、劓刑、剕刑、宫刑等为代表。④ 到了秦朝,笞刑已成为常用的体刑手段,《睡虎地秦墓竹简》中多见"笞十""笞五十""笞一百"的记载,例如,《法律答问》载:"不会,笞;未盈卒岁得,以将阳又行笞"⑤。意指征发徭役不按要求应征报到者,要受笞刑。到了汉朝,笞刑的适用范围更加广泛,汉简中有许多处以笞刑的罪名,只是尚未成为主刑。汉文帝十三年(公元前 167 年)下诏废除肉刑,以笞刑取代肉刑;汉

---

① 《唐六典》卷六《尚书刑部》。
② 《唐会要》卷六十《御史台上·御史台》。
③ 《大清律例·刑律·断狱》"辩明冤枉"条例。
④ 墨刑:刺刻面额,染以黑色的刑罚,又称黥刑。劓刑:割鼻子的刑罚。剕刑:断足的刑罚,又称刖刑。宫刑:破坏生殖机能的刑罚,又称腐刑。
⑤ 睡虎地秦墓竹简整理小组:《睡虎地秦墓竹简》,文物出版社 1978 年版,第 220—221 页。

景帝时期又进一步减轻与规范笞刑,"自是笞者得全",后经过魏晋时期的进一步完善,至隋唐时,笞刑和杖刑正式列入"五刑"之中。

中国古代笞刑、杖刑的执行,具有如下几个特点:

一、笞、杖有法定规格

所谓法定规格,就是体刑所选用的笞杖,其质料、尺寸,法律上都有具体的规定。执行时,必须要严格依法选定。

体刑所用笞杖,多数情况下是用一种叫做生荆的灌木条制成的。《礼记·学记》载:"夏、楚二物,收其威也。"郑玄注曰:"夏,榎也。楚,荆也。二者所以扑挞犯礼者。"[1]由晋至明,笞、杖都是用荆条制成的。《魏书·刑罚志》载:"其捶用荆,平其节"[2];《隋书·刑法志》载:"杖皆用生荆"[3];《唐律·名例》规定,笞杖则"用楚";[4]《大明律·狱具图》载:笞,"以小荆条为之",杖,"以大荆条为之"。[5]另据《新唐书·刑法志》载:"汉用竹,后世更以楚。"[6]又据《大清律例·五刑图》载:"笞者,谓人有轻罪,用小荆杖决打……今以竹板折责。杖者,谓人犯罪用大荆杖决打……今以竹板折责"[7];《狱具图》载:"板以竹篦为之,须削去粗节毛根,照尺寸较准,应决者执小头,臀受"[8]。可知,汉与清所用为竹而非荆。无论是荆或竹,笞杖所用的质料都必须是法律预先所规定的。

体刑所用笞、杖的尺寸,各个朝代都有明确的规定。如汉朝规

---

[1] 《礼记·学记》。
[2] 《魏书》卷一百一十一《刑罚志》。
[3] 《隋书》卷二十五《刑法》。
[4] 《唐律·名例》。
[5] 《大明律·狱具之图》。
[6] 《新唐书》卷五十六《刑法》。
[7] 《大清律例·五刑图》。
[8] 《大清律例·狱具图》。

第八章 判决的执行

定:"笞者,箠长五尺,其本大一寸,其竹也,末薄半寸,皆平其节。"①晋朝笞"长六尺,制杖大头围一寸,尾三分半"②。南朝梁,"(杖)长六尺。有大杖、法杖、小杖三等之差。大杖,大头围一寸三分,小头围八分半。法杖,围一寸三分,小头五分。小杖,围一寸一分,小头极杪(miao)"③。北魏则"杖背者二分,挞胫者一分"④。北齐则"杖长三尺五寸,大头径二分半,小头径一分半。决三十已下杖者,长四尺,大头径三分,小头径二分"⑤。唐朝杖长三尺五寸,分为讯囚杖、常刑杖和笞杖,唐律规定:"讯囚杖,大头径三分二厘,小头二分二厘。常行杖,大头二分七厘,小头一分七厘。笞杖,大头二分,小头一分五厘"⑥。宋朝沿用后周显德五年(公元958年)旧制,笞杖刑通用常行杖,"长三尺五寸,大头阔不过二寸,厚及小头径不得过九分"⑦。明朝笞、杖长三尺五寸,"笞大头径二分七厘,小头径一分七厘;杖大头径三分二厘,小头径二分二厘"⑧。清朝,"板大头阔二寸,小头阔一寸五分,长五尺五寸,重不过二斤"⑨。

二、施刑要按法定部位

笞、杖刑的执行,除刑具要依法定规格之外,决罚时还必须按照法定部位施刑。

《汉书·刑法志》载:"当笞者笞臀。毋得更人。"如淳注曰:"然则先时笞背也。"⑩可知先秦时笞的受刑部位是背,汉朝笞的受刑部

---

① 《汉书》卷二十三《刑法志》。
② 《北堂书钞》卷四十五《刑法部下·杖刑》。
③ 《隋书》卷二十五《刑法》。
④ 《魏书》卷一百一十一《刑罚志》。
⑤ 《隋书》卷二十五《刑法》。
⑥ 《唐律·断狱》"决罚不如法"条。
⑦ 《宋史》卷一百九十九《刑法一》。
⑧ 《大明律·狱具之图》。
⑨ 《大清律例·狱具图》。
⑩ 《汉书》卷二十三《刑法志》。

位主要是臀。北齐时："鞭笞者,鞭其背。……笞者笞臀,而不中易人。"①南阳汉画中现存两幅受笞图像(见图8-3),形象地刻画了汉朝实施笞刑的具体场景:施刑者右手举起,左手执杖,受刑者匍匐于地面,臀部凸出,受笞杖之苦,旁立二人,一人执杖与节,一人袖手。由此可知当时受笞刑的部位、工具以及具体方法。

图8-3 南阳汉代画像石中的执行笞刑的场景②

《唐律·断狱》引《狱官令》的规定:"决笞者,腿、臀分受。决杖者,背、腿、臀分受。须数等。拷讯者亦同。笞以下,愿背、腿分受者,听。"③唐太宗阅《明堂针灸图》④时,见人心肝五脏皆靠近人体背部,便下诏"罪人无得鞭背"。⑤ 唐文宗太和八年(公元834年)四月,又重申:"并宜准贞观四年十一月十七日制处分,不得鞭背。"⑥太

---

① 《隋书》卷二十五《刑法》。
② 图片引自南阳汉代画像石编辑委员会编:《南阳汉代画像石》,文物出版社1985年版,第108页。
③ 《唐律·断狱》"决罚不如法"条。
④ 《明堂针灸图》,医书名。也称《明堂灸经》,专论灸法,有铜人为图式,对人体的正、背、左、右、侧、伏各面六位,标得非常详细,并指出哪些穴位可以灸,哪些穴位不可灸。
⑤ 《新唐书》卷五十六《刑法》。
⑥ 《唐会要》卷四十《君上慎恤》。

第八章 判决的执行

宗、文宗两代的敕谕,与唐律规定虽不尽一致,但当时笞、杖刑须严格施于法定部位这一点是毫无疑问的。

宋朝实行折杖法,明确规定了徒、流刑杖脊,而笞、杖刑杖臀,①说明宋朝同样须按法定部位施刑。

明、清两朝基本上继承了唐朝的做法,同样重视笞、杖刑受刑的法定部位,例如清律要求,"于人臀、腿受刑去处,依法决打"。②(见图8-4)

图 8-4 清朝执行杖刑的场景③

---

① 《宋史》卷一百九十九《刑法一》载:"凡流刑四:加役流,脊杖二十,配役三年;流三千里,脊杖二十,二千五百里,脊杖十八,二千里,脊杖十七,并配役一年。凡徒刑五:徒三年,脊杖二十;徒二年半,脊杖十八;二年,脊杖十七;一年半,脊杖十五;一年,脊杖十三。凡杖刑五:杖一百,臀杖二十;九十,臀杖十八;八十,臀杖十七;七十,臀杖十五;六十,臀杖十三。凡笞刑五:笞五十,臀杖十下;四十、三十,臀杖八下;二十、十,臀杖七下。"
② 《大清律例·刑律·断狱》"决罚不如法"条例。
③ 图片引自马卫国编著:《囹圄内外:中国古代监狱文化》,浙江大学出版社2013年版,第58页。

三、违法执行笞、杖要受法律追究

从唐、明、清三朝的法律来看,主要有如下规定:

第一,刑具不合规格或不按法定部位施刑,要受法律追究。《唐律·断狱》规定:"诸决罚不如法者,笞三十。以故致死者,徒一年。即杖粗细长短不依法者,罪亦如之。"①《大明律·刑律·断狱》规定:"凡官司决人刑罚不如法者,笞四十。因而致死者,杖一百,均征埋葬银一十两";"不如法,谓应用笞而用杖,应用杖而用讯,应决臀而决腰,应决腿而鞭背"。② 清律继承了明律的规定。

第二,对犯笞杖罪的怀孕妇女,如在孕期或产后期限不满而刑以笞杖的,要追究法律责任。《唐律·断狱》规定:"诸妇人怀孕,犯罪应拷及决杖笞,若未产而拷、决者,杖一百;伤重者,依前人不合捶拷法;产后未满百日而拷、决者,减一等。失者,各减二等。"疏议曰:"妇人怀孕,犯罪应拷及决杖笞,皆待产后一百日,然后拷、决。若未产而拷及决杖笞者,杖一百。'伤重者',谓伤损之罪,重于杖一百者。'依前人不合捶拷法',谓依上条,监临之官,前人不合捶拷而捶拷者,以斗杀伤论。若堕胎者,合徒二年。妇人因而致死者,加役流。限未满而拷决者,'减一等',谓减未产拷决之罪一等。'失者,各减二等',谓未产而失拷、决,于杖一百上减二等;伤重,于斗伤上减二等。若产后限未满而拷决者,于杖九十上减二等;伤重者,于斗伤上减三等。"③《大明律·刑律·断狱》规定:"若妇人怀孕,犯罪应拷决者,依上保管,皆待产后一百日拷决。若未产而拷决因而堕胎者,官吏减凡斗伤罪三等;致死者,杖一百,徒三年;产限未满而拷决者,减一等。"④清律的规定与明律相同。法律之所以规定妇女怀孕

---

① 《唐律·断狱》:"决罚不如法"条。
② 《大明律·刑律·断狱》"决罚不如法"条。
③ 《唐律·断狱》"拷决孕妇"条。
④ 《大明律·刑律·断狱》"妇人犯罪"条。

第八章 判决的执行

不得拷决,是由于"虑伤其胎也",而"产后未满百日,则血气未足,不能胜刑也"。①

第三,对患有疮和疾病未痊愈的人,不能执行笞杖刑,如果执行了,要受法律追究。《唐律·断狱》规定:"即有疮病,不待差而拷者,亦杖一百;若决杖、笞者,笞五十;以故致死者,徒一年半。"②明、清则似无此规定。

第四,执行时确实依据法律规定,但因意外致人死亡,可以"勿论"。据《唐律·断狱》规定:"若依法拷决,而邂逅致死者,勿论。"③《大明律·刑律·断狱》规定:"若于人臀腿受刑去处,依法决打,邂逅致死,及自尽者,各勿论。"④清律规定与明律相同。

第五,明、清时期,对执行笞、杖刑不认真的,法律要予以追究。《大明律·刑律·断狱》规定:"其行杖之人,若决不及肤者,依验所决之数抵罪,并罪坐所由。"⑤"决不及肤,谓决打太轻,如打衣打地之类。"⑥

第三节 流刑与徒刑的执行

一、流刑的执行

流刑是将罪犯发遣到遥远之地的一种刑罚。"书云'流宥五刑',谓不忍刑杀,宥之于远也。"⑦早期的流刑,多适用于"政治犯",

---

① (清)沈之奇撰:《大清律辑注》,怀效锋、李俊点校,法律出版社2000年版,第1047页。
② 《唐律·断狱》"拷囚不得过三度"条。
③ 同上。
④ 《大明律·刑律·断狱》"决罚不如法"条。
⑤ 同上。
⑥ (清)沈之奇撰:《大清律辑注》,怀效锋、李俊点校,法律出版社2000年版,第1036页。
⑦ 《新唐书》卷五十六《刑法》。

与后世相异。先秦时期的流放地,并非以距离远近为准,而具有与国人隔绝之意。如《史记·殷本纪》载:"帝太甲既立三年,不明,暴虐,不遵汤法,乱德,于是伊尹放之于桐宫。"①又《礼记·大学》载:"唯仁人放流之,迸诸四夷,不与同中国。"②秦汉魏晋之时,流刑或称为"迁"或称为"徙"。至南朝梁武帝天监年间,才又称"流",《隋书·刑法志》载:"三年八月,建康女子任提女,坐诱口当死。其子景慈对鞫辞云,母实行此。……诏流于交州。至是,复有徒流之罪"③。自北齐开始,流刑正式列入五刑之中,实为死刑的替代刑,"(北齐之)流刑,谓论犯可死,原情可降,鞭笞各一百,髡之,投于边裔,以为兵卒"④。即被流放者多为死刑减等的罪犯,并无流放距离远近之别。北周的流刑分为五等:"流卫服,去皇畿二千五百里者,鞭一百,笞六十。流要服,去皇畿三千里者,鞭一百,笞七十。流荒服,去皇畿三千五百里者,鞭一百,笞八十。流镇服,去皇畿四千里者,鞭一百,笞九十。流藩服,去皇畿四千五百里者,鞭一百,笞一百。"⑤可见当时流刑以五百为等差,里数最远达到四千五百里。至隋唐时期,笞、杖、徒、流、死的五刑体系正式确立,且"自唐以下,历代相沿,莫之改也"⑥。据《唐律·名例》的规定,唐朝的流刑分为三等:"流刑三:二千里。二千五百里。三千里"⑦。这基本为后来的明、清所沿用,《大明律·名例律》规定:"流刑三:二千里杖一百。二千五百里杖一百。三千里杖一百"⑧。

---

① 《史记》卷三《殷本纪》。
② 《礼记·大学》。
③ 《隋书》卷二十五《刑法》。
④ 同上。
⑤ 同上。
⑥ (清)沈家本撰:《历代刑法考》,邓经元、骈宇骞点校,中华书局1985年版,第270页。
⑦ 《唐律·名例》"流刑三"条。
⑧ 《大明律·名例律》"五刑"条。

第八章 判决的执行

中国古代流刑的执行制度,归纳起来主要有以下四项:

1. 流刑配役制度

故名思义,流刑配役就是流刑附加服役,其方式主要有屯、戍、罚役和充军。

屯、戍,即将犯罪人发遣屯守戍边。例如东汉明帝时,曾"诏令郡国中都官死罪系囚减死罪一等,勿笞,诣军营,屯朔方、敦煌"①。

罚役,即犯罪人被流配后还要罚服徭役,这项制度自隋唐始。《唐律·名例》规定:"犯流应配者,三流俱役一年。"疏议曰:"加役流者……居役三年。"②明、清基本沿用唐朝制度。本书监狱制度一章还将对此进行探讨。

充军,即补充军伍之意。"自魏、晋相承,死罪其重者,妻子皆以补兵。"③此时充军已经列入常刑之中,适用的对象是因他人犯罪而被缘坐之人。北齐的流刑则要"投于边裔,以为兵卒"④,这是犯罪人本人充军的开始。隋开皇十三年(公元593年)"改徒及流并为配防"⑤,即将徒、流人犯逐去戍守边疆,这也是一种充军制度。唐朝的流刑,只是附加劳役,并无充军之制。宋朝沿用五代制度,于流罪配役之外,将其罪重者,刺配充军。明朝充军是由死罪减等的处罚,属流刑之中的重刑,称为充军流。清朝又大体沿用明制,但《大清律例》规定:"凡旗人犯罪,笞、杖,各照数鞭责,军、流、徒,免发遣,分别枷号"⑥。旗人与汉人不同,其若被判流刑,可以以枷号替代流刑的实际执行。发遣在清朝是指将罪犯流放到东北或新疆地区服劳役或做奴婢。

---

① 《后汉书》卷二《明帝纪》。
② 《唐律·名例》"犯流应配"条。
③ 《隋书》卷二十五《刑法》。
④ 同上。
⑤ 同上。
⑥ 《大清律例·名例律》"犯罪免发遣"条例。

2. 递解制度

递解指押送罪犯由此地至彼地,既指押送的开始,又指押送的中途。递解制度是中国古代把徒、流刑犯人顺利发遣到配地的一项保证制度。其具体内容包括:

首先,必须按时起解。根据《唐律·断狱》的规定,徒、流刑判决确定之后,要求"案成即送","稽留不送者,一日笞三十,三日加一等;过杖一百,十日加一等,罪止徒二年"。①《大明律·刑律·断狱》规定:"凡应徒流、迁徙、充军囚徒,断决后,当该官司限一十日内如法枷杻,差人管押,牢固关防,发遣所拟地方交割。若限外无故稽留不送者,三日笞二十,每三日加一等,罪止杖六十。因而在逃者,就将提调官吏抵犯人本罪发遣。候捕获犯人到官替役,至日疏放,别叙。"②

其次,要保证安全递送,防止罪犯逃脱。《唐律·捕亡》规定:"诸流、徒囚,役限内而亡者(犯流、徒应配及移乡人未到配所而亡者亦同),一日笞四十,二日加一等,过杖一百,五日加一等。"③《大明律》的处罚比唐律更重:"凡徒、流、迁徙囚人,役限内而逃者,一日笞五十,每三日加一等,罪止杖一百,仍发配所……若起发已断决徒、流、迁徙、充军囚徒,未到配所,中途在逃者,罪亦如之。主守及押解人不觉失囚者,一名杖六十,每一名加一等,罪止杖一百,皆听一百日内追捕。"④另外,递解罪犯上路须将其严加锁铐,解役身带公文,每过一州县都要投递公文,故沿途各驿站所在的州县都有接递护解的任务,若犯人逃脱,所路过地方之州县官也有责任。若人犯途中死亡,须报官确证无虐掠情弊端,方可免议。

再次,在递解途中,每天走多少路程,多少天走到配所,一般也

---

① 《唐律·断狱》"徒流送配稽留"条。
② 《大明律·刑律·断狱》"稽留囚徒"条。
③ 《唐律·捕亡》"流徒囚役限内亡"条。
④ 《大明律·刑律·捕亡》"徒流人逃"条。

有定数。如果不在行程总时间内到达,递送官吏和囚犯均将受责罚;如未按规定期限到达,即使途中遇国家赦日,该囚犯也不能享受赦免的待遇。《唐律·名例》规定:"诸流配人在道会赦,计行程过限者,不得以赦原。"①《大明律》也有相同规定。

3. 亲属安置制度

流刑的执行,会造成亲属离别、老人无人赡养、妇幼无人照顾的社会问题。统治者既要镇压犯罪,同时也必须考虑这些问题。因此,亲属安置问题也成了流刑判决执行中的一项必要内容。

(1)亲属从流制度。所谓亲属从流,就是亲属随从流刑囚犯一道迁居到配所去。《唐律·名例》规定:"(犯流应配者)妻妾从之。父祖子孙欲随者,听之。"②《大明律·名例律》规定:"凡犯流者,妻妾从之,父祖子孙,欲随者听。"③清朝也有相同的规定。

(2)存留养亲制度。所谓存留养亲,指在家有老人需要侍养,而家中又无成年人的情况下,被判处流刑的人可以免予发遣,以留家照料老人。《唐律·名例》规定:"犯流罪者,权留养亲。"(谓非会赦犹流者④)。疏议曰:"犯流罪者,虽是五流及十恶,亦得权留养亲。会赦犹流者,不在权留之例。其权留者,省司判听,不须上请。"⑤当家中祖父母、父母因年老、疾病需要有人侍养,而除了流刑囚犯,家中再无其他成年人时,罪犯可免于发遣,留在家中照料老人。但是"会赦犹流"的犯罪除外。存留养亲的程序,由承办机关上报省司批准即可。《唐律·名例》还规定:"若家有进丁及亲终期年者,则从流。"疏议曰:"本为家无成丁,故许留侍,若家有期亲进丁及亲终已

---

① 《唐律·名例》"流配人在道会赦"条。
② 《唐律·名例》"犯流应配"条。
③ 《大明律·名例律》"流囚家属"条。
④ 会赦犹流,例如谋反、大逆者,身虽会赦,犹流二千里这类的犯罪。
⑤ 《唐律·名例》"犯死罪应侍家无期亲成丁"条。

经期年者,并从流配之法。"①一旦家中有了成年人,或受侍养的老人去世一周年之后,存留之囚犯,则要"并从流配之法"。此外,存留养亲期间:该罪犯"不在赦列"(仍准同季流人未上道,限内会赦者,从赦原)②,即不能享受"恩赦",但与其同期发遣的流刑罪犯在未发遣时已被赦免了,该存留养亲者,也可得到赦免;该罪犯"课调依旧"③,也就是要照常缴纳租税。存留养亲制度,《大明律》的规定略同唐律,如家有老人无人侍养,"若犯徒流者,止杖一百,余罪收赎,存留养亲"④。《大清律例》也有此条规定。

(3)允许家口还乡的制度。《唐律·名例》规定:"若流、移人身丧,家口虽经附籍,三年内愿还者,放还。即造畜蛊毒家口,不在听还之例。"⑤可见,流刑犯人及其随行家人在犯人服苦役期满或被赦免苦役后就在流放当地落户安置,而在流配之人死亡后,若家眷已入当地户籍,三年之内欲返回原籍的,除了造畜蛊毒家口之外,都被允许。《大明律·名例律》的规定与唐律相同,只是增加了从流亲属不得还乡的几类罪行:"其谋反逆叛及造畜蛊毒,若采生拆割人,杀一家三人,会赦犹流者,家口不在听还之律"⑥。清律的规定与明律相同。

(4)留住、易罚制度。留住、易罚制度是对判处流刑的专门技艺人员以及妇女的特殊执行方式。留住是不再向外发遣,易罚是以其他刑罚来代替。其用意一方面在于利用犯人所长,同时也考虑到妇女不便单独流配的特点。但若因犯造畜蛊毒而被处流刑的,即使具有专门技艺或者是妇女,也要照例发遣配役,不在留住、易罚

---

① 《唐律·名例》"犯死罪应侍家无期亲成丁"条。
② 同上。
③ 同上。
④ 《大明律·名例律》"犯罪存留养亲"条。
⑤ 《唐律·名例》"犯流应配"条。
⑥ 《大明律·名例律》"流囚家属"条。

第八章 判决的执行

之列。

留住、易罚制度,唐、明律中均有明文规定。《唐律·名例》规定:"诸工乐、杂户及太常音声人,犯流者,二千里决杖一百,一等加三十,留住,俱役三年(犯加役流者,役四年)。若习业已成,能专其事,及习天文,并给使、散使,各加杖二百。……其妇人犯流者,亦留住(造畜蛊毒应流者,配流如法),流二千里决杖六十,一等加二十,俱役三年。"注云:"造畜蛊毒应流者,配流如法,斯乃工乐以下总摄,不独为妇人生文。"[1]《大明律·名例律》规定:"凡工匠、乐户犯流罪者,三流并决杖一百,留住拘役四年。若钦天监天文生习业已成,能专其事,犯流及徒者,各决杖一百,余罪收赎(犯谋反、逆、叛、缘坐应流及造畜蛊毒、采生拆割人、杀一家三人,家口会赦犹流及犯窃盗者,不在流住之限……)。其妇人……若犯徒、流者,决杖一百,余罪收赎。"[2]《大明律》的规定较之唐律,不同之处在于,留住、易罚的期限长了一年,规定了收赎的内容并缩小了适用范围。另外,明朝允许被流放犯人以"输役"代替实际的流放刑罚,即通过服劳役来代替原本应受之刑。此处可替代之劳役刑形式多样,洪武八年(公元1375年)明太祖曾命流放之人在凤阳劳作开荒;洪武十八年(公元1385年)将流刑犯人发配到木速秃、杂木口、双塔儿等递运所充当车夫,运送军用物资。同时,被流放之人还可以通过"纳赎"来减免流刑。

(5)刺字制度。刺字制度是指在罪犯身上刺字,使其永远带着罪犯的标记,以示污辱,并警戒他人。刺字,在先秦称墨刑,秦汉称黥刑,是一种独立刑种。从汉文帝以后,基本废除。至五代后晋天福年间,又正式恢复作为附加刑,适用于流配罪犯。宋相沿成例,太祖统一全国后,为宽宥死罪,制定了"决杖、流配、刺面"三结合的刺

---

[1] 《唐律·名例》"工乐杂户及妇人犯流决杖"条。
[2] 《大明律·名例律》"工乐户及妇人犯罪"条。

配制度:"黥为墨,配即流,杖迺鞭,三者始萃于一夫之身。盖其制将以宥死罪,合三为一,犹为生刑"①。(见图 8-5)按照当时的规定,窃盗赃满五贯者,决杖、黥面、配役。后来,刺配成为经常适用的刑罚。至于刺字的部位,规定:"犯盗,刺环于耳后,徒、流以方,杖以圆,三犯杖,移于面。径不得过五分。"②还根据犯罪情节的轻重规定了四种等级:"将犯配法人,如入情重,则依旧刺面,用不移不放之格;其次稍重,则止刺额角,用配及十年之格;其次稍轻,则与免黥刺面放还之格;其次最轻,则降为居役,别立年限纵免之格。"③刺字的深度,也因发配地区的远近而不同:配本城刺四分,配牢城刺五分,配沙门岛和远恶州军刺七分。但是,田主殴杀佃户,配而不刺。熙宁三年(公元 1070 年)还规定,官员犯罪被配也不刺面。元、明、清三代继续沿用刺字制度。元朝法律规定:"诸窃盗初犯,刺左臂,谓已得财者。再犯刺右臂,三犯刺项。强盗初犯刺项……其蒙古人有犯,及妇人犯者,不在刺字之例。"④清朝法律对刺字作了十分详细的规定:"凡重囚应刺字者,旗人刺臂,奴仆刺面,民犯徒罪以上刺面,杖罪以下刺臂,再犯者亦刺面。"⑤"刺臂在腕之上,肘之下;刺面在鬓之下,颊之上。逃犯刺左,余犯刺右;初犯刺左者,再犯、累犯刺右;初犯刺右者,再犯、累犯刺左;罪名刺左者,地名刺右;罪名刺右者,地名刺左(地名谓犯所应遣地方)。字方一寸五分,画阔一分有半,并不得过限。"⑥

二、徒刑的执行

徒刑,是一种拘禁人的身体,役使人的劳力的刑罚。"徒者,奴

---

① 《文献通考》卷一百六十八《刑考七·徒流》。
② 同上。
③ 同上。
④ 《元史》卷一百四《刑法三》。
⑤ 《清朝通典》卷八十《刑一·刑制》。
⑥ 《清朝通志》卷七十五《刑法略一·刑制》。

第八章 判决的执行

图8-5 林冲刺配沧州的绘画形象①

也,盖奴辱之"②;"徒者,隶也"③,因此徒刑又可称为奴役刑。

拘禁人身体并罚作劳役的刑罚在我国古代早已有之。殷商之时称为"胥靡"④,周朝称为"置圜土"和"坐嘉石"⑤,秦汉称为"城旦舂""罚作""耐罪"。⑥ 徒刑之词也已出现,据《史记·秦始皇本纪》载:"隐宫徒刑者七十余万人,乃分作阿房宫,或作丽山"⑦。南北朝时期,有的称为"耐罪",有的称为"刑罪",北魏则称为徒刑,据《魏书·高祖本纪》载:"(太和十六年)五月癸未,诏群臣于皇信堂更定律条,流徒限制,帝亲临决之"⑧。到北周之时,才正式将徒刑分为五等。据《隋书·刑法志》载:北周的五刑之中,"三曰徒刑五,徒一年

---

① 图片引自戴敦邦:《戴敦邦水浒人物谱》,天津人民美术出版社1998年版,第10页。
② 《唐律·名例》"徒刑五"条。
③ 《广韵》卷一。
④ 胥靡:《史记》卷三《殷本纪》载:"是时(傅)说为胥靡,筑于傅险。"《汉书》卷三十六《楚元王传》载:"胥靡之,衣之赭衣,使杵臼雅舂于市。"颜师古注曰:"联系使相随而服役之,故谓之胥靡,犹今之役囚徒以锁联缀耳。"
⑤ 参见监狱制度一章。
⑥ 例如《史记》卷一百十八《淮南衡山列传》载:"徙郡国豪桀任侠及有耐罪以上,赦令除其罪。"注引苏林曰:"一岁为罚作,二岁刑已上为耐。耐,能任其罪。"
⑦ 《史记》卷六《秦始皇本纪》。
⑧ 《魏书》卷七下《高祖纪下》。

者,鞭六十,笞十。徒二年者,鞭七十,笞二十。徒三年者,鞭八十,笞三十。徒四年者,鞭九十,笞四十。徒五年者,鞭一百,笞五十"①。此后隋、唐至于明、清,一直沿用,只是刑期有所改变,分别为:一年、一年半、二年、二年半、三年。

我国古代徒刑的执行,犯人既受严格的人身束缚,又要从事十分繁重的劳役。这部分内容在本书监狱制度一章劳役制度一节有详细的讨论,此处不赘。

需要在这里说明的是,对判处徒刑的罪犯也适用存留养亲的制度。如《唐律·名例》规定:"诸犯徒应役而家无兼丁者……徒一年,加杖一百二十,不居作;一等加二十……盗及伤人者,不用此律。(亲老疾合侍者,仍从加杖之法)。"②即对被判处徒刑的罪犯,除强盗、伤人者外,如果"家无兼丁",可用"加杖之法"易罚,免服劳役。徒因家中需要养亲者,也按加杖处理。明、清法律则规定,犯徒刑者,如家中有老人需侍养,"止杖一百,余罪收赎,存留养亲"③。

---

① 《隋书》卷二十五《刑法》。
② 《唐律·名例》"犯徒应役无兼丁"条。
③ 《大明律·名例律》"犯罪存留养亲"条。

第 九 章
监 狱 制 度

本章探讨的是中国古代的监狱与监狱制度,有必要首先厘清监狱在中国古代的涵义。

监狱的产生与发展是与刑法、刑罚制度的发展相关联的,从世界范围来看,古代的刑罚主要包括生命刑、身体刑、财产刑、名誉刑、放逐刑等,自由刑在古代并非不存在,但是始终不占主要地位。直到 18 世纪中叶后,死刑、体刑、流刑的执行日渐减少,自由刑改占重要的地位。① 从历史演进的角度讲,自由刑的发达的确是近代监狱诞生的原因。现代监狱学上的监狱基本上被理解为执行自由刑的场所。②

---

① 林纪东:《监狱学》,三民书局 1977 年版,第 4 页。
② 现代监狱学上对于监狱的概念界定有以下几类:第一类定义认为监狱的存在以自由刑(监禁刑)的存在为前提,也就是说,没有自由刑(监禁刑),就没有监狱的设置。这同时意味着,主要用于羁押未决犯的看守所被排除在监狱的范围以外。例如孙雄认为:"监狱,为执行自由刑之处所。详言之,即依据法律一定之规定,而以国家权力拘束人民自由之公有营造物是也。"(孙雄编著:《监狱学》,商务印书馆 2011 年版,第 5 页)。吴宗宪将监狱定义为:"关押和改造被判处监禁刑的罪犯的场所。"(吴宗宪:《监狱学导论》,法律出版社 2012 年版,第 92 页)。第二类是对第一类定义的修正和补充,但并不否认监狱的设置以自由刑(监禁刑)的存在为前提,例如:台湾学者林纪东认为,监狱是执行自由刑,限制受刑人的自由,加以教化辅导,使他能够改过迁善,适于社会生活的地方(参见林纪东:《监狱学》,三民书局 1977 年版,第 1—2 页)。许ానన润认为,监狱是统治阶级基于一定的行刑目的,以国家的名义组织并附属于国家,通过国家的强制力保证依法对罪犯实行监

但是，古代也是存在监狱的，中国古代监狱的概念需要放在当时的历史条件下去理解，古代囚禁人的场所没有现代这样多样化、专门化的区分。古代监狱关押的对象大体上有三类：一是未决案件的被告人，二是被判处徒刑的受刑人②，三是判处死刑等待执行的囚犯③。《清史稿·刑法三》这样总结中国古代监狱："从前监羁罪犯并无已决未决之分。其囚禁在狱，大都未决犯为多。"④也有当代研究者指出，中国古代监狱在功能上不区分执行刑罚与暂时羁押，也就是说，中国古代监狱是将刑事执行场所与羁押场所合而为一的监禁场所。⑤ 简言之，中国古代监狱泛指一切用于监禁人、关押人的场所，实际上包括了现代意义上的监狱和看守所。

第一节　监狱的沿革

一、监狱的起源与先秦时期的监狱设置

关于中国古代监狱的起源，在历史上有着皋陶造狱的传说。

禁、执行自由刑的一切场所和设施及其内部关系的系统结构，是实行阶级统治和社会控制的国家行刑司法机关（参见许章润：《监狱学》，中国人民公安大学出版社1991年版，第26—27页）。还有一种定义方法区分了广义与狭义的监狱，广义的监狱，不仅包括判处自由刑的犯人执行自由刑的场所，也包括未决犯的看守场所，死刑犯人暂时收押等候处决的场所等，而狭义的监狱仅指自由刑的执行机构和场所（参见杨殿升主编：《监狱法学》，北京大学出版社1997年版，第48—49页）。

②　依上文所述，古代徒刑并不占主要地位，因此这类人的数量并不多。

③　薛梅卿主编的《中国监狱史》一书指出中国古代监狱的功能具体包括：自由刑（徒刑和拘役）犯罪判决后的执行场所；古代充军、流刑等犯人待解待发的羁押场所和发配劳役的场所；死刑犯暂时收监等候处决的场所；刑事被告人等嫌疑犯、未决犯的看守场所；民事诉讼当事人以及民刑事诉讼的干连佐证的管收处所；危害社会治安的各种违法分子的拘留处所；少年犯罪、失教者的感化教养机构；皇室贵族的软禁之地；还有宗室贵族、地主、军阀、土豪、族祠私设的牢房等。参见薛梅卿主编：《中国监狱史》，群众出版社1986年版，第1页。

④　《清史稿》卷一百四十四《刑法三》。

⑤　参见李甲孚：《中国监狱法制史》，台湾商务印书馆1984年版，第2—3页。

第九章 监狱制度

《急就篇》载:"皋陶造狱法律存。"①《广韵》也载:"狱,皋陶所造。"②皋陶相传是尧舜夏禹时期的司法长官——士。作为主管司法的官员而建造监狱是一种合理的推断,因为有了诉讼、审判活动,自然需要有执行刑罚的场所。

监狱作为国家的附属物,应该是伴随着国家的产生而产生的。《太平御览》载:"《周礼》三王始有狱。夏曰夏台,言不害人,若游观之台,桀拘汤是也。殷曰羑里……周曰囹圄。"③也就是说,在夏、商、周奴隶制国家产生之后才出现了监狱。

《今本竹书纪年》载:"二十二年,商侯履来朝,命囚履于夏台。"④《史记·夏本纪》也载:"桀不务德而武伤百姓,百姓弗堪。乃召汤而囚之夏台。"⑤夏台,就是夏朝的监狱。另有一些史籍称夏朝监狱为钧台(均台)。《索隐》中解释夏台曰:"狱名,夏曰均台。皇甫谧云'地在阳翟'是也。"⑥蔡邕《独断》中也称夏朝监狱为均台。《左传·昭公四年》载:"夏启有钧台之享。"⑦《今本竹书纪年》中也有夏启元年"大飨诸侯于钧台"⑧的记载。沈家本指出:"均、钧文通,地又同在阳翟。既为宴享之所,不应与狱同名,索隐盖用《独断》之说,恐有误。"⑨所以他认为,夏台是夏朝监狱的说法是可以确证的,但是均台的说法就不可信了。圜土也是史籍所载的夏朝监狱的

---

① (汉)史游:《急就篇》。
② 《广韵》卷五。
③ 《太平御览》卷六百四十三《刑法部九·狱》。
④ 王国维:《今本竹书纪年疏证·卷上》,见方诗铭、王修龄:《古本竹书纪年辑证》,上海古籍出版社1981年版,第213页。
⑤ 《史记》卷二《夏本纪》。
⑥ 《史记》卷二《夏本纪》索隐。
⑦ 《左传·昭公四年》。
⑧ 王国维:《今本竹书纪年疏证·卷上》,见方诗铭、王修龄:《古本竹书纪年辑证》,上海古籍出版社1981年版,第201页。
⑨ (清)沈家本撰:《历代刑法考》,邓经元、骈宇骞点校,中华书局1985年版,第1160—1161页。

名称。据《今本竹书纪年》记载,夏帝芬"三十六年,作圜土"①。《释名·释宫室》载:"狱,确也……又谓之'圜土',筑其表墙,其形圜也。"②也就是说,当时的监狱就是一种用土制成的圆形围墙。

从殷墟甲骨卜辞当中,可以看到对商朝监狱的记载。在甲骨卜辞中有"囚"字,《说文解字》曰:"囚,系也。从人在囗中"。卜辞中表示监狱的字主要是"圉",这个字是从▨、▨演化而来。▨,从囗从▨从▨,囗象斗室,▨称为㚔,是一种梏手的工具,为人形。这个字明显表现了一个人被梏双手坐在狱中的情况。▨,从囗从▨,象㚔手的刑具连有项枷之形,也是表现了一个人身戴刑具囚禁在狱中的情况。圉,《说文解字》曰:"囹圄,所以拘罪人。"《尔雅·释言》载:"圉,禁也。"③这个字就是监狱的意思。

史籍中还有商朝监狱羑里的记载。《史记·殷本纪》载:"纣囚西伯羑里。"④《今本竹书纪年》也载:"二十三年,囚西伯于羑里。"⑤羑里,在今天的河南省汤阴县北。有研究者认为,商王朝在羑里城设有监狱,用于关押周族首领姬昌。但是羑里只是地名,将羑里当做商朝监狱的名称,是不准确的。⑥当然,因为商王朝在羑里这个地方关押了重要的犯人,从功能上讲将其视为国家的监狱也是可以的,不过它只是一座具体的监狱,不是商朝监狱的统称。也有一种观点认为羑里也称牖里,《说文解字》曰:"牖,穿壁以木为交窗也……牖,所以见日。"也就是指监狱的天窗,后来引申为监狱。⑦另

---

① 王国维:《今本竹书纪年疏证·卷上》,见方诗铭、王修龄:《古本竹书纪年辑证》,上海古籍出版社1981年版,第207页。
② 《释名》卷五《释宫室》。
③ 《尔雅·释言》。
④ 《史记》卷三《殷本纪》。
⑤ 王国维:《今本竹书纪年疏证·卷上》,见方诗铭、王修龄:《古本竹书纪年辑证》,上海古籍出版社1981年版,第231页。
⑥ 薛梅卿主编:《中国监狱史》,群众出版社1986年版,第11页。
⑦ 参见王利荣主编:《中国监狱史》,法律出版社2002年版,第9页。

第九章 监狱制度

外,圜土也是商朝监狱的名称,《墨子·尚贤下》载:"昔者傅说居北海之洲,圜土之上"①。说的是商王武丁时代,名臣傅说被囚禁的事情。

西周时期,监狱制度较之前有了不小的进步。西周的监狱名称,主要有"圜土""囹圄"等。《周礼·秋官·叙官》郑玄注曰:"郑司农云:'圜,谓圜土也。圜土,谓狱城也。今狱城圜。'"②《释名·释宫室》载:"狱……又谓之'圜土',筑其表墙,其形圜也。"③从这些表述可以明显地看出监狱的特征:其建筑形式一般是用土筑成的围墙。《周礼》中对圜土及其相关的制度有着详尽的记载,更重要的是,我们可以从中了解到圜土中都关押着哪些特定的对象。

《周礼·地官·比长》载:"徙于国中及郊,则从而授之。若徙于他,则为之旌节而行之。若无授无节,则唯圜土内之。"④西周的基层居民,需要有固定的根底,隶属于某个基层行政组织,类似于现在的户籍制度,如果有人居乡时无授,出乡时无节,相当于缺少身份证明,这类人就要被圜土收纳。

《周礼·地官·司救》载:"司救掌万民之衺恶过失而诛让之,以礼防禁而救之……其有过失者,三让而罚,三罚而归于圜土。"⑤对于过失犯,要经过三次谴责而后加以挞伐,三次挞伐后,仍然不知悔改,才监禁于圜土之中。

《周礼·秋官·大司寇》载:"以圜土聚教罢民,凡害人者,寘之圜土而施职事焉,以明刑耻之。其能改者,反于中国,不齿三年。其不能改而出圜土者,杀。"⑥所谓罢(通"疲")民,是指不能自强为善

---

① 《墨子·尚贤下》。
② 《周礼·秋官·叙官》。
③ 《释名》卷五《释宫室》。
④ 《周礼·地官·比长》。
⑤ 《周礼·地官·司救》。
⑥ 《周礼·秋官·大司寇》。

的人,也就是无业游民、流浪汉、乞丐一类的人,在西周统治者看来,这种人是潜在的易犯罪人群,因此要把他们关进圜土,进行教化,使之改过。《周礼·秋官·司圜》载:"司圜掌收教罢民。凡害人者,弗使冠饰而加明刑焉。任之以事而收教之。能改者,上罪三年而舍,中罪二年而舍,下罪一年而舍。其不能改而出圜土者,杀。虽出,三年不齿。"①这说明在圜土中关押的"罢民",共有三年、二年、一年三种刑期。刑满开释之人,在一定期间内也不得列为平民。不思悔改的要予以处死。

《周礼·秋官·司圜》载:"凡圜土之刑人也,不亏体,其罚人也,不亏财。"②也就是说,关押在圜土内的人,不用受损伤身体的肉刑,也不会被罚没财产。众所周知,奴隶制五刑都是肉刑,这种规定意味着,圜土所关押的是尚未达到应处以五刑的轻微刑事犯。《周礼·秋官·掌囚》贾公彦疏曰:"古者五刑不入圜土"③,也证明了这一点。

综上可以看出,圜土的职能是关押轻微的刑事罪犯、过失犯,以及潜在的社会危险分子,进行犯罪预防,通过教化和改造,把上述人等变成无害于社会的人。

囹圄一词,《周礼》中未见记载。《礼记·月令》载:"仲春之月……命有司,省囹圄。"郑玄注:"省,减也。囹圄,所以禁守系者,若今别狱也。"④释文曰:"囹圄,今之狱。"⑤就文字学而言,囹的意思就是狱。《说文解字》曰:"囹,狱也,从囗令声。"《礼记·月令》:"省

---

① 《周礼·秋官·司圜》。
② 同上。
③ 《周礼·秋官·掌囚》。
④ 《礼记·月令》。
⑤ 孔颖达疏:"蔡云:'囹,牢也;圄,止也,所以止出入,皆罪人所舍也。'崇精问曰:'狱,周曰圜土,殷曰羑里,夏曰均台,囹圄,何代之狱?'焦氏答曰:'《月令》,秦书,则秦狱名也。汉曰若卢,魏曰司空是也。'"但是这种说法,历来被认为缺乏根据,参见(清)沈家本撰:《历代刑法考》,邓经元、骈宇骞点校,中华书局1985年版,第1162页。

第九章 监狱制度

囹圄。"蔡邕曰:"囹,牢也;圄,止也。"①《汉书·礼乐志》有"祸乱不作,囹圄空虚"②的记载,颜师古注曰:"囹,狱也;圄,守也"。可见,都是将囹、圄二字分开解释,囹,即是监狱之义,圄,则解释为看守。《说文解字》中还有圉:"圉,囹圄,所以拘罪人。""圉"与"圄"读音相近,应是同音相假用。《太平御览》载:"《周礼》三王始有狱……周曰囹圄。"③《广韵》曰:"囹圄,周狱。"④由此可见,囹圄是周朝监狱的名称,其职能就是"所以禁守系者""所以止出入,皆罪人所舍",也就是禁系犯罪人。因此,囹圄和圜土的职能并不完全一致。

此外,西周与监狱相关的制度还有嘉石之制。嘉石相传是一种有纹理的石头,受罚之人坐在上面反省悔过,严格的说它并不是某种形式的监狱,《周礼·秋官·大司寇》载:"以嘉石平罢民,凡万民之有罪过而未丽于法,而害于州里者,桎梏而坐诸嘉石,役诸司空。重罪,旬有三日坐,期役;其次,九日坐,九月役;其次,七日坐,七月役;其次,五日坐,五月役;其下罪,三日坐,三月役。使州里任之,则宥而舍之。"⑤《周礼·地官·司救》载:"司救掌万民之衺恶过失而诛让之,以礼防禁而救之。凡民之有衺恶者,三让而罚,三罚而士加明刑,耻诸嘉石。役诸司空。"⑥可以看出,嘉石与圜土的监禁对象有相同之处,都包括罢民,但是二者有着程度上的差别,按照贾公彦的解释,有过错而又不属于圜土法定对象的罢民,不入圜土,只罚坐嘉石。因此,罚坐嘉石是比入圜土更轻的处罚方式。⑦ 所谓"衺恶者",根据郑玄的注解,是指"衺恶,谓侮慢长老、语言无忌而未丽于罪

---

① 《礼记·月令》。
② 《汉书》卷二十二《礼乐志》。
③ 《太平御览》卷六百四十三《刑法部九·狱》。
④ 《广韵》卷三。
⑤ 《周礼·秋官·大司寇》。
⑥ 《周礼·地官·司救》。
⑦ 《周礼·秋官·大司寇》贾公彦疏曰:"释曰:云'未丽于法',只谓入圜土为法,此坐嘉石之罢民未入圜土,差轻故也。"

者",也就是指一些轻微的越轨行为,对于这类人,与圜土制度类似,也要经过三次谴责而后加以挞伐,三次挞伐后,仍然不知悔改,便施加明刑,让他坐在嘉石上以示羞辱,再交到司空那里罚服劳役。总的来说,根据违法行为的严重程度,嘉石制度与圜土制度,形成了一种处罚的体系。

可以看出,西周的监狱设置已经相当完备,按照违法行为性质和程度的不同,用不同的监狱予以拘押,并且强制其悔改,较之夏商两朝,不能不说是一个长足的进步。

春秋战国时期,在诸侯纷争,各国争霸的历史背景下,监狱的形式呈现出混乱复杂的特征。当时的监狱,除了沿用圜土、囹圄的名称之外,还有其他一些监狱以"台""室"命名。例如,《左传·僖公十五年》记载了秦晋两国韩原之战,晋惠公被秦军俘获,秦穆公将其"舍诸灵台",杜预注曰:"在京兆鄠县,周之故台"。[1] 又如《左传·哀公八年》载:"邾子又无道,吴子使大宰子馀讨之,囚请楼台。"[2]台一般是诸侯宴飨之地,临时作为监狱,因此不能代表当时监狱的一般状况。《左传·僖公二十八年》载:"执卫侯,归之于京师,寘诸深室。"杜预注曰:"深室,别为囚室。"[3]此外,史籍中还有囚于石室的记载,可见,室也是当时的一种监狱形式。

有监狱就必然需要一定的监狱职官设置。本书司法机构一章对历代的司法官吏已有详述。各级司法官的职权范围必然包含监狱管理,此外,其下还设置有专门的监狱官吏。夏商两朝的中央司法官分别是大理和司寇,他们同时也掌管监狱。西周时期,监狱官吏的设置与分工更加明确。大司寇是西周最高的司法长官,同时也是最高的监狱官,小司寇则负责协助大司寇管理司法以及监狱。此

---

[1] 《左传·僖公十五年》。
[2] 《左传·哀公八年》。
[3] 《左传·僖公二十八年》。

第九章 监狱制度

外,西周还设置有专任的监狱官吏。其一,是司圜,"司圜掌收教罢民",上文提到了圜土的功能之一,就是收治"罢民",加以教化,使之改过,而主管圜土的官员就是司圜。其二,是掌囚,《周礼·秋官·掌囚》载:"掌囚掌守盗贼,凡囚者。上罪梏拲而桎,中罪桎梏,下罪梏。王之同族拲,有爵者桎,以待弊罪"①。掌囚负责看守盗贼,并根据犯人罪行的轻重,使用不同的狱具。二者的区别在于看守的对象有所不同。由大司寇、小司寇、司圜、掌囚的分工,可以看出西周的监狱官吏设置已经初步系统化。春秋战国时期各诸侯国监狱官吏的设置各有不同,有的沿用西周的做法设司寇,有的则另具名称,如晋国为士弱,《左传·襄公二十六年》载:"卫侯如晋,晋人执而囚之于士弱氏。"杜预注曰:"士弱,晋主狱大夫。"②郑国称尉氏,《左传·襄公二十一年》:"将归死于尉氏。"杜预注曰:"尉氏,讨奸之官"③,应劭也称尉氏是郑国的狱官。楚国称司败,《左传·文公十年》载:"惧而辞曰:'……臣归死于司败'"。杜预注曰:"陈楚名司寇为司败。"④战国时期,各国的狱官也有司寇、司败、尉氏等不同名称。

二、秦、汉、魏晋南北朝时期的监狱概况

秦朝的监狱称囹圄。《史记·李斯列传》载:"赵高案治李斯。李斯据执束缚,居囹圄中。"⑤秦朝实行郡县制,因此在中央与地方各设监狱。在中央,廷尉是主管刑狱的机关。《太平广记》载:"子婴既疑赵高,因囚高于咸阳狱。"⑥设在秦都的咸阳狱,就是当时的中央监狱。秦朝掌管司法和监狱的最高长官也称廷尉,另外专设狱吏以为

---

① 《周礼·秋官·掌囚》。
② 《左传·襄公二十六年》。
③ 《左传·襄公二十一年》。
④ 《左传·文公十年》。
⑤ 《史记》卷八十七《李斯列传》。
⑥ 《太平广记》卷七十一《道术一·赵高》。

辅佐。《史记·秦始皇本纪》载:"始皇为人,天性刚戾自用……专任狱吏,狱吏得亲幸。"①地方上分为郡、县两级,各设监狱。从秦朝开始,地方行政长官同时兼理司法,因此由郡守、县令长等负责掌管辖区内的监狱。另外,各郡设有断狱都尉,各县设有狱掾,专门管理监狱。《史记·曹相国世家》载:"曹参者,沛人也。秦时为沛狱掾。"②秦朝统治者信奉法家学说,施行严刑峻法,而且广设监狱,以致"赭衣塞路,囹圄成市"③。

汉承秦制,汉朝监狱的设置在继承秦朝的基础上,又有了发展和变革。中国古代的监狱从汉朝起开始称为"狱"。与秦朝相同,汉朝也实行郡县制,因此从中央到地方都设置有监狱。《汉书·刑法志》称:"天下狱两千余所"④,可见汉朝的监狱为数众多。

西汉的中央监狱设在长安。关于长安到底有多少座监狱,说法不一。《汉书·宣帝纪》颜师古注曰:"汉仪注长安中诸官狱三十六所。"⑤《汉书·张汤传》苏林曰:"汉仪注狱二十六所。"⑥《后汉书·百官二》廷尉本注曰:"孝武帝以下,置中都官狱二十六所。"⑦《太平寰宇记》引《三辅黄图》载:"长安有狱二十四狱。"⑧沈家本经过考证,认为二十六所比较可信。实际上,长安城内的监狱包括有廷尉诏狱、中都官狱与长安县狱,但沈家本认为,这二十六所监狱指的是中都官狱,廷尉诏狱不在此列。

汉朝的中央审判机关是廷尉。廷尉下设廷尉诏狱,西汉朝廷大臣犯罪,一般被关押在廷尉诏狱。诏狱是古代奉皇帝诏书关押罪犯

---

① 《史记》卷六《秦始皇本纪》。
② 《史记》卷五十四《曹相国世家》。
③ 《汉书》卷二十三《刑法志》。
④ 同上。
⑤ 《汉书》卷八《宣帝纪》。
⑥ 《汉书》卷五十九《张汤传》。
⑦ 《后汉书》志第二十五《百官二》。
⑧ 《三辅黄图校证》,陈直校证,陕西人民出版社1980年版,第86—87页。

第九章 监狱制度

的场所,奉诏办理的案件也叫诏狱。廷尉诏狱可以看做是西汉法定的中央监狱。其主管官员廷尉是汉朝掌管司法和监狱的最高长官。

中都官是设在长安的各个官府,中都官狱就是这些官府下设的监狱,是直属于朝廷的特别监狱。沈家本认为二十六所中都官狱,"可考者凡十九",大致可以分为如下几类:

第一类是用于关押大臣和皇族成员的,详见下表:

名称	主管机构	关押人员	文献根据
郡邸狱	大鸿胪①	主要关押各郡国未完成国家上计②任务的官员。	《汉书·宣帝纪》载:"曾孙虽在襁褓,犹坐收系郡邸狱。"③如淳曰:"谓诸郡邸置狱也。"师古曰:"据《汉旧仪》,郡邸狱治天下郡国上计者,属大鸿胪。"
都司空狱(司空诏狱)	宗正府④	主要关押列侯二千石犯罪的官员。	《汉旧仪》载:"司空诏狱,治列侯,二千石,属宗正。"⑤
居室(保宫)	少府⑥	关押犯罪的大臣。	《汉书·灌夫传》载:"劾灌夫骂坐不敬,系居室。"⑦师古曰:"居室,署名也,属少府。其后改名曰保宫。"
太子家狱	太子太傅	太子有罪被关押的地方。	《汉旧仪》载:"太子家狱,治太子官属、太子太傅。"⑧
若卢狱	少府	主要关押将相大臣。	《汉旧仪》载:"若卢狱令,主治库兵,将相大臣。"⑨
内官狱	宗正府	主要关押犯罪的皇族成员。	《汉书·东方朔传》载:"昭平君日骄,醉杀主傅,狱系内官。"⑩

---

① 大鸿胪,汉朝九卿之一。
② 上计是汉朝年终考核地方官成绩的方法。
③ 《汉书》卷八《宣帝纪》。
④ 宗正是汉朝管理皇族事务的机构。
⑤ (汉)卫宏撰:《汉旧仪补遗》卷上。
⑥ 少府是汉朝管理皇室财政的机构。
⑦ 《汉书》卷五十二《窦田灌韩传》。
⑧ (汉)卫宏撰:《汉旧仪补遗》卷上。
⑨ 同上。
⑩ 《汉书》卷六十五《东方朔传》。

第二类是用于关押宫中的妇女、宫人的，详见下表：

名称	主管机构	关押人员	文献根据
掖廷狱（永巷）	少府	主要关押犯罪的嫔妃、宫中女官。	《汉书·刘辅传》载："系掖廷秘狱。"①《汉旧仪》载："掖廷诏狱令丞，宦者为之，主理妇人女官也。"②《汉书·百官公卿表》载："永巷为掖廷。"③
暴室④狱	由太监主管	主要关押皇妃和犯罪的宫人。	《汉书·外戚传下》载："婢六人，尽置暴室狱。"⑤《汉书·宣帝纪》载："既壮，为取暴室啬夫许广汉女。"⑥应劭曰："暴室，宫人狱也。"

第三类是用于关押官署吏卒的，详见下表：

名称	主管机构	关押人员	文献根据
上林⑦狱	水衡都尉	主要关押管理皇帝苑中禽兽、宫馆失职致罪的人员。	《汉旧仪》载："上林诏狱主治苑中禽兽宫馆事，属水衡。"⑧
共工狱	少府	关押在此的人被罚服制作兵器等劳役。	《汉书·刘辅传》载："上乃徙系共工狱。"⑨师古曰："少府之属官也，亦有诏狱。"
未央厩狱	太仆	关押因管理皇帝舆马失职致罪的人员。	《汉旧仪》载："未央厩，主理大厩三署，属太仆。"

---

① 《汉书》卷七十七《盖诸葛刘郑孙毋将何传》。
② （汉）卫宏撰：《汉旧仪补遗》卷上。
③ 《汉书》卷十九《百官公卿表》。
④ 暴室是汉朝宫廷中专管染织事务的官署。
⑤ 《汉书》卷九十七下《外戚传下》。
⑥ 《汉书》卷八《宣帝纪》。
⑦ 上林是苑名，是汉朝皇帝游猎的范围。
⑧ （汉）卫宏撰：《汉旧仪补遗》卷上。
⑨ 《汉书》卷七十七《盖诸葛刘郑孙毋将何传》。

第九章 监狱制度

(续表)

名称	主管机构	关押人员	文献根据
都船狱	中尉	主要关押犯罪的水官。①	《汉旧仪》载:"寺互。都船狱令,主治水官也。"②
寺互狱	中尉	主要关押犯罪的水官。	《汉旧仪》载:"寺互。都船狱令,主治水官也。"③

除了以上三类,还有其他几处监狱,包括别火狱④、北军狱⑤、东市、西市狱⑥、导官狱⑦、京兆尹狱⑧。综上所述,在西汉京都长安,很多官署都设有监狱,这些官署的长官也就兼有管理监狱之责。

西汉除了中央设有诸多监狱之外,各郡县也都设有监狱。例如上文提到的长安县狱。郡县监狱由行政长官主管,同时下设狱吏、狱掾等专门管理监狱的官吏。总的来看,西汉监狱的数量是非常多的。这种状况,在东汉时期开始改变。光武帝即位之后,为了缓和社会矛盾,采取了西汉开国之初的轻法主张,将西汉时期二十六所中都官狱一律裁撤,仅保留廷尉狱和洛阳狱。廷尉狱是直属中央的监狱,主要关押将相大臣;洛阳狱属于河南尹管辖,原本和西汉的长安县狱一样,并非诏狱,光武帝将其升为了诏狱,《后汉书·和帝纪》载:"(永元六年)秋七月,京师旱。……丁巳,幸洛阳寺,录囚徒,举冤狱"⑨。沈家本认为:"不幸廷尉而但幸洛阳寺,殆寻常狱讼皆归洛

---

① 也有观点认为都船狱是设在水上的诏狱。参见李甲孚:《中国监狱法制史》,台湾商务印书馆1984年版,第46页。
② (汉)卫宏撰:《汉旧仪补遗》卷上。
③ 同上。
④ 《汉旧仪》载:"别火,狱令官,主改火之事。"
⑤ 《汉旧仪》载:"中垒校尉主北军垒门内,尉一人主上书者狱。上章于公车,有不如法者,以付北军尉,北军尉以法治之。"
⑥ 长安城内以地域划分的监狱。《汉旧仪》载:"东市狱属京兆尹,西市狱属左冯翊。"
⑦ 属少府,本非狱所,后来由于其他监狱人满,暂将人犯关押在此。
⑧ 京兆尹狱是京兆尹所设的监狱,京兆尹是汉朝京畿的最高行政长官。
⑨ 《后汉书》卷四《孝和孝殇帝纪》。

阳,不之廷尉也。"①

汉和帝年间,由于狱讼渐多,洛阳一狱关押不下,于是恢复了若卢诏狱的设置,不过此时已不属于少府管辖而是归廷尉管辖。东汉末年,党锢之狱起,又设置了黄门北寺狱、都内狱,前者归属黄门署,由宦官管辖,后者属大司农管辖。这些监狱主要关押的是因为党锢案件而被捕的官员。

综上可以看出,西汉时期监狱设置有两个特点,一是监狱数量众多,二是监狱设置具有一定的随意性,不少非司法机构也设置了监狱,并由该机构的官员兼管监狱。而东汉时期的监狱设置也针对这两个方面做出了相应的变革,一是监狱数量逐渐变少,二是监狱管理趋于专业化,主要由专门的司法机构和官员来管理监狱。

三国两晋南北朝时期的监狱设置延续了这种变革的趋势。基本做法与东汉时期相同,即在京师设置两所监狱,地方上州县普遍设置监狱。具体来说,三国时期的监狱设置与东汉差别不大。晋重新统一天下后,也沿用汉魏旧制,晋初京师仍设两所监狱,廷尉狱和洛阳狱。在晋武帝太康五年(公元284年)又设置了黄沙狱,《晋书·高光传》载:"是时武帝置黄沙狱,以典诏囚。以光历世明法,用为黄沙御史"②。可见黄沙狱是晋朝诏狱的一种,其主管官员为黄沙治书侍御史。后来,黄沙狱并入了河南狱。晋朝的地方监狱设置有专管监狱的官吏,根据《晋书·职官志》记载,各县有狱小史、狱门亭长等掌管狱事的官吏。

南朝制度基本上沿袭前朝旧规,改革不多。刘宋王朝设置有廷尉、建康二狱,这为后面三个王朝承袭。南齐还设置有尚方狱,归少府管辖。梁将建康狱称为南狱,将廷尉狱称为北狱。根据《隋书·

---

① (清)沈家本撰:《历代刑法考》,邓经元、骈宇骞点校,中华书局1985年版,第1174页。
② 《晋书》卷四十一《列传第十一》。

第九章 监狱制度

百官上》对梁朝官职设置情况的记载："建康旧置狱丞一人。天监元年，诏依廷尉之官，置正、平、监。"①陈朝沿袭这种做法，地方监狱的设置一如东汉。北朝的监狱设置，也基本沿袭了前朝的规定。以北魏为例，北魏在京师设有廷尉、籍坊二狱，《魏书·高祖纪》载："(太和四年)四月己卯，幸廷尉、籍坊二狱，引见诸囚"②。北魏地方实行州、郡、县三级，也都设有监狱。北齐改廷尉为大理寺，成为中央最高司法机关，根据《隋书·百官中》对北齐职官设置的记载，大理寺设"狱丞、掾各二人"③，是专门管理狱事的官吏。

三、隋、唐、宋时期的监狱概况

隋唐时期，为了与中央司法机构和地方行政体制的改革相适应，统治者建立了更加完备的监狱体系。

隋朝在中央司法机构设置方面作出了重大变革，在中央形成了大理寺、刑部、御史台三法司并存的格局。大理寺设有专职的监狱官吏，根据《隋书·百官下》记载："大理寺……狱掾，八人"④。

唐朝的司法机关和监狱设置进一步完备。中央三法司仍然承袭隋朝，其中，刑部是不设监狱的，但是刑部下设都官司分管狱政。大理寺是中央审判机关，下设大理寺狱，《新唐书·刑法志》载："其诸司有罪及金吾捕者又有大理狱"⑤。大理寺狱作为中央监狱，主要关押诸司犯罪的官员和京师地区的重要案犯。大理寺下设狱丞，《唐六典》载："狱丞四人，从九品下"；"狱丞掌率狱吏，知囚徒"⑥。《旧唐书·职官三》也载："狱丞四人，掌率狱吏，检校囚徒，及枷杖

---

① 《隋书》卷二十六《百官上》。
② 《魏书》卷七上《高祖纪上》。
③ 《隋书》卷二十七《百官中》。
④ 《隋书》卷二十八《百官下》。
⑤ 《新唐书》卷五十六《刑法》。
⑥ 《唐六典》卷十八《大理寺》。

之事。"①

除了大理寺狱,唐朝京师还设有京兆狱、河南府狱,《新唐书·刑法志》载:"京兆、河南狱治京师。"②京师监狱实际上具有中央监狱和地方监狱的双重性质。③ 长安、万年、河南、洛阳四县为京县,另设长安狱、万年狱、河南狱、洛阳县狱,受地方官管辖之外,还接受中央的监督。除了上述这些监狱,根据《唐六典》记载,"其余台、省、寺、监、卫、府皆不置狱"④,但是实际上,御史台也曾一度设置监狱。据《唐会要》记载,贞观二十二年(公元648年)李乾祐任御史大夫时,"别置台狱,由是大夫而下,已各自禁人"⑤。御史台狱设立之后,曾经废置。后因犯人关押在大理寺狱,审讯在御史台进行,来往多有不便,而且容易泄露狱情,所以又予以恢复。武则天统治时期,还曾在京师设置新的监狱,《旧唐书·刑法志》载:"乃于都城丽景门内,别置推事使院,时人谓之'新开狱'"⑥。《文献通考》载:"又置制狱于丽景门内,入是狱者非死不出,人戏呼为'例竟门'。"⑦"例竟"有一概被处置之意,可见其残忍。此外,唐朝为了关押宫廷内部一些参与政治斗争或者违反法律的人员,在皇宫内设置了幽禁的场所,这些场所并不固定,也不以狱命名,但是具有监狱的性质。唐朝还设有掖庭局,归内侍省管辖,关押后妃、宫女等,类似于西汉时的掖廷狱。综合起来看,唐朝京师监狱的数量,比魏晋时期要多一些。

《新唐书·刑法志》载:"凡州县皆有狱"⑧。唐朝延续了前朝在州县普遍设狱的做法。在各州县行政长官之下,配备了专掌狱政的

---

① 《旧唐书》卷四十四《职官三》。
② 《新唐书》卷五十六《刑法》。
③ 薛梅卿主编:《中国监狱史》,群众出版社1986年版,第73页。
④ 《唐六典》卷六《尚书刑部》。
⑤ 《唐会要》卷六十《御史台上·御史台》。
⑥ 《旧唐书》卷五十《刑法》。
⑦ 《文献通考》卷一百六十六《刑考五·刑制》。
⑧ 《新唐书》卷五十六《刑法》。

第九章 监狱制度

典狱官:上州十四人,中州十二人,下州八人,京兆、河南等府十八人;上县十人,中县八人,下县六人,长安、万年、河南、洛阳等京县十四人,京兆、河南府所辖各县十人。

宋朝是封建专制主义中央集权高度发展、皇权不断强化的时代,监狱作为统治的工具,越来越被皇帝个人所用,其设置较以前也有了较大的变化。在中央层面,宋朝初年,太祖因担心"大理寺用法之失"①,将其改为慎刑机关,并且不在大理寺设监狱,而将中央监狱设在了御史台,称台狱,这就改变了唐朝将中央监狱设在大理寺的做法,甚至也改变了自汉朝以来在中央审判机关设置监狱的传统。宋朝承袭前朝规定,在京都开封府也设置监狱,开封府狱兼有中央与地方监狱双重性质。除了开封府狱,宋朝京师还设置多处监狱,《宋史·刑法三》载:"官司之狱:在开封,有府司、左右军巡院;在诸司,有殿前、马步军司及四排岸"②。左右巡院狱设在开封府下,《宋史·职官五》载:"凡有狱皆系开封府司录司及左右军巡三院"③。殿前、马步军司狱则是用来关押在京师犯罪的军官。四排岸司是宋朝主管水上交通、运输大宗财货直达京师的官署,下设监狱,主要关押漕运过程中犯有偷盗、私吞、破坏船只罪行的犯人。

宋初虽然没有在大理寺设置监狱,但是在神宗年间,皇帝认为"国初废大理狱非是"④,因此恢复了大理寺狱,此后,大理寺狱在宋朝几经变迁:宋哲宗元祐三年(公元1088年),大理寺又被撤销,绍圣三年(公元1096年),再次恢复,称右治狱,此后一直得以保存。《宋史·刑法二》载:"初,群臣犯法,体大者多下御史台狱,小则开封府、大理寺鞫治焉。"⑤在台狱与大理寺狱并存的情况下,二者的职能

---

① 《宋史》卷一百九十九《刑法一》。
② 《宋史》卷二百一《刑法三》。
③ 《宋史》卷一百六十五《职官五》。
④ 《宋史》卷二百一《刑法三》。
⑤ 《宋史》卷二百《刑法二》。

存在区分:台狱关押诏狱案犯,大理寺关押京师犯罪的官员,但是案情重大的,要关押在台狱。

宋朝在地方各府、州、军、监和县都设有监狱,《宋史·刑法三》载:"诸州军院、司理院,下至诸县皆有狱"①。另外,神宗初年曾下诏曰:"应诸州军巡司院所禁罪人,一岁在狱病死及二人,五县以上州岁死三人,开封府司、军巡岁死七人,推吏、狱卒皆杖六十,增一人则加一等,罪止杖一百。典狱官如推狱,经两犯即坐从违制"②。可见,宋朝地方监狱设有推吏、狱卒、典狱官等掌管狱政的官吏。北宋神宗以后,社会矛盾日益激化,农民起义日益严重,威胁着统治秩序,朝廷在实施军事镇压的同时,也曾尝试在州县一般监狱之外,另立圜土之制,意图发挥监狱作为国家暴力机器的镇压作用。此外,宋朝盛行配隶制度,也就是强制人犯在边疆、海岛的劳役场所服役,配役前还要加杖、刺面,一人之身一事之犯而兼受三刑,监管流配犯人的劳役场所,就是配所、牢城。配隶制度起源于五代,有宋一代,出于镇压反抗的需要,这一制度得到了发展,配所、牢城的数量也远胜于前。

四、元、明、清时期的监狱概况

元朝在监狱设置方面,既沿袭了前代之制,又做出了重要改变。元朝不设大理寺,刑部成为主管审判、刑狱的最高机关,因此在刑部设置监狱。我国古代刑部设狱的做法,即由此开始,之前历代,刑部都是不设监狱的。这同时也改变了唐宋以来在大理寺设狱的古制,对明、清两朝的监狱设置产生了重要影响。刑部下设司狱司,《元史·百官一》载:"司狱司,司狱一员,正八品;狱丞一员,正九品;狱典一人。初以右三部照磨兼刑部系狱之任,大德七年始置专官。部

---

① 《宋史》卷二百一《刑法三》。
② 同上。

第九章 监狱制度

医一人,掌调视病囚"①。元朝同时沿袭宋制,在御史台设置监狱,台狱是元朝中央监狱的组成部分,主要关押皇帝交办的重大案件的案犯。台狱的狱官设置历经变化,根据《元史·百官二》的记载,世祖至元五年(公元1268年),曾设"检法二员,狱丞一员"②,至元十九年(公元1282年),废除了这两个官职。英宗至治二年(公元1322年),又设置"承发管勾兼狱丞一员,正八品"③。此外,元朝在大都路兵马指挥使司之下,也设置了监狱,《元史·百官六》载:"司狱司,凡三,秩正八品。司狱一员,狱丞一员,狱典二人。掌囚系狱具之事。一置于大都路,一置于北城兵马司,通领南城兵马司狱事。皇庆元年,以两司异禁,遂分置一司于南城"④。凡京城及大都路犯罪军人,都被关押在此,也关押皇帝交办的刑案重犯。元朝设有大宗正府,是主管皇族事务的机关,大宗正府下设监狱,主要关押诸王、驸马、蒙古贵族以及蒙古人、色目人等轻重罪犯,大宗正府长官由蒙古诸王充任,并设司狱二人。蒙古贵族在狱中可以享受到其他罪犯无法享受的特权。

元朝实行行省制,全国被划分为十一个行省,行省是中央政府的直属机关,其下不设监狱,但设有提刑按察司,负责访查所辖路(府)、州、县的刑狱事务。行省以下,设有路、府、州、县,各设有监狱,《元史·百官七》载,诸路总管府下设司狱司,"司狱一员,丞一员"⑤。唐朝以降,历代在地方上主要在州、县两级设置地方监狱,而元朝增加了路、府两级监狱,所以全国的监狱数量也必然超过前朝。

明朝的君主专制统治进一步强化,其监狱设置,一方面取法前朝并进行了完善,另一方面也变得更加的残酷和腐败。

---

① 《元史》卷八十五《百官一》。
② 《元史》卷八十六《百官二》。
③ 同上。
④ 《元史》卷九十《百官六》。
⑤ 《元史》卷九十一《百官七》。

自汉朝以来,京师和地方监狱都称为"狱",一般人也称之为"牢狱",而到了明朝则称为"监"。明朝以刑部、都察院、大理寺为三法司,其中在刑部与都察院设有监狱。刑部设监是沿袭元朝的制度,刑部下设司狱司,有司狱六人,《明史·职官一》载:"司狱,率狱吏,典囚徒"①。刑部还设有提牢厅,是明朝监狱管理的总机关,《明史·职官一》记载了提牢厅的职责:"凡提牢,月更主事一人,修葺囹圄,严固扃钥,省其酷滥,给其衣粮。囚病,许家人入视,脱械锁医药之。簿录俘囚,配没官私奴婢,咸籍知之。官吏有过,并纪录之。"②提牢主事总揽狱政,具体的在监狱管理制度中会涉及。明朝改御史台为都察院,都察院下设监狱,并设有司狱司及司狱,《明史·职官二》载:"司狱,各一人(初设六人,后革五人)"③,专门负责监狱的管理。大理寺在明朝得以恢复,但改为主掌复核,因此大理寺下不设监狱,这影响到了后来清朝的制度设计。明朝掌管军权的五军都督府也一度设有五军断事官,"总治五军刑狱"④,后被撤销,由都指挥使司专管一方军事监狱。

明朝在地方行政体制上实行省、府(州)、县三级管理,直辖的顺天府、应天府以及各省、府、州、县都设有监狱。各省由专掌刑狱的提刑按察使司管理监狱,下设司狱,《明史·职官四》载:"司狱司,司狱一人,从九品"⑤。各府、州、县也设有司狱、吏目、典史等官吏掌管狱政。

有明一代,在监狱设置上与历代的不同之处是在特务机关内设监狱,这就是厂卫狱。洪武十五年(公元 1382 年),明太祖为强化皇帝个人专权,设立了锦衣卫,赋予其缉捕、刑狱之权,并设有锦衣卫

---

① 《明史》卷七十二《职官一》。
② 同上。
③ 《明史》卷七十三《职官二》。
④ 《明史》卷七十六《职官五》。
⑤ 《明史》卷七十五《职官四》。

第九章 监狱制度

狱。因锦衣卫肆意弄权,凌虐囚犯,洪武二十年(公元1387年)曾一度被裁撤,但在成祖即位后又被恢复。锦衣卫狱就是明朝的诏狱,《明史·刑法三》载:"锦衣卫狱者,世所称诏狱也……幽系残酷,害无甚于此者"①。锦衣卫下设南北镇抚司,南司管理刑名与军道,北司则专门负责管理诏狱,主要监禁政治犯。除了锦衣卫,明朝还设有东厂、西厂、内行厂等特务机构,其下也设有监狱。厂卫并非正式的司法机关,厂卫狱也不是正式的监狱,但获得皇帝的授权,特令其巡查缉捕、审讯罪犯、管理诏狱。厂卫由皇帝亲信的宦官掌管,直接对皇帝负责,因此权力非常大,司法机关无权干涉。厂卫刺探臣民,实行法外缉捕,以残酷的手段进行审讯,用酷刑和暗杀的方式杀害囚徒。沈家本指出:"前明卫狱以听断之权授诸武夫,而又与奄竖相倚,其冤惨何可胜言。恂一代之秕政,为古今所无者。"②厂卫狱是中国古代最残酷、最黑暗的监狱,也是造成明朝司法权、治狱权不统一的症结所在。

清朝的监狱设置基本上仿照明制,同时,由于清王朝是少数民族政权,在监狱设置方面也存在维护民族统治的因素。清朝仍以大理寺、都察院与刑部为中央三法司,都察院与大理寺均不设监狱,刑部监是中央监狱。刑部下设提牢厅,是总管监狱事务的机关;另有司狱直接管辖。刑部监最初只有北监,雍正初年添建一所,一南一北,称为"南监""北监"。值得注意的是,在监狱官吏的设置上清朝实行满汉复职的方法,《清史稿·职官一》载:"提牢厅主事,满、汉各一人。司狱,从九品。满洲四人,汉军、汉各一人……提牢厅掌检狱囹。司狱掌督狱卒"③。为了保障皇族宗室、满洲贵族和旗人的利益,清朝还设置了一些特殊的监狱,包括设在盛京的盛京刑部监,关

---

① 《明史》卷九十五《刑法三》。
② (清)沈家本撰:《历代刑法考》,邓经元、骈宇骞点校,中华书局1985年版,第1188页。
③ 《清史稿》卷一百十四《职官一》。

押皇族犯人的宗人府空房,关押京师满人和八旗军人罪犯的步军统领衙门监狱,以及关押旗人、太监和匠役犯人的慎刑司监。

中央以下,各省、府、州、县均设有监狱(见图9-1)。直属中央的顺天府与奉天府设有司狱司,《清史稿·职官三》载:"(顺天府)司狱司司狱,并从九品。俱各一人,并汉员……司狱掌罪囚籍录"①。奉天府也设司狱一人。各省由提刑按察使司主管监狱,《清史稿·职官三》载:"司狱司司狱,从九品。各一人……司狱掌检察系囚"②。省以下的府也有司狱管理监狱;州、县也各有专职官员管理监狱,《清史稿·职官三》载:"(州)吏目掌司奸盗、察狱囚、典簿录……(县)典史掌稽检狱囚"③。

图9-1　清朝内乡县衙监狱大门(左)与监房(右)

清朝的监狱实行分类关押制度,监狱在建造时大都能按关押对象的不同对监房加以区分,较之前朝这是一个不小的进步。下一节对此会有详述。

---

① 《清史稿》卷一百十六《职官三》。
② 同上。
③ 同上。

第九章 监狱制度

第二节 中国古代监狱管理制度

监狱管理制度,是指以囚犯为中心,对各项监狱事务进行的指导、监督、约束和控制的制度体系。中国历代统治者,为了惩罚犯罪和维护统治秩序,在设置监狱的同时,也建立了相当严密的监狱管理制度,主要包括:系囚制度、劳役制度、恤囚制度。下面分述这三个制度并对古代监狱中的腐败黑暗情况略加剖述。

一、系囚制度

《说文解字》曰:"系,繫也"[①],有约束、束缚的意思,可引申为械系监禁。所以系囚就是指将罪犯关入监狱,配戴戒具,严加看管,实行有效的拘押。系囚制度也被称为收押制度、收禁制度,其主要目的是保卫监狱的安全、对犯人实施有效的看管。系囚制度包括以下具体内容。

(一) 狱具制度

狱具也叫戒具,是束缚罪犯人身自由的专门器械,实施狱具制度是防止犯人逃脱、保障监狱安全最为重要的手段之一。从内容上看,中国古代的狱具制度涉及狱具的种类,狱具的施用方式,囚犯在施用狱具方面的特别待遇以及违反狱具施用规定的刑事责任。历代对于这些问题的法律规定,在本书第四章强制措施中囚禁一节已有详细的论述,此处不赘。

(二) 防卫看守制度

正常的监狱秩序的建立,需要一系列保障犯人安全,预防犯人逃跑越狱的措施,除了配戴狱具之外,还必须建立严格的防卫看守

---

① (汉)许慎:《说文解字》卷十二《系部》。

制度。

首先，需要建造坚固、完整的监狱来关押犯人，这是进行防卫和看守的基本前提。没有符合要求的狱舍牢房，一切防卫看守制度都无从谈起，因此统治者很重视监狱建造问题。例如晋朝《狱官令》要求"狱屋皆当完固,厚其草蓐,切无漏湿"①；北魏孝明帝熙平二年（公元517年）诏曰："囹圄皆令造屋,桎梏务存轻小"②；《宋史·刑法三》也有"狱敝则修之使固"③的记载。总的来说，在条件允许的前提下，中国古代的监狱建筑要满足院深墙高的基本要求，例如明嘉靖年间，河南固始县重修监狱，"监狱周围三十丈,垣高一丈四尺,门三层"④；清雍正年间，河南开封重修按察司监狱，"监狱周围共六十三丈,高二丈,墙外东西北三面俱筑更道土墙"⑤。

其次，需要严格执行门卫制度。（1）在监狱内要由狱吏专职看守，以防止闲杂人员随意进出监狱。（2）严格限制囚犯与其他人交往：一是家属探监受到严格的限制，家属向囚犯提供可以用于越狱的违禁物品要承担刑事责任。二是监狱官吏在与囚犯的接触中，若教唆囚犯翻案或者替囚犯传递信息的，要承担刑事责任，如《唐律·断狱》规定："诸主守受囚财物,导令翻异;及与通传言语,有所增减者,以枉法论,十五匹加役流,三十匹绞……赃轻及不受财者,减故出入人罪一等"⑥。《大明律》的规定与唐律基本相同，并且规定监狱官吏"若容纵外人入狱及走泄事情于囚,罪无增减者,笞五十。若受财者,并计赃以枉法从重论"⑦。（3）对狱门开启和关闭的时间严

---

① 程树德：《九朝律考》，商务印书馆2010年版，第398页。
② 《魏书》卷九《肃宗纪》。
③ 《宋史》卷二百一《刑法三》。
④ 万自逸纂：《河南监狱志稿》（卷下），转引自薛梅卿主编：《中国监狱史》，群众出版社1986年版，第137页。
⑤ 同上书，第163页。
⑥ 《唐律·断狱》"主守导令囚翻异"条。
⑦ 《大明律·刑律·断狱》"主守教囚反异"条。

第九章 监狱制度

格限定,例如,据《庆元条法事类》载《断狱令》的规定:"诸狱并一更三点下锁,五更五点开。十月至二月,五更三点开"①。(4)在收押和提审犯人时要有明确的交接手续,收押犯人须即行登记,便于清点;提问犯人出监,须认真勘验相关的批文手续,由狱卒押解赴审和押回收监。明清时期,在刑部之下设提牢厅,作为管理监狱的总机关,其长官为提牢主事,简称提牢,因其总揽监狱管理事务,围绕其职责和办事规程而形成的一系列制度,即为提牢制度。在明清时期,上述事项都属于提牢官管辖范围之内,门卫制度与提牢制度相结合,更加完备。

再次,需要严格执行违禁物品检查制度,防止将违禁物品带入监狱,威胁监狱安全。唐律禁止犯人入监时携带金刃、钱物、纸笔、杆棒等物,目的是防止犯人伤人、自伤、越狱或者泄漏案情,对于私自给予犯人违禁物品者,要处以刑罚。《唐律·断狱》规定:"诸以金刃及他物,可以自杀及解脱,而与囚者,杖一百;若囚以故逃亡及自伤、伤人者,徒一年;自杀、杀人者,徒二年;若囚本犯流罪以上,因得逃亡,虽无伤杀,亦准此"②。《庆元条法事类》载《断狱令》的规定:"诸狱凡金、刃若酒及纸笔、钱物、瓷器、杵棒之属,皆不得入。"③元朝法律明确了监狱官吏在违禁物品检查方面的责任,《元史·刑法二》载:"诸掌刑狱,辄纵囚徒在禁饮博,及带刀刃纸笔阴阳文字入禁者,罪之"④。明朝法律也专门规定监狱官吏违反违禁物品管理制度要承担刑事责任,《大明律·刑律·断狱》规定:"凡狱卒,以金刃及他物可以自杀及解脱枷锁之具而与囚者,杖一百;因而致囚在逃及自伤,或伤人者,并杖六十,徒一年,若囚自杀者,杖八十,徒二年。致囚反狱及杀人者,绞……若司狱官典及提牢官知而不举者,与同罪。

---

① 《庆元条法事类》卷七十五《刑狱门五·刑狱杂事》。
② 《唐律·断狱》"与囚金刃解脱"条。
③ 《庆元条法事类》卷七十五《刑狱门五·刑狱杂事》。
④ 《元史》卷一百三《刑法二》。

至死者,减一等。若受财者,计赃以枉法从重论。"①清朝条例也规定,犯人到案或解审发问之时,要仔细检查有无携带违禁物品入监:"获犯到案,并解审发回之时,州、县官当堂细加搜检,无有夹带金刃等物,方许进监。并严禁禁卒,不许将砖石、树木、铜铁器皿之类混行取入,如有买酒入监者,将禁卒严行责治"②。总之,通过对一些可能用于实施危害行为和产生有害结果的物品进行控制,有助于实现对犯人的有效监管和保证监狱安全。

(三) 点视制度

点视制度是指监狱官吏定期巡视监狱、点检囚犯人数,以保障监狱安全的制度。清点囚犯的人数是最基本、最常用的囚犯监管方法之一。西汉时期的监狱就已经采取了每天清点核实囚犯人数的做法,名曰:"呼囚",其实质是一种晚点名制度。《汉书》载:"(王章)果下廷尉狱,妻子皆收系。章小女年可十二,夜起号哭曰:'平生狱上呼囚,数常至九,今八而止。我君素刚,先死者必君。'明起问之,章果死。"③可见,当时的"呼囚"是每到半夜进行人数清点。

明朝建立了提牢制度,巡视监狱、点视囚犯也属于提牢官的职责范围。点视制度与提牢制度相结合,更加的完善。据《明会典》记载,洪武二十六年(公元1393年)定制,规定刑部司狱司每夜委派各司狱官"各点本部囚数",并进行仔细的检查:"应枷而枷,应枷杻而枷杻,应锁镣而锁镣。将监门牢固封锁,其总提牢官,将锁匙拘收,督令司狱,轮拨狱卒,直更提铃。至天明,各提牢官,将监门锁封看讫,令司狱于总提牢官处,关领锁匙,眼同开锁,照依各部取囚勘合内名数,点放出监"④。清朝,点视狱囚也是提牢官、司狱官的职责,

---

① 《大明律·刑律·断狱》"与囚金刃解脱"条。
② 《大清律例·刑律·捕亡》"狱囚脱监及反狱在逃"条例。
③ 《汉书》卷七十六《赵尹韩张两王传》。
④ 《明会典》卷一百七十八《刑部二十·提牢》。

第九章 监狱制度

监狱各门的早晚封锁都由值日狱官点视,"遇有大风大雨之期,开封不准太早,收封不准过迟,如日间遇有风雨,即责成当值禁役将囚犯逐一点进屋内,不准在院落坐歇"①。此外,若因没有点视而发生失囚、错禁、死囚等事故,从提牢官到狱卒都要承担责任。

(四) 分类监禁制度

分类监禁制度,是指依据罪犯的性别、年龄、身份、犯罪类型、刑罚种类、刑期等情况将他们划分为不同的类型并实行分别关押和管理的制度。中国历史上很早就采用了分类监禁犯人的做法。在上一节曾经述及,西周的圜土与囹圄两类监狱在关押的对象上存在差异,这可以看作是早期的分类监禁制度;在西汉二十多所中都官狱之中,有不少是专门关押贵族、官僚的;而在元、清这两个少数民族统治的王朝,皇族、宗室贵族成员犯罪,一般也被监禁在特殊的监狱之中,如元朝的大宗正府监狱,清朝的宗人府空房。这些都是基于特殊身份而实行分别监禁的做法。

《新唐书·百官三》中有"贵贱、男女异狱"②的记载,可见唐朝不仅沿袭了依据身份贵贱分别关押的做法,并且实行了男女囚犯分房关押的制度。而从现有史料中并未发现唐朝建立了专门的女监,因此这里的男女异狱应指男女囚犯关押在同一所监狱的不同监房。宋朝法律还规定了女性囚犯应由女性管理人员负责看守,《庆元条法事类》载《断狱令》的规定:"诸妇人在狱,以倡女伴之,仍与男子别所"③。元朝在实行男女分房关押的基础上,还采取了依据犯罪轻重对犯人分别关押的做法,《元史·刑法二》载:"诸大小刑狱应监系之人,并送司狱司,分轻重监收"④;《元史·刑法四》也载:"诸狱囚,

---

① (清)赵舒翘原著,张秀夫主编:《提牢备考译注》,法律出版社1997年版,第104页。
② 《新唐书》卷四十八《百官三》。
③ 《庆元条法事类》卷七十五《刑狱门五·刑狱杂事》。
④ 《元史》卷一百三《刑法二》。

必轻重异处,男女异室,毋或参杂"①。明朝法律对分类监禁作出了进一步规定,《明会典》载:"洪武元年令,禁系囚徒年七十以上、十五以下、废疾散收②,轻重不许混杂"③。《大明律·刑律·断狱》中还明确规定了对妇女犯罪不必一律关押的制度:"凡妇人犯罪,除犯奸及死罪收禁外,其余杂犯,责付本夫收管。如无夫者,责付有服亲属、邻里保管,随衙听候,不许一概监禁,违者,笞四十。"④清朝法律在此基础上又有发展,不仅男女分押,轻重有别,对于已决犯与未决犯的关押也有区分,分别设置了内监、外监和专门的女监,《清史稿·刑法三》载:"各监有内监以禁死囚,有外监以禁徒、流以下,妇人别置一室,曰女监"⑤。《清会典》载:"凡监狱有内监(强盗及斩绞重犯居之),有外监(军流以下轻罪居之。监狱外垣周堆棘刺,内外监皆隔以垣墙),有女监(妇人犯奸及实犯死罪者居之)别其罪囚而系之。"⑥

在监狱学上有所谓杂居制的监禁方法,即将多数犯人囚禁于同一监房;以是否依据不同的身份、性别、年龄、犯罪类型、刑罚等将犯人分别关押,又可分为混同杂居和分类杂居。前者,多人聚处,良莠不分,恃强凌弱、以众暴寡的现象严重,更兼有罪恶之转播,不啻是"犯罪学校"。后者虽无法避免罪恶的传播,但较之前者还是有很大的进步,孙雄认为中国古代自唐以后,实行的就是一种分类杂居的制度。⑦ 男女异处可以减少甚至避免狱吏或其他囚犯侮辱、凌虐女犯,维持监狱内的正常秩序;重罪犯人与轻罪犯人分别关押,可以防止重犯欺压轻犯,也便于将看守的重点放在重犯身上,这样更好地

---

① 《元史》卷一百五《刑法四》。
② 散收是指对犯人无需加戴狱具,与之相对应的是锁禁,即需要加戴狱具。
③ 《明会典》卷一百七十八《刑部二十·提牢》。
④ 《大明律·刑律·断狱》"妇人犯罪"条。
⑤ 《清史稿》卷一百四十四《刑法三》。
⑥ 《钦定大清会典》卷五十六《刑部》。
⑦ 参见孙雄编著:《监狱学》,商务印书馆2011年版,第94页。

保障了监狱的安全。总之,分类监禁制度对于保卫监狱的安全、秩序和对犯人实施有效的管理具有积极的意义。

(五) 惩治越狱、劫狱的制度

以上几项制度,涉及多种监管囚犯的方法,从本质上来说,都是事前控制的措施。但是,再完备的制度也不可能做到万无一失,任何时代的监狱都不免会发生越狱、劫狱的事件,这不仅是对监狱秩序和安全最严重的破坏,也是对统治者和法律权威的挑战,因而这种行为也为历代王朝的法律所严惩。

关于惩治越狱、劫狱和缉捕逃亡的制度规定,属于一种事后补救的措施,历代王朝的法律将这类行为认定为非常严重的犯罪,科以重刑,一方面是为了惩治越狱者、劫囚者,另一方面也可以儆效尤,达到一般预防的目的。

越狱,又称反狱,是囚犯本人通过暴力手段逃离监狱的行为。《唐律·捕亡》规定:"诸被囚禁,拒捍官司而走者,流二千里;伤人者,加役流;杀人者斩,从者绞。若私窃逃亡,以徒亡论。事发未囚而亡者,亦同。"[1]可见,越狱罪的起刑点很高,只要越狱就判处流刑,如果造成了伤人、杀人的后果,处罚更重;"私窃逃亡"的,依照"流、徒囚役限内而亡"的规定论处;并且根据疏议的解释,"被囚禁,不限有罪无罪,但据状应禁者,散禁亦同"[2]。《宋刑统》的规定与唐律相同。元朝法律规定,被判处流刑、尚在狱中的囚犯,如果越狱要处以死刑,即使越狱行为未能既遂,也要处以刑罚:"诸已断流囚,在禁未发,反狱殴伤禁子,已逃复获者,处死;未出禁者杖一百七,发已拟流所"[3]。《大明律·刑律·捕亡》对越狱规定得很细致,包括了越狱囚犯放走其他囚犯的处罚方式:"凡犯罪被囚禁而脱监及解脱自带

---

[1] 《唐律·捕亡》"被囚禁拒捍走"条。
[2] 同上。
[3] 《元史》卷一百五《刑法四》。

枷锁越狱在逃者,各于本罪上加二等。因而窃放他囚,罪重者,与囚同罪。并罪止杖一百,流三千里。本犯应死者,依常律。若罪囚反狱在逃者,皆斩。同牢囚人,不知情者,不坐"①。《大清律例·刑律·捕亡》有相同的规定,条例中还规定了多人实施越狱行为的处罚方式:"犯罪囚禁在狱,私纠伙党三人以上,穿穴逾墙,乘禁卒人等一时疏懈,潜行越狱脱逃者,除原犯斩、绞立决应即正法外,其原犯斩绞、刑监候人犯,无论首伙,俱改为立决"②。原犯应处其他刑罚的,也要加重处罚。

劫囚,又称篡囚,是指他人暴力劫夺囚犯的行为,其性质比越狱更为严重,因而处罚也更为严苛。与将越狱行为规定在《捕亡》中不同,唐律对于劫囚行为是规定在《贼盗》中的:"诸劫囚者,流三千里;伤人及劫死囚者,绞;杀人者,皆斩。但劫即坐,不须得囚"③。可见,对劫囚的行为处罚比越狱更重,起刑点便是满流。根据疏议的解释,以暴力或暴力威胁的方式强行劫夺狱囚构成劫囚罪,此罪以行为而不以结果论,故不是必须得逞;但是因劫囚造成伤人或杀人后果的,处罚更重。还规定:"若窃囚而亡者,与囚同罪;窃而未得,减二等;以故杀伤人者,从劫囚法。"④根据疏议的解释,私窃取囚,要区分是否得逞,如果狱囚逃亡,则劫囚者与囚犯同罪;如果没能逃亡,则劫囚者减二等处刑;如果发生了杀伤人的情况,则以劫囚罪处理。《大明律·刑律·贼盗》对劫囚行为的处罚更重:"凡劫囚者,皆斩。但劫即坐,不须得囚。"⑤意味着只要有劫囚的行为就一概处死刑,无论狱囚是否被劫出监狱。清朝法律对劫囚的处罚与明朝法律基本相同,此外条例还对多人劫囚做出了规定:"纠众行劫在狱罪囚,如

---

① 《大明律·刑律·捕亡》"狱囚脱监及反狱在逃"条。
② 《大清律例·刑律·捕亡》"狱囚脱监及反狱在逃"条例。
③ 《唐律·贼盗》"劫囚"条。
④ 同上。
⑤ 《大明律·刑律·贼盗》"劫囚"条。

第九章 监狱制度

有持械拒杀官弁者,将为首及为从杀官之犯,依谋反大逆律,凌迟处死。亲属缘坐。"①

保证对囚犯实施有效的拘押是监狱官吏最重要的职责,因此囚犯逃跑的行为同时也被视为监狱官吏没有认真履行法定职责的表现,历代法律不仅处罚越狱者和劫囚者,也处罚因违法或失职致使囚犯脱监的官吏。处罚的方式,除了追究相关责任人员的刑事责任,另外也要求他们在一定期限内追捕逃囚,以弥补过失。

监狱官吏因玩忽职守而导致囚犯逃跑的,称为失囚。《唐律·捕亡》规定:"诸主守不觉失囚者,减囚罪二等;若囚拒捍而走者,又减二等。皆听一百日追捕。限内能自捕得及他人捕得,若囚已死及自首,除其罪;即限外捕得,及囚已死若自首者,各又追减一等。"②可见,监狱官吏因为没有察觉或者因为囚犯"拒捍强走、力不能制"的,都构成"失囚",处罚的原则是依据囚犯应判处的刑罚减等判刑,但因为过错的程度不同,对上述两种行为的处罚轻重也不同。并且法律规定了一百日的追捕期限,令其弥补过失。《元史》中记载了监狱官吏失囚的责任:"诸禁囚因械梏不严,致反狱者,直日押狱杖九十七,狱卒各七十七,司狱及提牢官皆坐罪,百日内全获者不坐。"③"诸囚徒反狱而逃,主守减犯人罪二等,提牢官又减主守四等。随时捉获及半以上者,罚俸一月。"④明朝法律对失囚的规定更为详细,《大明律·刑律·捕亡》规定:"凡狱卒不觉失囚者,减囚罪二等。若囚自内反狱在逃,又减二等。听给限一百日追捕。限内能自捕得,及他人捕得,若囚已死及自首,皆免罪。司狱官典,减狱卒罪三等。"⑤《大明律》还将失囚的情形进行了细化:"其提牢官,曾经躬亲逐一点

---

① 《大清律例·刑律·贼盗》"劫囚"条例。
② 《唐律·捕亡》"主守不觉失囚"条。
③ 《元史》卷一百三《刑法二》。
④ 《元史》卷一百五《刑法四》。
⑤ 《大明律·刑律·捕亡》"主守不觉失囚"条。

视罪囚,枷、锁、杻,俱已如法,取责狱官、狱卒牢固收禁文状者,不坐。若不曾点视,以致失囚者,与狱官罪同……若贼自外入劫囚,力不能敌者,免罪。"①可见,如果监狱官吏已经履行了法定职责,就不必对失囚的结果负刑事责任。此外,《问刑条例》中还规定:"各府、州、县掌印、巡捕官,但有死罪重囚,越狱三名以上,俱住俸戴罪,勒限缉拿。六名以上,调用;十名以上,降一级;十五名以上,降二级;通限三个月以里,有能尽数拿获者,免罪。"②

监狱官吏在值守期间,故意放纵囚犯逃跑的,称为纵囚。《唐律·捕亡》规定:"故纵者,不给捕限,即以其罪罪之;未断决间,能自捕得及他人捕得,若囚已死及自首,各减一等……当条不立捕访限及不觉故纵者,并准此法。"③可见,对于纵囚的处罚要比失囚更重,"即以其罪罪之",也就是"纵死囚得死罪,纵流、徒囚得流、徒罪之类",并且不给追捕期限,只在"未断决间",即"官当收赎者未断,死及笞杖者未决"的情况下,若囚犯被捕获、自首或死亡,有关责任人员可以减等处罚;此外,狱囚逃亡,没有立即采取追捕措施、放任其事的,也要按这条规定处理。《大明律·刑律·捕亡》的规定与唐律相同,另外还强调因受财而故纵狱囚的,"计赃以枉法从重论"④。

(六)疏理监狱的制度

中国古代经常会出现淹滞狱囚,也就是囚犯过多而导致监狱极端拥塞的状况。其原因主要包括:一方面,如前所述,中国古代的监狱既是关押已决犯的执行场所,同时又是未决犯的羁押场所,加之一些朝代的法律繁杂、严苛,百姓动辄得咎;连坐制度的施行,使得一人犯罪会牵连家属、同僚甚至朋友入狱。这些因素导致中国古代

---

① 《大明律·刑律·捕亡》"主守不觉失囚"条。
② 《问刑条例·刑律·捕亡》"狱囚脱监及反狱在逃条例"。
③ 《唐律·捕亡》"主守不觉失囚"条。
④ 《大明律·刑律·捕亡》"主守不觉失囚"条。

第九章 监狱制度

监狱关押的囚犯人数众多。另一方面,从程序上来看,首先,中国古代的司法审判程序复杂,例如,宋朝规定了鞫谳分司制、翻异别推制,还允许多次申诉,这使得一个案件久久不能审结,囚犯久系狱中;其次,在死刑复奏制度下,死刑案件的执行需要皇帝批准,这也使案件耽搁时间较长;再次,中国古代自西汉以后实行秋冬行刑制度,到了清朝,被判处监候者更要等待秋审复核的结果,这使得很多死囚往往要在监狱中关押很长的时间。上述这些因素造成监狱周转率过低,囚犯大量拥塞。由于监狱的容纳能力有限,淹滞狱囚会导致监狱环境恶化,至寒暑之时,疾病流行,囚犯往往瘐死狱中。

为了防止这种状况的发生,历朝法律规定了疏理监狱的措施,包括:提高案件审理的速度,从而加快狱囚的周转;通过严格规定案件审理期限,及时审结案件;通过建立保释制度,减少监狱内关押的狱囚人数;通过建立会审制度,复核案件,疏通监狱;历代统治者还通过发布赦令来赦宥狱囚,通过录囚决遣淹滞狱囚。这些程序性规定在本书其他章节有所涉及,此处不再展开。

通过疏理监狱,可以限制监狱内关押的狱囚人数;而当监狱内无人关押之时,就达到了一种"狱空"的状态。"狱空"是汉以来历代统治者所欲实现的司法终极理想之一,它是指监狱内没有囚犯可供关押,空无一人的状态。在宋朝,"狱空"成为一种制度,意指监狱内的在押囚犯所涉案件全部审结,按照法律规定将囚犯清理完毕,狱中虚无一人。在中国历史上,"狱空"的实现,有的是通过皇帝的赦宥与录囚,有的是依靠案件的迅速审结,也有的是通过司法官员秉公审理案件、平反冤狱。统治者对"狱空"的追求,的确有助于疏理监狱,改善监狱环境;但是,因为统治者常用优厚的赏赐来鼓励司法官员清理监狱,也造成了官员为骗取奖赏而虚报"狱空"的现象。[1]

---

[1] 参见王忠灿:《"狱"、"狱空"和中国古代司法传统》,中国政法大学出版社2013年版,第56、100、217页。

二、劳役制度

（一）劳役制度的产生与发展

劳役制度，是指狱囚在服刑期间，在被限制人身自由的同时，要被强制进行劳动而形成的制度。

在中国古代，劳役制度并非伴随监狱的产生而同时形成的，它是监狱不断发展的结果。[①] 一般认为，强制狱囚服劳役起源于商朝。《墨子·尚贤下》记载："昔者傅说居北海之洲，圜土之上，衣褐带索，庸筑于傅岩之城。"[②]这说明在商朝出现了强制犯人进行劳役的萌芽。西周时期，强制犯人劳役的做法开始制度化，根据《周礼》的记载，西周圜土的功能之一是收教罢民，"以圜土聚教罢民。凡害人者，置之圜土而施职事焉，以明刑耻"[③]；"司圜掌收教罢民。凡害人者弗使冠饰，而加明刑焉。任之以事而收教之"[④]。所谓"施职事""任之以事"就是通过强迫犯人服劳役而对其加以改造。西周的嘉石之制也包含服劳役的内容，这在上文监狱沿革部分已经述及。春秋战国之际，传统的肉刑开始逐渐被役作刑替代，一些犯人成为了需要服劳役的"徒隶"和"胥靡"，也就是刑徒。刑徒制开始兴起，随之而来的是劳役监的发展。不同于仅仅用来拘禁犯人的拘禁监，劳役监就是刑徒服役的场所。刑徒配戴狱具，在监狱官吏的监管下进行劳动。可见刑罚制度发展，也推动了监狱形式的演化。

秦朝奉行法家严刑峻法的主张，百姓动辄得咎，因此刑徒的数量很多（见图9-2），大量的刑徒被强迫进行繁重的劳役，例如，修建宫殿、陵寝、长城等；秦汉时期的许多刑罚，例如，城旦舂、鬼薪白粲、

[①] 万安中：《中国监狱发展的探索与思辨》，中国政法大学出版社2013年版，第269页。
[②] 《墨子·尚贤下》。
[③] 《周礼·秋官·大司寇》。
[④] 《周礼·秋官·司圜》。

第九章 监狱制度

司寇、隶臣妾等，实际上都包含有劳役的内容：(1) 城旦与城旦舂，多附肉刑，如"黥城旦""斩趾为城旦"等，"城旦者，旦起行治城；舂者，妇人不豫外徭，但舂作米"。① 即男子筑城、女子捣米。(2) 鬼薪和白粲，《汉旧仪》载："鬼薪者，男当为祠祀鬼神，伐山之薪蒸也；女为白粲者，以为祠祀择米也"②。即为宗庙采薪和择米，又可细分为耐为鬼薪、刑以为鬼薪等。(3) 隶臣和隶妾，"男子为隶臣，女子为隶妾"③。二者并非奴隶，而是国家刑徒，需在不同场所服劳役。(4) 司寇和舂司寇。《汉旧仪》载："司寇男守备，女为作，如司寇，皆作二岁。"④ (5) 候与下吏，《睡虎地秦墓竹简·法律答问》载："当耐为候罪诬人，何论？当耐为司寇"⑤。整理者认为，候，本为伺望，此处为一种用以伺望敌情的刑徒，下吏为适用于官吏之轻等徒刑。

西汉的刑制改革使得刑徒制和劳役制度得到了进一步的发展，这次改革用笞刑、徒刑代替了原来的肉刑，而随着刑徒数量的扩大，劳役监也得到了发展。由此，我国的监狱建制由单一的拘禁监发展而为拘禁监和劳役监同时并存，相辅相成。⑥

以肉刑为主的旧五刑体系，经过魏晋南北朝时期的进一步演变，至隋唐时正式形成了笞、杖、徒、流、死的新五刑体系。徒刑犯和流刑犯都要服劳役，这就是唐朝的居作制度。唐朝的徒刑是西周圜土制度发展演变的结果，是既禁其人、又役其身，拘禁与劳役结合的刑罚制度。⑦《唐律·名例》对徒刑的解释为："徒者，奴也，盖奴辱

---

① 《汉书》卷二《惠帝纪》注。
② （汉）卫宏撰：《汉旧仪》卷下。
③ 《汉书》卷二十三《刑法志》颜师古注。
④ （汉）卫宏撰：《汉旧仪》卷下。
⑤ 睡虎地秦墓竹简整理小组：《睡虎地秦墓竹简》，文物出版社1978年版，第202页。
⑥ 薛梅卿主编：《中国监狱史》，群众出版社1986年版，第52页。
⑦ 同上书，第80页。

图9-2 东汉刑徒墓砖拓本图片①

之。"②《唐律》规定徒刑的期限有一年、一年半、二年、二年半、三年五等,《唐律·断狱》引《狱官令》的规定:"犯徒应配居作"③。强制服劳役的期限和徒刑的期限是相等的。流刑居作则有所不同,唐律规定流刑有二千里、二千五百里、三千里三等,而居作的期限,《唐律·名例》规定:"诸犯流应配者,三流俱役一年。本条称加役流者,流三千里,役三年"④。

在宋朝,除了徒、流犯人要服劳役外,还沿用并发展了源于五代的配隶制度。这项制度是指将被宽恕死罪的囚犯,在行刑后送往规定的边远地区,强迫充军役或服劳役。这些犯人要经受"决杖、流配、刺面"三种刑罚,"一人之身,一事之犯,而兼受三刑"。配隶制度不仅使得犯人远流服役,并且会牵连家人,"闻配徒者,其妻子流离

---

① 图片引自中国科学院考古研究所洛阳工作队:《东汉洛阳城南郊的刑徒墓地》,载《考古》1972年第1期。
② 《唐律·名例》"徒刑五"条。
③ 《唐律·断狱》"徒流送配稽留"条。
④ 《唐律·名例》"犯流应配"条。

第九章 监狱制度

道路,罕能生还"①。刺配是一种极其残酷的刑罚,在整个刑罚体系之中,它是仅次于死刑的重刑。在明朝,也有一种与之类似的刑罚,即充军,就是将犯人送至边远地区强迫其从事屯种或充实军伍。充军的对象最初限于军人,后来扩大到普通百姓。有明一代,充军刑十分盛行,造成了拘役犯人和劳役监数量的急剧增长。

此外,明朝还实行以役代刑制度,即用服劳役来折抵罪刑的制度,据《明会典》记载:"国初,令罪人得以力役赎罪。死罪拘役终身,徒流照年限,笞杖计月日,满日疏放。或修造,或屯种,或煎盐、炒铁,事例不一。洪武八年,令杂犯死罪者,免死,工役终身,徒流罪,照年限工役"②。明朝各个时期都有以役代刑的诏令,规定了被判不同刑罚的犯人所应工役的期限。犯人所从事的劳役种类很多,除了上面提到的,还包括充膳夫、造饭食、运盐、摆站、种树、运灰、运炭等等。明朝以役代刑的适用范围也非常广泛,"则自杂犯死罪以至笞杖皆得以力役赎罪,于是除真犯死罪外,遂无不充役之人"③。这里的真犯死罪是杂犯死罪的对称,指因犯十恶、杀人、强盗等严重的罪行而被处死刑的犯人。④

在我国古代刑罚和监狱制度的发展历程中,劳役制度具有非常显著的地位。首先,它部分取代了破坏人肢体的肉刑,使得刑罚制度趋于文明;其次,劳役制度可以为社会减轻负担,为国家创造经济价值,诚如孙雄所说:"或有不当杀戮者,亦必截手刖足,使成废人,不稍显恤,然杀戮有罪,究于国家社会,有何利益乎?况截手刖足,使成废人,不惟无益,且坐耗衣食,于社会经济,更为有损,国家又何必出此手段乎?由斯言之,与其杀戮废弃有用之人,减少其生产能

---

① 《宋史》卷二百一《刑法三》。
② 《明会典》卷一百七十六《刑部十八·拘役囚人》。
③ (清)沈家本撰:《历代刑法考》,邓经元、骈宇骞点校,中华书局1985年版,第315页。
④ 参见万安中主编:《中国监狱史》,中国政法大学出版社2003年版,第87页。

力,以竭经济之源,曷若不杀戮,不废弃,而剥夺其自由,使服国家劳役,以生易死,以劳偿罪,在人民可受宽刑之福,在国家亦可收劳役之利"①。再次,它有助于减轻普通老百姓的力役负担。沈家本在谈到秦汉时期多使用犯人来修建大型工程时,指出其原因有两点:一是力役不足而多有罪犯,秦始皇修筑长城就是如此;二是不愿劳民所以使用犯人,"故发罪人以充役,既可省良民之远筑,又可使有罪者服劳而思善,策之最便者也"②。最后,长期甚至终身的苦役,是一种仅次于死刑的重刑,它使犯人经受漫长的身心折磨,生不如死,因此它对人们心理上的威慑作用以及对犯罪的一般预防作用,未必比死刑弱③,这或许也是统治者借劳役制度想要收到的效果。

(二) 劳役制度的内容

劳役制度的实施,首先需要具备适当的劳动场所。

在中国古代,劳役地点和场所的选择,主要是根据国家对劳动力的需要来确定的。④ 秦朝有大量的刑徒被强制从事修筑宫殿、陵寝、长城的劳动,因此,劳役场所主要是一些大型工程场地。例如《史记·秦始皇本纪》载:"三十四年,适治狱吏不直者,筑长城及南越地";"三十五年……隐宫徒刑者七十余万人,乃分作阿房宫,或作丽山"。⑤ 西汉时期的刑徒也通常集中在大型工程场地进行劳动,《汉书·惠帝纪》载:"(三年)六月,发诸侯王、列侯徒隶二万人城长

---

① 孙雄编著:《监狱学》,商务印书馆2011年版,第21页。
② (清)沈家本撰:《历代刑法考》,邓经元、骈宇骞点校,中华书局1985年版,第308页。
③ 贝卡利亚曾说:"对人类心灵发生较大影响的,不是刑罚的强烈性,而是刑罚的延续性……处死罪犯的场面尽管可怕,但只是暂时的,如果把罪犯变成劳役犯,让他用自己的劳苦去补偿他所侵犯的社会,那么,这种丧失自由的鉴戒则是长久的和痛苦的,这乃是制止犯罪最强有力的手段……因而,同人们总感到扑朔迷离的死亡观念相比,它更具有力量。"见〔意〕贝卡利亚:《论犯罪与刑罚》,黄风译,中国法制出版社2002年版,第53、54页。
④ 参见王利荣主编:《中国监狱史》,法律出版社2002年版,第120页。
⑤ 《史记》卷六《秦始皇本纪》。

第九章 监狱制度

安"①。大型工程场地对劳动力的需求是不稳定的,相比较而言,官营手工业作坊则可以长期收容徒刑犯人②,上文讲到的西汉时二十六所中都官狱,不少就设在一些负责修造产品的机构之中,例如暴室狱,暴室是汉朝宫廷中专管染织事务的官署,被关押在此的犯人要为皇室和宫廷生产纺织品、印染品等工艺产品;共工狱属少府主管,关押在此的犯人则要被罚制造兵器。唐朝也采用这种做法,《新唐书·刑法志》载:"居作者著钳若校,京师隶将作,女子隶少府缝作"③。《唐律·断狱》引《狱官令》的规定:"犯徒应配居作,在京送将作监,在外州者供当处官役。"④这说明唐朝根据犯人的性别和是否处于京师,将服役的地点作出了具体安排:流刑犯及外州徒刑犯是供当地官役,在京徒犯男性入将作监,女性入少府。根据《新唐书·百官志》记载,将作监"掌土木工匠之政"⑤,也就是京城宫殿、宗庙、城郭、官廨、楼台、桥道的营造机构;少府"掌百工技巧之政"⑥,下设五署,其中包括织染署。宋朝刺配刑大量适用,流配犯人要被发配到指定的地区服劳役并接受监管。发配的地点,根据《宋史·刑法三》的记载,"太宗以国初诸方割据,沿五代之制,罪人率配隶西北边";后因"(罪人)多亡投塞外,诱羌为寇,乃诏:'当徒者,勿复隶秦州、灵武、通远军及缘边诸郡'。时江、广已平,乃皆流南方。先是,犯死罪获贷者,多配隶登州沙门岛及通州海岛,皆有屯兵使者领护……太平兴国五年,始令分隶盐亭役之,而沙门如故。端拱二年,诏免岭南流配荷校执役……始令杂犯至死贷命者,勿流沙门岛,止隶诸州牢城"⑦。对于那些犯有普通死罪的人,需要服劳役的,就在

---

① 《汉书》卷二《惠帝纪》。
② 王利荣主编:《中国监狱史》,法律出版社2002年版,第121页。
③ 《新唐书》卷五十六《刑法》。
④ 《唐律·断狱》"徒流送配稽留"条。
⑤ 《新唐书》卷四十八《百官三》。
⑥ 同上。
⑦ 《宋史》卷二百一《刑法三》。

本地牢城服役，不必再发往异地。牢城是宋朝监管流配犯人的劳役场所，其数量非常之多，除了本州牢城之外，还在广南东西路(今广东广西)所属各州和一些远恶军州(例如琼州、万安军、昌化、朱崖军等)设有牢城，主要收押犯死罪而改判刺配的罪犯和犯有重罪的官员，加之东南海岛上也设有配所，宋朝的劳役监体系已经相当完善。明朝充军刑盛行，使得劳役监数量大量增加，明朝的充军地点有极边、烟瘴、边远、边卫、沿海、附近之分，最远四千里，最近一千里，也就是充军劳役监的分布所在。① 明朝还实行以役代刑制度，劳役种类不下十数种，也有相应的劳役场所。

此外，劳役制度的实施，还需要一些不同于一般拘禁监的管理制度。具体包括以下几个方面的内容：

第一，要保证对犯人实施有效的监管。首先，犯人在从事劳役时必须配戴械具。例如秦朝《司空律》规定，除一些有身份的人服劳役赎罪时不带刑具以外，被判处鬼薪白粲、城旦，或者用劳役折抵债务的人，在劳役时都必须穿上褐红色的囚衣，分别带上各类木制的刑具："公士以下居赎刑罪、死罪者，居于城旦舂，毋赤其衣，勿枸椟欙杕。鬼薪白粲，群下吏毋耐者，人奴妾居赎赀债于城旦，皆赤其衣，枸椟欙杕，将司之；其或亡之，有罪"②，此外，老年的城旦不必监管："仗城旦勿将司。"③《新唐书·刑法志》也有"居作者著钳若校"的记载。《大明律·狱具图》载："犯徒罪者带镣工作。"④对于患病的犯人会给予一定的宽待，例如，《新唐书·刑法志》记载："病者释钳校，给假，疾差陪役⋯⋯凡役，男子入于蔬圃，女子入于厨饎"⑤。也就是说病愈以后仍要补上因病耽误的劳役时间。此外，犯人从事

---

① 薛梅卿主编：《中国监狱史》，群众出版社1986年版，第143页。
② 睡虎地秦墓竹简整理小组：《睡虎地秦墓竹简》，文物出版社1978年版，第84页。
③ 同上书，第89页。
④ 《大明律·狱具之图》。
⑤ 《新唐书》卷五十六《刑法》。

第九章 监狱制度

劳役时，其活动范围也受到限制，例如秦朝《司空律》规定："春城旦出繇者，毋敢之市及留舍阓外；当行市中者，回，勿行"①。唐朝法律也禁止刑徒离开服役的场所，《新唐书·刑法志》载："旬给假一日，腊、寒食二日，毋出役院"②。由于犯人在从事劳役时是处于一种半开放的状态，因此较之被拘禁的犯人，更容易发生逃跑的现象。对于逃跑行为法律给予严惩。《唐律·捕亡》规定："诸流徒囚，役限内而亡者，一日笞四十，三日加一等，过杖一百，五日加一等。"疏议曰："犯流、徒应配及移乡人，未到配所而逃亡者，各与流徒囚役限内而亡罪同。"③《大明律·刑律·捕亡》的规定与《唐律》基本一致，只是处罚更重，"一日笞五十"④。没有尽到管理职责的官吏也要承担刑事责任，《唐律·捕亡》规定："主守不觉失囚，减囚罪三等；即不满半年徒者，一人笞三十，三人加一等，罪止杖一百。监当官司，又减三等。故纵者，各与同罪"⑤。《大明律·刑律·捕亡》也有类似的规定，只是处罚同样较唐律更重，"主守及押解人不觉失囚者，一名杖六十"，并且给予追捕期限，允许其戴罪立功，"皆听一百日内追捕……限内能自捕得，或他人捕得，若囚已死，及自首，皆免罪"⑥。

第二，要采取措施确保劳役活动取得成果。劳役，既是服刑的内容，也是创造财富的活动；而服役的刑徒，兼具丧失自由的犯人和劳动者的双重身份。所以，劳役制度不仅需要保证对犯人实施有效的监管，同时也必须确保劳役活动创造出价值。首先，要对犯人从事劳役的种类做出规定。秦汉时期的城旦舂、鬼薪白粲、隶臣妾、司寇等刑罚的内容包括不同强度的劳役，根据犯人所犯罪行的轻重确

---

① 睡虎地秦墓竹简整理小组：《睡虎地秦墓竹简》，文物出版社1978年版，第89—90页。
② 《新唐书》卷五十六《刑法》。
③ 《唐律·捕亡》"流徒囚役限内亡"条。
④ 《大明律·刑律·捕亡》"徒流人逃"条。
⑤ 《唐律·捕亡》"流徒囚役限内亡"条。
⑥ 《大明律·刑律·捕亡》"徒流人逃"条。

定应处以何种劳役刑;针对不同的劳役活动法律确定了不同的标准,用以评价刑徒的劳动成果是否合格,例如秦朝法律规定:"城旦为工殿者,答人百。大车殿,赀司空啬夫一盾,徒答五十"①。也就是说刑徒被处城旦,其工作被评为下等的,每人答打一百下;所造大车被评为下等的,负责管理刑徒的司空啬夫被处罚金一盾,刑徒每人答打五十下。明朝实行以役代刑制度,答杖刑、流刑甚至死刑都能折成劳役刑,依据原判刑罚的不同,确定服劳役的种类。其次,对服刑犯人的劳动量,通过劳役年限或者劳动定额,也就是以"计时"或"计件"的方式来加以规定。在明朝的以役代刑制度下,通常根据原判刑罚来确定不同的劳役时间,例如,"(洪武)十五年,令答、杖罪囚悉送滁州种苜蓿,每一十日";"(洪武三十五年),令罪囚工役,答罪每等五日,杖罪每等十日,徒罪准所徒年月,加以应杖之数,流罪三等,俱四年一百日。杂犯死罪,工役终身"。② 也有一些诏令规定了犯人的劳动定额,例如:"(永乐)十一年,令囚徒运粮无力者发天寿山种树。死罪、终身徒、流各照年限,杖罪每等五百株,答罪每等一百株";"(正统)十三年,令四川各井灶丁,犯罪加役,杂犯死罪者,罚役五年,流以下,递减年月,俱于本井上工,日加煎盐三斤"。③此外,由于犯人所从事的劳役非常繁重,所以有的犯人会通过损坏劳动工具、诈病等方式来逃避劳役,法律对这种行为规定了严厉的处罚。例如秦朝《司空律》规定:"城旦舂毁折瓦器、铁器、木器,为大车折輮,辄答之。值一钱,答十;值廿钱以上,熟答之,出其器。"④甚至减少其口粮而使之挨饿,如"食饱囚,日少半斗"⑤。最后,主管官

---

① 睡虎地秦墓竹简整理小组:《睡虎地秦墓竹简》,文物出版社1978年版,第137页。
② 《明会典》卷一百七十六《刑部十八·拘役囚人》。
③ 同上。
④ 睡虎地秦墓竹简整理小组:《睡虎地秦墓竹简》,文物出版社1978年版,第90页。
⑤ 同上书,第53页。

第九章 监狱制度

吏有责任防止犯人逃避劳役,他们要对"应役不役""稽留役囚不送配"以及犯人病愈后不补足劳役时限的行为负刑事责任,例如《唐律·断狱》规定:"诸领徒应役而不役,及徒囚病愈不计日令陪役者,过三日笞三十,三日加一等;过杖一百,十日加一等,罪止徒二年。不得过罪人之罪"①。"诸徒、流应送配所,而稽留不送者,一日笞三十,三日加一等;过杖一百,十日加一等,罪止徒二年。不得过罪人之罪。"②关于这两点,《大明律·刑律·断狱》也有类似的规定,并且专门强调:"若徒囚年限未满,监守之人故纵逃回,及容令雇人代替者,照依囚人应役月日,抵数徒役,并罪坐所由。受财者,计赃以枉法从重论。仍拘徒囚,依律论罪贴役"③。以上这些制度都是为了保证犯人进行强制性劳动并能够取得成果。

三、悯囚制度

悯者,怜悯之义。中国古代随着历史的发展,在法律上逐渐形成了一套保证狱囚基本生活待遇,防止狱吏随意凌虐狱囚的制度,这就是悯囚制度。悯囚制度以儒家仁政思想为指导,标榜"圣王仁及囹圄",体现了统治者具有悲天悯人的仁爱之心,但实质上其根本目的仍是为了维护统治秩序,是一种防止社会矛盾过度激化的手段。悯囚制度包括以下一些具体的内容。

(一)囚犯衣粮配给制度

清人赵舒翘曾在光绪年间任刑部提牢主事,他这样评价狱囚衣粮的供给:"笼鸟待哺较嗷嗷飞鸿犹堪悯"④。衣粮是狱囚最基本的生活保障,也是悯囚制度的最基本要求。

---

① 《唐律·断狱》"领徒囚应役不役"条。
② 《唐律·断狱》"徒流送配稽留"条。
③ 《大明律·刑律·断狱》"徒囚不应役"条。
④ (清)赵舒翘原著,张秀夫主编:《提牢备考译注》,法律出版社1997年版,第4页。

在中国古代,狱囚的衣食最初一般是由其家人供给的,但是在家中贫困或监狱离家太远的情况下,可以由国家负担。例如,晋朝《狱官令》规定:"家人饷馈,狱卒为温暖传致。去家远无饷馈者,悉给廪,狱卒作食,寒者与衣。"①《唐律·断狱》所引《狱官令》的规定与之类似:"囚去家悬远绝饷者,官给衣粮,家人至日,依数征纳。"②宋元时期,法律还规定了口粮配给的标准,这既是为了保障狱囚的基本生活需要,也有助于防止监狱官吏在囚粮上面做手脚。《宋史·刑法二》载高宗绍兴十三年(公元1143年)诏曰:"禁囚无供饭者,临安日支钱二十文。外路十五文。"③《元史·刑法四》载:"诸在禁囚徒,无亲属供给,或有亲属而贫不能给者,日给仓米一升,三升之中给粟一升,以食有疾者。"④宋元以后,监狱还配给衣食以外的其他生活用品,《宋史·刑法三》载:"诸狱皆置楼牖,设浆铺席,时具沐浴,食令温暖,寒则给薪炭、衣物,暑则五日一洗枷杻"⑤。《元史·刑法四》也载:"凡油炭席荐之属,各以时具。"⑥《明会典》载明洪武元年令:"禁系囚徒……枷杻常须洗涤,席荐常须铺置,冬设暖匣,夏备凉浆。无家属者日给仓米一升,冬给棉衣一件,夜给灯油。"⑦《明史·刑法二》也有:"狱囚贫不自给者,洪武十五年定制,人给米日一升。二十四年革去。正统二年,以侍郎何文渊言,诏如旧,且令有赃罚敝衣得分给……至正德十四年,囚犯煤、油、药料,皆设额银定数。嘉靖六年……岁冬给绵衣裤各一事,提牢主事验给之。"⑧随着提牢制度的建立,供给衣食等物成为了提牢官的职责。清朝,提牢制度

---

① 程树德:《九朝律考》,商务印书馆2010年版,第398页。
② 《唐律·断狱》"囚应给衣食医药而不给"条。
③ 《宋史》卷二百《刑法二》。
④ 《元史》卷一百五《刑法四》。
⑤ 《宋史》卷二百一《刑法三》。
⑥ 《元史》卷一百五《刑法四》。
⑦ 《明会典》卷一百七十八《刑部二十·提牢》。
⑧ 《明史》卷九十四《刑法二》。

第九章 监狱制度

进一步完善,赵舒翘所著《提牢备考》一书中有《囚粮考》一卷,记载了刑部监狱囚粮配给的制度,满汉提牢官、司狱官、狱吏各有其职,具体包括囚粮的配额、领取程序、存放方法以及食品制作中的注意事项等内容,十分详尽。在《条例考》中记载了清朝囚粮供给的基本要求:"凡在监囚犯,日给仓米一升,冬给絮衣一件。"①可见,狱囚衣粮已经一律由国家负担了。

图9-3 山西洪洞明朝监狱内部生活设施②

（二）囚犯医疗卫生保障制度

中国古代监狱的环境比较恶劣,囚犯淹滞,监狱拥塞,加之狱吏的虐待,故而囚犯极易患病。因此为囚犯提供基本的医疗卫生保障也是悯囚制度的内容之一。《后汉书·桓帝纪》中有由官府为病囚提供医药的记载:"又徒在作部,疾病致医药,死亡厚埋葬。"③晋朝《狱官令》中也有"疾者给医药"④的要求。唐朝法律对于病囚医疗

---

① （清）赵舒翘原著,张秀夫主编:《提牢备考译注》,法律出版社1997年版,第53页。
② 图片引自马小红、庞朝骥等:《守望和谐的法文明:图说中国法律史》,北京大学出版社2009年版,第332页。
③ 《后汉书》卷七《桓帝纪》。
④ 程树德:《九朝律考》,商务印书馆2010年版,第398页。

的规定比较系统,《唐律·断狱》引《狱官令》的规定:"囚有疾病,主司陈牒,请给医药救疗……病重,听家人入视"①。《新唐书·刑法志》载:"夏置浆饮,月一沐之;疾病给医药,重者释械,其家一人入侍,职事散官三品以上,妇女子孙二人入侍。"②可见病囚不仅可以获得药物医治、享受除去狱具的待遇,其家人还被允许入狱探视、照顾。不过,病囚享受这些待遇的前提是主管官吏陈牒上报,获准方可。此外,监狱还在夏日为囚犯定期提供沐浴,以预防疾病。五代时出现了病囚院,设置专门医官负责医治病囚,如后唐长兴二年(公元931年)敕令规定:"诸道、州、府各置病囚院,仍委随处长吏,专切经心。或有病囚,当时差人诊候,疗理后据所犯轻重决断"③。后晋天福二年(公元937年)也曾敕令:"今后或有系囚染疾者,并令逐处军医看候,于公廨钱内量支药价,或事轻者,仍许家人看候。"④宋朝也沿用这种做法,《宋史·刑法一》载,宋真宗咸平四年(公元1001年),"从黄州守王禹偁之请,诸路置病囚院,徒、流以上有疾者处之,余责保于外"⑤。元朝刑部设置有专职的狱医,《元史·百官一》载:"部医一人,掌调视病囚"⑥。《元史·刑法四》还详细记载了医治病囚的程序:"诸狱医,囚之司命,必试而后用之。若有弗称,坐掌医及提调官之罪。诸狱囚病至二分,申报,渐增至九分,为死证。若以重为轻,以急为缓,误伤人命者,究之。诸狱囚有病,主司验实,给医药。病重者去枷锁扭,听家人入侍。职事散官五品以上,听二人入侍。犯恶逆以上,及强盗至死,奴婢杀主者,给医药而已。"⑦可见,狱囚所享受的医疗、探视方面的待遇,依据不同的身份、等级以及所犯

---

① 《唐律·断狱》"囚应给衣食医药而不给"条。
② 《新唐书》卷五十六《刑法》。
③ 《五代会要》卷十《刑法杂录》。
④ 《旧五代史》卷一百四十七《刑法志》。
⑤ 《宋史》卷一百九十九《刑法一》。
⑥ 《元史》卷八十五《百官一》。
⑦ 《元史》卷一百五《刑法四》。

第九章 监狱制度

罪行的轻重而有所差异。明朝对于病囚的医药费作出了规定,据《明会典》载,"正德十四年题准,每月……疗病药材银二两五钱"①;在相关机构的设置方面,《明史·刑法二》载:"成化十二年令有司买药饵送部,又广设惠民药局,疗治囚人"②;另据《明会典》载:"嘉靖二年题准,囚医于太医院原拨听用医士内,择一人,提牢厅诊视"③。明朝还规定,对于患瘟疫传染病的狱囚,要"移房调理"。明朝法律允许犯笞罪以下的狱囚保外就医:"若狱囚患病,即申提牢官验实,给药治疗。除死罪枷杻外,其余徒、流、杖罪囚人,病重者,开疏枷杻,令亲人入视;笞罪以下,保管在外医治。"④《大明律·刑律·断狱》还规定"应保管出外,而不保管"的,司狱官典狱卒要承担刑事责任。可以说,明朝已经实行了监内医疗与监外医疗相结合的制度。

(三) 监狱官吏违反衣粮供给、医疗保障制度或凌虐狱囚的要承担责任

饥给食、寒给衣、病者给医药,这需要监狱官吏积极的作为;而不得凌虐狱囚则是从消极方面对监狱官吏提出的要求。如果监狱官吏违反了上述这些要求,就要承担相应的责任。

首先,监狱官吏克扣囚衣、囚粮以及不提供医疗救治的行为剥夺了狱囚最基本的生存条件,法律对此要进行严惩。《唐律·断狱》规定:"诸囚应请给衣食医药而不请给,及应听家人入视而不听……杖六十;以故致死者,徒一年;即减窃囚食,笞五十;以故致死者,绞。"⑤《宋刑统》的规定与《唐律》相同。元朝法律对此类行为的处罚不如唐朝重,《元史·刑法四》载:"诸有司,在禁囚徒饥寒,衣食不时,病不督医看候,不脱枷杻,不令亲人入侍,一岁之内死至十人以

---

① 《明会典》卷一百七十八《刑部二十·提牢》。
② 《明史》卷九十四《刑法二》。
③ 《明会典》卷一百七十八《刑部二十·提牢》。
④ 同上。
⑤ 《唐律·断狱》"囚应给衣食医药而不给"条。

上者,正官笞二十七,次官笞三十七,还职;首领官四十七,罢职别叙,记过"①。《大明律·刑律·断狱》将狱卒非理克减衣粮的行为定性为监守自盗:"克减衣粮者,计赃以监守自盗论;因而致死者,绞。司狱官典及提牢官,知而不举者,与同罪,致死者,减一等"②;对违反衣粮、医疗、探视制度的行为,规定:"凡狱囚应请给衣粮医药而不请给,患病应脱去枷、锁、杻而不脱去,应保管出外而不保管,应听家人入视而不听,司狱官典、狱卒,笞五十。因而致死者,若囚该死罪,杖六十;流罪,杖八十;徒罪,杖一百;杖罪以下,杖六十,徒一年。提牢官知而不举者,与同罪"③。这些规定比前代更加细致,并被清朝法律所继承。

其次,对于监狱官吏凌虐狱囚的行为予以严惩。悯囚制度旨在保证狱囚最基本的生存条件,防止狱囚瘐死,也就是狱囚在监狱中因为饥寒而死或因狱吏虐待而死。在汉朝,为了对狱吏虐待狱囚的残暴行为加以限制,曾制定"岁上死囚,课以殿最"的制度,宣帝地节四年(公元前66年)诏曰:"今系者或以掠辜若饥寒瘐死狱中,何用心逆人道也!朕甚痛之。其令郡国岁上系囚以掠笞若瘐死者所坐名、县、爵、里,丞相御史课殿最以闻。"④这是一种通过考核狱吏来限制其笞掠狱囚过当的制度。唐律规定了拷囚的次数和总数限制,如果达到数目但囚犯仍不承认的,应予以取保,这种规定一定程度上能防止狱吏对狱囚拷掠过当。在宋朝,囚犯被狱吏虐待致死、秘密杀害的现象严重,一些狱吏公开索贿,那些无贿的囚犯,往往被狱吏所害,并以病死为名掩人耳目。宋朝统治者十分重视这一情况,神宗即位之初就曾下诏曰:"应诸州军巡司院所禁罪人,一岁在狱病死及二人,五县以上州岁死三人,开封府司、军巡岁死七人,推吏、狱卒

---

① 《元史》卷一百五《刑法四》。
② 《大明律·刑律·断狱》"凌虐罪囚"条。
③ 《大明律·刑律·断狱》"狱囚衣粮"条。
④ 《汉书》卷八《宣帝纪》。

第九章 监狱制度

皆杖六十,增一人则加一等,罪止杖一百"①。哲宗元祐八年(公元1093年),"中书省言:'昨诏内外,岁终具诸狱囚死之数。而诸路所上,遂以禁系二十而死一者不具,即是岁系二百人,许以十人狱死,恐州县弛意狱事,甚非钦恤之意。'诏刑部自今不许辄分禁系之数"②。这些规定虽然意在防止狱吏凌虐狱囚,但是处罚并不重,而且只要瘐死狱囚的人数控制在一定范围内,实际上这种行为是被默许的。明朝法律将凌虐囚犯的行为定性为"斗伤罪",《大明律·刑律·断狱》规定:"凡狱卒非理在禁,凌虐、殴伤罪囚者,依凡斗伤论……司狱官典及提牢官,知而不举者,与同罪,至死者,减一等"③。而对于押解途中的犯人,明朝条例规定:"其押解人役若擅加杻、镣,非法乱打,搜检财物,剥脱衣服,逼致死伤,及受财故纵,并听凭狡猾之徒买求杀害者,除真犯死罪外,徒罪以上,属军卫者,发边卫充军,属有司者,发口外为民"④。清律沿袭了明朝法律的规定,还明确了提牢官对于凌虐狱囚行为的监管职责,《大清律例·刑律·断狱》规定:"凡犯人出监之日,提牢官、司狱细加查问,如有禁卒人等陵虐需索者,计赃治罪,仍追赃给还犯人。提牢官、司狱不行查问,事发之日,亦照失察例议处"⑤。

(四) 实施悯囚的其他措施

除了上述几种制度,历代法律还规定了其他一些悯囚的措施。

第一,在古代监狱管理中,针对妇女、老幼等设置了一些宽容、优待的监禁措施。这些措施体现了统治者宽容仁爱之意,并且因为妇女、老幼的人身危险性较小,也不至于威胁到监狱安全。据《汉书·刑法志》载,景帝后元三年曾下诏曰:"年八十以上,八岁以下,

---

① 《宋史》卷二百一《刑法三》。
② 同上。
③ 《大明律·刑律·断狱》"凌虐狱囚"条。
④ 《问刑条例·刑律·断狱》"凌虐罪犯条例"。
⑤ 《大清律例·刑律·断狱》"陵虐罪囚"条例。

及孕者未乳,师、侏儒当鞠系者,颂系之"①。颜师古注曰:"乳者,产也。"这也就是说,对于怀孕的妇女不用配戴狱具;《汉书·平帝纪》载平帝元始四年(公元 4 年)诏曰:"妇女非身犯法,及男子年八十以上七岁以下,家非坐不道,诏所名捕,它皆无得系"②。《后汉书·光武帝纪》载建武三年(公元 27 年)诏曰:"男子八十以上,十岁以下,及妇人从坐者,自非不道、诏所名捕,皆不得系。"③这些规定意味着,对于并非自身犯法的妇女,虽然被株连但所属并非无道之罪或奉诏所捕的,均不用配戴狱具。后世法律沿用这种给予妇女宽待监禁的做法,如《新唐书·刑法志》载:"轻罪及十岁以下至八十以上者、废疾、侏儒、怀妊皆颂系以待断"④。《宋刑统》引《狱官令》规定:"妇人及流罪以下去杻,其杖罪散禁。年八十及十岁,并废疾、怀孕、侏儒之类,虽犯死罪,亦散禁。"⑤到了明清时期,法律还规定对于妇女犯罪不必一概监禁,例如,《大明律·刑律·断狱》规定:"凡妇人犯罪,除犯奸及死罪收禁外,其余杂犯,责付本夫收管。如无夫者,责付有服亲属、邻里保管,随衙听候,不许一概监禁,违者,笞四十"⑥。

第二,听妻入狱制度。这是汉朝、魏晋时期悯囚制度的内容之一,即被判死罪的囚犯,如果有妻无子的,允许其妻子入狱,待其妊娠有子,再对死囚执行刑罚。据《后汉书·吴祐传》记载,安丘人毋丘长因其母亲在街市被一个醉汉羞辱,愤而杀之,而后自首,胶东侯相吴祐问他有无妻子,答曰:有妻未有子也。吴祐于是将毋丘长转移至安丘,并且将其妻子"解到桎梏,使同宿狱中,妻遂怀孕"。至行刑之时,毋丘长感激吴祐之恩,泣谓母曰:"妻若生子,名之'吴

---

① 《汉书》卷二十三《刑法志》。
② 《汉书》卷十二《平帝纪》。
③ 《后汉书》卷一上《光武帝纪上》。
④ 《新唐书》卷五十六《刑法》。
⑤ 《宋刑统·断狱》"应囚禁枷镣杻"条。
⑥ 《大明律·刑律·断狱》"妇人犯罪"条。

第九章 监狱制度

生'"①。《后汉书·鲍昱传》注引《东观记》曰:"沁阳人赵坚杀人系狱,其父母诣昱,自言年七十余唯有一子,适新娶,今系狱当死,长无种类,涕泣求哀。昱怜其言,令将妻入狱,解械止宿,遂任身有子。"②《晋书·乔智明传》记载,乔智明曾任隆虑、共县县令,"部人张兑为父报仇,母老单身,有妻无子,智明愍之,停其狱。岁余,令兑将妻入狱,兼阴纵之……于狱产一男"③。《北史·裴政传》载:"(裴政)用法宽平,无有冤滥。囚徒犯极刑者,乃许其妻子入狱就之,至冬,将行决,皆曰:'裴大夫致我于死,死无所恨'。"④听妻入狱是一种人性化的做法,是儒家"不孝有三,无后为大"的观念在司法制度中的具体体现。

第三,暂行释放。这是指在特殊情况下,允许狱囚暂时归家,但必须按照约定的时间返回监狱。汉朝曾实行"纵囚归家约期返"的做法,据《后汉书·虞延传》记载,东汉光武帝建武初年,虞延任细阳令,"每至岁时伏腊,辄休遣徒系,各使归家,并感其恩德,应期而还。有囚于家被病,自载诣狱,既至而死"⑤。唐朝也有过类似的做法,据《资治通鉴》载,贞观六年(公元632年),"辛未,帝亲录系囚,见应死者,闵之,纵使归家,期以来秋来就死。仍敕天下死囚,皆纵遣,使至期来诣京师"⑥。次年,"去岁所纵天下死囚凡三百九十人,无人督帅,皆如期自诣朝堂,无一人亡匿者;上皆赦之"⑦。《新唐书·刑法志》对此也有记载,贞观六年(公元632年),"亲录囚徒,闵死罪者三百九十人,纵之还家,期以明年秋即刑;及期,囚皆诣朝堂,无后者,

---

① 《后汉书》卷六十四《吴延史卢赵列传》。
② 《后汉书》卷二十九《申屠刚鲍永郅恽列传》。
③ 《晋书》卷九十《列传第六十》。
④ 《北史》卷七十七《列传第六十五》。
⑤ 《后汉书》卷三十三《朱冯虞郑周列传》。
⑥ 《资治通鉴》卷一百九十四唐太宗贞观六年十二月辛未。
⑦ 《资治通鉴》卷一百九十四唐太宗贞观七年九月。

太宗嘉其诚信,悉原之"①。这两段史料所载就是历史上有名的"四百囚徒归狱案"(见图9-4)。另据《旧唐书·唐临传》载,唐临任万泉县丞时,"县有轻囚十数人,会春暮时雨,临白令请出之,令不许。临曰:'明公若有所疑,临请自当其罪。'令因请假,临召囚悉令归家耕种,与之约,令归系所。囚等皆感恩贷,至时毕集诣狱"②。统治者通过允许狱囚暂时回家,表明了其仁爱之心和悯囚的态度,但是,这样做确实也存在一定风险,因此,只有在政治形势比较稳定的时期,统治者才会允许这样的做法。

图9-4 唐太宗纵囚归狱图③

暂行释放囚犯回家虽然在古代屡有发生,但是并未成为常法。这种做法毕竟是突破了国家法度的,因此历来也产生了不小的争议。宋朝文学家欧阳修写过一篇《纵囚论》,对唐太宗纵囚归家的做

---

① 《新唐书》卷五十六《刑法》。
② 《旧唐书》卷八十五《列传第三十五》。
③ 图片引自马小红、庞朝骥等:《守望和谐的法文明:图说中国法律史》,北京大学出版社2009年版,第63页。

第九章 监狱制度

法提出了质疑。在文中,欧阳修指出,唐太宗之所以这么做,"所以求此名也","夫意其必来而纵之,是上贼下之情也;意其必免而复来,是下贼上之心也"①,皇帝是料到犯人会回来,因此才会释放他们,犯人是料到皇帝会赦免他们,因此才返回。这里只有互相揣测内心的想法,实际上不存在什么皇帝施予恩德、囚犯遵守信义。欧阳修的此番评论有一定道理,即使是在皇权时代,这种做法也是对法制的破坏,也许这正是其未能成为常法的原因。

四、古代监狱的黑暗情形

古代监狱尽管有一套比较完善的管理制度,也有一定的体现仁政的措施,但是在君主专制统治的历史条件下,必然存在着腐败黑暗甚至极端残酷的情形,史籍中有关的记载甚多。

西汉时,俗语有云:"画地为狱,议不入,刻木为吏,期不对"②。意指监狱之内,狱吏务求深刻,不依常法行事。汉武帝后元二年(公元前87年),"望气者言长安狱中有天子气",武帝听后非常惊恐,为了防止长安狱中将来"出天子",竟下令将长安各中都官狱中的囚犯,"轻重皆杀之"。③ 西晋时,民间有一句谚语:"廷尉狱,平如砥,有钱生,无钱死"④。南齐时,郡县监狱中曾出现"上汤杀囚"的酷法,监狱官吏为了"实行冤报或以肆忿",在为狱囚治病的汤药中投放毒药,加以杀害,然后以"死病"上报。据《南齐书·王僧虔传》载,建元二年(公元480年),王僧虔"改授左光禄大夫……郡县狱相承有上汤杀囚,僧虔上疏言之曰:'汤本以救疾,而实行冤暴,或以肆忿。若罪必入重,自有正刑;若去罪宜疾,则应先启。岂有死生大

---

① (宋)欧阳修:《欧阳修诗文集校笺》,洪本健校笺,上海古籍出版社2009年版,第563页。
② 《西汉会要》卷六十二《刑法二·恤刑》。
③ 《汉书》卷八《宣帝纪》。
④ (唐)徐坚等:《初学记》卷二十《政理部·狱》,中华书局2004年版,第494页。

命,而潜制下邑?'"①为病囚提供医药、进行救治,这本是表明统治者仁爱之心,体恤狱囚的一项善制,但是一些狱吏竟将这项制度扭曲为杀害狱囚的手段,这反映了某些历史时期监狱管理的黑暗与腐败。明朝人王肯堂也曾对监狱的状况作了如下记录:"近日有司疏于治狱,有狱卒要索不遂,凌虐致死者;有仇家买求狱卒,设计致死者;有伙盗通同狱卒,致死首犯以灭口者;有狱霸放债逞凶,满监尽其驱使,专利坑贫,因而致死者;有无钱通贿,断其供给,有疾病不报,待其垂死而递病呈或死后而补病呈者。"②

清朝著名文学家方苞因《南山集》案被关押于刑部监狱中,亲身体会了监狱中的腐败残忍情况,在其所著《狱中杂记》中作了淋漓尽致的描述,现摘录文中若干段如下:

> 康熙五十一年三月,余在刑部狱,见死而由窦出者日四三人。有洪洞令杜君者,作而言曰:"此疫作也。今天时顺正,死者尚希,往岁多至日十数人。"余叩所以,杜君曰:"是疾易传染,遘者虽戚属不敢同卧起。而狱中为老监者四。监五室:禁卒居中央,牖其前以通明,屋极有窗以达气;旁四室则无之,而系囚常二百余。每薄暮下管键,矢溺皆闭其中,与饮食之气相薄;又隆冬贫者席地而卧,春气动,鲜不疫矣。狱中成法,质明启钥。方夜中,生人与死者并踵顶而卧,无可旋避,此所以染者众也。又可怪者,大盗积贼,杀人重囚,气杰旺,染此者十不一二,或随有瘳;其骈死皆轻系及牵连佐证法所不及者"。

> 余曰:"京师有京兆狱,有五城御史司坊,何故刑部系囚之多至此?"杜君曰:"迩年狱讼情稍重,京兆、五城即不敢专决;又九门提督所访缉纠诘,皆归刑部;而十四司正副郎好事者,及书

---

① 《南齐书》卷三十三《列传第十四》。
② (明)王肯堂:《王仪部先生笺释》之《慎刑说》,载于杨一凡主编:《中国律学文献》(第二辑第五册),黑龙江人民出版社2005年版,第466页。

第九章 监狱制度

吏、狱官、禁卒,皆利系者之多;少有连,必多方钩致。苟入狱,不问罪之有无,必械手足,置老监,俾困苦不可忍;然后导以取保,出居于外,量其家之所有以为剂,而官与吏剖分焉。中家以上皆竭资取保。其次求脱械,居监外板屋,费亦数十金。惟极贫无依,则械系不稍宽,为标准以警其余。或同系情罪重者,反出在外,而轻者、无罪者罹其毒,积忧愤,寝食违节,及病又无医药,故往往至死。"

……

余同系朱翁、余生及在狱同官僧某遘疫死,皆不应重罚。又某氏以不孝讼其子,左右邻械系入老监,号呼达旦。余感焉,以杜君言泛讯之,众言同,于是乎书。

凡死刑狱上,行刑者先俟于门外,使其党入索财物,名曰"斯罗",富者就其戚属,贫则面语之。其极刑,曰:"顺我,即先刺心,否则四肢解尽,心犹不死。"其绞缢,曰:"顺我,始缢即气绝;否则三缢加别械,然后得死。"惟大辟无可要,然犹质其首。用此,富者赂数十百金,贫亦罄衣装,绝无有者,则治之如所言。主缚者亦然;不如所欲,缚时即先折筋骨。每岁大决,勾者十四三,留者十六七,皆缚至西市待命。其伤于缚者即幸留,病数月乃瘳,或竟成痼疾。①

第三节 录 囚 制 度

录囚是中国古代监狱史上一项重要制度。录囚也称虑囚,主要指皇帝和各级官吏定期或不定期地巡视监狱、讯察狱囚、平反冤狱、决遣淹滞、施行宽赦,借以体现仁政并维护国家的法律秩序,其本质

---

① (清)方苞:《方苞集》,刘季高点校,上海古籍出版社1983年版,第709—711页。

是通过对狱情的审查,实现对司法审判活动的监督。

一、录囚的主体

中国古代的录囚制度,从主体的角度可以分为官员录囚和皇帝录囚,到了明清时期则发展出会审录囚的制度。

据《礼记·月令》记载:"仲春之月……命有司,省囹圄,去桎梏,毋肆掠,止狱讼。"①可见,中国可能早在西周时期就有了司法官员定期巡视监狱的制度,但具体内容所载不详。

西汉时期,统治者在儒家"慎罚"思想的指导下,将录囚作为一种重要的司法制度规定了下来。据《汉书·隽不疑传》记载,隽不疑在任京兆尹时,"每行县录囚徒还,其母辄问不疑:'有所平反,活几何人?'即不疑多有所平反,母喜笑"②。"县邑囚徒,皆阅录视,参考辞状,实其真伪。有侵冤者,即时评理。"③《汉书·何武传》也载:"及武为刺史,行部录囚徒。"④《后汉书·百官五》记载:"诸州常以八月巡行所部郡国,录囚徒,考殿最。"⑤由以上材料可以看出,两汉时期,录囚已成为郡守、刺史的职责之一,正如沈家本所说:"录囚汉制,太守任之,乃常事。"⑥而且到东汉时,官员录囚需要定期进行了。此外,在东汉时期,录囚的主体范围出现了扩大的趋势,皇帝甚至太后也亲自参与到录囚的活动中来。例如,汉明帝永平年间,"(汉明帝)车驾自幸洛阳狱录囚徒,理出千余人"⑦。和帝永元六年(公元

---

① 《礼记·月令》。
② 《汉书》卷七十一《隽疏于薛平彭传》。
③ (汉)王隆撰:《汉书解诂》。
④ 《汉书》卷八十六《何武王嘉师丹传》。
⑤ 《后汉书》志第二十八《百官五》。
⑥ (清)沈家本撰:《历代刑法考》,邓经元、骈宇骞点校,中华书局1985年版,第2154页。
⑦ 《后汉书》卷四十一《第五钟离宋寒列传》。

第九章 监狱制度

94年)秋七月,"(汉和帝)幸洛阳寺,录囚徒,举冤狱"①。安帝永初二年(公元108年)夏,京师大旱,临朝执政的邓太后"亲幸洛阳寺录冤狱"②。

官吏定期录囚的制度,在魏晋南北朝时期得到延续。例如南朝梁武帝时,"丹阳尹月一诣建康县,令三官参共录狱,察断枉直。其尚书当录人之月者,与尚书参共录之"③。可见有关官员需要"每月一次"或者在"当录人之月"进行录囚。南朝陈时,"常以三月,侍中、吏部尚书、尚书、三公郎、部都令史、三公录冤局、令史、御史中丞、侍御史、兰台令史,亲行京师诸狱及冶署,理察囚徒冤枉"④。意味着通常每年三月是进行录囚的时间。由此可见,在这一时期官员录囚的时间已经比较固定了,而且参加录囚的官员也相当多。魏晋南北朝时期,各国皇帝也多有录囚之举,史料中亦可见到其他皇族成员录囚的记载。《晋书·武帝纪》载,泰始四年(公元468年)十二月,"庚寅,帝临听讼观,录廷尉洛阳狱囚,亲平决焉"⑤。《南齐书·武帝纪》载:"永明六年春正月壬午……诏:'二百里内狱同集京师,克日听览,自此以外,委州郡讯察。'"⑥《魏书·高祖纪》载太和四年(公元480年),"四月己卯,幸廷尉、籍坊二狱,引见诸囚";"闰月丁亥,幸虎圈,亲录囚徒,轻者皆免之"。⑦《南齐书·文惠太子传》载太子曾"于玄圃园宣猷堂录三署囚,原宥各有差"⑧。

唐宋时期,各级官员定期录囚的制度进一步完善。统治者十分重视狱政,首先,将录囚作为各级官员(不限于专门的司法官员)的

---

① 《后汉书》卷四《孝和孝殇帝纪》。
② 《后汉书》卷十上《皇后纪上》。
③ 《隋书》卷二十五《刑法》。
④ 同上。
⑤ 《晋书》卷三《武帝纪》。
⑥ 《南齐书》卷三《武帝本纪》。
⑦ 《魏书》卷七上《高祖纪上》。
⑧ 《南齐书》卷二十一《列传第二》。

重要职责,而且规定了严格的时间要求。《新唐书·刑法志》载:"诸狱之长官,五日一虑囚","刑部岁以正月遣使巡覆,所至,阅狱囚杻校、粮饷,治不如法者"。① 玄宗开元十七年(公元729年),"夏四月癸亥,令中书门下分就大理、京兆、万年、长安等狱疏决囚徒";开元二十年(公元732年)二月"分命宰相录京城诸狱系囚"②;天宝六年(公元747年)秋七月"乙酉,以旱,命宰相、台寺、府县录系囚,死罪决杖配流,徒已下特免"③。这就意味着县级官员也有录囚的职责。州一级的行政长官则要每年录囚一次,《唐六典》中规定:"京兆、河南、太原牧及都督、刺史……每岁一巡属县……录囚徒。"④宋初沿袭唐朝五日一虑囚的做法,开宝二年(公元969年)五月,太祖下诏:"两京诸州,令长吏督狱掾,五日一检视",并且要求从此以后"每仲夏申敕官吏,岁以为常"。⑤ 这就明确了两京及诸州的长官有责任督促狱掾定期录囚。太宗太平兴国六年(公元981年),再次下诏强调"自今长吏每五日一虑囚。"⑥雍熙元年(公元984年),改为十日一虑囚,"令诸州十日一具囚帐及所犯罪名、系禁日数以闻,俾刑部专意纠举"⑦。其次,监察机关作为司法监督机关,也将录囚作为监督司法活动的重要形式。唐朝的监察侍御史"分为左右巡,纠察违失。以承天、朱雀街为界,每月一代。将晦,即巡刑部、大理、东西徒坊、金吾及县狱"⑧。这说明御史台要定期派员视察位于长安的各处监狱;对于地方监狱,御史台会根据皇帝的命令派员前往录囚,例如玄宗开元十三年(公元725年)春正月,"分遣御史中丞蒋钦绪等往十

---

① 《新唐书》卷五十六《刑法》。
② 《旧唐书》卷八《玄宗本纪上》。
③ 《旧唐书》卷九《玄宗本纪下》。
④ 《唐六典》卷三十《三府督护州县官吏》。
⑤ 《宋史》卷一百九十九《刑法一》。
⑥ 同上。
⑦ 同上。
⑧ 《通典》卷二十四《职官六·监察侍御史》。

第九章 监狱制度

道疏决囚徒"①。肃宗上元二年(公元761年)春正月,也曾"诏府县、御史台、大理疏理系囚"②。再次,唐朝已有了县级官员参与录囚,至宋朝这已是非常普遍的做法了。如孝宗隆兴二年(公元1164年)六月,"辛酉,以淫雨,诏州县理滞囚"③;乾道九年(公元1173年)春,"闰月戊申,以久雨,命大理、三衙、临安府及两浙州县决系囚,减杂犯死罪以下一等,释杖以下"④。宁宗开禧元年(公元1205年)秋七月,"以旱,诏大理、三衙、临安府、两浙州县及诸路决系囚"⑤。

唐宋时期,皇帝亲录囚徒更加频繁,成为了常行的制度。高祖武德元年(公元618年)"九月乙巳,亲录囚徒"⑥,此后历年都举行录囚。太宗于即位当年(公元626年)的十二月,即"亲录囚徒"⑦。上文所引"四百囚徒归狱案"是贞观六年唐太宗亲录囚徒的事情。贞观二十一年(公元647年),太宗诏曰"以无识之徒自蹈刑宪者,宜顺阳和,时申恩惠。诸司见禁囚,并宜将过,详其轻重"。"自此以后,每视朝,录禁囚二百人,帝亲自案问。"⑧高宗皇帝的录囚活动最为频繁,史籍多有所载。他曾于龙朔三年(公元663年)二月下诏曰:"天德施生,阳和在节,言念幽圄,载恻分宵。虽复每有哀矜,犹恐未免枉滥。在京系囚应流死者,每日将二十人过。""于是亲自临问,多所原宥,不尽者令皇太子录之。"⑨玄宗初年,也曾亲录囚徒,开元七年(公元719年),"秋七月丙辰,制以亢阳日久,上亲录囚徒(似

---

① 《旧唐书》卷八《玄宗本纪上》。
② 《旧唐书》卷十《肃宗本纪》。
③ 《宋史》卷三十三《孝宗本纪一》。
④ 《宋史》卷三十四《孝宗本纪二》。
⑤ 《宋史》卷三十八《宁宗本纪二》。
⑥ 《旧唐书》卷一《高祖本纪》。
⑦ 《旧唐书》卷二《太宗本纪上》。
⑧ 《册府元龟》卷五十八《帝王部上·勤政》。
⑨ 《旧唐书》卷四《高宗本纪上》。

乎应为徒),多所原免"①。宋朝建国之初,太祖就十分重视录囚,"帝每亲录囚徒,专事钦恤"②,乾德四年(公元966年),太祖"亲录开封府系囚,会宥者数十人"③。宋太宗雍熙二年(公元985年),"十月,亲录京城系囚,遂至日旰"。有近臣进谏认为皇帝过于操劳,太宗却说:"倘惠及无告,使狱讼平允,不致枉桡,朕意深以为适,何劳之有?"④此后,两宋历朝皇帝都经常亲录囚徒,其频繁程度不亚于唐朝。

明朝开国之初就重视录囚,例如洪武十四年(公元1381年)冬十月,"癸亥,分遣御史录囚"⑤。洪武十六年(公元1383年),"秋七月,分遣御史录囚"⑥。太祖本人也曾亲自录囚。但是明朝较之于唐宋时期,录囚的方式发生了变化:史籍中关于皇帝或官吏单独录囚的记载渐少,录囚与有关审判制度相结合,发展成一套较完整的会官审录囚徒的制度。⑦ 明朝"会官审录之例,定于洪武三十年"⑧。这是在正常审判程序完成之后,罪犯判刑并在执行之中,对于重大案犯举行定期会官审录的制度。⑨ 这种会官审录的做法自洪武十四年已经开始,此后不断发展,日趋完善。洪武十四年(公元1381年),"冬十月壬子朔,日有食之。癸丑,命法司录囚,会翰林院给事中及春坊官会议平允以闻"⑩。并且诏谕刑部,"自今论囚,惟武臣、死罪,朕亲审之,余俱以所犯奏。然后引至承天门外,命行人持讼理

---

① 《旧唐书》卷八《玄宗本纪上》。
② 《宋史》卷一百九十九《刑法一》。
③ 《宋会要辑稿·刑法》五之一。
④ 《宋史》卷一百九十九《刑法一》。
⑤ 《明史》卷二《太祖本纪二》。
⑥ 《明史》卷三《太祖本纪三》。
⑦ 王利荣主编:《中国监狱史》,法律出版社2002年版,第97页。
⑧ 《明史》卷九十四《刑法二》。
⑨ 薛梅卿主编:《中国监狱史》,群众出版社1986年版,第147页。
⑩ 《明史》卷二《太祖本纪二》。

第九章 监 狱 制 度

幡,传旨谕之;其无罪应释者,持政平幡,宣德意遣之"①。这就是明朝会官审录制度的开端。之后又下令"五军都督府、六部、都察院、六科、通政司、詹事府,间及驸马杂听之,录冤者以状闻,无冤者实犯死罪以下悉论如律,诸杂犯准赎"②。成祖、仁宗、宣宗朝,又多次以法令形式肯定了太祖时期的会审录囚制度:"永乐七年令大理寺官引法司囚犯赴承天门外,行人持节传旨,会同府、部、通政司、六科等官审录如洪武制。十七年令在外死罪重囚,悉赴京师审录。仁宗特命内阁学士会审重囚,可疑者再问。宣德三年奏重囚,帝令多官覆阅之。"③至英宗时,朝审制度正式形成,"天顺三年令每岁霜降后,三法司同公、侯、伯会审重囚,谓之朝审。历朝遂遵行之"④。这样就明确了会官审录的时间。一般,朝审由吏部尚书秉笔主持,"至万历二十六年朝审,吏部尚书缺,以户部尚书杨俊民主之。三十二年复缺,以户部尚书赵世卿主之。崇祯十五年,命首辅周延儒同三法司清理淹狱,盖出于特旨云"⑤。除了每年定期举行的朝审之外,明朝还在每年暑热时节会审录囚,称为热审,"热审始永乐二年,止决遣轻罪,命出狱听候而已"⑥。仅宣宗宣德二年五、六、七月进行的热审,就曾决遣罪囚二千四百余人。至宪宗成化年间,热审审录罪囚"始有重罪矜疑,轻罪减等,枷号疏放诸例"⑦。另外,明朝还于宣宗宣德二年二月实行过春审制度;于洪武二十三年、永乐四年、九年、十二年、宣德四年、崇祯十年的冬季实行过寒审制度。除了上述制度,明朝还曾建立由太监参与的会审制度,宪宗"成化十七年命司礼太监一员会同三法司堂上官,于大理寺审录,谓之大审。南京则命内守备行

---

① 《明史》卷九十四《刑法二》。
② 同上。
③ 同上。
④ 同上。
⑤ 同上。
⑥ 同上。
⑦ 同上。

之。自此定例,每五年辄大审"①。这是明朝宦官干预司法的具体表现。

  清朝继承并发展了明朝的会审录囚制度。清朝将死刑绞、斩分为"立决"和"监候"两类,在京刑部监狱罪犯除经议定处立决的外,议定监候的则入朝审;外省的绞、斩死罪,经三法司核议,除议定立决的外,议定监候的则入秋审。清朝建立了比较严密的会审程序:首先,限定归入本年秋审案件的截止日期,"刑部各司,自岁首将各省截止期前题准之案,分类编册,发交司员看详"②。之后由刑部看详核拟,也就是审核案卷。议定之后,"刑部将原案及法司督抚各勘语刊刷招册,送九卿、詹事、科道各一分"③。接着,"八月内定期在金水桥西会同详核"④。头一日进行朝审,"朝审本刑部问拟之案,刑部自定实缓";"三法司、九卿、詹事、科道入座,刑部将监内应死人犯提至当堂,命吏朗诵罪状及定拟实、缓节略,事毕回禁"。⑤ 次日进行秋审,"秋审则直省各督抚于应勘时,将人犯提解省城,率同在省司道公同会勘,定拟具题";"凭招册审核,如俱无异议,会同将原拟陆续具题;有异,前期签商。若各执不相下,持异之人奏上,类由刑部回奏听裁。苟攻及原审,则径行扣除再讯。"⑥最后,要按照情节的不同分类处理:"初制分情实、缓决、矜、疑,然疑狱不经见。雍正以后,加入留养承祀,区为五类。"⑦此外,清朝自顺治朝起实行热审制度,"康熙十年,定每年小满后十日起,至立秋前一日止,非实犯死罪及军、流,俱量予减等";"乾隆以后,第准免笞、杖,则递行八折决放,枷

---

 ① 《明史》卷九十四《刑法二》。
 ② 《清史稿》卷一百四十四《刑法三》。
 ③ 同上。
 ④ 同上。
 ⑤ 同上。
 ⑥ 同上。
 ⑦ 同上。

第九章 监 狱 制 度

号渐释,余不之及"。①

总的来看,录囚制度的主体具有多样化的特点。从汉初只有郡守、刺史有录囚之责,逐渐发展为更多的官员参与到录囚之中,并且不限于司法官员,行政机构、监察机构的官员也多进行录囚;参与的官员也不限于中央一级的,各郡县的地方官也有录囚的职责;自东汉起,皇帝开始亲录囚徒,而且录囚的次数与频率有不断增长的趋势,很显然,这是封建帝王试图控制司法权与狱政权的体现。但是,皇帝一人亲自录囚的范围毕竟比较有限,所以还是会委任各级官员协助进行录囚,录囚并未被皇帝垄断。到了明清时期,录囚主要由官员通过会审的方式来进行,这使得录囚更加制度化,其程序也随之更加严密、复杂。

二、录囚的功能

录囚的功能,在历史上经历了一个发展变化的过程。

从上文所引的史料中可以看出,在汉朝,实行录囚制度主要是为了平反冤狱。无论是官员还是皇帝,都是通过重新审录狱囚,处理冤案,以达到监督司法审判活动的目的。

需要注意的是,统治者往往会基于"天人感应"的思想,因天象的变化或灾害的发生而进行录囚。根据史料的记载,这种情况在汉朝就已经出现。汉宣帝五凤四年(公元前54年),"夏四月辛丑晦,日有蚀之。诏曰:'皇天见异,以戒朕躬,是朕之不逮,吏之不称也。以前使使者问民所疾苦,复遣丞相、御史掾二十四人循行天下,举冤狱,察擅为苛禁深刻不改者。'"②上文所举东汉和帝与邓太后亲幸洛阳狱录囚,都是因为京师出现了旱灾,而且,在审录囚徒、平理冤狱之后,立即就收到了效果:和帝录囚,"收洛阳令下狱抵罪,司隶校

---

① 《清史稿》卷一百四十四《刑法三》。
② 《汉书》卷八《宣帝纪》。

尉、河南尹皆左降。未及还宫而澍雨"①;邓太后录囚,"有囚实不杀人而被考自诬,羸困舆见,畏吏不敢言,将去,举头若欲自诉。太后察视觉之,即呼还问状,具得枉实,即时收洛阳令下狱抵罪。行未还宫,澍雨大降。"②很显然,天灾异象的出现是统治者进行录囚的重要动机。这是天人感应理论在司法领域的具体表现。当时的统治者认为,天降灾异,一定是因为统治者无德,"鬼神不顺无德,灾殃将及吏人"③,而统治者无德的表现之一就是人间发生冤狱,因此需要通过录囚来平理冤狱。这就使天象的变化和灾害的发生成为了进行录囚的动因。而且录囚之后灾异现象往往就会结束,虽然在今天看来这显然缺乏科学根据,但在当时人眼中,这无疑强化了天灾异象和平理冤狱之间的联系。在后世,这种因为灾异现象而录囚的做法也得以延续。

到了魏晋南北朝时期,录囚依然是平反冤狱的重要方式,同时,统治者逐渐开始通过录囚来实施赦免。例如上文所举《魏书·高祖纪》所载,孝文帝在太和四年(公元480年)闰月丁亥亲录囚徒,即对"轻者皆免之"。④《北齐书·武成帝纪》也记载,河清二年(公元563年)"辛卯,帝临都亭录见囚,降在京罪人各有差"⑤。《北齐书·废帝纪》载,乾明元年(公元560年)"甲辰,帝幸芳林园,亲录囚徒,死罪以下降免各有差"⑥。到了唐朝,录囚已经成为实行特赦的固定制度。正如沈家本所讲:"虑囚唐制……然唐之虑囚有二:一大理卿之职,若禁囚有推决未尽,留系未决者,五日一虑。此无关于赦。一特

---

① 《后汉书》卷四《孝和孝殇帝纪》。
② 《后汉书》卷十上《皇后纪上》。
③ 《后汉书》卷一下《光武帝纪下》。
④ 《魏书》卷七上《高祖纪上》。
⑤ 《北齐书》卷七《武成帝纪》。
⑥ 《北齐书》卷五《废帝纪》。

第九章 监狱制度

赦……此赦事之一也。"①这方面的记载很多,例如,高祖"(武德)八年春二月己巳,亲录囚徒,多所原宥"②。上文所述太宗贞观六年(公元632年)"纵死罪者归其家",次年九月"纵囚来归",同样"皆赦之"。③ 贞观十七年(公元643年)冬,"以凉州获瑞石,曲赦凉州,并录京城及诸州系囚,多所原宥"④。贞观二十一年(公元647年),太宗"每视朝,录禁囚二百人",也是"降死至流,流入徒,徒入杖,杖者并放"。⑤ 高宗朝录囚最为频繁,也往往通过录囚实施赦宥。

需要注意的是,唐朝统治者仍然会因为天象的变化或灾害的发生而进行录囚,例如:太宗贞观三年(公元629年),"六月戊寅,以旱,亲录囚徒"⑥。贞观十三年(公元639年),"五月甲寅,以旱避正殿,诏五品以上言事,减膳,罢役,理囚,赈乏,乃雨"⑦。而且,因为唐朝统治者重视通过录囚来实行赦免,从而将灾异现象、录囚和赦宥联系在了一起,例如高宗永徽四年(公元653年)四月,"壬寅,以旱虑囚,遣使决天下狱"⑧。仪凤三年(公元678年)四月,"丁亥朔,以旱,避正殿,亲录囚徒,悉原之"⑨。玄宗开元七年(公元719年),"秋七月丙辰,制以亢阳日久,上亲录囚徙(似乎应为徒),多所原免"⑩。天宝六年(公元747年),"乙酉,以旱,命宰相、台寺、府县录系囚,死罪决杖配流,徒已下特免。庚寅始雨"⑪。宋朝统治者也通过亲自录囚或派遣官员录囚的方式来实施赦宥,太祖就曾于乾德四

---

① (清)沈家本撰:《历代刑法考》,邓经元、骈宇骞点校,中华书局1985年版,第2154页。
② 《旧唐书》卷一《高祖本纪》。
③ 《新唐书》卷二《太宗本纪》。
④ 《旧唐书》卷三《太宗本纪下》。
⑤ 《册府元龟》卷五十八《帝王部上·勤政》。
⑥ 《旧唐书》卷二《太宗本纪上》。
⑦ 《新唐书》卷二《太宗本纪》。
⑧ 《新唐书》卷三《高宗本纪》。
⑨ 《旧唐书》卷五《高宗本纪下》。
⑩ 《旧唐书》卷八《玄宗本纪上》。
⑪ 《旧唐书》卷九《玄宗本纪下》。

年(公元966年)"亲录开封府系囚,会宥者数十人"①;真宗咸平元年(公元998年)二月,"乙未,虑囚,老幼疾病,流以下听赎,杖以下释之"②。当有灾异发生之时,更是如此,皇帝可以选择亲自录囚或者命令官员录囚,如孝宗乾道九年(公元1173年)春,"闰月戊申,以久雨,命大理、三衙、临安府及两浙州县决系囚,减杂犯死罪以下一等,释杖以下"③。宋宁宗绍熙五年(公元1194年)十月,"庚子,以久雨命大理、三衙、临安府、两浙州县决系囚,释杖以下"④。可以说,录囚制度最初的平反冤狱的功能,至唐宋时已经为实施赦免所取代。

明清两朝以会审的方式进行录囚。通过重新审录狱囚,不仅可以平反冤狱,减轻刑罚,甚至予以赦免,而且因为决遣狱囚,客观上起到了清理淹狱的效果,从功能上讲,继承并发展了前代的录囚制度,使之更加完善。

---

① 《宋会要辑稿·刑法》五之一。
② 《宋史》卷六《真宗本纪一》。
③ 《宋史》卷三十四《孝宗本纪二》。
④ 《宋史》卷三十七《宁宗本纪一》。

第 十 章
民事诉讼制度

第一节 古代民事诉讼概论

中国古代是否存在民事诉讼,学术界有两种明显不同的观点。传统的观点认为中国古代基本上不存在民事诉讼。如近代著名学者梁启超认为:"盖初民社会之政治,除祭祀、斗争以外,最要者便是讼狱。而古代所有权制度未确立,婚姻从其习惯,故所谓民事诉讼者殆甚稀,有讼皆刑事也。"[1]戴炎辉认为:"(在中国古代)惟不能截然分为刑事诉讼和民事诉讼。刑事诉讼与民事争讼并非诉讼标的本质上之差异,只不过其所具有之犯罪的色彩有浓淡之差而已。在诉讼程序上,民事与刑事并无'质的差异',即其所依据的原则并无二致……惟民案比刑案较为轻微,故简化其程序,例如毋庸申覆,停止受理,受理后听和息而销案。"[2]以上传统主张并非绝对否定古代民事诉讼的存在,而只是认为数量上"殆甚稀"、程序上与刑事诉讼"无质的差异"。

近二十年来,有不少学者认为中国古代存在民事诉讼并且比较

---

[1] 梁启超:《先秦政治思想史》,商务印书馆2014年版,第57页。
[2] 参见戴炎辉:《中国法制史》,三民书局1966年版,第137—138页。

发达,如著名法制史学者张晋藩认为:"从西周起便开始了民事诉讼与刑事诉讼的初步分野,这是为史书和地下文物的新发现所证实了的历史事实。因此中国古代民事诉讼制度不仅具有悠久的历史,而且内容丰富,特色鲜明,它的发展轨迹是和社会经济的发展,尤其是和民事法律关系的发展相一致的"[1]。

古代是否存在民事诉讼,关键在于民事诉讼与刑事诉讼质的区别究竟是什么。现代法律对于刑事诉讼和民事诉讼的界定标准为:刑事诉讼是解决定罪处刑的诉讼活动,民事诉讼则是以解决个人或者组织之间涉及财产或人身权益纠纷的诉讼活动,不包含定罪处刑的因素。古代是否存在民事诉讼同样应按照以上标准来衡量,同时应兼顾当时历史的特点。

据此,本节对古代民事诉讼作以下三点论述。

一、古代民事诉讼的发展脉络

(一) 西周时期"狱""讼"的区别

夏商时期是否存在民事诉讼,史料阙如,无法考证。依据《周礼》的记载,西周时期已出现刑民诉讼的分野:"讼,谓以财货相告者;狱,谓相告以罪名者。"[2]"争罪曰狱,争财曰讼。"[3]即涉及定罪称为"狱",对此类案件的审理称为"断狱";涉及财产纷争称为"讼",对此类案件的审理称为"弊讼"。[4] 另据《周礼》记载:"以两造禁民讼,入束矢于朝,然后听之。以两剂禁民狱,入钧金,三日乃致于朝,然后听之。"[5]即"讼"之"两造"与"狱"之"两剂"要缴纳不同的诉讼

---

[1] 张晋藩主编:《中国民事诉讼制度史》,巴蜀书社1999年版,第2页。
[2] 《周礼·秋官·大司寇》郑玄注。
[3] 《周礼·地官·大司徒》郑玄注。
[4] 《周礼·秋官·士师》载:"察狱讼之辞,以诏司寇断狱弊讼,致邦令。"
[5] 《周礼·秋官·大司寇》。

第十章　民事诉讼制度

费用,分别为"束矢"与"钧金"。① 说明这两种诉讼在受理时所需缴纳的诉讼费用是明显不同的。

现有出土文献中有几则西周时期的民事案例,摘录两例如下:

> 隹(唯)王三(四)月既眚(生)霸,辰才(在)丁酉,井(邢)尗(叔)才(在)異爲囗,〔智〕吏(使)氐(厥)小子䵼以限訟于井(邢)尗(叔):"我既賣(贖)女(汝)五〔夫效〕父,用匹馬束絲。"限話(許)曰:"甿則卑(俾)我嘗(償)馬,效〔父〕則卑(俾)逡(復)氐(厥)絲束㚸。"效父迺話(許),䵼曰:"于王參(三)門,囗囗木榜,用徵(誕)賣(贖)絲(茲)五夫,用百乎(鋝)。非出五夫則囗旛。迺甿又(有)旛罜墢金。"井(邢)尗(叔)曰:"才(在)王廷迺賣(贖)用〔徵〕不逆。付智,母(毋)卑(俾)式于甿。"智則拜頴(稽)首,受絲(茲)五〔夫〕:曰陪、曰恒、曰耕、曰鑫、曰眚,吏(使)乎(鋝)以告甿,迺卑(俾)囗,以智酉(酒)伋(及)羊、絲(茲)三乎(鋝)用到(致)絲(茲)人。智迺每(誨)于甿〔曰〕:"女(汝)其舍䵼矢五秉。"曰:"必尚(當)卑(俾)處氐(厥)邑,田氐(厥)田。"甿則卑(俾)囗逡(復)令(命)曰:"若(諾)!"②

在该案中,"智"派其部下䵼向"邢叔"控告"限",声称自己已经订赎了"限"的五个奴隶,中介人是效父,用的是一匹马一束丝。"限"同意了,但未能履约,让他的臣属甿还来一匹马,让效父还来一束丝。后来双方又订了书面契约,改用货币铜百锊买这五个奴隶。但最终"限"拒绝出卖这五个奴隶,并退回了价金。在这宗不履行买卖契约纠纷案的审理过程中,"刑叔"依据古代的契约精神,遵从当事人之间的约定,做出了"限"履行契约的裁决。

---

① 《说文·金部》:"钧,三十斤也。"钧金,为铜三十斤;束矢,为箭一束(有解释认为是农具,在西周时并未出现箭。参见王育成:《"入束矢"解》,载《法学研究》1984年第6期)。

② 《智鼎》,见王辉:《商周金文》,文物出版社2006年版,第170—171页。

图10-1　(左)上海博物馆藏仿曶鼎;(右)曶鼎铭文拓片①

隹(唯)卅(三十)又一年三月初吉壬辰,王才(在)周康宫徲大室,𢆶比以攸卫牧告于王,曰:"女(汝)覓我田,牧弗能許𢆶比。"王令(命)眚(省),史南以即虢旅,迺事(使)攸卫牧誓曰:"敢弗具(俱)付𢆶比,其且(助)射分田邑,则杀。"攸卫牧则誓。比乍(作)朕皇且(祖)丁公、皇考叀(惠)公障鼎。𢆶攸比其邁(萬)年子子孙孙永寶用。②

在该案中,𢆶比因攸卫牧谋求其田地,却没有给其报酬,因而向周王控告攸卫牧。周王命令史南把诉讼双方带到虢旅那里。司法官仅以让被告宣誓的方式给予威慑,从而迫使其履行义务,最后以铸鼎的方式记录该案。

上述两则案例均说明,对于财货争议的民事案件,西周时期的司法官员并没有进行定罪处罚。可见,西周时期不仅有"狱""讼"之间的概念区别,而且有实际案例加以印证,当时已经存在类似于现

---

① 图片引自李朝远:《曶鼎诸铭文拓片之比勘》,载《上海文博论丛》2009年第1期。
② 《𢆶攸比鼎》,见王辉:《商周金文》,文物出版社2006年版,第226页。

第十章 民事诉讼制度

代民事诉讼与刑事诉讼的区分。

(二) 秦汉至明清时期民事诉讼的常态模式

根据现存的资料来看,秦汉以后的诉讼制度的发展并没有延续西周时期"狱"与"讼"的区分。汉朝将民间财产、婚姻等方面的纠纷称为"争讼"或"辞讼",例如,《后汉书·循吏列传》载:"民有争讼,矩常引之于前,提耳训告,以为忿恚可忍,县官不可入,使归更寻思"。① 另外,《汉书·韩延寿传》中有所谓"恩信周遍二十四县,莫复以辞讼自言者"的记载。② 在这些史料中,"争讼""辞讼"即指当事人因财产、婚姻等事而向官府起诉,但在程序上未发现与"狱"(刑事案件)存在明显区别。

汉朝司法机构审理辞讼案件,在居延汉简中也有记载,如"张宗讼赵宣赔偿死马"案:

□书曰:大昌里男子张宗,责居延甲渠收虏燧长赵宣马钱,凡(少)四千九百二十将(钱)。召宣诣官。□(先)以□(证)财物故不实,臧二百五十以上,□已□□□□□(定,满三日,而不更)辟。

□赵氏故为收虏燧长,属士吏张禹,宣与禹同治。乃永始二年正月中,禹病,禹弟宗自将驿(?)牝胡马一匹来视禹。禹死。其月不审日。宗见塞外有野橐佗□□□□。

□宗马出塞逐橐佗,行可卅余里,得橐佗一匹还。未到燧,宗马萃僵死。宣以死马更(及?)所得橐佗归宗,宗不肯受。宣谓宗曰:"强使宣行马幸萃死,不以偿宗马也。"

□□共平。宗马直七千,令宣偿宗,宣立以□钱千六百付宗。其三年四月中,宗使(偿?)肩水府功曹受子渊责宣,子渊从

---

① 《后汉书》卷七十六《循吏列传》。
② 《汉书》卷七十六《赵尹韩张两王传》。

故甲渠候杨君取直(宣?),三年二月尽六。(以下残缺)①

在该案中,原告张宗多次向赵宣主张赔偿其死马的价值七千钱,但根据爰书记载,赵宣当场只偿还了一千六百钱。后面的债务如何继续追偿,因史料缺乏,我们不得而知。在该案件中,我们可以看出赵宣虽对张宗负有赔偿死马之责任,但因其无力实际履行判决,当时司法机构在处理该案时只针对案件本身的是非曲直作出判决,并未动用刑罚。

唐朝开始在地方官署设置受理不同类型案件的机构和审理人员,府设置的户曹与州设置的司户参军主要负责审理民间争讼案件:"剖断人之诉竞,凡男女婚姻之合,必辨其族姓,以举其违。凡井田利害之宜,必止其争讼,以从其顺"②。唐朝有关婚姻、争财等纠纷的案例,见于《敦煌吐鲁番唐代法制文书考释》《棠阴比事》《折狱龟鉴》等文献当中,其中涉及争财的案件通常不予定罪处罚而是通过一定的审判技巧化解。如《棠阴比事》载:

> 唐裴子云为新乡令,部民王恭戍边,留牸牛六头于舅李琎家。五年产犊三十头,恭还,索牛。李云二头已死,只还四头老牸。恭诉之,子云送恭于狱,令追盗牛者李琎。琎至,子云叱之曰:贼引汝盗牛三十头在汝庄上。唤贼共对,乃以布衫笼恭头立南墙下,命琎即吐款,乃云:三十头牛总是外甥牸牛所生,实非盗得。子云去恭布衫,令尽还牛,却以五头酬琎辛苦。③

宋朝是一个健讼之风盛行的朝代,在田土、婚姻、继承、钱债等案件的审理中,仍强调和睦和教化,不轻易动用刑罚手段。在《名公书判清明集》中载有多个此类案例:"乡邻之争劝以和睦""兄弟侵夺

---

① 《张宗、赵宣赔偿纠纷案解说》,载张伯元:《出土法律文献研究》,商务印书馆2005年版,第215页。
② 《唐六典》卷三十《三府督护州县官吏》。
③ (宋)桂万荣:《棠阴比事》"裴命急吐"。

第十章 民事诉讼制度

之争教之以和睦""争地界""下殇无立继之理""谋诈屋业""田邻侵界""主佃争墓地""女家已回定帖而翻悔""侄与出继叔争业""命继与立继不同""典卖园屋既无契据难以取赎"等。

元朝法律将"婚姻、家财、田宅、债负"作为与"违法重事"相对应的一类诉讼,如至元二十八年(公元1291年)的《至元新格》规定:"诸论诉婚姻、家财、田宅、债负,若不系违法重事,并听社长以理谕解,免使妨废农务,烦扰官司"①。这里可以看出,元朝法律只是把婚姻、财产纠纷与"违法重事"相对应,但并没有概括成为不适用刑罚的民事案件。

明朝将"户婚、田土、斗殴相争"案件与"奸、盗、诈伪、人命"案件在语义上用"小事"和"重事"加以区分,朱元璋发布的《教民榜文》规定:"民间户婚、田土、斗殴、相争一切小事,须要经由本里老人、里甲断决。若系奸、盗、诈伪、人命重事,方许赴官陈告"。而且《教民榜文》特别规定,凡"小事"纠纷不经本管里甲、老人理断,或里甲、老人不能决断,或已经老人、里甲处置停当而辗转告官,或自行越诉者,均给予严惩。②

清朝法律中将"户婚、田土、钱债、斗殴、赌博"等纠纷统称之为细故或细事。例如,《大清律例》载:"户婚、田土、钱债、斗殴、赌博等细事……"③《蓝公案》中有关"细故""词讼"的记载较多,如"田土,细故也"④,"贫民乏食相攘窃,亦属细故"⑤,"欠租口角亦属细

---

① 《大元通制条格·田令》"理民"条。
② 《中国珍稀法律典籍集成》乙编第一册《洪武法律典籍》,杨一凡、曲英杰、宋国范点校,科学出版社1994年版,第639页。
③ 《大清律例·刑律·诉讼》,"越诉"条例。
④ (清)蓝鼎元:《蓝公案》第十则"兄弟讼田",中国文史出版社2003年版,第22页。
⑤ (清)蓝鼎元:《蓝公案》第十二则"卓洲溪",中国文史出版社2003年版,第31页。

故"①,"斗殴细故"②。另有记载:"窃照外省公事,自斥革衣顶、问拟杖徒以上,例须通详,招解报部,及奉上司批审呈词,须详覆本批发衙门者,名为'案件';其自理民词,枷、杖以下,一切户婚、田土、钱债、斗殴细故,名为'词讼'。"③

由上我们可以清楚地看出,从秦汉直到清末变法以前,并没有以罪与非罪作为区分刑事案件与民事案件的明确界限,而是以案件类型(如户婚、田土等)和刑罚的轻重(如杖徒为界)将案件分成小案("细故")和大案("重事")两大类。两类案件在管辖、审理方式等诉讼程序上也有所区别。"细故"并非全部是纯民事案件,其中一部分是法定刑较轻(如徒、杖以下)的刑事案件。较之西周时期"争罪曰狱,争财曰讼"的刑、民事分类,"细故"和"重事"的案件分类方式反而模糊了民刑事案件的区别。

二、古代《户婚》律文案例辨析

在讨论古代是否存在民法以及民事诉讼的时候,人们的目光必然会聚焦到历代律典中的《户婚律》或《户律》上。但是古代户婚方面的律文规定是否为民事法律性质,本书的答案基本上是否定的。如果细究古代律典中《户婚律》的性质,依今天部门法的分类标准来看,《户婚律》就是刑事法律。下面以《户婚》的律文和相关案例来进行分析。

(一) 古代《户婚》律文

古代律典中《户婚》篇的渊源,按照唐律的说法,可追溯至汉《九章律》。《唐律·户婚》疏议曰:"户婚律者,汉相萧何承秦六篇律

---

① (清)蓝鼎元:《蓝公案》第二十则"林军师",中国文史出版社2003年版,第59页。
② (清)蓝鼎元:《蓝公案》第二十四则"蜃楼可畏",中国文史出版社2003年版,第72页。
③ (清)包世臣:《齐民四术》,中华书局2001年版,第252页。

第十章 民事诉讼制度

后,加厩、兴、户三篇,为九章之律。迄至后周,皆名户律。北齐以婚事附之,名为婚户律。隋开皇以户在婚前,改为户婚律。既论职司事讫,即户口、婚姻,故次职制之下。"①可见,唐律中的《户婚律》渊源于秦律、汉律,后为《宋刑统》、明律、清律所继承。明清律的《户律》涵盖了户役、婚姻、田宅、仓库、课程、钱债、市廛等方面的内容,从名称看,这些事项大多涉及民事,被认为"实近民法"②,并成为某些学者认为中国存在民事诉讼的重要论据,其实这是不准确的。

下面以唐律《户婚律》的内容为例进行分析。唐律共十二篇三十卷五百零二条,分别为:名例、卫禁、职制、户婚、厩库、擅兴、贼盗、斗讼、诈伪、杂律、捕亡、断狱,《名例》相当于现代刑法典的总则,其余基本为各种罪名的规定。其中,《户婚》共三卷,四十六条,涉及户籍、土地、赋税、婚姻、继承等事项,从律文内容来看,全部是对于此类事项的禁止性规定及处以刑罚的规定。换言之,唐律实际上是一部刑法典,律文中有关户婚的内容是户婚方面的罪名及其处刑。钱大群教授在解释唐律《户婚律》序疏时也明确指出:"'户口、婚姻'方面正面的制度性法规在《户令》《赋役令》及《礼》的'嘉礼'之内,而绝非在'律'的《户婚》篇内。"③

下面对《唐律·户婚》中涉及婚姻、田土、户口三个方面犯罪的条文加以探讨,说明《户婚律》条文的刑事法律性质。

首先,《唐律·户婚》中篇幅最大的内容是关于破坏婚姻秩序行为的处罚,主要集中于第175条至第195条。比如,"有妻更娶"条(177)规定:"诸有妻更娶妻者,徒一年;女家,减一等。若欺妄而娶者,徒一年半;女家不坐。各离之"④。该条是对有妻者再娶妻(不包括纳妾)的行为的处罚,再娶者存在欺罔行为则是加重处罚的情形。

---

① 《唐律·户婚》序疏。
② 《民政部奏请厘订民律折》,载于《东方杂志》1907年第四卷第7期。
③ 钱大群撰:《唐律疏义新注》,南京师范大学出版社2007年版,第389页。
④ 《唐律·户婚》"有妻更娶"条。

"同姓为婚"条(182)规定:"诸同姓为婚者,各徒二年。缌麻以上,以奸论。"①该条是对违反"同姓不婚"原则的法律处罚。

其次,《户婚》律规定了破坏田宅、土地关系行为的处罚。比如,"占田过限"条(164)规定:"诸占田过限者,一亩笞十,十亩加一等;过杖六十,二十亩加一等,罪止徒一年。若于宽闲之处者,不坐"②。该条旨在维护均田制土地关系,对于占田超过受田限额的行为进行处罚。"盗耕种公私田"条(165)规定:"诸盗耕种公私田者,一亩以下笞三十,五亩加一等;过杖一百,十亩加一等,罪止徒一年半。荒田,减一等。强者,各加一等。苗子归官、主。下条苗子准此。"③该条对盗耕种及强耕种公私田的行为进行处罚,并规定了苗子的归属。

最后,《户婚律》规定了破坏户籍和税收秩序行为的处罚,主要集中于第150条至第161条。比如,"脱漏户口及增减年状"条(150)规定:"诸脱户者,家长徒三年;无课役者,减二等;女户,又减三等。谓一户俱不附贯。若不由家长,罪其所由。即见在役任者,虽脱户及计口多者,各从漏口法。"④该条是关于户口脱漏增减犯罪的罚则,对脱、漏、增、减户口的行为进行处罚。"州县不觉脱漏增减"条(152)规定:"诸州县不觉脱漏增减者,县内十口笞三十,三十口加一等;过杖一百,五十口加一等。州随所管县多少,通计为罪。"⑤该条主要对因州县官员失察而脱漏户口的行为规定了刑罚。

宋朝沿袭唐律的立法体例与律文中的户婚内容,在具体条文上进行整合,将唐律中分列的21条合并为8条,律文内容并无变化。元、明、清律中的《户律》律文在前朝的基础上,内容有所增加,类型

---

① 《唐律·户婚》"同姓为婚"条。
② 《唐律·户婚》"占田过限"条。
③ 《唐律·户婚》"盗耕种公私田"条。
④ 《唐律·户婚》"脱漏户口及增减年状"条。
⑤ 《唐律·户婚》"州县不觉脱漏增减"条。

第十章 民事诉讼制度

有相似之处,刑罚更加轻缓。如"别籍异财"条规定:"凡祖父母、父母在,而子孙别立户籍,分异财产者,杖一百(须祖父母、父母亲告乃坐)。若居父母丧而兄弟别立户籍,分异财产者,杖八十(须期亲以上尊长亲告乃坐)。"①这类情形在唐律中科以满徒,明清律中均为杖罪。另如唐律中"许嫁女辄悔"条规定"辄悔者,杖六十。"②但明、清律中"辄悔者,笞五十"。③ 由于明清两代社会经济的发展,社会风气有所变化,宗法观念有所淡化,因而对此类案件虽依然定罪但刑罚有所减轻。

通过上述对《户婚》律条文进行的分析,可知,在今天有些是属于民事法律和行政法律调整的事项,在古代全部属于刑事法律调整的范围,因此,不能把古代所有的户婚案件简单地看成就是民事诉讼案件。

(二) 古代户婚案例

上文已经阐述了古代户婚律的内容是有关民事领域的禁止性规定以及违反规定的刑事责任,下面再探讨一下古代司法官员在审判中是如何援引刑律中的户婚律文来进行裁判的。

现存的宋朝有关户婚的实判案例集中在《名公书判清明集》中。根据该书《户婚门》中所记载的案件情况,不同类型的案件在引用律文的方式上也有所区别。在审理有关土地、田宅等财产关系的案件时,司法官员通常比较严格地引用《户婚律》的条文裁判并科以刑罚。比如在司法官员翁浩堂所判处的一起"重叠典卖田宅"案中,就援引律文对重叠典卖田宅者进行了处罚。

> 王益之家园屋、地基既典卖与徐克俭,又典卖与舒元琇,考其投见年月,皆不出乎淳祐元年八、九月之间,其谓之重迭明

---

① 《大明律·户律·户役》"制籍异财"条。清律同条。
② 《唐律·户婚》"许嫁女辄悔"条。
③ 《大明律·户律·婚姻》"男女婚姻"条。清律同条。

矣。舒元琇家收得上手，徐克俭家批得关书，若论年月，无大相远。但徐克俭家却有王益之父王元喜典来一契，本亦疑其非真，及追到出产人、牙人及见知人王安然所供，委有来历，王元喜之契实真非伪。则徐克俭当得业，而舒元琇不当得业矣。王益之乃重迭出业之人，勘据所供，称欠王规酒米钱一百贯官会，被展转起息，筭利至三百余贯，逼令写下典契。舒元琇者，乃王规所立之诡名也。牙人陈思聪所供亦然。在法：典卖田地，以有利债负准折价钱者，业还主，钱不追。如此，则舒元琇交关委是违法，上件屋业合还元典主徐克俭管佃。又法：诸以己田宅重迭典卖者，杖一百，牙保知情与同罪。王益之重迭，陈思聪知情，并合照条勘杖一百。徐克俭干照给还，舒元诱干照毁抹附案。①

翁浩堂在审判过程中查明，王益之重复典卖自己的园屋、地基，"既典卖与徐克俭，又典卖与舒元琇"，还查明本案中舒元琇实为王规之化名，因王益之欠王规酒米钱一百贯而被迫立下典卖文契。《宋刑统》规定："应有将物业重叠倚当者，本主、牙人、邻人并契上署名人，各计所欺入己钱数，并准盗论。"②因此法官最终将重叠典卖田宅者和牙人处以"杖一百"的刑罚。

如果是婚姻、继承等人身关系的案件，司法官员在审理时通常只是参酌《户婚律》中的正面规定对案件进行裁判，对当事人不处以刑罚。比如，翁浩堂所判"女已受定而复雇当责还其夫"一案：

> 此事当职元断未免踈略，缘不曾引上姜一娘供责。今据姜一娘所供，康宅曾将此女转嫁吴亚二家，得钱矣。今见阿吴论取，却作徐贡元名担庇。姜百三卖已受定之女，固为有罪，其计

---

① 中国社会科学院历史研究所宋辽金元研究室点校：《名公书判清明集》卷九《户婚门·重叠》，中华书局1987年版，第302页。
② 《宋刑统·户婚》"典卖指当论竞物业"条。

第十章 民事诉讼制度

出于贫困无聊,今形状累然若此,安得有钱可监?迁延日久,使人父子、夫妻散离而不得合,亦仁人君子所宜动心也。昔荆国王文公捐钱九十万买妾,闻其夫因运米失舟,卖妻以偿,亟呼还之,使为夫妇,此岂非吾党所当共慕。徐贡元方有志科第,闻此宜为之动心矣。引示干人取状,仍先责姜一娘还其夫成婚,如法。①

该案事实清楚,主要涉及"一女二嫁"之后的婚姻效力与法律责任问题。该案司法官员在查明事实后,以情理晓谕当事人,希望当事人能理解夫妻伦理之大义,然后援引律令使姜一娘与其夫成婚。

司法官员在婚姻、继承等纯粹民事案件中,往往不处以刑罚,代之以教谕感化。比如,刘后村所判"女家已回定贴而翻悔"一案:

> 谢迪虽不肯招认定亲帖子,但引上全行书铺辨验,见得上件帖子系谢迪男必洪亲笔书写,谢迪初词亦云勉写回帖。今乃并与回帖隐讳不认,是何胸中扰扰,前后不相照应如此。在法:许嫁女,已投婚书及有私约而辄悔者,杖六十,更许他人者,杖一百,已成者徒一年,女追归前夫。定亲帖子虽非婚书,岂非私约乎?律文又云:虽无许婚之书,但受聘财亦是。注云:聘财无多少之限。然则受缣一疋,岂非聘财乎?况定帖之内,开载奁匣数目,明言谢氏女子与刘教授宅宣教议亲,详悉明白,又非其他草贴之比。官司未欲以文法相绳,仰谢迪父子更自推详法意,从长较议,不可待官司以柱俊惠文从事,悔之无及。两争人并押下评议,来日呈。
>
> 再判:字踪不可得而掩,尚谓之假帖,可乎?婚男嫁女,非小事也,何不详审于议亲之初?既回定帖,却行翻悔,合与不合成

---

① 中国社会科学院历史研究所宋辽金元研究室点校:《名公书判清明集》卷九《户婚门·女已受定而复雇当责还其夫》,中华书局1987年版,第345页。

婚,由法不由知县,更自推详元判,从长较议元承,并劝刘颖母子,既已兴讼,纵使成婚,有何面目相见,只宜两下对定而已。今晚更无定论,不免追人寄收。

再判:和对之事,岂无乡曲亲戚可以调护,知县非和对公事之人,照已判监索缣帖,一日呈。

再判:定帖分明,条法分明,更不从长议评,又不责出缣帖,必要讯荆下狱而后已,何也?再今晚。

再判:公事到官,有理与法,形势何预焉?谢迪广求书札,又托人来干恳,谓之倚恃形势亦可。既回定帖与人,又自翻悔,若据条法,止得还亲,再今晚别有施行。

再判:在法:诸背先约,与他人为婚,追归前夫。已嫁尚追,况未嫁乎?刘颖若无决意,谢迪只得践盟,不然,争讼未有已也。仰更详法制,两下从长对定,申。

再判:照放,各给事由。[①]

该案的审理过程可谓"一波三折",在案件事实确已查明的情况下,仍经过再三审理才最终"各给事由"作出判决。依据"婚嫁妄冒"条的规定:"诸许嫁女,已报婚书及有私约,而辄悔者,杖六十……若更许他人者,杖一百,已成者,徒一年半。后娶者知情,减一等,女追归前夫。前夫不娶,还聘财,后夫婚如法。"[②]而正如刘后村所言:"合与不合成婚,由法不由知县",法官经过再三考量依法确定婚姻效力。若严格依据律文,该案中的"悔婚"者还应该承担"杖一百"的刑事责任,但法官可能考虑处以刑罚后不利于婚姻关系的和睦,故最终并未判处刑罚。

总而言之,中国古代法律以刑事法律为主体,民事方面的实体

[①] 中国社会科学院历史研究所宋辽金元研究室点校:《名公书判清明集》卷九《户婚门·女家已回定帖而翻悔》,中华书局1987年版,第346—348页。
[②] 《宋刑统·户婚》"婚嫁妄冒"条。

第十章 民事诉讼制度

和程序规定也基本附于刑事法律之中。正如有学者所言:"由于中国封建时代的法制,基本上以刑法作为调整人身关系和财产关系的手段,因此民事诉讼经常是依附于刑事诉讼。"[1]在古代中国并没有民事诉讼与刑事诉讼的自觉区分与清晰划定,在今天看来是民事纠纷的案件在古代往往是刑事案件,即用处理刑事案件的方式来解决民事纠纷,因而大大压缩了民事案件的范围。这可能就是古代刑、民事诉讼的真实情况。

三、古代民事诉讼的裁判依据

古代民事诉讼是否独立存在以及是否发达,也可以从古代民事裁判的依据这个角度加以评判。根据现存的古代资料和判例,可以把古代民事诉讼的裁判依据分为三个方面:律法、礼制与情理。

(一)古代民事诉讼裁判依据之一:律法

古代民事诉讼最主要的裁判依据是国家的成文法律,包括了律典和"令""格""式""例""则例"等其他规范性法律文件。《名公书判清明集》的《户婚门》中一共有187个判,其中直接根据律文作出裁判的仅占约三分之一,更多的案例是参酌法意作出的判决。下面就《清明集》中援引律例的三种不同情形加以说明:

其一,直接引律文裁判。从《名公书判清明集》中所辑录的判词中可以发现,司法官员在直接援引法律条文裁判案件时,往往会在判决最后明确标明"律曰""准律"或是"在法"的字样,然后附上所引用的法律条文。比如:在"女婿不应中分妻家财产"一案中,法官刘后村就在判决中直接援引律条作出裁决:

> 在法:父母已亡,儿女分产,女合得男之半。遗腹之男,亦男也,周丙身后财产合作三分,遗腹子得二分,细乙娘得一分,如

---
[1] 张晋藩主编:《中国民事诉讼制度史》,巴蜀书社1999年版,导言第9—10页。

此分析,方合法意。李应龙为人子婿,妻家见有孤子,更不顾条法,不恤幼孤,辄将妻父膏腴田产,与其族人妄作妻父、妻母摽拨,天下岂有女婿中分妻家财产之理哉?县尉所引张乖崖三分与婿故事,即见行条令女得男之半之意也。帖委东尉,索上周丙户下一宗田园干照并浮财账目,将硗腴好恶匹配作三分,唤上合分人,当厅拈阄。金厅先索李应龙一宗违法干照,毁抹附案。①

在该案中,法官刘后村援引《宋刑统》中"诸应分田宅及财物,兄弟均分。……姑姊妹在室者,减男聘财之半"的法律规定②,将此案中周丙的遗产分作了三份,其中遗腹子得二份,细乙娘得一份。

其二,直接援引律以外的法律规范裁判。古代的令、敕、条例、则例中也包含有大量的民事法律规范。在《清明集》中也能找到司法官员直接援引令中的民事法律规范裁判案件的例子,比如"有亲有邻在三年内者方可执赎"一案:

埂头之田,既是王子通典业,听其收赎,固合法也。至若南木山陆地,却是王才库受分之业。准令:诸典卖田宅,四邻所至有本宗缌麻以上亲者,以帐取问,有别户田隔间者,并其间隔古来沟河及众户往来道路之类者,不为邻。又令:诸典卖田宅满三年,而诉以应问邻而不问者,不得受理。王才库所受分陆地,使其果与王子通同关,亦必须与之有邻,而无其他间隔,及在三年之内,始可引用亲邻之法。如是有亲而无邻,及有亲有邻而在三年之外,皆不可以执赎。③

---

① 中国社会科学院历史研究所宋辽金元史研究室点校:《名公书判清明集》卷八《户婚门·女婿不应中分妻家财产》,中华书局1987年版,第277页。
② 《宋刑统·户婚》"卑幼私用财"条准户令。
③ 中国社会科学院历史研究所宋辽金元史研究室点校:《名公书判清明集》卷九《户婚门·有亲有邻在三年内者方可执赎》,中华书局1987年版,第309页。

第十章 民事诉讼制度

该案的法官直接引用令中关于典卖田宅须先问亲邻的条款,指出法律对于所谓"亲邻"的定义应该是"与之有邻,而无其他间隔",又引用了令中关于"先问亲邻"条的诉讼时效规定,指出在买卖成立三年之后,司法官员就不得再受理"应问邻而不问"的案件。因此,法官认为,本案当事人王才库所受分陆地只有在与王子通之土地相邻的情况下才能引用亲邻之法。而本案中,王子通之地在埂头,王才库所受土地在南木山陆地,两块土地并不相邻,因此王才库典卖土地的行为并不受"先问亲邻"条的约束,无需先问王子通的意见。

其三,参酌法意进行裁判。更多的情况下,司法官员在裁判民事案件时不会直接援引律文进行裁断,而是根据律意作出判决。下面就以《清明集》卷八所载《命继与立继不同》一案来具体说明法官如何参照法意断案:

> 命继有正条在,有司惟知守法,而族属则参之以情,必情法两尽,然后存亡各得其所。江齐戴无子,论来昭穆相当,则江渊之子名瑞者可继之;而族党之诉,则谓江渊尝以子继齐孟矣,不能尽为人后者之责,故欲以江超之孙名禧者继齐戴。今契勘禧乃超之子,非孙也,非孙则昭穆不顺,有司虽欲从之,不可得也,无已,则别择他派。按江氏宗图,自仲任而下,分为三枝,其应亿、周彦二派之下,各五传而止,惟元伟一派至八传,如此则惟有元伟派下第八传诸孙,可以继齐戴耳。八传诸孙不惟江瑞一人为可继,但词诉纷纷,既失族党之意,官司若遽然令其继之,恐无以得众心,或生后词,是继之者乃所以累之也。当职再三审处,必欲使情法之两尽,然犹虑族党之论未能尽公,而枝派所画或有所隐,不可遽凭以定断者。窃见江渊、江齐戴二人者,皆集撰侍郎游公之婿,今争立人江瑞,正侍郎之外孙,当立不当立,可立与不可立,只当取正于侍郎。盖侍郎硕德雅望,必能为息族党之纷诉,公心正理,必能照破族党之私情,一语可决,庶

几情法两尽,而可全其族党之义,顾不美欤!帖本县知县,请亲诣侍郎宅,禀白上项曲折,仍与其族长折衷,定为一说,回申,本府却与从公照条施行。一行人并送县,照已判。①

据上判词,再审法官指出本案在法律上的争议焦点在于正确理解"命继与立继"的区别,尤其是要注意"命继"与"立继"所引起的财产分配的效果的差异。本案的判决并未直接引用律条,而是在法律的限度内,依据案件的事实和情理正确理解法律、恰当引用法律。法官认为本案的关键是江瑞继承二人,得两房物业,才引起族人的词诉。于是建州府台判定"江瑞之立,当以命继论,不当以立继论",因此只能得家财三分之一用于奉承祭祀,另以三分之一拨为置义庄之用,以赡养宗族孤寡贫困者,其余三分之一入官,以绝不肖之徒觊觎之望。同是继绝,由于命继与立继的形式不同,得到的财产份额也不同,江瑞得到的财产少,族人也就不再有异议了。

清朝州县官员在审理自理词讼的民事案件时,也多是综合法意进行审判,而不直接援引律文。依据对现有清朝诉讼档案的分析,巴县、宝坻、淡新三地的司法档案所载二百二十一件案例中,尤其是那些属于"田土纠纷"的案件,法官在审理时主要根据律例中所体现的正面民事原则来处理纠纷,并且不对当事人适用律例中规定的刑罚。② 比如,在冕宁县司法档案中的知县批词里,知县通常并不会对于民事纠纷施以刑罚,而是给出"从宽免究"的结论。例如有批词称:"尔因赵应童与尔弟争吵,辄以人命重情混行呈递,本干反坐,姑念自行具悔,尔女委因患病身死,并无别故,从宽免究。仍候提讯立案。"③清律规定:"若用财买休、卖休、和娶人妻者,本夫、本妇及买休

---

① 中国社会科学院历史研究所宋辽金元史研究室点校:《名公书判清明集》卷八《户婚门·命继与立继不同》,中华书局1987年版,第265页。
② 参见〔美〕黄宗智:《清代的法律、社会与文化:民法的表达与实践》,上海书店出版社2001年版,第77页。
③ 《冕宁县清代档案》,轴号32,卷号397—13。

第十章 民事诉讼制度

人,各杖一百,妇人离异归宗,财礼入官。"①而《南部档案》中所载一例买休卖休的案例,法官判决认为:"此案买休卖休,经本县究结。尔女何氏律应归宗,所以给尔领回,听而择户改嫁,旁人不得干预,如果何三超等胆敢向尔滋事,即可随时禀究,毋庸过虑,存案"②。通过这些案件可以大致看出古代民事诉讼裁判的特点:即多数判决并不直接引用刑律,而是根据律文中所包含的民事法律规范和精神裁判案件,也可以说是参酌律意来裁判案件。

(二)古代民事诉讼裁判依据之二:礼制

自从汉武帝"罢黜百家,独尊儒术"以后,儒家之礼逐渐深入人心,成为凝聚古代社会共识的基本价值观念、行为准则和社会习惯,在唐朝时达到顶峰,"出礼入刑""刑礼结合"成为唐朝法制的重要特征。

礼是基于风俗习惯和伦理道德所形成的社会规范,具有规范性和伦理性相结合的特点。古代社会的礼制内容十分广泛,既有国家典章仪式的礼仪制度规范③,也有民间习惯所形成的民间礼俗和由儒家伦理观念规范化所形成的道德规范。其中涉及民事活动的礼制规范就成为民事诉讼的重要法律渊源。

法官在处理涉及婚姻继承的案件时往往会援礼释法进行裁判,唐朝白居易所拟《百道判》中就有这方面的典型案例。《百道判》是为参加"举子守选"的"书判拔萃科"考试所预备的应试练习题,虽然并非司法实践中的真实案件,但是当年曾流行一时,成为考生必备的应试资料,说明其中所反映出的理念颇为符合当时主流的司法观

---

① 《大清律例·刑律·犯奸》"纵容妻妾犯奸"条。
② 《南部档案》4-259-3-D1066,道光四年闰七月初七。
③ 除《周礼》之外,有些朝代还颁行了正式的成文礼典,如唐朝《开元礼》、清朝《通礼》等。

念。①《百道判》中有一判题有关于出妻的要件,判题说:"乙出妻,妻诉云:无失妇道。乙云:父母不悦则出,何必有过。"②此题争议焦点在于出妻的法定理由,唐律中规定:"诸妻无七出及义绝之状,而出之者,徒一年半。"③禁止丈夫在没有法定理由"七出"的情况下任意提出单方面的离婚请求。至于何为"七出",根据疏议的解释,其中包含"不事舅姑"的情形,也就是不侍奉、赡养公婆。如果严格按照律文及疏议的规定,此案中乙妻并没有"不事舅姑"的情形。然而,礼对于出妻的情形则扩大了范围,甚至只要父母不悦就构成了出妻的正当理由。《礼记·内则》篇中说:"子甚宜其妻,父母不说(悦),出。"④白居易在该案判词中就援引了《礼记》的要求,说:"且闻莫慰母心,则宜去矣;何必有亏妇道,然后弃之?"⑤显然赞成乙以"父母不悦"的理由出妻,将礼义的要求置于了律文的规定之上。

"不应得为"条的设置为判决中引用礼制规定进行裁判提供了制度上的依据。《百道判》中关于"女方悔婚"的案例中,判题是"得乙女将嫁于丁,既纳币,而乙悔。丁诉之,乙云:未立婚书。"白居易引据礼法作出如下判词:

女也有行,义不可废。父兮无信,讼所由生。虽必告而是遵,岂约言之可爽?乙将求佳婿,曾不良图;入币之仪,既从五两;御轮之礼,未及三周。……婚书未立,徒引以为辞。聘财已交,亦悔而无及。请从玉润之诉,无过桃夭之时。⑥

该判所涉法律争点在于婚姻的成立要件,婚姻成立的时间究竟

---

① 元稹评价白居易的《百道判》:"新进士竞相传于京师矣",可见其流行程度。参见(唐)元稹:《白氏长庆集序》,载《元稹集》(卷五十一),中华书局1982年版,第554页。
② (唐)白居易:《白居易集》,中华书局1979年版,第1406页。
③ 《唐律·户婚》"妻无七出而出之"条。
④ 《礼记·内则》。
⑤ (唐)白居易:《白居易集》,中华书局1979年版,第1406页。
⑥ 同上书,第1392页。

第十章 民事诉讼制度

是何时?《礼记·内则》篇载:"聘则为妻",①可见礼的要求是以受聘财作为婚姻成立的要件。而《唐律》中规定:"诸许嫁女,已报婚书及有私约,而辄悔者,杖六十。虽无许婚之书,但受聘财,亦是。"②可见,唐律以婚书与私约为婚姻成立之要件,而已接受聘财可以视为默示接受了婚姻的事实。白居易主张"聘财已交,亦悔而无及",不赞成以未立婚书而悔婚,其判决的理由主要依据了礼的精神而没有提及律的规定,也没有依律处乙"六十杖"的刑罚。

还需指出,在解决民事纠纷时,渗透着礼的精神的家法族规是处理家族内部纠纷的主要依据之一。在家族中发生纠纷时,族长、家长成为族内"审判权"的执掌者。"合家叔侄弟兄或为田产账项有口角争端,务集房分中明理人理说,而擅兴词松,无论有理无理,俱属好事,亦必集宗祠议处。"③明清时期州县官还经常批令族长前去调处族内的民事纠纷。"族长实等于族的执法者及仲裁者,族长在这方面的权威实是至高的,族内的纠纷往往经他一言而决,其效力决不下于法官。有的权力甚至为法律所承认。"④官府认可族长对于族内民事纠纷的裁决结果,赋予其法律效力,因此家族、乡约争议解决方式在一定程度上成为民事诉讼的前置程序。

(三) 古代民事诉讼裁判依据之三:情理

古代法官常会以情理为依据裁决案件,以期作出情理与律法兼顾的判决。在中国传统法文化的语境中,"情"与"理"的关系密不可分,"理"是"情"的基础,"情"是"理"的抒发。

"理"是指"对同类事物普遍适用的道理"⑤,也就是公理,古代

---

① 《礼记·内则》。
② 《唐律·户婚》"许嫁女辄悔"条。
③ 清朝南部县南隆陈氏族规。
④ 瞿同祖:《中国法律与中国社会》,中华书局 2003 年版,第 24 页。
⑤ 〔日〕滋贺秀三:《清代诉讼制度之民事法源的概括性考察——情、理、法》,载〔日〕滋贺秀三等著:《明清时期的民事审判与民间契约》,王亚新等译,法律出版社 1998 年版,第 37 页。

常称为"天理"。"理"的一个重要内涵是"义",也就是公平和正义,《中庸》说:"义者,宜也"①。《墨子》中对义的理解是:"义者,正也。"②在古代司法中,"理""义"要求司法官员秉公执法,查明案件事实真相,辨别案件是非曲直。公平正义一直是古代司法官员所追求的基本价值理念。古代的"理"的另一层涵义是君臣、父子、夫妻、兄弟关系中体现的封建伦理纲常,即所谓"照得天地设位,圣人则之,制礼立法,妇人从之,亦犹臣之事君也。贞女不从二夫,忠臣不事二君,信天地之宏义,人伦之大节也"③。伦常是解决案件的依据,伦常关系的恢复是解决案件追求的目标,也是理所要求的内容。

《清明集》一书卷首收录了宋朝理学家真德秀在担任司法官员时的三篇文告,其中第二篇《谕州县官僚》系统地阐述了天理在司法实践中所起到的作用和意义。真德秀在劝谕下级同僚时说:

> 公事在官,是非有理,轻重有法,不可以己私而拂公理,亦不可执公法以徇人情……殊不思是非之不可易者,天理也,轻重之不可逾者,国法也。以是为非,以非为是,则逆乎天理矣!以轻为重,以重为轻,则违乎国法矣!④

从这篇文告可以看出,当时的司法官员将天理视为"是非之不可易者",官员在司法实践中的根本任务就是要通过案件的审判明辨是非,遵循国法。

"情"字是指"人之常情""感情",是人的心理情感因素,其中,人伦关系中所体现出的情感是"情"中之情。古代司法强调判决要符合人情、伦理之情,还要求法官在裁判案件时要能够将心比心,以

---

① 《礼记·中庸》。
② 《墨子·天志下》。
③ 中国社会科学院历史研究所宋辽金元史研究室点校:《名公书判清明集》卷七《户婚门·双立母命之子与同宗之子》,中华书局1987年版,第217~218页。
④ 中国社会科学院历史研究所宋辽金元史研究室点校:《名公书判清明集》卷一《官吏门·谕州县官僚》,中华书局1987年版,第6页。

第十章 民事诉讼制度

自己的情感经验来推测案件当事人的内心情感,从而使得判决能够被当事人在情感上接受。正如明朝州县官员张九德所说:"设以身处其地,务使彼情不隔于己情,又使己心可喻于彼心。"①情的另一涵义是指"趋利避害"的"人情之常"。古代的司法官注意以"趋利避害"的人性之私作为"情理调处"的一项重要根据,使双方的利益诉求都得到表达和相对的满足。

在古代,司法官成功运用"情理"进行裁判的案件数量众多,这里举以下两个案例:

案例一:在一桩侄子与叔婶之间的遗嘱纠纷中,法官就是根据人的情感来确定遗嘱的真实涵义。柳璟兄弟四人,久已分业,素无词诉。柳璟死之时,三兄早已俱亡,有侄四个,"璟死之日,家业独厚,生子独幼"。柳璟死前立下遗嘱,以四侄贫而各助十千,每年以为常。过了五七年,柳璟之妻子违背遗嘱约定,四侄意欲取索,从其族长索到批帖,为柳璟亲书,于是以此为据诉至衙门。最后法官的判词如下:

> 律以干照,接续支付,似可无辞。第探其本情,实有深意。昔人有子幼而婿壮,临终之日,属其家业,婿居其子之二,既而渝盟,有词到官。先正乖崖以其善保身后之子,而遂识乃翁之智,从而反之,九原之志,卒获以伸。柳璟之死,子在襁褓,知诸侄非可任托孤之责,而以利诱之。观其遗词,初念生事之薄,而助之钱,终以孤儿寡妇之无所托,而致其肯,且言获免侵欺,瞑目无憾。执笔至此,夫岂得已。此与古人分付家业之事,意实一同,其所措虑,可谓甚远。诸侄不体厥叔之本意,历年既久,执券索价,若果固有。不知璟之子受年日以多,璟之妻更事日以熟,门户之托,既有所恃,则以利啖人,无嫌诺责。合当仿乖

---

① (明)毛一鹭:《云间谳略》,张九德"序"。

崖之意行之,元约毁抹,自今以始,各照受分为业,如有侵欺,当行惩断。①

该案的法官没有简单地依据所立遗嘱内容进行判决,而是综合考虑了立遗嘱时的现实情况,设身处地的对柳璟的真意加以推断,从而最终作出合法合理的裁判。父子之伦常、爱子之真情、子幼之事实、贪利之常情,都成为解决本案件要考虑的情理因素。

案例二:在清朝的一件久拖不决的私卖公田案件中,法官最后所运用的就是利益平衡的调处技艺,而非简单的依法裁判:

> 此案牵累七年,拖毙数命,乃彼此不遵,屡次上控,以致案悬莫结。细查情形,始终坏在张之才一人,不应将公田私卖于董开江等,得钱逃走。及张讯钦等呈控,经梁前县断令伊等退田,而伊等合计数十家,均种一亩二亩不等,田既断回,理应退价,乃张之浩贫苦,卡追无出,张之才又避匿不面,田价两空。无怪各买户拒死相抗,难伊等不应私买,然错在当先,以人情而论,似不能勒令伊等退田,全不给偿。再三酌夺,董开江与其穷追此田,不能收租,不如仍令各买户再出钱若干,交付尔自行置田,以作公产。断令每亩出钱八串,谕饬王国熙、沈子乾、罗裕琦、蓝田、丁海山、贺席珍、董正铭等帮同办理,向各户收讫,交于张讯钦等领取,收字送县备案,各结。附卷。此谕。②

该案起因于张之才将公田私卖,得钱逃走。基于私卖的缘故,前任县官断令退田,但是张之才逃走,张之浩又贫苦,无从退价,因此各买主才"拒死相抗",致使案件牵累七年而不能决。现任法官在查看案情后,就认为"以人情而论",此案之所以久拖不决的原因乃

---

① 中国社会科学院历史研究所宋辽金元史研究室点校:《名公书判清明集》卷八《户婚门·诸侄论索遗嘱钱》,中华书局 1987 年版,第 291 页。
② (清)熊宾:《三邑治略》卷六。

在于各买田之人的利益损失无法得到补偿,如果机械依法裁判,案件中的损失必然会由一方来完全承担,使其无法承受。因此,法官判决要求各买田之人每户按田亩数凑出一点钱另外置田充作公田,而原本应该追回的田亩则继续由各买主耕种。这样,各买主虽然需要另外出一笔钱,但是相较之前的判决结果,自己原本所买的田能得以保全,更容易让人接受。

第二节 古代民事诉讼的程序

在中国古代,刑事诉讼程序在律文中有某些专门规定,比如,唐律中的《斗讼》《捕亡》《断狱》就是有关刑事诉讼制度的专门律文。与刑事诉讼相比,古代民事诉讼的程序缺少专门、系统的规定,比较零散。古代民事诉讼程序与刑事诉讼程序基本上相同,但是在管辖、审判方式等方面与刑事诉讼程序存在一定的区别,大同而小异。关于中国古代刑事诉讼的程序制度在前面各章已有详细阐述,本节仅就古代民事诉讼程序中的特点进行阐述、分析。

一、管辖

管辖是现代民事诉讼中的概念,指各级法院之间以及同级法院之间受理第一审民事案件的权限和分工。民事诉讼的管辖主要可以分为级别管辖、地域管辖与专门管辖。就级别管辖而言,古代民事诉讼初审由县级官府负责审理,案件初审之后判决发生效力,无须上报复审。就地域管辖而言,古代的民事诉讼多数情况下实行原告就被告的原则,原告与被告不在一地由被告居住地的县级官府管辖,若双方皆在一地则由案件发生地的县级官府管辖。所谓专门管辖,则是指发生在不同民族之间或军民之间纠纷的管辖,对此古代法律通常加以特殊规定。

秦汉时期,一般民事案件是由当事人的居住地的县级司法机构管辖。《睡虎地秦墓竹简》中的《封诊式》记载了二十三个民刑事案件,其中多数案件是由当事人所在县的司法机构管辖的。① 汉承秦制,汉朝民事诉讼也是由被告所在地的县一级司法机构管辖,在乡一级,啬夫只负责调解和调查纠纷事实,不具有初审性质。

汉简中记载的《候粟君所责寇恩事》一案充分地反映了汉朝民事诉讼程序的特点。该案原告是甲渠候粟君,曾经在建武二年(公元26年)十二月雇佣寇恩去邻县卖鱼五千条,以牛一头,谷二十石为佣金。但是寇恩只卖得三十二万并卖掉了拉车的牛一头而未归还牛价,因此候粟君强占了寇恩的车具等物品作为抵扣并将寇恩诉至居延县廷。经过乡啬夫的传讯和调查,县廷最终认为粟君强占寇恩之物以及寇恩之子为粟君捕鱼所应得之报酬已经足以抵偿欠债,因此寇恩无需赔偿粟君牛钱和所谓的八万欠钱。下面将原文摘录于此,以便加以分析:

> 建武三年十二月癸丑朔乙卯,都乡啬夫宫以廷所移甲渠候书召恩诣乡。先以"证财物故不以实,臧五百以上,辞已定,满三日而不更言请者,以辞所出入,罪反罪"之律辨告,乃爰书验问。恩辞曰:"颍川昆阳市南里,年六十六岁,姓寇氏。去年十二月中,甲渠令史华商、尉史周育当为候粟君载鱼之觻得卖。商、育不能行。商即出牛一头:黄、特、齿八岁,平贾直六十石,与它谷十五石,为[谷]七十五石,育出牛一头,黑、特、齿五岁,平贾直六十石,与它谷卌石,凡为谷百石,皆予粟君,以当载鱼就直。时,粟君借恩为就,载鱼五千头到觻得,贾直:牛一头、谷廿七石,约为粟君卖鱼沽出时行钱卌万。时,粟君以所得商牛黄、特、齿八岁,以谷廿七石予恩顾就直。后二、三[日]当发,粟

---

① 参见刘海年:《秦的诉讼制度》,载《中国法学》1985年第1期。

第十章 民事诉讼制度

君谓恩曰:'黄、特、微庚,所得育牛黑、特,虽小,肥,贾直俱等耳,择可用者持行'。恩即取黑牛去,留黄牛,非从粟君借犅牛。恩到觚得卖鱼尽,钱少,因卖黑牛,并以钱卅二万付粟君妻业,少八岁(万)。恩以大车半侧轴一,直万钱;羊韦一枚为橐,直三千;大笥一合,直千;一石去卢一,直六百,库索二枚,直千,皆置业车上。与业俱来还,到第三置,恩籴大麦二石付业,直六千,又到北部,为业卖(买)肉十斤,直谷一石,石三千,凡并为钱二万四千六百,皆在粟君所。恩以负粟君钱,故不从取器物。又恩子男钦以去年十二月廿日为粟君捕鱼,尽今[年]正月、闰月、二月,积作三月十日,不得贾直。时,市庸平贾大男日二斗,为谷廿石。恩居觚得付业钱时,市谷决石四千。以钦作贾谷十三石八斗五升,直觚得钱五万五千四,凡为钱八万,用偿所负钱毕。恩当得钦作贾馀谷六石一斗五升付。恩从觚得自食为业将车到居延,[积]行道廿馀日,不计贾直。时,商、育皆平牛直六十石与粟君,粟君因以其贾予恩已决,恩不当予粟君牛,不相当谷廿石。皆证也,如爰书。"

建武三年十二月癸丑朔戊辰,都乡啬夫宫以廷所移甲渠候书召恩诣乡。先以'证财物故不以实,臧五百以上,辞以定,满三日而不更言请者,以辞所出入,罪反罪'之律辨告,乃爰书验问。恩辞曰:"颖川昆阳市南里,年六十六岁,姓寇氏。去年十二月中,甲渠令史华商、尉史周育当为候粟君载鱼之觚得卖。商、育不能行。商即出牛一头,黄、特、齿八岁,平贾直六十石,与它谷十五石,为谷七十五石。育出牛一头,黑、特、齿五岁,平贾直六十石,与它谷卅石,凡为谷百石,皆予粟君,以当载鱼就直。时,粟君借恩为就,载鱼五千头到觚得,贾直:牛一头、谷廿七石,[约]为粟君卖鱼沽出时行钱卅万。时,粟君以所得商牛黄、特、齿八岁,以谷廿七石予恩顾就直。后二、三日当发,粟君谓恩曰：'黄牛微庚，所将(得)育牛黑、特，虽小，肥，贾直俱等耳，择可用者持行。'恩即取黑牛去，留黄牛，非从粟君借牛。恩到觻得卖鱼尽，钱少，因卖黑牛，并以钱卅二万付粟君妻业，少八岁(万)。恩以大车半榆轴一，直万钱；羊韦一枚为橐，直三千；大笥一合，直千；一石去卢一，直六百，库索二枚，直千，皆在业车上。与业俱来还，到北部，为业买肉十斤，直谷一石；到弟(第)三置，为业籴大麦二石。凡为谷三石，钱万五千六百，皆在业所。恩与业俱来到居延后，恩欲取轴、器物去。粟君谓恩：'汝负我钱八万，欲持器物？'怒。恩不取器物去。又恩子男钦，以去年十二月廿日为粟君捕鱼，尽今年正月、闰月、二月，积作三月十日，不得贾直。时，市庸平贾大男日二斗，为谷廿石。恩居觻得付业钱时，市谷决石四千。并以钦作贾谷，当所负粟君钱毕。恩又从觻得自食为业将车，坐斩来到居延，积行道廿余日，不计贾直。时，商、育皆平牛直六十石与粟君，因以其贾与恩，牛已决，不当予粟君牛，不相当谷廿石。皆证也，如爰书。"

建武三年十二月癸丑朔辛未，都乡啬夫宫敢言之。廷移甲渠候书曰："去年十二月中，取客寇恩为就，载鱼五千头到觻得，就贾用牛一头，谷廿七石，恩愿沽出时行钱卅万。以得卅二万。又借牛一头以为辎，因卖，不肯归以所得就直牛，偿不相当廿石。"书到。验问。治决言。前言解廷邮书曰："恩辞不与候书相应"疑非实。今候奏记府，愿诣乡爰书是正。府录：令明处更详验问。治决言。谨验问，恩辞，不当与粟君牛，不相当谷廿石，又以在粟君所器物直钱万五千六百，又为粟君买肉，籴三石，又子男钦为粟君作贾直廿石，皆[尽][偿][所][负]粟君钱毕。粟君用恩器物币(敝)败，今欲归恩，不肯受。爰书自证。写移爰书，叩头死罪死罪敢言之。

十二日己卯，居延令守丞胜移甲渠候官。候[所]责男子寇

第十章 民事诉讼制度

恩[事],乡□辞,爰书自证。写移书[到]□□□□□辞,爰书自证。须以政不直者法亟极。如律令。掾党、守令史赏(见图 10-2)。①

图 10-2　侯粟君所责寇恩事简册②

从这一案件所反映的汉朝民事诉讼的程序可以看出:一,汉朝民事案件由被告居住地司法机关管辖。本案的被告寇恩原籍是颍川昆阳市南里,但他的居住地在居延县都,因此侯粟君与寇恩之间的民事诉讼由居延县管辖。二,民事案件是由县级司法机构管辖,本案的乡啬夫宫主要进行案件调查审理工作,但是判决由县廷作出。

唐朝的地区管辖则继续实行被告住所地原则。唐朝法律禁止异地管辖,但凡发生在本地区的民事诉讼,皆由所属的州、县管辖,其余相邻州县均无权过问,否则构成越权管辖。此外,对于跨区域的民事案件,由上级官府指定机构进行管辖。在级别管辖方面,唐朝

---

① 甘肃居延考古队简册整理小组:《"建武三年侯粟君所责寇恩事"释文》,载《文物》,1978 年第 1 期。
② 图片引自甘肃居延考古队:《居延汉简遗址的发掘和新出土的简册文书》,载《文物》1978 年第 1 期。

以后,确立了民事诉讼禁止越诉的原则,明确民事纠纷的初审一般由县一级司法机关管辖。所有诉讼必须由县级司法机关初审,禁止当事人越级进行诉讼。

宋朝的级别管辖与唐朝类似,民事案件均由县级审判机构行使管辖权。地域管辖的确定标准为行政区划和当事人户籍。民事纠纷一般由纠纷发生地官府管辖:"皆于事发之所推断。"①若原告与被告不在同一州、县的,则按照原告就被告原则,由被告所在地(通常为户籍所在地)的审判机构管辖。若受理案件的审判机构发现自己对该案无管辖权的,应当移送管辖:"诸路提点刑狱巡所部内,民有诉冤枉者,许受理之,诏听受词状,送转运司施行。"②宋朝对于京师地区民事诉讼的管辖有特别规定,北宋的开封府和南宋的临安府所属各县受理民事纠纷的初审,开封府和临安府受理上诉案件。

元朝,在级别管辖方面,汉民之间有关田土、家财的纠纷由基层政府管辖。在地域管辖方面,一般适用"原告就被告"原则:"小民所争诉,不过婚姻、债负、良贱、田土、房舍、牛畜、斗殴而已,所犯无重罪,司县皆当取决。"③

元朝由于是少数民族政权,在不同民族之间实行专门的诉讼管辖规则。这种基于民族政策所形成的专门管辖,主要适用于蒙古、色目、回回、僧侣、军户等民族和特殊阶层。对于蒙古诸王驸马、色目人之间的婚姻、驱口、良人等民事诉讼,在统一全国前,由大宗正府管辖;在统一全国后,"以上都、大都所属蒙古人并怯薛军站色目与汉人相犯者,归宗正府处断,其余路、府、州、县汉人、蒙古、色目词讼悉归有司刑部掌管"④。对于回回人之间的民事诉讼,在统一全国前,由朝廷在伊斯兰教徒聚居区所设置的回回哈的司管辖;在统一

---

① 《庆元条法事类》卷七十三《刑狱门三·决遣》。
② 《续资治通鉴长编》卷一百二十二仁宗宝元元年八月癸酉。
③ (元)胡祗遹:《紫山大全集》卷二十三《杂著·县政要式》。
④ 《元史》卷八十七《百官三》。

第十章 民事诉讼制度

全国后,迁入汉地的回回人之间的民事诉讼由都护府管辖,"都护府……掌领旧州城及畏吾儿之居汉地者,有词讼则听之"①,但回回人之间的诉讼多数仍然按习惯由哈的司处理。僧侣之间的民事案件及轻微刑事案件由本寺院住持或和尚头目审理。"奸盗、诈伪、致伤人命,但犯重刑,管民官问者,其余和尚自其间不拣甚么相争告的勾当有呵,本寺里住持的和尚头目结绝者。"②军民之间的婚姻、债负等民事纠纷由管理军户的机构奥鲁处理。此外,对不同民族和社会阶层之间的民事纠纷实行"约会"制度,即不同的管辖机关联合会审,由各方的直属上司共同审断,这是对审判制度不统一的补救,旨在防止互相推诿。

在明朝,由同一级审判机构在各自的管辖范围内受理民事案件,如果被告和原告不在同一府、县的,由被告户籍所在地的审判机关管辖:"若词讼原告、被论在两处州县者,听原告就被论官司告理归结。"③明朝,民事案件的初审管辖权归于府、县和军卫等基层机关,至洪武末年,将级别管辖的标准改为案件的难易程度,即轻微易解的民事纠纷由里老会里胥处理,较为复杂的民事纠纷由官府审理:"凡有告争户婚、田土、钱粮、斗讼等事,须于本管衙门,自下而上,陈告归问。"④两京实行特殊的级别管辖制度,顺天府和应天府对民事纠纷不拥有管辖权,在北京由中央刑部直接管辖民事纠纷,在南京由南京刑部直接管辖民事纠纷。

除一般案件的管辖之外,明朝由于其特有的军事体制还存在专门管辖的问题。军户之间的民事纠纷由军卫管辖;民户之间的民事纠纷由府、县管辖;军户和民户之间的民事纠纷实行"约问"或"会同",由军卫和有司(府、县)组成法庭共同审理:"凡军官、军人有

---

① 《元史》卷八十九《百官五》。
② 《元典章》卷五十三《刑部十五·问事》。
③ 《大明律·刑律·诉讼》"告状不受理"条。
④ 《明会典》卷二百十一《都察院三·追问公事》。

犯……若奸盗、诈伪、户婚、田土、斗殴,与民相干事务,必须一体约问;与民不相干者,从本管军职衙门,自行追问。其有占吝不发,首领官吏各笞五十。"①违反共同审理的规定被称为"占吝不发",即军职衙门将涉及民户的案件独占自理,对此种行为要追究其刑事责任;此外接到移文却不即时前去会同的官员也要被追究刑事责任:"凡有军民相干词讼等事,移文到日,应该会同官员随即前去。若无故不即会同及偏狥占吝者,从监察御史按察司官按问,应请旨者具奏。"②

清朝,在地域管辖方面,发生在一般主体之间的民事纠纷均由纠纷发生地的州县衙门管辖:"户婚、田土、钱债、斗殴、赌博等细事,即于事犯地方告理,不得于原告所住之州县呈告。"③其中,直省客商在异地经商所发生的钱债纠纷也由纠纷发生地的司法机关管辖:"直省客商在于各处买卖生理,若有负欠钱债等项事情,止许于所在官司陈告,提问发落。"④但是,若原告与被告分处两州县的,则由被告所在地的司法机关管辖:"若词讼原告、被论在两处州县者,听原告就被论官司告理归结。"⑤

清朝是少数民族政权,特定主体之间的民事纠纷引发了特殊的身份管辖问题。首先,发生在宗室觉罗间的民事纠纷,在清初由宗人府处理。宗人府依据《宗人府则例》裁决皇族内部的法律纠纷;其后对宗室觉罗之间的继嗣、宗籍、婚姻等民事纠纷实行专门管辖:"户婚田土之讼,系宗室由府会户部。系觉罗,由户部会府。人命斗殴之讼,系宗室,由府会刑部。系觉罗,由刑部会府。"⑥其次,旗人之

---

① 《大明律·刑律·诉讼》"军民约会词讼"条。
② 《明会典》卷二百十《都察院二·出巡事宜》。
③ 《大清律例·刑律·诉讼》"越诉"条例。
④ 同上。
⑤ 《大清律例·刑律·诉讼》"告状不受理"条。
⑥ 《钦定大清会典》卷一《宗人府》。

第十章 民事诉讼制度

间与旗民之间的民事纠纷的管辖权较为复杂。对于京旗人之间的田土纠纷,先由佐领处呈控,如不为查办,再由户部及步军统领衙门处理:"(在京)八旗人等如有应告地亩,在该旗佐领处呈递,如该佐领不为查办,许其赴(户)部及步军统领衙门呈递。"[①]对于旗民之间的争控户口、田房纠纷,"旗人于各本旗具呈,民人于地方官具呈。如该管官审断不公及实有屈抑,而该管官不接呈词者,许其赴部控诉,亦有事系必须送部者,该管官查取确供确据,叙明两造可疑情节,送部查办"[②]。此外,对于各省驻防旗人之间的民事纠纷,由理事厅专门负责旗人案件的佐贰官——理事同知或理事通判管辖,同时他们也负责审理地方旗民之间的民事纠纷:"曲在民人,照常发落。曲在旗人,录供加看,将案内要犯,审解该厅发落。"[③]再次,涉及军人的民事诉讼,若发生在军人之间,则"从本管军职衙门自行追问"[④];若发生在军人与民众之间,则实行"军民约会词讼",即由管军衙门会同州县一体约问。

二、起诉与受理

中国古代将户婚、田土、钱债之类的民事纠纷视为民间"细故",实行的是"民不举,官不究",指的是对民事纠纷,只要当事人一方不向官府提起诉讼,官府就不会主动介入。当事人一方可以口头或书面的形式向官府提出告诉,历代法律均对当事人起诉的形式、时间等事项作出了规定。另外,在古代民事纠纷一般由基层的县级官府审理,往往由原告到被告住所地的县级官府提出告诉。如果基层官府拒绝受理符合条件的民事纠纷或坚持受理本不该由自己管辖的民事纠纷,主事官员要承担法律责任。

---

① 《大清律例·刑律·诉讼》"越诉"条例。
② 《钦定大清会典》卷二十四《户部·现审处》。
③ 《大清律例·刑律·诉讼》"军民约会词讼"条例。
④ 《大清律例·刑律·诉讼》"军民约会词讼"条。

(一) 起诉

起诉是由原告就自己的利益受损而向被告住所地的基层官府提出告诉的行为,古代法律对于原告起诉的形式作出了规定,比如要求具有书状。另外,古代民事纠纷的起诉往往有时间限制:一方面,是在农忙时节限制百姓因民间细故提起诉讼;另一方面,在古代的民事诉讼中已经有了类似时效的概念,法律规定民事纠纷经过一定的时间后就不能再提起诉讼。

西周时期的法律规定,以财相争的民事诉讼需要交纳束矢作为诉讼费用,所谓"以两造禁民讼,入束矢于朝,然后听之"①。可见,只有双方同时入束矢,法官才能受理案件。② 另外,诉讼时效的观念在西周时期初步产生,"凡士之治有期日,国中一旬,郊二旬,野三旬,都三月,邦国期"③。"在期内者听,其外者不听,若今时徒论决,满三月不得乞鞠。"④

秦朝的告诉有四种形式:一曰"赏告";二曰"自告"或"自出";三曰"告"或"辞";四曰"缚诣告"。其中的"自告"或"自出"是指告诉人因自己或自己的亲属被伤害或为维护自己的利益而向官府提出告诉,其中包含了民事诉讼中的起诉。比如《睡虎地秦墓竹简·封诊式》中记载的一起民事自告案件:"爰书:某里公士甲、士伍乙诣牛一,黑牝曼縻有角,告曰:'此甲、乙牛也,而亡,各识,共诣来争之。'即令令史某齿牛,牛六岁矣。"⑤该案是甲、乙二人为争牛而提起诉讼,二人皆称自己享有所有权。

汉朝,原告向官府提出诉讼称为"自言",比如《汉书·韩延寿

---

① 《周礼·秋官·大司寇》。
② 参见胡留元、冯卓慧:《夏商西周法制史》,商务印书馆2006年版,第577页。
③ 《周礼·秋官·朝士》。
④ 《文献通考》卷一百六十二《刑考一·刑制》。
⑤ 睡虎地秦墓竹简整理小组:《睡虎地秦墓竹简》,文物出版社1978年版,第254页。

第十章 民事诉讼制度

传》中记载:"(韩延寿)行县至高陵,民有昆弟相与讼田自言,延寿大伤之……延寿恩信周遍二十四县,莫复以辞讼自言者"①。这段史料中的"自言"即指当事人亲自或由其亲人直接向官府提起民事诉讼。需要指出的是,"自言"并不是口头起诉,而是需要以文书的形式陈述事实并提出诉求。比如,《居延汉简释文合校》506·9A 简中记载:"元延元年十月甲午朔戊年,橐佗守候护移肩水城官。吏自言责啬夫莘晏如牒。书到,验问收责,报,如律令"②。简牍中称"吏自言责啬夫莘晏如牒",即本案债权人"吏"所诉债务人"啬夫莘晏"的情况如牒书所言,可见当时的"自言"需要有文书形式。

在三国两晋南北朝时期,对于私人间的民事纠纷,实行不告不理,由当事人以口头或书面的形式直接向官府起诉。其中书面诉状在汉族地区简称为"书",在少数民族地区简称为"辞"。对于侵害国家公共财物的案件,则由官方直接诉追,类似于现代意义上的公益诉讼。

唐律对于起诉的时间限制规定得十分详细,这种限制可以分为两种:一是类似诉讼时效的时间限制,即规定纠纷经过一定的时间,原告不得再提出诉讼;二是所谓的"务限"法,即规定在农忙时节,对于部分田土、钱债纠纷,百姓不得提起诉讼。在诉讼时效方面,唐朝法律已经作出了明确规定,比如《宋刑统》中所引唐敕佚文中说:"应田土、屋舍有连接交加者,当时不曾论理,伺候家长及见证亡殁,子孙幼弱之际,便将难明契书扰乱别县,空烦刑狱,证验终难者……经二十年以上不论,即不在论理之限。"③另外,对于债权债务纠纷,"契不分明,争端斯起,况年岁寖远,案验无由,莫能辩明,只取烦弊。百姓所经台、府、州、县论理远年债负,事在三十年以前,而主保(已)经

---

① 《汉书》卷七十六《赵尹韩张两王传》。
② 谢桂华、李均明、朱国炤:《居延汉简释文合校》,文物出版社 1987 年版,第 609 页。
③ 参见《宋刑统·户婚》"典卖指当论竞物业"条附唐长庆二年八月十五日敕节文。

逃亡,无证据,空有契书者,一切不须为理"①。

为了维护农业生产,唐朝的"务限"法规定民事诉讼只能在每年的十月一日至来年三月三十日之间的农闲时节内提出,这一段时间被称作"务开期","诸诉田宅、婚姻、债负,起十月一日,至三月三十日检校,以外不合。若先有文案,交相侵夺者,不在此例。"②五代时期沿用此项制度,五代周世宗显德四年诏令曰:"诸论田宅婚姻,起十一月一日至三月三十日止者。州县争论,旧有厘革,每至农月,贵塞讼端……"③

在宋朝,法律对民事起诉书有着严格的要求。宋初,诉状的形式和内容较为简单:"皆须明注年月,指陈实事,不得称疑。"④"其所陈文状,或自己书,只于状后具言自书,或雇倩人书,亦于状后具写状人姓名、居住去处。如不识文字,及无人雇倩,亦许通过白纸。"⑤后来诉状进一步规范化,在内容上必须包括原告姓名、被告姓名、年龄、住址、诉讼请求等事项。例如:"某乡某村,耆长某人,耆分、第几等人户,姓某,见住处,至县衙几里,所论人系某乡村居住,至县衙几里。右某,年若干,在身有无疾、荫,今为某事,伏乞县司施行。谨状。年、月、日,姓某,押状。"⑥

宋朝法律对贸易、典卖、借贷、租赁、遗嘱、析产、契约等类型的民事纠纷都明确规定了诉讼时效,官府对超过诉讼时效的民事案件不予受理。在契约纠纷的时效方面,宋朝沿用唐朝规定⑦。在典当倚当物业收赎的诉讼时效方面,规定:"今后应典及倚当庄宅、物业

---

① 《宋刑统·杂律》"受寄财物辄费用"条附唐长庆四年三月三日敕节文。
② 〔日〕仁井田陞著:《唐令拾遗》,栗劲、霍存福等编译,长春出版社1989年版,第788页。
③ 《旧五代史》卷一百一十七《周书八·世宗纪第四》。
④ 《宋刑统·斗讼》"犯罪陈首"条。
⑤ 《宋刑统·斗讼》"越诉"条附后周广顺二年十月二十五日敕节文。
⑥ (宋)李元弼:《作邑自箴》卷六《劝谕民庶榜·状式》。
⑦ 参见前引《宋刑统·杂律》"受寄财物辄费用"条附唐长庆四年三月三日敕节文。

第十章 民事诉讼制度

与人,限外虽经年深,元契见在,契头虽已亡没,其有亲的子孙及有分骨肉,证验显然者,不限年岁,并许收赎。如是典当限外,经三十年后,并无文契,及虽执文契,难辩真虚者,不在论理收赎之限,见佃主一任典卖。"①另外,前引唐长庆二年八月十五日敕文的规定宋朝继续予以沿用。② 田宅之诉的时效具体划分为多种情况:田宅典买卖的诉讼时效仍为二十年,"又准法:诸理诉田宅,而契要不明,过二十年,钱主或业主死者,官司不得受理"③;论诉交易田宅以有利债负准折的时效为三年,"应交易田宅,过三年而论有利债负准折,官司并不得受理"④;典卖田宅适用亲邻法的诉讼时效为三年,"诸典卖田宅满三年,而诉以应问邻而不问者,不得受理"⑤;诉分产不平的时效为三年,诉遗嘱不平的时效为十年,"在法:分财产满三年而诉不平,又遗嘱满十年而诉者,不得受理"⑥;对祖父母、父母亡后子孙典卖众分田宅私辄费用者的诉讼时效为"准法:诸祖父母、父母已亡,而典卖众分田宅私辄费用者,准分法追还,令元典卖人还价。即典卖满十年者免追,止偿其价,过十年典卖人死,或已二十年,各不在论理之限"⑦;诉尊长盗卖卑幼产业没有时效的限制,"卑幼产业为尊长盗卖,许其不以年限陈乞"⑧。

---

① 《宋刑统·户婚》"典卖指当论竞物业"条附建隆三年十二月五日敕节文。
② 参见前引《宋刑统·户婚》"典卖指当论竞物业"条附唐长庆二年八月十五敕节文。
③ 中国社会科学院历史研究所宋辽金元史研究室点校:《名公书判清明集》卷四《吴肃吴镕吴楱互争田产》,中华书局1987年版,第112页。
④ 中国社会科学院历史研究所宋辽金元史研究室点校:《名公书判清明集》卷四《游成讼游洪父抵当田产》,中华书局1987年版,第104页。
⑤ 中国社会科学院历史研究所宋辽金元史研究室点校:《名公书判清明集》卷九《有亲有邻在三年内者方可收赎》,中华书局1987年版,第309页。
⑥ 中国社会科学院历史研究所宋辽金元史研究室点校:《名公书判清明集》卷五《侄与出继叔争业》,中华书局1987年版,第135—136页。
⑦ 中国社会科学院历史研究所宋辽金元史研究室点校:《名公书判清明集》卷四《漕司送许德裕等争田事》,中华书局1987年版,第118页。
⑧ 中国社会科学院历史研究所宋辽金元史研究室点校:《名公书判清明集》卷九《卑幼为所生父卖业》,中华书局1987年版,第299页。

宋朝实施"务限"法,在冬季受理农人户的民事诉讼,城镇或商工人户则不受此限。提起民事诉讼的时间为每年的十月一日至来年正月三十日之间,并要在三月三十日之前审结完毕,此期间被称为"务开"或"务停"。其余时间内不得提起民事诉讼,即"入务"。但与农业生产无关的民事纠纷可随时提起诉讼,"所有论竞田宅、婚姻、债负之类,取十月一日以后,许官司受理,至正月三十日住接词状,三月三十日以前断遣须毕。如未毕,具停滞刑狱事由闻奏。如是交相侵夺及诸般词讼,但不干田农人户者,所在官司随时受理断遣,不拘上件月日之限。"①如果遭遇灾情,也可延长起诉期限:"昨缘蝗旱,今始得雨,诸处务开公事比常年更延一月。"②"务限"法的实施,在当时有效地避免了当事人因民事诉讼而影响农业生产。但后来地富大户对务限制度加以利用,在典期或诉讼时效即将届满之际,故意拖延时日以破坏贫穷农户正常的典赎活动。为此,隆兴元年(公元1163年)起,对豪强侵夺下户的务限排除情况作出了特别规定:"应婚田之讼,有下户为豪强侵夺者,不得以务限为拘。如违,许人户越诉。"③"在法:诸典卖田产,年限已满,业主于务限前收赎,而典主故作迁延占据者,杖一百。"④

在元朝,一诉不得告二事:"诸诉讼本争事外,别生余事者,禁。"⑤并且,当事人提起民事诉讼必须提交书状,"应告一切词状并宜短简,不可浮语泛词,所谓长词短状故也"⑥。

下面全文摘录一份元朝书状,以分析法律对书状形式的规定:

---

① 《宋刑统·户婚》"婚田入务"条。
② 《宋会要辑稿·刑法》三之四三。
③ 《宋会要辑稿·刑法》三之四八。
④ 中国社会科学院历史研究所宋辽金元史研究室点校:《名公书判清明集》卷九《典主迁延入务》,中华书局1987年版,第318页。
⑤ 《元史》卷一百五《刑法四》。
⑥ 《元代法律资料辑存》,浙江古籍出版社1988年版,第227页。

第十章 民事诉讼制度

应立嗣承继告状式①

告状人 周 友

右友、年几岁,无病,系某乡某村籍民,伏告:有某广下田产苗(黄)米,见(现)应当某站马首是役,缘某见今年老,别无亲生男子承继户业,今得本族房长周公推选,得房弟某第二周,名周全,见几岁,过房与某为子,承继广下田产,应当差发,委是昭穆相当,理合立为后嗣,若不告讫出给合据付男周全执照为凭,诚恐向向后妄行争继。烦挠官司不便。有此事因,谨状上告某县司状讫。

详状施行所告执结是实伏取 裁旨
年 月 日 告状人 周友状

从这份书状中可以发现:元朝法律要求书状的内容包括告状人的姓名、年龄、籍贯、身体状况,状告的对象与事由、诉讼请求、有无证验、呈送诉状的司法机关、告状人所具甘结、请求司法机关裁决、告状的日期、告状人签押等。对于书状中诉讼请求不明确的,司法机关可要求具状人予以补正:"诸狱讼元告明白,易为穷治,其当该官司凡受词状,即须仔细详审,若指陈不明及无证验者,省会别具的实文状,以凭勾问,其所告事重、急应掩捕者,不拘此例。"②

元朝也有"务限"法的规定,适用于婚姻、良贱、家财、田宅案件,但与农业生产无关的民事案件不受此限,可以随时起诉:"都省议得:今后应告上项公事,须自下而上,先从本处官司归理,比及务停,须要了毕。若事关人众,依例入务,才至务开,即便举行。如地远事难,又复不能了毕,明立案验,要见施行次第所以不了情节,再许务停一次,本年农隙必要结绝,不许更入务停……若事可归结,不应务

---

① 《事林广记》卷之四《别集·公理类》。
② 《元典章》卷五十三《刑部十五·听讼》。

停,及多经入务而不了,本管上司、廉访司官随事治罪。"①"年例,除公私债负外,婚姻、良贱、家财、田宅,三月初一日住接词状,十月初一日举行。若有文案者,不须追究,及不关农田户计,随即受理归问"。"本年农隙,必要结决,不许更入务停。"②对于违反务限规定有相应的制裁措施,"诸婚田诉讼,必于本年结绝,已经务停而不结绝者……正官吏之罪"③。

在明朝,起诉可以采用口头和书面两种形式。口头起诉被称为"口告",适用于不能书写的原告。对于口头起诉,审判机关有专人负责将口诉内容予以记录:"凡诉讼之人,有司置立口告文薄一扇,选设书状人吏一名。"④书面起诉是指当事人提交"词状"或"本状",诉状内容必须真实且有事实根据,不能"添捏虚情"或"捏词妄诉";同时不能"摭拾旁事"、牵连无辜。起诉状可由当事人自己书写,也可以请"代书人"代为书写。

明朝法律对诉讼时限时效有明确规定。比如,"告争家财田产,但系五年之上……断令照旧管业,不许重分再赎,告词立案不行"⑤。又如,"五年无故不娶,及夫逃亡过三年不还者,并听经官告给执照,别行改嫁,亦不追财礼"⑥。明朝取消了"婚田入务",原则上准许当事人随时提起民事诉讼,但对一般案件,只有在各地方官府自行规定的特定"放告日"和"词讼日"才能提起民事诉讼,一般每隔三日或五日为一个"放告日"。

在清朝,法律限制诉状的字数:"故状刊格眼三行,以一百四十四字为率。"⑦由于字数较少,部分当事人会另行提交补充案情的"投

---

① 《大元通制条格·户令》"务停"条。
② 《元典章》卷五十三《刑部十五·停务》。
③ 《元史》卷一百三《刑法二》。
④ 《明会典》卷一百七十七《刑部十九·问拟刑名》。
⑤ 《问刑条例·户律·田宅》"典卖田宅条例"。
⑥ 《大明令·户令》。
⑦ (清)黄六鸿:《福惠全书》卷十一《刑名部·词讼》。

第十章 民事诉讼制度

状"。清朝律例禁止这种行为,旨在防止当事人借投状牵连其他的人和事,造成案情混淆:"好讼之民,敢于张大其词以耸宪听,不虑审断之无稽者,以恃有投状一著为退步耳。原词虽虚,投状近实。以片语之真情,盖弥天之大妄,不患问官不为我用。……请督抚严下一令,永禁投词,凡民间一切词讼止准一告一诉,此外不得再收片纸。"①诉状的内容包括案发时间、案情经过、被告的姓名和住址、告诉人和代书人的姓名和住址及告诉人的签押等。此外对于田园、房屋、坟墓、钱债、婚姻、承继、行账等纠纷,还应交验粘连契券、绘图、注说、行单等物证。

清朝又恢复了"婚田入务"的制度,通常在农忙期间停止诉讼:"每年自四月初一日至七月三十日,时正农忙,一切民词,除谋反、叛逆、盗贼、人命及贪赃坏法等重情,并奸牙、铺户骗劫客货,查有确据者,俱照常受理外,其一应户婚、田土等细事,一概不准受理;自八月初一日以后方许听断。若农忙期内,受理细事者,该督抚指名提参。"②"其余一切呈诉无妨农业之事,照常办理,不准停止……如州县将应行审结之事,借称停讼稽延者,照例据实参处。经管道府如不实力查报,该督抚一并严参议处。"③农忙停讼也会根据案件的性质而有所例外,并非一概而论:"州县自理词讼,务须分别事情轻重缓急,随时酌准,不得藉称农忙,概置民瘼于罔闻。"④譬如,"抢亲、赖婚、强娶、田地界址、买卖未明,若不及早审理,必致有争夺之事"⑤,因此不受农忙停讼限制。在非农忙期间,当事人应该在指定的"放告日"提起民事诉讼。"放告日"的具体日期,清朝前期(17、18世纪)多为"三六九日",即每月3、6、9、13、16、19、23、26、29等日,后期

---

① 《牧令书辑要》卷七《刑名上·论一切词讼》。
② 《大清律例·刑律·诉讼》"告状不受理"条例。
③ 同上。
④ 《牧令书辑要》卷七《刑名上·申明农忙分别停讼檄》。
⑤ 同上。

(19世纪)多为"三八日",即每月3、8、13、18、23、28等日。对于违反上述规定的州县官,要"指名题参"。

综上所述,古代关于民事案件起诉的规定主要集中在诉状形式和诉讼的时间要求等方面。除此之外,有些朝代的法律还要求起诉必须是当事人亲自向官府提出,禁止他人就与自己不相干的事提起诉讼,比如宋朝法律就规定:"诸色人自今讼不干己事,即决杖枷项令众十日"①。不过,有诏令对特殊主体的诉讼行为加以限制,比如老人、病残人以及妇女、官员等不得亲自提出诉讼,须由他人代理。真宗大中祥符四年(公元1011年)九月诏曰:"自今诉讼,民年七十已上及废疾者,不得投牒,并令以次家长代之。"②即规定七十以上的老人与废疾之人因民事纠纷而提起诉讼,需要由家人代为陈状。这种老人、病残人、妇女等特殊主体由家人代为起诉的规定后来逐渐形成制度,被称为"抱告"。

"抱告"出现于明朝,在清朝成为常用的法律词汇。"抱告",当时偶称"抱状"或"抱呈",即怀抱状纸或呈状之意。③明律规定:"凡官吏,有争论婚姻、钱债、田土等事,听令家人告官理对,不许公文行移,违者笞四十。"④这些规定表明,明朝禁止老幼、残疾、妇女、官员亲自参与诉讼,而应由家人代诉。清朝各地《状式条例》中规定绅衿、生监、妇女及老幼、废疾参与诉讼如无抱告,案件一律不准受理。如浙江省黄岩县同治至光绪年间的《状式条例》规定:"凡有职及生监、妇女、年老、废疾或未成丁无抱告者,不准。"⑤光绪四年(公元1878年)九月十四日四川省南部县《状式条例》亦规定:"绅衿、老

---

① 《宋会要辑稿·刑法》三之一二。
② 《续资治通鉴长编》卷七十六真宗大中祥符四年九月庚辰。
③ 参见邓建鹏:《清代诉讼代理制度研究》,载《法制与社会发展》2009年第3期。
④ 《大明律·刑律·诉讼》"官吏词讼家人讼"条。该条纂注:"此止言婚姻等项,举轻事者,而重者可知矣。"
⑤ 参见田涛、许传玺、王宏治主编:《黄岩诉讼档案及调查报告》(上卷),法律出版社2004年版,第49页。

第十章 民事诉讼制度

幼、残废、妇女、无抱告者不准。"①

总的来说,适用抱告制度的主体为:无诉讼能力者与有诉讼行为能力而身份特殊者。无诉讼能力者由抱告人代替具呈人受罚、免受诉讼之苦,体现了法律的公允和人道;有诉讼行为能力而身份特殊者由其家丁或者家属代为诉讼,体现了其职位的尊贵以及法律对于有职者尊严的维护。

(二) 受理

秦汉时期,法律规定只有具有审判权的官府才能受理案件。秦律中的"辞者辞廷",意思就是具有审判权的官府(廷)才能接受诉讼人(辞者)的起诉。

为了防止司法官员怠于处理案件,唐朝法律规定司法机关应该受理而拒不受理的,有关官员要承担刑事责任:"若应合为受,推抑而不受者,笞五十。"②相反,如果司法官员受理了禁止受理的案件,也要承担相应的刑责。唐律所规定的禁止受理的情形中,涉及民事纠纷的主要是越诉的案件。唐律规定:"诸越诉及受者,各笞四十。"③不仅处罚越级上诉的当事人,而且要对违法受理的官员进行处罚。

在宋朝,法律规定原告须在起诉时提供相关的证据,否则不予受理:"自今后所诉事并须干已、证左明白,官司乃得受理,违者坐之"④;在受理程序中,首先要对词状进行审查和初判,"每遇受讼牒日,拂旦先坐于门,一一取阅之。有挟诈奸欺者,以忠言反复劝晓之曰:'公门不可容易入,所陈既失实,空自贻悔,何益也!'听其言而去者甚众。"⑤审判机构拒不受理符合起诉条件的民事纠纷或对不符合

---

① 南部县档案号 Q1-7-598-2。
② 《唐律·斗讼》"越讼"条。
③ 同上。
④ 《续资治通鉴长编》卷九十真宗天禧元年十月丙子。
⑤ (宋)潜说友撰:《(咸淳)临安志》卷九十三《纪事》。

起诉条件的民事纠纷坚持受理的,要对相关官员治罪:"若应合为受,推抑而不受者,笞五十,三条加一等,十条杖九十。"①

在元朝,官府在受理民事诉讼时应审查诉状是否符合法定条件、证据是否齐全。本应受理而不受理者,主管官吏要受到处罚。此外,对老弱废疾者起诉的民事案件应优先受理:"至元九年八月,御史台呈:陕西四川道按察司申该:争告户婚、田宅、债负、驱良、差役之人,于内有一等年老、笃废残疾人等具状陈诉。其官府哀悯此等之人恐有冤抑,多为受理。"②

明朝,审判机关在接受起诉时,应首先对是否符合受理条件进行审查,不符合受理条件的,予以驳回,即"立案不行"。有些机关和官员不能受理案件,包括:京城及全国各地的缉事官校(锦衣卫官员)、镇守等非行政官司,"今后缉事官校,只著遵照原来敕书,于京城内外,察该不轨、妖言、人命、强盗重事。其余军民词讼,及在外事情,俱不干预"③;受朝廷差遣往各地办事的人员,"凡差使人员,不许接受词状,审理罪囚。违者,以不应论罪"④;在乡里,保长、保正"不许滥受词状,生事害人,违者查究"⑤。明朝法律明确规定了应当受理而无故不予受理的责任:"斗殴、婚姻、田宅等事,不受理者,各减犯人罪二等,并罪止杖八十。受财者,计赃以枉法从重论。"⑥对于当事人一次提出两个以上诉讼请求的,应区分审查,"若告二事以上,内一事该理者,止理一事。其不该理者,立案不行。"⑦此外,在审查起诉和受理方式方面,对于口头起诉,"如应受理者,即便附簿发付书状,随即施行。如不应受理者,亦须书写不受理缘由,明白附簿,

---

① 《宋刑统·斗讼》"越诉"条。
② 《元典章》卷五十三《刑部十五·代诉》。
③ 《问刑条例·刑律·诉讼》"军民约会词讼条例"。
④ 《明会典》卷一百七十七《刑部十九·问拟罪名》。
⑤ 《古今图书集成·明伦汇编·交谊典》卷二十七《乡里部汇考二·保甲规条》。
⑥ 《大明律·刑律·诉讼》"告状不受理"条。
⑦ 《明会典》卷一百八十《刑部二十二·南京刑部》。

官吏署押,以凭稽考"①。对于书面起诉,"审其口词与状相同,方许问理。如有增减情节,异于口词,即拿代书之人问罪,原词立案不行"②。

清朝州县衙门受理民事案件("准理")较为慎重,一般反对轻易受理("滥准")和"轻下批词":"吾谓户婚田土,当视其情词虚实,不宜滥准。不准者必指批其不准之故,毋使再来翻渎,不可粗心浮气,略观大意,以不得混渎一语批出了事。"③此外,清朝法律对州县官无故不受理民事纠纷的行为规定了相应的法律责任:"告……斗殴、婚姻、田宅等事不受理者,各减犯人罪二等,并罪止杖八十。受财者,计赃以枉法从重论。"④受理案件后,州县官应在状纸上做"准,传讯"的批示。

三、审理

古代民事案件的审理程序并没有专门的法律规定,主要参照适用律典中刑事案件的审理程序。与刑事案件的审理程序相比,民事案件的审理程序主要具有以下三个方面的特点:

其一,民事案件的审理必须开庭,运用"五听"察言观色判断言辞证据的真伪。同时,在民事诉讼中法官还常常运用情理教谕争讼双方,以调解双方的矛盾,最终顺利解决纠纷。汉朝有"乡啬夫"主要负责验问案情查明真相,在前引汉简《候粟君所责寇恩事》一案中,居延县廷主要是根据都乡啬夫所搜集的证据和事实,审理认为侯粟君起诉寇恩并没有事实和法律依据,并且认为粟君"为政不直",应该依法追究责任,因此判令其赔偿寇恩余款。宋朝"妄赎同姓亡殁田业"一案的判词中明确记载了司法官员开庭审理案件、传

---

① 《明会典》卷一百七十七《刑部十九·问拟刑名》。
② 《明代律例汇编》卷二十二《刑律五·诉讼》。
③ 《牧令书辑要》卷七《刑名上·仕学一实录》。
④ 《大清律例·刑律·诉讼》"告状不受理"条。

唤证人并质证的过程：

> 帖县追两名，索帖基簿及元典契解来，词人召保听候。续建阳县解到江文辉、刘大乙赴府，唤上词人、干人陈吉，各赍干照、帖基、支书、契照，当厅诘问供对。①

该案反映了宋朝司法官员开庭审理民事案件的基本情况：由审判官传唤双方当事人与相关证人到庭进行问询，然后再根据物证、书证资料进行审理。

明朝法律明确要求司法官员通过听取双方情词来审理案件："如各执一词，则唤原、被告、干证人一同对问，观看颜色，察听情词，其词语抗厉、颜色不动者，事理必真；若转换支吾，则必理亏。"②而清朝法律要求司法官员必须开庭审理，并对不同案件以不同方式对当事人加以教化。清朝一般规定："州县放告收呈，须坐大堂，详察真伪，细讯明确，如审系不实不尽者，则以圣谕中息诬告以全良善教之；审系一时之忿及斗殴并未成伤者，则以戒仇忿以重身命教之；审系同村相控者，则以和乡党以息争讼教之；审系同姓相控者，则以笃宗族以昭雍睦教之。"③

其二，传讯过程中不实施拘捕，在审理过程中也不实施刑讯。汉朝，原告就民事纠纷起诉后，司法机关不能实施刑事诉讼中的拘捕，而应由被告所在地的乡啬夫采取传讯的方法验问案情，并将结果上报县。《折狱龟鉴》中记载的一起汉朝案件体现了汉朝司法官员在裁判案件时运用经验和智慧查明事实：

> 汉孙宝，为京兆尹。有卖馓散者，偶与村民相逢，击落馓散尽碎。村民认填五十枚，卖者坚言三百枚，因致喧争。宝令别

---

① 中国社会科学院历史研究所宋辽金元研究室点校：《名公书判清明集》卷九《户婚门·妄赎同姓亡殁田业》，中华书局1987年版，第265页。
② 《明会典》卷一百七十七《刑部十九·问拟刑名》。
③ 《牧令须知·听讼》。

第十章　民事诉讼制度

买侣馈散一枚,称见分两,乃都称碎者纽折,立见元数。众皆叹服。①

该案中,孙宝在处理村民争议时是以"令别买侣馈散一枚,称见分两,乃都称碎者纽折,立见元数"的方式来认定损失数额的。这类案件在古代屡见不鲜,可以说明当时处理民事纠纷时充分发挥了证据的作用,并不会轻易动用刑讯。

明清律例更是明确规定了刑事重案之外的细事案件不得实施刑讯。比如,明朝嘉靖时要求只有犯死罪和窃盗重罪方能适用刑讯:"凡内外问刑官,惟死罪并窃盗重犯,始用拷讯"②。清朝时更是明确规定了民事纠纷等"小事"不得刑讯:"强、窃盗、人命及情罪重大案件,正犯及干连有罪人犯,或证据已明,再三详究,不吐实情,或先已招认明白,后竟改供者,准夹讯外,其别项小事,概不许滥用夹棍。"③

其三,民事诉讼的审理期限更加灵活。宋朝的审限制度经历了多次变化和调整。在孝宗乾道二年(公元 1166 年)作出规定,由州县处理的民事纠纷在半年之内未审结的,即可上诉:"比来民讼,至有一事经涉岁月,而州县终无予决者。缘在法:县结绝不当,而后经州,州又不当,而后经监司。乞自今词诉,在州县半年以上不为结绝者,悉许监司受理。"④在宁宗嘉定年间,简单的民事纠纷应在当日审结;需要证人证言的,县衙的审理期限不得超过五天,州郡不得超过十天,监司不得超过半个月:"诸受理词诉,限当日结绝,若事须追证者,不得过五日,州郡十日,监司限半月,有故者除之,无故而违限者,听越诉。"⑤朱熹知潭州时规定经县起诉的民事案件的审限为两个月。两月之内必须结案,"今立限约束,自截日为始,应诸县有人

---

① (宋)郑克:《折狱龟鉴》卷六《证慝》"孙宝"。
② 《明史》卷九十四《刑法二》。
③ 《大清律例·刑律·断狱》"故禁故勘平人"条例。
④ 《宋会要辑稿·刑法》三之三二。
⑤ 《宋会要辑稿·刑法》三之四〇至四一。

户已诉未获,盗贼限一月,斗殴折伤连保辜通五十日,婚田之类限两月,须管结绝"①。元朝法律则要求民事案件须在本年内审结,否则司法官吏将承担相应的责任:"诸婚田诉讼,必于本年结绝,已经务停而不结绝者,从廉访司及本管上司,正官吏之罪"②。

明朝法律要求简单民事案件随时审结;对于需"委官勘问"或与地方官"会勘"的复杂财产案件,也要求审限应比刑事案件减少一半:"在京在外问刑,例应委官勘问及行军卫有司会勘者,如财产等项,限一个月。勘检人命,限两个月。"③此外,巡按、巡抚等官员在巡历府县时,可对尚未结绝的案件,视其具体情况灵活设立不同的审限:"凡有告争户婚、田土、钱粮、斗讼等事,……须要即时附簿,发下原问官司立限归结。如断理不当,及应合归结而不归结者,即便究问。"④清朝法律对于民事案件的审限有明确规定:"州县自理户婚、田土等项案件,限二十日完结"⑤。逾期而未结案者,交部议处:"倘敢阳奉阴违,或经发觉,或经该上司指参,将承问官交部照例分别议处。"⑥但也存在延长审限的情形,即"应行关提、质讯者,务申详该上司批准照例展限"⑦。

四、裁判

早期民事诉讼裁判中具有明显的神誓色彩,前引《䚣攸比鼎》与《曶鼎》中所记载的西周时期贵族之间的民事案件就反映了民事诉讼裁判中的誓审制度。下面再通过一个案例来详述西周时期民事判决中誓审的特点。

---

① 《朱文公文集》卷一百《约束榜》。
② 《元史》卷一百三《刑法二》。
③ 《问刑条例·刑律·断狱》"鞫狱提囚勘检期限条例"。
④ 《明会典》卷二百十一《都察院三·追问公事》。
⑤ 《钦定大清会典事例》卷一百二十二《吏部·处分例》。
⑥ 《大清律例·刑律·诉讼》"告状不受理"条例。
⑦ (清)薛允升:《读例存疑》卷三十九"告状不受理"条例。

第十章 民事诉讼制度

唯三月既死霸甲申,王在上官。伯扬父迺成劾(劾),曰:"牧牛,虞乃可(苛)湛(扰)。女(汝)敢以乃师讼。女(汝)上卸(俟)先誓。今女(汝)亦既又(有)御誓,専(溥)赾(佫)䜌親(睦)䜌,造亦兹五夫,亦既御乃誓,女(汝)亦既从辞从誓。弋(式)可(苛),我义(宜)鞭(鞭)女(汝)千,䜌䜌(剭)女(汝)。今我赦女(汝),义(宜)鞭(鞭)女(汝)千,䜌(黜)䜌(剭)女(汝)。今大赦女(汝),鞭(鞭)女(汝)五百,罚女(汝)三百孚(锊)"。伯扬父迺或事(使)牧牛誓,曰:"自今余敢䙷(扰)乃小大史(事)"。乃师或以女(汝)告,则䟆(致),乃鞭(鞭)千,䜌䜌(剭)"。牧牛则誓。乃以告事(吏)䙷、事(吏)曶于会。牧牛䛅(辞)誓,成,罚金,僅用乍(作)旅盉。① (见图10-3)

上述铭文的大意是说,周王三月既生霸甲申日,王在方邑的上官。伯扬父审理了一件违约民事案件,该案的原告牧牛不仅违背誓言而且诬告上司亻朕,最终,伯扬父赦免了牧牛的罪名,只处以鞭五百和罚铜三百的刑罚。并且要求牧牛再次立誓,永不违约。如果违约将接受处罚。从这个案例中可以发现,当时民事诉讼的审理中存在着誓审制度,由被判决承担民事责任的一方当事人在司法官的主持下进行宣誓。宣誓者如果违背誓约,拒绝履行民事判决,将会被追究刑事责任。

古代的民事裁判的范围并不限于当事人的诉讼请求,而是对整个法律事实和法律关系进行确认,判决结果往往超出当事人诉讼请求的范围。有时民事裁判也不仅限于案件的民事部分,同时会对案件中涉及的刑事问题进行处理。比如,前引汉朝《候粟君所责寇恩事》一案中,原告粟君诉寇恩债务之事不成立,属于控告不实,同时原告粟君任甲渠候官,是相当于县级官员的军官。因此居延县廷作

---

① 中国社会科学院考古研究所编:《殷周金文集成(修订增补本)》(第七册),中华书局2007年版,第5541—5542页。

亻朕匜(yìng yí),刻有中国已经发现最早、最完整的诉讼判决书,有中国"青铜法典"之美誉

图 10-3　亻朕匜及铭文拓片①

---

① 图片引自庞怀青等:《陕西省岐山县董家村西周铜器窖穴发掘简报》,载《文物》1976 年第 5 期。

第十章　民事诉讼制度

出判决:"须以政不直者法亟报",即按行政官员犯罪法报上级处理。

同时,法官还往往将当事人两个以上的诉讼请求合并审理,最后一并裁判。法官可视案件的具体情况作出一份或多份中间判决,与最终的判决一起确定当事人的法律责任。在中间判决中,应说明不能一次性作出判决的原因。比如唐朝敦煌文书 P3813 号《文明判集残卷》中的阿刘改嫁一案:

> 奉判:妇女阿刘,早失夫婿,心求守志,情愿事姑。夫亡数年,遂生一子,欸亡夫梦合,因即有娠,姑乃养以为孙,更无他虑。其兄将为耻辱,遂即私适张衡。已付娉财,克时成纳。其妹确乎之志,贞固不移。兄遂以女代姑,赴时成礼。未知合为婚不?刘请为孝妇,其理如何?
>
> 阿刘凤钟深叠,早丧所天。夫亡愿毕旧姑,不移贞节。兄乃夺其永志,私适张衡。然阿刘固此一心,无思再醮。直置夫亡守志,松筠之契已深;复兹兄嫁不从,金石之情弥固。论情虽可嘉尚,语状颇欲生疑。孀居遂诞一男,在俗谁不致惑?欸与亡夫梦合,未可依凭。即执确有奸非,又无的状。但其罪难滥,狱贵真情。必须妙尽根源,不可轻为与夺。欲求孝道,理恐难从。其兄识性庸愚,未闲礼法。妹适张衡为妇,衡乃克日成婚。参差以女代姑,因此便为伉俪。昔时兄党,今作妇翁;旧日妹夫,翻成女婿。颠倒昭穆,移易尊卑。据法法不可容,论情情实难恕。必是两和听政,据法自可无辜;若也罔冒成婚,科罪仍须政法。两家事状,未甚分明,宜更下推,待至量断。①

此案中原告的诉讼请求有二:其一是阿刘"夫亡数年,遂生一子",但是却坚守从一而终的妇道、自愿服侍婆婆,应当被认定为"孝

---

① 敦煌文书 P3813 号《文明判集残卷》,见刘俊文:《敦煌吐鲁番唐代法制文书考释》,中华书局 1989 年版,第 442—443 页。

妇";其二是确认阿刘之兄在违背阿刘意愿的情况下将阿刘改嫁的行为是否合法。该案最大的事实争议在于阿刘是否存在奸非的行为,这将影响到其"请为孝妇"的请求是否成立。在科学尚不发达的时期,法官对阿刘"歆亡夫梦合"的行为虽然将信将疑,但也无法找到确凿证据加以反驳。因此,法官只能模糊下判,作出"两家事状,未甚分明,宜更下推,待至量断"的中间判决。中间判决虽具有法律效力,但是在此基础上尚需进行最终判决,才能明确当事人的民事责任。遗憾的是,从现存的敦煌法制文书中并不能找到该案的最终判决。

  在宋朝的县级司法机构中,主簿或县丞负责审理案件并草拟判决,然后报请县令定判。在州及州以上的司法机构中,根据"鞫谳分司"原则实行"审"与"断"分离,即审理者和判决者相分离。审理者只负责收集与判断证据,依此查明案件的事实,不再进行法律适用的工作;之后由专门负责检详法律条文的官员查出与本案相关的法律条文,提供给长官作为判决的依据;最后由长官亲自决定判决结果并承担错判的责任。"断由"即官府审结民事案件以后发放给当事人的判决书,仅适用于民事诉讼。高宗绍兴二十二年(公元1152年)规定:"今后民户所讼,如有婚田差役之类,曾经结绝,官司须具情与法,叙述定夺因依,谓之断由,人给一本。"①断由的基本内容包括案件的缘由,争议的事实、判决所适用的法律条文等。断由的发放期限为三日:"限三日内即与出给断由,如过限不给,许人户陈诉。"②断由的意义之一在于防止人户滥诉:"如有翻异,仰缴所给断由于状首,不然不受理。使官司得以参照批判或依违移索,不失轻重。将来事符前断,即痛与惩治。"③意义之二在于防止官员舞弊:

---

① 《宋会要辑稿·刑法》三之二八。
② 《宋会要辑稿·刑法》三之三八。
③ 《宋会要辑稿·刑法》三之二八。

第十章　民事诉讼制度

"州县遇民讼之结绝必给断由,非固为是文具,上以见听讼者之不苟简,下以使讼者之有所据,皆所以为无讼之道也。比年以来,州县或有不肯出给断由之处,盖其听讼之际不能公平,所以隐而不给。其被冤之人或经上司陈理,则上司以谓无断由而不肯受理。如此则下不能伸其理,上不为雪其冤,则下民抑郁之情皆无所而诉也。乞诸路监司郡邑,自今后人户应有争讼结绝,仰当厅出给断由,付两争人收执,以为将来凭据。如元官司不肯出给断由,许令人户经诣上司陈理。其上司即不得以无断由不为受理,仍就状判索元处断由,如元官司不肯缴纳,即是显有情弊,自合追上承行人吏,重行断决。"①

在元朝,司法官员应在出具的合同公据执照上写明查证的事实与判决的依据,然后交付原、被告收执。若用蒙文、波斯文书写判决书,还应用汉字加以标译。可将原告、被告及证人等传唤到庭宣告判决书,也可委付有关官吏向原告和被告宣布判决结果。

明清时期,商品经济日趋发达,民事诉讼数量大幅增加。现存的大量明清诉讼档案为我们了解当时诉讼判决的原貌提供了便利。比如,徽州诉讼文书就反映了清朝诉讼判决的真实样貌,下面试举一则判决书加以说明:

正堂审语

　　审得胡瑞寿,乃狂暴不法之徒也。族人胡可佳有园地,土名高圩,承父先年买自其继母金氏之业,交管多载,斯时金氏未立瑞寿为嗣也。迨后瑞寿借序(续)得承,以此地契未奉书,突于本年三月,遂将其地围占,并怒其论而殴之,此可佳有"势占降杀"之控也。讵瑞寿不自悔过,犹以"契属造伪",哓哓置辩。拘审验契,则金氏之婿周楚珍代书,房长胡可桂居中,质证明确,夫继嗣未立,即婿犹子,奉命代书何伪之有?况可佳执出分阄

---

① 《宋会要辑稿·刑法》三之三六至三七。

书,此地系其父买分,阄书内又有瑞寿之父胡有缘居间,尚可谓之造伪乎?胡瑞寿占杀情真,本应重惩,姑念同族,薄罚城砖以儆狂暴,断令地归胡可佳,照契管业,余审无干,相应逐释。立案。

康熙五十五年四月　初四　日①

图10-4　上引判决书影印件

这份判决书是独立制作的单件判词文书,既不同于审官在堂讯时于"供单"上所拟的堂断,也不是刊刻于判词文集中的书判。清朝法律对判决书的形式有专门规定:一是判决书须刻印有"正堂审语"字样。黄六鸿解释"审语"的意思说:"所谓审语,乃本县自准告词,因情判狱,叙其两造之是非,而断以己意者。"②二是判决书应当有标朱、朱勾、判日以及官印,钤于日期处的官印和朱笔日期,既显示了判决的生效的日期,还具有甄别真伪的功能。

除独立制作的判决书外,判决还可以表现为州县官员在当事人具结、保状、呈状上所作的批示。清朝州县官员直接在当事人、调解人的呈状、保状或表示悔过、服输、和解的甘结上进行的批示,也可以起到"判决"的效果。

---

① 王钰欣、周绍泉主编:《徽州千年契约文书》(清民国编)(卷一),花山文艺出版社1991年版,第175页。

② (清)黄六鸿:《福惠全书》卷十二《刑名部·看审赘说》。

五、申诉

古代民事案件经过县级司法机构审理判决后即告结案。当事人如对判决结果不服,可以按司法机构的层级逐级向上提出申诉,甚至直达中央,由皇帝亲自理断。古代民事案件强调"州县自理",一般的申诉案件往往发回州县重审,只有原审官员存在曲法枉断时,才会由上级司法机构提审。同时,历代法律都强调逐级上告,禁止越诉。因此,民事案件虽有上达中央的可能性,但在实践中常常在地方就已经解决,很少能够申诉至中央。

秦汉时期,民事案件的申诉大致依地方行政区划的层级逐级向上进行。汉朝民事案件的复审由郡太守或都尉负责,大多数情况下,太守和都尉会直接重审、再判,有时也会发回下级重新验问、重写爰书并提出再审意见。例如,前述《候粟君所责寇恩事》一案中便是粟君在县廷败诉后不服判决,又申诉到郡太守的。太守依法责令县廷"更详验问",最终维持了原审判决。

唐朝法律规定:"凡有冤滞不伸,欲诉理者,先由本司、本贯,或路远而蹜碍者,随近官司断决之。即不伏,当请给'不理状',至尚书省、左、右丞为申详之。又不伏,复给'不理状',经三司陈诉,又不伏者,上表。受表者又不达,听挝登闻鼓。若茕、独、老、幼不能自申者,乃立肺石之下。"① 当事人不服初审判决的,可先向原审机关申诉,原审机关出具准予其继续向上申诉的"不理状",当事人凭"不理状"向上级机关提起申诉。当事人对再审结果仍不服的,可以向尚书省左、右丞再次申诉。最终可以诉至三司乃至皇帝。

在宋朝,对于县衙错判或存在徇私枉法的案件,当事人可向上级司法机构提起申诉。宋朝司法官员对民事申诉案件多有同情,认

---

① 《唐六典》卷六《尚书刑部》。

为民事案件屡次申诉主要是原判决"不照田令,不合人情"所致:"乡民持讼,或至更历年深,屡断不从,故多顽嚣,意图终讼,亦有失在官府,适以起争。如事涉户昏,不照田令,不合人情,偏经诸司,乃情不获已,未可以一概论"①。宋朝还规定超过审判期限而未及时审结的案件,当事人可以直接向上级申诉:"词讼在州县半年以上不为结绝者,悉许监司受理"②。

宋朝法律规定民事诉讼由县衙审理,当事人不服可以经过州(府、监、军)逐级向地方上的监司,直至中央的户部、登闻鼓院等机构申诉。宋朝史料还记载有皇帝亲审的民事案件。比如,当时一桩户绝财产继承案件,依律户绝财产本来应该"入官",但仁宗亲自过问案件并认为户绝财产乃"细民自营者",因而要求发还被没收的财产:

> 天圣中,雄州民妻张氏户绝,有田产。于法当给三分之一与其出嫁女,其二分虽有同居外甥,然其估缗钱万余,当奏听裁。仁皇曰:"此皆细民自营者,无利其没入,悉以还之。"③

该案反映了宋朝皇帝亲自审理民事案件的情况,这在历史上不多见,反映了宋朝皇帝对民间疾苦的重视。宋太宗曾直言皇帝亲审民事案件不过是体现一种仁民爱物之心,他说:"似此细事悉诉于朕,亦为听决,大可笑也。然推此心以临天下,可以无冤民矣"④。

对于申诉案件的审理程序,宋朝法律也有详细的规定。为了防止徇私舞弊、枉法用情,宋朝法律规定申诉案件不得交由原审司法机构审理,否则当事人可以向上级越诉,并对违法官吏"重行黜责":

---

① 中国社会科学院历史研究所宋辽金元史研究室点校:《名公书判清明集》卷四《漕司送下互争田产》,中华书局1987年版,第120页。
② 《宋会要辑稿·刑法》三之三二。
③ (宋)范镇:《东斋记事》,中华书局1980年版,第5页。
④ 《续资治通鉴长编》卷三十四太宗淳化四年十月丁丑。

第十章　民事诉讼制度

"诸受诉讼应取会与夺而辄送所讼官司者,听越诉,受诉之司取见诣实,具事因及官吏职位姓名,虚妄者,具诉人,申尚书省。"①申诉到州(府、军、监)级司法机构的民事案件,应由知州指派属官审理:"令诸州,诉县理断事不当者,州委官定夺。"②申诉到监司的民事案件,应送交原审州级司法机构的邻州审理:"若诣监司诉本州者,送邻州委官。"③申诉到户部的民事案件,应转送非原审机构所属的地方监司或州郡审理。各类审判机构在审理申诉案件时,均适用初审程序。申诉案件在开庭审理前三日会贴出开庭通知,申诉人必须按时出庭受审,否则视为自动撤回申诉:"朝省、台部以及所在诸司,凡送下州县词诉,必待词主出官而后施行。门示三日,词主不到,则缴回原牒,此定格也。"④

元朝审理民事案件申诉的是地方的路府州县,直至省一级地方司法机构,最高可上至中央:"诸陈诉有理,路府州县不行,诉之省部台院,省部台院不行,经乘舆诉之。"⑤同时,禁止百姓越级申诉,对越诉要将案件转发原审机关审理,并对越诉者处以刑罚。

明朝法律规定,民事案件须由本管县衙开始逐级上告:"凡有告争户婚、田土、钱粮、斗讼等事,须于本管衙门,自下而上,陈告归理。"⑥明朝在中央一级设置通政司作为接受民事申诉案件的机构。《明会典》规定:"其户婚、田土、斗殴、相争、军役等项,具状赴通政司,并当该衙门告理。不许径自击鼓,守鼓官不许受状。"⑦通政司在受理民事申诉案件后,对于比较重大的案件,在登记申诉缘由后,上

---

① 《宋会要辑稿·刑法》三之二六。
② 同上。
③ 同上。
④ 《黄氏日钞》卷七十五《申明·申诸监司乞绍照由付词人赴所属官司投到理对公事》。
⑤ 《元史》卷一百五《刑法四》。
⑥ 《明会典》卷二百十一《都察院三·追问公事》。
⑦ 《明会典》卷一百七十八《刑部二十·伸冤》。

奏皇帝批旨，然后通过刑科给事中送交刑部审理；对于普通案件，在登记申诉缘由后，直接交由刑部审理。

明朝的监察机构也有接受民事申诉案件的职权："如理断不公，或冤抑不理者，直隶赴巡按监察御史，各省赴按察司，或分巡及巡按监察御史处陈告，即与受理推问。如果得实，将原问官吏依律究治，其应请旨者，具实奏闻。"①明朝法律规定巡按监察御史在巡察时如果发现户婚、田宅等民事案件，需要移送相应的司法、行政机构处理："凡受军民词讼，审系户婚、田宅、斗殴等事，必须置立文簿，抄写告词，编成字号，用印关防，立限发与所在司追问明白，就便发落，具由回报。若告本县官吏，则发该府；若告本府官吏，则发布政司；若告布政司官吏，则发按察司，若告按察司官吏，及伸诉各司官吏枉问刑名等项，不许转委，必须亲问。"②

清朝法律强调民事案件须在州县审结，严格限制地方百姓将民事细故上控至京城。乾隆三十四年规定，如果京控案件仅系户婚、田土细事，将案件发回地方衙门重审后，仍须对申诉者治以越诉之罪："其仅止户婚、田土细事，则将原呈发还，听其在地方官衙门告理，仍治以越诉之罪。"③嘉庆十年定例，都察院、步军统领衙门在受理民事申诉案件之后，并非送交刑部审理，而是发回本省重审："至钱债细事争控地亩，并无罪名可拟各案，仍照例听城坊及地方有司自行审断，毋须概行送部"④。

六、执行

在中国古代，不存在独立的民事执行程序。同时，古代实行审判与执行合一的体制，也不存在独立的执行机构。但是，随着民事

---

① 《明会典》卷二百十一《都察院三·追问公事》。
② 《明会典》卷二百十《都察院二·出巡事宜》。
③ 《大清律例·刑律·诉讼》"越诉"条例。
④ （清）薛允升：《读例存疑》卷三十九"越诉"条例。

第十章 民事诉讼制度

司法活动的发展,民事执行措施逐渐具有了独立性。古代的民事判决通常由负责审理案件的州县司法官吏主持执行,执行方式以当堂执行为主。比如,田宅、钱债等案件判决的执行,就由当事人当堂交付钱款或者土地文书、地契等,双方交付之后,各自具呈交状存案,以防止日后再起争议。对于拒绝履行判决的一方,司法官员往往对其进行体罚,甚至处以一定的刑罚。

秦汉时期,民事执行以当事人当庭依据判决自动履行为主,义务人当庭服从判决,自动履行应当履行的义务。比如,《居延新简》中记载的一则案例:"自言责士吏孙猛脂钱百廿。谨验问,士吏孙猛辞服负,已收得猛钱百廿"①。该案例中,士吏孙猛当庭表示服从判决,并愿意履行判决义务。如果义务人在判决生效时因为贫穷无力当场履行,也可以抵押的方式保证执行判决,比如,《居延汉简释文合校》中记载的案例:"初元四年正月壬子,箕山燧长明敢言之。□赵子回钱三百,唯官以二月奉钱三□以付乡男子莫。以印为信,敢言之。"②此案中义务人赵子无法当庭履行,只能选择"以印为信"作为抵押。

在宋朝,简单民事案件的判决应当庭执行。例如,"案将黄俊德赍出契后批领,当厅毁抹附案,并将砧基簿批凿讫,还黄俊德管业。"③对于逾期不履行的,债权人可以向官府请求强制执行。县衙作出的判决,可由县令委派主簿、县尉等属吏执行。上一级的判决,既可委派初审县衙的官员执行,也可直接委派官佐执行。对于涉及比较复杂的财产关系及当事人故意拒绝或逃避履行义务的案件,官府可派出官佐约集当事人及乡保、宗族、邻人等共同执行。若当事

---

① 马怡等编:《居延新简释校》,天津古籍出版社2013年版,第357页。
② 谢桂华、李均明、朱国炤:《居延汉简释文合校》,文物出版社1987年版,第472页。
③ 中国社会科学院历史研究所宋辽金元史研究室点校:《名公书判清明集》卷九《叔伪立契盗卖族侄田业》,中华书局1987年版,第308页。

人没有偿付能力或者逃亡的,牙人、保人要共同承担责任:"诸负债违契不偿,官为理索,欠者逃亡,保人代偿。"①在宋朝,中止执行的情形包括执行过程中发现被执行人根本没有财产可以清偿债务,或朝廷因发生自然灾害和战争而下诏中止履行债务,如:"应内外见监理市易官钱,各限一月取索逐户元请官本点勘……尚欠官本钱并净利而家业荡尽及无抵保,或正身并保人孤贫者,权住催理。"②"其人户私债,并欠坊场酒钱,并候三年外理还。如官司尚敢追索骚扰,令监司自觉察具名闻奏,仍许越诉。"③"(因金军南侵)将沿江州军五等人户见欠绍兴三十一年以前官私债负并予倚阁,候至秋熟催索。"④终结执行的情形包括:"诸欠无疑弊而身死者,除放。有疑弊应配及身死,而财产已竭者,准此。"⑤宋朝还有类似现代执行回转的情形,比如下列案例所述:"所有胡应卯所论曾炲赎肖屯园屋,既无契据,难以收赎。县司先来所给无凭公据,合缴回县案收毁……所争桑叶,据供系胡应卯父子带领裴丙子等采去。今园既还曾知府,则地利合入有理之家,案后迫裴丙子供对,理还曾知府宅"⑥。

在明朝,对民事判决的执行不适用赦免,这是民事诉讼与刑事诉讼的重大区别:"其违律为婚,各条称离异、改正者,虽会赦,犹离异、改正。"⑦"凡以赦前事,告言人罪者,以其罪罪之。若系干钱粮、婚姻、田土,事须追究,虽已经赦,必合改正征收者,不拘此例。"⑧明朝强调执行的效率,要求迅速执行:"以后各有司受理词讼,务要及

---

① 《庆元条法事类》卷八十《杂门·出举债负》。
② 《宋会要辑稿·食货》七十之一七五。
③ 《宋会要辑稿·食货》六三之一五。
④ 《宋会要辑稿·食货》六三之一九。
⑤ 《庆元条法事类》卷三十二《财用门三·理欠》。
⑥ 中国社会科学院历史研究所宋辽金元史研究室点校:《名公书判清明集》卷五《典卖园屋既无契据难以收赎》,中华书局1987年版,第150—151页。
⑦ 《大明律·户律·婚姻》"嫁娶违律主婚媒人罪"条。
⑧ 《明会典》卷一百七十七《刑部十九·问拟刑名》。

时勘结……应问解者,即与问解;应摘放者,即与摘放;应追纸赎者,赎两月,纸三月。审果贫难不完者,照例改拟,配决放免。"①

在清朝,州县官当堂执行是最常见的执行形式,无需通禀或通详上一级衙门:"府州县凡审过词讼,如何判断,务须当堂晓谕,仍将断语写于供单之后,审后即令经承将原呈诉词禀单断语,粘卷一秩,用印存房,遇有赴上翻控情有可疑者,檄行提卷,即日申送阅夺,以杜捏告之弊,以免多准之累。"②对于不能当堂交付的,应在甘结中说明交付的具体时间,限期交付。清朝一般不以刑罚手段强制被告履行其义务,这表明民事诉讼独立性有了进一步发展:"至两造族姻互讦,细故既分,曲直便判,输赢一予责惩,转留衅隙,讼仇所结……所当于执法之时……将应挞不挞之故,明白宣谕,使之幡然自悟,知惧且感,则一纸遵依,胜公庭百挞矣。"③"要案更不宜刑求。词讼细务,固可不必加刑矣。"④

第三节 古代的民事调解

民事调解是中国司法的古老传统,是中国法律文化的一大特色,是中华法系标志性的司法制度之一,为世界诸国所借鉴和参照。中国古代调解制度的内容广泛,从调解主体的角度看,既包括了当事人之间的和解也包括了第三方主持的调解;从适用方式的角度看,既有诉讼调解也有非诉讼的调解。古代社会并没有严格区分民事调解和刑事调解,本节的研究以古代社会的民事调解为主,对刑事案件的和解也会稍作涉及。

---

① 《明代律例汇编》卷二十八《刑律一一·断狱》。
② 《牧令书辑要》卷上《刑名上·饬各属办案条件檄》。
③ （清）汪辉祖:《学治臆说》卷上《姻族互讦毋轻笞挞》。
④ 同上书,《要案更不宜刑求》。

一、调解的发展历程

在中国古代,调解活动由来已久,调解是传统司法中解决纠纷的一种重要方式,灵活运用于各类案件。依据《周礼》的记载,西周时期有"调人"一职,主要职责是"掌司万民之难而谐和之"①。婚姻、田宅等民间细故纠纷以及过失伤人的刑事案件都可以调解的方式解决。《周礼》关于"调人"的记载是西周时期存在纠纷调解机制的主要证据,同时,从前引"曶鼎"铭文来看,当时司法官员在告知被告可能承担的法律责任之后,会进行调解,主要是劝服有过错一方主动承认错误并提出赔偿方案,如果双方对调解结果都能接受,则案件即可终结。

在《包山楚简》中载有不少调解案件,如经过张伯元整理的"周氏墓地争讼案",简文如下:

> 八月辛巳之日,郙与之关哉公周童耳受昏(期),己丑之日不迲(将)付举之关人周敛、周瑶以廷,阩门又(有)败。泟忻哉之。
>
> 八月己丑之日,付举之关敔公周童耳受昏(期),九月戊申之日不迲(将)周敛、周瑶以廷,阩门又(有)败。正疋忻哉之。
>
> 九月戊申之日,告大㲋六令周霢之人周雁讼付举之关人周瑶、周敛,胃(谓)葬于其土。瑶、敛与雁成,唯周貘之妻葬焉。
>
> 疋忻哉之,鄙从为李。②

此案是周氏家族内部因墓地争议而引起的诉讼。此案受期两次,分别在八月至九月之间。原告为周雁,被告为周瑶、周敛,周雁家的墓地被周瑶、周敛占用。通过调解,以周貘之妻葬于周雁家墓地结案。简文中"成"字表明了"和解"之义,由此也可以看出家族内

---

① 《周礼·地官·调人》。
② 参见张伯元:《包山楚简案例举隅》,上海人民出版社2014年版,第22—23页。

第十章 民事诉讼制度

部的民事纠纷可以和解结案。

秦、汉两朝在县以下的基层组织"乡"设秩、啬夫和"三老"等负责掌管道德教化,调处民间纠纷。在汉朝,调解和验问同步进行,开始于验问之时,结束于判决之前。啬夫为乡里民事纠纷的调解者。在三国两晋南北朝时期,乡以下设置的啬夫里正,负责民事调解。在唐朝,乡里民间纠纷由里正、村正、坊正负责调解。

宋朝是调解制度发展的关键时期,司法官员对于民间诉讼,一般先行采取"调解息讼"。《名公书判清明集》记载:"遇亲戚骨肉之讼,多是面加开谕,往往幡然而改,各从和会而去。如卑幼诉分产不平,固当以法断,亦须先谕尊长,自行从公均分。"①若当事人不愿调解,官府应依法判决。

元朝将调解作为纠纷处理的方式正式写入了法律,元朝《通制条格》中的"理民"条规定:"诸论诉婚姻、家财、田宅、债负,若不系违法重事,并听社长以理谕解,免使妨废农务,烦扰官司"②。需要注意的是,元朝的主要法律渊源是习惯法和随时颁发的断例。前引关于调解的规定,实际上是至元年间的格,而非"律"。而关于调解的正面规定,目前除了元朝,在其他历代律文中难以找到。在元朝,适用调解的争议包括民事案件和部分轻微的刑事案件。此外,奥鲁官对蒙古人之间的民事争议,宗教头目对教徒之间的民事争议也具有调解权。司法调解多由司法官在审理之时当堂依据现行法律和封建伦理道德进行:"起诉有原书,讼牒者是也。盖蚩蚩之氓暗于刑宪,书讼者诚能开之以枉直,而晓之以利害,鲜有不愧服两释而退者。"③"人有斗讼,必谕以理,启其良心,俾悟而止。"④此外,元朝专

---

① 中国社会科学院历史研究所宋辽金元史研究室点校:《名公书判清明集》卷一《劝谕事件于后》,中华书局1987年版,第10页。
② 《大元通制条格·田令》"理民"条。
③ (元)张养浩:《为政忠告·牧民忠告·听讼》。
④ 《金华黄先生文集》卷二十六《华府君碑》。

设"告拦"制度,调解结果对当事人具有法律约束力,必须执行,并且当事人不得基于同一事实和理由再次提起诉讼,但调解过程中存在欺诈、压制、违背自愿原则等违法行为的除外:"凡告婚姻、地土、家财、债负外,不违法者,若已拦告,所在官司不许轻易再接词状归问。如违,从廉访司照刷究治相应。"①"今后凡告婚姻、地土、家财、债负,如元告、被论人等自愿告拦休和者,准告之后,再兴讼端,照勘得别无违错事理,不许受状。"②"今后凡告婚姻、田宅、家财、债负,若有愿告拦,详审别无违枉,准告已后,不许妄生词讼,违者治罪。"③

历朝律文中虽缺乏关于调解的正式规定,但明确了某些严重刑事案件不得私和。比如,对于涉及"十恶""强盗"和杀人等重大的刑事案件,历朝的法律都明文禁止调解。《大明律》规定:"凡祖父母、父母及夫,若家长为人所杀,而子孙、妻妾、奴婢、雇工人私和者,杖一百,徒三年……其卑幼被杀,而尊长私和者各减一等。若妻妾、子孙及子孙之妇,奴婢、雇工人被杀,而祖父母、父母家长私和者,杖八十。受财者,计赃,准窃盗论,从重科断。常人私和人命者,杖六十。"④在明朝,调处是民事诉讼程序的必经阶段,民事纠纷在调处不成的情况下,官府才予受理。调解的主体包括里老、乡约和官府。其中,里老调处、乡约调处相当于现代的诉讼外调解,在乡里设立"申明亭"(见图10-5),而里老调处是上告官府的必经程序。《教民榜文》规定:"民间户婚、田土、斗殴、相争一切小事,须要经由本里老人、里甲断决。若系奸、盗、诈伪、人命重事,方许赴官陈告。"⑤官府调处是官府受理案件后所进行的调解,在性质上属于诉讼内调解。

---

① 《元典章》卷五十三《刑部十五·告拦》。
② 同上。
③ 同上。
④ 《大明律·刑律·人命》"尊长为人杀私和"条。
⑤ 《中国珍稀法律典籍集成》乙编第一册《洪武法律典籍》,杨一凡、曲英杰、宋国范点校,科学出版社1994年版,第639页。

第十章 民事诉讼制度

图 10-5　明朝江西婺源的申明亭①

例如,"松江知府赵豫和易近民,凡有词讼,属老人之公正者剖断。有忿争不已者,则己为之和解。"②

清朝法律中虽然没有关于州县官将民间争讼批令调解的规定,但在司法实践中,调解总是被优先考虑的。康熙《圣谕十六条》中的"和乡党以息争讼""明礼让以厚风俗",成为清朝处理民间纠纷的最高准则。大量的乡规民约和宗法族规为民间调解提供了依据,使清朝调解息讼的运用更加成熟,大多数案件通过调解结案。黄宗智通过对取自西南四川省的巴县、顺天府的宝坻县和台湾的淡水厅——新竹县的司法档案中的 628 个清朝案例进行分析后发现——这批案件中,最终进入正式庭审程序的共有 221 宗,剩下的 407 宗案件中,

---

① 图片引自马小红、庞朝骥等:《守望和谐的法文明:图说中国法律史》,北京大学出版社 2009 年版,第 364 页。
② 《明会要》卷五十一《民政二·里老》。

大多数都是通过具状立案后启动的民间调解解决的,其中126宗由当事人申请撤诉而终止,这是因为通过宗族调解或者当事人之间的和解,纠纷已经得以解决;剩余的案件中有264宗没有任何结果即告中止,原因是诉讼当事人既没有申请撤诉也没有禀求正式开庭,据推测很多案件是因为民间调解成功或当事人彼此达成和解后没有人不厌其烦地回衙门销案;还有17宗案件法庭拒绝受理或被当作刑事案件处理。①

二、调解的类型

依据"调解人"的不同身份,可以将中国古代的调解分为民间调解和官方调解两大类。其中,民间调解是指由非官方的中间人组织的调解,一般包括由宗族组织的调解、行会内部的调解以及一般的民间调解三大类。而官方调解则是在官府组织下进行的调解活动,官方调解又可以分为两种:一是有审判权的机构或官员所作的调解,二是具有基层政权性质组织内的官吏所组织的调解,乡里或县级以下的治安官员等作出的调解。

(一) 民间调解

民间调解指双方当事人为解决纠纷而邀请中间人出面调停。依据中间人身份的不同又可分为宗族调解、行帮会馆所组织的调解和一般的民间调解等。② 实际上,这几种调解方式的分类也不是绝对的,有时多个调解中间人会参与到同一个纠纷的调处之中。

宗族调解是古代解决民间纠纷最主要的一种方式。在宗族调解中,宗族首领(族长)通常是调解的主持人。调解的依据往往是本宗

---

① 参见〔美〕黄宗智:《清代的法律、社会与文化:民法的表达与实践》,上海书店出版社2001年版,第226—227页,表A.3。
② 黄宗智称之为"处理纠纷的非正式系统"。参见〔美〕黄宗智著:《清代的法律、社会与文化:民法的表达与实践》,上海书店出版社2001年版,第51页。

第十章　民事诉讼制度

族的家法族规。当家族成员之间产生矛盾纠纷时，一般先由族长进行一番道德说教，然后再依事情本身的是非曲直进行调处。许多家法族规还规定了宗族调解的优先性："凡劝道风化，以及户婚田土争竞之事，其长(族长)与副先听之，而事之大者，方许之官。"①安徽桐城的《祝氏宗谱》中规定："族众有争竞者，必先鸣户尊、房长理处，不得遽兴讼端，倘有倚分逼挟恃符欺弱及遇事挑唆者，除户长禀首外，家规惩治。"②对于宗族的调解方案及处罚决定，官府一般予以认可。明清时期尤其强调宗族对纠纷的解决，有关婚姻、继承的纠纷往往责令宗族内部自行解决。宗法伦理观念和亲族关系是规范人们社会生活的重要准则："一家之中，父兄治之；一族之间，宗子治之"③。

宗族调解的最大特点是：乡规民约和家法族规作为封建伦理道德的规范化、条文化表达，不仅是约束人们生活的准则，也是宗族调解的主要依据。从以下族规中可以看到它的约束力："族众有争竞者，必先鸣户尊、房长理处。不得遽兴诉端，倘有倚分逼挟恃符欺弱及遇事挑唆者，除户、长禀首外，家规惩治。"④"或因小愤而涉讼，渐至破家，或因争产而涉讼，反至失业，'讼则终凶'。"⑤"和乡里以息争讼。居家戒争讼，'讼则终凶'，诚笃言也。如族中有因口角细故及财帛田产至起争端，妄欲涉讼者，家法必先禀明本房房长理处，或理处不明方许伊赴祠禀告祖先，公义其是非，令其和息。"⑥有关宗族调解的乡规民约和家法族规也是国家立法的重要补充。

明清时期，传统社会的工商业得到了快速发展，出现了自发管理的组织——商帮、行会、会馆等商事组织。由于商业纠纷多发生

---

① 《皇朝经世文编》卷五十八《礼政·聚民论》。
② 安徽桐城《祝氏宗谱》。
③ (明)顾炎武撰：《日知录》卷八《爱百姓故刑罚中》。
④ 安徽桐城《祝氏宗谱》卷一。
⑤ 江苏晋陵《奚氏宗谱》卷一。
⑥ 浙江萧山《朱氏宗谱》。

在城市地区,所以对于这类纠纷,"宗亲及民间基层组织的约束力是相当有限的"①。因此,在商事纠纷的解决中虽然也会有亲邻和乡约参与调解,但是总体而言,商帮、行会、会馆等商人团体在商事纠纷中发挥了更大的作用。商人团体有责任维护同帮同业利益,当从业者触犯行规、引发纠纷时,行帮的领袖就会召集同业商人或同帮商人进行"公同议罚"。心平气和地进行调解是商帮、行会等商人团体经常采用的方式,他们往往依照行规、帮规的约定以及本行业中的商事习惯来进行调解。例如《雕帮条规》规定:"有事约庙,务须先告管总,与值年首人酌量事当约否,如当约,先送典钱八百文与总首人,总首人交往庙当家,早备买摆茶食,齐到庙中,无论公事私事,与外人同行口角,均宜平心论理,秉公剖断,不得树党偏袒,打架设闹,如违,公同另罚,再议本事。"②

从清朝巴县档案中可以看到,从事商贸业的各类行帮和从事运输业的船帮、脚夫帮,都有自己的行规。行规又称"条规"或"章程",规定的主要是同业牙行的从业资格和业务标准,如道光年间巴县杂粮行规对牙行所用的度量衡器具、中介费用等都有详细规定③,嘉庆六年靛行行规甚至对验货的具体程序都有规定④,同时,如何应承官府的差役也是行规中必不可少的内容。从行规中也可以看到,行规与国家律例关于牙行从业资格和经营规范方面的规定是一致的。行规必须得到当地衙门的批准或备案,否则将被视为"私立行规",这被官府严厉禁止,关于禁止私立行规的告示碑文在清朝比比皆是。⑤ 行规一经同行公同议定,并得到官府认可,在行内具有当然

---

① 范金民等:《明清商事纠纷与商业诉讼》,南京大学出版社2007年版,第26页。
② 彭泽益编:《中国工商行会史料集》(上册),中华书局1995版,第349页。
③ 四川大学历史系、四川省档案馆编:《清代乾嘉道巴县档案选编》(上),四川大学出版社1989年版,第246页,"道光年杂粮行规"。
④ 同上书,第237—238页,"嘉庆六年靛行行规"。
⑤ 王国平编:《明清以来苏州社会史碑刻集》,道光三十年四月二十八(日)吴县禁止板箱业作伙私立行规、行簿倡众停工牌,苏州大学出版社1998年版,第675页。

第十章 民事诉讼制度

的效力,被视为调整行业内部以及行业之间关系的基本准则,不遵守行规的行为,大多是在行内照章公同议罚,主要是罚酒、罚戏,或者处以罚金。不过,行业团体毕竟属于民间团体,如果犯行规者不接受行规的处罚,则行内其他经营者可以"禀官究治"。① 地方官府对这样的要求多半也会应承,而且在处断纠纷时常将行规作为当然的裁判依据,嘉庆二十五年,邓宏升不遵行规,官府在处理这一案件中先是批示"各行贸易,各有行规可循,毋辄兴诉",后又出示晓谕"自示之后,务遵照旧章,毋再抗违紊乱讼扰,致干查究"②,地方官反复重申行规所具有的法律效力,并张贴告示给行规以极大支持,这也证明了行规在维持市场秩序中的重要作用。

商帮、行会、会馆等商人团体在当时是一种新的社会组织,它不同于聚族而居的家族、保甲之类的传统农村组织,其组织也许仍有同姓、同宗、同乡的因素,但更多的还是同业性。这样的团体调解也不同于传统农业社会的乡里调解、邻里调解和宗族调解以及官府调解、官批民调,具有某种向近现代民间调解的过渡形式。

一般的民间调解主要发生在邻里之间。邻里调解的调解人一般是由亲友、邻居中有威望的年长者充当。这些调解人在双方当事人中享有较高的威信,所以最终的调解方案往往能得到双方的认可。例如,古徽州的一份契约文书中记载:"借一微末之小事,而伤兄弟之大伦,是以邻居邀集苦劝,但将前后之事一应说明,二各自愿遵劝,永无生端"③。邻里调解是民间自行的调解,具有非组织性和自发性的特点,所以也称作"私和"。

---

① 四川大学历史系、四川省档案馆编:《清代乾嘉道巴县档案选编》(上),第246—247页,"道光二十四年八月十三日王茂林等告状"。
② 四川大学历史系、四川省档案馆编:《清代乾嘉道巴县档案选编》(上),第367页,"嘉庆二十五年五月二十二日巴县告示"。
③ "(清)咸丰二年徽州方镇洪、方镇顺等遵劝和睦字据",藏于中国社会科学院历史研究所图书馆。

（二）官府调解

官府调解指在官吏主持下对民事案件或轻微刑事案件所进行的调解,依据调解主体的不同,又可以分为两类:有审判权的官员所主持的调解和基层组织中的官吏所主持的调解。

有审判权的官员所主持的调解主要是指司法机关对亲属纠纷、户婚田土及较轻刑事案件,即所谓的"田宅细故"案件所进行的调解。与民间调解相比,官府调解带有一定程度的强制性,官吏可以利用公权力对当事人施加影响。因此,在官府调解中,当事人并非完全自愿,有时候是不得不服从官府的意愿。达成和解后,双方必须出具息讼"甘结",并且还要保证日后不再滋事。

官府所主持的调解带有明显的道德教化色彩,在解决纠纷的时候,着眼点不仅在双方的是非曲直,而是要更多的考虑维护社会秩序的和谐稳定,因此在案件处理中总是将纠纷解决融合于教化之中,将"情理"与法律规范结合起来。如:汉朝循吏韩延寿在遇到兄弟争产案件时,通过闭门悔过反省自己治理地方时缺乏德教的方式让当事人感到忏悔,"皆自髡肉袒谢",然后兄弟二人"愿以田相移,终死不敢复争"。①

即使进入正式的审理程序,司法官员也常常进行家长般的谆谆教诲、说服调解,好言开解双方。南齐时,官员陆襄遇有两家争讼、相互诬告,他没有选择在公堂上直接进行审断,而是将两造引入内室,创造良好的商谈环境,相劝并设酒宴款待,最后双方重归亲厚。②最终的判决结果往往力求使双方的获利或受损不至于相差悬殊,案结事了。

---

① 《汉书》卷七十六《赵尹韩张两王传》。
② 《南史·列传第三十八》载:"又有彭、李二家,先因忿争,遂相诬告。襄引入内室,不加责诮,但和言解喻之。二人感恩,深自悔咎。乃为设酒食令其尽欢,酒罢同载而还,因相亲厚。"

第十章 民事诉讼制度

唐朝开元时,贵乡县令韦景骏在审理一桩母子相讼的案件时,对当事人反复开导,并痛哭流涕地自责"教之不孚,令之罪也",还送给他们《孝经》,于是"母子感悟,请自新,遂称慈孝"。①

宋真宗时,同皇族有姻亲关系的人中间,发生了一桩分财不均的诉讼,当事人进宫直接到皇帝面前说理。案件拖了十几天,不能决断。宰相张齐贤说:"这件事不是御史台、开封府所能判决的,请交给我来办。"真宗同意了他的请求。张齐贤便命令双方互相搬进对方的住宅,财产器物则原封不动,并要他们互换财产文契。于是双方停止了诉讼。第二天,报奏皇帝,真宗非常高兴,表扬了他。②南宋大儒陆九渊遇有民事争讼,特别是案件涉及家族伦理风化的,不会径直判罚,而是通过讲理让两造认识到错误,自己撕掉状纸放弃申告,"以厚风俗"。③

清朝同治年间,蒯子范任长州知州,有人状告婶母因借贷未成而打人,蒯验得原告伤甚轻微,于是婉言相劝:你作为贫苦人家,婶母还来借贷,说明她更贫苦,一旦升堂审讯,不但你婶母受累,你也要在县城守候,衙门差役索钱是现在之急,田地荒芜是将来之苦,何必一时之气而绝两家生计。言罢便赏原告两千文钱,让其回家,其人感泣而去。④ 此案中,官吏并没有对案件的是非进行判断,而是以"情理"来劝谕和息。当然,像蒯子范那样自掏腰包来息讼的官员属于个例,但对民间之讼先行调解则是普遍现象。

县以下的乡里是基层组织,虽然没有审判权,但也可以调解民间讼争。在中国古代,县级以下的乡里、保甲、村社等基层组织有官府所赋予的处理纠纷的权力。官府在审理一些民事纠纷时,或因案

---

① 《续通志》卷五百三十《循吏传》。
② 参见(宋)司马光:《涑水纪闻》卷七。
③ 《宋史·儒林四》载:"(陆九渊)知荆门军,民有诉者……即为酌情决之,而多所劝释,其有涉人伦者,使自毁其状,以厚风俗。"
④ 参见(清)俞樾撰:《春在堂杂文》续编卷五《蒯子范太子六十寿序》。

情轻微,或因官府认为基层组织对案情更加了解,会将案件发给这些基层代理人进行调处。这种发回交由基层组织调处的案件被学者称为"官批民调"的案件。①

基层组织的纠纷调解贯穿于整个中国古代。秦汉时期的乡啬夫,"职听讼",负有调解职责。唐朝乡里讼事,则先由里正、村正、坊正调解。元朝时,乡里设社,社作为设立在农村的基层组织,虽并非司法机关,社长也不拥有审判权,但拥有调解权。"诸县所属村疃,凡五十家立为一社。……令社众推举年高、通晓农事、有兼丁者立为社长。……增至百家者,另设社长一员。"②社长可依当事人申请或依职权启动调解,达成调解协议后,以契约的形式定案,最后当事人可向所在地的县廷申请备案,由官方发给公据以示认可。明朝的乡里调解颇具特色。每当会日,里长甲首与里老集合里民,讲谕法令约规。有的里设有申明亭,里民有不孝不悌或犯奸盗者,将其姓名写在亭上,以示警戒,待其改过自新后再去掉。里老对于户婚田土等一般纠纷,有权在申明亭劝导解决。清朝的保甲,主要任务是追查盗贼和编户收税,也附带进行调解。统治者还认识到,乡里调解比县府堂断有时更公平,因为"乡党耳目之下,必得其情;州县案牍之问,未必尽得其情。是在民所处,较在官所断为更允矣"③。

有时官府接到诉状后,认为该案情节轻微或是事关亲族伦理关系及风俗习惯,不便公开传讯,于是便以"批词"的形式指令族长、乡保等人进行调解。族长、乡保等人接到官府的"指令"后,应立即召集原、被告双方进行调处。这就是所谓"官批民调"的案件。比如,彭尹民因坟山争端将彭学健诉至县衙,县官批乡里:"应即秉公调处

---

① 〔美〕黄宗智:《清代的法律、社会与文化:民法的表达与实践》,上海书店出版社2001年版,第9页。
② 《元典章》卷二十三《户部九·立社》。
③ 《牧令书》卷十七,袁守定《乡民和事是古义》。

第十章 民事诉讼制度

明白,取结销案"①。该案就属于"官批民调"的性质。对于乡邻所进行的调解结果,官府一般都会认可。因为,大部分的民间纠纷只是一些"细故",能够让两造心平气和地化解矛盾是官府的期望所在。汪辉祖认为:"词讼之应审者,什无四五。其里邻口角,骨肉参商,细故不过一时竞气,冒昧启讼","果能审理,平情明切,譬晓其人,类能悔悟,皆可随时消释,间有准理,后亲邻调处,吁请息销者,两造既归辑睦,官府当予矜全,可息便息"。②

三、古代调解传统的经济文化基础

在古代中国,"调处息讼"制度久盛不衰,是由于其具有深厚的社会经济和思想文化基础。

其一,调解机制的经济社会基础是小农经济生产方式和农业经济条件下的"熟人社会"。小农经济是中国古代最主要的生产方式,在这样的社会经济条件下,人们以家庭为单位从事生产活动,古代"同居共财"的家族伦理观念和法律规定应运而生,这必然导致古代社会的经济关系主要发生在家族之间,个人之间的财产纠纷也往往涉及家族。中国人安土重迁,世世代代束缚于一定范围的土地之上,形成一个个以家族共同体为核心的熟人社会。这个熟人社会的成员必须和睦相处,因为冲突和矛盾会给个人和家族带来深远的伤害。"与宗族讼,则伤宗族之恩;与乡党讼,则损乡党之谊。幸而获胜,所损已多。"所以,司法官员或者民间调解人在调解的过程中,往往是利用其官职身份或者族长、长辈身份"晓之以理,动之以情",对当事人进行道德教化,劝谕当事人自觉、自省、自责、忍让、和息。因此,滋贺秀三将州县的民事审判称为"教谕式的调解"。

---

① 巴县档案,档案号:清6-03-01914,藏于四川省档案馆。批词全文:"彭尹民既在己业修茔,与彭学有何干涉,辄行籍竭索诈庸等;既系族邻业已查知底里,应即秉公调处明白,取结销案,毋庸以细事请讯,即使伤情滋讼也仍委业族。"
② (清)汪辉祖:《佐治药言·息讼》。

其二，我国古代调解机制的思想基础是传统文化中的和谐精神。"和谐"是中国古代法律文化所追求的核心价值之一，"礼之用，和为贵，先王之道斯为美"。"和"指有差别的统一，"谐"指各要素配合得当。具体到司法层面，和谐主要体现为提倡无讼，注重调解。早在周朝的《易经》中，就有"厌讼""无讼"的思想，《周易》中的《讼》中说："不永所事，小有言，终吉"[1]。而《象传》对本爻的解释是："不永所事，讼不可长也，虽小有言，其辩明也。"[2]古人借卦象比喻狱讼之累，说明争讼久拖不决对双方而言都非吉事，只有"不永所事"及时息讼才能得到"终吉"的结果。孔子在《周易》息讼的基础上进一步提倡无讼思想，他说："听讼，吾犹人也，必也使无讼乎"[3]。孔子的"无讼"思想包含两个方面：一是主张民间亲邻之间以礼让待人，尽量避免纠纷的发生；二是即使纠纷不可避免，也尽量以调息的手段解决诉讼。《孔子家语》中记载了孔子担任鲁国大司寇时的一则调解案例："孔子为鲁大司寇，有父子讼者，夫子同狴执之，三月不别。其父请止，夫子赦之焉。"[4]当时孔子遇有父子相讼，将二人同囚一狱，不审不判，一月后父亲申请撤诉，孔子便将二人一同释放。从孔子的调解案例来看，古代调解的精髓不仅在于解决纠纷，更在于使当事人认识到争讼之非，自觉履行双方所达成的协议，以真正实现案结事了。

在儒家"无讼""息讼"思想的影响下，中国古代的司法官始终注意礼让教化、调解息讼。司法官员在审判中多采用感化的方式，在调解过程中对百姓晓以儒家礼义，以使双方了解争讼行为违反礼义，从而实现息讼的目的。因此使调解之风代代相传，成为优良的司法传统。

---

[1] 《周易·讼》。
[2] 《周易·讼》象传。
[3] 《论语·颜渊》。
[4] 《孔子家语·始诛》。

第十章 民事诉讼制度

纵观古代社会调解机制的发展历史,虽然制度性规范难以找到,但是调解机制广泛存在并且具有法律意义,这是毋庸置疑的。调解属于古代社会"礼乐教化"的产物,往往是基层官吏以德教劝化百姓息讼所运用的手段。因此,调解在古代与其说是一种规范化的制度,不如说是一种社会普遍认可的习惯法。中国传统的纠纷调解机制被誉为解决纠纷的"东方经验",不仅在古代社会发挥了稳定社会秩序、促进道德教化的作用,也为今天的司法所传承发扬。

出 版 后 记

  《中国古代司法制度》的出版要溯源到 20 世纪 80 年代初的往事。当时北京政法学院刚复办,我因在整风反右后改而从事中国法制史和中国历史的教学和教材编写工作,因而受命给诉讼法学研究生讲中国古代诉讼制度。我夜以继日,编写了若干个专题讲义;不久后公安部所属群众出版社向我索要出版读物,我便把古代诉讼制度的讲义扩充为六章,并邀沈国峰教授加写了三章,共九章以《中国古代司法制度》为书名交付出版。在当时法学专著匮乏的情况下,这本 15 万多字的著作发行量达 1.3 万册,在法律界产生了一定的影响力。

  此书出版后,我的教学科研工作转向当代刑事诉讼法学(包括草拟立法建议稿等工作)并取得一定的成就。但是我始终未忘怀司法制度史,总觉得历史的天空,风云变幻,事故叠连,引人入胜;更感悟史如明镜,鉴古观今,穷究得失,让人智聪目明。通史如此,司法史亦然。中国四千年的古代司法制度,精华与糟粕并存,既是一部司法文明发达史,又是一部司法专制主义史,经验丰富,教训深刻,启示良多。为此,如前面序言所说的,2013 年,国家司法文明协同创新中心成立,我担任中心学术委员会主席兼一个团队的首席科学家,便乘此良机谋划梳理中国司法发展脉络,拟定撰写中国司法制

出版后记

度史(三卷集)规划,第一卷为《中国古代司法制度》,第二卷为《中国近代司法制度》,第三卷为《中国现代司法制度》。与此同时,将2011年作为中国政法大学诉讼法学研究院基地自设项目的《中国古代司法制度和文化》合并于第一卷之中。

《中国古代司法制度》是在1984版的基础上大幅度增写、重写和修改而成的。具体而言,重写了三章:司法机构、监察制度和监狱制度;增写了一章:民事诉讼;其他各章也作了较多修改和补充。还增写了"中国古代司法制度之特点及其社会背景"(代绪论),全书约38万字,篇幅比旧著增加了一倍以上。

正值《中国古代司法制度》新版面世之际,我要对原书的合作者沈国峰教授和判决执行一章的原协助作者郑禄教授表示感谢;对担任本著作撰写前期顾问的郭成伟教授、马小红教授和参加前期资料整理的张琮军老师表示感谢;并对协助整理资料的学生们,特别是博士生朱卿、杨芹和博士后李德嘉表示谢意。

撰写本著作虽断断续续历时四年,付出了我不少心力;但史料浩瀚,治史不易,加之时间仍感紧迫,本书必定存在不少暇疵,衷心期待大家批评指正。

陈光中
于2017年9月28日